Christ Pantocrator : 13th century icon from the large collection kept
in the treasury of the monastery of Chelandari.
전능한 그리스도 : 그리스 아토스 산 '첼란다리' 수도원의 보물로, 13세기에
그려진 대형 작품들 가운데 하나임.

▶ 출전 : MOUNT ATHOS -An illustrated guide to the monasteries and their history,
SOTIRIS KADAS(Archaeologist), EKDOTIKE ATHENON S. A. (Athens 2002)

The Mother of God, seated on the Throne , and holding Jesus on
Her knees, surrounded by Saints and Angels. Encaustic Icon.
(68.5×49.7cm, C. 600 A.D.)
왕좌에 앉아 계신 신의 어머니께서 예수를 무릎 위에 안고 있으되, 성인과
천사들에 의해서 둘러싸여 있다. (서기 600년에 제작된 밀납화蜜蠟畵)

▶ 출전 : SINAI -The Monastery of St. Catherine at the God-Trodden Mount,
Evanghelos Papaioannou, The Holy Sinai monastery Publications. (Athens 2004)

St. Jone the Theologian : mosaic icon in the treasury of the monastery of Great Lavra. 13th century.

그리스 아토스 산 '대 나브라' 수도원의 보물로, 13세기에 제작된 모자이크 아이콘 : 신학자 요한(사도 요한을 가리킴.)

▶ 출전 : MOUNT ATHOS -An illustrated guide to the monasteries and their history, SOTIRIS KADAS(Archaeologist), EKDOTIKE ATHENON S. A. (Athens 2002)

Twelfth-century wall-paintings in the Kellion of Ravdoucho,
depicting the Apostles Peter and Paul
그리스 아토스 산 '라브도추'의 작은 수도원 안방 벽에
그려진 사도 베드로와 바울의 모습(12세기)

▶ 출전 : MOUNT ATHOS -An illustrated guide to the monasteries and their history,
SOTIRIS KADAS(Archaeologist), EKDOTIKE ATHENON S. A. (Athens 2002)

The hospitality of Abraham, 15th century.
아브라함의 환대,
그리스 아테네 비잔틴 박물관에 소장된 15세기 작품

▶ 영이신 여호와 하나님이 정오쯤 마므레 상수리 수풀 근처로 아브라함을 만나러 오셨는데, 아브라함이 여호와 하나님의 현현(顯現:나타내 보인)인 세 사람에게 급히 버터와 우유와 송아지 고기로 환대하였다(창세기18:8)는 상황을 그린 그림으로, 네모진 식탁 앞에 앉은, 날개 달린 세 사람이 여호와 하나님의 다른 모습이고, 뒤쪽 왼편에 서 있는 사람이 아브라함, 두건을 쓴 채 오른 편에 서 있는 여인이 그의 부인인 '사라' 이다.

▶ 출전：ATHENS -THE CITY OF INTELLECT AND DEMOCRACY (Myth & History), MICHAEL TOUBIS PUBLICATIONS S.A.(Athens 2006), ISBN:960-540-679-9

The Holy Monastery of Varlaam
발람사원

▶ 그리스 '메테오라'에서 두 번째로 큰 사원으로 넥타리오스와 데오파니스Nektarios & Theophanis에 의해서 1541/1542년에 지어졌고, 1548년에 장식되었다. 그리스 아토스 산에 있는 사원들과 같은 타입으로, 격자형 공간에 십자로 형태(cross-in-square with dome and choirs)로 돔과 성가대석이 배치되어 있다. 돔으로 둘러싸여 있는 큰 현관과 오래된 식당은 박물관으로 사용 중이며, 세 주교의 파렉클레시온(parekklesion : a type of side chapel found in Byzantine architecture) 곧, 본당 한쪽 측면에 있는 작은 예배소는 1627년에 지어 졌고, 1637년에 장식되었다. 두 설립자의 무덤은 나르텍스(Narthex: 교회의 서쪽 끝에 있는 회의소 앞 : 고대 기독교 교회당의 본당 입구 앞의 넓은 홀로서 참회자·세계 지원자 등을 위한 공간)의 남동쪽 구석에 있다.

▶ 출전 : METEORA -THE SACRED ROCKS AND THEIR HISTORY, Greek National Tourist Organization of Kalambaka, Georg. Tzioras-Kalabaka(Edition)

THE HOLY MONASTERY OF AGHIA TRIADA
= The Monastery of Holy Trinity
성 삼위일체 사원

▶ 계곡을 가로지른 다음 좁고 가파른 돌계단을 이용하여 올라가야 함으로 접근하기가 가장 어려운 사원이다. 바위 정상은 10,000㎡이며, 그곳에는 두 동의 교회와 구내식당, 무거운 물건 등을 들어 올리는 데 쓰는 윈치(winch)가 구비된 탑, 수행자들의 방, 물 저장고, 기타 부속건물들이 있다. 1458~1476년에 지어졌고, 1684년에 증축되었으며, 1741년에 장식되다. 입구의 작은 교회는 세례요한 교회이고, 북서쪽 구석에 서있는 주 교회는 비잔틴 스타일로 지어진 성 삼위일체 교회이다. 곧, 두 개의 기둥과 낮은 원형지붕으로 십자형이며, 교회 한 가운데 중심 공간(nave)과 현관(narthex), 성구보관소(Sacristy) 등으로 이루어져 있다.

▶ 출전 : METEORA -THE SACRED ROCKS AND THEIR HISTORY, Greek National Tourist Organization of Kalambaka, Georg. Tzioras-Kalabaka(Edition)

The entrance to the monastery of Philotheou, showing the contemporary decoration
현대적인 장식을 보여주고 있는 '필로테우' 사원의 입구

▶ 그리스 아토스 산에 있는 스무 곳 사원 가운데 하나인 '필로테우' 사원이다. 10세기 말경에 대수도원장인 필로테우Philotheou와 수도사 게오르게George에 의해서 지어졌고, 16세기에 보수 증축되었다 한다. 11세기 후반에 니셉프로스 보타니에테스Nicephoros Botaniates(1078~1081) 왕 외에 여러 왕들로부터 유물과 지원을 받은 사원으로 많은 보물들(예컨대, 안드로니코스Andronicos 2세가 준 성 요한 크리스톰 St. John Chrysostom : 349 407의 오른 손과 니셉프로스 3세인 보타니테스Nicephoros Botaniates가 준 십자가 조각 등)을 소장하고 있으며, 도서관에는 양피지에 기록된 경전 사본들과 성체경배에 관한 두 개의 두루마리, 아토스 산에서 가장 오래된 찬송가 책, 복음 전도자 마가 초상화 등이 있다.
참고로, 아토스 산(Mount ATHOS)은 찰키디키(Chalkidiki) 반도에서 뻗어 나온 그리스의 세 개의 갑(岬 : 곶) 중 가장 동쪽에 위치한 아토스 곶 끝자락에 해발고도 2,000미터가 넘는 아토스 산 정상이 있다. 이 아토스 곶은 길이 60km, 폭 8~12km로, 전체 면적이 360km²로, 이곳에 사원(Monastery)이 20곳, 암자(Sketae: 예배소를 포함하여 일정한 땅을 가진 거처)가 12곳, 그리고 부속건물인 별채(Dependence)가 6곳이 산재되어 있다. 이들 건축물들은 주로 10~11세기에 지어진 것들이고, 16세기 중반에 세워진 것도 있다.
예수를 하나님으로 믿는 사람들 가운데 일부가 순결(Chastity) · 궁핍(Poverty) · 순종(Obedience) 등의 덕목을 생활신조로 삼고, 경전탐구 · 기도 · 묵상 중심의 등의 신앙생활을 하는, 소위 수도사(修道師 : 하나님의 도를 닦고 밝히는 믿음의 사람)들이 자체적으로 혹은 공동체적으로 사원과 거처 등을 짓고 금욕적인 생활을 해왔다.

4세기에 이집트 · 시리아 · 소아시아(지금의 터키) 등에서 시작되었다는 초기 수행자들은 예수교도에 대한 오랜 박해(약 300년)와 만연된 사회적 부패에 대한 반작용으로, 신과의 교감을 통한 영혼의 구원을 얻기 위해서 조용하고 외진 곳(산 정상, 지하 땅 속, 바위굴 속, 헐벗은 사막 등)으로 들어가 금욕적인 생활을 했다. 개인적으로 이루어진 이런 생활이 공식적인 후원으로 교회가 세워지면서 공동체 생활로 바뀌기 시작했고, 그 공동체 생활을 함에 있어서 갖가지 제도와 계율이 만들어져 시행되어 왔다.

오늘날은 이러한 유적들을 확인할 수 있는 곳이, 이 아토스 곶 외에 그리스 칼람바카 카스트라키 인근 '메테오라Meteora'와, 터키 카파도키아 일대 '괴레메GOreme' 지역, 그리고 터키 트라브존에서 조금 떨어져 있는 수멜라 수도원Sumela Monastery 등을 들 수 있다. 물론, 이외에도 많지만 이들 세 곳은 필자가 직접 답사한 곳이기에 특별히 언급해 둔다.

현재 아토스 산에는 헌법적 선언(The constitutional charter of Mount Athos)에 의거하여 더 이상 사원을 지을 수 없고, 20곳으로 고정되어 있다. 이곳에서 활동하는 수도사들은 1992년까지는 사원마다 다른 자치규정을 따랐으나 현재는 공동생활규정을 따른다. 수도사들은 'kellion' 또는 'sketae'에서 생활한다. 켈리온이란 수도사들이 노동하며 사는 거주공간으로, 농장이 딸린 시골주택 같지만 작은 기도소를 포함하고 있다. 스케테는 최근까지 사원 같았으나 자율과 공동체로 갈라졌으며, 이곳에서도 농사 또는 수공예 작업들이 이루어진다. 일반적으로 보면, 노동과 음식은 개인적 기호에 따라 결정하고, 거주지와 기도 등은 공동체 생활로 이루어진다.

▶ 출전 : MOUNT ATHOS -An illustrated guide to the monasteries and their history, SOTIRIS KADAS(Archaeologist), EKDOTIKE ATHENON S. A. (Athens 2002)

The Day of Judgement
심판의 날

▶ 그리스 메테오라meteora에 있는 발람 사원The Monastery of BARLAAM에 그려진 그림 가운데 한 점이다. 최후의 심판 장면을 그린 그림이 이 외에도 더 있지만 이 그림은 상당히 복잡하고 모호하다. 상단 중앙에 예수가 보좌寶座에 앉아 있고, 그 좌우로 두 줄씩 24명의 장로가 나란히 앉아 있다. 요한계시록에 의하면, 24명의 장로는 한결같이 흰옷을 입었다고 기록되었으나 그림에서는 그렇지가 않다. 그리고 예수 좌우로 곁에 서서 생명책을 펴들고 무언가 보고하는 모습의 천사天使도 보인다. 또한 그림 중앙 부분의 가운데에서는 천사들과 천군天軍에 의해서 사람들의 목을 끈으로 묶어서 끌고 나오는 모습이 보이며, 그들을 저울에 다는 모습도 그려져 있다. 그림의 중하단 좌우는 사탄의 왕인 용龍의 세력이 성도들을 핍박하기 위해서 발악하듯 그 권세를 뻗히고 있고, 한편 핍박받는 인간들을 구원하기 위해서 하늘에서 지상으로 천사들이 내려오는 모습이 그려진 듯하다.

이처럼 고대인古代人들은 산 사람이든 죽은 사람이든 심판할 때에는 저울로써 할 것이라는 상상을 했던 것 같다. 고대 이집트인들의 다신교 신앙과 불교의 사후세계에서도 저울로써 심판한다는 기록과 관련 그림 등이 전해지고 있다. 이에 대한 자세한 사항은 본문 「심판 수단 가운데 하나인 '저울」과 「죽은 자를 저울로써 심판하다」등을 참고하기 바란다.

▶ 출전 : METEORA -THE SACRED ROCKS AND THEIR HISTORY, Greek National Tourist Organization of Kalambaka, Georg. Tzioras-Kalabaka(Edition)

아잔타 1번 석굴에 묘사된 부처님 모습

▶ 금색 가사를 걸치고, 연화대蓮花臺 위에서 가부좌하여 명상 중에 있다. 머리는 까맣고 곱슬곱슬해 보이며, 상투를 튼 듯 정수리 쪽으로 봉긋하게 솟아있다. 두 눈은 작지만 길게 찢어져 있고, 두 눈썹도 가늘지만 활시위처럼 길게 뻗어있다. 코는 그리 높거나 반듯해 보이지 않으나 큰 편이고, 입술은 제법 두툼해 보인다. 두 귓불은 길고 크며, 표정은 그리 밝지 않지만 차분하게 수기水氣가 들어차 있는 듯 보인다.

그리고 가부좌한 양다리의 발바닥이 완벽하게 위로 드러나 보이는 것이 대퇴부와 무릎 아랫다리가 가늘었던 모양이다. 전체적으로 보면, 호리호리한 몸매에 키는 작지 않고, 피부는 거무숙숙하며, 얼굴은 갸름하지도 두툼하지도 않다. 흑인을 떠올리게 하는 모습이다. 그런 그의 오른 손바닥을 자연스럽게 펴서 어깨 아래 가슴 높이로 올렸고, 왼손은 왼쪽 대퇴부 위로 가볍게 내려놓았으되 엄지는 펴고 나머지 네 손가락을 굽힌 상태로 가볍게 쥐었으되 손등을 밑으로 향하게 했다. 이른바, 시무외인(施無畏印 : abhaya-mudra)을 취하고 있다. 석가여래께서는 자신의 두 손과 열 손가락을 이용하여 여러 가지 모양을 만들어 보임으로써 자신의 덕德을 스스로 증명해 보이셨는데 선정인禪定印 · 항마촉지인降魔觸地印 · 전법륜인轉法輪印 · 시무외인施無畏印 · 여원인與願印 등 기본 5인과 12가지 합장인合掌印을 취하셨다.

▶ 출전 : 시간의 수레를 타고, 이시환, 신세림출판사, 서울, 2008. pp.256~257.

The Katholikon of the monastery with phiale for the blessing of the waters

성수聖水 저장소와 사원의 주 교회 모습

▶ 'Katholikon' 이란 말은 그리스어로 사원의 주 교회(main church of monastery)라는 뜻이며, 'phiale' 는 성수 저장소(reservoir for holy water)를 뜻한다. 이 '필로테우' 사원의 주 교회는 1746년에 세워진 것으로 기록되어 있지만 프레스코(frescoes)들은 여러 해를 걸쳐서 완성되었다. 예컨대, 네이브nave는 1752년에, 나르텍스narthex는 1765년에, 종탑은 1764년에, 대리석 바닥은 1848년에, 아이콘 그림들은 1853년에 각각 완성되었다 한다.

▶ 출전 : MOUNT ATHOS -An illustrated guide to the monasteries and their history, SOTIRIS KADAS(Archaeologist), EKDOTIKE ATHENON S. A. (Athens 2002)

경전 분석을 통해서 본
예수교의 실상과 허상

– SEE HWAN LEE'S HERMITAGE –

이시환 헤미티지

신세림출판사

깊은 산 속에 다소곳이
숨어 있는 것도 아니고

험하고 험한 길 끝에 위태로이
붙박여 있는 것도 아니건만

평생 떠나지 못하는
나의 암자庵子.

뒤를 돌아다보면 늘
내 마음 가는 그곳

네가 머무는 곳이 곧
나의 암자였네.

들끓는 세상 한 가운데로 질주하느라
거친 숨 몰아쉬어도

망망대해 가운데 떠 있는
작은 섬에 지나지 않았고,

사람 사람들 속에서
제법 구성지게 노래 불러도

외딴집의
희미한 불빛에 지나지 않았던

나는, 너를
평생 떠나지 못하고

너는, 나를
끝내 버리지 못하네.

−이 책을 펴내면서 썼던 자작시 「나의 헤미티지」 전문

경전 분석을 통해서 본 예수교의 실상과 허상

- SEE HWAN LEE'S HERMITAGE -

이시환 헤미티지

[일러두기]

1. 분석대상으로 삼은 예수교 경전은 개역한글판이며, 개역한문판과 영문판을 참고하였다.
2. 분석대상으로 삼은 이슬람교 경전은 최영길의 꾸란해설(송산출판사, 1988)이다.
3. 경전의 내용을 직·간접 인용한 경우는 괄호 속에 해당되는 장절을 표시하였다.
4. 경전의 내용을 직접 인용한 경우일지라도 이 책 안에서는 문장의 의미 판단을 정확히
   하기 위해서 생략된 문장부호를 넣고, 현행 한글맞춤법에 맞추어 표기하였다.
5. 경전은 우리말 번역이 바르게 되었다는 전제 아래서 분석하였지만 모호한 부분에
   대해서는 한문과 영문을 병행 표기하였다.

머리말

　이 책은, 지난 2009년 10월에 펴낸 『신은 말하지 않으나 인간이 말할 뿐이다(신국판, 368쪽, 신세림출판사)』의 개정 증보판이다. 초판본의 내용을 보완하고, 체제를 손보았으며, 나의 경전읽기가 지속되어 많은 내용이 추가되었다. 그리고 극히 사적인 판단에 대해서는 최소한으로 줄이려 노력했으며, 참고자료로 초판본 책을 읽고 보내온, 문사文士들의 서평·편지·대담과 성지순례를 다녀와서 쓴 글 등을 부록 I, II로 나누어 편집하였다.

　솔직히 말하면, 경전을 통독(通讀:처음부터 끝까지 다 읽음)한다는 것도 쉬운 일은 아니지만 그것의 핵심적 내용을 유기적有機的으로 분석한다는 것은 더더욱 쉬운 일이 아니다. 그것에 대한 고도의 정신적 집중과 꿰뚫어 봄이 있어야할 뿐 아니라 그런 통찰력과 혜안慧眼을 갖추기 위해서는 너무나 많은 시간이 소요되기 때문이다. 바로 그런 의미에서, 이 책은 경전을 통독하는 수고를 들이지 않고 그것의 핵심적인 내용을 이해할 수 있도록 도움을 주리라 믿는다.

　나의 경전읽기와 글쓰기는, 이미 고백했다시피 "하나님은 살아계시다. 네가 글깨나 쓴다하니 예수님에 대해서도 좀 써 보거라.”는 어머님의 당부로부터 시작되었지만, 지금은 지구촌 인류의 약 25% 이상이 예수를 믿으며, 그들이 교회나 성당에 갈 때에 휴대하는 경전 바로 그 안에 이런 내용이 들어있다는 사실을 알리고 싶은 욕구가 더 커진 것도 사실이다. 동시에 어렸을 때부터 개인적으로 줄곧 품어왔던 신神의 존재 유무有無와 인간과의 관계 등에 대한 근원적인 문제를 풀어보기 위한 방편으로 지속되었음도 밝혀두는 바이다.

경전은, 실로 오랜 시기에 걸쳐서 여러 사람들의 한결같은 하나님에 대한 열망으로써 집필된 것이기에 커다란, 아주 깊은 ‘숲’과 같아서, 일단 그 속에 들어가면 자신의 위치는 물론 전체적인 숲의 모양새조차 파악하기가 쉽지 않다. 그래서 수많은 사람들이 그 숲에 들어가 길을 잃거나 자신의 눈을 황홀하게 하는 숲속 풍경(경전 안 문장들의 의미)에 눈이 팔려 어리둥절 놀라기도 하고, 그만 자신의 목숨까지도 가볍게 여기거나 기꺼이 내어놓기도 했던 것이다.

나도 그 숲에 든 사람 가운데 한 사람으로서 숲의 전체적인 모습과 그 안의 풍경들을 읽어내면서 자신의 위치를 분명하게 인지하고자 노력했다. 그 결과, 어리둥절하기는 했지만 내 목숨을 내어놓지는 않았으며, 그 깊은 숲으로부터 길을 잃지 않고 다시 빠져 나올 수 있었던 것은, 그나마 어렸을 때부터 숲 언저리를 들랑날랑한 경험(경전을 머리맡에 놓고 자주 열어봄) 축적 때문이 아닌가 싶기도 하다.

한 가지 다행스러운 일은, 숲 가운데에로 어렵게, 어렵게 들어가 보니 ①교리를 이루는 핵심 내용이 서로 충돌하는 모순과, ②교리를 이루는 근간根幹인 중요 개념들이 인지발달과 더불어서 점진적으로 변화하고 깊어지는 현상과, ③몇 몇 중요사안에 대해서 이중적으로 모호하게 기술記述되어 있고, ④더 알고 싶어도 더 이상 해명해 주지 못하는 한계 등을 담고 있는 '숲속의 비밀'을 확인할 수 있었다는 사실이다. 마침내, 경전이란 하나님을 열망하는 사람들의 꿈이요, 바람이요, 간절한 기도[懇求]라는 사실을 깨달으면서, '신은 말하지 않으나 인간이 말할 뿐이다'라는 사실을 재확인하게 되었다.

　부디, 관심 있는 분들의 심독心讀이 있기를 기대하며, 혹, 경전 내용을 잘못 분석하여 그릇되게 판단한 부분이 있거나 이 방대한 책을 쓴 필자에게 문제가 있다고 판단되면 지체 없이 지적해 주기를 바라 마지 않는다. 나의 무지無智와 문제가 독자 여러분의 혜안慧眼으로 풀리고 깨어져 거듭나기를 기대하면서, 실로 오랫동안 나의 암자庵子였고, 나의 은신처隱身處이기도 했던 묵상默想의 결과를 세상 밖으로 내어 놓는 바이다.

2011. 11. 22.
이 시 환 씀

차례 | 경전 분석을 통해서 본 예수교의 실상과 허상
– SEE HWAN LEE'S HERMITAGE 이시환 헤미티지

-화보(자료) … 1~16
-자작시「나의 헤미티지」… 18
-일러두기 … 20
-머리말 … 21

제 I 장 예수의 정체성

'예수의 정체성' 장을 읽기 전에 … 36

1-1   예수의 출현에 대하여 … 39

1-2   '하나님의 아들' 이라는 용어에 대하여 … 45

1-3   하나님의 아들인가 사람의 아들인가 … 48

1-4   예수와 '인자人子' 와의 관계 … 53

1-5   예수는 어떤 책을 읽었을까 … 58

1-6   '예수께서 인류를 구원해 주셨다' 는 말의 진의에 대하여 … 80

1-7   예수 스스로가 말하는 이 땅에 오신 목적 … 86

1-8   예수가 다시 오신다는 약속에 대하여 … 90

1-9   예수를 하나님의 대본대로 연기한 배우처럼 묘사한 속사정 … 94

1-10 경전 속 예수와 유대인 … 100

1-11 예수를 조롱감으로 만든 '성전聖殿' 이란 말에 대하여 … 110

1-12 영계에서 오신 예수의 모호한 말과 태도 … 116

1-13 예수의 깊어가는 고민 … 123
       - '만나' 로부터 '산 떡' 까지

1-14 모세에 대한 예수의 콤플렉스 … 131
       -유대교의 품에서 잉태되는 예수교

138 ··· 예수와 이사야와의 관계   1-15

147 ··· 예수와 하나님과의 관계   1-16

152 ··· 속뜻을 숨기고 있는 예수의 비유법   1-17

155 ··· 예수는 영靈이신 하나님의 다른 모습   1-18

160 ··· 천국에 계시는 예수의 모습과 그 정체성   1-19

167 ··· 예수의 '내 때'란 어느 때를 말하는가   1-20

173 ··· 예수에게 찍힌 사울   1-21

179 ··· '다메섹' 가는 길에 예수와 사울과의 석연치 않은 만남   1-22

188 ··· 예수는 자신의 정체성에 대하여 어떻게 말했는가   1-23

195 ··· 예수의 몸에 향유香油를 부은 사람들   1-24

206 ··· 부활에서 승천하기까지 40일 동안의 예수 활동   1-25
　　　　-부활입증과 새로운 임무 부여

222 ··· '꾸란'에서 말하는 예수   1-26

제Ⅱ장 예수의 가르침

'예수의 가르침' 장을 읽기 전에 … 226

2-1 간음姦淫에 대하여 … 230

2-2 겸손謙遜에 대하여 … 235

2-3 교만驕慢에 대하여 … 240

2-4 용서容恕에 대하여 … 243

2-5 긍휼矜恤에 대하여 … 246

2-6 인내忍耐에 대하여 … 249

2-7 비판批判에 대하여 … 252

2-8 위선僞善에 대하여 … 259

2-9 의義에 대하여 … 265

2-10 사랑에 대하여 … 271

2-11 사랑의 속성에 대하여 … 276

2-12 병을 죄의 대가로 여기는 편견 … 279

2-13 '거듭남'과 '바람[風]'에 대하여 … 283

2-14 인간 교화 수단인 예수의 '심판론' … 288

2-15 예수의 떡[빵]론 … 293

2-16 예수 최후의 계명 … 297
        -서로 사랑하라

2-17 사랑하는 제자들에게 들려주는 예수의 마지막 설교 … 304

2-18 십계명과 예수의 가르침 … 318

2-19 실천하기 어려운 예수 계율 … 324

제Ⅲ장 천국과 지옥

332 ⋯ '천국과 지옥' 장을 읽기 전에

334 ⋯ 여전히 궁금한 천국의 실체   3-1

340 ⋯ 요한의 눈에 비친 천국天國과 그곳에 사는 존재들   3-2

348 ⋯ '꾸란'에서의 천국   3-3

351 ⋯ 예수교와 이슬람교의 두 '천국' 비교   3-4

355 ⋯ 천국과 극락에 대한 단순비교   3-5

359 ⋯ 천국에 대한 비유적 표현이 불가피했던 이유   3-6

367 ⋯ '음부陰府'에 대하여   3-7

370 ⋯ 예수교·이슬람교·불교의 '지옥'에 대하여   3-8

377 ⋯ 꾸란에서 말하는 최후의 심판   3-9

381 ⋯ 이분법적 시각의 함정   3-10

제IV장 계시록

'계시록' 장을 읽기 전에 ··· 386

4-1   요한계시록이 어렵게 느껴지는 이유에 대하여 ··· 390

4-2   심판이 이루어지는 '주의 날'에 대하여 ··· 397

4-3   심판 날에 대한 사도 요한과 바울의 강박관념 ··· 402

4-4   계시록에 나오는 몇 개의 상징어 풀이 ··· 406
      -용과 두 짐승 그리고 음녀에 대하여

4-5   심판 시 징벌 과정과 수단 ··· 413

4-6   징벌 수단 가운데 하나인 '쑥' ··· 419

4-7   징벌 수단 가운데 하나인 '황충' ··· 423

4-8   심판 수단 가운데 하나인 '저울' ··· 425

4-9   계시록에 나오는 숫자들과 알쏭달쏭한 그 의미에 대하여 ··· 429

4-10 심판 후 실현된다는 '새 하늘 새 땅'에 대하여 ··· 434

제V장 수사修辭의 한계

440 … '수사修辭의 한계' 장을 읽기 전에

443 … 인간의 위대한 스승은 역시 대자연이다   5-1
-예수의 천국론天國論과 부처의 불법론佛法論에 적용된 수사修辭

449 … 자연현상을 통해서 하나님을 읽는 사람들   5-2

454 … 예수와 부처의 겨자씨   5-3

457 … 예수가 부린 수사修辭의 함정   5-4
-주인과 종, 아버지와 자녀와의 관계에 대하여

463 … '성경' 속에서 유사하거나 동일한 내용의 반복이 뜻하는 것   5-5

477 … 사람을 살리고 죽이는 것은 하나님께 너무나 쉬운 일   5-6
-진실 아니면 방편으로서의 반복 기록

483 … '부활'에 대한 사도 바울의 믿음과 입증방식   5-7
-사도 바울의 3단계 부활론

492 … 예수가 '성경대로' 부활했다는 말의 의미에 대하여   5-8

498 … 무함마드의 궁색한 부활 입증 노력   5-9

502 … 피를 부르는 '순교'를 권장하는 이슬람교의 메커니즘   5-10

511 … 신에 대한 믿음을 강조하는 이슬람교와 예수교의 본질적 차이   5-11

519 … '발람'에 대한 오해   5-12
- 경전 기술상의 문제를 제기하다

532 … 예수는 진정 성령으로 잉태·부활·승천했는가   5-13
-경전 기록상의 문제 제기를 위하여

538 … 세례 요한이 예수의 길을 예비했다는 주장에 대하여   5-14

차례 ▌ 경전 분석을 통해서 본 예수교의 실상과 허상
― SEE HWAN LEE'S HERMITAGE 이시환 헤미티지

제Ⅵ장 예수교 키워드

'예수교 키워드' 장을 읽기 전에 … 552

6-1 예수교 경전 속 몇 개의 키워드 분석 … 555
-심판·부활·승천·영생·천국·지옥 등에 대하여

6-2 '성령聖靈' 이란 무엇인가 … 575

6-3 '계시啓示' 에 대하여 … 584

6-4 예수교 경전인 성경에서의 '방언方言' 의 의미 … 588

6-5 '회개悔改' 란 무엇인가 … 596

6-6 '할례割禮' 란 무엇인가 … 600

6-7 '믿음[信]' 이란 무엇인가 … 603

6-8 '포도(주)' 에 대하여 … 607

6-9 '돼지' 에 대한 편견 … 612

6-10 '천사天使' 의 외형과 역할 … 616

6-11 천사의 날개는 어디로부터 왔는가 … 621

6-12 '선지자先知者' 에 대하여 … 628

6-13 '사십 일日' 의 의미 … 631

6-14 이해되지 않는 하나님 마음 … 635
-모압 땅 느보 산을 둘러보고

6-15 아브라함·롯·모세 등이 만난 여호와 하나님 … 639

6-16 아론과 모세의 특별한 죽음에 대하여 … 653

6-17 하나님께 제물로 드린 예수의 죽음 … 657
-아브라함의 번제물인 외아들 이삭에서 하나님의 화목제물인 외아들 예수까지

6-18 하나님에 대한 제사가 갑자기 중지된 이유 … 668

6-19 '하늘이 열린다' 는 말의 의미에 대하여 … 675

제Ⅶ장 나의 진실, 나의 오해

680 … 하나님을 믿으며 꿈꾸는 사람들의 이상세계   7-1

684 … 예수의 가르침을 잘못 믿으면   7-2

690 … 여전히 이해되지 않는 예수교의 문제들   7-3

698 … 예수교의 3대 거짓말   7-4

700 … 예수의 세 가지 큰 거짓말   7-5

705 … '꾸란(코란)' 을 읽고 파악한 이슬람교의 핵심(요약)   7-6

708 … 예수교와 이슬람교가 다른 점(요약)   7-7

711 … 종교인들의 아전인수我田引水   7-8

713 … 신神에 대한 보통 사람들의 여섯 가지 심리적 경향   7-9

717 … '종교' 라는 왕국에 대하여 잠시 생각하다   7-10

721 … 신이 있다면 얼마나 좋겠는가   7-11

724 … 이웃사람들에게   7-12

제Ⅷ장　부록 · Ⅰ

8-1　죽은 자를 저울로써 심판하다 … 728

8-2　사도 요한John the Apostle과 그의 무덤 … 736

8-3　바울의 감옥St. Paul's Prison … 747

8-4　버가모에서 띄우는 편지 … 750

8-5　시나이 산에 오르는 날 … 760

8-6　성 베드로 수위권 교회를 둘러보고 … 768

8-7　갈릴리 호숫가에 있는 팔복교회 뜰에 앉아서 … 773

8-8　'슬픔의 길'을 걷던 날 … 776

8-9　소금 … 786

8-10　'에베소Ephesus'에서의 산책 … 790

8-11　테살로니키Thessaloniki 유감 … 803

8-12　그리스 델피Delphi의 한 시골교회에서 예배를 지켜보다 … 808

8-13　필립피Philippi에서 외로운 사도 바울을 생각하다 … 817

8-14　'죽은 몸이 다시 산다[復活]'는 예수 가르침보다 더 강력한 것은 없었다 … 821

8-15　사도 바울의 그릇된 신체관 … 826

제IX장 부록 · II

834 ⋯ 참신하고 진지한 성찰/이춘희(동덕여자대학 평생교육원 교수)   9-1

838 ⋯ 역설적 매력/최봉호(캐나다 토론토에서 활동하는 시인)   9-2

842 ⋯ 종교를 이해하는데 좋은 책/구본순(소설가)   9-3

846 ⋯ 김두성 님으로부터 받은 편지   9-4

860 ⋯ [대담1] 이시환 VS 정세봉(연변소설가학회 회장)   9-5

870 ⋯ [대담2] 이시환 VS 세인(이시환의 주변 사람들)   9-6

875 ⋯ 초판본 머리말   9-7

878 ⋯ 초판본 후기後記 : 나의 경전 읽기를 뒤돌아보며   9-8
-돌아가신 어머님과, 평소 가깝게 알고 지내는 목사님들께

882 ⋯ 개정증보판 후기後記·1 :   9-9
하나님 중심의 인간세계를 인간 중심의 하나님 세계로

888 ⋯ 개정증보판 후기後記·2 :   9-10
하나님의 진화 가능성

892 ⋯ 각주 찾아보기-
895 ⋯ 이 책의 편집을 마치고 필자가 자신의 삶을 뒤돌아보며 쓴 시 한 편 「가시나무」-

제 I 장 예수의 정체성

'예수의 정체성' 장을 읽기 전에

예수의 출현에 대하여
'하나님의 아들' 이라는 용어에 대하여
하나님의 아들인가 사람의 아들인가
예수와 '인자人子' 와의 관계
예수는 어떤 책을 읽었을까
'예수께서 인류를 구원해 주셨다' 는 말의 진의에 대하여
예수 스스로가 말하는 이 땅에 오신 목적
예수가 다시 오신다는 약속에 대하여
예수를 하나님의 대본대로 연기한 배우처럼 묘사한 속사정
경전 속 예수와 유대인
예수를 조롱감으로 만든 '성전聖殿' 이란 말에 대하여
영계에서 오신 예수의 모호한 말과 태도
예수의 깊어가는 고민 - '만나' 로부터 '산 떡' 까지
모세에 대한 예수의 콤플렉스 - 유대교의 품에서 잉태되는 예수교
예수와 이사야와의 관계
예수와 하나님과의 관계
속뜻을 숨기고 있는 예수의 비유법
예수는 영靈이신 하나님의 다른 모습
천국에 계시는 예수의 모습과 그 정체성
예수의 '내 때' 란 어느 때를 말하는가
예수에게 찍힌 사울
'다메섹' 가는 길에 예수와 사울과의 석연치 않은 만남
예수는 자신의 정체성에 대하여 어떻게 말했는가
예수의 몸에 향유香油를 부은 사람들
부활에서 승천하기까지 40일 동안의 예수 활동 - 부활입증과 새로운 임무 부여
'꾸란' 에서 말하는 예수

'예수의 정체성' 장을 읽기 전에

　예수에 대한 신뢰할만한 별도의 기록이 없는 한 우리는 예수교 경전인 소위 '성경'을 통해서 그에 대한 정보를 분석해내야만 한다. 곧, 그가 언제, 어디서, 누구의 자식으로 태어났으며, 어린 시절의 가정환경은 어떠했으며, 교육은 어디서 어떻게 어디까지 받고 성장했으며, 세례를 받은 후부터 죽임을 당하기까지 어떤 말과 행동으로써 가르침[천국복음]을 폈으며, 부활하고 승천하기까지 40일 동안의 지상에서의 삶은 어떠했는지, 그리고 승천 후 하나님 우편에 앉으신 후 현재까지의 활동은 무엇인지, 그에 대한 모든 정보를 경전 안에서 분석해 내야만 한다. 그러나 아쉽게도 경전은 그에 대한 극히 부분적인 정보만을 제공하고 있을 뿐이다. 그래서 그에 대한 온갖 억측(臆測:마땅한 근거나 이유 없이 짐작함)이 가능해지는 것도 사실이다.

　나는 예수교 경전인 '성경'을 읽으면서 그에 대해 많은 생각을 하게 되었는데, ①그가 진정 하나님의 아들인가, ②인간의 아들로서 스스로 노력하여 '하나님의 아들'이 되었는가, ③존재하지도 않은,

36

온전히 가공된 작품 속 인물인가를 놓고 나름대로 오랫동안 고민했었다. 그에 대한 판단의 근거가 될 만한 자료가 충분치 않은데다가, 이중적으로 모호하게 기술되었기 때문에 쉽게 단정 지어 말할 수 없기 때문이다.

그러나 예수의 정체성을 조명하는 본 장과 그의 가르침을 중심으로 밝히고 있는 제2장과 경전 내에서 키워드들이 어떻게 변화·발전해 왔는가를 중심으로 기술한 제6장을 통해서 보면, 예수는 분명, 인간의 아들이었는데 다만, 그가 하나님의 뜻을 새롭게 이해하여 전파함으로써 스스로 하나님의 아들이 되었다는 판단을 조심스럽게 내릴 수 있을 뿐이다. 물론, 과장되고 꾸며진 면이 없지 않지만, 그런 예수에 대하여, 바울은 '육신으로는 다윗의 혈통에서 나셨고, 성결의 영으로는 죽은 가운데서 부활하여 능력으로 하나님의 아들로 인정되었다(로마서 1:3~4)' 라고 다소 애매하게 말하고 있기도 하다.

여하튼, 많은 사람들이 믿고 있듯이, 그가 진정 하나님의 아들이라면, 이슬람교 경전인 '꾸란'에서 말하는 것처럼, 전지전능하신 하나님께서 굳이 아들을 두어서 천국복음을 대신 전파하고 ─ 사실, 구약시기에는 천국과 지옥이라는 용어 자체도 없었음 ─ 그를 속죄양으로 삼아 인류를 구원하겠는가? 또한, 아들이면 아들이지 성부聖父·성자聖子·성령聖靈이 한 신성神性에서 나온 것이라 하여 하나님과 동일시하는 것은 또 무엇인가? 다 인간의 불완전한 논리적 상상력의 산물인 문장文章에 집착하기 때문에 나타나는 현상이라고 본다. 결과적으로, 문장은 사람들에 의해 쓰여졌지만, 그 문장들은 또 다른 문장을 낳았으며, 그 과정에서 온갖 궤변詭辯들을 담아냈던 것이다.

이 장에 실리는 스물여섯 편의 글들은 우리가 궁금해 하는 예수의 정체성을 파악하기 위한 글들로서 그를 이해하는 데에 도움을 주리라 믿는다. 독자 여러분의 냉철한 판단을 기다리고 있다.

-2011. 02. 25.

그리스 아토스 산에 있는 성 바울 사원의 나무 십자가 모형물. (13세기 작품)
Wooden cross decorated with miniatures in the monastery of St. Paul. 13C.

예수의 출현에 대하여

예수는 매우 특별하게 '마리아'에게서 태어났다(마태복음 1:16, 누가복음 1:30). 특별하게 태어났다 함은, 마리아가 '요셉'이란 남자와 정혼했으나 동침하지 않은 상태에서 '성령'으로써 잉태되었고(마태복음 1:18, 1:20), 잉태되기 전에 하나님의 사자使者 가브리엘 천사가 내려와 요셉과 마리아에게 각각 그 같은 사실을 미리 알려 주었고, 심지어는 장차 낳을 아이의 이름까지 지어 주었다(누가복음 1: 31). 뿐만 아니라, 아기 예수를 찾아 죽이려는 헤롯의 학정虐政을 피해 애굽 땅으로 피신가고, 출생지로 되돌아오는 일까지 알려주는 등(마태복음 2:13) 하나님으로부터 보살핌을 받는 인간의 아들로 태어났음을 말한다. 그래서일까, 예수가 서른 살이 되어 요한으로부터 세례를 받을 때에 하나님은, "내 사랑하는 아들이요, 내 기뻐하는 자라(마태복음 3:17)." 고 공개적으로 말씀하시기도 했다.

그렇게 태어난 예수는, 모세의 율법대로 8일째 되는 날에 할례를 받았고(누가복음 2:21), 그의 어머니는 아들을 낳은 지 40일째 되는 결례의 날에 '첫 태胎에 처음 난 남자마다 주의 거룩한 자'로 여기어 성전으로 가서 비둘기 한 쌍이나 혹은 어린 반구 둘(a pair of doves or two young pigeons)로써 제물을 바치었다(누가복음 2:22~24).

예수에게는 야고보·요셉·시몬·유다 등 4명의 남동생과 2명 이상의 여동생이 있었으며(마태복음 13:55~56), 성장지로서 고향인 나사렛에서는 '목수의 아들(마태복음 13:55)' 또는 '목수(마가복음 6:3)'라 불리었다.

예수는 '하나님이 준 모세의 율법을 좇아 모든 일을 마치고, 갈릴리로 돌아가 나사렛에서 성장했는데, 자라며 강하여지고, 지혜가 충족하며, 하나님의 은혜가 그 위에 있었다(누가복음 2:39~40)' 한다.

예수의 부모는 매년 유월절을 당하여 예루살렘으로 갔고, 예수가 열두 살 때에도 절기의 전례를 좇아 그곳에 갔다가 귀가歸家하는데, 예수는 사흘 동안이나 예루살렘에 더 머물면서 선생들과 함께 앉아서 듣기도 하고 묻기도 했다는데, 그들 모두가 어린 그의 지혜와 대답을 기이하게 여겼다는 것이다. 다시 말해서, 예수는 어렸을 때부터 하나님에 대한 생각이 남달랐다는 것이다.

아들 예수가 없어진 줄을 뒤늦게 안 그의 부모는 다시 예루살렘으로 돌아가 성전에 있는 아들을 발견하고, 어머니가 아들 예수에게 나무라기를, "어찌하여 우리에게 이렇게 하였느냐? 보라. 네 아버지와 내가 근심하여 너를 찾았노라."했다. 그러자 예수는, "어찌하여 나를 찾으셨나이까? 내가 내 아버지 집에 있어야 될 줄을 알지 못하셨나이까?"하며, 오히려 자신에게 핀잔주는 어머니를 의아스럽게 생각했다는 것이다(누가복음 2:41~49). 그 후 예수는 지혜와 그 키가 자라가며, 하나님과 사람에게 더 사랑스러워졌다는데(누가복음 2:52) 열세 살 이후부터 요한으로부터 세례를 받던 서른 살이 되기까지 약 17년 동안의 기록은 전무全無한 상태이다.

그런데 예수의 탄생에 대하여 골로새서 제1장 15절로부터 17절까지에 이렇게 적혀있다.

　그는 보이지 아니하시는 ①하나님의 형상이요, ②모든 창조물보다 먼저 나신 자니, ③만물이 그에게 창조되되 하늘과 땅에서 보이는 것들과 보이지 않는 것들과 혹은 보좌들이나 주관들이나 정사들이나 권세들이나 만물이 다 그로 말미암고, 그를 위하여 창조되었고, 또한 그가 만물보다 먼저 계시고, ④만물이 그 안에 함께 섰느니라.
(*위 ①②③④ 등 동그라미 속의 숫자는 문장의 이해를 돕기 위하여 필자가 임의로 붙인 것임.)

　「골로새서」는 바울과 형제 디모데가 골로새(현재 터키의 서남쪽 도시 데니즐리Denizli에서 남동쪽으로 조금 떨어져 있는 호나즈Honaz라는 마을로 추정됨)에 있는 성도들에게 보낸 편지의 내용인데, 그 편지에서 예수에 대하여 이렇게 적었다는 뜻이다. 예수는 ①하나님의 형상이고, ②모든 창조물보다 먼저 나신 자이며, ③만물의 실질적 창조주 구실을 한 주인이며, ④만물의 본질이 되었다는 것이다. 만약, 이 편지 내용이 편지를 쓴 사람의 주관적 판단이 아니고 사실이라면 창세기에서도 이런 언급이 있었어야 하지 않겠는가? 직접적인 언급이 없다면 적어도 암시가 될 만한 어떤 단서라도 있어야 하는데 그렇지 않다는 사실이다. 아마도, 예수를 하나님과 동일시하려니 이런 발상이 나온 것이 아닐까 싶기도 하다.
　한편, 잠언 제8장 22절로부터 31절까지에서 보면, 그런 해괴한 발상을 뒷받침해 주는 듯한 모호한 구절이 있다.

여호와께서 그 조화의 시작 곧 태초에 일하시기 전에 나를 가지셨으며, 만세전부터, 상고부터, 땅이 생기기 전부터 내가 세움을 입었나니, 아직 바다가 생기지 아니하였고, 큰 샘들이 있기 전에 내가 이미 났으며, 산이 세우심을 입기 전에, 언덕이 생기기 전에 내가 이미 났으니, 하나님이 아직 땅도, 들도, 세상 진토의 근원도 짓지 아니하셨을 때에 (이)라. 그가 하늘을 지으시며 궁창으로 해면에 두르실 때에 내가 거기 있었고, 그가 위로 구름 하늘을 견고하게 하시며 바다의 샘들을 힘 있게 하시며, 바다의 한계를 정하여 물로 명령을 거스리지 못하게 하시며, 또 땅의 기초를 정하실 때에, 내가 그 곁에 있어서 창조자가 되어 날마다 그 기뻐하신 바가 되었으며, 항상 그 앞에서 즐거워하였으며, 사람이 거처할 땅에서 즐거워하며 인자들을 기뻐하였었느니라.

「잠언」은 다윗의 아들이자 이스라엘의 왕 솔로몬이 썼다(잠언 1:1). 지혜와 훈계를 알게 하며, 명철의 말씀을 깨닫게 하며, 지혜롭게 의롭게 공평하게 정직하게 행할 일에 대하여 훈계를 받게 하며, 어리석은 자로 슬기롭게 하며, 젊은 자에게 지식과 근신함을 주기 위한 것이라는(잠언 1:2~4) 단서가 붙어있다. 그런데 그 잠언에서 솔로몬은 자신을 하나님이 만물을 창조하기 이전부터 가지셨고, 세우셨다니 참으로 가당찮은 말을 하는 오만함과 궤변으로써 자신의 존재를 신의 아들로 둔갑시켜 놓고 있다. 신神조차 그들이 문장으로서 만들어 왔다는 사실을 뒷받침해주는 결정적인 단서(端緖:어떤 문제를 해결하는 쪽으로 이끌어 가는 일의 첫 부분, 곧 실마리)라고 생각한다.

우리를 더욱 당혹스럽게 하는 것은, 분명히 위 인용문의 '나'와 '내'는 솔로몬인데 예수[1]와 예수에 집착하는 이들[제자들]에 의해서 이 '나'와 '내'가 예수로 해석된다는 사실이다. 그리하여 그들은 예

수에 대하여 '우주만물보다 먼저 창조된 영자靈子이고, 그를 한 여자
의 태로 옮기셔서 인간세상으로 보내었다고 말한다. 그래서 예수는
매우 특별한 존재이고, 하나님을 가장 많이 닮은 분이고, 굳이 그를
보내심은 "①율법 아래 있는 자들을 속량(贖良:남의 근심과 재난을 대신하
여 받음) 하시고 ②우리로 아들의 명분을 얻게 하려 하심이라(갈라디아
서 4:5)."는 것이다. 참으로 그럴 듯한 궤변詭辯이 아닐 수 없다.

  그들이 덧붙이기를, 그렇게 함으로써 인간을 하나님의 종從에서
아들[子]로 격상시켰고, 하나님은 인간들로부터 '아버지'라 불리게
되었으며, 아들로 하여금 하나님으로부터 유업을 잇게 하기 위해서
라는(갈라디아서 4:4~7) 것이다.

  아뿔싸, 이쯤 되면 너무나 인간적이고 너무나 어처구니없는 해석
이 아닌가?

---

1) 솔로몬의 기록을 등에 업은(모방한 듯한) 예수의 발언
자신을 '하나님의 아들로서 창세전부터 하나님과 함께 있었다'라고 말한 솔로몬의 지혜를 예수가
배운 것일까? 아니면, 처음부터 분명한 하나님의 아들이었던 예수에 대한 사실을 솔로몬이 예언한
것이었을까? 사실, 예수는 자신에 대하여 사람의 아들이라는 뜻의 '인자(人子)'라는 말을 시종일관
붙여 쓰면서, '안식일의 주인(마태복음 12:8, 누가복음 6:5)'이니, '창세전부터 하나님과 영화를 함
께했다(요한복음 17:5)'느니, '나와 아버지는 하나이니라(요한복음 10:30)'느니 말함으로써 오늘날
삼위일체설의 단서를 제공하였다. 그러면서 모든 성경이 자신에 대하여 증거하고 있다고 함으로써,
자신이 하나님인지, 하나님의 아들인지 그만 모호하게 만들고 있다. 아래 ①~⑤는 예수가 다윗의
후손이라는 사실을 부정하는 직간접의 언급들이다. 다시 말해, 인자(人子)가 아니고 천자(天子)임을
강조한 말들이다.
①이에 모세와 및 모든 선지자의 글로 시작하여 모든 성경에 쓴 바 자기에 관한 것을 자세히 설명하
  시니라(누가복음 24:27).
②너희가 성경에서 영생을 얻는 줄 생각하고 성경을 상고하거니와 이 성경이 곧 내게 대하여 증거
  하는 것이로다(요한복음 5:39).
③또 이르시되, "내가 너희와 함께 있을 때에 너희에게 말한 바 곧 '모세의 율법과 선지자의 글과
  시편에 나를 가리켜 기록된 모든 것이 이루어져야 하리라'한 말이 이것(부활)이라." 하시고(누가
  복음 24:44)
④모세를 믿었더면 또 나를 믿었으리니, 이는 그가 내게 대하여 기록하였음이라(요한복음 5:46).
⑤예수께서 가라사대, "진실로, 진실로 너희에게 이르노니, 아브라함이 나기 전부터 내가 있느니
  라." 하시니(요한복음 8:58)

하나님이 너무 늙으셨다는 뜻인지, 아니면 돌아가실 때가 다 되었다는 뜻인지, 아니면 권력이양이라도 미리 해두겠다는 뜻인지 알 수 없는 노릇이다. 정말이지, 예수의 출현에 대하여 기록하고 있는 사대복음을 믿어야 하는지, 아니면 「잠언」을 믿어야 하는지, 아니면 「골로새서」를 믿어야 하는지, 아니면 이들 셋을 다 믿으면서 또 하나의 궤변을 만들어 내야 하는 것인지 혼란스럽기 짝이 없다. 단적으로 말해서, 예수가 성령으로 잉태되었다면 아버지 요셉과는 아무런 상관관계가 없음에도 불구하고, 예수를 아브라함과 다윗의 자손(마태복음 1:1)이라고 강조하는 모순에서 자유롭지 못하리라.

  -2009. 04. 26.

'하나님의 아들' 이라는 용어에 대하여

'하나님의 아들' 이라 하면, 우리는 예수를 먼저 떠올리게 되지만, 사실 이 말은 「창세기」에서부터 쓰였다(창세기 6:2, 6:4). 물론, '하나님의 아들들' 이라는 복수 형태로 쓰였는데, '사람의 딸들' 이라는 말과 대립되는 개념으로서 사용되었을 뿐 특정인을 두고 한 말은 아니다. 아마도, 「창세기」 집필자는 하나님의 피조물로서 하나님의 뜻을 믿고 따르는, 타락하지 아니한 아담의 직계 후손들을 '하나님의 아들들' 이라 표현한 것 같고, 오로지 육체적인 관계로써 번성하였으되 하나님의 뜻을 저버리거나 외면하는, 타락한 이들을 '사람의 딸들' 이라는 말로써 구분, 표현한 것 같다. 그러고 보면, 하늘은 아들이면서 선한데 땅은 딸이면서 악하고, 하나님이 순결이라면 사람은 타락이라는 이분법적 사고가 아주 오래전부터 인간의 의식 속에 깔려있었음을 보여주는 단서라 아니 말할 수 없다.

구약에서는 이 창세기 외에 유일하게 「욥기」에 '하나님의 아들들' 이라는 용어가 세 번 쓰였는데(욥기 1:6, 2:1, 38:7) 역시 같은 의미로 사용되었다. 간단히 말하여, 하나님의 뜻에 따라 믿음을 갖고 지상에서 살아가는, 하나님 시각에서는 의인義人에 해당하는 사람들이 하나님의 아들이었던 셈이다.

그런데 이 '하나님의 아들'이란 개념이 확대되어 '하나님의 자녀(신명기 32:5, 호세아 1:10)'라는 말로 바뀌어 쓰이기 시작했는데, 구약에서는 「신명기」와 「호세아」에서 각각 한 차례씩 쓰였음을 확인할 수 있다. 이들 '하나님의 자녀'도 하나님이 선택한 백성을 두고 한 말일 뿐으로 결국, 남자 외에 여자도 포함될 수 있음을 말해줄 뿐이다.

그러나 예수의 행적을 중심으로 기술하고 있는 복음서를 집필한 마태·마가·누가·요한 등은 예수 개인을 '하나님의 아들'이라 직·간접으로 기술하였는데(마태복음 4:3, 4:6, 8:29, 14:33, 16:16, 26:64, 27:40, 27:43, 27:54, 마가복음 1:1, 3:11, 5:7, 15:39, 누가복음 1:35, 4:3, 4:9, 4:41, 8:28, 22:70, 요한복음 1:34, 1:49, 5:25, 11:4, 11:27, 20:31, 사도행전 9:20, 로마서 1:4, 고린도후서 1:19, 갈라디아서 2:20, 3:26, 에베소서 4:13, 히브리서 6:6, 요한1서 3:8, 4:15, 5:5, 5:10, 5:12, 5:13, 5:20, 요한계시록 2:18), 그것도 하나님이 처음부터 뜻을 두어 성령으로써 동정녀 마리아의 몸을 빌려 낳은 외아들이라는 것이다. 뿐만 아니라, 그들의 기술記述 속에서는 예수 자신도 본인이 하나님의 아들이라고 말한다(마태복음 26:63~64). 바로 여기에 논쟁과 의심의 불씨가 살아있지만 아직도 그 불씨를 끄지 못하고 있는 상황이다. 그러나 이 책의 '예수의 정체성' 장을 다 읽으면 자연스럽게 판단이 서리라 믿는다.

한 가지 재미있는 사실은, 같은 하나님을 믿는 이슬람교에서는 그런 예수에 대하여 전혀 다른 시각에서 바라본다는 점이다. (이에 대해서는 다른 글 「'꾸란'에서 말하는 예수」를 참고하기 바란다.) 게다가, 이 '하나님의 아들'이라는 개념이 '천국의 아들들(마태복음 5:9, 13:38)' 또는 '부활의 자녀(누가복음 20:36)' 또는 '약속의 자녀(로마서 9:8)' 등 유사개념을 만들어내며 확대·재생산되고 있다는 사실이다. 그런데 이들은 '마귀의 자녀(요한1서 3:10)'니 '육신의 자녀(로마서 9:8)'라는 조어造語들과 대립되는 개념으로 사용되고 있다.

더욱, 우리를 당혹스럽게 하는 것은, 예수를 하나님의 아들이라 하면서, 그가 천국에서 하나님 우편에 앉아 계시다가 세상 '끝날'에 산 자와 죽은 자를 심판하러 오시고, 그 결과 착한 사람들은 천국에서 영원히 함께 산다고 강조함으로써 그의 위상을 정립해 놓다 보니 그들(경전 집필자들)로서는 천국에 들어가는 사람들을 계산해 넣지 않을 수 없었던 것 같다. 그리하여 그들은 예수를 믿는 것만으로도 하나님의 아들이나 하나님의 자녀가 된다(요한1서 4:15, 요한복음 1:12)고 주장했던 것이 아닌가 싶다.

이처럼 '하나님의 아들'이라는 용어가 경전 내에서 어떻게 사용되었는지, 그것의 변화과정을 읽게 되면 경전을 집필한 사람들에 의해서 그 의미가 점진적으로 확대·심화되고, 경우에 따라서는 변용되기도 함을 알 수 있다. 결국, 이런 현상은 신神이 인간에게 말하는 것이 아니라 인간이 신에 대해 말할 뿐임을 시사(示唆:어떤 것을 미리 간접적으로 표현해 줌. '귀띔', '암시', '일러 줌'이라는 뜻)해 주는 것으로서 인간에 의해서 교리가 점진적으로 발전해 왔다는 증거이기도 하다.

-2009. 04. 23.

하나님의 아들인가 사람의 아들인가

예수교 경전에는 나사렛 예수가 '하나님의 아들'이라고 분명하게 기록되어 있다.[2] 그것도 하나님의 '사랑하는 아들이요, 기뻐하는 자(마태복음 3:17)'라 한다. 물론, 예수 자신도 하늘에 계시는 하나님에

---

2) '하나님의 아들' 이라는 용어와 예수가 하나님의 아들이라는 기술에 대하여

'하나님의 아들'이라는 용어는 전체 13서에서 49회 사용되고 있다. 이 가운데 창세기(2회)와 욥기(3회)에서는 '하나님의 아들들'이라는 복수 형태로 쓰였는데, 이 경우는 하나님의 뜻에 따라 창조한 하나님의 백성이라는 넓은 의미로 사용되었다. 그리고 하나님과 예수를 믿음으로써 천국의 구성원이 되었다는 의미에서 '하나님의 아들'이란 표현이 사용되고 있기도 하다(갈라디아서 3:26).

그러나 특정인 예수를 하나님의 아들로 말하는 것은, 마태복음(10회), 마가복음(4회), 누가복음(6회), 요한복음(6회), 사도행전(1회), 로마서(4회), 고린도후서(1회), 갈라디아서(1회), 에베소서(1회), 히브리서(1회), 요한1서(7회), 요한계시록(1회) 등 11서에서 43회 사용되었다. 이들 가운데 예수를 가장 확실하게 하나님의 아들로 말한 경우로는, ①배에 있는 사람들이 예수께 절하며 가로되, '진실로 하나님의 아들이로소이다' 하더라(마태복음 14:33) ②시몬 베드로가 대답하여 가로되, 주는 그리스도시요, 살아계신 하나님의 아들이시니이다(마태복음 16:16) ③예수를 향하여 섰던 백부장이 그렇게 운명하심을 보고 가로되, '이 사람은 진실로 하나님의 아들이었도다' 하더라(마가복음 15:39) ④천사가 대답하여 가로되, 성령이 네게 임하시고 지극히 높으신 이의 능력이 너를 덮으시리니, 이러므로 나실 바 거룩한 자는 하나님의 아들이라 일컬으리라(누가복음 1:35) 등을 들 수 있을 것이다.

더욱 중요한 것은, 사도신경에서 예수를 하나님의 '외아들'이라고 분명하게 못 박고 있고, 대제사장이 예수를 심문할 때에 "네가 하나님의 아들 그리스도인지 우리에게 말하라." 하자, 예수가 "네가 말하였느니라." 한 대목이다(마태복음 26:63~64).

대해서 '나의 아버지'라는 말을 사용하였다(요한복음 14:28). 뿐만 아니라, 아버지는 오직 한 분이며, 자신에게는 '지도자'라는 칭호를 썼다(마태복음 23:9~10). 그럼에도 불구하고, 당시 유대인들은 그를 하나님의 아들은커녕 지도자로도 인정하지 않았다. 인정하지 않은 것만이 아니라 그를 모함하여 죽이려 했고, 결국은 죽이기까지 했다.

그래서일까, 예수는, 하나님이 내세운 선지자들을 유대인들이 알아보지 못하고 그들을 죽이기까지 했다면서, 자신도 그와 같은 대접을 받을 뿐이라고 미리부터 우려하는 말을 하기도 했다(마태복음 5:12, 23:29, 23:31, 사도행전 7:52, 데살로니가전서 2:15). 또한, 경전 집필자들은, 그런 예수에 대하여 매우 특별한 존재로 부각시키지 않으면 안 되었을 것이다. 곧, 인간의 아들이 아니라, 하나님이 보낸 하나님의 아들로서 말이다.

그래서 경전 집필자들이 궁여지책窮餘之策으로 강구한 것이 무엇인가? 그것은, 하나님의 전지전능에서 나오는, 하나님만이 가지는 '권능(권한+능력)'이란 것을 부여하여 그에게 '특별한 능력'을 갖도록 하는 일이었다. 그렇지 않으면, 하나님이 보낸 하나님의 아들로 인정받기 어렵기 때문일 것이다.

그렇다면, 사람들은 왜 그런 생각을 했을까? 그것은, 하나님의 뜻을 따르는, 하나님에 속한 사람들은 한결같이 하나님이 부여하는 권능으로써 특별한 능력을 발휘해 왔다는 선대先代의 기록들이 있어왔기 때문에 굳어진 고정관념이라고 생각한다. 상식적으로 생각해도, 하나님의 뜻이자 계획인 낯선 '천국복음'을 인간 세상에 전파하는 목적을 달성시키기 위해서라도, 그 전파자는 보통의 인간들과는 다른 능력이 있어야 했기 때문일 것이다. 더욱이, 타락한 인간 세상 속으로 아들을 보내는 아버지 하나님 입장에서도, 그 아들에게 만큼은 인간들이 갖지 못하는, 다른 성품과 다른 능력을 부여해야만 했을 것이다. 그렇지 않고서는 임무수행이 불가능할 뿐만 아니라 하나님의 아들로서 체면과 권위가 서지 않을 것이기 때문이다. 이런 인간적인 생각과 판단이 작용하여 경전 집필자들은 예수에게 엄청난 능력과 각별한 성품을 부여했던 것이다.

그래서 이 땅에 오신 예수는 어떠했는가?

①태어날 때부터 유사 이래 없었던 방식인, 성령으로써 한 약혼녀의 몸을 빌려 태어났다. 그렇게 태어난 예수는 성장하여 세례 요한으로부터 요단강에서 물로써 세례를 받고, 그 후, ②성령에 이끌리어 광야로 나가 사십 일 동안이나 금식으로 주린 채 마귀의 시험을 받았다. 헐벗은 바위산에서 행해진 사십 일 동안의 금식을 생각한다면 보통 사람으로서는 상상하기조차 어려운 일이지만 어쨌든, 예수는 금식하면서 시험을 받았다. 하나님 입장에서 보면, 일종의 수련[鍛鍊]인 셈이지만 말이다. 그런 후부터 그에게는 남다른, 아니, 보통의 사람들이 갖지 못하는 매우 특별한 능력을 갖게 되었다. 그 특별한 능력이란, 마음만 먹으면 초인간적·초자연적 현상을 얼마든지 일으키는 힘이었다. 곧, ③거친 풍랑을 말씀만으로 잠재우고, ④온갖 병을 마음과 말로써 치료함은 물론 귀신들을 축출하고 ⑤하늘을 향하여 축사함으로써 눈 깜짝할 사이에 수천 명 이상이 먹을 수 있는 양의 음식(빵과 물고기 등)을 만들어내고, ⑥이미 죽은 자를 살려내고, ⑦자타自他의 운명을 미리 알아차리고, ⑧필요시 자신의 외형을 변형시키고, ⑨대단히 뛰어난 수사력으로 강론을 펼쳤으며, 말한 대로 이루어지지 않는 것이 없는 것처럼 다양한 기현상(물을 포도주로 바꾸고, 사람들의 눈을 어둡고 밝게도 하고…)을 일으켰다. 뿐만 아니라, ⑩물고기 입에서 세금 낼 돈을 구하고, ⑪말 한마디로써 무화과나무를 말

라죽게 하고, 심지어는 ⑫칼에 베이어 떨어진 대제사장 종의 귀를 손으로 만져 복원시키고 ⑬십자가에 못 박혀 죽은 후 사흘 만에 스스로 부활하고, ⑭제자들이 보는 앞에서 승천하여 하나님 우편에 앉으셨다. 그런 다음에도 끊임없이 자신의 제자들이 천국복음을 세상 끝까지 전파할 수 있도록 ⑮'보혜사'라는 이름의 성령을 하나님으로 하여금 내려 보내도록 하고 있고, ⑯세상 끝 날에는 왕권을 부여받고 산 자와 죽은 자를 심판하러 이 땅에 다시 오실 것이라고 약속해 놓고 있다.(이상은 해당 경전을 읽고 필자가 임의로 정리한 것이다. 나열하기로 하면 이들 외에도 더 있다.)

예수의 능력이 이 정도라면, 그를 과연 '사람의 아들'이라고 말할 수 있을까? 물론, 없다. 그렇지만, 예수는 자신을 두고 한사코 '사람의 아들[人子]'이라고 강조했지만(마태복음 8:20, 마가복음 2:10, 누가복음 5:24, 요한복음 1:51 외 다수) 결코 사람의 아들일 수는 없다. 그렇다고, '하나님의 아들'이라고 단정 지어 말할 수 있을까? 알 수 없는 노릇이다. '하나님이야 말씀만으로도 우주만물을 창조하신 주체인데 뜻만 있다면 무엇인들 못 만들어 내겠는가'라고 생각을 해볼 수 있지만, 하나님은 인간 세상 속으로 보내는 자신의 아들을 꼭 그렇게 만들어야만 했을까? 여전히 납득되지 않는 일이다.

분명한 것이 있다면, 그가 하나님의 아들이든 사람의 아들이든, 위의 능력을 발휘하는 존재라면, 그는 이미 초자연적·초인간적인 상태에 머물러 있어 인간의 이성이나 논리로는 설명될 수 없는 존재라는 사실이다. 바로 그 점 때문에 믿는 사람들은 주저하지 않고 하나님의 아들로 받아들이겠지만 믿지 못하는 사람들은 그가 사람의 아들도 아니고, 하나님의 아들도 아니고, 인간의 꿈이 이입된, 투사投射된 가공된 인물이라고 판단할 것이다.

공연한 상상이지만, 지금 당장이라도, 예수가 보여주었던 하나님의 권능과 성령에 의한 여러 가지 표적들을 일으키면서 천국에서의 영생을 약속해 주는 이가 나타난다면, 우리는 과연 그를 어떻게 받아들일까? 그리고 여러 가지 표적들을 일으키지 못하면서 천국에서의 영생을 약속해 주는 이가 나타난다면, 우리는 또 그를 어떻게 받아들일까? 문제는, 예수가 승천한 후 인간의 아들들로서는 그 누구도 그가 보여준 능력을 구사하지 못했으며, 앞으로도 없을 것이라는 사실이다. 그렇다면, 하나님의 사랑하는 아들이 아니기에 하나님께서 자신만의 권능과 성령을 부여하지 않기 때문일까? 아니면, 겨자씨만한 믿음만 있어도 산을 여기서 저리로 옮겨 놓을 수 있을 뿐 아니라 못할 일이 없다 했는데(마태복음 17:20), 오늘날까지 그런 믿음을 가진 이들이 없었다는 뜻일까? 전자도 후자도 아니라고 생각한다. 마치, 우리가 단 한 번도 보지 못한 신神을 본 것처럼 자신들의 내부로 끌어들여서 그를 구체화시켜 왔듯이, 문장으로써 신의 세계를 펼쳤던 경전 집필자들이 인간 예수를 신의 아들로 둔갑시켜 놓은 것은 아닐까 싶다.

　-2008. 10. 10.

예수와 '인자人子' 와의 관계

　예수교 경전인 '성경'을 주의 깊게 읽다보면, '인자(人子: a son of man)' 라는 용어가 약 184(영문성경에서는 188회)회 가량 쓰이고 있음을 확인할 수 있다. 가장 많이 사용된 곳은 「에스겔서」인데, 여기에서는 하나님이 에스겔 선지자 개인을 부를 때에 한 말로서 일백여 차례 가깝게 사용되었다. 그 다음이 예수의 행적을 중심으로 기술하고 있는 사대복음(마태·마가·누가·요한복음)에서인데 약 78회 정도가 사용되었고, 그 대부분은 예수가 자신을 일컬어 쓰거나 그의 제자들이 그를 지칭하여 썼다. 뿐만 아니라, 승천하여 하나님 우편에 앉아계신 예수, 그러니까 천국에 계시다는 그에 대해서도 계시록을 집필한 요한은 '어린 양 = 인자' 라는 말로써 호칭하였다. 전체적으로 보면, 하나님이 에스겔 선지자를 직접 부를 때에, 그리고 예수가 스스로 자신을 일컬어 이 '인자' 라는 말을 많이 썼는데, 사실 이들보다 먼저 쓴 예가 있으니 그것은 「민수기」·「시편」·「잠언」·「이사야」·「예레미야」 등에서이다.

　「민수기」에서는, '발람' 이라는 술사術士가 모압 왕 '발락' 에게 노래를 지어 불렀다는 말 가운데에서 기록되었는데, 하나님이 그에게 임한 상태였기 때문에 발람이 자의自意에 의해서 썼다기보다는 하나님 의도 하에 쓰여진 말이라 해야 할 것이다(민수기 23:16~19). 물론, 이때에는 영이신 하나님의 온전함과 인간의 불완전함을 구분하기 위해서 사용되었다. 곧, "하나님은 인생이 아니시니 식언食言치 않으시고, 인자人子가 아니시니 후회가 없으시도다. 어찌, 그 말씀하신 바를 행치 않으시며, 하신 말씀을 실행치 않으시랴(민수기 23:19)."라는 말이 그 증거다.

그리고 「시편」 제80장에서는, "주主의 우편에 있는 자 곧 주를 위하여 힘 있게 하신 인자人子의 위에 주의 손을 얹으소서(시편 80:17)."라고 기록되었는데, 하나님을 위하여 힘 있게 한 사람 곧, 하나님 우편에 있는 사람(이스라엘 백성을 이끄는 지도자)을 두고 이 말을 사용함으로써, 영이시어 하늘에 계시는 하나님과 인간이어 땅에 있는 이스라엘 백성 내지는 그 지도자를 구분하기 위해서 사용했던 것이다.

그리고 「잠언」·「이사야」·「예레미야」서에서는 특정인이 아닌 일반사람을 지칭하여 인자라는 말이 사용되었을(이사야 51:12, 예레미야 49:18, 50:40, 51:43) 뿐이다.

그렇다면, 우리는 여기서 한 가지 사실을 추론推論할 수 있다. 그것은 곧, '예수가 「시편」과 「에스겔」 예언서 등을 탐독하여 그 '인자'라는 말의 의미를 잘 알고 있었기 때문에 자연스럽게 자신을 가리켜 사용했을 가능성이 매우 높다는 사실이다. 다시 말해서, 하나님이 믿음직스런 선지자 에스겔을 부를 때에 '인자'라고 했듯이, 또한 하나님을 위하여 힘 있게 하는(하나님을 믿고 따르는 혹은 그렇게 이끄는) 지도자가 스스로 '인자'라는 말을 썼듯이, 예수도 그런 내용을 익히 잘 알고 있는 터라 자연스레 '인자'라는 말로써 자신의 정체성을 스

54

스로 부여하지 않았나 싶다는 뜻이다.

다시 그렇다면, 하나님의 아들인 예수는, 아니, 안식일의 주인(마태복음 12:8, 누가복음 6:5)이면서 성전보다 더 큰(마태복음 12:6) 예수는 왜 자신을 두고 한사코 인자라는 말을 붙여 사용함으로써 '사람의 아들'이라고 강조하였을까? 그 배경이 심히 의심스럽지만 정확한 판단을 내리기에는 여간 조심스러운 일이 아닐 수 없다.

일방적으로 추측컨대, ①자신이 요셉과 마리아 사이에서 태어난, 분명한 사람의 아들이기 때문일 가능성이 높고, 전제했다시피, ②하나님을 힘 있게 한 사람을 두고 하나님 우편에 있는 존재로 기록했던 「시편」의 내용과 ③하나님이 믿을만한 에스겔 선지자를 인자로 직접 불렀던 점 등을 예수가 익히 알고 있기에 모방했을 가능성이 높다. 뿐만 아니라, ④'하나님의 아들' 또는 '유대인의 왕'이라고 예수가 직접 말하지 않은 것은 아니지만 '사람의 아들'이라는 말을 앞세움으로써 위정자들에게 반감을 줄이고자 했던 전략적 판단에서 나온 것일 수도 있겠다는 생각이 든다.

이런 추론을 가능하게 하는 방증(傍證:사실을 증명하는 직접적인 증거는 아니지만, 주변의 상황으로서 증명에 도움이 되는 간접적인 증거)이 없지 않다. 그것은 바로, ①예수 스스로가 자신은 죽어도 부활하여 승천함으로써 하

---

3) 주께서 한 포도나무를 애굽에서 가져다가 열방(列邦)을 쫓아내시고 이를 심으셨나이다. 주께서 그 앞서 준비하셨으므로 그 뿌리가 깊이 땅에 편만(遍滿)하며, 그 그늘이 산들을 가리우고, 그 가지는 하나님의 백향목 같으며, 그 가지가 바다까지 뻗고, 넝쿨이 강까지 미쳤거늘, 주께서 어찌하여 그 담을 헐으사 길에 지나는 모든 자로 따게 하셨나이까? 수풀의 돼지가 상해하며 들짐승들이 먹나이다. 만군의 하나님이여, 구하옵나니, 돌이키사 하늘에서 굽어보시고 이 포도나무를 권고(眷顧)하소서. 주의 오른손으로 심으신 줄기요, 주를 위하여 힘 있게 하신 가지니이다. 그것이 소화(燒火)되고 작벌(斫伐)을 당하며 주의 면책을 인하여 망하오니, 주의 우편에 있는 자 곧 주를 위하여 힘 있게 하신 인자(人子)의 위에 주의 손을 얹으소서. 그러하면 우리가 주에게서 물러가지 아니하오리니, 우리를 소생케하소서. 우리가 주의 이름을 부르리이다. 만군의 하나님 여호와여, 우리를 돌이키시고 주의 얼굴빛을 비취소서. 우리가 구원을 얻으리이다(시편 80:8~19).

나님 우편에 앉겠다고 말한 것이나, ②하나님과 이스라엘 백성들의 관계를 포도나무로 빗댄 「시편」의 수사법[3]을 예수가 그대로 빌려 쓰고 있다는 점[4]이나, ③하나님이 창세전부터 솔로몬을 세웠다는 잠언 기록[5]을 익히 알고 있기에 예수 자신도 아브라함이나 다윗이 태어나기 전부터 이미 존재했었다고 주장하고 있다는 점[6]이나, ④ 「말라기」에서 하나님의 심판이 있기 전에 엘리야를 보내겠다고 했는데(말라기 4:5~6) 예수가 오기 전에 요한을 먼저 보내 길을 예비했다는 점 등이다.

　이처럼 예수가 자신에 대하여 인자라는 말을 사용했다는 것은, 기록이 기록을 낳은 결과라는 또 다른 사실을 암시해준다. 덧붙이자면, 예수가 유대교 경전인 오늘날의 구약(여기서 거론되는 「시편」·「잠언」·

---

4) 내가 참 포도나무요, 내 아버지는 그 농부라. 무릇 내게 있어 과실을 맺지 아니하는 가지는 아버지께서 이를 제해 버리시고, 무릇 과실을 맺는 가지는 더 과실을 맺게 하려하여 이를 깨끗케 하시느니라. 너희는 내가 일러 준 말로 이미 깨끗하였으니 내 안에 거하라. 나도 너희 안에 거하리라. 가지가 포도나무에 붙어 있지 아니하면 절로 과실을 맺을 수 없음 같이 너희도 내 안에 있지 아니하면 그러하리라. 나는 포도나무요, 너희는 가지니, 저가 내 안에, 내가 저 안에 있으면 이 사람은 과실을 많이 맺나니 나를 떠나서는 너희가 아무 것도 할 수 없음이라. 사람이 내 안에 거하지 아니하면 가지처럼 밖에 버리워 말라지나니, 사람들이 이것을 모아다가 불에 던져 사르느니라. 너희가 내 안에 거하고 내 말이 너희 안에 거하면 무엇이든지 원하는 대로 구하라. 그리하면 이루리라. 너희가 과실을 많이 맺으면 내 아버지께서 영광을 받으실 것이요, 너희가 내 제자가 되리라(요한복음 15:1~8).

5) 여호와께서 그 조화의 시작 곧 태초에 일하시기 전에 나를 가지셨으며, 만세전부터, 상고부터, 땅이 생기기 전부터 내가 세움을 입었나니, 아직 바다가 생기지 아니하였고, 큰 샘들이 있기 전에 내가 이미 났으며, 산이 세우심을 입기 전에, 언덕이 생기기 전에 내가 이미 났으니, 하나님이 아직 땅도, 들도, 세상 진토의 근원도 짓지 아니하셨을 때에라. 그가 하늘을 지으시며 궁창으로 해면에 두르실 때에 내가 거기 있었고, 그가 위로 구름 하늘을 견고하게 하시며, 바다의 샘들을 힘 있게 하시며, 바다의 한계를 정하여 물로 명령을 거스리지 못하게 하시며, 또 땅의 기초를 정하실 때에 내가 그 곁에 있어서, 창조자가 되어 날마다 그 기뻐하신바가 되었으며, 항상 그 앞에서 즐거워하였으며, 사람이 거처할 땅에서 즐거워하며, 인자들을 기뻐하였었느니라(잠언 8:22~31).

6) 예수께서 가라사대, "진실로 진실로 너희에게 이르노니, 아브라함이 나기 전부터 내가 있느니라." 하시니 (요한복음 8:58)

「말라기」 등을 포함하여)을 탐독했을 가능성이 매우 크다는 점이고, 그럼으로써 그 내용의 핵심을 담고 있는 키워드들을 단순 모방했거나 심화시켜서 자기의 것으로 삼았다는 점이다.

이에 대한 진위문제를 분명하게 가리기 위해서는, 예수가 탐독한 책이 있으며, 있다면 무엇인가를 먼저 밝혀내야 할 것이다. 그리고 '성경' 속에는 유사하거나 동일한 내용의 반복이 적지 않은데 그것의 의미가 무엇인지를 명료하게 밝히는 것도 이 문제를 해결하는데 상당한 도움이 되리라 믿는다. 이 두 가지 과제에 대해서는 다른 글 「예수는 어떤 책을 읽었을까」와 「'성경' 속에서 유사하거나 동일한 내용의 반복이 뜻하는 것」 등에서 밝혀 보겠다. 이 글들을 참고하기 바란다.

-2011. 02. 07.

예수는 어떤 책을 읽었을까

예수가 열세 살부터 스물아홉 살까지 십칠 년 동안은 어디서 무엇을 하며 살았는지 경전 안에 언급이 전혀 없다 해도 틀리지 않는다.

예수는 출생부터 받아들이기 어려울 정도로 매우 특별했지만, 열두 살 때에 이미 하나님에 대한 깊은 이해가 있었던 것으로 판단된다(누가복음 2:46~47). 그리고 사람들이 그에 대해서 '목수의 아들'(마태복음 13:55) 혹은 '목수'(마가복음 6:3)라고 불렀던 점으로 미루어 보면 목수로서 생활했던 것으로 추측된다. 그는 서른 살에 요한으로부터 요단강에서 세례를 받고, 사십 일 동안 마귀의 시험을 받았으며, 그 때로부터 하나님이 부여한 권능으로써 초자연적 현상(이에 대해서는 다른 글 「하나님의 아들인가 사람의 아들인가」를 참고하기 바람)을 수없이 일으키며, 제자들과 무리들에게 천국복음에 대한 가르침을 폈으며, 짓궂은 질문자와 심문자들에게 논리적으로, 때론 신랄하게, 때론 근엄하게, 답변하거나 비판하는 등 매우 뛰어난 화술(話術:말솜씨)을 발휘하였다.

그가 일으킨 초자연적 현상들은 하나님이 보낸 아들이라는 사실을 믿게 하는 데에 동원된 하나님의 권능으로써 실현된 '표적(表跡:하나님의 아들임을 증명해 주는 근거로서 일으키는 초인간적·초자연적 현상)'이라지만, 천국복음과 관련된 인간적 가르침의 화술은 과연 어디에서 나온 것일까?

만약, 예수가 살아있어서 그에게 "당신은 어떻게 그리 말을 잘 합니까?"라고 묻는다면, 그는 아마도 이렇게 말할 것만 같다. 곧, '나의 말은 내가 하는 게 아니라 오로지 나를 보내신 이의 말이요, 뜻이고, 능력이니라.'라고 말이다. 왜냐하면, 예수는 제자들에게 이미 "너희를 넘겨줄 때에 어떻게, 또는 무엇을 말할까 염려치 말라. 그 때에 무슨 말할 것을 주시리니, 말하는 이는 너희가 아니라 너희 속에서 말씀하시는 자 곧 너희 아버지의 성령이시니라(마태복음 10:19~20)."고 말한 바 있기 때문이다.

그럼에도 불구하고, '예수가 서른 살이 되기 전에 주로 어떤 책을 읽었을까?'를 생각해 보았는데, 그의 교육적 환경에 대하여 별도의 기록이 없기 때문에 판단해 내기란 그리 쉽지 않다. 물론, 경전에서는 그의 부모가 나사렛에 살면서 매년 유월절에 즈음하여 예루살렘에 갔다는 사실(누가복음 2:41)과, 사람들이 예수를 두고 '목수의 아들(마태복음 13:55)' 또는 '목수(마가복음 6:3)'라고 불렀다는 사실이 기록되어 있을 뿐이다. 그리고 서른 살이 넘어서 회당 안에서 예배드릴 때에 예수가 성경 속의 「이사야」서를 읽었고(누가복음 4:17), 모든 성경을 읽었으리라(누가복음 24:27)는 간접적인 기록이 있긴 하다.

그렇다면, 예수가 읽었다는 그 '성경'이란 과연 무엇이며, 그 속의 어떤 글들을 읽고 무엇을 배웠기에 하나님의 천국복음에 대하여 고도의 수사법을 써가면서 유창한 말솜씨를 부릴 수 있었는지 궁금하기 짝이 없다.

따라서 이 문제를 해결하기 위해서는, 예수의 행적을 중심으로 기술하고 있는 마태·마가·누가·요한복음에서 예수가 직접 말한 부분만을 떼어낸 다음, 그 말들 속에서 예수가 직·간접으로 인용하고 있는 '기록'이나 선대先代의 '말'을 따로 뽑아내고, 그것들의 출처를 가능한 범위 내에서 일일이 확인해 보는 것이 현재로서 취할 수 있는 유일한 방법이라고 생각된다. 그도 그럴 수밖에 없는 것이, 예수는 ①기록되었으되 ②옛 사람에게 말한 바~ ③일렀으되 ④기록된 바 보라 ⑤~을 읽(듣)지 못하였느냐? ⑥하나님이 이르셨으되 ⑦~의 글에 보라 ⑧성경이 이루어지기 위해서(성경에~, 혹은 성경이 응하기 위해서 등) ⑨기타 왕이나 선지자 이름을 거명(이사야·엘리야·다니엘·모세·세례요한·요나·다윗·솔로몬 등)하는 방식 등으로써 자신이 읽었던 기록과 들은 말들을 인용하여 말[說敎]했기 때문이다. 특히, 예수는 약 열 번 정도 '성경'이란 단어를 사용하였고, 그 가운데 기록을 곧잘 인용하였다. 뿐만 아니라, 그의 행적을 기술하고 있는 사대복음 집필자들도 약 열한 번 정도 '성경'이란 단어를 쓰면서, 예수의 언행이 그 기록에 근거하였고, 바로 그 성경을 '응하게 함' 또는 '이루고자 함'이라고 분명하게 기술하였다.

이러한 배경에서, 예수의 말 가운데에 인용한 기록들과 말들을 먼저 정리하고, 그것들의 출처를 나름대로 밝혀보았는데, 그 결과는 아래와 같다. 여기 제시하는 40여 개의 예문과 그 출처를 일일이 확인해보면, 예수가 읽었다는 성경 속의 구체적인 복음서들이 무엇인지와 그 정도를 가늠해 볼 수 있으리라 본다.

결론부터 말하자면, 「시편」·「이사야」·「출애굽기」·「신명기」·「민수기」·「사무엘상」·「에스겔」·「스가랴」·「예레미야」·「말라기」·「욥기」·「여호수아」·「역대하」·「레위기」·「호세아」·「열왕기하」·「요나·「다니엘」·「아가」·「미가」·「창세기」 등을 포함하여 거의 모든, 오늘날의 구약 성경을 다 읽었다는 사실이다. 이들 가운데에서도 예수가 가장 많이 인용한 것은 「시편」이며, 가장 심각하게 영향 받은 것은 「이사야」이다.

그리고 예수가 가장 많이 거명한 선지자는 모세·다윗·이사야·순이며, 예수 자신이 하나님의 아들임을 입증하는 수단으로 활용했던 선지자는 요나·이사야·모세·다니엘·스가랴 등이다. 곧, 예수는 요나를 통해서 사흘 만에 부활을 생각해 냈고, 이사야를 통해서 자신에게 세례를 준 요한과 자신의 출현 등이 하나님의 약속이라고 믿었으며, 심지어는 이사야가 인식한 세태世態에 대해 상당 부분 인식을 같이하였다. 뿐만 아니라, 스가랴의 예언이 있었기에 유대인의 왕이신 예수가 나귀새끼를 타고 예루살렘 성안으로 들어간 것이다.

그리고 모세의 경전을 통해서 하나님이 주신 율법준수의 필요성을 재확인하였고, 모세가 자신의 존재에 대해서 증거하였다고 믿었으며, 또한 주장하였다. 특히, 자신이 '하나님의 아들'이라면서 스스로 '인자人子'라고 불렀던 점이나, 심판하러 인간 세상에 다시 올 때에는 '하늘 구름'을 타고 온다고 말한 점 등은 그가 이미 「창세기」나 「욥기」(하나님의 아들), 「에스겔」(인자), 「다니엘」(하늘 구름) 등을 충분히 읽었다는 증거임에 틀림없다.

뿐만 아니라, ①잔(하나님이 주시는 상이나 벌을 빗댄 말:시편 11:6, 16:5, 23:5, 이사야 51:22, 예레미야 25:15, 25:17, 25:28, 하박국 2:16 외) ②목자(백성을 가르치고 인도하는 지도자로서 왕·대제사장·선지자 등을 빗댄 말:시편 23:1, 28:9, 이사야 40:11, 에스겔 34:8, 예레미야 12:10, 스가랴 11:16~17) ③포도원(하나님의 백성들이 살아가도록 하나님이 허락한 인간 세상을 빗댄 말:아가 2:15, 이사야 3:14, 5:7 외) ④하나님의 우편(하나님의 뜻을 가장 잘 이해하고, 따르고, 전파하여, 하나님의 일을 크게 돕는 사람을 빗댄 말:시편 80:17, 110:1, 110:5 외) 등의, 숨은 뜻을 내장한 비유어들조차 예수가 말하기 전에 이미 구약 성경에 여러 차례 기록되었고, 그것들이 널리 읽히면서 그 의미가 점진적으로 깊어졌다는 사실을 확인할 수 있다. 마치, 우리가 성경을 오래토록 가까이하다보면 자신도 모르게 그 속의 용어들을 일상에서 자주 사용하게 되는 이치와 같은 것으로 보면 틀리지 않는다.

물론, 이 같은 현상에 대해서 예수를 믿는 사람들은 하나님의 계획대로 다 예언·기록되었기 때문에 예수가 이들 용어를 빌려 사용하는 것이 조금도 이상하지 않다고 말하겠지만, 성경에 기록된 대로 이루어지지 않은 결정적인 사실 예컨대, 예수가 다시 오리라 한 때에 오지 않았다는 점(이 점에 대해서는 다른 글 「심판이 이루어지는 '주의 날'에 대하여」에서 확인할 수 있음)은 '기록이 기록을 낳았다'는 사실을 입증해 줄 뿐 아니라, 믿는 자들의 주장이 틀렸음을 반증(反證:어떤 사실이나 주장이 옳지 아니함을 그에 반대되는 근거를 들어 증명하거나 그런 증거)해 준다고 본다. 다시 말해서, 예수가 여러 복음서들을 탐독한 결과로서, 그에 맞추어진, 가공된 사람이 스스로 되었거나 아니면 경전 집필자들에 의해서 그렇게 되었다는 것이 필자의 판단이다.

따라서 예수는 모세의 율법과 여러 선지자들의 예언이 지배하는 유대교의 품에서 자라나, 유대교 경전을 섭렵(涉獵:폭넓게 많은 책을 읽거나 여기저기 찾아다니며 경험함)했으며, 그 결과 하나님의 뜻을 새롭게 이해하여, 자신을 양육시킨 유대교의 형식주의를 상당 부분 타파하였고, 스스로 하나님의 외아들이 됨으로써, 하나님과 인간과의 관계를 새롭게 정립시킨 선지자 가운데 한 사람이라고 말할 수 있다. 다만, 그는 다른 선지자들처럼 복음서를 직접 써서 남기지는 않았으며(그 대신에 다른 사람들이 그에 대한 기록을 남겼지만), 대제사장이 머리에 기름을 부어 유대인의 왕으로 삼지도 않았으며, 왕의 조언자조차도 되지 못한 채 죽임을 당하였던 것이다.

그럼에도 불구하고, 오늘날 수많은 사람들이 그를 믿고 따르는 것은, 그의 가르침이 절실하게 공감되기 때문일 것이다. 특히, 하나님에 대한 경배도 중요하지만 사람으로서 사람을 먼저 사랑하라는, 인간을 위한 최후의 가르침과 그의 실천이 우리 모두의 귀감龜鑑이 되기 때문으로 보인다.

예수가 인용한 '기록'과 '말'의 출처

－아래 1번에서 40번까지의 문장·문구 등은 예수가 직접 한 말씀 가운데에서 인용한 기록이거나 말들이다. ▷ 로 표시한 내용이 그것들의 출처라 판단되어 나열하였다.

1 사람이 떡으로만 살 것이 아니요, 하나님의 입으로 나오는 모든 말씀으로 살 것이라(마태복음 4:4, 누가복음 4:4).

▷ 너를 낮추시며, 너로 주리게 하시며, 또 너도 알지 못하며, 네 열조도 알지 못하던 만나를 네게 먹이신 것은, 사람이 떡으로만 사는 것이 아니요, 여호와의 입에서 나오는 모든 말씀으로 사는 줄을 너로 알게 하려 하심이니라(신명기 8:3).

2 주 너의 하나님께 경배하고, 다만, 그를 섬기라
(마태복음 4:10, 누가복음 4:8).

▷ 너의 하나님 여호와를 섬기라. 그리하면 여호와가 너희의 양식과 물에 복을 내리고, 너희 중에 병을 제하리니(출애굽기 23:25)
▷ 그러므로 이제는 여호와를 경외하며 성실과 진정으로 그를 섬길 것이라.

너희의 열조가 강 저편과 애굽에서 섬기던 신들을 제하여 버리고 여호와
만 섬기라(여호수아 24:14).

◘ 사무엘이 이스라엘 온 족속에게 일러 가로되, "너희가 전심으로 여호와
께 돌아오려거든 이방 신들과 아스다롯*을 너희 중에서 제하고 너희 마
음을 여호와께로 향하여 그만 섬기라. 너희를 블레셋 사람의 손에서 건
져내시리라(사무엘상 7:3)."

◘ 사무엘이 백성에게 이르되, "두려워 말라. 너희가 과연 이 모든 악을 행
하였으나 여호와를 좇는데서 돌이키지 말고, 오직 너희 마음을 다하여
여호와를 섬기라(사무엘상 12:20)."

◘ 너희는 여호와께서 너희를 위하여 행하신 그 큰일을 생각하여, 오직 그
를 경외하며, 너희의 마음을 다하여 진실히 섬기라(사무엘상 12:24).

◘ 여호와의 단을 중수하고 화목제와 감사제를 그 단 위에 드리고, 유다를
명하여 이스라엘 하나님 여호와를 섬기라(역대하 33:16).

* 아스다롯: '바산'이라는 왕이 지배하던 곳(신명기1:4, 여호수아 9:10, 12:4, 13:12)으로서
'옥의 나라'라 불리는 성읍(여호수아 13:31)이다. 므낫세 반 지파 족속(역대상 6:71)을 가
리키기도 했으며, 이방의 신들 가운데 하나로(사사기 2:13, 10:6, 사무엘 상7:3, 7:4,
12:10) 시돈 사람들이 믿었던 여신(열왕기상 11:5, 11:33)의 이름이기도 했다. 그러니까,
'아스다롯'이라는 말은 지명이자 족속, 신의 이름이다. 여호와 하나님을 믿는 유대인
시각에서 볼 때 이방의 신이란 ①아람의 신(바알), ②시돈의 신(아스다롯), ③모압의 신
(그모스), ④암몬 자손의 신(밀곰), ⑤블레셋 사람의 신(사사기 10:6, 열왕기상 11:33), ⑥
애굽의 신들, ⑦그리스 로마의 신들을 들 수 있다.

3 주 너의 하나님을 시험치 말라(마태복음 4:7, 누가복음 4:12).

◘ 백성이 모세와 다투어 가로되, "우리에게 물을 주어 마시게 하라." 모세
가 그들에게 이르되, "너희가 어찌하여 나와 다투느냐? 너희가 어찌하여
여호와를 시험하느냐(출애굽기 17:2)?"

◘ 너희가 맛사에서 시험한 것 같이 너희의 하나님 여호와를 시험하지 말고
(신명기 6:16)

4 살인치 말라. 누구든지 살인하면 심판을 받게 되리라(마태복음 5:21).

🔲 살인하지 말지니라(출애굽기 20:13, 민수기 5:17).
🔲 살인죄를 범한 고살자의 생명의 속전을 받지 말고 반드시 죽일 것이며
(민수기 35:31)
🔲 너희가 도적질하며, 살인하며, 간음하며, 거짓맹세하며, 바알*에게 분향
하며, 너희의 알지 못하는 다른 신들을 좇으면서, 내 이름으로 일컬음을
받는 이 집에 들어와서, 내 앞에 서서 말하기를, "우리가 구원을 얻었나
이다" 하느냐? 이는 이 모든 가증한 일을 행하려 함이로다. 내 이름으로
일컬음을 받는 이 집이 너희 눈에는 도적의 굴혈로 보이느냐? 보라. 나
곧 내가 그것을 보았노라. 여호와의 말이니라(에레미아 7:9~11).

* **바알**Baal:고대 아람족과 페니키아인들과 가나안 사람들이 주로 믿었었던, 비·폭풍
우·천둥 등을 관장하는 신으로 인간에게 풍요를 가져다준다는, 신들의 왕으로 숭배되
었는데 벨Bel이라 부르기도 했다. 당시의 바알 신전이 현재까지 부분적이지만 가장
확실하게 남아있는 곳은, 현 시리아의 팔미라 유적지 안에 있는 벨 신전이다. 그리고
레바논의 발벡Baalbeck 유적도 벨 신앙과 연관되어 있으며, 시리아 지중해 연안 알라
디키야(라타키아)에서 북쪽으로 10km 지점에 있는 인공동산 라스샴라 위에 세워진 고
대 도시인 '우가리트Ugarit' 유적에서도 바알 신에 대한 조각이 발견되었다.

5 간음치 말라. 누구든지 아내를 버리거든 이혼 증서를 줄 것이라
(마태복음 5:31).

🔲 사람이 아내를 취하여 데려온 후에 수치 되는 일이 그에게 있음을 발견
하고 그를 기뻐하지 아니하거든 이혼 증서를 써서 그 손에 주고 그를 자
기 집에서 내어보낼 것이요, 그 여자는 그 집에서 나가서 다른 사람의
아내가 되려니와 그 후부도 그를 미워하여 이혼 증서를 써서 그 손에 주
고 그를 자기 집에서 내어보내었거나 혹시 그를 아내로 취한 후부가 죽
었다하자. 그 여자가 이미 몸을 더럽혔은즉 그를 내어보낸 전부가 그를
다시 아내로 취하지 말지니, 이 일은 여호와 앞에 가증한 것이라. 네 하
나님 여호와께서 네게 기업으로 주시는 땅으로 너는 범죄케 하지 말지니
라. 사람이 새로이 아내를 취하였거든 그를 군대로 내어보내지 말 것이

요, 무슨 직무든지 그에게 맡기지 말 것이며, 그는 일 년 동안 집에 한가히 거하여 그 취한 아내를 즐겁게 할지니라(신명기 24:1~5).

6 헛맹세를 하지 말고, 네 맹세한 것을 주께 지키라(마태복음 5:33).

◘ 너희는 내 이름으로 거짓 맹세함으로 네 하나님의 이름을 욕되게 하지 말라. 나는 여호와니라(레위기 19:12).
◘ 나 주 여호와가 말하노라. "네가 맹세를 멸시하여 언약을 배반하였은즉 내가 네 행한 대로 네게 행하리라(에스겔 16:59)."
◘ 나 주 여호와가 말하노라. "내가 나의 삶을 두고 맹세하노니 바벨론 왕이 그를 왕으로 세웠거늘 그가 맹세를 업신여겨 언약을 배반하였은즉 그 왕의 거하는 곳 바벨론 중에서 왕과 함께 있다가 죽을 것이라(에스겔 17:16)."
◘ 심중에 서로 해하기를 도모하지 말며, 거짓 맹세를 좋아하지 말라. 이 모든 일은 나의 미워하는 것임이니라. 나 여호와의 말이니라(스가랴 8:17).

7 눈은 눈으로, 이는 이로 갚으라 하였다(마태 5:38).

◘ 네 눈이 긍휼히 보지 말라. 생명은 생명으로, 눈은 눈으로, 이는 이로, 손은 손으로, 발은 발로니라. 또, '네 이웃을 사랑하고 네 원수를 미워하라' 하였다는 것을 너희가 들었으나, 나는 너희에게 이르노니, 너희 원수를 사랑하며 너희를 핍박하는 자를 위하여 기도하라. 이같이 한즉 하늘에 계신 너희 아버지의 아들이 되리니, 이는 하나님이 그 해를 악인과 선인에게 비취게 하시며, 비를 의로운 자와 불의한 자에게 내리우심이니라(신명기 19:21).

8 모세의 명한 예물(마태복음 8:4, 마가복음 1:44, 누가복음 5:14)

◘ 여호와께서 모세에게 일러 가라사대, "이스라엘 자손에게 명하여 내게 예물을 가져오라." 하고, "무릇 즐거운 마음으로 내는 자에게서 내게 드

리는 것을 너희는 받을지니라. 너희가 그들에게서 받을 예물은 이러하니, 금과 은과 놋과 청색 자색 홍색실과 가는 베실과 염소털과 붉은 물들인 수양의 가죽과 해달의 가죽과 조각목과 등유와 관유에 드는 향품과 분향할 향을 만들 향품과 호마노며 에봇과 흉패에 물릴 보석이니라(출애굽기 25:1~7)."

9 내가 긍휼(자비)을 원하고 제사를 원치 아니하노라
(마태복음 9:13, 12:7).

◘ 사무엘이 가로되, "여호와께서 번제와 다른 제사를 그 목소리 순종하는 것을 좋아하심 같이 좋아하시겠나이까? 순종이 제사보다 낫고, 듣는 것이 수양의 기름보다 나으니 … (사무엘상 15:22)
◘ 나는 인애를 원하고 제사를 원치 아니하며 번제보다 하나님을 아는 것을 원하노라(호세아 6:6).

* 구약에서 언급된 이 '순종'과 '인애'라는 말이 신약에서는 '자비'와 '긍휼'로 바뀜.

10 내 사자를 네 앞에 보내노니, 저가 네 길을 네 앞에 예비하리라
(마태복음 11:10, 마가복음 1:2, 누가복음 1:17, 7:27).

◘ 외치는 자의 소리여, 가로되, '너희는 광야에서 여호와의 길을 예비하라. 사막에서 우리 하나님의 대로를 평탄케 하라(이사야 40:3).'

11 오리라(마태복음 11:14)

◘ 보라. 여호와의 크고 두려운 날이 이르기 전에, 내가 선지(자) 엘리야를 너희에게 보내리니, 그가 아비의 마음을 자녀에게로 돌이키게 하고, 자녀들의 마음을 그들의 아비에게로 돌이키게 하리라. 돌이키지 아니하면 두렵건대, 내가 와서 저주로 그 땅을 칠까 하노라 하시니라(말라기 4:5~6).

12 다윗이 자기와 그 함께 한 자들이 시장할 때에 한 일
(마태복음 12:3, 마가복음 2:25, 누가복음 6:3)

▣ 다윗이 놉에 가서 제사장 아히멜렉에게 이르니, 아히멜렉이 떨며 다윗을 영접하며 그에게 이르되, "어찌하여 네가 홀로 있고 함께 하는 자가 아무도 없느냐?" 다윗이 제사장 아히멜렉에게 이르되, "왕이 내게 일을 명하고 이르시기를, '내가 너를 보내는 바와 네게 명한 바 일의 아무것이라도 사람에게 알게 하지 말라.' 하시기로 내가 나의 소년들을 여차 여차한 곳으로 약정하였나이다. 이제 당신의 수중에 무엇이 있나이까? 떡다섯 덩이나 무엇이든지 있는 대로 내 손에 주소서." 제사장이 다윗에게 대답하여 가로되, "항용 떡은 내 수중에 없으나 거룩한 떡은 있나니, 그 소년들이 부녀를 가까이만 아니하였으면 주리라." 다윗이 제사장에게 대답하여 가로되, "우리가 참으로 삼일 동안이나 부녀를 가까이 하지 아니하였나이다. 나의 떠난 길이 보통 여행이라도 소년들의 그릇이 성결하겠거든 하물며 오늘날 그들의 그릇이 성결치 아니하겠나이까." 하매 제사장이 그 거룩한 떡을 주었으니 거기는 진설병 곧 여호와 앞에서 물려낸 떡 밖에 없음이라. 이 떡은 더운 떡을 드리는 날에 물려낸 것이더라 (사무엘 상 21:1~6).

13 안식일에 제사장들이 성전 안에서 안식을 범하여도 죄가 없음을 너희가 율법에서 읽지 못하였느냐(마태복음 12:5)?

▣ 안식일에 입번한 너희 중 삼분 일은 왕궁을 주의하여 지키고, 삼분 일은 수르문에 있고, 삼분 일은 호위대 뒤에 있는 문에 있어서, 이와 같이 왕궁을 주의하여 지켜 방어하고, 안식일에 출번하는 너희 중 두 대는 여호와의 전을 주의하여 지켜 왕을 호위하되, 너희는 각각 손에 병기를 잡고 왕을 호위하며, 무릇 너희 반열을 침범하는 자는 죽이고 왕의 출입할 때에 시위할지니라. 백부장들이 이에 제사장 여호야다의 모든 명대로 행하여 각기 관할하는 바 안식일에 입번할 자와 출번할 자를 거느리고 제사장 여호야다에게 나아오매, 제사장이 여호와의 전에 있는 다윗왕의 창과 방패를 백부장들에게 주니, 호위병이 각각 손에 병기를 잡고 왕을 호위

하되 전 우편에서부터 전 좌편까지 단과 전 곁에 서고, 여호야다가 왕자를 인도하여 내어 면류관을 씌우며, 율법 책을 주고, 기름을 부어 왕을 삼으매, 무리가 박수하며 왕의 만세를 부르니라(열왕기하 11: 5~12).

14 요나가 밤낮 사흘을 큰 물고기 뱃속에 있었던 것 같이 인자도 밤 낮 사흘을 땅속에 있으리라(마태복음 12:40, 누가복음 11:30).

◘ 요나에게 일어난 하나님의 표적(요나 제1~3장) 참조.

15 이사야의 예언:너희가 듣기는 들어도 깨닫지 못할 것이요, 보기는 보아도 알지 못하리라. 이 백성들의 마음이 완악하여져서 그 귀는 듣기에 둔하고, 눈은 감았으니, 이는 눈으로 보고, 귀로 듣고, 마음으로 깨달아, 돌이켜 내게 고침을 받을까 두려워함이라(마태복음 13:14~15).

◘ 여호와께서 가라사대, "가서 이 백성에게 이르기를, '너희가 듣기는 들어도 깨닫지 못할 것이요, 보기는 보아도 알지 못하리라' 하여(이사야 6:9)

16 내가 입을 열어 비유로 말하고 창세부터 감추인 것들을 드러내리라 (마태복음 13:35).

◘ 내가 입을 열고 비유를 베풀어서 옛 비밀한 말을 발표하리니(시편 78:2)
◘ 내가 가로되, "오호라. 주 여호와여, 그들이 나를 가리켜 말하기를, '그는 비유로 말하는 자가 아니냐?' 하나이다." 하니라(에스겔 20:49).

17 네 부모를 공경하라. 아비나 어미를 훼방하는 자는 반드시 죽으리라 (마태복음 15:4, 마가복음 7:10).

◘ 네 부모를 공경하라 그리하면 너의 하나님 나 여호와가 네게 준 땅에서 네 생명이 길리라(에스겔 20:49).
◘ 너는 너의 하나님 여호와의 명한대로 네 부모를 공경하라. 그리하면 너의 하나님 여호와가 네게 준 땅에서 네가 생명이 길고 복을 누리리라(신

명기 5:16).

18 내 집은 기도하는 집이라 일컬음을 받으리라
(마태복음 21:13, 마가복음 11:17, 누가복음 19:46).

◘ 내가 그를 나의 성산으로 인도하여 기도하는 내 집에서 그들을 기쁘게 할 것이며, 그들의 번제와 희생은 나의 단에서 기꺼이 받게 되리니 이는 내 집은 만민의 기도하는 집이라 일컬음이 될 것임이라(이사야 56:7).

19 어린 아기와 젖먹이들의 입에서 나오는 찬미를 온전케 하셨나이다
(마태복음 21:16).

◘ 주의 대적을 인하여 어린 아이와 젖먹이의 입으로 말미암아 권능을 세우심이여, 이는 원수와 보수자로 잠잠케 하려 하심이니이다(시편 8:2).

20 자들의 버린 돌이 모퉁이의 머릿돌이 되었나니, 이것은 주로 말미암아 된 것이요, 우리 눈에 기이하도다
(마태복음 21:42, 마가복음 12:10, 누가복음 20:17).

◘ 건축자의 버린 돌이 집 모퉁이의 머릿돌이 되었나니(시편 118:22)
◘ 이 예수는 너희 건축자들의 버린 돌로서 집 모퉁이의 머릿돌이 되었느니라(사도행전 4:11).
◘ 그러므로 믿는 너희에게는 보배이나 믿지 아니하는 자에게는 건축자들의 버린 그 돌이 모퉁이의 머릿돌이 되고(베드로전서 2:7)

* '건축자의 버린 돌이 모퉁이의 머릿돌이 되었다'는 말은 시편에서 처음으로 다윗이 자신을 두고 사용했지만 예수와 그의 행적을 기록한 제자들은 예수를 빗댄 말이라고 주장한다. 좋은 표현은 누구나 갖다가 쓰는 이치에서 나온 결과인지, 아니면 예수의 말대로 다윗이 예수에 대하여 예언하였는지는 신중하게 따져볼 일이다.

21 내가 네 원수를 네 발 아래 둘 때까지 내 우편에 앉았으라 하셨도다 (마태복음 22:44, 마가복음 12:36, 누가복음 20:43).

◼ 주의 손으로 만드신 것을 다스리게 하시고 만물을 그 발 아래 두셨으니 (시편 8:6)
◼ 여호와께서 만민을 우리에게, 열방을 우리 발 아래 복종케 하시며(시편 47:3)
◼ 여호와께서 내 주에게 말씀하시기를 내가 네 원수로 네 발등상 되게 하기까지 너는 내 우편에 앉으라 하셨도다(시편 110:1)

22 선지자 다니엘의 말한 바 멸망의 가증한 것이 거룩한 곳에 선 것을 보거든(읽는 자는 깨달을진저) 그 때에 유대에 있는 자들은 산으로 도망할지어다(마태복음 24:15).

◼ 그 때에 네 민족을 호위하는 대군 미가엘이 일어날 것이요, 또 환난이 있으리니, 이는 개국 이래로 그 때까지 없던 환난일 것이며, 그 때에 네 백성 중 무릇 책에 기록된 모든 자가 구원을 얻을 것이라. 땅의 티끌 가운데서 자는 자 중에 많이 깨어 영생을 얻는 자도 있겠고, 수욕을 받아서 무궁히 부끄러움을 입을 자도 있을 것이며, 지혜 있는 자는 궁창의 빛과 같이 빛날 것이요, 많은 사람을 옳은 데로 돌아오게 한 자는 별과 같이 영원토록 비취리라. 다니엘아, 마지막 때까지 이 말을 간수하고 이 글을 봉함하라. 많은 사람이 빨리 왕래하며 지식이 더하리라. 나 다니엘이 본즉 다른 두 사람이 있어, 하나는 강 이편 언덕에 섰고, 하나는 강 저편 언덕에 섰더니, 그중에 하나가 세마포 옷을 입은 자 곧 강물 위에 있는 자에게 이르되, "이 기사의 끝이 어느 때까지냐 하기로" 내가 들은즉 그 세마포 옷을 입고 강물 위에 있는 자가 그 좌우 손을 들어 하늘을 향하여 영생하시는 자를 가리켜 맹세하여 가로되, "반드시 한때 두때 반때를 지나서 성도의 권세가 다 깨어지기 까지니 그렇게 되면 이 모든 일이 다 끝나리라."하더라. 내가 듣고도 깨닫지 못한지라, 내가 가로되, "내 주여, 이 모든 일의 결국이 어떠하겠삽나이까?" 그가 가로되, "다니엘아, 갈지어다. 대저, 이 말은 마지막 때까지 간수하고 봉함할 것임이

니라. 많은 사람이 연단을 받아 스스로 정결케 하며 희게 할 것이나 악한 사람은 악을 행하리니 악한 자는 아무도 깨닫지 못하되 오직 지혜 있는 자는 깨달으리라. 매일 드리는 제사를 폐하며 멸망케 할 미운 물건을 세울 때부터 일천 이백 구십일을 지낼 것이요, 기다려서 일천 삼백 삼십 오일까지 이르는 그 사람은 복이 있으리라. 너는 가서 마지막을 기다리라. 이는 네가 평안히 쉬다가 끝날에는 네 업을 누릴 것임이니라(다니엘 12:1~13)."

23 내가 목자를 치리니 양의 떼가 흩어지리라
(마태복음 26:31, 마가복음 14:27).

◘ 만군의 여호와가 말하노라. 칼아, 깨어서 내 목자, 내 짝된 자를 치라. 목자를 치면 양이 흩어지려니와 작은 자들 위에는 내가 내 손을 드리우리라(스가랴 13:7).

24 백성이 입술로는 나를 존경하되 마음은 내게서 멀도다. 사람의 계명으로 교훈을 삼아 가르치니 나를 헛되이 경배하는도다. 너희가 하나님의 계명은 버리고 사람의 유전을 지키느니라. 너희가 너희 유전을 지키려고 하나님의 계명을 잘 저버리는도다
(마태복음 15:8, 마가복음 7:6).

◘ 주께서 가라사대, "이 백성이 입으로는 나를 가까이하며 입술로는 나를 존경하나 그 마음은 내게서 멀리 떠났나니, 그들이 나를 경외함은 사람의 계명으로 가르침을 받았을 뿐이라(이사야 29:13)."

25 많은 고난을 받고 멸시를 당하리라
(마태복음 16:21, 마가복음 8:31, 9:12, 누가복음 9:22, 24:26, 24:46).

◘ 악인을 살려 두지 않으시며, 고난 받는 자를 위하여 신원하시며(욥기 36:6),
◘ 의인은 고난이 많으나 여호와께서 그 모든 고난에서 건지시는도다(시편

34:19).

- 우리에게 많고 심한 고난을 보이신 주께서 우리를 다시 살리시며 땅 깊은 곳에서 다시 이끌어 올리시리이다(시편 71:20).
- 내가 알거니와 여호와는 고난당하는 자를 신원하시며 궁핍한 자에게 공의를 베푸시리이다(시편 140:12).
- 보라. 내가 너를 연단하였으나 은처럼 하지 아니하고 너를 고난의 풀무에서 택하였노라(이사야 48:10).
- 하늘이여, 노래하라. 땅이여, 기뻐하라. 산들이여, 즐거이 노래하라. 여호와가 그 백성을 위로하였은즉 그 고난당한 자를 긍휼히 여길 것임이니라(이사야 49:13).
- 그는 실로 우리의 질고를 지고 우리의 슬픔을 당하였거늘, 우리는 생각하기를 '그는 징벌을 받아서 하나님에게 맞으며 고난을 당한다' 하였노라(이사야 53:4).

26 내가 선지자와 사도들을 저희에게 보내리니, 그 중에 더러는 죽이며 또 핍박하리라(누가복음 11:49).

- 만군의 여호와가 이르노라. 보라. 내가 내 사자를 보내리니 그가 내 앞에서 길을 예비할 것이요, 또 너희의 구하는 바 주가 홀연히 그 전에 임하리니 곧 너희의 사모하는 바 언약의 사자가 임할 것이라. 그의 임하는 날을 누가 능히 당하며, 그의 나타나는 때에 누가 능히 서리요. 그는 금을 연단하는 자의 불과 표백하는 자의 잿물과 같을 것이라. 그가 은을 연단하여 깨끗케 하는 자 같이 앉아서 레위 자손을 깨끗케 하되 금은 같이 그들을 연단하리니 그들이 의로운 제물을 나 여호와께 드릴 것이라(말라기 3:1~3).
- 보라. 여호와의 크고 두려운 날이 이르기 전에, 내가 선지(자) 엘리야를 너희에게 보내리니, 그가 아비의 마음을 자녀에게로 돌이키게 하고, 자녀들의 마음을 그들의 아비에게로 돌이키게 하리라. 돌이키지 아니하면 두렵건대, 내가 와서 저주로 그 땅을 칠까 하노라 하시니라(말라기 4:5~6).

27 나는 아브라함의 하나님이요, 이삭의 하나님이요, 야곱의 하나님이로라(마태복음 22:32, 마가복음 12:26, 누가복음 20:37).

▣ 여호와의 사자가 떨기나무 불꽃 가운데서 그에게 나타나시니라. 그가 보니 떨기나무에 불이 붙었으나 사라지지 아니하는지라, 이에 가로되, "내가 돌이켜 가서 이 큰 광경을 보리라. 떨기나무가 어찌하여 타지 아니하는고?" 하는 동시에 여호와께서 그가 보려고 돌이켜 오는 것을 보신지라. 하나님이 떨기나무 가운데서 그를 불러 가라사대, "모세야, 모세야," 하시매, 그가 가로되, "내가 여기 있나이다." 하나님이 가라사대, "이리로 가까이 하지 말라. 너의 선 곳은 거룩한 땅이니 네 발에서 신을 벗으라." 또 이르시되, "나는 네 조상의 하나님이니 아브라함의 하나님, 이삭의 하나님, 야곱의 하나님이니라(출애굽기 3:2~6)."

28 주의 전을 사모하는 열심이 나를 삼키리라(요한복음 2:17).

▣ 주의 집을 위하는 열성이 나를 삼키고, 주를 훼방하는 훼방이 내게 미쳤나이다(시편 69:9).

29 죽은 자 가운데서 살아나신 후에야 제자들이 이 말씀하신 것을 기억하고 성경과 및 예수의 하신 말씀을 믿었더라(요한복음 2:22).

▣ 주의 죽은 자들은 살아나고, 우리의 시체들은 일어나리이다. 티끌에 거하는 자들아, 너희는 깨어 노래하라. 주의 이슬은 빛난 이슬이니 땅이 죽은 자를 내어 놓으리로다(이사야 26:19).

30 배에서 생수의 강이 흘러나리라(요한복음 7:38).

▣ 너는 동산의 샘이요, 생수의 우물이요, 레바논에서부터 흐르는 시내로구나(아가 4:15).
▣ 내 백성이 두 가지 악을 행하였나니, 곧 생수의 근원되는 나를 버린 것과 스스로 웅덩이를 판 것인데, 그것은 물을 저축지 못할 터진 웅덩이니

라(예레미야 2:13).

◪ 이스라엘의 소망이신 여호와여, 무릇 주를 버리는 자는 다 수치를 당할 것이라. 무릇 여호와를 떠나는 자는 흙에 기록이 되오리니, 이는 생수의 근원이신 여호와를 버림이니이다.

◪ 그 날에 생수가 예루살렘에서 솟아나서 절반은 동해로, 절반은 서해로 흐를 것이라. 여름에도 겨울에도 그러하리라(스가랴 14:8).

31 그리스도는 다윗의 씨로 또 다윗의 살던 촌 베들레헴에서 나오리라 (요한복음 7:42).

◪ 베들레헴 에브라다*야, 너는 유다 족속 중에 작을지라도 이스라엘을 다스릴 자가 네게서 내게로 나올 것이라. 그의 근본은 상고에, 태초에니라 (미가 5:2).

* '에브라다'라는 말은 ①지명으로서 '헤스론'이 죽은 곳(역대상 2:24)이며, '여호와의 처소' 곧 야곱의 전능자의 성막이 있던 곳(시편 132:5~6)으로 베들레헴을 가리킨다 한다. 동시에 갈렙의 자손이며(역대상 2:50), 훌의 아버지이며, 유다 족속이며, 장차 이스라엘을 다스릴 자를 배출하는 가계家系의 한 ②인물이기도 하다(미가 5:2).

32 내가 너희를 신이라 하였노라(요한복음 10:34).

◪ 여호와께서 모세에게 이르시되, "볼지어다. 내가 너로 바로에게 신이 되게 하였은즉 네 형 아론은 네 대언자가 되리니(출애굽기 7:1)

◪ 하나님의 신을 그에게 충만하게 하여 지혜와 총명과 지식과 여러 가지 재주로(출애굽기 31:3)

◪ 하나님의 신을 그에게 충만케 하여 지혜와 총명과 지식으로 여러 가지 일을 하게 하시되(출애굽기 35:31)

◪ 내가 강림하여 거기서 너와 말하고 네게 임한 신을 그들에게도 임하게 하리니 그들이 너와 함께 백성의 짐을 담당하고 너 혼자 지지 아니하리라(민수기 11:17)

◪ 모세가 그에게 이르되, "네가 나를 위하여 시기하느냐? 여호와께서 그 신을 그 모든 백성에게 주사 다 선지자 되게 하시기를 원하노라(민수기

11:29)."

◪ 하나님이여, 주主의 도道는 극히 거룩하시오니 하나님과 같이 큰 신이 누구오니까(시편 77:13~15)?

◪ 내가 말하기를, "너희는 신들이며, 다 지존자至尊者의 아들들이라 하였으나, 주는 기사奇事를 행하신 하나님이시라 민족들 중에 주의 능력을 알리시고 주의 팔로 주의 백성 곧 야곱과 요셉의 자손을 구속救贖하셨나이다 {셀라} (시편 82:6)

◪ 대저 여호와께서 깊이 잠들게 하는 신을 너희에게 부어주사 너희의 눈을 감기셨음이니 눈은 선지자요 너희를 덮으셨음이니 머리는 선견자先見者라(이사야 29:10).

◪ 애굽은 사람이요 신이 아니며, 그 말들은 육체요 영이 아니라. 여호와께서 그 손을 드시면 돕는 자도 넘어지며 도움을 받는 자도 엎드러져서 다 함께 멸망하리라(이사야 31:3).

◪ 하나님이 하나님의 회 가운데 서시며 재판장들 중에서 판단하시되 '너희가 불공평한 판단을 하며 악인의 낯 보기를 언제까지 하려느냐? {셀라} 가난한 자와 고아를 위하여 판단하며, 곤란한 자와 빈궁한 자에게 공의를 베풀지며, 가난한 자와 궁핍한 자를 구원하여 악인들의 손에서 건질지니라' 하시는도다. 저희는 무지무각無知無覺하여 흑암 중에 왕래하니 땅의 모든 터가 흔들리도다. 내가 말하기를, '너희는 신들이며, 다 지존자의 아들들이라' 하였으나 너희는 범인같이 죽으며 방백方伯의 하나 같이 엎더지리로다. 하나님이여, 일어나사 세상을 판단하소서. 모든 열방列邦이 주의 기업基業이 되겠음이니이다(시편 제82장).

33 내게 발꿈치를 들었다(요한복음 13:18).

◪ 나의 신뢰하는 바 내 떡을 먹던 나의 가까운 친구도 나를 대적對敵하여 그 발꿈치를 들었나이다(시편 41:9).

34 저희가 내 옷을 나누고 내 옷을 제비 뽑나이다(요한복음 19:24).

◪ 내 겉옷을 나누며 속옷을 제비뽑나이다(시편 22:18).

35 내가 목마르다(요한복음 19:28).

➡ 내가 부르짖음으로 피곤하여 내 목이 마르며, 내 하나님을 바람으로 내 눈이 쇠하였나이다(시편 69:3).

➡ 주리고 목마름으로 그 영혼이 속에서 피곤하였도다(시편 107:5).

36 그 뼈가 하나도 꺾이우지 아니하리라(요한복음 19:36).

➡ 한 집에서 먹되, 그 고기를 조금도 집 밖으로 내지 말고, 뼈도 꺾지 말지며(출애굽기 12:46),

➡ 아침까지 그것을 조금도 남겨 두지 말며, 그 뼈를 하나도 꺾지 말아서, 유월절 모든 율례律例대로 지킬 것이니라(민수기 9:12).

➡ 그 모든 뼈를 보호하심이여, 그 중에 하나도 꺾이지 아니하도다(시편 34:20).

37 저희가 그 찌른 자를 보리라(요한복음 19:37).

➡ 여호와의 영광이 나타나고, 모든 육체가 그것을 함께 보리라. 대저, 여호와의 입이 말씀하셨느니라(이사야 40:5).

➡ 그가 또 내게 이르시되, "인자人子야, 이스라엘 족속의 행하는 일을 보느냐? 그들이 여기서 크게 가증한 일을 행하여 나로 내 성소聖所를 멀리 떠나게 하느니라. 너는 다시 다른 큰 가증한 일을 보리라." 하시더라(에스겔 8:6).

➡ 또 내게 이르시되, "너는 다시 그들의 행하는바 다른 큰 가증한 일을 보리라." 하시더라(에스겔 8:13).

➡ 그가 또 내게 이르시되, "인자人子야, 네가 그것을 보았느냐? 너는 또 이보다 더 큰 가증한 일을 보리라." 하시더라(에스겔 8:15).

38 그가 죽은 자 가운데서 다시 살아나야 하리라(요한복음 20:9).

➡ 우리를 다시 살리사 주의 백성으로 주를 기뻐하게 아니하시겠나이까(시

편 85:6).

◘ 주의 죽은 자들은 살아나고, 우리의 시체들은 일어나리이다. 티끌에 거하는 자들아, 너희는 깨어 노래하라. 주의 이슬은 빛난 이슬이니 땅이 죽은 자를 내어 놓으리로다(이사야 26:19).

> **39** 너희가 강도를 잡는 것 같이 검과 몽치를 가지고 나를 잡으러 나왔느냐? 내가 날마다 너희와 함께 성전에 있어서 가르쳤으되 너희가 나를 잡지 아니하였도다. 그러나 이는 성경(선지자의 글)을 이루려 함이니라(마태복음 26:55, 마가복음 14:48, 누가복음 22:52).

◘ 악인이 칼을 빼고 활을 당기어 가난하고 궁핍한 자를 엎드러뜨리며 행위가 정직한 자를 죽이고자 하나(시편 37:14)

◘ 주의 우편에 있는 자 곧 주를 위하여 힘 있게 하신 인자의 위에 주의 손을 얹으소서(시편 80:17).

◘ 여호와께서 내 주에게 말씀하시기를, "내가 네 원수로 네 발등상 되게 하기까지 너는 내 우편에 앉으라" 하셨도다(시편 110:1).

◘ 주의 우편에 계신 주께서 그 노하시는 날에 열왕을 쳐서 파하실 것이라(시편 110:5).

* 맡은 바 소임을 다하고, 끝내는 붙들려가 치욕스럽게 심문을 당하고 십자가 못 박혀 죽게 되지만 사흘 만에 다시 살아나 하나님 우편에 계시다가 산자와 죽은 자를 심판하러 오신다는 자신의 정체성이 선지자들의 글에 예언되었다고 예수 스스로가 확신했던 것 같다.

> **40** 내가 저희(예수의 제자들)와 함께 있을 때에, 내게 주신 아버지의 이름으로 저희를 보전하와 지키었나이다. 그중에 하나도 멸망치 않고, 오직 멸망의 자식(예수를 판 사람)뿐이오니, 이는 성경을 응하게 함이니이다. While I was with them, I protected them and kept them safe by that name you gave me. None has been lost except the one doomed to destruction so that Scripture would be fulfilled(요한복음 17:12).

◘ 주 여호와의 말씀에 내가 나의 삶을 두고 맹세하노라. 내 양의 무리가 노략거리가 되고, 모든 들짐승의 밥이 된 것은 목자가 없음이라. 내 목자들이 내 양을 찾지 아니하고 자기만 먹이고 내 양의 무리를 먹이지 아니하였도다(에스겔 34:8).

◘ 많은 목자가 내 포도원을 훼파하며, 내 분깃을 유린하여, 나의 낙토로 황무지를 만들었도다(예레미야 12:10).

◘ 보라. 내가 한 목자를 이 땅에 일으키리니, 그가 없어진 자를 마음에 두지 아니하며, 흩어진 자를 찾지 아니하며, 상한 자를 고치지 아니하며, 강건한 자를 먹이지 아니하고, 오히려 살찐 자의 고기를 먹으며, 또 그 굽을 찢으리라(스가랴 11:16).

◘ 화 있을진저. 양떼를 버린 못된 목자*여, 칼이 그 팔에, 우편 눈에 임하리니 그 팔이 아주 마르고 그 우편 눈이 아주 어두우리라(스가랴 11:17).

* 백성을 제대로 인도하고 가르쳐야 할 지도자나 제사장을 '목자'로 빗대어 말하면서, (그 목자의 책임을 다하지 못한 잘못에 대하여 하나님의 질타가 기록된 「에스겔」서 「스가랴」서를 읽고 각인된 상태이기 때문에), 예수가 목자로서 제 구실을 다했다는, 다시 말해, 열두 제자 중 단 한 사람만 멸망하게 되었다는 긍정적 자평自評의 말이 아닌가 싶다. 따라서 여기서 말하는 성경이란 목자로서 바른 구실을 하기를 원하는 「에스겔」과 「스가랴」로 보인다.

'예수께서 인류를 구원해 주셨다' 는 말의 진의에 대하여

　예수를 믿는 사람들은, '예수가 인류를 구원救援해 주었다' 고 말하는데 주저하지 않는다. 특히, 그들은 '우리를 구원해 주신 예수님 이름 받들어 기도하였습니다' 라고, 기도의 마무리를 지음으로써 예수 구원을 재확인·강조하곤 한다. 정말이지, 그들 말대로 예수가 우리들을 구원해 주었을까? 정말이지, 그들은 '예수가 우리를 구원해 주었다' 라는 말의 진정한 의미를 알고서 쓰는 것일까?

　구원이란 글자 그대로 해석하자면, 건질 '구救'에 당길 '원援'이므로, 어떤 어려운 상황 가운데에 있는 사람을 도와 그곳으로부터 벗어나게 하는 일이다. 흔히, 엄청난 고통과 시련 속에서 벗어났다든가, 아니면 어떤 위기 상황 속에서 죽을 고비를 넘기게 되었을 때에 우리는 자연스럽게 '구원 받았다' 라고 말한다. 그렇다면, '예수께서 인류를 구원해 주셨다' 하는데, 그가 어떠한 상황 속에서 어떻게 인류를 해방시켜 주었다는 말인가? 도대체, 인류가 처한 상황이 어떠한 것이었기에, 인류는 예수의 직접적인 도움을 받아야만 했을까? 이것이 궁금하지 않을 수 없다. 솔직히 말해, 나는 여러 사람들에게 이 같은 질문을 했어도 속 시원한 대답을 듣지 못했다.

따라서 이 문제를 스스로 풀기 위해서 가능한 범위 내에서 차근차근 생각해 볼 수밖에 없다. 우선, 인류가 처한 위기상황이 '어떤' 것이었는지부터 생각해 보자. 그것은, 예수가 세례를 받고 승천하기까지 경전에 기록된 당대 현실과 예수 출몰 전후 인류사를 통시적으로 꿰뚫어 본다면, 인류가 처한 당대 현실적 상황을 어느 정도 유추해 낼 수 있으리라 본다. 곧, 가난(굶주림)·멸시(어린이·과부·창녀 등 약자)·노동력 착취(품삯)·압제·폭력·살인·전쟁·우상숭배(이방 신들에 대한 숭배)·음행淫行·유대교도들의 위선(외식하는 하는 자) 등 당대 인간들이 만들어내는 숱한 사회적 상황이 있었을 것이다. 뿐만 아니라, 가뭄·홍수·지진·화산폭발·태풍·해일·농작물 병충해(황충)·인간의 온갖 질병 등 자연으로부터 오는 재해 상황도 없지 않았을 것이다. 그렇다고, 예수로부터 구원받았어야 할, 인류가 처했던 위기상황을 이렇게 막연하게 말할 수는 없지 않은가. 좀 더 구체적으로, 인류는 어떤 위기상황 속에 있었기에 예수가 구원해 주었다고 말들 하는가?

경전 안에서는 분명히, 예수를 두고 "자기 백성을 저희 죄에서 구원할 자(마태복음 1:21)"라 했고, "우리를 사랑하사 그의 피로 우리 죄에서 우리를 해방(요한계시록 1:5)"시켰다고 말한다. 그렇다면, 예수가 죄에서 인류를 구원해 주었고, 그 죄에서 해방시켜 주었다는 뜻이므로, 인류의 죄가 바로 인류가 처한 위기상황이라고 말할 수 있다. 다시 그렇다면, 인류가 지은 죄란 도대체 무엇이란 말인가? 그에 대한 답을 한눈에 알아볼 수 있도록 경전 안에서 따로 설명하여 기록해 두고 있지는 않다. 경전을 통독해야 만이 유추해 낼 수 있는 것으로서, ①창조주 하나님의 명命을 거역하는 행위, ②하나님이 모세와 예수, 그리고 기타 선지자들을 통해서 주신 계율(계명과 율법)과 그들의 가르침을 실천하지 않는 삶, ③하나님과 그의 아들 예수를 알지 못하고 믿지 않는 삶 등으로 요약할 수 있으며, 그 죄로 인해서 모든 현실적인 고난과 고통이 있다고 주장한다. 심지어는, 인간의 질병조차도 그 죄의 결과로 여기는 경향이 있다(마태복음 9:2). 한 마디로 말해서, 하나님의 뜻을 거역하는 삶이 곧 인류의 죄이고, 그 죄로부터 모든 고통이 나오며, 예수는 바로 그 고통에서 인류를 구원해 주었다 하는 것이다.

다시 그렇다면, 예수는 그 죄에서 인류를 '어떻게' 구원해 주었는가? 경전 어디에도 그 구체적인 방법을 소개하거나 설명하고 있지는 않지만 몇 가지의 단서가 있다. 곧, '세례洗禮'와 예수에 대한 '믿음'을 통해서 죄를 사면 받는 일이다. 스스로 지은 죄를 자복自服하고(마가복음 1:5), 세례를 받음으로써 회개悔改하는(마가복음 1:4) 과정을 거치는 자들은 죄 사함[赦免]을 받았다(사도행전 2:38, 22:16) 한다. 그래서 예수는 제자들에게 먼저 세례를 주었고, 하나님으로부터 부여받은 권능까지 주어서 땅 끝까지 '하나님 나라의 일(마가복음(3), 누가복음(4), 요한복음(2), 사도행전(7), 고린도전서(1), 에베소서(1), 골로새서(1), 데살로니가후서(1))'을 전파할 수 있도록 지시·명령(마태복음 28:18~20)하였던 것이다. 그리고 예수와 하나님에 대한 믿음 자체가 곧 구원(마태복음 9:2, 9:22, 마가복음 2:5, 5:34, 10:52, 누가복음 5:20, 7:50, 8:48, 17:19, 디모데후서 3:15, 18:42, 베드로전서 1:9)임을 분명히 밝히었다.

결과적으로, 예수는 세례와 믿음이 인류가 죄 사함[赦免]을 받을 수 있는 쉬운 방법임을 천명하였고, 그로인한 사면의 기회를 허락해 준 셈이며, 인류는 그 기회를 통해서 죄를 사면 받았기 때문에 하나님으로부터 응징을 피하여 살아남을 수 있었다는 논리이다. 문제는, 예수 구원의 방법이 꼭 이 세례와 믿음에만 있지 않다는 것이다.

'예수께서 십자가에 못 박혀 죽으심으로써 인류의 죄를 대신해서 속죄贖罪하여[대속하여] 인류를 구원해 주셨다' 라는 황당한 주장을 펴기 때문이다. 곧, '예수가 자기 목숨을 많은 사람의 대속물로 주려고 이 세상에 왔다(마태복음 20:28)'는데, 마치, 예수가 십자가에 못 박혀 죽음으로써 다른 많은 사람들의 죄를 대신 짊어졌고, 그로 인해서 그 많은 사람들은 죄를 사면 받고, 하나님이 더 이상 죄를 묻지 않았다는 것이다. 참으로, 그럴 듯한 논리이지만 납득하기 어려운 주장이다.

물론, 이러한 주장을 하는 데에는 몇 가지 어긋난 전제가 있다. 그것은, 예수의 죽음이 마치 타의他意가 아니라 자의自意에 의해서 선택적으로 이루어진 것처럼 여긴다는 것이고, 또한 예수의 그런 죽음을 놓고, 하나님께 드리는 화목제물이라고, 바꿔 말하면, 하나님이 예수의 죽음을 화목 제물로서 받아들였다(로마서 3:25, 5:10, 5:11, 고린도후서 5:19, 에베소서 2:16, 골로새서 1:20, 1:22, 요한1서 2:2, 4:10)는 것이다. 나아가, "하나님이 그(예수)의 피로 인하여 믿음으로 말미암는 화목 제물로 세우셨으니, 이는 하나님께서 길이 참으시는 중에 전에 지은 죄를 간과하심으로 자기의 의로우심을 나타내려 하심이니(로마서 3:25)"라고 주장하기도 한다. 이런 일련의 주장의 진위 여부를 떠나서 이것들이 어디로부터 연유되었는지를 먼저 생각해 보아야 할 줄로 믿는다.

이런 황당한 논리와 주장을 받아들인다 하더라도, 풀어야 할 최소한의 두 가지 문제가 생기는데, ①하나는 예수가 십자가에 못 박혀 죽지 않았다면, 다시 말해, 하나님께 화목제물로 바치지 않았다면, 인류의 죄가 사면[赦免:①죄나 허물을 용서容恕하여 놓아 줌 ②죄를 용서容恕하여 형벌刑罰을 면제免除, 감소減少, 변경變更하는 일.]되지 않았을까, 이고, ②다른 하나는, 인류의 죄가 하나님으로부터 사면되지 않았다면, 다시 말해, 예수가 인류의 죄를 대속代贖해 주지 않았다면, 인류는 하나님으로부터 응징을 피할 수 없었을까, 이다. 결론부터 말한다면, 경전의 논리는 분명히 '그렇다'고 말한다.

경전 기록자들은, 왜 '예수의 죽음을 하나님께 드리는 화목 제물로 여기며, 그 제사 때문에 인류의 죄가 사면되었다'고 믿었을까? 그것은 그들이 잘 알고 있는, 하나님의 정체성과 매우 밀접한 관계에 있다. 곧, 그들의 하나님이란 구약에서 언급되고 있는, 모세가 창조한 여호와 하나님으로서, ①우주만물을 창조하였고, ②모세에게 준 계율을 지키지 아니하거나, 의심하거나, 시험하면 반드시 응징하는 하나님이며, ③규례대로 자신만을 믿고 존숭하는 예의를 갖추어서 지내는 제사祭祀를 받아야 용서하고 자비를 베푸는 하나님이며, ④믿음[信]과 어짐[仁]과 의로움[義]과 예의[禮] 등이 갖추어져 있는 사람(경전에서는 이런 사람을 '의인義人'이라 함)에게는 한없이 자비롭고 인자하여 여러 가지 복을 주시는 주체이기 때문이다. 바로 자신들이 믿고 있는 하나님의 그러한 정체성을 너무나 잘 알고 있던 터라 자연스럽게 예수의 죽음을 놓고도 하나님께 드리는 제사로 여길 뿐만 아니라 그 제사를 받은 하나님은 과거에 수없이 그랬던 것처럼 인류의 죄를 사면해 주었다고 판단한 것으로 보인다. 가까운 예를 들어서 말하면, ①하나님은 충실한 아브라함의 믿음을 시험하기 위해서 그의 외아들인 이삭을 번제물로 바치라고 요구했었고(그만큼 제사받기를 좋아했었고), ②음행한 이스라엘 자손 한 사람과 그 상대역인 미디안의 한 여인을 비느하스가 창槍으로써 배를 꿰뚫어 그 두 사람을 아주 잔인하게 죽이고 나서야 하나님의 화가 풀리어 이스라엘 자손에게서 염병을 그치게 했고, ③죄악이 창궐한 소돔과 고모라 성을 유황불로 멸망시켜버렸듯이, 그러한 하나님의 정체성이 각인된 상태에서 예수의 죽음을 재해석하다보니 타의가 아닌 자의에 의해서 선택된 죽음으로 여기게 되고, 또 그러다보니 하나님께 드리는 제물로까지 여기게 된 것이 아니었을까 싶다.

따라서 '예수가 우리를 구원해 주었다' 는 말의 진의眞意는 두 가지로 정리해 볼 수 있다고 본다. 하나는, 회개와 세례, 그리고 믿음을 통한 죄 사함을 받는, 아주 쉬운 길[방법]을 가르쳐 줌으로써 하나님의 응징을 피할 수 있었다는 뜻이 들어있고, 그 다른 하나는 인류가 죄를 많이 지어 하나님의 응징이 있어야 하는 상황이었는데, 예수가 스스로 자신의 몸을 화목제물로 바치어 속죄함으로써 하나님의 화가 풀리어 인류의 죄를 사면해 주었고, 그 때문에 응징을 면하게 되었다는 뜻이 들어있다.

-2011. 10. 04.

예수 스스로가 말하는
이 땅에 오신 목적

경전 기록상에, 예수는 이 땅에 이미 오셨었고, 다시 오신다고 약속해 놓은 상태다. 그런데 예수가 처음 이 땅에 오신 이유와 목적 등에 대해서 사람들은 저마다 말들을 달리 하지만 예수 스스로는 무엇이라고 말했을까? 남들이 말하는 것보다 당사자인 본인이 직접 말한 내용이 있다면, 그래서 그것이 경전 안에 기록되어 있다면, 그것이야말로 우리의 의문에 정확하고 요긴한 답이 될 줄로 믿는다.

우선, 예수의 행적을 중심으로 기술하고 있는 사대복음 가운데에서 예수가 자신의 출현 목적에 대해서 직접 언급하고 있는 부분만을 간추려 정리하자면 아래와 같다.

[아래]

①내가 이를 위하여 났으며, 이를 위하여 세상에 왔나니, 곧 진리에 대하여 증거하려 함이로라(요한복음 18:37).

②내가 하늘로서 내려온 것은 내 뜻을 행하려 함이 아니요, 나를 보내신 이의 뜻을 행하려 함이니라. 나를 보내신 이의 뜻은

내게 주신 자 중에 내가 하나도 잃어버리지 아니하고 마지막 날에 다시 살리는 이것이니라(요한복음 6:38~39).

③사람이 내 말을 듣고 지키지 아니할지라도 내가 저를 심판하지 아니하노라. 내가 온 것은 세상을 심판하려 함이 아니요, 세상을 구원하려 함이로라(요한복음 12:47).

④우리가 다른 가까운 마을들로 가자. 거기서도 전도하리니, 내가 이를 위하여 왔노라(마가복음 1:38, 누가복음 4:43).

⑤내가 율법이나 선지자나 폐하러 온 줄로 생각지 말라. 폐하러 온 것이 아니요, 완전케 하려 함이로라(마태복음 5:17).

⑥내가 의인을 부르러 온 것이 아니요, 죄인을 부르러 왔노라(마태복음 9:13, 누가복음 5:32, 마가복음 2:17).

⑦내가 세상에 화평을 주러 온 줄로 생각지 말라. 화평이 아니요, 검을 주러 왔노라(마태복음 10:34).

⑧내가 불을 땅에 던지러 왔노니(누가복음 12:49)

⑨내가 온 것은 사람이 그 아비와, 딸이 어미와, 며느리가 시어미와 불화하게 하려 함이니(마태복음 10:35)

⑩내가 세상에 화평을 주려고 온 줄로 아느냐? 내가 너희에게 이르노니, '아니라. 도리어 분쟁케 하려 함이로라(누가복음 12:51).'

⑪내가 심판하러 이 세상에 왔으니, 보지 못하는 자들은 보게 하고, 보는 자들은 소경되게 하려 함이라(요한복음 9:39).

⑫인자의 온 것은 섬김을 받으려 함이 아니라 도리어 섬기려 하고, 자기 목숨을 많은 사람의 대속물로 주려 함이니라(마태복음 20:28, 마가복음 10:45).

예수가 이 땅에 온 이유를 설명하고 있는 이 열두 가지 말들을 살펴보면, 모순도 있어 보이고, 보충설명이 필요하여 갑론을박(甲論乙駁:여러 사람이 서로 자신의 주장을 내세우며 상대편의 주장을 반박함)될 소지가 다분해 보인다. 우선, 모순이라 함은, "세상을 심판하려 함이 아니요"라고 말해 놓고서 언제 그랬냐는 듯 "내가 심판하러 이 세상에 왔으니"라고 말을 바꾸고 있다는 사실이다. 그리고 보충설명이 필요하다 함은, 예수가 말한 '진리'와, 검劍·불[火]·불화·분쟁 등을 주러 왔다는 말의 진의眞意에 대해서 최소한의 설명이 요구된다는 뜻이다. 곧, 예수는 '진리'를 위하여 태어났고, 그 진리를 위하여 이 세상에 왔다고 분명하게 말했는데, 그 진리란 '예수를 보내신 이의 뜻'으로 바꿔 말할 수 있다. 그렇다면, 예수를 보내신 이의 뜻이란 무엇인가? 그것은 '세상 구원'이고, 세상 구원이란 하나님이 예수에게 '왕'이란 권한과 함께 주신 백성들을 잃어버리지 않고 다시 살리는 것이라 한다. 다시 살린다는 것은, 하나님이 원하는 대로 백성들을 가르쳐 살게 함으로써 세상 끝날에 있을 심판이란 과정을 거친 다음, 모두 하나님이 계시는 천국으로 가서 영생할 수 있도록 하는 영적 부활을 의미한다.

예수는 이런 큰 틀에서 자신의 백성들을 향하여 하나님이 원하는, 세상사는 방법을 가르쳐 주었는데, 그 가르침이 기존의 것(모세 율법에 따라 사는 사람들의 가치관)과 현저하게 달라서[7] 숱한 의문과 갈등이 예견되었고, 실제로 있었던 것이다. 바로 이 부분을 함축적으로 암시해 주고 있는 것이 곧 '땅에 불을 던지러 왔고, 검을 주러 왔다'는 말이고, '가족 간에 불화를, 사람과 사람 사이에 분쟁을 주러 왔다'는 말이고, '율법이나 선지자를 폐하러 오지 않고 온전하게 함이라'는 말이다.

그러나 이 모든 것들은, 예수가 자신의 목숨을 자신을 보낸 하나님 아버지께 대속물로 바치듯이 사람과 사람 사이의 자기희생적인 사랑을 원했던 예수 정신으로 귀결된다. 그리고 보면, 분명, 예수가 말한 심판과 부활, 그리고 영생과 영벌 등이 다 '방편'으로써 얘기되었던 것이 아닌가 싶기도 하고, 그것들의 궁극적 목표는 인간 사랑의 실천이 아니었나 싶다.

-2011. 03. 04.

---

7) 모세와 예수의 가르침 차이

모세와 예수의 가르침이란, 모세와 예수가 각각 창조한 하나님이란 말로 바꿔 말할 수 있는데, 양자의 핵심적 차이를 이렇게 설명할 수 있다. 곧, 모세의 하나님은 계명·율법·규례 등을 주어 그대로 실천하며 사는 현실적인 삶을 강조하였다면, 예수의 하나님은 계명·율법·규례 등을 준수하려는 형식적인 삶보다 진정한 하나님에 대한 이해와 사랑, 그리고 인간끼리의 사랑[이웃사랑]을 실천하는 본질을 그보다 우선시하였다. 그래서 예수는 모세의 백성인 유대인들을 구속하는 형식을 상당 부분 깨뜨렸으며(예컨대, 할례·제사·안식일 준수·빵 먹기 전에 손 씻기·과부 병자 고아 종 빈자 등 사회적 기층민을 차별하지 않는 삶의 태도·기득권층의 위선 등), 신체적인 욕구를 충족시키기 위한 육적인 현실적인 삶보다는 내세를 위한 영적으로 구원받는 삶을 강조하였다. 그러다보니 자연스럽게 심판·부활·영생 쪽으로 무게 중심이 이동되었다. 이것을 두고 필자는 '하나님 중심의 인간세상'을 '인간 중심의 하나님 세계'로 바꾸어 놓았다고 빗대어 말한 바 있다. 이에 대한 자세한 내용은 다른 글 「하나님 중심의 인간세계를 인간 중심의 하나님 세계로」와 「하나님의 진화 가능성」을 참고하기 바람.

예수가 다시 오신다는 약속에 대하여

사람을 섬기고 자신의 목숨을 대속물로 주기 위해서 오신(마태복음 20:28, 마가복음 10:45) 예수는, 고난과 죽임을 당하지만, 사흘 만에 다시 살아나시어, 사십여 일을 지상에서 더 일하시다가, 승천하셨다 한다. 그런 예수께서, 지상에 다시 내려오지 않는다고 믿는 종파宗派에 속한 사람들도 있지만, 그렇지 않은 많은 사람들은 그가 다시 온다고 굳게 믿고 있다. 그것도 심판을 하기 위해서이고, 심판 후 천년통치(요한계시록 20:4, 20:6)를 위해서 천사들과 함께 오신다(요한계시록 21:12)는 것이다.

그렇다면, 그들의 믿음에는 과연 어떤 근거가 있는 것일까? 물론, 그 근거는 그들의 손에 들린 경전 안에 있다. 그것들 가운데에 가장 강력한 것은, 예수 스스로가 지상에 머물 때에, 더 구체적으로 말해서, '가야바'라는 이름을 가진 대제사장 집에서 그로부터 심문을 받을 때에 예수가 직접 한 말이다. 곧, "내가 너희에게 이르노니, 이후에 인자가 권능의 우편에 앉은 것과 하늘 구름을 타고 오는 것을 너희가 보리라(마태복음 26:64, 마가복음 14:62)."이다.

다시 그렇다면, 예수는 또 무슨 근거로 ①자신이 권능자(하나님)의 우편에 앉아 있는 것과 ②하늘 구름을 타고 온다는, 확인할 수 없는 내용에 대해서 단정적으로 말할 수 있었을까? 물론, 하나님의 아들로서 천국복음을 인간세상 땅 끝까지 전파하라는 임무를 부여받고 처음부터 왔다면 굳이 의심할 필요도 없다. 당연히 하나님 아버지의 계획을 아들로서 알고 있었을 테니까 말이다. 더욱이 하나님의 아들이라 불리는 예수가 하나님이라면 권능자의 우편에 앉는다는 말이 좀 걸릴 뿐 더 말할 나위가 없으리라.

그런데 예수가 자신의 입으로써 분명하게 '하늘 구름을 타고 온다'고 한, 이 말은 대제사장인 '가야바'의 집안 심문장審問場에서 만이 아니다. "그 때에 사람들이 인자가 구름을 타고 능력과 큰 영광으로 오는 것을 보리라(마태복음24:30, 누가복음21:27, 마가복음13:26)."라고 심판의 날을 염두에 두고 그 전에 이미 말했었다. 재미있는 것은 그가 '구름 타고 온다'는 것인데, 이 어법조차, 다른 것들도 마찬가지지만, 예수가 처음 쓴 것이 아니라는 사실이다.

기원전 530년경에 쓰인 것으로 추정되는 「다니엘」에서도 "인자 같은 이가 하늘 구름을 타고 와서(다니엘 7:13)"라고 기록되었다. 그런가하면, 예수 사후 수십 년이 지난 후에 쓰인 것으로 추정되는 요한계시록에서도 "볼지어다. 구름을 타고 오시리라. 각인의 눈이 그를 보겠고, 그를 찌른 자들도 볼 터이요, 땅에 있는 모든 족속이 그로 인하여 애곡하리니, 그러하리라(요한계시록 1:7)."라고 기록되어 있다. 그 뿐 아니라, 경전 안에서는 천사나 사람이나 예수나 여호와 하나님이 지상에서 하늘로, 하늘에서 지상으로 오고갈 때에 '구름'이라는 것을 그 수단으로써 사용했음을 어렵지 않게 확인할 수 있다 (이사야 19:1, 데살로니가전서 4:17, 요한계시록 10:1, 11:12 외).

그렇다면, 일련의 이런 현상들은 과연 무엇을 의미하는 것일까? 있었거나 있는 그대로의 사실을 단순히 말한 것일까? 아니면, 인간의 상상력 속에서 점차 변화·발전해온 어법語法에 지나지 않는 것일까? 이 문제는 독자들의 판단에 맡기는 편이 좋을 것 같다. 중요한 것은, 예수가 다시 온다고 했고, 그 때에 '하늘 구름'을 타고 온다고 분명하게 말했다는 사실이며, "아버지의 영광으로, 거룩한 천사들과 함께(마가복음 8:38)" 온다고 직접 말했다는 사실이다. 물론, 예수의 입으로써가 아니라 천사(흰옷 입은 두 사람(사도행전 1:10))를 통해서 예수의 제자들에게, 그것도 예수가 승천하자마자 그 현장에서 분명하게 말한 바 있다. 곧, "너희 가운데서 하늘로 올리우신 이 예수는 하늘로 가심을 본 그대로 오시리라(사도행전 1: 11)" 했다.

그렇다면, 그는 무슨 목적으로 이 땅에 다시 오시는가? 그것은 ① 심판과 ②하늘에서 만들어 가지고 오는 '거룩한 예루살렘 성'에서 인간세상을 통치하기 위해서이다.

(위 ① ②에 대해서는 「예수교 경전 속 몇 개의 키워드 분석」, 「예수의 인간교화 수단인 심판」, 「심판이 이루어지는 '주의 날'에 대하여」, 「심판 후 실현된다는 '새 하늘 새 땅'이란 무엇인가」등 일련의 글들을 참고하기 바람.)

이러한 예수의 재림再臨에 대한 소망을 품고 사는 이들이 예수를 하나님으로 믿는 사람들이다. 그들에겐 그런 소망이 있기 때문에 예수의 가르침(이 책의 제2장 '예수의 가르침'을 참고하기 바람.)을 실천하려고 노력하며, 기쁜 마음으로 살아간다. 그들이 죽기 전에 실현되지는 않겠지만 그들은 한사코 그런 믿음 안에서 살아간다. 이것이 예수교도의 현실이요, 꿈이다.

이처럼 예수가 아직 오지는 않았지만, '곧(임박·속히·이 세대가 가기 전·잠시 잠깐 후)', 혹은, '언젠가' 오리라는 믿음으로써 많은 사람들이

희망을 갖듯이, 부처님을 신으로 믿는 불교에서도 미륵보살(Maitre
ya-bodhisattva)이 56억 7,000만 년 후에 천상에서 인간세상으로 내
려와 세 차례에 걸친 설법으로써 모든 중생들을 제도할 것이라고 한
다(彌勒三部經). 그래서 미륵불(彌勒佛)만을 모셔 놓은 절도 있다. 그야말
로, 믿거나 말거나이지만, 현실속의 불만을 희망으로 바꾸어 갖는,
다시 말해, 현재의 절망을 미래의 희망으로 극복하려는 인간의 본능
적인 몸부림에 지나지 않는다고 본다. 만일, 그 절박한 몸부림이 아
니라면 그것은 한낱 장사속일 따름이리라.

-2010. 10. 27.

예수를 하나님의 대본대로 연기한 배우처럼 묘사한 속사정

예수교 경전을 읽다보면 '성경'이라는 단어가 46회나 나온다. 모두 신약에 나오는데 마태복음(3회) · 마가복음(3회) · 누가복음(4회) · 요한복음(13회) · 사도행전(7회) · 로마서(6회) · 고린도전서(2회) · 갈라디아서(3회) · 디모데전서(1회) · 디모데후서(2회) · 히브리서(1회) · 베드로후서(1회) 등에서이다.[8] 그러니까, 우리가 흔히 말하는 예수교 경전인 '성경' 속에 성경이 있다는 뜻인데, 그 성경이란 신 · 구약을 포함한 66권으로 짜여진 개신교 경전이 아님은 두말할 것이 없다. 추측컨대, 율법서와 예언서와 성문서 등으로 분류된 유대교의 경전인, 개신교 경전의 구약을 일컫지 않나 싶다. 왜냐하면, '성경'이라는 단어가 쓰인 문장들을 일별해 보면, 예수께서 말씀하실 때에 직접 읽으시고(마가

---

8) 예수교 경전 속에서 '성경'이라는 단어가 쓰인 예

마태복음 21:42, 22:29, 26:54, 마가복음 12:10, 12:24, 14:49, 누가복음 4:16, 24:27, 24:32, 24:45, 요한복음 2:17, 2:22, 5:39, 7:38, 7:42, 10:35, 13:18, 17:12, 19:24, 19:28, 19:36, 19:37, 20:9, 사도행전 1:16, 8:32, 13:29, 17:2, 17:11, 18:24, 18:28, 로마서 1:2, 4:3, 9:17, 10:11, 11:2, 15:4, 고린도전서 15:3, 15:4, 갈라디아서 3:8, 3:22, 4:30, 디모데전서 5:18, 3:15, 3:16, 히브리서 3:15, 베드로후서 3:16

복음 14:49), 인용하시고(마태복음 21:42), 하나님의 아들이라는 자신의 존재에 대한 증거(사도행전 18:28)로 삼던 책이면서, 바울이 안식일에 들고 강론을 펼쳤던 책이며(사도행전 17:2), 당시 교회[회당]에서 사람들이 읽었던 책(누가복음 4:16)이라는 사실을 어렵지 않게 유추해낼 수 있기 때문이다.

그런데 예수는, 그 성경 속에 기록된 말씀으로써 천국복음을 가르쳐 깨우치기도 하고(마태복음 21:42, 누가복음 24:45), 자신이 하나님의 아들로서 약속된 존재임을 증명하는 데에 활용하기도 한다(누가복음 24:27, 요한복음 5:39). 뿐만 아니라, 자신의 탄생과 죽음, 부활(로마서 1:2, 고린도전서 15:3, 15:4)을 포함하여 말 한 마디, 행동 하나 하나까지도 다 기록된 것처럼 묘사되고 있다(요한복음 19:28). 심지어는, 예수와 관련된 주변 인물들의 언행 일체도 그 성경에서 예언되고 기록된 것처럼 묘사되고 있다(마가복음 14:49). 게다가, 예수 자신은 그 성경에 기록된 대로 이루어져야 한다고 믿을 뿐만 아니라, 기록된 대로 이루기 위해서 스스로 노력하는 듯한 태도를 보이기도 한다(마태복음 26:54). 마치, 어떤 대본臺本이나 각본脚本이 주어져서 그대로 말하고 행동해야 하는 배우처럼 말이다.

그렇다면, 예수를 지상에 보낸 하나님은 인간사가 어떻게 펼쳐질지를 처음부터 알고 계셨다는 뜻이고, 동시에 그에 따라서 그의 역할이 이미 준비되어 주어졌다는 생각마저 들게 한다. 한 마디로 말해서, 예수는 하나님이 짜신 각본대로 충실하게 연기하고 퇴장한 배우에 지나지 않는다는 생각을 떨칠 수 없다. 물론, 이를 뒷받침해주는 근거가 있다. 곧, 예수께서 자신의 말이나 행위에 대하여, 그리고 주변 인물들의 그것들에 대하여 말씀하실 때에, 혹은 신약 집필자들이 예수에 대하여 말할 때에 "~ 한 성경을 이루게 함이라",

"~ 한 성경을 응하게 함이라", "성경에 이미 약속하신 것이라", "성경대로~ 하다"는 식의 화법話法을 즐겨 썼다는 점이다.9) 뿐만 아니라, 예수가 세례를 받은 직후 광야로 나아가 사십 일 동안 마귀 시험을 받는 과정도 하나님의 성령에 이끌리어 이루어진 일이고(마태복음 4:1), 그가 지상에 머무는 동안 인간세상에서 행한 숱한 표적들조차 하나님으로부터 부여받은 권능의 행사이고(마태복음 7:22), 십자가

---

9) 성경에 기록된 대로[하나님의 대본대로] 전개되는 예수의 삶에 대한 증거
①요셉이 일어나서 밤에 아기와 그의 모친을 데리고 애굽으로 떠나가, 헤롯이 죽기까지 거기 있었으니, 이는 주께서 선지자로 말씀하신 바 '애굽에서 내 아들을 불렀다' 함을 이루려 하심이니라(마태복음 2:14~15).
②이에 헤롯이 박사들에게 속은 줄을 알고 심히 노하여 사람을 보내어 베들레헴과 그 모든 지경 안에 있는 사내아이를 박사들에게 자세히 알아본 그 때를 표준하여 두 살부터 그 아래로 다 죽이니, 이에 선지자 예레미야로 말씀하신 바 '라마에서 슬퍼하며 크게 통곡하는 소리가 들리니 라헬이 그 자식을 위하여 애곡하는 것이라. 그가 자식이 없으므로 위로 받기를 거절하였도다.' 함이 이루어졌느니라(마태복음 2:16~18).
③그러나 아켈라오가 그 부친 헤롯을 이어 유대의 임금 됨을 듣고 거기로 가기를 무서워하더니, 꿈에 지시하심을 받아 갈릴리 지방으로 떠나가 나사렛이란 동네에 와서 사니, 이는 선지자로 하신 말씀에 '나사렛 사람이라 칭하리라.' 하심을 이루려 함이러라(마태복음 2:22~23).
④때에 모세와 엘리야가 예수로 더불어 말씀하는 것이 저희에게 보이거늘, 베드로가 예수께 여쭈어 가로되, '주여, 우리가 여기 있는 것이 좋사오니 주께서 만일 원하시면 내가 여기서 초막 셋을 짓되 하나는 주를 위하여, 하나는 모세를 위하여, 하나는 엘리야를 위하여 하리이다.' 말할 때에 홀연히 빛난 구름이 저희를 덮으며 구름 속에서 소리가 나서 가로되, '이는 내 사랑하는 아들이요, 내 기뻐하는 자니 너희는 저의 말을 들으라.' 하는지라. 제자들이 듣고 엎드리어 심히 두려워하니, 예수께서 나아와 저희에게 손을 대시며 가라사대, '일어나라. 두려워 말라.' 하신대, 제자들이 눈을 들고 보매 오직 예수 외에는 아무도 보이지 아니하더라. 저희가 산에서 내려올 때에 예수께서 명하여 가라사대, '인자가 죽은 자 가운데서 살아나기 전에는 본 것을 아무에게도 이르지 말라.' 하시니, 제자들이 묻자와 가로되, '그러면 어찌하여 서기관들이 엘리야가 먼저 와야 하리라.' 하나이까? 예수께서 대답하여 가라사대, '엘리야가 과연 먼저 와서 모든 일을 회복하리라. 내가 너희에게 말하노니, 엘리야가 이미 왔으되 사람들이 알지 못하고 임의로 대우하였도다. 인자도 이와 같이 그들에게 고난을 받으리라.' 하시니, 그제야 제자들이 예수의 말씀하신 것이 세례 요한인 줄을 깨달으니라(마태복음 17:3~13).
⑤나와 함께 그릇에 손을 넣는 그가 나를 팔리라. 인자는 자기에게 대하여 기록된 대로 가거니와 인자를 파는 그 사람에게는 화가 있으리로다. 그 사람은 차라리 나지 아니 하였다면 제게 좋을 뻔하였느니라(마태복음 26:23~24).
⑥오늘 밤에 너희가 다 나를 버리리라. 기록된 바 '내가 목자를 치리니 양의 떼가 흩어지리라' 하였느니라. 그러나 내가 살아난 후에 너희보다 먼저 갈릴리로 가리라(마태복음 26:31~32).
⑦네 검을 도로 집에 꽂으라. 검을 가지는 자는 다 검으로 망하느니라. 너는 내가 내 아버지께 구하여 지금 열 두 영 더되는 천사를 보내시게 할 수 없는 줄로 아느냐? 내가 만일 그렇게 하면 이런 일이 있으리라 한 성경이 어떻게 이루어지리요(마태복음 26:52~54)?

에 못 박혀 죽으시고 장사한 지 사흘 만에 부활하고, 부활 후 사십일 만에 승천하는 과정 또한 하나님의 뜻이고(마태복음 26:39, 26:42), 하나님 우편에 앉으셔서(마가복음 16:19, 사도행전 7:55, 7:56, 로마서 8:34, 골로새서 3:1, 히브리서 10:12, 베드로전서 3:22) 자신의 이름으로 지상의 제자들에게 '보혜사'10)라는 이름의 성령을 하나님께서 끊임없이 내려 보내주시도록 하고(요한복음 14:16, 14:26, 15:26, 16:7), 심판 날에 왕권을

---

⑧너희가 강도를 잡는 것 같이 검과 몽치를 가지고 나를 잡으러 나왔느냐? 내가 날마다 성전에 앉아 가르쳤으되, 너희가 나를 잡지 아니하였도다. 그러나 이렇게 된 것은 다 선지자들의 글을 이루려 함이니라(마태복음 26:55~56).

⑨내가 날마다 너희와 함께 성전에 있어서 가르쳤으되, 너희가 나를 잡지 아니하였도다. 그러나 이는 성경을 이루려 함이니라 하시더라(마가복음 14:49).

⑩이에 모세와 및 모든 선지자의 글로 시작하여 모든 성경에 쓴 바 자기에 관한 것을 자세히 설명하시니라(누가복음 24:27).

⑪너희가 성경에서 영생을 얻는 줄 생각하고 성경을 상고하거니와 이 성경이 곧 내게 대하여 증거하는 것이로다(요한복음 5:39).

⑫내가 너희를 다 가리켜 말하는 것이 아니라 내가 나의 택한 자들이 누구인지 앎이라. 그러나 내 떡을 먹는 자가 내게 발꿈치를 들었다 한 성경을 응하게 하려는 것이니라(요한복음 13:18).

⑬내가 저희와 함께 있을 때에 내게 주신 아버지의 이름으로 저희를 보전하와 지키었나이다. 그중에 하나도 멸망치 않고 오직 멸망의 자식뿐이오니 이는 성경을 응하게 함이니이다(요한복음 17:12).

⑭군병들이 서로 말하되, 이것을 찢지 말고 누가 얻나 제비 뽑자 하니 이는 성경에 '저희가 내 옷을 나누고 내 옷을 제비 뽑나이다' 한 것을 응하게 하려 함이러라(요한복음 19:24).

⑮이 후에 예수께서 모든 일이 이미 이룬 줄 아시고 성경으로 응하게 하려하사 가라사대, '내가 목마르다' 하시니(요한복음 19:28)

⑯이 일이 이룬 것은 '그 뼈가 하나도 꺾이우지 아니하리라' 한 성경을 응하게 하려함이라(요한복음 19:36).

⑰내가 받은 것을 먼저 너희에게 전하였노니, 이는 성경대로 그리스도께서 우리 죄를 위하여 죽으시고(고린도전서 15:3),

⑱장사 지낸 바 되었다가 성경대로 사흘 만에 다시 살아나사(고린도전서 15:4),

*예수나 그의 제자들에 의해서 열여덟 번 이상 직·간접으로 인용된 위 내용의 출처에 대해서는 다른 글 「예수는 어떤 책을 읽었는가」에서 확인할 수 있다.

10) 보혜사(保惠師)
하나님께서 예수의 이름으로 내려 보내시는 성령으로 제자들을 가르치고 그들로 하여금 말할 모든 것을 생각나게 하는 기능을 지닌다(요한복음 14:26). 동시에 예수가 하나님을 통해서 내려 보내는, 하나님으로부터 나오는 진리의 성령으로 제자들이 예수를 증언하는 기능을 가진다(요한복음 15:26). 뿐만 아니라, 예수께서 승천하시어 하나님 우편에 앉지 않으셨다면 보낼 수도 없는 것이기도 하다(요한복음 16:7).

부여받고(마태복음 16:28) 지상에 내려오셔서 심판하실 때조차도 오로지 하나님의 뜻에 따라 공의로써 하신다는 기록(요한복음 7:24, 사도행전 17:31, 베드로전서 2:23, 요한계시록 19:11) 등이 시사해 주는 바가 크다 아니 말할 수 없다.

이처럼 예수는 왜, 자기 판단과 자기 의지로써가 아니라 오로지 하나님 뜻인 성경에 기록된 대로 말하고 행동하는 대리인으로 묘사되었을까? 그것은 인간의 아들 예수를 하나님의 아들로 만들어야 하는 당면문제 해결이 신약 집필자들에게 전제되어 있었기 때문이 아닐까 싶다. (물론, 예수에 대하여 전적인 신뢰를 보내는 이들은 바로 이 점을 삼위일체설의 근거라고 거꾸로 주장할 수도 있을 것이다.) 어쨌든, 그들은 요셉의 아들이자 스승격인 예수를 하나님의 아들로 특별하게 만들려니, 그에 대하여 출생부터 남달리 기술해야 했고, 그의 능력과 성품 또한 인간과 자연을 초월하는 것으로서 특별하게 부여해야 했을 것이다. 결과적으로, 예수는 심판·구원·영생이라는 3대 키워드로 요약되는 하나님의 뜻[천국복음·하나님 나라의 일]을 전파하고, 하나님 나라[天國]가 존재함을 증명하는 여러 가지 일들(성경해설·병 고침·음식제공·귀신축출·죽은 자 살려내기·대속을 위한 자신의 죽음 선택·부활 등)을 빈틈없이 수행했던 존재로 부각시키다보니 그에게는 정작 어떤 자율권조차도 부여되지 못한 것 같다.

심지어는, 당시 유대인들은 예수를 하나님의 아들이 아닌, 인간 요셉의 아들 목수로 여겼고, 많은 권능과 설교 능력을 발휘하며 자신들을 비판하는 그를 시기·모함하여 죽이려고까지 노력했고, 종국에는 죽이고 말았다. 그런데 그런 일련의 일들조차 현실적으로 다 이루어질 것이라고 미리 기록되어 있었으며, 그 기록처럼 모든 일들이 실천되었다 한다. 특히, 장사한 지 사흘 만에 부활하여 무덤이 비게 되었다는 사실을, 그러니까, 예수의 부활을 오늘날까지 믿지 않도록 거짓말을 당시부터 유대인들이 유포시켰다는 기록(마태복음 28:11~15)까지 해놓고 있다. 그렇다면, 왜 그랬을까? 그것은 오로지 예수와 관련된 모든 것들이 그가 오기 전에 이미 예언되어 기록되었다는 사실을 증명해 보여야 만이 그가 하나님의 아들이라고 입증되기 때문일 것이다.

-2008. 10. 04.

경전 속 예수와 유대인

'유대인의 왕(마태복음 2:2)'으로 나시고, 하나님의 '사랑하는 아들
이요, 기뻐하는 자(마태복음 3:17)'인 나사렛 예수를, 정작 유대인들은
인정하지 않았다(마태복음 9:3, 26:65, 28:17, 마가복음 2:7, 14:64, 누가복음
5:21, 요한복음 10:33). 뿐만 아니라, 그가 하나님의 아들이라고 행한 숱
한 표적들과 뛰어난 설교 능력에 대해서도 의아해하면서(마태복음
12:12~22), 시기하고, 시험하려 들고(마태복음 22:35~36), 모함하고(마태
복음 26:59~68, 마가복음 14:53~65, 15:1~15, 요한복음 7:32~52, 10:22~39), 조
롱하고(마태복음 26:65~68, 27:28~31, 27:40, 27:42~43, 27:49), 마침내 그
에게 사형을 확정짓고(마태복음 27:26), 십자가에 눕힌 몸에 못을 박고
매달아 죽였다.

사도신경에서 '예수가 빌라도에게 고난을 받았다'고 기록되어 있
으나 실은 빌라도 개인이라고 보기보다는 유대인의 수장 격인 대제
사장들과 유대 국민의 장로들, 그리고 서기관 등에 의해서 죽임을
당했다고 말하는 편이 옳다.[11] 그럼에도 불구하고, 빌라도에게 책
임을 전가하는 듯한 사도신경의 기술記述[12]이 불가피했던 것은, ①

유대교를 믿는 유대인 사회 속에서 예수교를 창시해야 하고, ②유대 사회 속에서 살아남아야 하기 때문에 형제나 다름없는 동족同族에게 책임을 물어 좋을 것이 없다는 비겁한 계산이 깔려 있는 듯하다. 또한, ③유대교의 하나님을 인정해야 예수가 바로 그 하나님의 아들이라 함으로써 예수교의 존립근거가 마련된다는 현실인식이 전제되지 않았나 싶다. 바로 그렇기 때문에 예수 혹은 경전 집필자들은 '형제애'를 지나칠 정도로 강조[13]했던 것 같다.

---

11) **예수에 대한 대제사장과 빌라도의 심문 내용**(마태·마가·누가·요한복음에서의 기록이 조금씩 다르다. 이를 다 소개하면 복잡해지므로 여기서는 마태복음에서만 발췌한다.)

–대제사장의 심문 :

①아무 대답도 없느냐? 이 사람들의 너를 치는 증거가 어떠하뇨? (마태복음 26:62)

②내가 너로 살아 계신 하나님께 맹세하게 하노니, 네가 하나님의 아들 그리스도인지 우리에게 말하라. (마태복음 26:63)

③저가 참람한 말을 하였으니 어찌 더 증인을 요구하리요. 보라. 너희가 지금 이 참람한 말을 들었도다. 생각이 어떠하뇨? 저는 사형에 해당하니라. 그리스도야. 우리에게 선지자 노릇을 하라. 너를 친 자가 누구냐? (마태복음 26:65~68)

–빌라도의 심문 :

①네가 유대인의 왕이냐? (마태복음 27:11)

②저희가 너를 쳐서 얼마나 많은 것으로 증거하는지 듣지 못하느냐? (마태복음 27:13)

③너희는 내가 누구를 너희에게 놓아 주기를 원하느냐? 바라바냐? 그리스도라 하는 예수냐? (마태복음 27:17)

④둘 중에 누구를 너희에게 놓아 주기를 원하느냐? (마태복음 27:21)

⑤그러면 그리스도라 하는 예수를 내가 어떻게 하랴? (마태복음 27:22)

⑥어찜이뇨? 무슨 악한 일을 하였느냐? (마태복음 27:23)

⑦이 사람의 피에 대하여 나는 무죄하니 너희가 당하라. (마태복음 27:24)

12) **빌라도에게 책임을 전가하는 듯한 기술**

전능하사 천지를 만드신/ 하나님 아버지를 내가 믿사오며,/그 외아들 우리 주 예수 그리스도를 믿사오니,/이는 성령으로 잉태하사/동정녀 마리아에게 나시고,/ **'본디오 빌라도'** 에게 고난을 받으사,/ **십자가에 못박혀 죽으시고,**/장사한 지 사흘 만에 죽은 자 가운데서/다시 살아나시며, 하늘에 오르사,/전능하신 하나님 우편에 앉아 계시다가,/저리로서 산 자와 죽은 자를 심판하러 오시리라./성령을 믿사오며,/거룩한 공회와, 성도가 서로 교통하는 것과,/죄를 사하여 주시는 것과,/몸이 다시 사는 것과,/ 영원히 사는 것을 믿사옵나이다. 아멘.

13) **형제애를 강조한 예**

이 책의 제2장 '예수의 가르침'에서 확인할 수 있으나 구체적으로는 「실천하기 어려운 예수 계율」에서 언급되고 있는 36가지 중에서 10번부터 17번의 내용이 해당함.

반면, 예수는, 세례를 받은 후부터 그들에 의해 죽임을 당하기까지 부단히 천국복음을 말씀하시면서(마태복음 4:23, 9:35, 24:14), 자신이 하나님의 아들로서 약속된 자임을 증명(누가복음 24:27, 요한복음 5:39)해 보이려고 노력했다. 그만큼 하나님에 대한 믿음과 경배 방식에 유대인들의 잘못이 많다고 판단했으며, 또한 그들에게서 자신이 하나님의 아들로 받아들여지지 못했기 때문일 것이다. 그래서 예수는 대제사장·서기관·세리·바리새인 등으로 상징되는, 권력과 부를 가진 기득권층의 잘못된 믿음생활과 위선자들을 크게 비판하였고, 비판받는 그들은 더욱 예수를 하나님의 아들로 인정하지 않았고, 오히려 그에 대한 의심·시험·모함을 계속할 수밖에 없었던 것으로 보인다.

이런 관계로, 예수는 상대적으로 억압받고 천대받는 이들과 가난한 자·병든 자·연약한 여인·어린 아이들을 소중하게 생각했고, 제자들을 통한 이방인을 적극적으로 끌어들일 수밖에 없었다. 따라서 예수는 사람을 구분하지 않고 가르침을 폈지만, 기득권을 가진 유대인과 그들을 추종하고, 그들의 눈치를 살펴야 하는 사람들로부터는 외면을 받았다. 그러나 그들을 제외한 상대적 소외계층으로부터 추종과 존경을 받았음에는 틀림없다. 그의 설교말씀을 듣고 병 고침을 받기 위해서 몰려드는 무리의 수가 사·오천 명이 넘을 때가 있다고 기록되어 있음이 잘 말해준다.[14]

그리고 그는 장사한 지 사흘 만에 부활하여 사십 일을 더 지상에서 천국복음을 전파하시고 승천하시었는데 그 해 오순절에 예루살렘으로 순례 차 온 제자들에 의해서 그가 비로소 하나님의 아들로서

---

14) 예수의 설교를 들으러 운집한 무리가 사·오천 명이었다는 기록
마태복음14:21, 15:38, 16:9, 16:10 (이하 다른 복음서의 예는 생략함.)

인정되고, 기존의 유대교와 다른 예수교가 창시될 수 있었던 것이다. 따라서 예수의 활동과 행적을 중심으로 묘사·표현하고 있는 복음서를 집필한 마태·마가·누가·요한도, 예수가 하나님의 아들임을 강조하고 입증해 보이려 노력하지 않을 수 없었고, 또한 그에 대한 믿음을 그 어떤 것보다 중요시 여겼다.[15] 그 단적인 증거로, 예수께서 온갖 병자들의 병을 고쳐 주실 때에 전제되는 조건이기도 했지만, 심판을 받지 않는 자, 곧 면책특권자들이 반드시 갖추어야 하는 조건 하나를 들 수 있다. 곧, 예수와 하나님에 대한 믿음 그 자체이다. 예수가 다윗의 후손이라고 믿기만 하면, 예수가 하나님의 아들이라고 믿기만 하면 병 고침을 받는 것은 물론이고, 천국에 가서 영생하는 티켓을 확보할 수 있었다. 물론, 그를 믿는다는 것은, 예수

---

15) 믿음이 특별히 강조된 마태복음 안의 내용
①예수께서 가버나움에 들어가시니 한 백부장이 나아와 간구하여 가로되, "주여, 내 하인이 중풍병으로 집에 누워 몹시 괴로워하나이다." 가라사대, "내가 가서 고쳐 주리라." 백부장이 대답하여 가로되, "주여, 내 집에 들어오심을 나는 감당치 못하겠사오니 다만 말씀으로만 하옵소서. 그러면 내 하인이 낫겠삽나이다. 나도 남의 수하에 있는 사람이요, 내 아래도 군사가 있으니 이더러 가라 하면 가고 저더러 오라 하면 오고 내 종더러 이것을 하라 하면 하나이다." 예수께서 들으시고 기이히 여겨 좇는 자들에게 이르시되, "내가 진실로 너희에게 이르노니, '이스라엘 중 아무에게서도 이만한 믿음을 만나보지 못하였노라.' 또 너희에게 이르노니, '동서로부터 많은 사람이 이르러, 아브라함과 이삭과 야곱과 함께 천국에 앉으려니와 나라의 본 자손들은 바깥 어두운데 쫓겨나 거기서 울며 이를 갈이 있으리라.'" 예수께서 백부장에게 이르시되, "가라. 네 믿은 대로 될지어다." 하시니, 그 시로 하인이 나으니라(마태복음 8:5~13).
②"너희에게는 머리털까지 다 세신 바 되었나니 두려워하지 말라. 너희는 많은 참새보다 귀하니라. 누구든지 사람 앞에서 나를 시인하면 나도 하늘에 계신 내 아버지 앞에서 저를 시인할 것이요, 누구든지 사람 앞에서 나를 부인하면 나도 하늘에 계신 내 아버지 앞에서 저를 부인하리라. 내가 세상에 화평을 주러 온 줄로 생각지 말라. 화평이 아니요, 검을 주러 왔노라. 내가 온 것은 사람이 그 아비와, 딸이 어미와, 며느리가 시어미와 불화하게 하려 함이니 사람의 원수가 자기 집안 식구리라. 아비나 어미를 나보다 더 사랑하는 자는 내게 합당치 아니하고, 아들이나 딸을 나보다 더 사랑하는 자도 내게 합당치 아니하고, 또 자기 십자가를 지고 나를 좇지 않는 자도 내게 합당치 아니하니라. 자기 목숨을 얻는 자는 잃을 것이요, 나를 위하여 자기 목숨을 잃는 자는 얻으리라. 너희를 영접하는 자는 나를 영접하는 것이요, 나를 영접하는 자는 나 보내신 이를 영접하는 것이니라. 선지자의 이름으로 선지자를 영접하는 자는 선지자의 상을 받을 것이요, 의인의 이름으로 의인을 영접하는 자는 의인의 상을 받을 것이요, 또 누구든지 제자의 이름으로 이 소자 중 하나에게 냉수 한 그릇이라도 주는 자는 내가 진실로 너희에게 이르노니 그 사람이 결단코 상을 잃지 아니하리라." 하시니라(마태복음 10:30~42).

가 아버지 하나님으로부터 왕권을 부여받고, 이미 죽은 자와 산 자를 세상 '끝날'에 심판하러 다시 오시게 되며, 그 결과에 따라 지옥과 천국으로의 자리이동이 이루어지며, 지옥에서는 영벌(永罰:죽지 않고 영원히 벌을 받는다는 의미라기보다는 영과 육이 완전히 소멸한다는 의미로 쓰인 것 같음)을 받고, 천국에서는 영생(永生:하나님의 자녀로서 죽지 않고, 천사와 같은 영적 존재로서의 영원한 삶을 의미함)을 누린다는 천국복음의 요체를 믿는 것이다. 이런 배경에서 예수는, 어떻게 하면 지옥에 가게 되고, 어떻게 하면 천국에 가게 되는지를 애써 직·간접으로 설명하였고, 천국이 어떠한 곳인가를 여러 차례 비유적으로 설명할 수밖에 없었다.16)

---

③이에 예수께서 제자들에게 이르시되, "아무든지 나를 따라 오려거든 자기를 부인하고 자기 십자가를 지고 나를 좇을 것이니라. 누구든지 제 목숨을 구원코자 하면 잃을 것이요, 누구든지 나를 위하여 제 목숨을 잃으면 찾으리라. 사람이 만일 온 천하를 얻고도 제 목숨을 잃으면 무엇이 유익하리요? 사람이 무엇을 주고 제 목숨을 바꾸겠느냐? 인자가 아버지의 영광으로 그 천사들과 함께 오리니, 그 때에 각 사람의 행한 대로 갚으리라. 진실로 너희에게 이르노니, 여기 섰는 사람 중에 죽기 전에 인자가 그 왕권을 가지고 오는 것을 볼 자들도 있느니라(마태복음 16:24~28)."
④가라사대, "너희 믿음이 적은 연고니라. 진실로 너희에게 이르노니, 너희가 만일 믿음이 한 겨자씨만큼만 있으면 이 산을 명하여 여기서 저기로 옮기라 하여도 옮길 것이요, 또 너희가 못할 것이 없으리라(마태복음 17:20)."
⑤소경 둘이 길가에 앉았다가 예수께서 지나가신다 함을 듣고 소리 질러 가로되, "주여, 우리를 불쌍히 여기소서. 다윗의 자손이여." 하니 무리가 꾸짖어 잠잠하라 하되, 더욱 소리 질러 가로되, "주여, 우리를 불쌍히 여기소서! 다윗의 자손이여." 하는지라. 예수께서 머물러 서서 저희를 불러 가라사대, "너희에게 무엇을 하여주기를 원하느냐?" 가로되, "주여, 우리 눈 뜨기를 원하나이다." 예수께서 민망히 여기사, 저희 눈을 만지시니 곧 보게 되어 저희가 예수를 좇으니라(마태복음 20:30~34).
⑥예수께서 대답하여 가라사대, "내가 진실로 너희에게 이르노니, 만일 너희가 믿음이 있고 의심치 아니하면 이 무화과나무에게 된 이런 일만 할 뿐 아니라 이 산더러 들려 바다에 던지우라 하여도 될 것이요, 너희가 기도할 때에 무엇이든지 믿고 구하는 것은 다 받으리라." 하시니라(마태복음 21:21~22).

16) 천국에 대한 예수의 비유적 설교
①마태복음 20:1~16(품꾼을 얻어 포도원에 들여보내려고 이른 아침에 나간 집주인)
②마태복음 22:2~14(혼인잔치를 베푸는 임금)
③마태복음 25:1~46(등을 들고 신랑을 맞으러 나간 열 처녀) 외

그렇다면, 예수는 유대인들의 무엇을, 어떻게, 비판하였는가?

예수의 눈에는 대제사장·서기관·바리새인·장로 등 구체적인 신분과 직함으로 언급되는 유대인들이 결코 진실하지 못하고 겉만 꾸미는 사람들로 인식되었던 모양이다. 마태·마가·누가 복음서에서 10회나 사용되고 있는 '외식外飾하는 자'와 '독사의 자식들'이라는 (이 말은 세례 요한이 먼저 사용했지만), 그들에 대한 표현이 함축적이면서도 상징적인데, 이들은 대체로, ①의義의 도道로 온 세례 요한을 믿지 않고, ②하나님의 아들인 예수를 믿지 않으며, ③말과 행동이 다르고, ④천국복음에 대하여 외면·방해하고, ⑤의義·인仁·신信을 저버리고, ⑥탐욕·방탕·불법 등을 자행하는 사람들로 기술되고 있다 (마태복음 21:31~32, 21:42~44, 23:2~7, 23:13~39).

이들에 대해서 예수는 직접 면전에서, 혹은 무리와 제자들에게 간접적으로 설교를 통해서 비판하였는데, 당시 천대받던 세리와 창기娼妓보다 못한 사람들이라고 말했으며, 따라서 천국에 갈 수 없을 뿐만 아니라 심판을 피할 수도 없다고 강조했다. 그런 만큼 그들은 예수를 미워할 수밖에 없었으며, 예수 또한 그들을 심히 불쌍하게 여겼을 것이다.

그렇다면, 유대인은 예수를 어떻게 대했는가?

①바리새인, ②사람들(무리), ③서기관, ④대제사장, ⑤장로, ⑥사두개인, ⑦율법사 등의 신분과 직함으로 기록된 유대인들은, 예수의 존재와 활동에 대하여 근본적으로 의아스럽게 생각했던 것 같다. 그 이유를 찾자면, ①갖가지 표적을 행하는 능력과 뛰어난 설교 능력에 대한 시기심, ②갈릴리 지역에서의 주된 활동으로 인한 그의 출신지에 대한 오해, ③인간 요셉의 아들이라는 명백한 사실 등이 그를 더욱 의심하게 했을 것이다.

이런 이유로, 유대인들은 예수를 하나님의 아들로 인정하지 않은 것은 물론이고, 그가 행하는 병 고침·귀신축출·음식제공 등 초자연적인 표적들에 대해서조차도 의심하며, 직접 보여 달라고 거드름을 피우기도 했다. 또한, 흠을 잡기 위한 질문을 의도적으로 하는가 하면, 종교적 관습이나 전통에 위배된다고 여기는 행위에 대해서는 즉석에서 비판적인 질문을 하기도 한다. 예컨대, '안식일을 지키지 않고 일을 할 수 있느냐?,' '빵을 먹을 때에 왜 손을 먼저 씻지 않느냐?,' '어찌하여 세리나 죄인들과 같은 천한 사람들과 함께 식사를 하느냐?' 등이 그것이다. 그런가 하면, 경전에 대하여 조금 안다고 하는 사람들은 부활과 계명의 크고 작음[중요 우선순위]에 대하여 질문하기도 하고, 심지어는 세금을 납부하는 정치적 문제까지도 질문하여 트집을 잡고자 기도企圖한다. 분명, 그들은 귀신을 축출하는 장면을 목격하고서도 그의 권능을 부정하고 '바알세불' 17)의 힘이라고 왜곡·폄하하기도 한다. 한 마디로 말하여, 예수에 대하여 부정적인 편견과 의심으로 일관한 셈이다(마태복음 9:10~11, 12:1~2, 12:10, 12:24, 12:38, 15:1~2, 21:15~16, 21:23, 22:15~18, 22:23~28, 22:35~36).

그러나 예수는 하나님으로부터 부여받은 권능과 성령으로써 수많은 사람들의 병을 고쳐주고, 먹고 마실 것을 해결해 주고, 안전을 확보해 주고, 천국복음에 대하여 뛰어난 수사력으로써 가르치고, 잘못된 믿음생활에 대하여 비판하는 활동을 전개해 나갔다. 그러자 대제사장과 서기관과 장로들은 그를 죽이려고 모의한다. 마침내, 그들

---

17) 바알세불

'바알세불' 이란 단어는 마태·마가·누가 복음에서 모두 합쳐 7회 사용됐는데(마태복음 10:25, 12:24, 12:27, 마가복음 3:22, 누가복음 11:15, 11:18, 11:19) 공히 귀신의 왕이란 의미다. 아마도, 이 바알세불은 열왕기에 나오는 '에그론의 신 바알세붑' (열왕기하 1:2, 1:3, 1:6, 1:16) 이 아닌가 싶다.

은 예수를 붙잡아 들이고, 심문한다. 그들 앞에서 자신이 하나님의 아들이라고 말하는 예수에 대하여 '참람(주제넘을 참僭, 넘칠 남濫:분수에 넘치도록 아주 잘못됨)하다'고 하면서, 그를 모욕하고, 조롱하기도 한다. 급기야는, 빌라도에게 보내어 심문을 받게 하고, 그가 무죄라고 말해도 십자가에 매달아 죽이라고 민중들을 앞세워 소리 지른다. 뿐만 아니라, 그로 하여금 수모를 겪게 하고[18] 십자가형을 집행하며, 예수의 부활까지 거짓말을 사주하여 왜곡하기까지 한다.[19]

그렇다면, 하나님은 무슨 목적으로 예수를 그러한 유대사회 속으로 보내셨을까? 이에 대한 답은 예수가 세례를 받고 승천하기까지 지상에서의 활동이 말해 줄 터이지만, 더욱 분명한 것은 예수 스스로 '내가 무엇을 하기 위해서 왔다'라고 말한 대목에서 확인할 수 있다.[20] 곧, 마태·마가·누가·요한 복음서에서 모두 19회나 언급되고 있는데, 이들을 한 마디로 줄여 말한다면(이에 대한 자세한 내용은 다른

---

18) 예수가 받은 수모
①예수의 얼굴에 침 뱉으며, 주먹으로 치고, 혹은 손바닥으로 때리며(마태복음 27:68)
②채찍질하고, 십자가에 못 박히게 넘겨주니라(마태복음 27:26).
③그의 옷을 벗기고, 홍포를 입히며, 가시 면류관을 엮어 그 머리에 씌우고, 갈대를 그 오른손에 들리고, 그 앞에서 무릎을 꿇고 희롱하여 가로되, '유대인의 왕이여 평안할지어다.'하며, 그에게 침 뱉고, 갈대를 빼앗아 그의 머리를 치더라. 희롱을 다한 후 홍포를 벗기고, 도로 그의 옷을 입혀 십자가에 못 박으려고 끌고 나가니라(마태복음 27:28~31).
④성전을 헐고 사흘에 짓는 자여, 네가 만일 하나님의 아들이어든 자기를 구원하고, 십자가에서 내려오라(마태복음 27:40).
⑤저가 남은 구원하였으되 자기는 구원할 수 없도다. 저가 이스라엘의 왕이로다. 지금 십자가에서 내려올지어다. 그러면 우리가 믿겠노라. 저가 하나님을 신뢰하니 하나님이 저를 기뻐하시면 이제 구원하실지라. 제 말이 '나는 하나님의 아들이라.'하였도다(마태복음 27:42~43).
⑥가만 두어라. 엘리야가 와서 저를 구원하나 보자(마태복음 27:49).

19) 예수의 부활에 대한 유대인의 왜곡
그들이 장로들과 함께 모여 의논하고 군병들에게 돈을 많이 주며 가로되, "너희는 말하기를 '그의 제자들이 밤에 와서 우리가 잘 때에 그를 도적질하여 갔다.' 하라. 만일, 이 말이 총독에게 들리면 우리가 권하여 너희로 근심되지 않게 하리라" 하니, 군병들이 돈을 받고 가르친 대로 하였으니 이 말이 오늘날까지 유대인 가운데 두루 퍼지니라(마태복음 28:12~15).

글 「예수 스스로가 말하는 이 땅에 오신 목적」에서 확인하시기 바람.), 하나님의 지극한 인간 사랑으로 외아들인 예수를 인간세상 속으로 내려 보내어 자신의 뜻을 행하라는 것이었다. 그 뜻인 즉 회개와 세례를 통해서

---

20) 하나님께서 예수를 보내신 목적에 대하여 직접적으로 기술된 예
①보라. 나의 택한 종 곧 내 마음에 기뻐하는 바 나의 사랑하는 자로다. 내가 내 성령을 줄 터이니 그가 심판을 이방에 알게 하리라(마태복음 12:18).
②내가 율법이나 선지자나 폐하러 온 줄로 생각지 말라. 폐하러 온 것이 아니요, 완전케 하려 함이로라(마태복음 5:17).
③예수께서 온 갈릴리에 두루 다니사, 저희 회당에서 가르치시며, 천국 복음을 전파하시며, 백성 중에 모든 병과 모든 약한 것을 고치시니(마태복음 4:23)
④예수께서 모든 성과 촌에 두루 다니사, 저희 회당에서 가르치시며, 천국 복음을 전파하시며, 모든 병과 모든 약한 것을 고치시니라(마태복음 9:35).
⑤내가 세상에 화평을 주러 온 줄로 생각지 말라. 화평이 아니요, 검을 주러 왔노라(마태복음 10:34).
⑥사람이 내 말을 듣고 지키지 아니할지라도 내가 저를 심판하지 아니하노라. 내가 온 것은 세상을 심판하려 함이 아니요, 세상을 구원하려 함이로라(요한복음 12:47).
⑦너희는 가서 '내가 긍휼을 원하고 제사를 원치 아니하노라' 하신 뜻이 무엇인지 배우라. 내가 의인을 부르러 온 것이 아니요, 죄인을 부르러 왔노라(마태복음 9:13).
⑧내가 온 것은 사람이 그 아비와, 딸이 어미와, 며느리가 시어미와 불화하게 하려 함이니(마태복음 10:35)
⑨인자가 온 것은 섬김을 받으려 함이 아니라 도리어 섬기려 하고 자기 목숨을 많은 사람의 대속물로 주려 함이니라(마태복음 20:28).
⑩예수께서 들으시고 저희에게 이르시되, 건강한 자에게는 의원이 쓸데없고 병든 자에게라야 쓸데 있느니라. 내가 의인을 부르러 온 것이 아니요, 죄인을 부르러 왔노라(마가복음 2:17).
⑪인자의 온 것은 섬김을 받으려 함이 아니라 도리어 섬기려 하고 자기 목숨을 많은 사람의 대속물로 주려 함이니라(마가복음 10:45).
⑫내가 의인을 부르러 온 것이 아니요, 죄인을 불러 회개시키러 왔노라(누가복음 5:32).
⑬내가 세상에 화평을 주려고 온 줄로 아느냐? 내가 너희에게 이르노니, 아니라. 도리어 분쟁케 하려 함이로라(누가복음 12:51).
⑭인자의 온 것은 잃어버린 자를 찾아 구원하려 함이니라(누가복음 19:10).
⑮내가 하늘로서 내려온 것은 내 뜻을 행하려 함이 아니요, 나를 보내신 이의 뜻을 행하려 함이니라. 나를 보내신 이의 뜻은 내게 주신 자 중에 내가 하나도 잃어버리지 아니하고 마지막 날에 다시 살리는 이것이니라(요한복음 6:38~39).
⑯예수께서 가라사대, 하나님이 너희 아버지였으면 너희가 나를 사랑하였으리니 이는 내가 하나님께로 나서 왔음이라. 나는 스스로 온 것이 아니요, 아버지께서 나를 보내신 것이니라(요한복음 8:42).
⑰도적이 오는 것은 도적질하고 죽이고 멸망시키려는 것뿐이요, 내가 온 것은 양으로 생명을 얻게 하고 더 풍성히 얻게 하려는 것이라(요한복음 10:10).
⑱사람이 내 말을 듣고 지키지 아니할지라도 내가 저를 심판하지 아니하노라. 내가 온 것은 세상을 심판하려 함이 아니요, 세상을 구원하려 함이로라(요한복음 12:47).
⑲이는 너희가 나를 사랑하고, 또 나를 하나님께로서 온 줄 믿은 고로 아버지께서 친히 너희를 사랑하심이니라(요한복음 16:27).

죄를 사면 받음으로써 구원받아, 심판 때에 부활하여 천국에서 영생하라는 것이다. 단적으로 말하여, '천국복음'을 전파하기 위해서 예수를 인간세상 속으로 보냈는데, 예수와 유대인은 시작부터 좋은 관계가 되지 못했고, 좋은 관계로 발전되지도 못한 채 악연惡緣으로 끝이 났다. 유대인으로서 태어나 유대교의 품안에서 성장한 예수가, 여호와 하나님을 잘못 믿는 유대인들을 비판하고, 잘못된 관행을 개혁하고 인간의 그릇된 마음을 비판한 탓으로 그들은 예수를 하나님의 아들로 인정하지 않았고, 또한 그의 가르침을 따르지도 않았다.

결국, 유대인들은 오랫동안 예수를 '민족의 배반자'라거나 '종교적 배신자'라 여겨왔다. 19세기 중엽부터야 유대교 개혁운동이 일어나면서 예수에 대한 긍정적 평가를 하기 시작, 점진적으로 양자간의 관계개선이 이루어지고 있다고는 하나, 오늘날, 이스라엘 현지 유대교인들은 예수를 한낱 '전설적인' 인물로 간주해 버리는 경향마저 있다. 여기에는 모세의 하나님과 예수의 하나님의 다른 정체성이 존재하기 때문이다.(이에 대한 자세한 사항은 다른 글「하나님 중심의 인간세계를 인간 중심의 하나님 세계로」와「열려있는 하나님의 진화 가능성」등을 참고하기 바란다.)

－2008. 10. 08.

예수를 조롱감으로 만든
'성전聖殿' 이란 말에 대하여

　　예수교 경전인 '성경'에는 '성전(聖殿:성스러운, 큰 집)'이라는 말이
약 138회 정도 사용되었는데, 성전이란 여호와 하나님께서 계시는
곳으로(시편 11:4), 원래는 하늘에 있겠지만, 하나님을 믿고 경외하는
자들에 의해서 하나님께 예배드릴 목적으로 지상에 일정한 방식으
로 지어 놓은 건축물을 말한다. 물론, 이 '성전'과 유사하거나 관련
된 용어들로, '아버지의 집'(요한복음 2:16, 누가복음 16:27), '하나님의
집'(여호수아 9:23, 사사기 18:31, 역대상 6:48, 시편 42:4, 52:8, 55:14, 122:9, 고
린도전서 3:9, 디모데전서 3:15, 히브리서 10:21), '여호와의 집'(스가랴 8:9 외 다
수), '주의 전'(시편 48:9, 68:29, 요한복음 2:17), '여호와의 전'(스가랴 6:12
외 다수), '하나님의 전'(마태복음 12:4, 마가복음 2:26, 누가복음 6:4 외 다수),
'주의 집'(열왕기하 10:3, 시편 5:7 외 다수), '주의 뜰'(시편 65:4), '성소' 혹
은 '지성소'(聖所:출애굽기 15:17, 26:33, 에스겔 23:39 외 다수), '낭실'(廊室:
신전 내부로 들어가기 전에 있는, 사람들이 모일 수 있는 별도의 큰 공간. 열왕기상
6:3, 7:6, 7:7, 7:8 외 다수), 회막(출애굽기 28:43 외 다수) 등이 경전 안에서
쓰였다.

그런데 이 '성전'이란 말 때문에 예수께서 대제사장으로부터 심문 받을 때에, 그리고 십자가에 매달려있을 때에 사람들로부터 조롱감이 되는데, 그 정황을 한번 살펴보자.

먼저, 예수가 대제사장한테서 심문 받는 상황이다. 대제사장과 서기관과 장로들이 모여서 예수 죽일 명분을 찾기 위하여 심문하는데, 어떤 두 사람이 뒤에[늦게] 나타나 말하기를, "이 사람(예수)의 말이 '내가 하나님의 성전을 헐고 사흘에 지을 수 있다.' 하더라" 했다. 그러자 대제사장이 일어나서, 예수에게 묻기를, "아무 대답도 없느냐? 이 사람들의 너를 치는 증거가 어떠하뇨?" 라고 되물었다. 그럼에도 불구하고 예수가 대꾸하지 않자, 대제사장이 다시 "내가 너로 살아 계신 하나님께 맹세하게 하노니, 네가 하나님의 아들 그리스도인지 우리에게 말하라." 라고 명령하듯 했다. 그러자 그 때서야 예수께서 근엄하게 "네가 말하였느니라. 그러나 내가 너희에게 이르노니, 이 후에 인자가 권능의 우편에 앉은 것과 하늘 구름을 타고 오는 것을 너희가 보리라." 하셨다. 그러자, 다시 대제사장은 자신의 옷을 찢으며, "저(예수)가 참람(僭濫)한 말을 하였으니, 어찌 더 증인을 요구하리요. 보라! 너희가 지금 이 참람한 말을 들었도다. 생각이 어떠하뇨?"라고 심문장 안에 있는 사람들에게 물었다. 그러자, "저는 사형에 해당하니라."라고 대답하였다. 그리하여 예수의 얼굴에 침 뱉으며, 주먹으로 치고, 손바닥으로 때리었다(마태복음 26: 57~68). 차마, 눈 뜨고 보아줄 수 없는 장면이 연출되었던 것이다.

물론, 여기서는 '성전'보다는 '하나님의 아들'이라는 문제가 더 심각하게 인식되고 부각되었지만, 문제의 발단은 성전을 헐고 사흘만에 다시 짓는다고 말했다는, 다시 말해서, 현실적으로 불가능한 거짓말을 했다는 사실에 대해 격분하고 있는 상황이다.

이제, 예수께서 십자가에 매달려 있는 상황에서 그 '성전' 때문에 받는 수모를 확인해 보자.

한낱, 지나가는 사람들은 자기 머리를 흔들며, 예수를 모욕하면서, "성전을 헐고 사흘에 짓는 자여, 네가 만일 하나님의 아들이어든 자기를 구원하고, 십자가에서 내려오라." 했다. 이렇게 행인들과 대제사장들과 서기관들과 장로들이, 심지어는 옆의 십자가에 매달린 강도까지도 예수를 조롱하였다(마태복음 27: 39~44).

역시, ①성전을 헐고 사흘 만에 짓는다고 말했다는 점과 ②하나님의 아들이라고 말한 점 때문에 예수가 십자가에 매달린 상황에서도 조롱감이 되고 있음을 확인할 수 있다. 이는 아마도, 하나님의 아들이 아니라면, 다시 말해, 하나님으로부터 특별한 권한과 능력을 부여받은 사람이 아니라면, 기존의 성전을 헐고 사흘 만에 다시 지을 수 없다고 당대 사람들이 여겼던 결과로 보인다. 이를 뒤집어 말한다면, 하나님의 아들이라도 되어야 수십 수년에 걸쳐 지은 성전을 헐고 사흘 만에 다시 지을 수 있다고 믿었던 것이다. 사실은, 그 자체도 우스꽝스러운 일이지만 말이다.

그렇다면, 예수는 무엇 때문에 '성전을 헐고 사흘 만에 다시 짓는 자(마가복음 15:29)'가 되어서 세상 사람들로부터 조롱감이 되었는가? 이 문제의 진원지를 확인해 볼 필요가 있다.

유대인의 유월절[21]이 가까워지자 예수께서 예루살렘으로 올라가셨는데, 성전 안에서 소와 양과 비둘기 등을 파는 사람들과 돈 바꾸

---

21) 유월절
하나님이 출애굽 전야(니산Nisan월 14일. 니산월은 서양력의 3~4월에 해당함)에 '이집트 땅을 치실 때' 사람이든 가축이든 이스라엘의 처음 태어난 것들을 그냥 '넘어간 것[살려둔 것]'을 기념하는 절기로, 이스라엘과 개혁파 유대인들은 7일(8일간 기념하는 곳도 있음) 동안 '누룩을 넣지 않은 빵[무교병]'으로써 식사하며 기념한다.

는 사람들이 앉아있는 것을 보시고, 노끈으로 채찍을 만들어 양이나 소를 성전에서 내쫓으시고, 돈 바꾸는 사람들의 돈을 쏟으며 상을 뒤엎으시고, 비둘기를 파는 사람들에게 "이것을 여기서 가져가라. 내 아버지의 집으로 장사하는 집을 만들지 말라."고 소리쳤다.

그러자 유대인들이 "네가 이런 일을 행하니 무슨 표적을 우리에게 보이겠느뇨?" 라고 물었다. 그러자 예수께서 "너희가 이 성전을 헐라. 내가 사흘 동안에 일으키리라." 라고 대답했다. 그러자, 다시 유대인들이 "이 성전은 사십 육년 동안에 지었거늘 네가 삼 일 동안에 일으키겠느뇨?" 라고, 의심으로 가득 찬 나머지 예수에게 되물었다 (요한복음 2:13~20). 바로 이 대목이 문제의 씨앗이 되었지만 모호하기 짝이 없어 보인다.

유대인들의 물음인 "네가 이런 일을 행하니 무슨 표적을 우리에게 보이겠느뇨?" 라는 말은, '유대교 성전에서 이루어지는, 오래된 관습과 관행을 예수 네가 무슨 권한과 능력으로써 깨부수는가?' 라는 뜻이다. 그런데 예수가 그 질문에 대답하기를, "너희가 이 성전을 헐라. 내가 사흘 동안에 일으키리라." 라고 다소 생뚱맞게 대답해 버리고 만다. 사실, '너희가 이 성전을 헐라' 라는 말은, '나를 의심하는 너희 유대인들은 차라리 나를 죽이라.' 라는 뜻이고, '내가 사흘 동안에 일으키리라' 라는 말은, 사흘 후에 다시 살아나리라' 라는 뜻이었다. 그러니까, 예수가 한 말의 속뜻인 즉 '나를 의심하는 너희들이 나를 죽이게 되면, 나는 사흘 후에 다시 살아나는 것으로써, 내가 하나님의 아들임을 입증하리라' 라는 의미로서 성전을 헐면 다시 짓겠다고 말했는데, 이 비유법을 알아듣지 못한 것이 그만 문제가 되고 말았던 것이다.

"내 아버지의 집으로 장사하는 집을 만들지 말라(요한복음 2:16)." 라고 소리치며, 성전에서 난동을 부리는 듯한 예수의 행동이 모세의 율법에 의해서 살아온 유대인 시각에서 볼 때에는 이해될 리 없었을 것이다. 그래서 그들은 네가 하나님의 아들이라면 표적을, 다시 말해, 네가 하나님 아들이라는 증거를 보여 달라고 말했던 것인데, 예수는 그들에게 '성전'이란 말로써 자신의 죽음 후에 있을 '부활'을 암시했던 것이다.

그렇다면, 예수는 왜 부활로써 자신이 하나님의 아들 내지는 하나님임을 증거하려 했을까? 게다가, 쉽게 이해되는 직설법을 쓰지 않고 모호한 비유법을 쓰면서 말이다. 아마도, 물고기 뱃속에 있다가 사흘 만에 살아난 '요나'와 하나님과의 관계를 예수가 익히 잘 알고 있었기 때문이 아닐까 싶다. 이에 대한 증거가 있으니, 그것은 "요나가 밤낮 사흘을 큰 물고기 뱃속에 있었던 것 같이 인자(예수)도 밤낮 사흘을 땅속에 있으리라(마태복음 12:40, 누가복음 11:30)"라고 직접 말한 바 있다는 사실이다.

어쨌든, 예수가 말한 성전은 자신의 육체를 가리킨 것인데(요한복음 2:21), 사람들은 건축물로서 오해를 한 것이다. 그렇다면, 예수는 무슨 근거로서 자신의 몸을 성전에 빗대었을까? 그것은 마태복음 제12장 6절에서 찾을 수 있다. 곧, 예수가 바리새인들에게 한 말인데, "성전보다 더 큰 이가 여기 있느니라(마태복음 12:6)."라고 말한 예수의 화법話法과 자신의 정체성에 대한 인식에 있다. 덧붙이자면, 예수는 자신이 안식일의 주인(마태복음 12:8, 누가복음 6:5)으로서 하나님의 집인 성전보다 더 크다고 분명하게 말했는데, 바로 이런 인식이 이미 예수에게 있었기 때문에 그는 자연스럽게 자신의 몸을 성전으로 바꾸어 말할 수 있지 않았나 싶다. 이는, 예수 자신이 하나님이 아니면, 최소한 하나님의 아들이라는 점을 입증하기 위해서 가장 적절한 증거가 될 만한 것으로서 죽은 몸을 다시 살린다는 '부활'이라는 개념을 떠올렸던 결과라고 말할 수 있다. 다시 말해, 예수는 요나를 통해서 부활을 하나님의 능력으로 굳게 믿음으로써 각인刻印된 상태였기 때문에 자신의 부활도 믿었던 것이고, 그런 상태에서 자기도 모르게 자신의 몸을 성전으로 빗대어 말했으리라 본다. 그런데 그것을 그만 사람들은 건축물로 오해했던 것이고, 그 오해는 어처구니없게도 예수를, 아니, 하나님의 아들을, 아니, 하나님을 조롱하면서 죽이는, 직접적인 이유가 되었던 것이다.

　-2010. 10. 27.

영계靈界에서 오신
예수의 모호한 말과 태도

빌라도 : 네가 유대인의 왕이냐?

예수 : 이는 네가 스스로 하는 말이뇨? 다른 사람들이 나를 대하여 (나에 대하여) 네게 한 말이뇨?

빌라도 : 내가 유대인이냐? 네 나라 사람과 대제사장들이 너를 내게 넘겼으니 네가 무엇을 하였느냐?

예수 : 내 나라는 이 세상에 속한 것이 아니라. 만일, 내 나라가 이 세상에 속한 것이었더(다)면 내 종들이 싸워 나로 유대인들에게 넘기우지 않게 하였으리라. 이제 내 나라는 여기에 속한 것이 아니니라.

빌라도 : 그러면 네가 왕이 아니냐?

예수 : 네 말과 같이 내가 왕이니라. 내가 이를 위하여 났으며, 이를 위하여 세상에 왔나니 곧 진리에 대하여 증거하려 함이로라. 무릇, 진리에 속한 자는 내 소리를 듣느니라.

빌라도 : 진리가 무엇이냐?

(*이상은 요한복음 제18장 28절로부터 38절의 내용 가운데 두 사람의 대화 내용만을 뽑아 이해하기 쉽게 문장부호를 넣고 각색한 것임.)

빌라도가 예수에게 '네가 유대인의 왕이냐?' 라고 묻자, 예수는 '그 말이 네 스스로 하는 말이냐?, 아니면 다른 사람들이 나에 대해서 너에게 한 말이냐?' 라고 되물음으로써 직접적인 답변을 피한다. 그러자 빌라도가 이어서 '내가 유대인도 아닌데 너희 유대인들이 나에게 너를 넘겼도다. 도대체, 너는 무엇을 행하였느냐?' 라고 묻는다. 그러자 예수가 대답하기를 '내 나라는 이 세상에 속한 것이 아니다. 만일, 내 나라가 이 세상에 속한 것이었다면 내 종들이 싸워 나를 유대인들에게 넘기지 않았으리라. 이제, 내 나라는 여기에 속한 것이 아니니라.' 라고 당당하게 말한다.

바로 여기에 문제가 있다. 예수의 나라는 이 세상에 속한 것이 아니라는 대목이다. 그렇다면, 예수의 나라는 무엇이고, 이 세상은 또 무엇인가? 서로가 다르다면 어떻게 다른가? 그리고 이 세상에 속한 것이 아닌데 굳이 이 세상에 와 자기 나라의 진리를 말해야 했는가? (이 문제는 조금 보류해 두고, 예수의 답변이 모순을 안고 있음으로써 그의 말과 말이 상충되어 신뢰감이 떨어지고 있다는 사실을 먼저 확인해 보자.)

예수와 함께 있던 자 중에 하나가 손을 펴 검을 빼어 대제사장의 종을 쳐 그 귀를 떨어뜨리니, 이에 예수께서 이르시되, "네 검을 도로 집에 꽂으라. 검을 가지는 자는 다 검으로 망하느니라. 너는 내가 내 아버지께 구하여 지금 열 두 영 더되는 천사를 보내시게 할 수 없는 줄로 아느냐? 내가 만일 그렇게 하면 이런 일이 있으리라 한 성경이 어떻게 이루어지리요." 하시더라(마태 26:51~54).

예수의 말인 즉 자기(예수) 나라에 계시는 하나님께 부탁하여 열두 영靈 이상을 오게 하여 나를 잡으러 온 이 사람들을 물리칠 수도 있지만 성경에서 미리 말씀하신 바가 있어 그대로, 다시 말해, 당초 계획[하나님의 뜻]대로 이루어지게 하기 위해서 굳이 대응하지 않는다는 뜻이다.

상황이 다른 두 곳에서 예수가 한 말들이지만 두 말이 서로 엇갈리고 있음에 틀림없다. 하나는 자신을 결박하러 감람산에서 온 한 제자에게 한 말이고, 다른 하나는 심문 과정에서 빌라도에게 한 말이다. 빌라도한테는 내(예수)가 이 세상에 머물며 무언가를 행하긴 했지만[행한 사실에 대해서는 인정] 이 세상 일이 아니라 내 나라의 '진리'를 증거하고, 그것을 전파하는 일을 했다고 말했다. 말이 많이 생략되었지만 결과적으로 진리의 나라가 아닌 이 세상의 너(빌라도)는 신경 쓰지 말라는 뜻이나 다름없고, 나(예수)는 이 세상에 속한 사람도 아니고, 이 세상에 속한 일을 한 것이 아님으로 이 세상에서는 죄가 없다고 간접적으로 말한 셈이다. 그리하여 빌라도도 예수의 이 말을 그대로 인정한다.

그런데 감람산에서 자신을 포박하러 온 사람들 가운데 대제사장의 종從의 한쪽 귀를 검劍으로써 잘라내 버린 자신의 제자 한 사람에게는 "내(예수)가 내 아버지께 구하여 지금 열 두 영 더되는 천사를 보내시게 할 수 없는 줄로 아느냐?"라고 말함으로써 얼마든지 그렇게 할 수 있다고 말해 버린다. 그렇다면, 빌라도에게 심문을 받을 때에는 이미 이 세상에 속하지 않은 상황이었고, 그 전날 무리들이 자신을 포박하러 온 감람산에 있을 때에는 이 세상에 속한 상태였다고 말할 수 있다는 말인가. 그것이 아니라면 상황에 따라서 예수의 말이 바뀌는 것을 확인하는 순간이라 아니 말할 수 없다. 한 마디로 말하여, 성경에 기록된 대로 이루어지도록 내가(예수) 나를 잡으러 온 이들 앞에서조차 저항하지 않고 순순히 응해야 하고, 나의 나라가 이 세상에 속하지 않은 것이기에 나를 잡아들여 조롱하고 누명을 씌워 심문을 받게 해도 애써 대응하지 않는다는 것이 바로 예수의 말이고, 태도이고, 행동인 셈이다.

그렇다면, 예수는 무엇 때문에 자신의 나라에서 전혀 다른 이 세상에 와, (혹은 보내어져) 자신의 나랏일을 애써 증거하고 전파하고 이해시키려 했는가? 여기에서는 두 가지 문제가 먼저 해결되어야 한다고 본다. 곧, 하나는 '예수의 나라'라는 것이 과연 어떤 나라이고, 다른 하나는 그 나라의 일이 무엇이냐이다. 분명한 것은, 이 세상[인간세상]은 온갖 범죄와 악이 횡행하고, 죽음이 있고, 사람을 포함한 하나님의 피조물들이 살고 있으며, 그것이 땅에 있지만, 예수의 나라[천국]에는 영적 존재인 하나님과 천사가 살고 있고, 영원하며, 선하고 의로운 진리가 있고, 그곳이 하늘에 있다는 점이다. 문제는, 그 진리에 의해서 예수의 나라가 통치되듯 이 세상도 통치되기를 원한다는 사실이다.

다시 그렇다면, 하나님은 왜, 그렇게 원하는 것일까? 그것은 오로지 창조주인 하나님이 인간을 지극히 사랑하기 때문이라는데, 그 뜻, 그 목적 달성을 위해서 하나님은 예수를 이 땅에 보내셨고, 그로 하여금 자신[하나님]의 뜻인, 진리 곧, 이미 과거에 했던 자신의 말에 대해서 증거하고, 또한 그것을 새롭게 해석하고 전파하도록 한 것으로 풀이할 수 있다.

그렇다면, 하나님의 뜻 곧, 진리란 무엇인가? 빌라도는 심문과정에서 이 '진리'라는 말을 이해하고 지나갔는지 모르지만, 그리고 예수 자신도 더 이상 설명하지 않았지만, 예수교 경전 66권에서 말하는 진리란 무엇일까? 그것은 곧, 인간을 지도하고 교훈하는 것으로서(시편 25:5) 하나님께서 인간에게 베푸시는(창세기 32:10, 사무엘하 2:6,

시편 57:3) 사랑의 말씀이요(시편 119:160, 요한복음 17:17), 법이요(시편 119:142), 계명이다(시편 119:151). 뿐만 아니라, 하나님이 예수 그리스도를 통해서(요한복음 1:17, 14:6), 인간을 자유롭게 하고(요한복음 8:32), 긍휼과 공의를 베풀게 하며(이사야 42:3, 시편 85:10), 인간에게 주는 복음이요(갈라디아서 2:5, 2:14, 골로새서 1:5), 성령이요(요한1서 5:7), 구원에 이르게 하는 길이다(데살로니가후서 2:10, 2:13). 더 간단히 말하면, 하나님이 가르쳐 준 대로(하나님이 주신 계율을 지키고 예수를 믿는 삶) 살면 심판을 면제받거나, 설령, 면제받지 못하고 심판받는다 해도 천국으로 가서 하나님의 종 혹은 자녀로서 영원히 함께 살 수 있고, 그렇지 못하면 심판 후에 지옥으로 가서 영벌을 받는다는 것이다.

믿거나 말거나이지만, 하나님을 믿는 유대인들이 하나님의 아들을 죽인 것을 보면 창조주가 사는 천상의 영계靈界와 그의 피조물들이 사는 지상의 인간계人間界가 서로 의사소통이 잘 되지 못했던 것 같다. 유대인들은 예수에 대하여 사람들이 꾸며낸 전설적인 인물이라고 말하기도 하지만 어느 한 쪽이 거짓말을 하고 있는지도 모를 일이다. 게다가, 세월이 흐르는 동안 영계의 하나님과 인간계의 인간들이 대화하는 방식이 바뀌기도 했지만 더 심각하게 고려해 보아야 할 근원적인 문제가 있다고 생각한다. 그것은 영계의 영적존재와 인간계의 인간이 본질적으로, 원천적으로 다르기 때문에 의사소통 자체가 원활하지 못했던, 다시 말해, 곤란했던 것은 아닐까 하는 점이다. 이런 억측을 가능하게 하는 이유가 있다면 예수의 가르침 가운데는 인간이 실천할 수 없는 것들이 대부분이라는 사실이다.(이에 대해서는 다른 글 「실천하기 어려운 예수 계율」을 참조하기 바람.)

여하튼, 어찌된 영문인지 몰라도, 태초에 하나님에게 뜻이 있어서 자신의 형상대로 만들었다는(창세기 1:27) 인간조차 이제는 그 주인의 말을 통 듣지 않는 형국이 되었다 해도 지나친 말이 아니다. 그것도 인간이 먼저 창조주와의 약속을 파기했기 때문이라고 말들 하지만 전지전능하신 분께서 그런 문제를 가지고 고민할 일이 뭐 있겠는가? 철저히 방치해버리든가, 아니면 공개적으로 혼내주든가, 아니면 인간 본질 자체를 한 마디 말로써 일신하면[결국은 회복하면] 그만일 것을 방치하는 것도 아니고, 일신하는 것도 아니고, 고작 심판 운운하며 폐쇄적으로, 제한적으로 인간과의 대화를 시도하려는지 모르겠다. 그놈의 '자유의지'를 주었기에 인간 스스로가 알아서 판단하고 알아서 결정할 일이라고 내버려 두는 것인가? 결과적으로 영계와 인간계 사이에 믿기 어려운 약속만 무성한 것을 보면 아예 영계가 존재하지 않는데도 불구하고 인간계의 약자들이 간구하는 이상세계가 바로 그 영계로서 그려진(만들어진) 것은 아닐까 생각게 할 뿐이다.

예수 스스로가 말한 것처럼 이 세상에 속한 일이 아닌데 굳이 인간계에 내려와 영계의 '진리'라는 것으로써 인간세상을 묶어둘 필요가 있는가? 영계에서의 영원한 삶을 창조주께서 계획해 놓았음에도 불구하고 짧은, 허망한 세상밖에 모르는 인간이 너무나 불쌍하기라도 했단 말인가? 아니면, 하나님이 너무나 외로워서 자신의 피조물인 인간의 영들과 함께 살려고 하는 것은 아닌가? 근본적으로 영육분리를 믿지 못하는 나에게는 이것들이 다 아리송한 억측에 지나지 않는다.

어쨌든, 나의 불신과 상관없이 영계와 인간계가 전혀 다르게 실재한다하더라도 창조주의 그러한 깊은 뜻이 전제되었다면, 영계에서 특별한 인류 구원계획을 가지고 오신 예수께서만큼은 그것을 더 적극적으로, 더 완벽하게, 인간에게 이해시켰어야 하지 않았을까 싶다. 다른 능력은 다 있었어도 그것만은 없었던 것인가.

−2009. 07. 03.

모세에게 주었던 십계명을 새기어 104센티미터 크기로 만든 구리 십자가(6세기 작품)
VIth century Bronze Cross(height 104cms) with engraved representations of the giving of The 'Decalogue' to Moses.

예수의 깊어가는 고민

- '만나'로부터 '산 떡'까지

예수가 '하나님의 아들'이라 하면서 하나님 아버지의 뜻[천국복음]을 인간 세상에 전하자, 많은 사람들은 의아스럽게 생각하며, 도무지 믿지를 않았다. 그래서 예수는 하나님 아버지가 주신 권한과 능력으로써 놀라운 표적들을, 다시 말해, 초자연적 현상들을 일으켜 보여 줌으로써 그 증거로 삼았다. 물론, 예수의 이런 행위에는 아브라함·롯·욥·모세·엘리야 등에게 스스로 전지전능함을 보여 줌으로써 하나님임을 입증해 보였던 하나님의 행위와, 초자연적 현상을 일으켜 보이는 사람들이 하나님에게 속한 사람 곧 하나님이 특별히 권한과 능력을 주시어 부리는 선지자라 여겼던 세인들의 믿음에 뿌리를 두었다.

여하튼, 예수의 그것을 직접 본 사람들은 놀라기도 하면서 하나님의 아들이라 믿기도 했지만(마태복음 8:29, 14:33, 16:16, 27:54, 마가복음 3:11, 5:7, 15:39, 누가복음 4:41, 8:28, 요한복음 1:49, 11:27), 많은 사람들은 여전히 기이하게 여기면서, 시샘하기도 하고, 우려하기도 했다(마태복음 26:63, 27:40, 27:43, 누가복음 4:3, 4:9, 22:70 외). 그래서 예수는 많은 질문을 받기도 했고, 경우에 따라서는 논쟁에 휩싸였으며, '귀신들린 사람'이라는 치욕적인 말까지도 들어야 했다(마가복음 3:30). 그럴 때마다 곤혹스러운 예수는, "내가 땅의 일을 말하여도 너희가 믿지 아니하거든 하물며, 하늘 일을 말하면 어떻게 믿겠느냐?(요한복음 3:12)"라고 말하면서, 믿지 못하는 사람들을 개탄慨嘆하기도 했다.

그렇지만 예수는 포기하지 않고, 자신이 하나님의 아들임을 믿도록 갖은 애를 다 썼다. 극단적으로 말해서, 자신을 하나님 아버지의 아들이라 믿으면 심판을 면제해 준다고까지 했으며(요한복음 3:18), 자신을 믿는 일이 하나님 아버지를 믿는 것이며(요한복음 12:44), 자신을 아는 것이 곧 하나님 아버지를 아는 일이라고 강조했다. 그러면서 자신의 죽음조차도 하나님 아버지의 뜻과 명을 이행하는 것으로 받아들였고(요한복음 14:31), 그것이 곧 하나님 아버지와 아들과의 관계를 증명하는 것으로 여겼다.

그런데 예수는 믿지 않는 사람들에게 자신이 하나님의 아들임을 믿게 하기 위해서 곧잘 '모세'를 끌어들였다는 사실이다. 모세라면 하나님이 내세운 최초의 선지자이며, 애굽(현재의 이집트) 땅에서 이스라엘 백성들을 탈출시킨 지도자이며, 하나님으로부터 직접 계명과 율법과 규례 등을 받은 사람이지 않던가. 그래서 당대는 물론 후대의 이스라엘 백성들에게 절대적인 신뢰를 받고 있는 오경22)의 저자인데, 예수로서는 궁여지책(窮餘之策:궁한 나머지 생각다 못하여, 혹은 별다른 도리 없이, 혹은 어쩔 수 없는 상황에서 짜낸 계책)으로 그를 활용할 수밖에 없었는지도 모를 일이다. 곧, "모세를 믿었다면 또 나를 믿었으리니,

---

22) 모세오경
창세기, 출애굽기, 레위기, 민수기, 신명기 등

이는 그가 내게 대하여 기록하였음이라. 그러나 그의 글도 믿지 아니하거든 어찌 내 말을 믿겠느냐?(요한복음 5:46)"라고 말함으로써, 모세는 한낱 자신에 대하여 기록한 사람 정도로 여겼고, 사람들이 그 모세의 기록조차도 믿지 않는다고 오히려 공격적인 말로써 비판하였다. 사실은, 당대 사람들이 모세나 그가 집필한 오경을 믿지 않는 것은 아니었다. 다만, 모세의 가르침과 오경에 기록된 대로 온전히 실천하며 살지 못한 점을 두고, 예수는 그렇게 말했을 뿐이다.

예수는 모세가 자신에 대하여 기록했다고 말했지만, 사람들은 그렇게 생각하지 않았다. 천지 만물을 창조한 하나님이 인간의 모습으로 지상에 내려와 하나님의 아들이라고 하니 그 말을 어떻게 인간으로서 믿겠는가. 오늘날 내가 보기에도, 모세 역시 입증해 보일 수 없는 하나님을 끌어들였지만[문장으로써 창조했지만] 그 후대에 나타난 예수는 한 걸음 더 나아가 자신이 곧 하나님이자 하나님의 아들이라고 말하는, 이해할 수 없는 형국을 조성해 나갔던 것이다.

그러나 여전히 자신이 하나님이자 하나님의 아들이라는 주장이 인간사회에서 받아들여지지 않자, 예수는 자신보다 널리 인정받고 존경받는 모세를 직·간접으로 격하시켜서 자신의 정체성을 부각시키려 노력했던 것 같다. 특히, 모세가 애굽으로부터 탈출하여 가나안 땅으로 이동하면서 하나님이 내려주신 '만나'라는 것을 40년 동안 먹었는데, 그 만나와 살아있는 떡(The living bread)으로 빗대어지는 자신과를 대비시키면서, 그 근본이 다름을 강조했다는 사실이 그것을 뒷받침해준다.

'만나'23)라 함은, 과거 이스라엘 사람들이 광야에서 40년 동안 먹은(출애굽기 16:35, 요한복음 6:31, 6:49) 하늘양식(시편 78:24)으로, 그 모양은 진주와 깟씨 같으며(민수기 11:7), 맷돌에 갈기도 하고, 절구에 찧

기도 하고, 가마에 삶기도 하여, 과자를 만들어 먹었던(민수기 11:8) 것이다. 그 맛은 기름 섞은 과자(민수기 11:8)와 꿀 섞은 과자 맛(출애굽기 16:31)이었다 한다. 이런 '만나' 는 밤에 이슬이 내릴 때에 하늘에서 내리는 것이고(민수기 11:9), 굳이 하늘에서 내려주어 먹게 한 이유는, 사람으로 하여금 낮추고, 시험하고, 복을 주기 위함이고(신명기 8:16), 사람이란 떡으로만 사는 것이 아니고, 여호와의 입에서 나오는 모든 말씀으로 사는 줄을 알게 함이라는 것이다(신명기 8:3). 또한, 한 때 지성소24) 금 항아리에 담아 놓기를 원하는 물품(출애굽기 16:33, 히브리서 9:4)이기도 했다. 그러나 이스라엘 사람들이 가나안 땅에 이르렀을 때부터 '만나' 는 더 이상 내려오지 않았고, 그 때로부터 땅에서 나오는 것들을 먹게 되었다 한다.

그런데 예수는, "너희 조상들은 광야에서 만나를 먹었어도 죽었거니와, 이(나=예수)는 하늘로서 내려오는 떡이니, 사람으로 하여금 먹고 죽지 아니하게 하는 것이니라. 나는 하늘로서 내려온 산 떡이니,

---

23) 꾸란에서 말하는 '만나'
우리(하나님)는 구름으로 그늘을 만들고, '만나' 와 '쌀와' 를 보내며, 그대들에게 준 양식 가운데 좋은 것을 먹으라 했거늘, 그들은 스스로 자신들을 우매하게 하였도다(2:57). '만나' 는 히브리어로 '만후' 라고 하는데, 땅에 떨어지는 이슬방울처럼 둥글며, 아주 작은 것으로, 아랍어 해설에서는 꿀과 같은 것이 떨어져 그것을 물과 혼합하여 마시는 액체 또는 달콤한 음료수 등으로 풀이하고 있으나, 하늘로부터 나무 위나 돌 위에 떨어져 꿀 형태로 있다가 마르면 진과 같은 껌의 형태로 변하는 것으로 봄이 다수의 견해이다(꾸란해설:최영길 편, 송산출판사 간, 17쪽).

24) 지성소(至聖所:The Most Holy Place)란 글자 그대로 해석하자면, 지극히 성스러운 곳으로, 성소(聖所)와도 구별되었다(출애굽기 26:33). 지성소는 전(殿) 뒤편에서부터 이십 규빗 되는 곳에 마루에서 천장까지(가로20 세로20 큐빗) 백향목 널판으로 가로막고, 그 문이나 안은 순금으로 장식하였다(열왕기상 7:50, 역대하 3:8, 3:10, 4:22, 에스겔 41:4). 전의 내소(內所, 열왕기상 6:16)로서 지성소 안에는 증거궤(證據櫃)와 여호와의 언약궤(言約櫃) 등이 놓이고, 그 위로 속죄소(贖罪所)를 둔다(출애굽기 26:34, 역대하 5:7). 따라서 지성소는 무엇보다 속죄하는 곳이며(레위기 16:16, 16:17, 16:20, 16:33, 역대상 6:49), 하나님께 예물을 올리는 곳이며, 그곳에 들어갈 때에는 세마포 옷을 입는다(레위기 16:23).

사람이 이 떡을 먹으면 영생하리라. 나의 줄 떡은 곧 세상의 생명을 위한 내 살이로라(요한복음 6:49~51)."라고 말했다. 참으로, 엄청난 비유법이 구사된 문장이다. 먹어도 죽는 '만나'에서 먹으면 죽지 않는 '떡'을 떠올렸기 때문이다. 곧, 모세 시대에 백성들을 먹여 살린 만나 대신에 예수 시대에 백성들을 먹여 살릴 떡을 하나님이 주셨다는 것이 예수의 주장인데, 이 문제의 떡은 입으로 들어가는 식품이 아니라 영혼을 영생하게 하는 예수 가르침이라는 것이다.

이 얼마나 심각한 이야기이며, 엄청난 비약(飛躍:논리나 사고방식 따위가 그 차례나 단계를 따르지 아니하고 뛰어넘음)인가. 따라서 보충설명이 필요하다. 곧, '세상의 생명을 위한 내 살'이라는 것은, 예수의 몸 자체를 말하는데, 이는 인간이 지은 죄를 대신해서 자신의 몸을 제물로 하나님께 바침으로써 그 죄를 사면 받게 하는 예수 몸의 죽음을 뜻한다. 그리고 '예수라는 산 떡을 먹으면'이라는 말은, '예수를 믿고 예수의 가르침을 따르면'이라는 뜻일 것이다. 이렇게 구체적으로 설명을 해야 하는 상황에서 예수는 고도의 비유적인 수사법을 썼다. 그럼으로써 그것이 우리들의 상상력을 자극하여 그 의미를 임의로 해석하게 하지만 자신이 믿었던 사실을 분명하게 가르쳐 주지는 못했다. 곧, 자신을 믿고 따르면, 다시 말해, 예수라는 산 떡을 먹으면, 사람들이 죽지 않고 영원히 살 수 있는데, 그 영생하는 것은 다름 아닌 영靈이라고 분명하게 말했어야 했는데, 그렇지 않음으로써 대다수의 사람들로 하여금 몸이 영생하는 것으로 오해하게 했다는 사실이다. 물론, 경전의 내용을 조금 더 아는 사람 같으면, 일단 몸이야 여느 사람들처럼 죽겠지만 세상 끝날에 예수가 다시 와서 죽은 몸을 부활시켜 주기 때문에 영생하는 것 역시 몸이라고 주장할 것이다. 결과적으로, 경전에서는 부활을 강조하고 있고, 부활자의 상태에 대해서는 이중적으로 언급할 수밖에 없었듯이 여기에서도 그만 모호한 비유법을 구사함으로써 비껴가고 말았다.

여하튼, 예수는 자신의 행위가 정당하다고 주장할 때에도 모세를 끌어들였다. 그만큼 죽은 모세가 후대 사람들에게 막강한 영향력을 행사하고 있었다는 증거일 것이다. 예컨대, "모세가 너희에게 할례를 주었으니(그러나 할례는 모세에게서 난 것이 아니요, 조상들에게서 난 것이라), 그러므로 너희가 안식일에도 사람에게 할례를 주느니라. 모세의 율법을 폐하지 아니하려고 사람이 안식일에도 할례를 받는 일이 있거든, 내가 안식일에 사람의 전신을 건전케 한 것으로 너희가 나를 노여워하느냐? 외모로 판단하지 말고 공의公義25)의 판단으로 판단하라(요한복은 7:22~24)."라고 말했다. 그러면서 예수는 "율법은 모세로 말미암아 주신 것이요, 은혜와 진리는 예수 그리스도로 말미암아 온 것이라(요한복음 1:17)."라고 분명하게 그와 차별화를 시도하였다.

---

25) 공의

하나님이 인간을 심판하실 때에 공의(公義:justice)로써 해야 한다고 은연중 주장한 최초의 사람은 아브라함이다(창세기 18:25). 그리고 지도자 또는 재판장(심판장)이 백성을 심판할 때에도 공의로써 해야 한다고 하나님이 모세에게 직접 말한 바 있다(레위기 19:15, 신명기 16:18). 뿐만 아니라, 공의는 하나님이 원하시고, 추구하며, 베푸는 바이자 심판의 성격이라고 선지자들이 말해왔다(사무엘하 15:4, 느헤미야 9:33, 욥기 34:12, 37:23, 시편 9:8, 이사야 11:4, 예레미야 11:20, 요한계시록 19:11 외). 따라서 공의는 모든 사람이 행하고, 베풀고, 지키고, 세워야 하는 덕목으로 경전은 강조하고 있다.

이런 '공의'라는 단어 하나를 보더라도, 기록이 기록을 낳았다는 사실을 확인할 수 있다. 곧, 하나님이 인간을 심판하실 때에 공의로써 해야 하고, 또 그렇게 실천해 보인 예가 바로 유황불로써 멸망당한 소돔과 고모라 성이다. 그때 의인은 살리고 악인들을 궤멸시켰는데, 다시 말하면, 심판 시 선악을 구분하여 차별함으로써 하나님의 공의를 보여 주었던 것이다. 이런 전례가 있음으로 해서 공의가 모세·욥·다윗·솔로몬·이사야·예레미야·예수 등으로 이어져 강조되었던 것이다. 이를 입증해 줄만한 문장상의 단서가 있는데, 그것은 아브라함이 하나님께 '소돔과 고모라 성에 의인이 십 명이라도 있으면 어떻게 하시겠느냐'고 조심스럽게 물었을 때에 하나님은 그 십 인으로 멸하지 않겠다고 말씀하셨다. 바로 그런 문장이 있었기에 '예루살렘 성 안에서 공의를 행하며 진리를 구하는 자가 단 한 사람이라도 있으면 죄를 사하여 성을 멸망시키지 않겠다(예레미야 5:1)'는 표현이 뒤따라 나오는 것이다.

그럼에도 불구하고, 사람들은 여전히 예수를 믿지 못했다. 그래서 예수는 "너희가 나를 찾다가 너희 죄 가운데서 죽겠고, 나의 가는 곳에는 너희가 오지 못하리라. 너희는 아래서 났고 나는 위에서 났으며, 너희는 이 세상에 속하였고 나는 이 세상에 속하지 아니하였느니라." 라고 인간들과도 선을 그어버렸다. 선을 그었다기보다는, 예수는 '하늘과 땅', '육과 영', '위와 아래' 라는 이분법적 사고思考를 했다고 봄이, 아니 이분법적인 사고에서 벗어나지 못했다고 함이 더 정확한 표현일 것이다. 예수의 그런 시각과 말들이 있었기 때문에 「히브리」서를 집필한 사람은, "모세는 장래에 말할 것을 증거하기 위하여 하나님의 온 집에서 사환으로 충성하였고, 그리스도는 그의 집 맡은 아들로 충성하였으니(히브리서 3:5~6)"라고 기록하기도 했다. 모세와 예수의 차이를 '사환'과 '아들'의 차이로 분명하게 말하고 있다.

이처럼 예수가 모세를 끌어들여 빗대고, 해명하고, 자신에 대해서 기록했다고 말하는 태도나 경향을 두고 모세에 대한 예수의 콤플렉스라고 말하고 싶지만, 예수를 신으로 믿는 사람들은 있는 그대로의 사실일 뿐이라고 여전히 주장할 것이다. 그러나 분명한 사실은, 모세의 '만나'가 예수의 '산 떡'이 되기까지 그 과정에서는 실로 많은 생각과 고민이 있었으리라는 점이다. 그 많은 생각과 고민이 교리의 발전적인 변화를 낳았지만 역시 믿는 자들은 있는 그대로의 사실이라고 주장할 것이다.

어쨌든, 필자의 시각에서 볼 때에는, 유대교의 가운데에 모세가 있었고, 그 모세에게 '만나'는 하나님의 은총을 상징하는 것이다. 그렇듯, 예수교의 가운데에는 예수가 있었고, 그 예수에게 '산 떡' 이 하나님의 은총을 상징하는 말이 되었다. 그처럼 모세의 유대교가 있었기 때문에 그 경전을 통한 하나님에 대한 인식이나 해석이 깊어질 수 있었고, 그럼으로써 예수를 중심으로 하는 새로운 종파가 태동·분화하려는 과정이 수반되었을 것이다. 바로 그 과정에서 유대교의 핵심인물인 모세를 방편 삼아 활용하면서 차별화를 꾀해야 했을 것이다. 그 차별화의 한 방법으로 모세를 깎아내려야 했는데, 그를 깎아내리다보니 자연 예수가 부각될 수밖에 없는 상황이 연출되었으리라 판단된다. 모세는 하나님과의 관계에서 자신을 한낱 종從으로서 여겼지만, 예수는 자신을 아들[子]로 여김으로써 자신의 위상을 종에서 아들로 격상시킨 셈이다. 이런 일이 이루어지는 데에 약 1500년의 세월이 걸렸다.

  −2010. 12. 02.

모세에 대한 예수의 콤플렉스

-유대교의 품에서 잉태되는 예수교

모세는 하나님 약속의 땅인 가나안을 눈앞에 두고서도 끝내 들어가지 못한 채 죽어야만 했다. 그는 비록, 하나님의 벌을 받아 죽었어도 당대는 물론이고, 후대의 백성들에게 실로 엄청난 영향력을 행사하는 인물이 되었다.

예수가 서른 살이 되어 하나님이 주신 임무를 수행할 때에도 그(모세)의 영향력은 절대적이었다. 특히, 유대인들의 생활과 행동양식을 결정짓는 율법을 말할 때에는 거의 모든 사람이 모세를 떠올리고, 그의 가르침을 염두에 두었지만, 예수는 어디서 무슨 자격과 능력으로 왔는지조차 의심받았다(요한복음 9:29). 상대적으로 초라했던 예수는 그런 인간세상 속에서의 모세 권위를 인정할 수밖에 없었다.

막 태어난 예수도 그 부모에 의해서 모세 율법대로 할례를 받았고(누가복음 2:21), 성전에 나가 하나님께 제사 드렸다(누가복음 2:24). 그리고 서른 살이 된 예수가 산에서 내려와 한 문둥병자를 치료해 주고, 그에게 말하기를, "삼가 아무에게도 이르지 말고, 다만 가서 제사장에게 네 몸을 보이고, 모세의 명한 예물26)을 드려 저희에게 증거하라(마태복음 8:4, 마가복음 1:44, 누가복음 5:14)."고 했다. 바로 이 말에서도 모세의 권위를 확인할 수 있다. 뿐만 아니라, 예수가 베드로와 야고보와 그 형제 요한을 데리고 따로 높은 산에 올라가, 전혀 다른 모습으로 모세와 엘리야와 더불어 이야기하는 모습을 보여주었던(마태복음 17:1~4, 마가복음 9:4, 누가복음 9:30) 사건도 그 방증이라 할 수 있다. 이처럼 예수는 모세의 권위를 직·간접으로 인정해 주었는데 정작 자신은 의심받아야 하는, 어처구니없는 현실에 직면해야 했다. 그래서 예수로서는 보다 적극적으로 대처하지 않으면 안 되었던 것이다.

사람들이 예수를 시험 삼아 모세의 가르침을 예로 들면서, '이럴 때에 당신은 어떻게 하겠느냐?'는 식으로 짓궂은 질문을 하기도 했는데, 그 때마다 예수는 그들의 잘못된 인식을 일깨워주기도 했다. 그 한 예로, 바리새인들이 '아무런 연고 없이 아내를 버리면 옳으냐?(마태복음 19:3) 옳지 않다면 모세는 왜 이혼 증서를 주어서 내어 버리라 명하였는가?(마태복음 19:7, 마가복음 10:4)'라고 질문했는데, 이에 예수는 "모세가 너희 마음의 완악함을 인하여 아내 내어 버림을 허락하였거니와 본래는 그렇지 아니하니라. 내가 너희에게 말하노니, 누구든지 음행한 연고 외에 아내를 내어 버리고 다른 데 장가드는 자는 간음함이니라(마태복음 19:8~9)."라고, 모세의 가르침이 하나님이 주신 계명을 불가피하게 어기고 있음을 시사해 주었다.

나아가, 예수는 모세의 가르침으로써 오히려 모세 추종자들을 비

---

26) 모세가 명한 예물
여호와께서 모세에게 일러 가라사대, "이스라엘 자손에게 명하여 내게 예물을 가져오라." 하고, "무릇 즐거운 마음으로 내는 자에게서 내게 드리는 것을 너희는 받을지니라. 너희가 그들에게서 받을 예물은 이러하니, 금과 은과 놋과 청색 자색 홍색실과 가는 베실과 염소털과 붉은 물들인 수양의 가죽과 해달의 가죽과 조각목과 등유와 관유에 드는 향품과 분향할 향을 만들 향품과 호마노며 에봇과 흉패에 물릴 보석이니라(출애굽기 25:1~7)."

판·공격하기도 했는데, 그 한 예를 들면, '사람의 유전遺傳을 지키면서 하나님의 계명을 지키지 못하는 사람들'이라 지칭하며, 예수가 그들에게 말하기를, "모세는 '네 부모를 공경하라' 하고, 또 '아비나 어미를 훼방하는 자는 반드시 죽으리라' 하였거늘, 너희는 가로되, '사람이 아비에게나 어미에게나 말하기를 내가 드려 유익하게 할 것이 고르반 곧 하나님께 드림이 되었다고 하기만 하면 그만이라' 하고, 제 아비나 어미에게 다시 아무 것이라도 하여 드리기를 허하지 아니하여, 너희의 전한 유전으로 하나님의 말씀을 폐하며, 또 이 같은 일을 많이 행하느니라(마가복음 7:8~13)." 했다. 간단히 말해서, 사람들이 모세를 앞세워 예수를 시험하고 곤혹스럽게 하는지라 예수는 그 모세의 가르침으로써 그 사람들의 모순이나 잘못된 인식을 적극적으로 일깨워주었던 것이다. 심지어는, "모세가 너희에게 율법을 주지 아니하였느냐? 너희 중에 율법을 지키는 자가 없도다(요한복음 7:19)."라고 말함으로써 오히려 그들을 신랄하게 비판하기까지 했다.

그럼에도 불구하고, 여전히 사람들 사이에서 막강한 영향력이 행사되고 있는 모세를 예수로서는 의식하지 않을 수 없었던 것으로 보인다. 그래서 예수는 자신의 입으로써 모세를 먼저 말하고 그의 명성을 이용해야만 했던 것이다. 예컨대, "모세가 광야에서 뱀을 든 것 같이 인자(예수)도 들려야 하리니(요한복음 3:14)"라는 모호한 말을 하기도 했는데, 이는 비교대상도 아니지만 굳이 모세를 들먹이면서 자신의 이야기를 개진하는 예수의 궁색한 입장을 드러낸 것이다.

그렇듯, 사람들은 여전히 모세를 말하고, 심지어는 죽어서 천국에 가 있는(?) 아브라함조차도 지옥으로 떨어진 한 부자富者의 형제들에게 "저희에게 모세와 선지자들이 있으니 그들에게 들을지니라(누가복음 16:29, 16:31)."라고 말한다. 상황이 이쯤 되자, 예수는 모든 선지자나 모세가 자기 자신에 대하여 기록했으며(누가복음 24:27, 24:44), 하나님과 자신을 믿지 않는 사람들의 잘못에 대하여 굳이 하나님께 내(예수 자신)가 고소하지 않아도 모세가 할 것이라며(요한복음 5:45) 으름장을 놓는다. 급기야, 예수는 아브라함이나 모세나 다윗이 태어나기도 전인 창세전부터 자신이 하나님과 함께 있었다고 직접 말하기에 이른다(요한복음 8:58, 17:5, 17:24, 마태복음 22:45, 누가복음 20:41, 20:44). 이것은 모세와의 분명한 차별화를 선언한 것이나 다름없는데, 여기에는 몇 가지 명백한 증거가 더 있다. 곧, ①모세가 하나님의 종이라면 자신은 하나님의 아들이라는 것이고, ②모세가 하나님으로부터 율법을 받았다면, 자신은 은혜와 진리를 받았으며(요한복음 1:17), ③모세가 하나님으로부터 '만나'라는 것(요한복음 6:49)을 받아 백성들을 먹였다면 예수는 자신이 곧 하나님이 주신 살아있는 떡(요한복음 6:51)이라고 말함으로써 모세와의 본질적 차이를 강조하려 애썼다는 사실이다. 이런 예수의 말과 가르침이 있었기에 그의 제자들도 나서서 ④ '모세가 하나님 집의 사환使喚이라면 예수는 하나님 집의 아들[子]이라(히브리서 3:5~6)'고 분명하게 못을 박고 나섰던 것이다.

예수는 자신의 인지도와 영향력보다 훨씬 큰 모세의 권위를 의식하지 않을 수 없었고, 어떠한 방식으로든 그것을 극복해야만 했을 것이다. 그리하여 예수는 새로운 가르침을 들고 나왔고, 동시에 모세로부터 굳어진 기존의 신앙행태를 비판하지 않을 수 없었다. 이것이야말로 모세에 대한 예수의 의식, 곧 모세에 대한 콤플렉스를 적극적으로 극복해내고자 하는 노력이자 그 방식이었던 것이다.

여기서 예수의 새로운 가르침이란, '천국복음'으로서, 하나님이 원하는 대로 살면 세상 끝날에 있을 심판을 면제받거나 심판 받아도 천국에 가서 영생하고, 그렇지 못한 사람들은 지옥으로 가서 영벌을 받게 되고, 바로 그 심판을 위해서 죽은 자의 부활이 있다는 주장이 요체(要諦:중요한 점 곧 핵심)인 것이다. 그리고 기존의 신앙행태 비판은, 인간들끼리 서로 사랑하며 살라는 본질을 외면하고, 율법의 형식주의에 빠진 지도자들의 모순과 위선을 지적하고, 그것의 부당함을 일깨우는 것이었다. 곧, ①안식일을 지키되 경우에 따라서는 어려운 사람들을 위해 일할 수 있으며, ②성전 안에 진설된 음식을 경우에 따라서는 손도 씻지 않고 먹을 수 있으며, ③하나님께 제물을 바치다가도 형제에게 잘못한 일이 생각나면 먼저 그에게 가서 화해하는 일을 우선으로 여기고, ④평소에 거들떠보지도 않는 어린이·고아·과부·가난한 사람·병자 등 사회적 약자들의 삶에 대하여 관심과 애정을 갖고, ⑤하나님께 제사지내는 일보다 인애·긍휼·자비를 원하고, ⑥하나님을 제대로 아는 것을 원했던 것이다(호세아 6:6, 마태복음 9:13, 12:7). 뿐만 아니라, ⑦하나님과의 언약이며 명령인 할례(창세기 17:10, 17:13, 21:4)조차도 무시하면서 정신적인 할례(로마서 2:28, 2:29)를 강조하는 등 인간 중심의 사랑과 하나님에 대한 진정한 이해였던 것으로 정리할 수 있다.

이처럼 예수는 모세의 율법을 중심으로 하는 신앙행태를 적지 않게 깨뜨려 버렸는데, 그것은 하나님 뜻에 맞지 않아 부분적으로 수정·보완했다고도 말할 수 있지만, 예수의 그런 노력 자체가 모세에 대한 의식이나 모세 가르침에 대한 탐구 없이는 이루어질 수 없는 일임에는 틀림없다. 다시 말해서, 모세에 대한 예수의 콤플렉스가 예수로 하여금 모세와 여러 선지자들이 쓴 유대교의 경전인 오늘날의 구약을 더욱 탐독하게 했을 것이고(이에 대해서는 다른 글 「예수가 어떤 책을 읽었을까」를 참고하기 바람), 그 과정에서 하나님의 진정한 뜻을 새롭게 이해할 수 있는 기회를 얻게 되었으며, 또한 그럼으로써 유대교의 오래된 형식주의를 타파하면서, 창조주인 하나님과 피조물인 인간의 관계를 '종從'에서 '아들'로 승격시키는 ─ 이것을 하나님과 인간 사이의 관계 회복이라 함 ─ 등 '인간사랑'을 최우선으로 내세울 수 있지 않았을까 싶다.

덧붙이자면, 하나님이 내세운 선지자로서, 그리고 그 종으로서 모세가 하지 못한 일을 예수가 함으로써 스스로 하나님의 아들이 될 수 있었던 것이고, 그 자체가 모세를 온전히 떨쳐버릴 수 있었던 계기가 되었던 것이다. 예수의 이런 모세 떨침이, 바로 유대교로부터 예수교의 분파分派를 잉태하는 것이었고, 그것은 곧 하나님을 중심으로 모세에게서 예수에게로 믿음이란 무게중심의 이동을 뜻하는 것이기도 했다.

이러한 배경과 과정이 있었기 때문에 유대교의 품에서 자라난 예수를 하나님과 인간 사이의 중보(中保:하나님과 인간의 관계 회복을 위하여 인류의 죄를 지고 십자가에 못 박혀 죽은 일과, 하나님 우편에 앉아 하나님의 뜻이 인간 세상에 전달되도록 '보혜사'라는 성령을 통해서 구원의 길로 인도하는 일을 하는 자라는 뜻임. 디모데전서 2:5, 히브리서 12:24)로서 실질적인 구원자임을 믿는 예수교가 그의 제자들에 의해서 비로소 태동될 수 있었던 것이다. 오늘날 예수교에서는 과거 유대교의 경전이었던 구약을 그대로 받아들이고 있지만, 물론, 여기에도 그럴 수밖에 없는 이유가 있기 때문이지만, 모세의 여호와 하나님과 예수의 하나님 아버지는 너무 많이 다른 게 사실이다. 그렇다면, 세월이 흐르면서 유일신인 하나님의 정체성이 바뀐 것일까? 결코, 그렇지 않다. 하나님에 대한 인간의 해석이 달라졌을 뿐이다.

예수의 입에서 나온 중요한 말들이, 예수보다 먼저 왔던 선지자들이나 정치적 지도자들이 남긴 기록(구약=유대교 경전)에서 인용引用되고 차용借用되었음에도 불구하고(이에 대한 증거는 다른 글 「예수는 어떤 책을 읽었을까」를 참고하기 바람), "나보다 먼저 온 자는 다 절도요 강도니 양들이 듣지 아니하였느니라(요한복음 10:8)."라고 말한 예수의 입장이 시사해 주는 바 그 의미가 크며, 심상치 않다.

  -2011. 02. 14.

예수와 이사야와의 관계

예수는 자신에 대하여 '모든 성경(오늘날의 구약)'이 증거하고 있고 (요한복음 5:39), 특히, 선지자 '이사야'의 입과 모세의 기록을 통해서 예언하였다고 주장한다(아래 본문 참조, 누가복음 24:27).

그런데 예수의 말 속에 동원된 어휘語彙나 어조語調 등은 이사야의 것과 매우 흡사하다. 예컨대, '화 있을진저'라거나, 심판 시 하나님 에 의해서 많은 사람들이 '살육' 당한다고 믿고, '살육殺戮'이란 매 우 껄끄러운 어휘를 함께 사용한 점이나, 포도농사 짓는 일과 양羊 치는 일을 하나님과 백성과의 관계로 빗대고 있는 수사修辭 등이 그 것이다. 또한, 겉을 꾸미는 자들의 위선을 신랄하게 비판하는 점이 나, 어린이·고아·가난한 자·약한 자·과부·여성 등에 대하여 각별 한 관심을 갖고 있는 점이나, 사회 정의를 강조한 사실과 하나님의 공평한 심판이 있다는 사실에 대한 확고한 믿음 등도 같다. 이것은 예수가 이사야를 너무나 잘 알고 있다는 뜻이며, 동시에 「이사야」서 書가 예수에게 지대한 영향을 미쳤다고 바꿔 말할 수 있을 것이다.

그래서일까, 예수의 행적을 중심으로 기록하고 있는 이들(마태·마가·누가·요한)과 예수 자신은 이사야의 말, 곧 그의 기록을 직·간접으로 인용하여 말하기를 즐겼다. 필자가 파악한 바로는, 적어도 아홉 건 이상의 예수 활동이 이사야의 입을 통해서 예언된 것이라고 강조되었다. 솔직히 말해, 예수를 알려면 이사야부터 먼저 알아야 한다고 말하고 싶을 정도다. 따라서 '예수가 가장 신뢰했던 선지자가 누구냐?'고 묻는다면 당연히 이사야라고 말할 수 있을 것 같다. 이는 예수가 가장 감명 깊게 읽은 책(성경)이 바로 「이사야」서라는 뜻이기도 하다.

그렇다면, 이런 필자의 판단을 입증해 보일 수 있는 예수의 말과 그의 제자들의 기록들을 일일이 확인해 볼 필요가 있다. 따라서 여러분들은 필자가 제시하는 예수 언행에 대한 기록들과 그것들의 출처이기도 한 「이사야」서의 기록 사이에 어떤 상관성이 있는지를 염두에 두고 읽어야 할 것이다.

첫째, 예수가 40일 동안 굶주리면서 광야에서 마귀의 시험을 마치고, 천사들의 수종을 받으며, 자신에게 세례를 베푼 요한이 붙잡혀갔다는 소식을 전해들은 다음, 갈릴리로 갔다가 나사렛을 떠나, 스불론과 납달리 지경 해변에 있는 가버나움에 가서 살았다(마태복음 4:11~13). 그런데 이것을 두고 '스불론 땅과 납달리 땅과 요단강 저편 해변 길과 이방의 갈릴리여, 흑암에 앉은 백성이 큰 빛을 보았고, 사망의 땅과 그늘에 앉은 자들에게 빛이 비취었도다.'라는 이사야의 기록을 이루기 위해서였다고 기록하고 있다(마태복음 4:14~16). 단적으로 말해, 이사야가 예언한 대로, 곧, 하나님 계획대로 예수가 움직이고 있다는 뜻이다. 물론, 마태가 이런 기록을 남길 수 있었던 것은, 「이사야」의 "전에 고통하던 자에게는 흑암이 없으리로다. 옛적에는 여호와께서 스불론 땅과 납달리 땅으로 멸시를 당케 하셨더니, 후에는 해변길과 요단 저편 이방의 갈릴리를 영화롭게 하셨느니라(이사야 9:1)."라는 기록이 먼저 있었기 때문이다.

둘째, 예수가 말씀만으로 귀신 들린 자들에게서 귀신들을 쫓아내고, 병든 자를 다 고친 일을 두고, 마태는 "이사야의 말대로 '우리 연약한 것을 친히 담당하시고 병을 짊어지셨도다 함'을 이루려 했다(마태복음 8:16~17)."고 기록하고 있다. 그러나 필자가 「이사야」를 읽고 파악한 바로는, 「이사야」서에 예언되어 있다고 인용한 위 문장 그대로가 「이사야」서에 있지는 않다. 다만, 확대해석할 때에 관련이 있다고 판단되는 문장들이 있을 뿐이다. 곧, 이사야 제53장이 그것인데, 그 가운데에서도 ①"우리는 다 양 같아서 그릇 행하여 각기 제 길로 갔거늘, 여호와께서는 우리 무리의 죄악을 그에게 담당시키셨도다(이사야 53:6)"와 ②"가라사대, 그가 자기 영혼의 수고한 것을 보고 만족히 여길 것이라. 나의 의로운 종이 자기 지식으로 많은 사람을 의롭게 하며, 또 그들의 죄악을 친히 담당하리라(이사야 53:11)." 가 가장 적확한 예문이라 할 수 있다.

셋째, 예수가 안식일에 병자들을 치료해 줄 때에, 바리새인들이 밖으로 나가 예수를 어떠한 구실로 죽일까 의논하는데, 이를 알아차린 예수는 자신을 따르는 사람들의 병을 다 고쳐주고, '자기를 나타내지 말라'고 경계하였다(마태복음 12:14~16). 이를 두고 마태는 기록하기를, "보라. 나의 택한 종 곧 내 마음에 기뻐하는 바 나의 사랑하는 자로다. 내가 내 성령을 줄 터이니 그가 심판을 이방에 알게 하리라. 그가 다투지도 아니하며 들레지도 아니하리니, 아무도 길에서 그 소리를 듣지 못하리라. 상한 갈대를 꺾지 아니하며 꺼져가는 심지를 끄지 아니하기를 심판하여 이길 때까지 하리니, 또한 이방들이 그 이름을 바라리라 함을 이루려 하심이니라(마태복음 12:17~21)."라 했다.

마태의 이런 기록에는 이사야의 다음 구절이 있었기에 가능했다
고 본다. 곧, "내가 붙드는 나의 종, 내 마음에 기뻐하는 나의 택한
사람을 보라. 내가 나의 신을 그에게 주었은즉 그가 이방에 공의를
베풀리라. 그는 외치지 아니하며, 목소리를 높이지 아니하며, 그 소
리로 거리에 들리게 아니하며, 상한 갈대를 꺾지 아니하며, 꺼져가
는 등불을 끄지 아니하고, 진리로 공의를 베풀 것이며, 그는 쇠하지
아니하며, 낙담하지 아니하고, 세상에 공의를 세우기에 이르리니,
섬들이 그 교훈을 앙망하리라(이사야 42:1~4)."가 그것이다.

넷째, 예수가 배 위에 앉아서 해변[갈릴리 호숫가]에 서있는 무리들에
게 천국에 대하여 '뿌려지는 씨앗'으로 빗대어 설명하자, 그의 제자
들이 예수에게 다가와 "어찌하여 저희에게 비유로 말씀하시나이
까?"하고 물었다. 그러자 예수가 대답하기를 "천국의 비밀을 아는
것이 너희에게는 허락되었으나 저희에게는 아니 되었나니, 무릇 있
는 자는 받아 넉넉하게 되되, 무릇 없는 자는 그 있는 것도 빼앗기
리라."하면서 덧붙이기를, "내가 저희에게 비유로 말하기는 저희가
보아도 보지 못하며, 들어도 듣지 못하며, 깨닫지 못함이니라. 이사
야의 예언이 저희에게 이루었으니, 일렀으되, '너희가 듣기는 들어
도 깨닫지 못할 것이요, 보기는 보아도 알지 못하리라. 이 백성들의
마음이 완악하여져서, 그 귀는 듣기에 둔하고, 눈은 감았으니, 이는
눈으로 보고, 귀로 듣고, 마음으로 깨달아, 돌이켜 내게 고침을 받
을까 두려워함이라' 하였느니라. 그러나 너희 눈은 봄으로, 너희 귀
는 들음으로 복이 있도다. 내가 진실로 너희에게 이르노니, 많은 선
지자와 의인이 너희 보는 것들을 보고자 하여도 보지 못하였고, 너
희 듣는 것들을 듣고자 하여도 듣지 못하였느니라(마태복음 13:11~17)."

했다.

이처럼 예수 본인도 자신의 행위나 사람들의 마음이나 행태까지도 이사야의 기록으로써 예언되었다고 믿고, 그것을 십분 활용하고 있음을 확인할 수 있다. 물론, 예수의 이런 발언은 「이사야」의 "여호와께서 가라사대, '가서, 이 백성에게 이르기를, 너희가 듣기는 들어도 깨닫지 못할 것이요, 보기는 보아도 알지 못하리라.' 하여 이 백성의 마음으로 둔하게 하며, 그 귀가 막히고, 눈이 감기게 하라. 염려컨대, 그들이 눈으로 보고, 귀로 듣고, 마음으로 깨닫고, 다시 돌아와서 고침을 받을까 하노라(이사야 6:9~10)."라는 구절에 기초하고 있다.

다섯째, 예루살렘에서 온 바리새인과 서기관들이 예수에게 다가와, 떡[빵]을 먹을 때에 손을 씻지 않은 예수 제자들의 행위에 대해 그 잘못을 따지듯 물었다. 그 때에 예수는 더 큰 잘못을 저지르는 그들의 모순을 지적하면서, "외식하는 자들아, 이사야가 너희에게 대하여 잘 예언하였도다. 일렀으되, '이 백성이 입술로는 나를 존경하되 마음은 내게서 멀도다. 사람의 계명으로 교훈을 삼아 가르치니 나를 헛되이 경배하는도다' 하였느니라(마태복음 15:7~9, 마가복음 7:6)."라고 말했다. 여기서 예수가 말한 이사야의 예언은 바로 이것이다. 곧, "주께서 가라사대, 이 백성이 입으로는 나를 가까이하며 입술로는 나를 존경하나 그 마음은 내게서 멀리 떠났나니, 그들이 나를 경외함은 사람의 계명으로 가르침을 받았을 뿐이라(이사야 29:13)."

여섯째, 예수가 나사렛에 도착하여 안식일에 자기 규례대로 회당에 들어가 성경을 읽으려고 섰을 때에 선지자 이사야의 글을 받고 펴서 다음 구절을 읽었다. 곧, '주의 성령이 내게 임하셨으니, 이는 가난한 자에게 복음을 전하게 하시려고 내게 기름을 부으시고, 나를

142

보내사 포로 된 자에게 자유를, 눈먼 자에게 다시 보게 함을 전파하며, 눌린 자를 자유케 하고, 주의 은혜의 해를 전파하게 하려 하심이라.' 그리고 책을 덮어 그 맡은 자에게 주고 앉으니, 회당 안에 있는 자들이 다 주목하여 보았다(누가복음 4:16~20)는 것이다.

그렇다면, 예수가 읽었다는 위 구절이 이사야의 예언에 있는가? 물론, 있다. 그렇다면 정말로 그 구절이 예수의 출현과 임무를 예언한 것일까? 아니면, 예수가 이사야의 기록[예언]대로 하나님이 보내신 아들의 역할을 스스로 자임하고 있는 것일까? 이 문제에 대해서 언급을 피하는 대신에 관련된 「이사야」서의 다음 구절을 제시한다.

"주 여호와의 신이 내게 임하셨으니, 이는 여호와께서 내게 기름을 부으사, 가난한 자에게 아름다운 소식을 전하게 하심이라. 나를 보내사, 마음이 상한 자를 고치며, 포로 된 자에게 자유를, 갇힌 자에게 놓임을 전파하며, 여호와의 은혜의 해와 우리 하나님의 신원의 날을 전파하여 모든 슬픈 자를 위로하되, 무릇 시온에서 슬퍼하는 자에게 화관을 주어 그 재를 대신하며, 희락의 기름으로 그 슬픔을 대신하며, 찬송의 옷으로 그 근심을 대신하시고, 그들로 의의 나무 곧 여호와의 심으신 바 그 영광을 나타낼 자라 일컬음을 얻게 하려 하심이니라. 그들은 오래 황폐하였던 곳을 다시 쌓을 것이며, 예로부터 무너진 곳을 다시 일으킬 것이며, 황폐한 성읍 곧 대대로 무너져 있던 것들을 중수할 것이며, 외인은 서서 너희 양떼를 칠 것이요, 이방 사람은 너희 농부와 포도원지기가 될 것이나, 오직 너희는 여호와의 제사장이라 일컬음을 얻을 것이라. 사람들이 너희를 우리 하나님의 봉사자라 할 것이며, 너희가 열방의 재물을 먹으며, 그들의 영광을 얻어 자랑할 것이며, 너희가 수치 대신에 배나 얻으며, 능욕 대신에 분깃을 인하여 즐거워할 것이라. 그리하여 고토에서 배나 얻고 영영한 기쁨이 있으리라(이사야 61:1~7)."

일곱째, 예수가 제자들 앞에서 많은 표적을 보여주었어도 그들이 믿지 못함을 두고, 요한은 기록하기를 "선지자 이사야의 말씀을 이루려 하심이라. 가로되, '주여, 우리에게 들은 바를 누가 믿었으며, 주의 팔이 뉘게 나타났나이까?' 하였더라. 저희가 능히 믿지 못한 것은 이 까닭이니 곧 이사야가 다시 일렀으되, '저희 눈을 멀게 하시고, 저희 마음을 완고하게 하셨으니, 이는 저희로 하여금 눈으로 보고, 마음으로 깨닫고, 돌이켜 내게 고침을 받지 못하게 하려 함이니라' 하였음이더라. 이사야가 이렇게 말한 것은 주의 영광을 보고, 주를 가리켜 말한 것이라(요한복음 12:37~41)." 했다.

요한이 이사야의 기록으로 인용한 '주여, 우리에게 들은 바를 누가 믿었으며, 주의 팔이 뉘게 나타났나이까?' 라는 문장은 이사야서 제53장 1절의 기록 그대로이다. 곧, "우리의 전한 것을 누가 믿었느뇨? 여호와의 팔이 뉘게 나타났느뇨?(이사야 53:1)"에 근거하였다. 여기서 '여호와의 팔[肱]'이란 하나님의 심판과 구원의 능력을 발휘하는 도구로서 상징화된 말(이사야 30:30, 30:32, 33:2, 40:11 외 다수)이다.

그리고 요한이 이사야의 기록으로 인용한 '저희 눈을 멀게 하시고, 저희 마음을 완고하게 하셨으니, 이는 저희로 하여금 눈으로 보고, 마음으로 깨닫고, 돌이켜 내게 고침을 받지 못하게 하려 함이니라' 라는 문장은 이사야서 제6장 10절의 기록에 근거하였다. 곧, "이 백성의 마음으로 둔하게 하며, 그 귀가 막히고 눈이 감기게 하라. 염려컨대, 그들이 눈으로 보고, 귀로 듣고, 마음으로 깨닫고, 다시 돌아와서 고침을 받을까 하노라(이사야 6:10)." 가 그것이다.

여덟째, 예수에게 세례를 베푼 요한의 출현에 대해서 예수 행적을 중심으로 기술한 네 복음서 모두 아래와 같이 조금씩 다르게 기술하고 있지만 이들 역시 이사야 제40장 3절인 "외치는 자의 소리여, 가로되, 너희는 광야에서 여호와의 길을 예비하라. 사막에서 우리 하나님의 대로를 평탄케 하라(이사야 40:3)."는 기록에 근거를 두었다.

①광야에 외치는 자의 소리가 있어 가로되, 너희는 주의 길을 예비하라. 그의 첩경을 평탄케 하라(마태복음 3:3).
②내가 내 사자를 네 앞에 보내노니, 저가 네 길을 예비하리라 (마가복음 1:2).
③광야에 외치는 자의 소리가 있어 가로되, 너희는 주의 길을 예비하라. 그의 첩경을 평탄케 하라(누가복음 3:4).
④주의 길을 곧게 하라고 광야에서 외치는 자의 소리로라(요한복음 1:23).

이처럼, 예수의 출현과 활동, 그리고 예수를 의심하고 멸시하는 당대인들의 행태조차도 이미 선지자 이사야의 입을 통해서 하나님이 미리 말해 두었다고 예수 본인이, 그리고 그의 행적을 중심으로 기술하고 있는 네 복음의 필자들이 믿고, 활용하고 있음을 확인할 수 있다.

그렇다면, 하나님은 선지자 이사야의 입을 통해서 약 6, 700년 뒤의 일을 미리 말씀해 두었을까? 아니면, 하나님을 열망하는 사람들이 남긴 전대前代의 기록을 후대 사람들이 읽고, 믿으며, 더욱 하나님을 열망하는 가운데 또 다른 기록을 남긴 것일까? 물론, 필자는 후자라고 생각하지만 믿는 자들은, 예수나 그의 제자들이 기록으로써 말하는 것처럼, 이사야가 자신에게 주는 하나님의 말씀으로써 예수의 출현과 임무를 예언했다고 믿을 것이다.

경전은 우리들의 면밀한 분석과 정확한 판단을 기다리고 있지만 많은 사람들은, 종교는 과학으로써 분석·해명되어지는 것이 아니라면서 등한시하는 것 같다. 그러나 현 시점에서 분명한 사실은, 그런 판단조차 그렇게 말하는 사람의 이성적 판단(력)의 결과이며, 예수는 이사야서를 비롯하여 「시편」 등을 포함한 오늘날의 구약성경을 탐독했으며, 그 자체는 예수가 예언되었거나 아니면 읽어서 이해된 내용에 맞추어진 인물이라는 것이다. (이와 관련 더 자세한 내용은 다른 글 「예수는 어떤 책을 읽었을까」를 참고하기 바람.)

-2011. 02. 14.

예수와 하나님과의 관계

①저(예수)가 모든 정사와 모든 권세와 능력을 멸하시고, 나라를 아버지 하나님께 바칠 때라. 저가 모든 원수를 그 발 아래 둘 때까지 불가불 왕 노릇 하시리니, 맨 나중에 멸망 받을 원수는 사망이니라. 만물을 저의 발 아래 두셨다 하셨으니, 만물을 아래 둔다 말씀하실 때에 만물을 저의 아래 두신 이가 그[?] 중에 들지 아니한 것이 분명하도다. 만물을 저에게 복종하게 하신 때에는 아들 자신도 그 때에 만물을 자기에게 복종케 하신 이에게 복종케 되리니, 이는 하나님이 만유의 주로서 만유 안에 계시려 하심이라(고린도전서 15: 24~28).

고린도전서 제15장 24절로부터 28절까지의 기록이다. 여기에는 하나님과 예수와의 관계를 유추해 볼 수 있는 단서가 있다. 곧, 예수는 모든 정사와 모든 권세와 모든 능력을 멸하시고, 모든 원수를 자신의 발 아래에 둘 때까지 왕 노릇 하시다가 그 뜻을 다 이루면 그 나라를 하나님께 드림으로써 하나님께 복종하는 관계다. 따라서 하나님은 '만유의 주로서 만유 안에 계시는' 존재이지만 예수는 그 만유의 주께서 내세우신 '아들'이라는 뜻이다. 물론, 다른 복음서에서는 큰 대제사장(히브리서4:14), 하나님의 독생자(요한복음 1:14, 3:16, 3:18, 요한 1서4:9), 하나님의 아들(마태복음 14:33, 16:16, 27:54, 마가복음 1:1, 15:39, 누가복음 1:35, 4:41, 22:70, 요한복음 1:49, 20: 31, 로마서 1:4, 고린도후서 1:19, 갈라디아서 2:20, 요한계시록 2:18 등), 구원의 뿔(누가복음 1:69) 등으로 불리기도 한다.

하나님의 아들인 예수에 대해서는 모세와도 확실하게 구분하는데, "장래의 말할 것을 증거하기 위하여 하나님의 온 집에서 사환(使喚:잔심부름을 시키기 위하여 관청·사삿집 또는 가게 같은 데에서 고용하여 부리는 사람)으로 충성(히브리서 3:5)"한 이가 모세라면, "그(하나님)의 집을 맡은 아들로 충성한 이(히브리서 3:6)"가 예수라는 것이다.(예수와 모세와의 관계에 대한 구체적인 내용은 다른 글「모세에 대한 예수의 콤플렉스」를 참고하기 바람.) 보다시피, 하나님과 예수와의 관계에 대해서는 일반적으로 '아버지[聖父]와 아들[聖子]'이라는 관계를 통해서 말함에 주저함이 없지만 그 실질적인 관계를 추적해 들어가면 그만 모호해지고 마는 데에 문제가 있다.

②너희 안에 이 마음을 품으라. 곧, 그리스도 예수의 마음이니, 그는 근본 하나님의 본체시나 하나님과 동등 됨을 취할 것으로 여기지 아니하시고, 오히려 자기를 비어 종의 형체를 가져 사람들과 같이 되었고, 사람의 모양으로 나타나셨으매 자기를 낮추시고 죽기까지 복종하셨으니, 곧 십자가에 죽으심이라. 이러므로 하나님이 그를 지극히 높여 모든 이름 위에 뛰어난 이름을 주사, 하늘에 있는 자들과 땅에 있는 자들과 땅 아래 있는 자들로 모든 무릎을 예수의 이름에 꿇게 하시고, 모든 입으로 예수 그리스도를 주라 시인하여 하나님 아버지께 영광을 돌리

게 하셨느니라(빌립보서 2:5~11).

Your attitude should be the same as that of Christ Jesus:
Who, being in very nature God, did not consider equality
with God something to be grasped, but made himself
nothing, taking the very nature of a servant, being made in
human likeness. And being found in appearance as a man,
he humbled himself and became obedient to death--even
death on a cross! Therefore God exalted him to the highest
place and gave him the name that is above every name, that
at the name of Jesus every knee should bow, in heaven and
on earth and under the earth, and every tongue confess that
Jesus Christ is Lord, to the glory of God the Father. (위에서 인
용한 빌립보서 2:5~11 가운데 그 내용이 모호한 부분이 있어 영문성경을 나란히
표기하였음.)

위에서 보는 것처럼 예수를 하나님의 아들이라 해놓고, 그를 다시
'하나님의 본체'라 하니 적이 당황스럽지 않을 수 없다. 하나님의
본체인 그가 스스로 하나님과 같은 존재의 위상으로 머물거나 여기
지 않고, 하나님의 종從인 인간의 모습으로 최대한 낮추어 지상에
나타나 죽기까지 함으로써 온전히 하나님께 복종했다는 것인데, 하
나님의 아들이면 아들이지, 그가 어떻게 하나님의 본체라고 하는지
여전히 납득되지 않는다. 분명히 사환과 아들은 그 역할이 다르고,
그 위상이 다르고, 정체성 또한 다르지 않는가. 전지전능하신 분께
서 자신의 피조물인 인간 혹은 종에게 굳이 그런 방법을 취해야만
했는가. 아니, 다른 효과적인 방법은 없었는가. 이런저런 생각이 드

는 것이 나만의 우문愚問일까?

이 문제를 애써서 긍정적으로 해석하자면, 하나님은 오로지 한 분(요한복음 8:41, 로마서 3:30, 디모데전서 2:5, 6:15, 야보고서 2:19)으로, 우리 인간을 비롯하여 천지 만물을 창조하셨고, 인간을 혹은 인간 세상을 지극히 사랑하시므로 인간의 죄악을 더 이상 방치할 수 없기에, '예수'라고 하는 인간의 몸에 신성神性을 부여하여, 그로 하여금 하나님의 뜻을 전하고, 희생하도록 함으로써(이를 유대인 시각에서 해석하면, '자신을 제물로 바침으로써'가 되지만) 최초의 인간창조 때로, 다시 말해, 아담과 하와가 죄를 짓지 아니한 상태로 회복시켜 영생할 수 있는 기회를 주었다는 뜻일 것이다.

아마도, 이렇게 해석해야, 예수를 '중보'(中保:두 사람 사이에서 일이 성사되도록 주선하는 사람)로서(디모데전서 2:5, 히브리서 9:15, 12:24), 그리고 '큰 대제사장'으로서 단 한 분(디모데전서 2:5)뿐이라는 논리가 성립되는 것 같다. 여기서 '중보'라 함은 하나님과 인간과의 관계회복을 위해서 예수가 인류의 죄를 대신 지고 십자가에 못 박혀 죽음으로써 맡은 바 역할을 다한 일을 일컬음이요, 큰 대제사장이란 인간들이 내세웠지만 하나님과의 맹세 없이 된 대제사장들과는 분명히 다른, 다시 말해, 하나님과의 맹세로서 이루어진 대제사장으로, "하나님께 나아가는 자들을 온전히 구원하실 수 있(히브리서 7:25)"는 능력과 자격을 갖춘 예수만을 말함이다. 다시, 여기서 하나님과 맹세를 했다 함은 "먼저 자기 죄를 위하고, 다음에 백성의 죄를 위하여(히브리서 7:27)" 자기 자신을 제물로 바치는 온전한 희생이다.

결과적으로, 하나님은 죽은 예수를 살리시고(사도행전 2:32), 영화롭게 하여(사도행전 3:13), 인간의 주와 그리스도가 되게 했고(사도행전 2:36), 그리하여 예수는 "건축자들의 버린 돌로서 집 모퉁이의 머릿돌이 되었(사도행전 4:11)"다.

그렇다면, 결과적으로 하나님께서 '북 치고 장구 치고' 다하는 셈인데, 이제 남은 문제가 있다면, 인간의 영생과 영벌을 가리는 예수의 심판이란 과정일 것이다. (예수의 심판에 대해서는 다른 글 「심판이 이루어지는 '주의 날'에 대하여」를 참고하기 바람.)

−2009. 09. 28.

속뜻을 숨기고 있는 예수의 비유법

성전에서 예수가 백성들을 가르치며 천국복음을 전할 때였다. 대제사장들과 서기관들이 장로들과 더불어 예수에게 가까이 와서 말하기를, "당신이 무슨 권세로 이런 일을 하는가? 그리고 그 권세를 누가 주기라도 했단 말인가? 우리에게 말하라." 했다. 그러자 예수께서도 그들의 얼굴을 바라보며 응대하기를, "나도 너희들에게 한 가지 물을 것이 있으니, 내게 먼저 대답하라. 요한의 세례가 하늘로서냐? 아니면, 사람에게로서냐?"라고 질문하였다.

사실, 예수의 이 질문은 그들에게 매우 곤란한 것이었다. 왜냐하면, 요한의 세례가 하늘로서라고 대답하면, 예수가 그들에게 '어찌하여 저(요한)를 믿지 아니하였느냐?' 라고 되물을 것이고, 그것이 사람에게로서라 하면, '백성들이 요한을 선지자로 인정하는 터이기에 저희가 다 자신들을 돌로 칠 것이라' 생각될 것이기 때문이다. 그래서 결국은 그들이 합의하여 대답하기를, "어디로서인지 알지 못하노라." 라고 했다. 그러자 예수도 "나도 무슨 권세로 이런 일을 하는지 너희에게 말하지 아니하리라." 고 말했다. 그런 다음, 예수는 백성들에게 비유법으로써 하나님 아버지와 아들인 자신과 백성들의 관계에 대해서, 그리고 선지자와 자신을 그들이 어떻게 대했고, 대하는지와 그것의 결과를 빗대어 설명해 준다. 곧,

한 사람이 포도원을 만들어 농부들에게 세로 주고, 타국에 가서 오래 있다가 때가 이르매, 포도원 소출 얼마를 바치게 하려고 한 종을 농부들에게 보내니, 농부들이 종을 심히 때리고 거저 보내었거늘, 다시 다른 종을 보내니 그도 심히 때리고 능욕하고 거저 보내었거늘, 다시 세 번째 종을 보내니 이도 상하게 하고 내어 쫓은지라. 포도원 주인이 가로되, '어찌할꼬? 내 사랑하는 아들을 보내리니 저희가 혹 그는 공경하리라' 하였더니, 농부들이 그를 보고 서로 의논하여 가로되, '이는 상속자니 죽이고, 그 유업을 우리의 것으로 만들자' 하고 포도원 밖에 내어 쫓아 죽였느니라. 그런즉 포도원 주인이 이 사람들을 어떻게 하겠느뇨? 와서 그 농부들을 진멸하고, 포도원을 다른 사람들에게 주리라 하시니, 사람들이 듣고 가로되, '그렇게 되지 말아지이다' 하거늘, 저희를 보시며 가라사대, 그러면 기록된 바 '건축자들의 버린 돌이 모퉁이의 머릿돌이 되었느니라' 함이 어찜이뇨? 무릇, 이 돌 위에 떨어지는 자는 깨어지겠고, 이 돌이 사람 위에 떨어지면 저로 가루를 만들어 흩으리라(누가복음 20:9~19).

여기서 포도원을 만든, 한 사람은 창조주 하나님 아버지이다. 그의 위탁을 받아 포도원 농사를 짓는 농부들은 백성들 가운데에서 대제사장·서기관·장로들이다. 그리고 포도원 주인이 농부들에게 보낸 세 명의 종은 하나님 아버지가 보낸 선지자들이다. 그리고 포도원 주인의 사랑하는 아들이자 상속자로 여겨지는 이는 예수 자신이다. 세 명의 선지자와 하나님의 아들을 죽여 버리게 되는 농부들을 진멸

하고, 새로운 농부들에게 포도원의 농사짓는 권한을 주겠다고 약속하는 주인은 예수를 이 땅에 보내고 선지자를 내세운 하나님이시다.

　이렇게 구체적인 설명을 하지 않아도 직감되었는지라, 현장에 있던 대제사장들과 서기관들과 장로들은 당장 예수를 잡아다가 헤치고 싶었으나 백성들이 두려워 실행에 옮기지는 못한다. 그러나 결국, 그들은 스스로 하나님의 아들이라 말하면서 자신들을 하나님으로부터 진멸될 사람들이라고 말한 예수를 체포·구금·심문하여 십자가형을 언도받게 함으로써 죽이고 말지만, 나는 예수가 직접 말한 이 비유적인 문장 속에 숨어 있는 근원적인 두 가지 문제를 제기하지 않을 수 없다. 곧, 하나는, 예수가 하나님 아버지로부터 모든 권한을 위임받은 상속자라는 것이고, 다른 하나는 아직까지 아들인 예수를 죽인 백성들을 진멸시키지 않고 있다는 점이다. 물론, 전자는 하나님 아버지와 아들인 예수와의 관계 문제이고, 후자는 세상 끝날에 이루어질 하나님의 심판 시기와 방법 문제인데, 이 두 가지는 오래전부터 논란이 되어왔던 것들이다. (예수 혹은 하나님의 심판에 대해서는 다른 글 「심판이 이루어지는 ‘주의 날’에 대하여」와 「예수교 경전 속 몇 개의 키워드 분석」의 ‘심판’ 편을 참고하기 바람.)

　그러나 경전 안 문장들을 면밀히 분석하면, 심판의 시기는 이미 지나갔어야 옳고, 인간 스스로가 하나님을 아버지라 부르게 되면서 예수 역시 스스로 하나님의 아들이 된 것임을 확인할 수 있다. 따라서 여기 ‘상속자’라는 말이 비유적인 표현이라면 하나님의 ‘아들’ 역시 그러할 뿐임을 지나쳐선 안 될 것이다. 그럼에도 불구하고, 여전히 예수는 하나님의 아들이고, 심판의 날이 임박해 있다고, 온갖 궤변들을 늘어놓으면서, 예수를 실질적인 신인 양 그의 이름을 불러대고 있는 것이다.

　-2011. 01. 27.

예수는 영靈이신 하나님의 다른 모습

경전 안 곳곳에는 하나님과 예수와의 관계에 대해서 '모호한' 언급들이 많다. 사실, 그래서 오랫동안 하나님과 예수와의 관계를 말 그대로 아버지와 아들의 관계로서 믿기도 했고, 동일 존재로서 믿기도 했다. 그런데 예수가 이 땅에 오시어 '하나님은 영이시고, 자신이 죽어 천국에 간 뒤에는 성령이라는 것으로써 지상에 남아있는 제자들에게 가르치고, 말하고, 생각나게 하여, 진리 가운데로 이끈다'고 강조했다. 바로 이런 이유로 아버지 하나님과 아들 예수와 성령이 하나의 신성神性에서 나오는 존재양식으로 믿게 되었다. 물론, 경전의 내용을 전적으로 신뢰하면서 연구하고 분석한 사람들의 견해가 반영되어 논란 가운데에서 공식적으로 인정된 것이지만, 오늘날 예수교 신자들은 성부·성자·성령이 하나라고 믿는다. 사실, 경전 내용의 부분 부분에 집착하다보면 여전히 논쟁거리가 되기 쉽지만 예수가 직접 말한 내용을 중심으로 판단해 보면, 소위 삼위일체설이 왜 나왔는지를 어느 정도 이해할 수는 있다. 그렇다고 전혀 의심스럽지 않다는 뜻은 아니다.

필자는 이 문제를 확인하기 위해서, 사도 요한이 집필한 「요한복음」 가운데에서 예수가 직접 한 말[문장]만을 뽑아내어 수없이 읽는 과정에서, 아버지 하나님과 아들 예수와의 관계를 판단할 수 있는 단서들을 가려내 보았다. 물론, 필자가 일방적으로 가려내어 열거하는 단서들이 그것들의 전부는 아니라고 생각한다. 이들 외에도 더 있을 수 있다는 뜻이다.

먼저, 하나님과 예수가 엄연히 다른, 말 그대로, 부자지간父子之間의 관계라고 판단케 하는 문장 곧, 예수의 말들이다.

①하늘이 열리고, 하나님의 사자使者들이 인자(人子=예수) 위에 오르락내리락하는 것을 보리라(요한복음 1:51).

②하나님이 세상을 이처럼 사랑하사 독생자(獨生子=예수)를 주셨으니(요한복음 3:16)

③나의 양식은 나를 보내신 이(하나님)의 뜻을 행하며, 그의 일을 온전히 이루는 이것이니라(요한복음 4:34).

④내 아버지께서 이제까지 일하시니 나도 일한다(요한복음 5:17).

⑤아버지께서 죽은 자들을 일으켜 살리심 같이 아들도 자기의 원하는 자들을 살리느니라(요한복음 5:21).

⑥인자는 아버지 하나님의 인印치신 자니라. 하나님의 보내신 자를 믿는 것이 하나님의 일이니라(요한복음 6:27).

⑦아버지께서 내게 주시는 자는 다 내게로 올 것이요, 내게 오는 자는 내가 결코 내어 쫓지 아니하리라(요한복음 6:37).

⑧내 교훈은 내 것이 아니요, 나를 보내신 이의 것이니라(요한복음 7:16).

⑨내가 너희와 함께 조금 더 있다가 나를 보내신 이에게로 돌아

가겠노라(요한복음 7:33).

⑩내가 하나님께로 나서 왔음이라. 나는 스스로 온 것이 아니요, 아버지께서 나를 보내신 것이니라(요한복음 8:42).

⑪아버지는 나보다 크심이니라(요한복음 14:28).

⑫내가 아버지께로 나와서 세상에 왔고, 다시 세상을 떠나 아버지께로 가노라(요한복음 16:28).

⑬창세전에 내가 아버지와 함께 가졌던 영화로써 지금도 아버지와 함께 나를 영화롭게 하옵소서(요한복음 17:5).

지금, 열세 개의 문장만을 나열해 놓았지만 이들만을 보면 분명히 하나님 아버지와 예수 아들과의 관계는 비유적 표현이 아님을 알 수 있다. 예수는 하나님께서 세상을 창조하기 전부터 함께 영화를 누렸다는 것이고, 인간 세상을 사랑하시는 하나님 아버지의 뜻에 따라 아들인 예수가 세상 속으로 보내어져 왔고, 그 보내어짐을 받은 예수는 하나님의 뜻을 행하여 이루는 것을 양식糧食이라 여길 정도로, 이 땅에 오셔서 부여된 임무를 수행했으며, 끝내는 자신을 보내신 아버지께로 돌아간다는 것이다.

그렇다면, 아버지는 아버지이고, 아들은 아들일 뿐이지, 무슨 해괴한 논리로 아버지와 아들이 하나라고 말하는가? 더욱이 우주만물을 창조한 하나님께서 인간의 모습을 지닌 아들을 두었다니 절대적인 신성이 격하된다는 생각마저도 든다. 왜냐하면, 아들이 있으면 어머니도 있을 것이고, 아버지 어머니가 있다면 또 그 무엇도 있을 것이라는 생각이 미치기 때문이다. 그래서일까, 이슬람교 경전인 꾸란에서처럼 '신이 아들을 둘 수는 없다'는 판단이 크게 작용하면, 이런 표현들이 있음에도 불구하고 삼위일체설에 무게 중심을 두게 된다고 본다.

그런 탓일까. 예수는 분명히 하나님 아버지는 영靈이시라 했다(요한복음 4:24). 그것도 단순한 영이 아니라 진리의 영이며(요한복음 14:17), 전지전능하여 우주만물을 말씀으로써 창조할 수 있었던 영이시고, 끊임없이 인간들과 대화를 나누어 왔으며, 필요시에는 심부름꾼들을 보내어 인간들에게 많은 것을 가르치고 요구해 왔다. 심지어는, 직접 지상으로 내려오시어 '모세'라는 사람을 만나 계율을 석판에 새기어 주시기도 했다.

그런 하나님과 예수와의 관계는 단순히 아버지와 아들의 관계일까? 아니면, 이 부자간의 관계라는 말이 한낱 인간을 위한 비유적 표현일까? 비유적 표현일 가능성을 시사해 주는 예수의 언급들이 없는 것은 아니다.

①나와 아버지는 하나이니라. I and the Father are one(요한복음 10:30).

②아버지께서 내 안에 계시고, 내가 아버지 안에 있음을 깨달아 알리라(요한복음 10:38).

③나는 아버지 안에 있고, 아버지는 내 안에 계신 것을 네가 믿지 아니하느냐(요한복음 14:10)?

④무릇 아버지께 있는 것은 다 내 것이라(요한복음 16:15).

⑤너희가 나를 알았다면 내 아버지도 알았으리로다(요한복음 14:7).

⑥이제부터는 너희가 그(하나님)를 알았고, 또 보았느니라(요한복음 14:7).

⑦인자는 안식일의 주인이니라(마태복음 12:8, 누가복음 6:5).

여기 나열된 일곱 개의 문장만 보아도, 아버지 하나님과 아들 예수와의 관계가 그만 모호해지고 만다. 물론, '나와 아버지가 하나'라는 말을, 같은 뜻과 같은 목적을 지닌 일심동체와 같다는 의미로 해석할 수 있다. 그리고 '아버지가 내 안에 계시고, 내가 아버지 안에 있다'라는 표현 역시, 아버지 하나님이 일정한 형태를 지닌 존재가 아니고 영이기에 얼마든지 가능한 것이다. 그런데 "너희가 나를 알았다면 내 아버지도 알았으리로다."와 "이제부터는 너희가 그(하나님)를 알았고, 또 보았느니라."라고 한 말은 다소 다르다. 바로 이 말들에서 아들 예수와 아버지 하나님이 하나[하나의 신성에서 나온]라는 점을 주장할 수 있는 근거를 찾을 수 있다. 물론, 이 외에도 "내가 안식일의 주인이다."라고 한 예수의 다른 말에서도 그 근거를 찾을 수는 있지만 만약, 이것이 사실이라면 예수는 영이신 하나님의 다른 모습이라고 결론을 내릴 수밖에 없다.

그렇다면, 우주만물을 창조하신, 진리의 영이신 하나님이, 필요에 의해서 '예수'라는 인간의 모습으로 변하여 잠시 오셨다가 다시 본래의 자리로 돌아가셨다고 말할 수 있다. 그렇다면, 하나님은 필요하다면 아들이 아니라 부인으로, 할아버지로, 그 무엇으로도 얼마든지 다시 올 수 있겠다는 가능성을 열어두어야만 할 것 같다.

다시 그렇다면, 하나님은 무엇 때문에 인간 세상에 그토록 관심을 갖고 친히 관여하시려는 것일까? 창조주와 피조물 사이의 불가분의 관계로서 '세상을 사랑하는(요한복음 3:16)' 이유 때문일까? 어쨌든, 이 문제도 마땅히 규명되어야 한다고 생각한다.

-2010.11. 24.

천국에 계시는 예수의 모습과 그 정체성

하나님이 예수에게 주신 계시를 예수가 천사에게 지시하고, 지시받은 천사가 다시 요한에게 말하고, 보여주고, 요구했던 내용들을 요한 스스로 기록한 것이 요한계시록이다(1:1). 특히, 요한은 성령에 감동된 채(1:10), 자신의 귀로 듣고, 자신의 눈으로 본 내용에 대해 증언하듯이 기록했다고 말할 수 있다. 물론, 이 내용에 대해서 요한은 '하나님의 말씀과 예수의 증거(1:2)'요, '속히 될 일(1:1)'이요, '마땅히 될 일(4:1)'이라고 기록하고 있고, 그 내용의 핵심인 즉 천국에서 사악한 영들(사탄=마귀의 무리=사단)과의 전쟁을 먼저 치르고, 그 다음 인류의 심판이 이루어지고, 그럼으로써 예수복음이 지상에서, 그것도 예루살렘에서 실현된다는 이야기이다.

이 같이 기술된 문장상의 사실을 전제로, 요한의 눈에 비친 예수의 모습과 그 정체성을 확인해 보고자 한다. 지상에서의 예수 행적에 대해서는 비교적 널리 알려져 있지만 승천 후 천국에서의 모습이나 활동은 전혀 그렇지 못하기 때문이다.

촛대 사이에 인자(人子) 같은 이가 발에 끌리는 옷을 입고, 가슴에 금 띠를 띠고, 그 머리와 털의 희기가 흰 양털 같고 눈 같으며, 그의 눈은 불꽃같고, 그의 발은 풀무에 단련한 빛난 주석 같고, 그의 음성은 많은 물소리와 같으며, 그 오른손에 일곱별이 있고, 그 입에서 좌우에 날선 검이 나오고, 그 얼굴은 해가 힘 있게 비취는 것 같더라(요한계시록 1:13~16).

요한계시록 제1장 13절로부터 16절까지의 문장이다. 천국의 하나님 곁에 계시는 예수의 외형에 대한 구체적인 묘사다. 이를 그림으로 그리듯 상상하노라니 그 형상을 어떻게 받아들여야 할지 난감하기 이를 데 없다. 상상하기도 어려운, 이런 예수의 모습에 대하여 어떤 사람들은 '영광스럽다'고 말하기도 하는데 나는 왜 쉬이 동감하지 못하는가? 분명, 천국에서는 하나님을 비롯하여 천사들에 이르기까지 모두가 영적 존재로서 형태가 없다고 했는데, 이처럼 구체적인 묘사가 어떻게 가능했는지에 대한 의문이 풀리지 않기 때문일 것이다. 분명, 하나님은 영靈이시고(요한복음 4:24), "주主는 영靈이시니 주의 영이 계신 곳에는 자유自由함이 있느니라(고린도후서 3:17)"라고 말하지 않았던가.

하긴, 이 말을 뒤집어 놓는 듯한 예수의 말도 있으니, 혼란스러움은 처음부터 있었다고 말하는 편이 옳을 것이다. 곧, "내 손과 발을 보고 나인 줄 알라. 또 나를 만져보라. 영은 살과 뼈가 없으되, 너희 보는 바와 같이 나는 있느니라. Look at my hands and my feet. It is I myself! Touch me and see(누가복음 24:39)."고, 지상에서 부활된 예수가 자신의 모습에 대하여 이렇게 모호하게 말했기 때문이다. 부활된 예수의 몸이, 살과 뼈는 없지만 사람들의 눈에는 보이는 형태를 갖추었다는 말인지, 아니면 영에는 살과 뼈가 없어야 하는데 자신만은 예외적으로 그 살과 뼈가 있다는 뜻인지 알 수 없다. 그래서일까, 오늘날 일부의 목사들은 '영체靈體'라는 말을 만들어 쓰고 있지만 과연 영체라는 것이 존재하는 것일까? 공상영화 속의 '투명인간'을 떠올리게 하는, 그 영체를 믿고 안 믿고는 여러분 판단에 달려 있다고 본다.

그렇다면, 경전에서 말하는 영靈이란 무엇인가? 원점으로 돌아가 생각해 보지 않을 수 없다. 분명한 사실은 영이 사람마다 있고, 예수와 하나님께도 있다. 특히, 하나님의 영은 '성령'이라 하며, 모든 영들의 아버지로 통한다(히브리서 12:9). 뿐만 아니라, 지혜로운 영(출애굽기 28:3), 정직한 영(시편 51:10), 진리의 영(요한복음 14:17, 요한1서 4:6)들도 있고, 미혹迷惑의 영(요한1서 4:6), 귀신의 영(요한계시록 16:14), 적그리스도의 영(요한1서 4:3)들도 있다. 그런데 하나님이나 예수는 자신의 영을 사람들에게 불어넣어 주어(사도행전 2:17~18) 특별한 능력을 행사하도록 하기도 한다. 예컨대, 방언과 예언은 물론, 환상을 보게 하고 꿈을 꾸게도 하며, 죽은 자를 살리기까지 한다(사도행전 2:17, 로마서 8:11). 도대체 영이란 무엇이란 말인가?

사람의 몸과 마음을 움직이는 실체로서 생명의 본질이라고 긍정적으로 해석해 볼 수는 있을 것 같다. 그런데 영은 몸 안팎으로 자유롭게 왕래가 가능하며, 시공을 초월한다. 그리고 "그 때에 영이 내 앞으로 지나매 내 몸에 털이 주뼛하였었느니라(욥기 4:15)."라는 표현으로 미루어 보면, 그것의 움직임도 인간의 감각기관으로 감지되는 것 같다. 게다가, 영이란 성령으로 난 것(요한복음 3:6)이고, 육체와 대립되는 생명으로 부활되는 것(요한복음 6:63, 로마서 8:6)이라 한다.
(이것은 어디까지나 예수교 경전에서 직·간접으로 묘사한 영에 대한 기술내용이 그

렇다는 것이지 객관적으로 검증된 영의 실체는 아니다.)

이처럼 알쏭달쏭한 것이 영인데 하나님 곁에 있는 예수의 모습은 가히 휘황찬란하기 짝이 없다. 성령은 전지전능하기 때문에 어떠한 모습으로도 출현이 가능하다고 말하면 더 이상 할 말이 없지만, "우리가 다 수건을 벗은 얼굴로 거울을 보는 것 같이 주의 영광을 보매, 저와 같은 형상形狀으로 화하여 영광으로 영광에 이르니, 곧 주의 영으로 말미암음이니라(고린도후서 3:18)."라는 구절이 마음에 걸린다. 이를 전제한다면 하나님과 예수의 영은 얼마든지 그 형상을 지어 보일 수 있기 때문이다.

천국에서 예수의 다른 모습과 활동상을 묘사하고 있는 다음 구절을 더 읽어보자.

보좌와 네 생물과 장로들 사이에 어린 양이 섰는데, 일찍 죽임을 당한 것 같더라. 일곱 뿔과 일곱 눈이 있으니, 이 눈은 온 땅에 보내심을 입은 하나님의 일곱 영이더라. 어린 양이 나아와서 보좌에 앉으신 이의 오른손에서 책을 취하시니라. 책을 취하시매, 네 생물과 이십 사 장로들이 어린 양 앞에 엎드려 – 각각 거문고와 향이 가득한 금대접을 가졌으니, 이 향은 성도의 기도들이라 – 새 노래를 노래하여 가로되, "책을 가지시고, 그 인봉을 떼기에 합당하시도다! 일찍 죽임을 당하사, 각 족속族屬과 방언方言과 백성百姓과 나라 가운데서 사람들을 피로 사서 하나님께 드리시고, 저희로 우리 하나님 앞에서 나라와 제사장을 삼으셨으니 저희가 땅에서 왕노릇 하리로다." 하더라. 내가 또 보고 들으매, 보좌와 생물들과 장로들을 둘러 선 많은 천사의 음성이 있으니, 그 수가 만만萬萬이요 천천千千이라. 큰 음성으로 가로되, "죽임을 당하신 어린 양이 능력과 부와 지혜와 힘과 존귀와 영광과 찬송을 받으시기에 합당하도다." 하더라. 내가 또 들으니, 하늘 위에와 땅 위에와 땅 아래와 바다 위에와 또 그 가운데 모든 만물이 가로되, "보좌에 앉으신 이와 어린 양에게 찬송과 존귀와 영광과 능력을 세세토록 돌릴지어다." 하니, 네 생물生物이 가로되, "아멘" 하고, 장로들은 엎드려 경배敬拜하더라.

요한계시록 제5장 6절로부터 14절까지의 내용이다. 예수가 서 있는 위치와 모양새가 조금 바뀌었다. 곧, 서있는 위치가 '촛대 사이'에서 '보좌와 네 생물과 장로들 사이'로 바뀌었고, '오른손에 일곱 별' 대신에 '일곱 뿔과 일곱 눈'이 있다. 문제는 이들 일곱 개의 별이나 뿔이나 눈 등이 다 숨은 뜻을 가지고 있는 비유어라는 사실이다. 그렇지 않다면 받아들이기 곤란한 예수의 형상이기 때문이다. 따라서 이에 대한 별도의 해석이 필요하다고 본다. 다만, 위 인용문의 전체적인 내용이, 하나님의 손에 들린 생명책을 건네받아 그 책에 봉인封印을 직접 떼어내는 일을 예수가 맡아 하는 것이 이런저런 이유에서 합당하다고, 보좌·생물·장로·천사·하늘과 땅 사이의 만물 등이 다 인정하고 찬양한다는 것이다. 여기서 책의 봉인을 뗀다는 것은 그 책속에 기록되어 있는 대로 인류를 심판한다는 것이기 때문에 결과적으로 예수가 하나님의 모든 왕권을 부여받고, 하늘에서의 전쟁과 땅에서의 인류 심판을 주관하고, 새 땅 새 하늘인 새 예루살렘 성을 지상으로 가지고 내려와 천년 통치를 한다는 것이다. 이것을 두고 '천국복음의 실현'이라고 말들 한다.

어쨌든, 요한은 천사의 도움을 받아 천국을 들여다보았고, 그곳에 계시는 예수의 형상과 위상을 확인하였다. 그렇기 때문에 계시록의 내용을 '하나님의 말씀과 예수의 증거(1:2)'라고 미리 언급했던 것 같다. 그의 눈에 비친, 바꿔 말해, 그가 부여한 예수의 정체성에 대해서 구체적으로 살펴볼 필요가 있다.

①이제도 계시고, 전에도 계시고, 장차 오실 이(1:4)

②그 보좌寶座 앞에 일곱 영을 가지신 분(1:4)

③충성된 증인으로 죽은 자들 가운데서 먼저 나시고, 땅의 임금들의 머리가 되신 분(1:5)

④우리를 사랑하사 그의 피로 우리 죄에서 우리를 해방하시고, 그 아버지 하나님을 위하여 우리를 나라와 제사장으로 삼으신 분(1:5)

⑤오른손에 일곱 별을 붙잡고, 일곱 금촛대 사이에 다니시는 이(2:1)

⑥처음이요, 나중이요, 죽었다가 살아나신 이(2:8)

⑦좌우左右에 날선 검을 가진 이(2:12)

⑧그 눈이 불꽃같고, 그 발이 빛난 주석朱錫과 같은 하나님의 아들(2:18)

⑨하나님의 일곱 영과 일곱 별을 가진 이(3:1)

⑩거룩하고 진실하사 다윗의 열쇠를 가지신 이 곧 열면 닫을 사람이 없고, 닫으면 열 사람이 없는 그(3:7)

⑪아멘이시요, 충성되고 참된 증인이시요, 하나님의 창조의 근본이신 이(3:14)

⑫일곱 인印을 떼시는 어린 양(5:5)

⑬천국의 보좌·네 생물·24장로들로부터 찬양과 경배를 받는 존재(5:14)

⑭만주의 주, 만왕의 왕(17:14, 19:16)

요한계시록에서 뽑은, 예수에 관한, 위 열네 가지 언급은 예수의 제자들과 오늘날 예수교 신자들이 그에 대해서 어떤 의미를 부여하고 있는지에 대한 종합이라고 말할 수 있다. 곧, ①하나님의 아들이라는 점 ②처음이자 나중이라는 점 ③부활자로서 땅의 머리요 왕이라는 점 ④심판의 주체로서 찬양받는 이라는 점 등으로 요약된다. 물론, 보충설명이 필요한 말들이지만 생략하기로 하고, 여기서 간과해서는 안 될 것이 있는데 그것은 예수를 인간세상 통치자로 여기고, 그를 하나님과 동일시한다는 것이다. 마치 심판 후 부활되는 것은, 우리로서는 아직 알 수 없는 영靈임에도 불구하고 인간의 몸이라고 여기는 것처럼 말이다.

어쨌든, 예수의 가르침을 가장 잘 이해하고, 그를 하나님과 같은 신성을 지닌 존재로 격상시키는 데에 결정적인 역할을 한 사람이 바로 이 계시록을 집필한 요한이 아닌가 싶다. 그는 계시록을 집필함으로써 예수의 가르침이었던, 추상적인 천국을 구체적으로 그려내었고, 어떤 절차로써 하늘에서의 전쟁과 인류에 대한 심판이 이루어지는지를 비교적 상세하게 설명하고 있기 때문이다. 곧, 예수가 악한 영들과 하늘에서 먼저 전쟁을 치르고 승리한 뒤, 인류를 심판하시고, 살아남는 착한 사람들과 함께 새 하늘 새 땅에서 새 천년 왕국 생활을 한다는 것이다. 그 생활 터전이 바로 새 예루살렘 성인데, 그 성의 주인이요 왕이 바로 예수라는 존재로 그려지고 있으니 말이다.

　-2008. 11. 14.

예수의 '내 때' 란 어느 때를 말하는가

예수는 '내 때My time'라는 표현을 다섯 번이나 했는데, 그의 '내 때'란 어느 때를 말하는가?

①여자여, 나와 무슨 상관이 있나이까? 내 때가 아직 이르지 못하였나이다. Dear woman, why do you involve me? Jesus replied. My time has not yet come(요한복음 2:4).

이 말은, 갈릴리 지역 가나에서 결혼식이 있을 때에, 예수의 어머니도 거기 계시고, 예수와 그의 제자들도 초청을 받고서 그 집에 당도했을 때에, 어머니가 아들 예수에게 말하기를 "저희에게 포도주가 없다."라고 하자, 예수가 자신의 어머니에게 한 말이다.

그렇다면, 예수가 말한 '내 때My time'란 어느 때를 말하는가? 참으로 알쏭달쏭하다. 잔칫집에 포도주가 없다는 문제를 해결할, 특별한 능력, 다시 말해서 하나님으로부터 부여 받아야 하는 초자연적 능력 곧 권능이 자신에게 아직 도래해 있지 않았다는 뜻일까? 아니다. 왜냐하면, 예수는 곧바로 그 문제를 해결해 주었으니까 말이다. 어쨌든, 현재로서는 그 의미를 정확히 알 수 없다.

②너희 조상 아브라함은 나의 때 볼 것을 즐거워하다가 보고 기뻐하였느니라. Your father Abraham rejoiced at the thought of seeing my day(요한복음 8:56).

이 말은, 예수가 성전에서 유대인들과 일문일답식의 논쟁을 할 때에, 그들에게 한 말 가운데 하나이다. 곧, 유대인들이 예수에게 '너를 사마리아 사람이라, 또는 귀신이 들렸다'고 하자, 예수께서 그들에게 "귀신 들린 것이 아니라 오직 내 아버지를 공경함이어늘 너희가 나를 무시하는도다. 나는 내 영광을 구치 아니하나 구하고 판단하시는 이가 계시니라. 진실로, 진실로 너희에게 이르노니, 사람이 내 말을 지키면 죽음을 영원히 보지 아니하리라." 라고 말했다. 바로 그 순간, 유대인들이 다시 "지금 네가 귀신 들린 줄을 아노라. 아브라함과 선지자들도 죽었거늘 네 말은 '사람이 내 말을 지키면 죽음을 영원히 맛보지 아니하리라' 하니, 너는 이미 죽은 우리 조상 아브라함보다 크냐? 또 선지자들도 죽었거늘, 너는 너를 누구라 하느냐?" 라고 다그쳤다. 그러자, 예수는 다시 그들에게 응수하기를, "내가 내게 영광을 돌리면 내 영광이 아무 것도 아니어니와, 내게 영광을 돌리시는 이는 내 아버지시니, 곧 너희가 너희 하나님이라 칭하는 그이시라. 너희는 그를 알지 못하되 나는 아노니, 만일 내가 알지 못한다 하면 나도 너희 같이 거짓말장이가 되리라. 나는 그를 알고, 또 그의 말씀을 지키노라. 너희 조상 아브라함은 나의 때 볼 것을 즐거워하다가 보고 기뻐하였느니라." 했던 것이다. 바로 여기서 예수가 스스로 말한 '나의 때my day'란 어느 때를 말하는가? 이 또한 알쏭달쏭하기가 그지없다.

나의 일방적인 상상력을 발휘하여 추론하자면, 예수는 창세전부터 천국에서 하나님 아버지와 함께 계신 존재였기에(요한복음 17:5, 17:24, 에베소서 1:4, 베드로전서 1:20), 아브라함보다 먼저 나신 이로서(요한복음 8:58), 하나님의 계획에 의해서 지상의 인간 세상으로 내려 보내어져 맡은 바 소임을 다하게 되는데, 그 소임을 다하는 과정을 미리 하늘나라에서 아브라함이 보고 좋아하였다는 뜻이 아닐까 싶다. 이런 시각에서 본다면, 예수가 말한 '내 때'란 하나님의 사명과 권능을 부여받고 임무수행을 하는 시기를 말한다고 유추해 볼 수 있을 것 같다. 그러나 여전히 단정적으로 말할 수 있는 근거가 되지 못한다.

③내 때는 아직 이르지 아니하였거니와 너희 때는 늘 준비되어 있느니라. 세상이 너희를 미워하지 못하되 나를 미워하나니, 이는 내가 세상의 행사를 악하다 증거함이라. 너희는 명절에 올라가라. 나는 내 때가 아직 차지 못하였으니, 이 명절에 아직 올라가지 아니하노라 "The right time for me has not yet come. The world cannot hate you, but it hates me because I testify that what it does is evil. You go to the Feast. I am not yet going up to this Feast, because for me the right time has not yet come(요한복음 7:6~8)."

이 말은, 유대인의 명절인 초막절[27]이 가까워지자, 그(예수) 형제들이 예수를 믿지 못하고 예수에게 말하기를, "당신의 행하는 일을 제자들도 보게 여기를 떠나 유대로 가소서. 스스로 나타나기를 구하면서 묻혀서 일하는 사람이 없나니, 이 일을 행하려 하거든 자신을 세상에 나타내소서." 하자, 예수께서 그들에게 한 말이다. 그렇다면, 예수가 형제들에게 말한 '내 때'란 어느 때를 말하는가? 두 가지로 생각해 볼 수 있을 것 같다. 하나는, 어떤 말을 하거나 행동을 취하기에 적절한 시기를 뜻하는 것이고, 다른 하나는 하나님으로부터 부여받은 임무를 다 마치는 시기 곧 예수가 죽는 날일 것이다. 물론, 여기서는 전자에 가깝다. 유대에 가서 천국복음을 전파하면 유대인들이 죽일 수도 있는 상황이므로 그곳에 가는 것을 예수가 피하는 국면이기 때문이다(요한복음 7:1).

> ④성 안 아무에게 가서 이르되, '선생님 말씀이 내 때가 가까웠으니, 내 제자들과 함께 유월절을 네 집에서 지키겠다' 하시더라 하라 Go into the city to a certain man and tell him, 'The Teacher says: My appointed time is near. I am going to celebrate the Passover with my disciples at your house.' (마태복음 26:18).

이 말은, '가룟 유다'라 하는 예수의 제자가 대제사장들에게 가서 예수를 팔아넘기려 할 무렵이자 무교절의 첫날에, 제자들이 예수께 나아와서 말하기를, "유월절 잡수실 것을 우리가 어디서 예비하기

---

27) 초막절(草幕節)
여호와를 숭배하기 위하여 7월 15일부터 7일 동안 지키는(레위기 23:34, 스가랴 14:16) 유대인의 명절 셋(무교절 칠칠절 초막절 등) 가운데 하나로서(신명기 16:16), 매일 정수대로 번제를 드린다(에스라 3:4). 여호와의 뜻을 따라 성막 지을 재료를 만들어 바친 그 7일간을 기념하고 이스라엘 백성들로 말미암아 대대로 이 날을 기억하게 하려고 초막절을 정하여 지키게 했다.

를 원하시나이까?" 하자, 예수께서 "성 안 아무에게 가서 이르되, '선생님 말씀이 내 때가 가까웠으니 내 제자들과 함께 유월절을 네 집에서 지키겠다' 하시더라 하라." 했다(마태복음 26:14~18). 그렇다면, 예수가 말한 '내 때'란 어느 때를 말함인가? 여기서 말하는 예수의 때란 예수가 임무를 다 수행하고 죽는 때를 말할 것이다.

예수가 스스로 말한 '내 때'에 대하여 판단하는 데에 도움이 될 만한 사도 요한의 언급이 있다. 곧, 예수께서 바리새인들과 논쟁할 때에 바리새인들이 "네가 너를 위하여 증거하니, 네 증거는 참되지 아니하도다." 하자, 예수께서 대답하기를 "내가 나를 위하여 증거하여도 내 증거가 참되니, 나는 내가 어디서 오며 어디로 가는 것을 앎이어니와, 너희는 내가 어디서 오며 어디로 가는 것을 알지 못하느니라. 너희는 육체를 따라 판단하나, 나는 아무도 판단치 아니하노라. 만일, 내가 판단하여도 내 판단이 참되니, 이는 내가 혼자 있는 것이 아니요, 나를 보내신 이가 나와 함께 계심이라. 너희 율법에도 '두 사람의 증거가 참되다' 기록하였으니, 내가 나를 위하여 증거하는 자가 되고, 나를 보내신 아버지도 나를 위하여 증거하시느니라." 했다. 그러자 바리새인들이 다시 묻기를 "네 아버지가 어디 있느냐?" 했다. 그러자 예수께서 "너희는 나를 알지 못하고, 내 아버지도 알지 못하는도다. 나를 알았더(다)면 내 아버지도 알았으리라."라고 대답하였다. 바로 이런 상황에 대해서 요한이 설명하기를, "이 말씀은 성전에서 (예수가) 가르치실 때에 연보궤 앞에서 하셨으나 그(예수)를 잡는 사람이 없으니, 이는 그의 때가 아직 이르지 아니하였음이러라. He spoke these words while teaching in the temple area near the place where the offerings were put. Yet no one seized him, because his time had not yet come(요

_{한복음8:13~20)}." 했다.

사도 요한이 말한 '그(예수)의 때' 역시 예수의 예정된 임무가 완수되고 그가 죽음으로 치닫는 시기이다.

그렇다면, 예수께서 스스로 말씀하신 자신의 '때'란 임무수행의 적절한 시기는 시기인데, 그것은 오로지 하나님의 계획으로서 예정된 시기였다는 사실이다. 심지어는, 예수가 모든 임무를 완수한 후에 닥쳐오게 될 죽음조차도 미리 예정되어 있었던 것이다. 결과적으로, 예수는 처음부터 하나님의 계획 하에 이 땅에 오시어 그 계획대로 말하고 행동한, 하나님의 특별한 사자使者 곧, 아들이라는 사실이 재확인되는 셈이다.

-2010. 11. 13.

예수에게 찍힌 사울

다메섹(현 시리아 수도 다마스쿠스)에 살고 있는 제자 '아나니아' 28)에게 예수가 말한다. 물론, 아나니아의 환상 속에서지만, "그(사울)가 내 이름을 위하여 해害를 얼마나 받아야 할 것을 내가 그에게 보이리라(사도행전 9:16)."라고.

나는 이 말을 접하는 순간, 예수의 입장이 상상되었다. 특히, 이 말이 "주여, 이 사람(사울)에 대하여 내가 여러 사람에게 듣사온 즉, 그가 예루살렘에서 주의 성도에게 적지 않은 해를 끼쳤다 하더니, 여기

---

28) 아나니아

'아나니아' 라는 이름을 가진 사람은 경전 안에 모두 세 명이 있다. 그 한 사람은 예루살렘 교회의 성도로서 '삽비라' 라는 부인이 있고(사도행전 5:1), 자신의 소유를 팔아서 교회에 헌납했으되, 그 일부를 속인 것으로써 성령을 속였다는 이유로 베드로의 말에 따라 즉사하였다(사도행전 5:3~5). 그리고 다른 한 사람은 다메섹에 살고 있는 예수의 제자(사도행전 9:10)로 사울에게 안수해 준 사람이다(사도행전 9:12). 또 다른 한 사람은 사울을 총독에게 고소한 대제사장이다(사도행전 23:2, 24:1).

이처럼 경전 안에는 동명이인(同名異人)이 많다. '마리아' 라는 이름을 가진 사람도 적어도 여섯 명이나 된다. 이 같은 현상이 왜 나타나는 것일까? 당대에 동명이인이 많았다는 단순사실을 반영했으리라고 말하는 사람도 있지만 경전 집필자가 소설을 쓰듯 작품 속 인물들의 이름들을 생각나는 대로 지었을 확률이 크다고 말하는, 필자 같은 사람도 있다. 따라서 경전 속 동명이인에 대해서는 별도의 연구가 필요하다.

서도 주의 이름을 부르는 모든 자를 결박할 권세를 대제사장들에게서 받았나이다(사도행전 9:13~14)."라고, 예수께 한 아나니아의 말에 답으로서 하신 말씀이라는 사실을 전제한다면, 예수의 속마음은 이런 상태였을 것이다. 곧, '사울이 그동안 나(예수)를 많이 핍박했기 때문에 내가 그(사울)를 특별히 선택하여, 그로 하여금 나를 위하여, 그만큼 고생을 시키겠으며, 그 내용을 그에게 직접 보여 줄 것이니, 아나니아 너는 내 말대로 하라.' 라는 뜻이었고, 그런 심경이었을 것이다.

그래서일까? 사울이 다메섹 가는 길에 하늘에서 내려오는 강력한 빛에 노출되고, 히브리말로 하는 예수의 음성을 듣고서, 사흘 동안 눈이 멀고, 식음을 전폐한 가운데 기도하고, 결박 대상이었던 그 '아나니아'로부터 침례를 받고, 예수교도가 되어 죽는 날까지 무려 30년이란 긴 세월을 예수의 복음을 전하는, 둘도 없는 일꾼이 되었다. 그런데 그 과정에서 일어나는 모든 일과 모든 사건이 다 예수의 계시이고, 명령이고, 성령 그 자체였다고 여기는 것이 사울의 변함없는 입장이었다. 마치 예수가 이 땅에서 오로지 하늘에 계시는 하나님 아버지의 계시와 명령과 성령으로써 3년 동안 천국복음을 전하였듯이 말이다. 결과적으로, 사울은 예수에게 찍혀 예수가 고생한 3년이란 기간보다 열배를 더한 셈이다.

예수가 그 기간 동안에 인간들에게 보여주었던 초자연적인 능력, 곧, 사십 일 동안 광야에서 먹지 않고도 얼굴에 광채가 났으며, 사람들의 온갖 병을 고치고, 빵 다섯 조각과 물고기 두 마리로 수천 명이 먹고도 남게 했고, 물을 포도주로 바꾸고, 칼날에 베어 떨어져 나간 사람의 귀를 손으로 만져 원래대로 붙여주고, 세금 낼 돈을 물고기 입에서 건지고, 풍랑을 잠재워 배에 탄 무리들을 안전하게 하고, 말씀만으로 무화과나무를 말라죽게 하고, 대단히 뛰어난 화술話

術을 지니고, 죽은 자를 살렸듯이 자신도 장사지낸 지 사흘 만에 살아나시고, 사람의 마음속을 훤히 꿰뚫어보고, 자신의 모양새를 바꾸고, 주위 사람들조차 모르게 투명인간처럼 방안으로 들어서고, 인간의 몸을 지닌 채 하늘로 오르고, 하나님 우편에 앉으셔서 하나님으로 하여금 '보혜사'라는 이름의 성령을 지상의 제자들에게 내려주는 등 상상하기조차 힘든, 경이로운 현상들을 일으키었다고 한다. 이것이 다 하늘에 계시는 하나님 아버지의 권한과 능력을 부여 받아서 이루어졌듯이, 사울이 예수보다 열 배 긴 세월 동안 선교활동을 하는 동안에 보여주었던 것들이 다 예수의 성령을 통해서였다는 것이다. 간단히 말하면, 예수는 하늘에 계시는 하나님 아버지의 권능으로써, 사울은 하나님 우편에 앉아 계시는 예수의 권능[성령]으로써 이 땅에서 천국복음을 전파하였던 것이다.

그렇다면 사울이 보여주었던 초자연적인 능력은 이 땅에서 어떤 내용으로 나타났는가?

①성령이 아시아에서 말씀을 전하지 못하게 하시거늘, 브루기아와 갈라디아 땅으로 다녀가 무시아 앞에 이르러 비두니아로 가고자 애쓰되, 예수의 영이 허락지 아니하시는지라. 무시아를 지나 드로아로 내려갔는데, 밤에 환상이 바울에게 보이니, 마게도냐 사람 하나가 서서 그에게 청하여 가로되, "마게도냐로 건너와서 우리를 도우라." 하거늘, 바울이 이 환상을 본 후에 우리가 곧 마게도냐로 떠나기를 힘쓰니, 이는 하나님이 저 사람들에게 복음을 전하라고 우리를 부르신 줄로 인정함이러라(사도행전 16:6~10).
②우리가 기도하는 곳에 가다가 점하는 귀신 들린 여종 하나를 만나니, 점으로 그 주인들을 크게 이롭게 하는 자라. 바울과 우리를 좇아와

서 소리 질러 가로되, "이 사람들은 지극히 높은 하나님의 종으로 구원의 길을 너희에게 전하는 자라." 하며, 이같이 여러 날을 하는지라. 바울이 심히 괴로워하여 돌이켜, 그 귀신에게 이르되, "예수 그리스도의 이름으로 내가 네게 명하노니, 그에게서 나오라." 하니, 귀신이 즉시 나오니라(사도행전 16:16~18).

③밤중쯤 되어 바울과 실라가 기도하고 하나님을 찬미하매 죄수들이 듣더라. 이에 홀연히 큰 지진이 나서, 옥터가 움직이고, 문이 곧 다 열리며, 모든 사람의 매인 것이 다 벗어진지라(사도행전 16:25~26).

④밤에 주께서 환상 가운데 바울에게 말씀하시되, "두려워하지 말며, 잠잠하지 말고 말하라. 내가 너와 함께 있으매, 아무 사람도 너를 대적하여 해롭게 할 자가 없을 것이니, 이는 이 성중에 내 백성이 많음이라 (사도행전 18:9~10)."

⑤후에 내가 예루살렘으로 돌아와서 성전에서 기도할 때에 비몽사몽 간에 보매, 주께서 내게 말씀하시되, "속히 예루살렘에서 나가라. 저희는 네가 내게 대하여 증거하는 말을 듣지 아니하리라(사도행전 22:17~18)."

⑥그 날 밤에 주께서 바울 곁에 서서 이르시되, "담대하라. 네가 예루살렘에서 나의 일을 증거한 것 같이 로마에서도 증거하여야 하리라(사도행전 23:11)."

⑦나의 섬기는 하나님의 사자가 어제 밤에 내 곁에 서서 말하되, "바울아, 두려워 말라. 네가 가이사 앞에 서야 하겠고, 또 하나님께서 너와 함께 행선하는 자를 다 네게 주셨다 하였으니(사도행전 27:26~24)"

⑧날이 새어 가매, 바울이 여러 사람을 음식 먹으라 권하여 가로되, "너희가 기다리고 기다리며 먹지 못하고 주린 지가 오늘까지 열나흘인 즉 음식 먹으라 권하노니, 이것이 너희 구원을 위하는 것이요, 너희 중

머리터럭 하나라도 잃을 자가 없느니라." 하고, 떡을 가져다가 모든 사람 앞에서 하나님께 축사하고 떼어 먹기를 시작하매, 저희도 다 안심하고 받아먹으니, 배에 있는 우리의 수는 전부 이백칠십육 인이러라 (사도행전 27:33~37).

⑨바울이 한 뭇 나무를 거두어 불에 넣으니 뜨거움을 인하여 독사가 나와 그 손을 물고 있는지라. 토인들이 이 짐승이 그 손에 달림을 보고 서로 말하되, "진실로 이 사람은 살인한 자로다. 바다에서는 구원을 얻었으나 공의가 살지 못하게 하심이로다." 하더니, 바울이 그 짐승을 불에 떨어버리매, 조금도 상함이 없더라. 그가 붓든지 혹 갑자기 엎드러져 죽을 줄로 저희가 기다렸더니, 오래 기다려도 그에게 아무 이상이 없음을 보고 돌려 생각하여 말하되, "신이라." 하더라. 이 섬에 제일 높은 사람 '보블리오'라 하는 이가 그 근처에 토지가 있는지라, 그가 우리를 영접하여 사흘이나 친절히 유숙하게 하더니, 보블리오의 부친이 열병과 이질에 걸려 누웠거늘, 바울이 들어가서 기도하고 그에게 안수하여 낫게 하매, 이러므로 섬 가운데 다른 병든 사람들이 와서 고침을 받고(사도행전 28:3~9)

이상 아홉 가지 예는 사울이 다메섹 가는 길에서 치룬 사건을 계기로 유대교도에서 예수교도로 바뀌고 난 이후에 그에게서 일어난, 아니, 그가 일으킨 초자연적인 현상들이다. 여기에는 예수와 사울 사이에 대화방식이 드러나 있고, 사울이 직간접으로 보여준 초자연적 능력들이 나타나 있다. 곧, 귀신을 쫓아내고, 병든 자를 낫게 하고, 떡을 가지고서 276명이 다 먹을 수 있도록 하고, 독사한테 물려도 아무런 증상이 나타나지 않고, 기도와 찬미로써 지진이 나고, 옥문이 열리고, 묶인 몸이 풀리는 등 경이로운 일들이 그것이다. 이처럼 사울이 여러 가지 초자연적 능력을 발휘하는 데에는 경전 상의 근거가 없지는 않다. 곧, "믿고 침례를 받는 사람은 구원을 얻을 것이요, 믿지 않는 사람은 정죄를 받으리라. 믿는 자들에게는 이런 표적이 따르리니, 곧 저희가 내 이름으로 귀신을 쫓아내며, 새 방언을 말하며, 뱀을 집으며, 무슨 독을 마실지라도 해를 받지 아니하며, 병든 사람에게 손을 얹은 즉 나으리라(마가복음 16:16~18)."가 그것이다. 어쩌면, 사울이란 존재는 예수의 이 말을 입증해 보이는 표본으로서 가공된 인물이 아닌가 싶기도 하다.

어쨌든, 사울의 표적들은 예수의 것처럼 기록된 것이 전부가 아니다. 예수의 활동상에 대해서 "예수의 행하신 일이 이 외에도 많으니, 만일 낱낱이 기록된다면 이 세상이라도 이 기록된 책을 두기에 부족할 줄 아노라(요한복음 21:25)."라고 요한이 심히 과장해서 기록했듯이, 바울에 대해서도 사도행전 집필자는 "바울이 온 이태를 자기 셋집에 유하며, 자기에게 오는 사람을 다 영접하고, 담대히 하나님 나라를 전파하며, 주 예수 그리스도께 관한 것을 가르치되 금하는 사람이 없었더라(사도행전 28:30~31)."라고, 기술했다. 그의 복음 전파 활동이 계속되었지만 다 기록하지 않는다는 암시가 깔려 있다. 어찌 보면, 복음을 기록하는 과정에서 상당히 계산된 듯한 생각이 드는 것도 사실이다. 기록 과정에서 이런 정도의 계산이야 깔리지 않을 수는 없겠지만, 이는 소설 속의 양념과도 같은, 놀랄만한 사건들이 경전 안에서 되풀이 되어 나타나는 현상과도 무관하지 않아 보인다.
　(이에 대해서는 다른 글「'성경' 속에서 유사하거나 동일한 내용의 반복이 뜻하는 것」을 참고하기 바람.)

-2009. 09. 24.

'다메섹' 가는 길에
예수와 사울의 석연치 않은 만남

다메섹 가는 길에 사울은 뜻밖에도 예수를 만난다. 예수의 모습과 대면한 것이 아니라 그의 음성을 들었을 뿐이다. 그런데 그 만남이 대수롭지가 않다. 유대교도로서 예수교도를 핍박하는 사울의 인생을 온전히 바꾸어 놓는 계기가 되었기 때문이다. 그리고 그 만남은 석연치도 않다. 그 만남에 대해서 경전은 세 차례나 기록하고 있지만 그 내용이 심히 의심스럽기 때문이다. 그 의심스러운 내용에 대해서는 경전의 해당 기록을 일일이 대조해 가며 확인해 보겠지만, 우선 사울의 멀쩡한 눈을 소경으로 만들고 사흘 후에 다시 보이게 하는 일로써 사울의 회개를 도모했는데, 여기에는 그럴 만한 이유가 되는 배경이 있다고 본다. 다시 말해서, 이런 사건을 특별히 기술한 것은(만들어낸 것은), 사람의 눈을 보지 못하게 하는 주체도 하나님이시고(출애굽기 4:11), 소경의 눈을 다시 보게 하는 주체도 하나님이다(시편 146:8)는 믿음이 전제되어 있기 때문이다. 간단히 말해서, ①누가 사람의 입을 지었느뇨? 누가 벙어리나 귀머거리나 눈 밝은 자나 소경이 되게 하였느뇨? 나 여호와가 아니뇨(출애굽기 4:11)? ②여호와께서 소경의 눈을 여시며, 여호와께서 비굴한 자를 일으키시며, 여호와께서 의인을 사랑하시며(시편 146:8), ③내가 사람들에게 고난을 내려 소경 같이 행하게 하리니, 이는 그들이 나 여호와께 범죄하였음이라. 또 그들의 피는 흘리워서 티끌같이 되며, 그들의 살은 분토 같이 될지라(스바냐 1:17). 이와 같은 기록들이 있기 때문에 만들어질 수 있었던 사건이 아닌가 싶다는 뜻이다. 물론, 이것은 필자 개인의 판단이다.

여하튼, 사울과 예수의 만남이 왜 석연찮은지 확인하기 위해서 해당 구절들을 가지고 이해하기 쉽게 각색해 보고, 그 문제들을 지적해 보고자 한다.

Ⅰ (사도행전 9:3~22)

(사울이 다메섹(현재 시리아의 수도인 다마스쿠스)에 가까이 가자 홀연히 하늘로서 빛이 그를 둘러 비추는지라, 그가 땅에 엎드려 들으매)

하늘의 소리 : 사울아, 사울아, 네가 어찌하여 나를 핍박하느냐?

사울 : 주여, 뉘시오니이까?

하늘의 소리 : 나는 네가 핍박하는 예수라. 네가 일어나 성城으로 들어가라. 행할 것을 네게 이를 자가 있느니라.

(같이 가던 사람들은 소리만 듣고, 아무도 보지 못하여 말도 못하고 섰다. 사울이 땅에서 일어나 눈은 떴으나 아무 것도 보지 못하고, 사람의 손에 이끌려서 다메섹으로 들어가 사흘 동안을 보지 못하고 식음을 전폐하다.)

하늘의 소리 : (그 때에 다메섹에 '아나니아' 라 하는 제자가 있었는데, 주께서 환상 중에 그를 불러 가라사대) 아나니아야,

아나니아 : 주여, 제가 여기 있나이다.

하늘의 소리 : 일어나 '직가直街' 라 하는 거리로 가서 유다 집에서 다

소 사람 '사울'이라 하는 자를 찾으라. 그가 기도하는 중이다. 그가 아나니아라 하는 사람이 들어와서 자기에게 안수하여 다시 보게 하는 것을 보았느니라. The Lord told him, "Go to the house of Judas on Straight Street and ask for a man from Tarsus named Saul, for he is praying. In a vision he has seen a man named Ananias come and place his hands on him to restore his sight."

아나니아 : 주여, 이(그) 사람에 대하여 내가 여러 사람들에게 듣사온 즉 그가 예루살렘에서 주의 성도들에게 적지 않은 해를 끼쳤다 하며, 여기서도 주의 이름을 부르는 모든 자들을 결박할 권세를 대제사장으로부터 받았나이다.

하늘의 소리 : 가라. 이(그) 사람은 내 이름을 이방인과 임금들과 이스라엘 자손들 앞에 전하기 위하여 택한 나의 그릇이라. 그가 내 이름을 위하여 해를 얼마나 받아야 할 것을 내가 그에게 보이리라. But the Lord said to Ananias, "Go! This man is my chosen instrument to carry my name before the Gentiles and their kings and before the people of Israel. I will show him how much he must suffer for my name."

아나니아 : (그 집에 들어가서 그에게 안수하여 가로되) 형제 사울아, 주 곧 네가 오는 길에 나타나셨던 예수께서 나를 보내어 너로 다시 보게 하시고(눈을 뜨게 하고), 성령으로 충만하게 (하라) 하신다.
(그 즉시 사울의 눈에서 비늘 같은 것이 벗어져 다시 보게 되고, 일어나 침례를 받고, 음식을 먹으매, 강건하여지다. 사울이 다메섹에 있는 제자들과 함께 며칠 있을 새 즉시로 각 회당에서 예수의 하나님의 아들이심을 전파하니 듣는 사람이 다 놀라다.)

놀란 사람들 : 이 사람이 예루살렘에서 예수 이름 부르는 사람을 잔

해하던 자가 아니냐? 여기 온 것도 저희를 결박하여 대제사장들에게 끌어가고자 함이 아니냐? (그러나 사울은 힘을 더 얻어 예수를 그리스도라 증명하여 다메섹에 사는 유대인들을 굴복시킨다.)

사도행전 제9장 3절로부터 22절까지의 말씀을 이해하기 쉽게, 가능하면 그대로 극본처럼 재구성하여 썼을 뿐이다. 같은 상황을 기록하고 있는 다른 구절을 보자. 사도행전 제22장 6절로부터 16절까지의 말씀이다.

Ⅱ (사도행전 22:6~16)

{다메섹에 가까웠을 때에 오정쯤 되어 홀연히 하늘로서 큰 빛이 나(사울)를 둘러 비취매, 내가 땅에 엎드려 들으니}

하늘의 소리 : 사울아, 사울아, 네가 왜 나를 핍박하느냐?

사울 : 주여, 뉘시니이까?

하늘의 소리 : 나는 네가 핍박하는 나사렛 예수라.

(사울과 함께 있는 사람들이 빛은 보면서도 사울에게 말하시는 주 예수의 소리는 듣지 못하다.)

사울 : 주여, (제가) 무엇을 하리이까?

하늘의 소리 : 일어나 다메섹으로 들어가라. 정한 바 너희 모든 행할 것을 거기서 누가 이르리라. (사울은 그 빛의 광채로 인하여 볼 수 없게 되었으므로 함께 있는 사람들의 손에 이끌려 다메섹으로 들어간다.)

아나니아 : (율법에 의하면 경건한 사람으로 거기 사는 모든 유대인들에게 칭찬을 듣는 '아나니아'라 하는 이가 사울에게 와서) 형제 사울아, 다시 보라. (그 즉시 사울은 그를 쳐다본다.) 우리 조상들의 하나님이 너를 택하여, 너로 하여금 자기 뜻을 알게 하시며, 저 의인을 보게 하시고, 그 입에서 나오는

음성을 듣게 하셨으니, 네가 그를 위하여 모든 사람 앞에서 너의 보고 들은 것에 증인이 되리라. 이제는 왜 주저하느뇨? 일어나 주의 이름을 불러 침례를 받고, 너의 죄를 씻으라.

같은 상황을 기록하고 있는 또 다른 구절 곧, 사도행전 제26장 13절로부터 18절까지의 말씀을 마저 보자.

Ⅲ(사도행전 26:13~18)

(때가 정오나 되어 길에서 보니 하늘로서 해보다 더 밝은 빛이 나와 내 동행들을 둘러 비추는지라. 우리가 다 땅에 엎드러지다.)

하늘의 소리 : (서울이 들으니 히브리 방언으로) 사울아, 사울아, 네가 어찌하여 나를 핍박하느냐? 가시채를 뒷발질하기가 네게 고생이니라. It is hard for you to kick against the goads.

사울 : 주여, 뉘시니이까?

하늘의 소리 : 나는 네가 핍박하는 예수라. 일어나 네 발로 서라. 내가 네게 나타난 것은 곧 네가 나를 본 일과, 장차 내가 네게 나타날 일에 너로 사환使喚과 증인을 삼으려 함이니, 이스라엘과 이방인들에게서 내가 너를 구원하여 저희에게 보내어 그 눈을 뜨게 하여 어두움에서 빛으로, 사단의 권세에서 하나님께로 돌아가게 하고, 죄 사함과 나를 믿어 거룩케 된 무리 가운데서 기업을 얻게 하리라.

위 Ⅰ Ⅱ Ⅲ의 상황은, 똑 같이 사울이 위협과 살기가 등등하여(사도행전 9:1) 예루살렘 대제사장으로부터 예수를 메시아로 믿는, 다메섹에 사는 유대인들을 결박하여 데려오기 위한 공문을 휴대한 채 그곳으로 가는 길에 생긴 일이다. 좀 더 구체적으로 말하여, Ⅰ의 상황은 그 같은 사실을 처음 기록한 것이고, Ⅱ의 상황은, 사도 바울[유대교에서 예수교로 개종한 사울]이 예루살렘 성전에서 '각처에서 유대인과 율법과 성전을 훼방하여 모든 사람들을 가르치는 자(사도행전 21:28)'라 하여 유대인들로부터 성전 밖으로 끌어내어져 폭행당하는 가운데 달려온 천부장의 명命에 의해 쇠사슬로 결박당한 채 영 안으로 끌려가던 중 층대에 서서 자신의 입장을 무리들에게 변명하는 내용 가운데 일부이다. 그리고 Ⅲ의 상황은, 사도 바울이 '아그립바' 왕 앞에서 자신의 입장을 변론하는 내용 가운데 일부이다. 그러니까, Ⅰ이 실제상황이라면 Ⅱ와 Ⅲ은 사도 바울이 예루살렘에서 자신을 변명하는 과정에서 자신의 정체성에 대해 회고하는 상황인 셈이다.

그런데 보다시피, 그 내용이 조금씩 다르다. 물론, 바울이 직접 쓴 것이 아니라 누가에 의해서 대필되었기 때문에, 더욱이 누가가 바울에게서 일어난 일들을 직접 보고 쓴 것도 아니기 때문에, 얼마든지 다를 수는 있다. 특히, 같은 상황을 기록함에 있어 그 양적인 면에서야 얼마든지 다를 수 있다. 그러니까, 어떤 정황에 대해서 대략 기술할 수도 있고, 아주 상세하게 기록할 수도 있다는 뜻이다.

그러나 그 상황에서 벌어진 일, 곧 객관적 사실에 대해서는 사실 기술로서 한결같아야 한다고 생각한다. 그럼에도 불구하고, ①"같이 가던 사람들은 소리만 듣고, 아무도 보지 못하여 말도 못하고 섰다."라고 하는가하면, ②"사울과 함께 있는 사람들이 빛은 보면서도 사울에게 말하시는 주 예수의 소리는 듣지 못하다."하기도 했다. 동시에 ③"하늘로서 해보다 더 밝은 빛이 나와 내 동행들을 둘러 비추는지라, 우리가 다 땅에 엎드러지다."라고 했다. 위 세 기술을 모두 사실로서 받아들인다면, 기록된 내용들 간에 상충되는 부분이 있고, 충분히 설명되어야 하는 부분도 있음을 알 수 있다. 곧, 동일 상황에 대한 위 기술記述들이 다 사실이라는 전제하에서 몇 가지 문제를 제기할 수 있다는 뜻이다.

문제 1 : 하늘에서 내려오는, 태양보다 더 밝은 빛이 사울에게만 비추었느냐, 아니면 동행자 모두에게까지 다 비추었느냐?
(Ⅲ의 상황에서는 사울과 동행자 모두에게 비추었지만 Ⅰ과 Ⅱ의 상황에서는 사울에게만 비춘 것으로 해석된다.)

문제 2 : 그 빛을 보았을 때에 사울은 분명히 땅에 엎드러졌는데, 다른 동행자들은 서있었는가, 아니면 다 같이 엎드러졌는가?
(Ⅲ의 상황에서는 사울과 동행자 모두가 엎드러졌지만 Ⅰ과 Ⅱ의 상황에서는 사울만 엎드러진 것으로 해석된다.

문제 3 : 예수와 사울 간의 대화 내용을 동행자들도 온전히 들을 수 있었느냐, 아니면 부분적으로밖에 들을 수 없었느냐?
(Ⅲ의 상황에서는 언급 자체가 되지 않았지만 Ⅰ의 상황에서는 대화내용을 들을 수 있었고, Ⅱ의 상황에서는 예수의 말만은 들을 수 없었다.)

문제 4 : 빛을 보았다면 다 같이 보았을진대, 어찌하여 사울의 눈만 앞을 보지 못하게 되었는가?
(Ⅰ의 상황에서는 빛이 내려지는 동안에 동행자들도 서로 보지 못하고, 말도 못하고, 그저 서 있었을 뿐이었는데 곧바로 보게 되었다고 판단할 수 있다. 하지만 왜 사울의 눈만 시력을 잃게 되었는지 알 수 없다. 전지전능하신 하나님으로부터 권능을 부여받은 예수만의 영역이기 때문이거나 기록자 마음이라면 할 말이 없다.)

문제 5 : 동행자들은 사울이 하는 말은 들었어도 하늘에서 내려오는 예수의 말은 왜 듣지 못했는가?
(정확한 이유를 알 수 없다. 이 또한 전지전능하신 하나님으로부터 권능을 부여받은 예수만의 영역이기 때문이거나 기록자 마음이라면 할 말이 없다.)

문제 6 : 예수가 '아나니아'라는 제자와 대화를 나누는데, 그 방식은 역시 아나니아의 환상을 통해서이다. 그런데 예수가 그에게 한 말 가운데 "그(사울)가 아나니아라 하는 사람이 들어와서 자기에게 안수하여 다시 보게 하는 것을 보았느니라."한 대목이다. 이 문장을 어떻게 받아들여야 할지 몰라 영문 성경의 해당 구절을 확인해도 해명되지 않는다. 예수가 미리 사울에게 보여주어 약속했다는 뜻인지, 아니면 예수 자신의 의사와는 상관없이 사울이 스스로 예견했다는 뜻인지 모호하기 짝이 없어 그 정확한 의미를 알 수 없다.

문제 7 : 예수와 '아나니아'와의 대화 내용 가운데 일부로서 예수가 그에게 한 말인데 "그가 내 이름을 위하여 해를 얼마나 받아야 할 것을 내가 그에게 보이리라."는 대목이다. 이 말을 접하는 순간, 나는 '사울이 그동안 나(예수)를 많이 핍박했기 때문에 내가 그(사울)를 선택하여 그로 하여금 나를 위하여 그만큼 고생을 시키겠으며, 그 내용을 그에게 직접 보여 줄 것이다.'라는 뜻으로 여겨지는데, 만약, 나의 이런 판단이 옳다면 또 다른 여러 가지 문제들이 파생될 것이다.

문제 8 : 또 다른 여러 가지 문제들이란, (여기서 일일이 나열할 수 없으니 포괄적으로 말해서) 사울이 다메섹 가는 길에 예수를 만나 벌어진 일 이후로부터 그가 죽기까지 그의 예수에 대한 믿음과 전도생활이 다 자의적인 것이 아니라 하늘에 계시는 예수의 성령으로 조종되었다는 것이다. 마치, 예수가 이 땅에서 자기의 의지로서가 아니라 오로지 하늘에 계시는 하나님 아버지의 뜻으로 말하고 행동했던 것처럼 말이다.

이상 제기한 위 여덟 가지 문제들을 통해서 확인할 수 있듯이, 다메섹에 살고 있는 예수교도를 체포하러 가는 길에 사울에게 생긴 사건이 「사도행전」에서만 세 차례 기록되어 있지만 그 내용이 온전히 같지는 않다. 마치, 예수가 체포되는 상황을 기록하고 있는 내용이 복음서마다 조금씩 다르듯이 말이다. 단순히 기록 내용의 많고 적음의 문제가 아니라 언제 누구에 의해서 기록되든 상관없이 동일해야 하는 객관적 요소조차 다르다는 것은 분명히 문제라 아니 말할 수 없다. 이런 현상이 무엇을 의미하는지에 대해서는 굳이 언급하지 않겠다.

그리고 예수가 체포될 때에 '성경에 기록된 대로 응하기 위해서' 혹은 '예언된 대로' 혹은 '하나님의 일이라 그럴 수밖에 없었기 때문에' 저항하지 않고 순순히 응해 주었듯이, 사울 역시 자기 의지로 무엇 하나 하지 못한 채 일방적으로 당하였다. 공히, 하나님 혹은 그 권능의 우편에 앉아 계시는 예수가 역사役事하시는 일이기 때문이다. 이처럼 경전 집필자들에게는, 하나님의 전지전능하심에 대해서는 의심의 여지가 있을 수 없고 그것을 부각시켜야 하는 현실성 때문에 늘 하나님 앞에서는 어떤 인간이나 심지어 예수조차도 자기 의지를 드러내지 못하는 존재로 묘사할 수밖에 없었을 것이다. (이에 대한 자세한 사항은 다른 글 「예수를 하나님의 대본대로 연기한 배우처럼 묘사한 속사정」을 참고하기 바람.) 이것이 무엇을 의미하는지에 대해서도 굳이 언급하지는 않겠다.

-2009. 09. 23.

예수는 자신의 정체성에 대하여 어떻게 말했는가

예수의 제자나 일부의 무리들은 예수에 대해서 ①아브라함과 다윗의 자손(마태복음 1:1, 9:27, 12:23, 15:22, 20:30, 20:31, 21:9, 22:42, 마가복음 10:47, 10:48, 12:35, 누가복음 18:38, 18:39, 20:41) ②하나님의 아들(마태복음 8:29, 14:33, 16:16, 27:54, 마가복음 1:1, 3:11, 5:7, 15:39, 누가복음 4:41, 8:28, 요한복음 1:49, 11:27, 20:31, 고린도후서 1:19, 갈라디아서 2:20, 히브리서 6:6, 요한1서 5:20, 요한계시록 2:18) ③구원의 뿔(누가복음 1:69)[29] ④큰 대제사장(히브리서 4:14) 등으로 불렀는데, 정작 예수는 자신의 존재나 정체성(正體性:존재의 변하지 않는 본질을 결정짓는 성질)에 대하여 어떻게 말했을까?

예수는 제자들에게, 혹은 무리들에게, 혹은 질문자 내지는 신문자

---

29) 구원의 뿔
예수를 구원의 뿔로서 빗대어 말한 것은 누가복음에서 딱 한 번 나오지만, 이 '구원의 뿔' 이란 말은 다윗이 여호와 하나님에 대하여 먼저 사용한 바 있다. 곧, "여호와는 나의 반석이시오, 나의 요새시오, 나를 건지시는 자시오, 나의 하나님이시오, 나의 피할 바위시오, 나의 방패시오, 나의 구원의 뿔이시오, 나의 높은 망대시오, 나의 피란처시오, 나의 구원자시라. 나를 흉악에서 구원하셨도다(사무엘하 22:2~3)."와 "여호와는 나의 반석이시오, 나의 요새시오, 나를 건지시는 자시오, 나의 하나님이시오, 나의 피할 바위시오, 나의 방패시오, 나의 구원의 뿔이시오, 나의 산성이시로다(시편 18:2)." 등이 그것이다. 결과적으로, 다윗에게 구원의 뿔이신 여호와 하나님 대신에 예수로 대체됨으로써 예수가 우리의 구원의 뿔이 된 셈인데 말의 '단순모방' 아니면 '하나님=예수' 일 것이다.

訊問者들에게 그것에 대해서 여러 가지로 말했는데, 그 하나하나를 풀어 설명하기 전에는 이해하기조차 쉽지 않다. 무려, 아홉 가지나 되며, 서로 모순도 있어 보이고, 일부는 간접적인 비유어로 표현되어 있어 그 숨은 뜻을 헤아려야 하기 때문이다.

첫째, 예수는 ① '인자(人子:사람의 아들)' 라는 말로써 자신을 드러내 강조하였다. 강조했다는 것은 시종일관始終一貫 되풀이하여 말했다는 뜻이기도 하다. 예수 관련 경전 내용을 있는 그대로 받아들인다면, 그는, 분명 '마리아' 라는 여인의 자궁을 빌려서 나왔고, '성령' 으로써 잉태된 사람이었기 때문에 50% 인간에 50% 성령이 결합된, 매우 특별한 인간인 셈이다(마태복음 1:18). 그럼에도 불구하고, 예수가 '사람의 아들' 이라고 스스로 강조한 데에는 사실을 반영한 것이거나, 아니면 그럴만한 특별한 이유나 배경이 있었을 것이다. 이에 대한 답은 다른 글 「'인자' 와 예수와의 관계」를 참고하기 바란다.

둘째, 예수는, 자신에 대하여 ②성전聖殿보다 큰 이(마태복음 12:6), 또는 ③선지자先知者보다 나은 자(마태복음 11:9), ④솔로몬보다 더 큰 이(마태복음 12:42, 누가복음 11:31) 라고 말했다.

일반적으로 '성전' 이라 함은, 하나님께 헌금·헌물하고, 찬양·기도로써 일정한 격식에 맞추어 경배敬拜 드리는 곳이다. 그런데 그런 성전보다 큰 사람이 바로 자신이라는 것인데, 이는 경배의 대상인 하나님 또는 하나님의 아들이거나 최소한 그에 버금가는 존재라는 뜻일 것이다. 그리고 선지자先知者라는 용어는, 경전 내에서 무려 448회 정도 사용되었는데, 일반적으로 하나님의 뜻과 계획을 동시대인들에게 전달하거나 미리 알려주는 특별히 선택된 사람이다. 이에 대한 자세한 사항은 다른 글 「선지자에 대하여」를 참고하기 바라고, 그보다 더 나은 사람이라 했으니, 선지자 이상의 의미를 지니는 존재라는 뜻일 것이다. 굳이 말하자면, 선지자들은 보통의 인간들 속에서 선택된 자들인데 비해 예수는 그들과 다르게 태어난 인간이었고, 천국복음 전파라는 특별 임무를 수행했기에 '선지자보다 큰 이'라는 말은 틀리지 않는다고 본다. 그리고 '솔로몬보다 더 크다'라는 것은, 남방 여왕이 찾아올 정도로 널리 알려진, 세상 사람들로부터 존경받았던 솔로몬의 지혜조차도 비교 되지 않는다는 뜻일 것이다. 왕인 솔로몬의 모든 영광으로도 입은 것이 백합꽃 하나만도 못하다고 생각한 예수 입장에서는 당연히 솔로몬보다 더 크고 더 중요한 존재였을 것이다(마태복음 12:42, 6:29, 누가복음 11:31, 12:27). 이런 말을 한 예수의 머릿속에서는 '천국에서의 영생'이란 키워드가 작용했는지도 모를 일이다. 여하튼, 예수가 솔로몬보다 낮다는 것은 결과적으로 다윗이나 모세보다도 낮다는 말로 해석되는데, 그것은 그들의 기록이 다 자신의 존재를 증거한다는 예수의 말에서 확인할 수 있다.

셋째, 예수는, 자신에 대하여 ⑤하나님의 아들 그리스도(마태복음 26:64, 마가복음 14:62, 누가복음 2:49, 22:70, 요한복음 4:26, 7:29, 7:33, 8:42, 16:28 외)라 했다. 그것도 하나뿐인 '아들'로서 그리스도(마태복음 23:10)라는 것이다. 그렇다면, '그리스도'란 히브리어의 '메시아(masiah) 곧 기름부음을 받은 자로서 하나님이 선택한 지도자 내지는 세상을 구원할 사람이라는 뜻인 그리스어 'Χριστός(발음:Christós)'일 것이다. 그러나 예수는 다윗과 솔로몬처럼 제사장이 머리에 기름을 부어 지도자인 왕으로 삼은 것이 아니다. 다만, 그는 하나님의 아들로서 하나님 아버지에 의해서 유대인의 나라로 보내어졌고(마가복음 9:37, 요한복음 4:34, 5:30, 5:36, 5:37, 6:39, 6:44, 7:16, 7:28 외 다수), 다시 아버지 하나님께로 돌아가는(요한복음 16:28), 세상을 구원할 지도자라는 것이다. 그럼으로 다윗이나 솔로몬과도 다른 존재인 것이다. 물론, 여기서 '보내졌다'라는 말은, 하늘에서 성체成體로서 내려왔다는 것이 아니라 하나님의 뜻에 의해서 지상에서 인간의 아들로 태어났다는 것으로 해석함이 옳을 듯싶다. 그렇듯, '다시 아버지 하나님께로 돌아간다'는 말은 성체로서 승천하여 하나님 곁으로 간다는 것이 아니라 ― 경전의 문장은 그렇게 기록되어 있지만 ― 죽어 영靈으로서 성령이신 하나님께로 간다는 뜻으로 해석해야 옳을 것이다. 예수는 영과 육이 분리되어 존재하는 것으로 생각했던 사람이니까 말이다. 만약, 그렇지 않다면, 예수는 하나님의 뜻을 전하기 위해 지상의 인물로서 세운 '선지자'라기보다는 처음부터 하늘에서 내려왔다가 올라가는 하나님의 사자使者일 것이다. 그럼에도 불구하고, 경전에서는 이중적으로 모호하게 기술되어 있어 혼란을 부추기고 있다.

넷째, 예수는, "주(主:여호와 하나님)께서 내(다윗) 주(예수 그리스도)께 이르시되, '내가 네 원수를 네 발 아래 둘 때까지 내 우편에 앉았으라' 하셨도다(마가복음 12:36)."라는 다윗의 말30)을 인용하여, 자신이 ⑥다윗의 주(마가복음 12:36)라고 주장하면서, 다윗의 자손이 될 수 없다고 말했다(마가복음 12:37). 그럼으로써 예수가 아브라함과 다윗의 자손이라는 기록을 부정하고 있다. 같은 맥락에서, 예수는 아브라함이 나기 전부터 자신이 있었다고 말했고(요한복음 8:58), 솔로몬의 기록처럼 창세전에 아버지와 함께 영화榮華를 누렸다(요한복음 17:5)고까지 했다. 이런 일련의 말들은 예수가 하나님의 아들로서 창세전부터 존재했

---

30) 시편 110:1
여호와께서 내 주에게 말씀하시기를, "내가 네 원수로 네 발등상 되게 하기까지 너는 내 우편에 앉으라" 하셨도다

었다는 것을 주장·강조하기 위함이고, 이것은 예수 자신의 존재와 지상출현出現이 아버지 하나님의 오래 전 뜻이자 계획이라는 증거로 삼고자 함 같다. 이에 대한 또 하나의 증거가 있는데, 그것은 곧 예수의 길을 미리 준비하는 사자를 보내겠다고 하나님이 약속했다는 예수의 말31)이다.

다섯째, 예수는, 모호하게도 자신이 ⑦유대인의 왕이고(마태복음 27:11, 마가복음 15:2 누가복음 23:3) ⑧안식일의 주인(마태복음 12:8, 누가복음 6:5)이라고 말했다. 유대인의 왕과 안식일의 주인은 엄연히 그 위상이 다르다. 유대인의 왕이라 하면 인간세상을 통치하는 지도자로서 인간일 뿐이고, 안식일의 주인이라 함은 우주만물을 말씀으로써 창조하신 여호와 하나님이라는 성령과 동격이기 때문이다. 예수가 유대인의 왕이면서 안식일의 주인이라면 결과적으로 하나님이 인간의 모습으로 잠시 내려와 유대인을 통치하려는 뜻을 두었다는 것인데, 이에 대한 판단은 여러분 스스로에게 맡기겠다.

여섯째, 예수는, "내(예수)가 너희(예수 제자)와 함께 있을 때에 너희에게 말한 바 곧 모세의 율법과 선지자의 글과 시편에 나(예수)를 가리켜 기록된 모든 것이 이루어져야 하리라(누가복음 24:44)." 라고 말

---

31) 자신을 보내기 전에 길을 예비할 자를 먼저 보내겠다고 하나님께서 약속했다는 예수의 말
①선지자 이사야의 글에 보라. '내(하나님)가 내 사자를 네(예수) 앞에 보내노니, 저가 네 길을 예비하리라(마가복음 1:2).'
②기록된 바 보라. '내(하나님 아버지)가 내 사자를 네(아들 그리스도) 앞에 보내노니, 그(하나님의 사자)가 네(아들 그리스도) 앞에서 네(아들 그리스도) 길을 예비하리라.' 한 것이 이 사람(아들 그리스도)에 대한 말씀이라(누가복음 7:27). This is the one about whom it is written: 'I will send my messenger ahead of you, who will prepare your way before you.'
예수의 위 말들은 다음의 이사야서에 근거하고 있다.
③외치는 자의 소리여, 가로되, "너희는 광야에서 여호와의 길을 예비하라. 사막에서 우리 하나님의 대로를 평탄케 하라. 골짜기마다 돋우어지며 산마다, 작은 산마다 낮아지며, 고르지 않은 곳이 평탄케 되며, 험한 곳이 평지가 될 것이요, 여호와의 영광이 나타나고, 모든 육체가 그것을 함께 보리라. 대저, 여호와의 입이 말씀하셨느니라(이사야 40:3~5)."

192

한 바 있듯이 시편이나 선지자의 글(특히, 이사야)이나 모세 율법 등이 다 자신을 증거하고 있다고 주장한다. 그러니까, ⑨모세의 율법과 선지자의 글과 시편 등이 입증해 주는 존재라는 것이다. 그런데 문제는 그들이 하나님 아들로서의 예수를 증명해 주고 있다는 말인지, 아니면 예수가 하나님이라는 것을 증명한다는 말인지 역시 명확하지가 않다. 모세에게 율법과 권능을 준 이는 하나님이고, 이사야가 언급한 것은 예수의 길이며, 다윗의 주가 하나님의 아들이기 때문이다. 그러나 분명한 것이 있다면 예수가 유대인의 왕으로 대접받지 못했으며, 동시에 안식일의 주인으로도 대접받지 못한 채 그들(유대인)에 의해서 죽임을 당했다는 사실이다.

지금까지 살펴본 대로, 예수는 자신의 존재나 정체성에 대하여 아홉 가지로 구구절절하게 말했지만, 분명한 모순이 있어 보인다. 곧, 인간의 아들이라는 말과 하나님의 아들이라는 말이 상반되며, 하나님의 아들이라는 말은 안식일의 주인과 상반되기 때문이다. 여기서 인간의 아들이라는 말을 배제한다 해도 결과적으로는 예수가 '하나님의 아들' 아니면 '하나님'이라는 것인데, 역시 혼란스럽고 받아들이기 곤란한 면이 없지 않다. 그래서 삼위일체설로 덮어 둔 것이 아닌가 싶다.

그러나 한 가지 분명한 사실이 있다면, 예수는 '다윗'이나 '솔로몬'처럼 머리에 기름 부음을 받은 자, 곧 당대인들이 인정하는 현실적인 메시아(지도자=왕)가 아니었지만 하나님이 보낸 아들이라고 믿게 하려다보니 스스로 증명해 보이는 절차를 밟아야 했고, 그 과정에서 수모를 겪어야 했다는 사실이다. 또한, 그렇기 때문에 예수를 태어날 때부터 죽어서 다시 살아날 때까지 특별한 능력을 가진 인물로 묘사해야만 했다. 마치, 모세의 하나님이, 자신이 내세운 지도자나 선지자에게 권능을 부여하여 초자연적인 현상을 부리도록 함으로써 하나님 자신의 실존을 증명해 보였듯이 말이다.

-2011. 02. 08.

사원의 벽에 장식된 부조물浮彫物의 한 부분으로서 십자가들(6세기 작품)
An element in relief on the Monastery's walls decorated with Crosses, VIth century.

예수의 몸에 향유香油를 부은 사람들

①예수께서 베다니 문둥이 시몬의 집에 계실 때에, 한 여자가 매우 귀한 향유 한 옥합을 가지고 나아와서, 식사하시는 예수의 머리에 부으니, 제자들이 보고 분하여 가로되, "무슨 의사로 이것을 허비하느뇨? 이것을 많은 값에 팔아 가난한 자들에게 줄 수 있었겠도다." 하거늘, 예수께서 아시고 저희에게 이르시되, "너희가 어찌하여 이 여자를 괴롭게 하느냐? 저가 내게 좋은 일을 하였느니라. 가난한 자들은 항상 너희와 함께 있거니와 나는 항상 함께 있지 아니하리라. 이 여자가 내 몸에 이 향유를 부은 것은, 내 장사를 위하여 함이니라. 내가 진실로 너희에게 이르노니, 온 천하에 어디서든지 이 복음이 전파되는 곳에는 이 여자의 행한 일도 말하여 저를 기념하리라." 하시니라(마태복음 26:6~13).

②예수께서 베다니 문둥이 시몬의 집에서 식사하실 때에, 한 여자가 매우 값진 향유 곧 순전한 나드 한 옥합을 가지고 와서, 그 옥합을 깨뜨리고 예수의 머리에 부으니, 어떤 사람들이 분 내어 서로 말하되, "무슨 의사로 이 향유를 허비하였는가? 이 향유를 삼백 데나리온 이상

에 팔아 가난한 자들에게 줄 수 있었겠도다." 하며, 그 여자를 책망하는지라. 예수께서 가라사대, "가만 두어라. 너희가 어찌하여 저를 괴롭게 하느냐? 저가 내게 좋은 일을 하였느니라. 가난한 자들은 항상 너희와 함께 있으니, 아무 때라도 원하는 대로 도울 수 있거니와 나는 너희와 항상 함께 있지 아니하리라. 저가 힘을 다하여 내 몸에 향유를 부어 내 장사를 미리 준비하였느니라. 내가 진실로 너희에게 이르노니 온 천하에 어디서든지 복음이 전파되는 곳에는 이 여자의 행한 일도 말하여 저를 기념하리라." 하시니라(마가복음14:3~9).

'베다니'에 사는 '시몬'이라는 사람의 집에서 예수와 그의 제자들이 함께 식사할 때에 일어난 돌발상황이다. 곧, 한 여인이 '나드'라는 이름의 값비싼 향유 한 옥합(玉盒:an alabaster jar:옥으로 만든 작은 병)을 예수의 머리에 붓자 예수의 제자들(혹은 그들 중에 한 사람)이 그녀를 책망하게 되고, 그러자 예수가 그녀의 행위에 대하여 변론하는 뜻밖의 상황을 그리고 있는 마태·마가복음의 기록이다.

그렇다면, 예수의 머리에 향유를 직접 부은 '한 여자'는 누구인가? 이 두 복음서에는 그에 대한 기록이 없다. 그런데 요한복음에 그 단서가 있다. 곧, "어떤 병든 자가 있으니, 이는 마리아와 그 형제 마르다의 촌 베다니에 사는 나사로라. 이 마리아는 향유를 주께 붓고, 머리털로 주의 발을 씻기던 자요, 병든 나사로는 그의 오라비러라(요한복음 11:1~2)."가 그것이다. 그러니까, 나사로의 누이인 '마리아'가 예수의 머리에 향유를 부었던 것이다.

다시 그렇다면, 그녀는 왜, 어떤 목적으로 예수의 머리에 향유를 부었을까? 그녀가 직접 말하지 않았기 때문에 그녀의 속마음을 알 수 없으나 예수가 설명한 것처럼 '예수의 장사葬事를 위하여' 그리고

'장사를 미리 준비' 하는 차원에서 한 일이라는데, 그렇다면 그녀는 제자들도 모르는 예수의 죽음을 어떻게 알아차렸을까? 그녀에게는 예수 제자들에게도 없는 특별한 능력이 있었을까? 아니면, 예수와 그녀 사이에 있었던 대화가 기록되지 않았을 뿐인가? 이 문제를 판단할 어떠한 단서는 없다. 그저 있다면, 예수께서 각별히 사랑한 여자(요한복음 11: 5)라는 사실이다. 그 사랑의 빛깔은 나사로를 살리기 위해서 온 예수와 그녀와의 대면 장면에서 확인할 수 있다. 곧, 예수가 마르다와 그 동생 마리아와 나사로를 사랑하였다(요한복음 11:5)는 직접적인 기록도 있지만, ①예수가 찾는다는 말에 황급히 달려나가는 마리아의 태도에서, 그리고 ②예수를 맞이하여 그의 발 앞에 엎드려서 말함으로써 지극한 존경심을 드러내는 그녀의 태도에서, 그리고 ③마리아가 우는 것을 보고 예수도 함께 눈물을 흘렸다는 점에서, 그리고 ④지체 없이 나사로의 무덤까지 찾아가서 그를 살려내는 행위 등이 예수와 마리아 사이의 사랑을 단적으로 말해준다.

(자세한 사항은 이글의 끝에 붙이는 시나리오 곧 요한복음 제11장 1절로부터 44절까지의 내용을 이해하기 쉽게 원문을 해치지 아니하고 각색한 글을 참고하기 바란다.)

마리아가 존경하면서도 사랑하는 예수의 머리에 비싼 향유를 부은 행위에 대하여 예수는 자신의 장사葬事를 위함이라 했고, 자신의 장사를 미리 준비하는 차원에서 했다는데 과연 이것이 무슨 말인가? 다가올 예수의 죽음을 환기시키고, 미리 장례를 치르는 약식 행위였을까? 같은 상황을 기록하고 있는 요한복음을 살펴보자.

③유월절 엿새 전에 예수께서 베다니에 이르시니, 이곳은 예수께서 죽은 자 가운데서 살리신 나사로의 있는 곳이라. 거기서 예수를 위하여 잔치할새, 마르다는 일을 보고 나사로는 예수와 함께 앉은 자 중에 있

더라. 마리아는 지극히 비싼 향유 곧 순전한 나드 한 근을 가져다가 예수의 발에 붓고 자기 머리털로 그의 발을 씻으니 향유 냄새가 집에 가득하더라. 제자 중 하나로서 예수를 잡아 줄 가룟 유다가 말하되, "이 향유를 어찌하여 삼백 데나리온에 팔아 가난한 자들에게 주지 아니하였느냐?"하니, 이렇게 말함은 가난한 자들을 생각함이 아니요, 저는 도적이라, 돈 궤를 맡고 거기 넣는 것을 훔쳐 감이러라. 예수께서 가라사대, "저를 가만 두어 나의 장사葬事 할 날을 위하여 이를 두게 하라. 가난한 자들은 항상 너희와 함께 있거니와 나는 항상 있지 아니하리라."하시니라. 유대인의 큰 무리가 예수께서 여기 계신 줄을 알고 오니 이는 예수만 위함이 아니요 죽은 자 가운데서 살리신 나사로도 보려 함이러라(요한복음 12:1~9).

앞의 마태·마가복음서와 다른 면이 적잖이 나타나 있다. 곧, '유월절 엿새 전날'이라는 날짜가 언급되었고, 식사하는 곳에 예수와 제자들 외에 '나사로'가 있었다는 점도 다르다. 그리고 나드 '한 옥합'이 '한 근'으로 바뀌었고, 향유를 부은 곳이 구체적으로 예수의 '머리'가 아니라 '발'이라는 것도 다르다. 그리고 '향유를 팔아서 가난한 사람들에게 주었어야 한다'고 불평한 사람의 이름이 구체적으로 '가룟 유다'임을 밝히고 있다. 뿐만 아니라, 가룟 유다의 언행에 대하여 구체적인 설명을 덧붙이고 있는데, 조금은 당황스럽지만, '가난한 자들을 생각해서 한 말도 아니고, 돈 궤를 맡고 거기 넣는 것을 훔쳐 가는 도적'이라 했다. 가룟 유다가 그런 사람임을 처음 밝히는 대목인 셈인데 솔직히 당황스럽지 않을 수 없다.

그리고 "저를 가만 두어 나의 장사葬事 할 날을 위하여 이를 두게 하라. 가난한 자들은 항상 너희와 함께 있거니와 나는 항상 있지 아

니하리라."라고 예수가 말했는데, 결과적으로 예수의 발에 향유를
부은 마리아의 행위는 '미리 치르는 장사'였고, 예수는 그녀를 나무
라지 말고 그 향유를 장사지낼 날에 사용할 수 있도록 보관해 두라
는 뜻으로 말한 것 같다. 여기서 한 가지 재미있는 것은, 예수의 발
에 향유를 붓고, 자신의 머리칼로써 씻었다는 점이다. 아마도, 마리
아의 머리칼이 무척 길었던 모양이다. 이 같은 행위에 내포된 숨은
의미가 있지 않을까 싶지만 고대 유대인들의 습속習俗을 모르기 때
문에 어떤 단정을 짓기도 어려운 입장이다. 만약, 그 습속과 무관
한, 매우 특별한 일이라면, 두 사람 사이의 각별한 신뢰와 애정을
반영한 행위였을 것이라는 판단도 가능하다고 본다.

　그런데 「누가복음」에서도 한 여인이 예수의 발에 향유를 붓는 상
황이 기록되어 있는데 위 마태·마가·요한복음과는 사뭇 다르다.

　④한 바리새인이 예수께 자기와 함께 잡수시기를 청하니, 이에 바리새
인의 집에 들어가 앉으셨을 때에, 그 동네에 죄인인 한 여자가 있어 예
수께서 바리새인의 집에 앉으셨음을 알고 향유 담은 옥합을 가지고 와
서, 예수의 뒤로 그 발 곁에 서서 울며 눈물로 그 발을 적시고, 자기 머
리털로 씻고, 그 발에 입 맞추고, 향유를 부으니, 예수를 청한 바리새
인이 이것을 보고 마음에 이르되, '이 사람이 만일 선지자더면 자기를
만지는 이 여자가 누구며, 어떠한 자 곧 죄인인 줄을 알았으리라' 하
거늘, 예수께서 대답하여 가라사대, "시몬아, 내가 네게 이를 말이 있
다" 하시니, 저가 가로되, "선생님 말씀하소서." (예수)가라사대, "빚
주는 사람에게 빚진 자가 둘이 있어 하나는 오백 데나리온을 졌고 하
나는 오십 데나리온을 졌는데, 갚을 것이 없으므로 둘 다 탕감하여 주
었으니 둘 중에 누가 저를 더 사랑하겠느냐?" 시몬이 대답하여 가로

되, "제 생각에는 많이 탕감함을 받은 자니이다." (예수) 가라사대, "네 판단이 옳다." 하시고, 여자를 돌아보시며, 시몬에게 이르시되, "이 여자를 보느냐? 내가 네 집에 들어오매 너는 내게 발 씻을 물도 주지 아니하였으되, 이 여자는 눈물로 내 발을 적시고 그 머리털로 씻었으며, 너는 내게 입 맞추지 아니하였으되 저는 내가 들어올 때로부터 내 발에 입 맞추기를 그치지 아니하였으며, 너는 내 머리에 감람유도 붓지 아니하였으되 저는 향유를 내 발에 부었느니라. 이러므로 내가 네게 말하노니, 저의 많은 죄가 사하여졌도다. 이는 저의 사랑함이 많음이라. 사함을 받은 일이 적은 자는 적게 사랑하느니라." 이에 여자에게 이르시되, "네 죄 사함을 얻었느니라." 하시니, 함께 앉은 자들이 속으로 말하되, '이가 누구이기에 죄도 사하는가?' 하더라. 예수께서 여자에게 이르시되, "네 믿음이 너를 구원하였으니 평안히 가라." 하시니라(누가복음 7:36~50).

여기에서는 예수를 초청한 사람이 '시몬'인데 그는 '바리새인'이며, 예수의 발에 향유를 부은 여자는 마리아가 아니라 시몬과 같은 동네에 사는 '죄인으로서 한 여자'일 뿐이다. 예수의 발에 붓기 위해 가지고 온 향유도 '한 옥합'이다. 그런데 그녀가 예수의 발에 향유를 붓는 과정이 아주 구체적으로 설명되고 있는 점이 크게 다르다. 곧, 죄인인 그녀가 예수의 뒤로, 그 발 곁에 서서, 울며, 떨어지는 눈물로써 그 발을 적시고, 자기 머리털로써 그 발을 씻기고, 그 발에 입 맞추고, 향유를 부었다 한다. 나사로의 누이 마리아가 향유를 부은 동작과는 너무나 다르다. 그녀가 예수의 뒤쪽에 섰고, 또 예수의 발을 적실 정도로 서서 많이 울었고, 자신의 머리칼로써 발을 씻기고(이때부터는 앉았겠지만), 그 발에 자신의 입을 맞추고, 그런 다음 향유를 부었다는 것인데, 동작 하나하나에 숨은 의미가 있을 법하다. 곧, 예수의 앞이 아닌 뒤쪽에 섰다는 것은 예수에 대한 존경과 권위를 인정하는 것이고, 눈물을 많이 흘렸다는 것은 하나님의 아들을 만난 감격과 죄인으로서의 회한悔恨 같은 감정이 들어서일 것이고, 만약, 그것이 아니라면 예수의 피할 수 없는 죽음을 알고 있었다는 뜻이고, 그 슬픔 때문일 것이다. 그리고 자신의 머리칼로써 눈물에 적셔진 발을 씻기고 그곳에 입을 맞추었다는 것은 무한한 존경심과 진실한 믿음의 마음을 드러낸 행위일 것이다. 그리고 그 발에 향유를 부은 것은, 고대 유대인의 습속에서처럼 유대인의 왕으로 삼을 때에 머리에 기름을 부어왔듯이 자신들의 진정한 구세주임을 인정하는 행위로써 찬양·찬미의 뜻이 담겨져 있지 않을까 싶기도 하다.

그런데 왜 머리가 아니고 발인가? 그것은 아마도, 죄인으로서 자신을 최대한 낮추었기 때문이 아닐까 싶고, 가장 더러워지기 쉬운 발이지만 가장 향기로운 발이라는 뜻에서 '거룩한 구세주'임을 드러낸 상징적 행위가 아니었을까 싶기도 하다. 만약, 이것이 아니라면, 유대인의 장례 풍습처럼 죽은 자의 몸에 몰약을 비롯한 여러 가지 향품을 가지고 염殮하듯이 약식 장례를 치룬 일이었는지도 모를 일이다. 물론, 이것은 어디까지나 나의 주관적인 해석일 뿐이다.

그런데 예수는 여인의 행동에 대하여 '사랑'과 '믿음'이라는 두 마디 말로써 표현했다. 곧, 그녀의 사랑이 크고 그녀의 믿음이 견고하여 그녀의 죄를 사면해 주었으며, 그것이 곧 구원이라 했다. 예수 자신의 장사와는 거리가 있어 보이는 말이다.

그렇다면, 예수의 몸에 향유를 부은 여자의 행위에 대하여 「마태」·「마가」·「요한복음」은 같은 상황을 그린 것이라 할 수 있고, 「누가복음」에서는 비슷하지만 전혀 다른 상황으로 판단된다. 혹시, 같은 사건을 가지고 네 명의 필자가 다르게 전해 듣고 다르게 집필한 것은 아닐까 생각해 볼 수도 있다. 세세한 차이점이나 같은 점은 말할 필요도 없지만, 이 향유사건을 가지고 마태·마가·요한 등 세 복음서에서는 예수의 장례에 초점을 맞추었다면, 「누가복음」에서는 예수에 대한 믿음과 사랑에 대해 초점을 맞추었다는 점이 크게 다르기 때문이다. 필자가 언급하지 못하는 점들은 이 글을 읽는 독자 여러분이 판단하기 바라며, 다시 이야기를 원점으로 돌려서, 예수의 살아있는 몸에 향유를 부은 사람은 베다니에 사는 문둥이 시몬의 집에서 ①나사로의 누이 마리아와, 바리새인 시몬의 집에서 ②죄인인 한 여자라고 말할 수 있다. 이 두 여인이 같은 사람인지는 아직 알 수 없다. 더 면밀히 분석해 보아야 할 것만 같다. 마찬가지로, 예수를 초청한 '시몬' 이라는 사람도 경전 안에는 너무나 많다. 예컨대, 요한의 아들로서 '게바' 이자 '베드로' 라 불리는 시몬(마태 4:18,10:2, 마가복음 1:16, 14:37, 요한복음 1:40)으로부터 예수의 형제 시몬(마태 13:55, 마가복음 6:3), 예수의 열두 제자 중 한 사람인 셀롯이라 하는 시몬(누가복음 6:15), 예수의 십자가를 강제로 지게 된 구레네 사람 시몬(마태복음 27:32, 누가복음 23:26), 예수를 판 유다의 아버지 가룟 시몬(요한복음 6:71), 가나안 사람 시몬(마태복음 10:4), 바요나 시몬(마태복음 16:17), 베다니에 사는 문둥이 시몬(마태복음 26:6), 마술사 시몬(사도행전 8:9), 욥바 바닷가에 사는 시몬(사도행전 9:43) 등이 그들이다. 따라서 향유사건이 벌어진 곳이 베다니에 살고 있는 문둥이 시몬의 집으로서 같은 곳인지, 아니면 다른 시몬의 집인지 명확하게 분별하기조차 쉽지 않다.

(이처럼 경전 안에는 동명이인이 너무나 많으며, 동일한 사안·사건·상황 등도 필자

마다 조금씩 혹은 현저하게 다르게 기록하고 있기 때문에 그 의미를 해독하는 데에 상당한 주의가 필요하다.)

여하튼, 예수의 살아있는 몸에는 두 여인이 향유를 부어 머리칼로써 씻기었지만 그의 죽은 몸에는 누가 향유를 붓고 발랐을까? 아마도, ① '요셉'이 주로 하고 ② '니고데모'라는 사람이 곁에서 도와주지 않았을까 싶다. 예수의 행적을 기록하고 있는 사대복음서에서 그와 관련된 정황을 종합하자면 이러하기 때문이다.

'요셉'이라는 사람이 있었는데, 그는 공회 의원으로서 선하고 의로웠으며(누가복음 23:50), 유대인의 동네 아리마대 사람으로 부자(마태복음 27:57)이기도 했고, 하나님의 나라를 기다리는 예수의 제자(마태복음 27:57)였지만, 예수의 제자나 유대인을 두려워하여 은휘(隱諱:꺼리어 숨김)한 사람(요한복음 19:38)이기도 했다. 그런 그가 바로 빌라도에게 가서, 예수의 시체를 달라 하여, 이를 십자가에서 내려, 유대인의 장례법(요한복음 19:40)대로, 니고데모가 가져온 몰약과 침향 섞은 향품 백 근을 바르고, 세마포로 싸서(요한복음 19:39), 아직 사람을 장사한 일이 없는 바위에 판(마태복음 27:60, 마가복음 15:46, 누가복음 23:53) 새 무덤(요한복음 19:41)에 넣어 두었다 한다.

그러자 갈릴리에서 예수와 함께 온, 예수를 섬기는 여자들(막달라 마리아, 야고보와 요셉의 어머니 마리아=성모 마리아, 세베대의 아들들의 어머니=살로메)이 뒤를 좇아 그 무덤과 그의 시체 둔 것을 보고 돌아가 향품과 향유를 준비하였다 한다(마태복음 27:55~61, 마가복음 15:40~47, 누가복음 23:49~56, 요한복음 19:39~42). 그런 다음, 안식일이 지나 첫날 아직 어둑어둑한 상태에서 해가 돋을 무렵 막달라 마리아와 야고보의 어머니 마리아와 살로메가 예수의 무덤으로 갔지만 무덤의 문은 이미 열려 있었고, 그 안에는 놀랍게도 천사가 앉아 있었지만 예수는 없었다(마가복음 16:1~7).

　결과적으로, 예수의 주검에 사용할 향품(몰약과 침향 섞은 향품 백 근)을 가져온 사람은 '니고데모'이고, 예수의 주검을 십자가에서 내리고, 향유를 바르고, 세마포로 싸서 염殮한 사람은 '요셉'이라고 말할 수 있지만 추측컨대, 같은 장소로 향품을 가지고 온 니고데모도 거들었을 확률이 높아 보인다.

　-2011. 07. 19.

[덧붙임]
-예수와 나사로의 누이 마리아와의 관계를 헤아리기 위해서-

예수 : (조금 전까지 제자들에게 유대로 가자던 예수가 말을 바꾸어) 우리 친구 나사로가 잠들었도다. 그러나 내가 깨우러 가노라.

제자들 : 주여, 잠들었으면 낫겠나이다.

예수 : 나사로가 죽었느니라. 내가 거기 있지 아니한 것을 너희를 위하여 기뻐하노니, 이는 너희로 믿게 하려함이라. 그러나 그에게로 가자.

도마 : (다른 제자들에게) 우리도 주와 함께 죽으러 가자.

(그리하여 예수와 제자들이 예루살렘에서 2킬로미터 정도 떨어져 있는 베다니로 가는데 죽은 나사로의 큰 누이 '마르다'는 예수를 맞이하기 위해서 집밖으로 나가지만 마리아는 집에 그냥 앉아 있다.)

마르다 : 주께서 여기 계셨더(라)면 내 오라비가 죽지 아니하였겠나이다. 그러나 나는 이제라도 주께서 무엇이든지 하나님께 구하시는 것을 하나님이 주실 줄을 아나이다.

예수 : 네 오라비가 다시 살리라.

마르다 : 마지막 날 부활에는 다시 살 줄을 저도 아나이다.

예수 : 나는 부활이요 생명이니, 나를 믿는 자는 죽어도 살겠고, 무릇 살아서 나를

204

믿는 자는 영원히 죽지 아니하리니, 이것을 네가 믿느냐?

마르다 : 주여, 그러하외다. 주는 그리스도시오, 세상에 오시는 하나님의 아들이신 줄 내가 믿나이다. (마르다가 이 말을 하고 돌아가서 가만히 그 형제 마리아를 불러 말하되, '선생님이 오셔서 너를 부르신다' 고 전하니)

마리아 : (급히 일어나 예수께 나아가는데, 예수는 아직 마을로 들어오지 아니하시고 마르다가 맞던 곳에 그저 서 계시는데, 마리아와 함께 집에서 위로하던 유대인들은 그녀가 급히 일어나 나가는 것을 보고 곡하러 무덤에 가는 줄로 생각하고 따라가는데, 마리아는 예수 계신 곳까지 가서 얼굴을 보이고, 그 발 앞에 엎드리어) 주께서 여기 계셨더(라)면 내 오라비가 죽지 아니하였겠나이다.

예수 : (마리아와 뒤따라온 유대인들의 우는 것을 보시고, 심령에 통분히 여기시고, 민망히 여기시어) 그를 어디 두었느냐?

마리아 : 주여, 와서 보옵소서.

예수 : (말없이 눈물을 흘리시다.) …….

유대인들 : (예수가 눈물 흘리는 것을 보고) 보라. 그(마리아가 아니라 나사로)를 어떻게(그토록) 사랑하였는가?

유대인들 가운데 한 사람 : 소경의 눈을 뜨게 한 이 사람(예수)이 그 사람(나사로)은 죽지 않게 할 수 없었더냐?

예수 : (속으로 통분히 여기시며 무덤에 도착하니 무덤이 굴이라 돌로 막았거늘) 돌을 옮겨 놓으라.

마르다 : 주여, 죽은 지가 나흘이 되었으매 벌써 냄새가 나나이다.

예수 : 내 말이, 네가 믿으면 하나님의 영광을 보리라 하지 아니하였느냐?

(사람들이 돌을 옮겨 놓자 예수께서 눈을 들어 우러러 보시고) 아버지여, 내 말을 들으신 것을 감사하나이다. 항상 내 말을 들으시는 줄을 내가 알았나이다. 그러나 이 말씀하옵는 것은 둘러선 무리를 위함이니 곧 아버지께서 나를 보내신 것을 저희로 믿게 하려 함이니이다. (잠시 후 큰 소리로) 나사로야! 나오라. (죽은 자가 수족을 베로 동인 채 나오는데 그 얼굴은 수건에 싸였더라.) 풀어 놓아 다니게 하라.

부활에서 승천하기까지
40일 동안의 예수 활동
-부활입증과 새로운 임무 부여

경전에 의하면, 예수께서는 십자가에 못 박혀 죽으시고, 장사한
지 사흘 만에 다시 살아나시고, 40일 동안 지상에 더 머물며, '하나
님 나라의 일'을 말씀하신 후에 감람산 베다니에서 승천하셨다 한
다. 그렇다면, 부활 후 40일 동안 지상에서의 예수 활동이 무엇인지
여간 궁금하지 않을 수 없다. 이에 대하여, 요한은 '낱낱이 기록해
두었다면 그것을 두기에 이 넓은 세상조차도 부족하다(요한복음
21:25).'라고 과장했고, 「사도행전」을 기록한 누가는 '예수께서 확실
하고도 많은 증거로써 친히 살아계심을 나타냈고, 제자들에게도 자
신의 모습을 보였으며, 하나님 나라의 일을 말씀하셨다(사도행전 1:3)'
고 했다. 뿐만 아니라, 「고린도」서를 집필한 바울은 '부활한 예수가
오백여 형제들에게 일시에 보이고, 마지막으로 자신에게도 보였다
(고린도전서 15:4~8)'고 기록했다.

그렇다면, 경전 안에 관련 내용들이 기록되어 있는 것일까? 있다
면 마땅히 그것들을 찾아서 확인해 볼 필요가 있다.

이 글은, 「마태」·「마가」·「누가」·「요한」·「사도행전」 등에 기록된

예수 부활 후로부터 승천하기까지의 그와, 그의 제자들의 언행을 찾아 이해하기 쉽게 각색한 것이고, 동시에 그 내용을 분석한 결과이다. 따라서 각 복음서마다 기록된, 예수 부활 후 40일 동안의 활동과 그 내용의 차이를 확인할 수 있으며, 집필자의 의도 또한 엿볼 수 있으리라 본다.

필자에 의해서 각색된 내용은 경전 원문을 해치지 않는 범위 내에서 이루어졌을 뿐 아니라 생략되었거나 모호하게 표현되어 이해하기 어려운 부분에 대해서는 필자의 해석이 최소한으로 첨가되었음을 밝히며, 독자 여러분의 지혜로운 눈으로 주의 깊게 읽고 판단하기 바란다.

[제1장1막]

(부활하여 무덤에서 나온 예수가 자신의 무덤을 찾아온 여인들인 막달라 마리아와 다른 마리아에게)

예수 : 평안하뇨?

예수 : (두 마리아가 나아가 예수의 발을 붙잡고 경배하니) 무서워 말라. 돌아가서, 내 형제들에게 '갈릴리로 가라' 하라. 거기서 나를 보리라.

[제1장2막]

(열 한 명의 제자가 갈릴리에 가서, 예수의 명하시던 산에 이르러 예수를 뵙고 경배하나, 오히려 의심하는 자도 있는 상황이다.)

예수 : 하늘과 땅의 모든 권세를 내게 주셨으니, 너희는 가서 모든 족속으로 제자를 삼아 아버지와 아들과 성령의 이름으로 세례를 주고, 내가 너희에게 분부한 모든 것을 가르쳐 지키게 하라. 볼지어다! 내가 세상 끝날까지 너희와 항상 함께 있으리라.

위 내용은 「마태복음」의 끝장인 제28장에 기록된, 예수 부활 후의 활동만을 떼어 내어 그것을 각색脚色한 것이다. 부활한 후 예수가 무덤에서 두 마리아를 처음으로 만나고, 갈릴리로 가서 제자들을 처음으로 만나는 놀랍고도 감격스러운 자리일진대, 그곳에서 이루어졌을 법한 대화 내용이나 구체적인 동작 묘사가 다 생략된 채 예수가 일방적으로 두 마리아에게 지시하고, 제자들에게 임무를 주고 있는 상황 묘사로 끝이 났다. 특히, 무덤에서 예수의 지시를 받고 돌아서는 여인들의 말이라든가, 약속장소인 갈릴리 산 이름이라든가, 그 산에서 예수를 만났을 때에 주고받았을 법한 제자들의 말이나 행동들이 궁금한데 다 생략되어 버렸다. 왜 그랬을까?

보다시피, 「마태복음」에서의 예수 부활 후 활동이란 고작 예수가 부활한 직후에 두 명의 마리아를 만나 안부를 묻고, 제자들에게 가서 갈릴리에서 만나자고 전하라는 지시를 했으며, 그 후에 약속된 장소로 가서 제자들을 만났는데, 그 자리에서 예수는 제자들에게 새로운 임무를 부여했을 뿐이다. 예수의 행적에 대한 기록을 서둘러서 마감하려 한 것 같다는 인상마저 든다. 사실이 그렇지, 부활을 확인하고, 하나님 곁으로 승천해 갔다면 예수에 대한 모든 이야기가 자연스럽게 종결되는 상황이기 때문에 다른 내용이 필요치 않았을 것이며, 그런 만큼 소극적이었던 것으로 해석할 수 있다. 그렇다면, 「마가복음」에서는 어떻게, 어느 정도 기록되었을까?

「마가복음」에서 예수 부활 후 활동을 기록하고 있는 제16장 9절로부터 20절까지의 기록을 가지고, 그 핵심을 정리하자면 이러하다. 곧, 안식 후 첫날 이른 아침에 부활하신 예수는, 자신이 전에 일곱 귀신을 쫓아내어 준 막달라 마리아를 만남으로써 가장 먼저 자신의 부활 후 모습을 보여 주었다. 둘 사이에 많은 대화가 있었는지는 일체 기록되지 않아서 알 수 없지만, 막달라 마리아는 예수와 함께 했던 사람들(예수 제자들과 친인척)이 울며 슬퍼하는 곳으로 돌아가서, ①예수님은 살아나셨고, ② '나에게 직접 보여주었다' 고 알려 주었다. 그러나 그들은 믿지 않았다.

그런 일이 있고난 후에 제자들 가운데 두 사람이 걸어서 시골로 갈 때에, 예수께서 그들에게 다른 모양으로 나타나시었는데, 그 다른 모양이 구체적으로 어떤 모습이었는지는 묘사되지 않아서 알 수 없지만, 갑자기 나타난 예수를 본 그 두 제자들은 어떻게 알아차렸는지, 아니면 어떤 모종의 대화가 있었는지는 몰라도, 다른 제자들에게로 돌아가서 '예수를 만났다' 고 말한다. 그러나 그들 역시 믿지 않았다.

그 후에(정확히 얼마만인지 알 수 없지만) 열 한 명의 제자가 모여서 음식을 함께 먹을 때에, 예수께서 친히 나타나시어 ①믿음 없는 것과 ② 마음이 완악한 것에 대하여 꾸짖으신다. 오로지 자신의 부활 후 모습을 본 사람들(막달라 마리아, 다른 마리아, 두 제자 등 최소 4명)이 전하는 말을 믿지 아니했기 때문이다. 동시에, 예수는 제자들에게 새로운 임무를 부여해 준다. 그 임무인 즉 "너희는 온 천하에 다니며, 만민에게 복음을 전파하라. 믿고 세례를 받는 사람은 구원을 얻을 것이요, 믿지 않는 사람은 정죄를 받으리라. 믿는 자들에게는 이런 표적이 따르리니 곧 저희가 내 이름으로 귀신을 쫓아내며, 새 방언을 말하며, 뱀을 집으며, 무슨 독을 마실지라도 해를 받지 아니하며, 병든 사람에게 손을 얹은즉 나으리라." 라고 말이다.

보다시피, 마가 역시 예수의 부활을 기록하여 단순히 전하고자 했고, 예수가 제자들을 만나 주는 새로운 임무를 간략히 기록하는데 그치고 있다. 다만, 마태는 '세례를 주고 가르쳐라' 라고 임무를 간단히 언급했지만, 마가는 세례를 받고 예수의 가르침 곧 복음을 믿으면 이렇게 된다는 식의 그 결과를 추가하여 기록했을 뿐이다.

전체적으로 보면, 마태보다 마가가 설명을 조금 많이 했는데 다른 점이 있다면, 부활한 예수를 무덤 근처에서 만났다는 두 마리아 가운데에서 막달라 마리아에게 초점을 맞추어 기술하였고, 그녀로 하여금 부활 사실을 전하라 했으며, 또한 전했지만 제자들이 그녀의 말을 믿지 않았다는 점을 강조했다. 뿐만 아니라, 시골로 가는 두 제자가 누구인지 그 이름들이 언급되지 않았고, 부활한 예수가 그들에게 다른 모양으로 나타나셨다는데 일부러 변장술을 부렸는지, 아니면 부활한 후의 다른 모습이었는지는 알 수 없다. 그럼에도 불구하고, 두 제자는 예수를 알아차렸다는 것이다. 역시 많은 말들이 생략되었다.

그렇다면, 누가는 어떠한가?

예수의 무덤으로 가서 예수가 부활했다는 사실을 예수가 아닌 천사로부터 직접 전해들은 사람들이 ①막달라 마리아 ②야보고의 어머니 마리아 ③요안나 ④이들 외에 다른 여자들이 있었다. 그들이 무덤에서 돌아가 열 한 명의 사도와 다른 사람들에게 예수 부활을 알렸지만 허탄(虛誕: 거짓되고 미덥지 아니함)한 듯이 보여 믿지를 않았다. 다만, 그들 가운데 한 사람인 베드로가 일어나 무덤으로 달려가서, 그 속을 허리와 목을 굽혀 들여다보았는데, 세마포만 보이는지라, 기이하게 여기며 집으로 돌아왔을 뿐이다. 한 가지 특기할 만한 사실은, 예수의 무덤으로 간 사람이 두 마리아가 아니라 최소 다섯 명 이상의 여자들이라는 사실이다. 그리고 다른 마리아가 야보고의 어머니 마리아라는 것도 밝혀졌지만 그들은 천사나 부활한 예수를 직접 만나지는 못했다. 그저 무덤 안을 들여다보았을 뿐이다.

[제2장1막]

바로 그 날에 두 명의 제자가 예루살렘에서 10㎞ 정도 떨어져 있는 '엠마오'라 하는 촌으로 가면서, 예수 부활과 관련하여 이런저런 이야기를 하는데, 그 때에 예수가 그들에게 접근하여 동행한다. 그러나 두 사람의 눈이 가리어져서 예수를 알아보지는 못한다. 이때 두 명의 제자 눈이 가리어져서 예수를 알아보지 못하는 것은 예수가 부린 신통력 때문으로 보인다.

예수 : 길을 가면서 너희가 서로 주고받는 이야기가 무엇이냐?

글로바 : (두 사람이 슬픈 빛을 띠고 멈추어 서서) 당신이 예루살렘에 우거寓居하면서 근일 거기서 일어난 일을 알지 못한단 말이오?

예수 : 대체, 그게 무슨 일이오?

글로바 : 나사렛 예수의 일이니, 그는 하나님과 모든 백성 앞에서 말과 일에 능하신 선지자였는데, 우리 대제사장들과 관원들이 사형 판결에 넘겨주어 십자가에 못 박았느니라. 우리는 이 사람이 이스라엘을 구속할 자라고 바랐노라. 뿐만 아니라, 이 일이 된지가 사흘째요, 또한 우리 중에 어떤 여자들이 우리로 하여금 놀라게 하였는데, 이는 그들이 새벽에 무덤에 갔지만 그의 시체는 보지 못하고 돌아와서 '그가 살아나셨다'고 말하는 천사들을 보았다 함이라. 또 우리와 함께 한 자 중에 두어 사람이 무덤에 가 과연 여자들이 말한 바가 사실인지 확인하였으나 역시 무덤 안에서 예수를 보지 못하였다 했느니라.

예수 : 미련하고, 선지자들의 말한 모든 것을 마음에 더디 믿는 자들이여, 그리스도가 이런 고난을 받고 자기의 영광에 들어가야 할 것이 아니겠느냐?

{예수는 계속해서 모세와 모든 선지자의 글로 시작하여 모든 성경에 쓴 바, 자기에 관한 것을 자세히 설명하였다. 그러는 사이 글로바 일행이 가고자 했던 시골이 가까워지자 '예수에게 때가 저물어가고 날이 이미 기울었음으로 저희와 함께 쉬어가라' 고 강권하다시피 하자, 예수는 그들의 뜻에 따르기로 한다. 예수가 그들과 함께 음식을 먹을 때에 떡을 가지고 축사하고 떼어 그들에게 주자, 그들의 눈이 밝아져 예수를 알아보지만, 바꿔 말해, 지혜가 생기어 예수임을 알아차리지만 그들의 눈에는 여전히 예수가 보이지 않는다. 두 명의 제자 눈이 갑자기 밝아져 예수를 알아보는 것도 예수의 신통력이고, 밝아진 그들의 눈에 예수가 보이지 않는 것도 순간적으로 예수가 사라져버린 신통력 (이를 불교에서 신족통神足通이라 한다) 때문일 것이다.}

글로바 일행 : (서로를 바라보며 말하기를) 길에서 우리에게 말씀하시고, 우리에게 성경을 풀어 주실 때에 우리 속에서 마음이 뜨겁지 아니하더냐? (글로바 일행은 자기들이 만난 사람이 부활한 예수임을 확연히 알아차리고 곧바로 일어나 예루살렘으로 돌아간다.)

[제2장2막]
(글로바 일행이 예루살렘에 도착하였을 때, 열 한 사도와 그와 함께 한 자들이 모여 있었고, 그들이 말하기를 "주께서 과연 살아나시고, 시몬에게 나타나셨다." 한다. 이때에 글로바 일행도 그들에게 길에서 있었던 일과 예수께서 떡을 떼심으로써 자기들에게 '알려진' 혹은 '보이어진' 것들을 다 말하고 있는데, 예수께서 친히 그들 가운데 나타나시어)

예수 : 너희에게 평강이 있을지어다. (저희가 놀라고, 무서워하여, 그 보는 것을 영으로 생각하는지라.) 어찌하여 두려워하며, 어찌하여 마음에 의심이 일어나느냐? 내 손과 발을 보고 나인 줄 알라. 또 나를 만져보라. 영은 살과 뼈가 없으되 너희 보는 바와 같이 나는 있느니라. (예수께서 손과 발을 보이나 저희가 너무 기뻐서 들뜬 나머지 오히려 믿지 못하고, 기이히 여길 때에) 여기 무슨 먹을 것이 있느냐? (누군가가 구운 생선 한 토막을 드리자 받으

시고, 그 앞에서 잡수시더라.) 내가 너희와 함께 있을 때에 너희에게 말한 바 곧 '모세의 율법과 선지자의 글과 시편에 나를 가리켜 기록된 모든 것이 이루어져야 하리라' 한 말이 이것(나, 예수의 부활)이라. (이에 저희 마음을 열어 성경을 깨닫게 하시고) 이같이 그리스도가 고난을 받고 제 삼일에 죽은 자 가운데서 살아날 것과, 또 그의 이름으로 죄 사함을 얻게 하는 회개가 예루살렘으로부터 시작하여 모든 족속에게 전파될 것이 기록되었으니, 너희는 이 모든 일의 증인이라. 볼지어다. 내가 내 아버지의 약속하신 것을 너희에게 보내리니, 너희는 위로부터 능력을 입히울 때까지 이 성城에 유하라.

이상에서처럼, 누가가 마태·마가보다 부활 후 예수 활동을 자세하게 기록하고 있지만, 역시 믿기 어려운 부활을 입증해 보이는 일에 초점을 맞추고 있다. 그것도 영의 부활이 아니라 몸의 부활임을 입증해 보이려 했다는 사실이다. 열 한 명의 제자와 글로바 일행이 모인 자리에 갑자기 나타난 예수를 그들이 영으로 여겨 놀라는 기색이 역력함으로, 예수는 살과 뼈가 있는 부활된 자신을 설명한 뒤에 굳이 먹을 것을 달라 하여 그들이 보는 앞에서 구운 생선을 먹어 보임으로써 영이 아닌 몸이 부활했다는 것을 애써 보여줬기 때문이다. 그만큼 부활은 지금처럼 당시에도 믿기 어려운 것이었다는 반증이리라. 그리고 예수는 제자들에게 그 부활의 '증인'으로서 활동하라는 새로운 임무를 부여했다. 이것이 누가의 기록이다. 그렇다면, 마태·마가·누가의 기록들은 대동소이大同小異하다고 말할 수 있다. 이들에 비해 요한은 어떻게 기록하였을까?

[제3장1막]

막달라 마리아 : (안식 후 첫날 이른 아침, 아직 어두울 때에 예수의 무덤에 와서 돌이 옮겨진 것을 보고, 시몬 베드로와 예수의 사랑하시던 그 다른 제자(요한)에게 달려가서) 사람이 주를 무덤에서 가져다가 어디 두었는지 우리가 알지 못하겠다.

베드로 & 요한 : (말은 없으나 동작만) 예수의 무덤으로 함께 달음질쳐 가더니 베드로보다 더 빨리 뛰어 먼저 무덤에 도착한 요한이 허리를 굽혀 세마포 놓인 것을 보았으나 무덤 안으로 들어가지는 않고 있는데, 이내 도착한 베드로가 무덤에 먼저 들어가 보는데, 역시 세마포가 놓였고, 또 머리를 쌌던 수건은 세마포와 함께 놓이지 않고 딴 곳에 개어져 있다. 그 때서야 요한도 들어가 보고, 예수의 주검이 없어졌다는 사실을 확인하고, 자기 집으로 돌아들 갔다. 하지만 베드로와 요한은 성경에 '예수가 죽은 자 가운데서 다시 살아나야 하리라' 한 말을 아직 깨닫지는 못하고 있었다.

[제3장2막]

막달라 마리아 : (무덤 밖에 서서 울고 있다가, 울면서 구푸려 무덤 속을 들여다보자 흰 옷 입은 두 천사가 예수의 시체 뉘었던 곳에, 하나는 머리 쪽에 다른 하나는 발 쪽에 앉아있다.)

천사 : 여자여, 어찌하여 우느냐?

막달라 마리아 : 사람이 내 주를 가져다가 어디 두었는지 내가 알지 못함이니이다.

(이 말을 하고 뒤로 돌아서려 하는데 누군가가 서있는 것을 보나 그가 예수인 줄 알지 못하고 있는 상황에서)

예수 : 여자여, 어찌하여 울며, 누구를 찾느냐?

막달라 마리아 : (그가 동산지기인 줄로 알고 말하기를) 주인이여, 당신이 옮겨 갔거든 어디 두었는지 내게 말하소서. 그리하면 내가 가져가리다.

예수 : 마리아야, ….

막달라 마리아 : (낯익은 목소리로 자신의 이름을 부르자 놀라 돌아다보며, 히브리어로) 랍오니여, ….

예수 : (마리아가 예수를 덥석 껴안았는지, 아니면 발을 붙잡고 감격의 눈물을 흘렸는지 기록이 없어 알 수 없지만) 나를 만지지 말라. 내가 아직 아버지께로 올라가지 못하였노라. 너는 내 형제들에게 가서 이르되, '내가 내 아버지 곧 너희 아버지, 내 하나님 곧 너희 하나님께로 올라간다.' 하라.

막달라 마리아 : (급히 돌아가서 예수 제자들에게 '내가 주를 보았다' 하고, 또 주께서 '내게 이렇게 말씀하셨다' 전한다.)

[제3장3막]

예수 : (안식 후 첫날 저녁 때에 제자들이 모였는데 유대인들을 두려워하여 문들을 다 닫아 두었는데 예수께서 오시어 서서) 너희에게 평강이 있을지어다. (예수가 자신의 손과 옆구리를 보이자 제자들이 기뻐하는데) 너희에게 평강이 있을지어다. 아버지께서 나를 보내신 것 같이 나도 너희를 보내노라. (숨을 길게 내쉬며) 성령을 받으라. 너희가 뉘 죄든지 사하면 사하여질 것이요, 뉘 죄든지 그대로 두면 그대로 있으리라.

[제3장4막]

예수의 제자들 : ('디두모'라 하는 도마에게) 우리가 주를 보았노라.

도마 : 내가 그 손의 못자국을 보며, 내 손가락을 그 못자국에 넣어

보고, 내 손을 그 옆구리에 넣어 보지 않고는 믿지 못하겠노라.

예수 : (여드레를 지나서 제자들이 다시 집안에 모여 있을 때에 도마도 함께 있고, 문들이 닫혔는데 예수께서 나타나시어 서서) 너희에게 평강이 있을지어다. (도마에게 특별히) 네 손가락을 이리 내밀어 내 손을 만져보고, 네 손을 내밀어 내 옆구리에 넣어보라. 부디, 믿음 없는 자가 되지 말고 믿는 자가 되라.

도마 : 나의 주시며, 나의 하나님이시니이다.

예수 : 너는 나를 본 고로 믿느냐? 보지 못하고 믿는 자들은 복되도다.

[제3장5막]

(예수께서 디베랴 바다에서 제자들 앞에 나타나시었는데 베드로와 도마와 갈릴리 가나 사람 나다나엘과 세베대의 아들들과 또 다른 제자 둘이 함께 배를 타고 밤새도록 물고기를 잡으려 하였지만 잡지 못한 채 날이 샐 무렵, 예수께서 바닷가에 서 계셨으나 제자들이 예수인 줄 알지 못한다.)

예수 : 애들아, 너희에게 고기가 있느냐?

예수의 제자들 : 없습니다.

예수 : 그물을 배 오른편에 던지라. 그리하면 얻으리라.

(그의 말대로 그물을 던졌더니 고기가 많이 잡혀 그물을 들 수 없을 정도였다.)

요한 : (베드로에게 놀란 어조로) 주이시라!

베드로 : (벗고 있다가 주라 하는 말을 듣고는 겉옷을 두른 후에 바다로 뛰어 내리고, 다른 제자들은 작은 배를 타고 고기든 그물을 끌고 와서 육지에 올라보니, 숯불이 있는데 그 위에 생선이 놓였고 빵도 있더라.)

예수 : 지금 잡은 생선을 좀 가져오라. (시몬 베드로가 올라가서 그물을 육지에 끌어 올리니 가득히 찬 큰 고기가 일백 쉰 세 마리라.) 와서 조반을 먹으라.

(제자들이 예수인 줄 아는 고로 '당신이 누구냐?' 감히 묻는 자가 없었다. 예수께서 가셔서 빵과 생선을 가져다가 제자들에게 주시었는데 이것이 예수께서 죽은 자 가운데서 살아나신 후에 세 번째로 제자들을 만난 자리였다.) (조반을 먹은 후에 베드로에게) 요한의 아들 시몬아, 네가 이 사람들보다 나를 더 사랑하느냐?

베드로 : 주여, 그러하외다. 내가 주를 사랑하는 줄 주께서 아시나이다.

예수 : 내 어린 양을 먹이라. 요한의 아들 시몬아, 네가 나를 사랑하느냐?

베드로 : 주여, 그러하외다. 내가 주를 사랑하는 줄 주께서 아시나이다.

예수 : 내 양을 치라. 요한의 아들 시몬아, 네가 나를 사랑하느냐?

베드로 : (근심스러워하며) 주여, 모든 것을 아시오매, 내가 주를 사랑하는 줄을 주께서 아시나이다.

예수 : 내 양을 먹이라. 내가 진실로, 진실로 네게 이르노니, 젊어서는 네가 스스로 띠 띠고 원하는 곳으로 다녔거니와 늙어서는 네 팔을 벌리리니, 남이 네게 띠 띠우고 원치 아니하는 곳으로 데려가리라. 나를 따르라.

베드로 : (만찬석에서 예수의 품에 의지하여, '주여, 주를 파는 자가 누구오니이까?' 묻던 자를 바라보며) 주여, 이 사람은 어떻게 되겠삽나이까?

예수 : 내가 올 때까지 그를 머물게 하고자 할지라도 네게 무슨 상관이냐? 너는 나를 따르라.

이상에서 보는 것처럼 요한이 부활 후 예수 행적을 가장 많이 기록해 놓았다. 물론, 부활 입증과 새 임무 부여 외의 활동사항이 기록된 것은 아니지만 다른 세 사람들이 기록하지 않은 내용을 비교적 자세하게 언급했기 때문이다. 곧, 막달라 마리아가 가장 먼저 예수의 무덤에 갔고, 그 뒤로 자신(요한)과 베드로가 갔다고 했다. 그런데 막달라 마리아만 무덤과 그 근처에서 천사와 예수를 만났다.

그리고 예수는 제자들을 공개적으로 처음 만나는 날에 그들에게 성령을 주면서, 하나님의 명을 받아 자신이 이 땅에 온 것처럼 자신도 제자들을 세상 속으로 보낸다는 의미심장한 말을 했다. 다시 말해, 자신이 걸어온 길을 걸으라는 뜻이다. 그리고 도마의 속마음까지도 다 읽고 있던(이를 불교에서는 신통력 가운데 하나인 타심통他心通이라 한다) 예수는, 자신의 손과 옆구리를 그로 하여금 만져보게 하여 그의 의심을 적극적으로 풀어주었고, 갈릴리 바닷가에서 아침식사 할 때에는 베드로를 후계자로 임명하는 듯한 특별임무를 주었다.

여기서 주의 깊게 읽어야 할 몇 가지 사항이 있다. 그것은, 첫째, "아버지께서 나를 보내신 것 같이 나도 너희(제자들)를 보내노라." 하면서, 예수는 "성령을 받으라. 너희가 뉘 죄든지 사하면 사하여질 것이요, 뉘 죄든지 그대로 두면 그대로 있으리라."라고 말함으로써 사실상 성령이란 것을 주었고, 동시에 죄를 사해 줄 수 있는 권한과 능력[권능]을 주었는데, 예수의 제자들이 실제로 성령을 받은 것은 예수 승천 후 오순절 날에 집단적으로 받았다는 사실을 유념할 필요가 있다. 둘째, "나를 만지지 말라. 내가 아직 아버지께로 올라가지 못하였노라."라는 말을 예수가 부활 직후 자신의 무덤 근처에서 막달라 마리아에게 했는데 무언가 숨은 뜻이 내포되어 있어 보이지만 해독하기 쉽지 않다는 사실이다. 셋째, 갈릴리 바닷가에서 부활한 예수와 아침식사를 함께 한 제자들은, ①베드로 ②도마 갈릴리 ③나다나엘 ④요한 ⑤야보고(요한의 형제) ⑥다른 제자 두 명(?) 등 모두 일곱 명이지만 다른 복음에서는 열 한 명으로 기술되었다는 사실이다.

넷째, 제자들과 세 번째 공식적인 만남인 갈릴리에서는 제자들이 예수를 의심하지 않았다고 기록되었는데 「마태복음」에서는 여전히 의심했다고 기록되어 있다. 다섯째, 예수의 초능력(불교에서는 '신통력'이라 함) 문제인데, 멀리 서서도 물고기가 어디에 있는지를 꿰뚫어 보는 천안통天眼通과, 문이 닫혀 있는 데에도 아무도 모르게 들어올 수 있는 신족통神足通과 사람의 마음속을 훤히 들여다보는 타심통他心通 등이 발휘되었다는 사실이다.

결과적으로, 마태·마가·누가·요한 등 네 사람의 기록에 나타난 예수 부활 후부터 승천하기까지의 활동을 살펴보았지만 이들 기록마다 그 내용이 조금씩 다름을 확인할 수 있다. 뿐만 아니라, 마태·마가·누가·요한 순으로 집필되기라도 했듯이 설명이 덧붙여져 보충되고 있음도 확인할 수 있다. 네 복음의 집필 순서에 대해서는 필자에게 검증할 능력이 없기에 더 이상 언급하지는 않겠지만, 만약 그것이 사실이라면, '기록이 기록을 낳았다'는 근거 가운데 하나로서 받아들여져야 할 줄로 믿는다.

여하튼, 네 복음서에 기록된 예수 부활 후 40일 동안의 활동상을 크게 보면, 두 가지 공통점이 있는데, 하나는 부활을 믿지 못하는 풍토 탓인지 그것을 입증해 보이려고 많은 노력을 했다는 점이고, 그 다른 하나는 부활하여 나타난 예수가 제자들에게 주는 새로운 임무라는 사실이다. 부활을 믿지 못하는 것은, 예수 부활 직후뿐만이 아니라 그 이후에도 계속되었는데, 그 증거가 될 만한 경전의 기록이 있으니, 그것은 고린도 사람들에게 보낸 바울의 편지에 잘 나타나 있다. 곧, "성경대로 그리스도께서 우리 죄를 위하여 죽으시고, 장사 지낸 바 되었다가 성경대로 사흘 만에 다시 살아나사, 게바(베드로)에게 보이시고, 후에 열 두 제자에게와 그 후에 오백여 형제에게 일시에 보이셨나니(이를 설명하는 다른 기록이 없기 때문에 언제 어디에서 어떤 대화를 나누었는지 알 수 없음), 그 중에 지금까지 태반이나 살아 있고, 어떤 이는 잠들었으며, 그 후에 야고보에게 보이셨으며, 그 후에 모든 사도에게와 맨 나중에 만삭되지 못하여 난 자 같은 내(바울)게도 보이셨느니라(고린도전서 15:3~8)."이다.

그리고 예수가 제자들에게 새롭게 부여한 임무는 ①부활의 증인 ②후계자 ③전도자로서의 사명 등 세 가지로 요약된다. 곧, 예수가 장사한 지 사흘 만에 부활하여 직접 그 몸을 보여 주었음으로 예수 부활의 증인이 되어야 한다는 것이고, 갈릴리 바닷가에서 아침식사 후에 베드로에게 특별히 '나의 양을 치고 기르라'는 고난의 임무를 주어 승계하라 하였으며, 천국의 비밀(심판·부활·영생·지옥 등)에 대한 가르침을 땅 끝까지 전하라 했기 때문이다.

물론, 이 둘 외에도 몇 가지의 사실들을 더 확인할 수 있는데, 그것들을 차제에 나열하자면 이러하다. 곧, 첫째, 천사나 부활한 예수를 직접 만나 부활을 가장 먼저 직간접으로 확인한 사람은 열 두 제자가 아니라 여자들이고, 여자들 가운데에서도 막달라 마리아가 그 중심에 있었다는 사실이다. 둘째, 부활한 예수가 제자들에게 나타날 때에는 보통의 인간으로서는 가질 수 없는 특별한 기능 곧 '신통력'을 가지고 나타나셨는데, 이는 예수가 세례를 받고 난 후부터 가졌던 여러 가지 표적들을 보인 능력과 같은 맥락, 곧 하나님이 주신 권능에서 나온 것으로 이해된다. 셋째, 부활한 자신이 영靈이 아니라 몸이라는 것을 확인시켜 주기 위해서 두 차례나 제자들과 함께 음식을 먹고, 자신의 손과 옆구리를 직접 만져보게 하는 등 죽은 몸이 다시 살아났다는 점을 애써 강조하였다는 사실이다. 넷째, 승천昇天하기 직전에 제자들에게 당부하는 말(사도행전 1:4~8)[32]을 남기었는데, 그 핵심이 바로 '예수의 증인'이 되라는 것이었고, 증인 가운데에서도 부활에 대한 증인이었다는 사실이다. 그만큼 당대에도 부활이 믿기지 않았다는 현실의 반영이리라 판단된다. 다섯째, 제자들에게 '세상 끝날까지 함께 하겠다'고 약속했는데, 이는 승천 후 성령[보혜사]을 보내는 일과 세상 끝날에 다시 오겠다[재림]는 것으로 요약된다. 여섯째, 네 사람의 기록들에는 공히 행간에 생략된 내용들이 너무 많아 불완전하다는 사실이다.

　-2011. 07. 27.

---

32) 사도행전 1:4~8
예루살렘을 떠나지 말고, 내게 들은 바 아버지의 약속하신 것을 기다리라. 요한은 물로 세례를 베풀었으나 너희는 몇 날이 못 되어 성령으로 세례를 받으리라. (예수 제자들이 예수께 "주께서 이스라엘 나라를 회복하심이 이 때니이까?" 라고 묻자) 때와 기한은 아버지께서 자기의 권한에 두셨으니 너희의 알 바 아니요. 오직 성령이 너희에게 임하시면 너희가 권능을 받고, 예루살렘과 온 유대와 사마리아와 땅 끝까지 이르러 내 증인이 되리라.

'꾸란'에서 말하는 예수

이슬람교 경전인 '꾸란'에서는 예수가 마리아의 '특별한 아들'임은 인정한다. 그 특별함이란 마리아가 한 여성으로서 일정한 절차를 밟아 임신하여 낳은 인간적인 아들이 아니라 하나님이 흙으로 먼저 그를 빚은 다음 마리아의 자궁에 '있으라.'는 말씀과 더불어서 잉태하게 된 아들이라는 점이다(3:59). 결과적으로 예수교에서 말하는 '성령' 대신에 '흙'과 '말씀'으로 잉태시켰다고 주장하는 셈이다.

그리고 예수의 임무에 대하여 말하기를, 이스라엘 자손을 위하여 교훈이 되게 하기 위해서 하나님이 한 종으로, 한 선지자로 삼았다는 것이다(54:59, 57:27). 하나님이 그 종에게 은혜를 베풀어 현세와 내세에 영광이 있게 하였으며, 하나님 가까이 있는 자들 가운데 한 분으로 그에게 신약을 주었다는 것이다(3:45, 57:27). 뿐만 아니라, 십자가에 못 박혀 죽지도 않았다고 한다(4:157). 그야말로, 믿거나 말거나이지만 우리를 더욱 놀라게 하는 것은, 하나님이 곧 마리아의 아들 예수라 말하는 그들에게 저주가 있다고 강조한다는 사실이다(5:19). 그러면서도 예수의 재림은 심판이 다가옴을 예시하는 것이라

(43:61)고 말하기도 한다.

이처럼 같은 하나님을 믿으면서도 이렇게 다를 수 있다니 놀라운 일이 아닐 수 없다. 이럴 때에는 진짜 하나님이 나타나서 옳고 그름을 분명하게 밝혀 주었으면 하지만 하나님은 여전히 말이 없으시다. 말없는 신神의 침묵 대신에 인간들의 말만 무성할 뿐이다.

유대교를 믿는 사람들은 예수에 대하여 한낱 전설적인 인물로 치부해 버리고, 예수교를 믿는 사람들은 예수가 곧 유대교의 유일신이라며 심판과 구원의 주체라 강조하고, 이슬람교를 믿는 사람들은 예수를 신이라 하는 사람들에게 저주가 있을 것이라 하며, 이스라엘 백성들은 신의 뜻을 이미 저버린 '방황하는 자' 들이라고 말한다. 이 같은 종교 간의 대립각이 무엇을 의미하는가? 유대교가 있었음으로 해서 예수교가 태동되었고, 유대교·예수교가 있었음으로 해서 이슬람교가 태동되었다는 사실을 우리에게 환기시켜 줄 뿐이며, 그것은 살아있는 신이 없기 때문에 가능한 일이라는 사실이다.

여하튼, '꾸란'에서 예수라는 존재는 하나님이 자신의 뜻을 인간 세상에 알리기 위해서 필요시에 내세우는 선지자 가운데 한 분으로서, '무함마드'의 복음을 예증한 하나님의 종(61:6)으로 받아들인다. 다시 말하면, 예수교에서 예수가 오리라는 것을 세례 요한이 미리 준비하였다고 하듯이 이슬람교에서는 예수가 미리 오셔서 '꾸란'의 근간이 된 무함마드의 복음을 확증해 주었다는 것이다. 이를 두고 아전인수(我田引水:자기 논에 물을 끌어 대기라는 뜻으로 자기 형편에만 좋도록 생각하거나 행동함을 빗댄 말)라 할까, 견강부회(牽強附會:이치에 맞지 않는 말을 억지로 끌어 붙여 자기에게 유리하게 함)할까? 독자 여러분의 판단에 맡기는 바이다.

-2009. 04. 23.

제Ⅱ장 예수의 가르침

'예수의 가르침' 장을 읽기 전에

간음姦淫에 대하여
겸손謙遜에 대하여
교만驕慢에 대하여
용서容恕에 대하여
긍휼矜恤에 대하여
인내忍耐에 대하여
비판批判에 대하여
위선僞善에 대하여
의義에 대하여
사랑에 대하여
사랑의 속성에 대하여
병을 죄의 대가로 여기는 편견
'거듭남'과 '바람[風]'에 대하여
인간 교화 수단인 예수의 '심판론'
예수의 떡(빵)론
예수 최후의 계명 -서로 사랑하라
사랑하는 제자들에게 들려주는 예수의 마지막 설교
십계명과 예수의 가르침
실천하기 어려운 예수 계율

'예수의 가르침' 장을 읽기 전에

예수는 대단히 짧은 기간에 많은 사람들에게 많은 것을, 요구했고 가르쳤었다. 아니, '많은' 것이라기보다는 '실천하기 어려운' 이웃 사랑을 요구했고, '믿기 어려운' 천국天國과 지옥地獄과 심판審判 등에 대하여 가르쳤다고 말하는 편이 옳을 것이다. 실천하기 어려운 것을 요구하고, 믿기지 않는 내용을 가르치려니, 그는 초인간적이고 초자연적인 하나님의 능력 ─ 그들은 그것을 하나님의 '권능'이라고 말하지만 ─ 을 끌어들일 수밖에 없었을 것이다. 만약, 그에게 그런 능력조차 주어지지 않았다면, 당시 사람들은 그를 믿지도 따르지도 않았을 것이다. 뿐만 아니라, 그의 말에 대한 신뢰도는 형편없이 추락했을 것이고, 그의 죽음조차도 훨씬 더 앞당겨졌을지도 모를 일이다.

어쨌든, 그의 가르침 가운데에서 가장 중요한 '천국론天國論'은 제3장 '천국과 지옥'에서 별도로 이야기할 기회가 있으므로 이 장에서는 제외시켰다. 그 대신에 그의 인간적 가르침을 중심으로 분석·

정리하려고 노력했다. 그것의 핵심을 미리 말한다면, 두 가지로 줄일 수 있다. 그 하나는, '하나님을 섬기고 경배드릴 때에는 이렇게 하라'라는 인간의 하나님 사랑[경배]법이고, 그 다른 하나는 '너희 사람들끼리는 이렇게 하라'라는 인간의 인간 사랑법이다. 이 두 가지 중에서 전자를 더 강조했던 것이 형식주의에 빠진 유대교의 본질이자 전통이라 한다면, 그것을 비판하면서 후자를 더 강조했던 것이 바로 예수의 주된 가르침이었다고 나는 판단한다.

따라서 예수의 가르침은 인간 중심의 휴머니즘이었다고 줄여 말할 수 있다. 어쩌면, 그의 '천국론'조차도 그 휴머니즘을 실천하기 위한 수단이자 방편이었는지도 모른다. 이 장에 속한 글 열아홉 편 모두를 다 읽으면서, 나의 다소 생경한 판단이 틀리지 않음을 확인할 수 있었으면 좋겠다.

예수는 분명, 하나님에 대한 믿음과 경배법을 강조하기는 했지만 그보다는 인간 중심의 인간 사랑법을 더 많이 강조했고(다른 글 「예수 최후의 계명」에서 확인할 수 있음), 나아가 하나님과 자신과의 특별한 관계를 통해서 하나님과 인간과의 관계를 새롭게 정립(다른 글 「예수의 떡(빵)론」과 「예수의 마지막 설교」등에서 확인할 수 있음)하였다. 물론, 이 점은 훗날 신학의 발전을 가져올 수 있었던 원천[밑바탕]이 되었다.

통상, 그런 예수의 인간적 가르침은, '무엇은 하고, 무엇은 하지 마라'는 식으로 얘기되어졌고, 곧잘 비유적인 수사법이 동원되었다. 특히, ①천국론 ②심판론 ③지옥론 ④자신의 정체성을 밝히는 포도주와 떡(빵)론 ⑤하나님과 자신(예수)과의 관계 ⑥자신(예수)과 인간과의 관계 등은 대단히 뛰어난 수사법으로써 설명하였다. 따라서 예수의 가르침을 이해하려면, 그의 수사법修辭法을 잘 해독해야 한다.

그리고 해야 할 것과 하지 말아야 할 것에 대한 구체적인 내용들은, 비교적 어렵지 않게 설명되고 있기 때문에 이해하는 데에는 큰 문제가 되지 않는다고 본다. 다만, 예수의 요구사항 가운데에는 인간으로서는 근본적으로 실천할 수 없는 것들이 많고, 또한 그 모두가 인간의 기준에서 볼 때에 반드시 옳은 방식과 옳은 내용만이 아니라는 점이다. 예컨대, 겸손의 중요성을 설명하기 위해서 어린아이를 끌어들인 것은 적절치 못한 비유적 설명이라 생각되며, '실로암'의 망대가 무너져 적지 않은 사람들이 죽은 사건을 놓고 회개하지 않으면 다 그렇게 된다고 강조하거나, 사람의 병을 죄로 연계시키는 것 등은 분명히 옳고 그름을 따져보아야 하는 문제가 있다고 본다.

그러나 예수가 하나님의 아들이든, 사람의 아들이든, 온전히 가공된 문장 속 허구의 인물이든 상관없이, 경전에 기록된 문장상의 내용을 통해서 그의 가르침의 핵심을 분석·확인하고, 바르게 이해하는 것은 대단히 중요하다. 크게 보면, 전제했다시피 하나님과 인간과의 관계인 대신관계對神關係와 사람과 사람 사이의 관계인 대인관계對人關係로 구분되는데, 후자를 더 많이 강조하였고, 또한 '예수가 하나님의 아들로서 권능의 우편에 앉아 있다' 함으로써 지상의 모든 인간은 그 예수를 통해서만이 하나님의 자녀가 될 수 있다는, 아주 새로운 관계를 정립시켜 놓았다. 이것이 그의 가르침의 핵심인데, 이 장에서는 사람으로서 사람을 사랑하는 대인관계에 해당하는 내용들이 주류가 될 것이다.

　그런데 한 가지 재미있는 것은, 예수의 가르침인 대신관계와 대인
관계의 상관성을 염두에 두고서 그 세부적인 내용들을 확인하게 되
면, 전자가 후자를 위한 방편으로 말해졌을 가능성이 크다는 것을
암시받게 된다는 사실이다. 그럼에도 불구하고, 후대의 많은 사람들
은 전자에 구속되고 연연하지만 말이다. 부디, 독자 여러분의 정독
과 냉철한 판단을 기대한다.

　-2009. 05. 06.

간음姦淫에 대하여

예수께서는 '간음姦淫'에 대하여 지나칠 정도로 폭넓게, 그리고 가혹하게 정의를 내렸다. 그래서 '간음하지 말라'는 모세 십계명 제7조항을 지켜내기가 현실적으로 대단히 어렵게 되어 버렸다. 우리가 간음이라 함은, 통상적으로 부부夫婦 아닌 남녀男女가 성적性的 관계關係를 맺는 일을 두고 말함인데, 이 간음에 대하여 예수께서 말하기를,

'간음치 말라' 하였다는 것을 너희가 들었으나, 나는 너희에게 이르노니, 여자를 보고 음욕을 품는 자마다 마음에 이미 간음하였느니라. 만일, 네 오른 눈이 너로 실족케 하거든 빼어 내버리라. 네 백 체 중 하나가 없어지고 온 몸이 지옥에 던지우지 않는 것이 유익하며, 또한, 만일, 네 오른손이 너로 실족케 하거든 찍어 내버리라. 네 백 체 중 하나가 없어지고 온 몸이 지옥에 던지우지 않는 것이 유익하니라. 또 일렀으되, '누구든지 아내를 버리거든 이혼 증서를 줄 것이라' 하였으나, 나는 너희에게 이르노니, 누구든지 음행한 연고 없이 아내를 버리면

이는 저로 간음하게 함이요, 또, 누구든지 버린 여자에게 장가드는 자도 간음함이니라(마태복음 5:27~32).

하셨다. 곧, ①여자를 보고 음욕을 품는 행위도, ②누구든지 버린 여자에게 장가드는 행위도 간음이라는 것이다. 게다가, ③음행이라는 이유가 아닌 다른 연유로 아내를 버리면 그 아내로 하여금 간음하게 함[간음방조]이라는 것이다. 더욱이, 간음한 자들은 심판 받고(히브리서 13:4), 지옥에 내던져 버린다는데, 예수의 시각에서 본다면, 간음하지 않는 사람이 이 세상에 과연 몇이나 될까 심히 의심스럽지 않을 수 없다.

아마도, 예수가 살던 시절 이스라엘 땅에서는, 아니 그 이전부터 유대교 사회에서는 간음을 비롯한 음행이 아주 많았던 모양이다. 예수교 경전 안에서 '간음'이라는 단어가 44회, '음행'이란 단어가 45회, '강간'이라는 단어가 4회, 음란한 행위를 한다는 의미에서 '행음'이 50회, '음란'이 55회 각각 사용되고 있고, 특히, 하나님이 모세에게 직접 주었다는 율법을 보면, 우리들의 상상을 초월하는 구체적인 내용이 열거되는데 이를 보면 더욱 그러하다는 생각이 든다.[33]

그러나 그것이 어디, 고대 유대인 사회에서만이겠는가? 지구촌 어디에서도, 인간이 모여 사는 사회라면 마찬가지라고 생각한다. 그것은 인간 생명체의 근원적인 욕구로서 본질이기 때문이다. 다만, 그런 욕구의 절제와 통제 시스템에 따라 정도 차이가 있었을 뿐이다. 분명한 것은, 대다수의 사람들이 간음을 나쁘다고 인정한다는 사실이다. 이슬람교의 경전인 '꾸란'에서도 간음해서는 아니 되는 것으로 말하고 있고, 그에 따른 처벌 또한 가혹하기 이를 데 없다.34) 또한, 오늘날은 절대다수의 국가가 간음에 대한 처벌을 법으로써 규정하고 있다. 그 내용과 범위가 조금씩 다르지만 말이다.

우리의 경우는 부녀에 대하여 위법한 성행위를 하는 남자 쪽의 행위를 간음이라 하는데, 간음 중에서도 13세 이상의 부녀에 대한 간음은, 폭행·협박을 수단으로서 행한 때에 해당되고, 13세 미만의 여성에 대한 간음은, 폭행·협박의 유무를 불문하고(합의에 의한 경우라 할

---

33) 하나님이 모세에게 준 간음 관련 율법(레위기 20:10〜21)
①누구든지 남의 아내와 간음(姦淫)하는 자 곧 그 이웃의 아내와 간음하는 자는 그 간부(姦夫)와 음부(淫婦)를 반드시 죽일지니라.
②누구든지 그 계모(繼母)와 동침하는 자는 그 아비의 하체(下體)를 범하였은즉 둘 다 반드시 죽일지니 그 피가 자기에게로 돌아가리라.
③누구든지 그 자부(子婦)와 동침하거든 둘 다 반드시 죽일지니 그들이 가증(可憎)한 일을 행하였음이라. 그 피가 자기에게로 돌아가리라.
④누구든지 여인과 교합(交合)하듯 남자와 교합하면 둘 다 가증한 일을 행함인 즉 반드시 죽일지니 그 피가 자기에게로 돌아가리라.
⑤누구든지 아내와 그 장모(丈母)를 아울러 취하면 악행인 즉 그와 그들을 함께 불사를지니 이는 너희 중에 악행이 없게 하려 함이니라.
⑥남자가 짐승과 교합하면 반드시 죽이고, 너희는 그 짐승도 죽일 것이며, 여자가 짐승에게 가까이 하여 교합하거든 너는 여자와 짐승을 죽이되 이들을 반드시 죽일지니, 그 피가 자기에게로 돌아가리라.
⑦누구든지 그 자매 곧 아비의 딸이나 어미의 딸을 취하여 그 여자의 하체를 보고 여자는 그 남자의 하체를 보면 부끄러운 일이라. 그 민족 앞에서 그들이 끊어질지니 그가 그 자매의 하체를 범하였은즉 그 죄를 당하리라.
⑧누구든지 경도(經度)하는 여인과 동침하여 그의 하체를 범하면 남자는 그 여인의 근원을 드러내었고, 여인은 자기의 피 근원을 드러내었음인 즉 둘 다 백성 중에서 끊어지리라.
⑨너의 이모(姨母)나 고모(姑母)의 하체를 범하지 말지니, 이는 골육지친(骨肉之親)의 하체인 즉 그들이 그 죄를 당하리라.
⑩누구든지 백숙모(伯叔母)와 동침하면 그 백숙부의 하체를 범함이니 그들이 그 죄를 당하여 무자(無子)히 죽으리라.
⑪누구든지 그 형제의 아내를 취하면 더러운 일이라. 그가 그 형제의 하체를 범함이니 그들이 무자(無子)하리라.

34) 간음과 관련된 '꾸란'의 내용
①간음을 해서는 아니 되며, 내연의 처를 가져서도 아니 되나니(꾸란 5:6)
②너희 여성들 가운데 간음한 자가 있다면 너희 가운데 그녀들에 대한 4명의 증인을 말할 지니, 만일 그들이 증언할 경우 그녀들은 죽을 때까지 집안에 감금되거나, 아니면 하나님께서 다른 방법을 그녀들에게 명할 것이니라. (꾸란 4:15)

지라도) 강간죄가 성립한다(형 297·305). 또한, 심신상실이나 항거불능의 상태를 이용하여 간음한 때에도 역시 강간죄의 성립요건이 된다(형 299). 이 두 가지의 경우를 '준강간죄'라 한다. 이와 같은 범죄로 인하여 사람을 상해하거나 상해에 이르게 한 때에는 형이 가중된다(형 301). 미성년자 또는 심신미약자에 대하여 위계 또는 위력으로써 간음한 경우와, 법률에 의하여 구금된 부녀를 감호하는 자가 그 부녀를 간음한 경우, 그리고 혼인을 빙자하거나 그 밖에 위계로써 음행의 상습이 없는 부녀를 기만하여 간음한 경우에도 처벌된다. 이러한 경우는 어느 정도 피해자인 부녀가 승낙하더라도 범죄가 성립한다. 매우 현실적이지만, 예수의 간음에 비하면 관대하기 이를 데 없다.

어쨌든, 예수는 마음속의 간음까지도 하지 말라 함으로써 현실적으로 실현 불가능한 요구를 한 셈이다. 그만큼, 간음이 나쁘다고 강조한 것으로 이해되며, 구약시대에는 간음자[姦夫와 淫婦]들을 죽였고, 신약시대에는 심판을 받고 지옥에 간다는 말로써 경계토록 하였다. 그만큼 종교라는 것은 인간의 속성 내지는 본질을 무시하고 이상을 좇는 경향이 다분하다고 말할 수밖에 없다. 종교의 그런 성향은 언제나 현세보다는 내세를 강조하는 데에서 더욱 극명하게 드러난다. 이는 이슬람교도 마찬가지이다. "현세의 삶은 오락과 유희에 불과하니 가장 좋은 것은 내세의 안식처(6:32)"라는 구절이 상징적으로 잘 말해준다.

어떤 의미에서는, 인간의 눈치를 보고, 현실사회의 눈치를 살피는 법이 더 실효를 거두는 것 같다. 법이란 인간의 욕구 충돌을 억제하고, 그 피해를 최소화시키기 위한 궁여지책이지만, 실천하기 매우 어려운, 아니 거의 불가능한, 이상적인 종교의 율법[계율]보다는 낫다고 생각한다. 바로 그렇기 때문에 법에 감사해야 한다고 공식화하는 신흥종교[35]도 탄생하는 것이 아닐까 싶다.

간음에 대하여 지나칠 정도로 경계한, 예수의 말씀을 통해서 인간 사회의 어제와 오늘이 크게 다를 바 없고, 그가 꿈꾸는 이상세계로서 천국이 어떠한 것인가를 미루어 짐작하게 한다.

-2008. 12. 12.

---

35) 법에 감사해야 한다는 종교
원불교에서는 '인과응보의 신앙문'이라 하여 사은(四恩)·사요(四要)·보은즉불공(報恩卽佛供)을 강조하고 있는데, 법률에 감사해야 한다는 것은 사은(四恩) 가운데 하나이다. 곧, 천지·부모·동포·법률 등이 그것인데, 이 네 가지 없이 살 수 없으므로 그 은혜에 감사하고 보답하는 삶을 살아야 안락 세상이 이루어진다는 교리이다. (참고문헌:원불교전서, 1984년, 10판)

겸손謙遜에 대하여

자기 자신을 낮추고 남을 높이는 태도를 겸손謙遜이라 한다. 자기를 낮춘다는 것은 자신의 능력이나 공덕(功德: 원래는 산스크리트 구나 (Guna)를 번역한 말로서 불교에서 많이 쓰는 말인데, 여기서는 남을 위해서 착한 마음을 내어 행동으로 옮긴 일들의 합이라는 의미로 보면 좋다.) 등 자신의 모든 것을 내세워 자랑하지 않는 태도이고, 남을 높인다는 것은 남의 능력이나 공덕 등 모든 것을 높거나 귀하게 평가해줌으로써 칭찬하는 태도로부터 잘못이나 부족한 것에 대해서조차도 이해해 주려는 너그러운 마음의 발현까지를 일컬을 것이다. 그래서 겸손은 남보다 자신을 낮추는 태도이며, 동시에 인자仁慈함과 자비慈悲로 통하는 것이며, 불쌍히 여겨서 돌보아 주는 긍휼矜恤과 이 모든 것을 실천에 옮기기까지 수반되는 인내忍耐로 통하는 것이다. 통한다는 것은 서로 관련되어 있다는 뜻이다.

예수께서는 이러한 겸손에 대해서 참 많이 강조하였고, ─ 물론, 예수뿐만 아니라 부처·공자 등 제 성현聖賢으로부터 실로 많은 사람들이 강조해 왔다.[36] ─ 또한, 자신부터 몸소 실천하였다. 우선, 강조한 대목을 먼저 살펴보면, 마태복음 제18장 1절로부터 10절까지의 내용으로, 어린 아이와 천국과의 관계를 통해서였다. 곧, 천국에 들어갈 수 있는 하나의 조건으로서 어린 아이의 것과 같은 겸손을 요구하였다.

　　그 때에 제자들이 예수께 나아와 가로되, "천국에서는 누가 크니이까?" 예수께서 한 어린 아이를 불러 저희 가운데 세우시고, 가라사대, "진실로 너희에게 이르노니, 너희가 돌이켜 어린 아이들과 같이 되지 아니하면 결단코, 천국에 들어가지 못하리라. 그러므로 누구든지 이 어린 아이와 같이 자기를 낮추는 그이가 천국에서 큰 자니라. 또 누구든지 내 이름으로 이런 어린 아이 하나를 영접하면 곧 나를 영접함이니, 누구든지 나를 믿는 이 소자 중 하나를 실족케 하면, 차라리 연자 맷돌을 그 목에 달리우고 깊은 바다에 빠뜨리우는 것이 나으니라. 실족케 하는 일들이 있음을 인하여 세상에 화가 있도다. 실족케 하는 일이 없을 수는 없으나 실족케 하는 그 사람에게는 화가 있도다. 만일, 네 손이나 네 발이 너를 범죄케 하거든 찍어 내버리라. 불구자나 절뚝발이로 영생에 들어가는 것이 두 손과 두 발을 가지고 영원한 불에 던지우는 것보다 나으니라. 만일, 네 눈이 너를 범죄케 하거든 빼어 내버리라. 한 눈으로 영생에 들어가는 것이 두 눈을 가지고 지옥 불에 던지우는 것보다 나으니라. 삼가, 이 소자 중에 하나도 업신여기지 말라. 너희에게 말하노니, 저희 천사들이 하늘에서 하늘에 계신 내 아버지의 얼굴을 항상 뵈옵느니라(마태복음 18:1~10)."

---

36) 겸손을 강조한 예문(周易·地山謙)
하늘이나 땅이나 귀신이나 인간조차도 가득 찬 것[교만]보다는 겸허한 것을 좋아하여 복을 준다는 것이다. (天道虧盈而益謙 地道變盈而流謙 鬼神害盈而福謙 人道惡盈而好謙)

천국의 조건으로서 겸손을 드러내어 말하기 위해서 어린 아이를 끌어들인 것은 결코 적절하다고는 볼 수 없지만, 예수는 분명 어린 아이에 빗대어서 겸손을 말씀하셨음에 틀림없다. 사실, 어린 아이들이 자신을 낮추어서 겸손하다기보다는 상대적으로 순진하고 진솔하여서 겸손한 것처럼 보일 뿐이다.

여하튼, 예수교 경전 안에서는, 이 '겸손'이라는 단어가 모두 32회나 사용되고 있고,[37] '자기를 낮추다'라는 표현이 5회나 사용되고 있다.[38] 모두가 한결같이 자기를 낮추어 겸손하면 하나님이 선택하시어 지혜와 풍요로써 구원해 주시고, 천국으로 인도하시어 영생하게 하는 큰 기쁨이 있다고 하였다(욥기 22:29, 시편 10:17, 22:26, 잠언 3:34, 11:2, 야고보서 4:6 외). 또한, 역설적으로 '자기를 낮추는 자는 높아지고, 높이는 자는 낮아진다(마태복음 23:12, 누가복음 14:11, 18:14)'라고 하였으며, "교만은 멸망의 선봉이요, 겸손은 존귀의 앞잡이니라(잠언 18:12)."라고까지 말씀하셨다.

이러한 선대先代의 기록(모두가 예수 이전의 사람들이 한 말이 아니지만)들이 있었기에 예수께서도 하나님의 나라인 '천국'과 연계시켜서 겸손을 강조하였고, 동시에 자신부터 철저하게 실천해 보일 수 있었다고 생각한다. 그 실천의 상징적인 예를 들자면, 유대인의 왕이 되신 예수가 예루살렘 성으로 들어갈 때에 나귀 새끼를 스스로 선택하시어 타

---

37) '겸손'이라는 단어가 사용된 예
욥기 22:29, 시편 10:17, 22:26, 147:6, 149:4, 잠언 3:34, 6:3, 11:2, 15:33, 16:19, 18:12, 22:4, 29:23, 이사야 11:4, 29:19, 57:15, 아모스 2:7, 미가 6:8, 스바냐 2:3, 스가랴 9:9, 마태복음 11:29, 21:5, 사도행전 20:19, 에베소서 4:2, 빌립보서 2:3, 골로새서 2:18, 2:23, 3:12, 야고보서 4:6, 베드로전서 3:8, 5:5, 5:6 (전체 15서 32회)

38) '낮추다'는 단어가 사용된 예
잠언 16:19, 마태복음 18:4, 23:12, 누가복음 14:11, 18:14(전체 3서 5회)

고 갔다는 사실이다. 나귀 새끼를 타고 입성入城했다는 것이 그의 능력 문제이지 왜 겸손이냐고 의아스럽게 여기는 사람들도 있을 것이다. 그러나 예수의 그런 행위가 남보다 자신을 낮추는 겸손의 발로發露라는 점을 경전에서는 분명하게 기술해 놓고 있다. 곧, "시온의 딸아, 크게 기뻐할지어다. 예루살렘의 딸아, 즐거이 부를지어다. 보라. 네 왕이 네게 임하나니, 그는 공의로우며, 구원을 베풀며, 겸손하여서 나귀를 타나니, 나귀의 작은 것 곧 나귀새끼니라(스가랴 9:9, 마태복음 21:5)."가 그것이다.

생각건대, 예수의 겸손함은, 아버지 하나님의 뜻이라면 자신의 고통스러운 죽음조차도 달게 받겠다는 의사표명(마태복음 26:39, 26:42)에서 더욱 극명하게 나타난다. 곧, 하나님의 성령과 권능으로써 숱한 표적을 실행해 보이시고, 이루지 못할 일이 없는 분께서 자신을 시험하고, 조롱하고, 모함하는 자들까지도, 아니, 자신의 몸에 못을 박는 사람들까지도 불쌍히 여기시고, 오히려 그들에게까지 하나님의 은총이 있기를 기도하는 태도야말로 '예수 겸손의 꽃'이라 아니 말할 수 없다.

예수는 이러한 겸손을 온전하게 실천할 수 있었기에, '실족失足'게 하는 자들에 대해서 연자 맷돌을 목에 매달고 바다에 빠뜨리고, 죄를 범하는 손발을 잘라내고, 눈마저 빼어버리라고 가혹하리만큼 강경하게 말했는지도 모르겠다. 실로, 예수의 눈에 비친 인간 세상이 얼마나 죄악으로 넘쳐났으며, 그가 꿈꾸는 천국과 얼마나 멀찍이 떨어져 있었는가를 가히 짐작케 할 따름이다.

이런 겸손에 대해서는 이슬람교 경전인 '꾸란'에서도 적잖이 강조되고 있기는 한데 그 배경이 조금 다르다.[39] 예수의 그것은 하나님과 인간 사이에서, 그리고 인간과 인간들 사이에서 사랑과 믿음을 실천하는 한 방법으로서 한 가지 덕목德目이지만 '꾸란'에서는 하나님과 인간 사이의 관계에서 사람의 책임과 의무를 뜻하는 것으로서의 겸손이기 때문이다. 그러나 그 겸손을 실천하면 하나님으로부터 주어지는 보상報償만은 다르지 않다.

어쨌든, 인간 사회에서 겸손은 크게 강조해도 지나치지 않는 덕목임에 틀림없지만 그것이 어떤 목적 달성을 위한 수단이 되어버릴 때에, 다시 말해, 보여 주기식의 겸손이 된다면 그것은 이미 겸손이 아니라 겸손을 가장한 속임수로서 위선에 지나지 않을 것이다. 또한, 대인관계 속에서 늘 겸손하자면 상당한 인내와 노력이 뒤따를 뿐 아니라 진심이 빠진, 몸에 배어버린 겸손은 역겹기까지 하다.

-2008. 12. 20.

---

39) 이슬람교 경전인 '꾸란'에서 강조된 겸손
주로, 하나님 앞에서 인간들의 겸손을 요구하고 있는데, 겸손의 내용과 그 결과에 대해서는 제23장 1절로부터 6절까지에서 잘 나타나 있다. 곧, "믿는 사람들은 번성했나니 이들은 예배에 임하여 겸손하는 자들이며, 이들은 헛된 말을 하지 아니하며, 이들은 자카트를 바치는 자들이며, 이들은 그들의 순결을 지켜, 그들의 아내들과 그들의 오른손이 소유하는 것들은 제외되어 나무랄 데가 없느니라(23:1~6)." 또한, 선지자들에게 고난과 시련을 주는 것도 다 겸손을 배우도록 하기 위함이라고 (6:42) 설명한다. 그러면서 겸손한 자들은 하나님께 순종하는 자들이며(23:76), 동시에 하나님의 은총이 주어진다(27:87) 한다.

교만驕慢에 대하여

　동서고금東西古今을 막론하고 수많은 사람들은 '모름지기 겸손해야한다.'라고 강조해 왔다. 특히, 하나님과 동일시되고 있는 예수는 겸손의 반대말인 '교만'을 통해서 그 겸손의 의미를 강조하였다. 곧, '사람의 마음에서 나오는 악한 생각들 가운데 하나가 바로 교만이고, 그 교만이 사람을 더럽게 한다(마가복음 7:22~23).'고 했다.

　그렇다면, 교만이란 무엇일까? 예수교 경전 안에서는, 이 '교만'이라는 단어가 무려 127회나 사용되고 있는데 한결같이 그것은 하나님이 미워하고 싫어하심이기 때문에 반드시 '낮추고 물리쳐야'하는 대상이다. 이런 교만에 대해서 예레미야가 설명하기를 '자고自高와 오만傲慢과 자긍自矜과 그 마음의 거만倨慢'이라 했다(예레미야 48:29).

　한편, 교만은 "목이 곧다(혹은 '목이 뻣뻣하다')"라는 다소 생경한 말로써 풀어 쓰이기도 했는데, 사람의 '목이 곧다' 함은 '목이 뻣뻣하다'는 뜻이고, '목이 뻣뻣하다' 함은 최소한 다음 두 가지의 의미를 지닌다고 본다. 하나는, 자기밖에 모르고서 좀처럼 상대방을 인정하지 않는 태도이고, 다른 하나는 자존심이 강하여서 쉽사리 남에게 순종하지 않는 태도이다.

원래, '목이 곧다' 라는 말은, 고대 이집트 땅에서 모세가 이끌고 나온 무리들을 두고 여호와 하나님께서 모세에게 직접 한 말이다. "목이 곧은 백성" 혹은 "목이 **뻣뻣한** 백성"(출애굽기 32:9, 33:3, 33:5, 34:9, 신명기 9:6, 9:13, 31:27, 잠언 29:1)이라고 말이다. 특히, 하나님은 우상을 숭배하고(출애굽기 32:8), 몸에 장신구 달기를 좋아하는(출애굽기 33:5) 모세의 백성들을 진멸시킬 수도 있음을 강조하면서 '목이 뻣뻣하다' 라는 이 말을 사용하였다. 이는 신명기에서도 여러 차례 확인되지만(신명기 9: 6~8, 9: 13~15, 31: 27~28) 목이 **뻣뻣함**은 하나님을 화나게 하는 요인 가운데 분명한 하나였다.

이에 근거하였음인가, 잠언을 집필한 솔로몬도 "자주 책망을 받으면서도 목이 곧은 사람은 갑자기 패망을 당하고 피하지 못하리라(잠언 29:1)."라는 말을 했고, 순교 직전의 스데반도 "목이 곧고 마음과 귀에 할례를 받지 못한 사람들아, 너희도 너희 조상과 같이 항상 성령을 거스르는도다! 너희 조상들이 선지자들 중의 누구를 박해하지 아니하였느냐? '의인이 오시리라' 예고한 자들을 그들[너희들]이 죽였고, 이제 너희는 그 의인을 잡아 준 자요 살인한 자가 되나니, 너희는 천사가 전한 율법을 받고도 지키지 아니하였도다(사도행전 7:51~53)."라고, 목이 **뻣뻣한** 유대인들의 교만을 질타(叱咤:크게 꾸짖음) 하였다. 사람과 사람 사이에서도 교만은 상대방의 마음을 불편하게 하기 때문에 가능한 한 자제되어야 하는데 하물며, 인간을 포함한 우주만물을 창조했다는 하나님 앞에서 인간의 그것이야말로 두말할 필요가 있겠는가.

가족과 재산을 버리고 홀로 숲속에 들어가 조용히 사는 '포타리야' 라는 사람이 부처에게 세속世俗을 떠났다고 말하자, 부처께서 진짜 세속世俗을 떠나는 방법 여덟 가지40) 중에 하나로 '교만을 버리는 일'이라 하였는데, 이래저래 교만은 자신에게도, 다른 사람들에게도, 신들에게도 환영받지 못하는 인간의 좋지 못한 심성이요 태도임에는 틀림없다.

　-2009. 10. 03.

---

40) **부처님이 말씀하신 세속을 떠나는 여덟 가지 방법**
①산 목숨을 죽이지 않고 ②남이 주지 않는 것을 갖지 않고 ③거짓말 하지 않고 ④화합을 깨뜨리지 않고 ⑤탐욕을 버리고 ⑥성내지 않으며 ⑦시기하지 않고 ⑧교만을 버리는 일 등이다. (南傳 中部 포타리야 經)

용서容恕에 대하여

지은 죄나 잘못에 대하여 꾸짖거나 벌하지 아니하고 덮어 줌을 우리는 '용서容恕'라 한다. 죄짓거나 잘못을 저지른 사람을 너그러운 마음으로, 벌하지 않고, 꾸짖지 아니하며, 놓아 주는 관용寬容을 베푸는 일이 곧 용서라는 뜻이다. 이런 용서에 대하여 베드로의 질문을 받고, 예수께서는 '회계會計하려는 임금[주인]과 종과의 관계'를 예로 들어서, 아주 구체적으로 말씀해 주셨다. 그 말씀의 핵심인즉, ①인간이 인간을 용서해 주면 천국의 하나님께서도 인간의 죄나 잘못을 용서해 주신다는 것(마태복음 6:14~15, 마가복음 11:25)과, ②가능한 한 많이, 일흔 번씩 일곱 번(490회)이라도 용서해야 한다는 것이다. 그러니까, 용서의 횟수와 그 의미를 말씀하신 셈이다. 이에 대하여 마태복음 제18장 18절로부터 35절까지에 기록된 바가 이러하다.

진실로 너희에게 이르노니, '무엇이든지 너희가 땅에서 매면 하늘에서도 매일 것이요, 무엇이든지 땅에서 풀면 하늘에서도 풀리리라.' 진실로 다시 너희에게 이르노니, '너희 중에 두 사람이 땅에서 합심하여 무엇이든지 구하면 하늘에 계신 내 아버지께서 저희를 위하여 이루게 하시리라. 두 세 사람이 내 이름으로 모인 곳에는 나도 그들 중에 있느니라.' 그 때에 베드로가 나아와 가로되, '주여, 형제가 내게 죄를 범하면 몇 번이나 용서하여 주리이까? 일곱 번까지 하오리이까?' 예수께서 가라사대, '네게 이르노니, 일곱 번뿐 아니라 일흔 번씩 일곱 번이라도 할지니라.'

이러므로 천국은 그 종들과 회계하려 하던 어떤 임금과 같으니, 회계할 때에 일만 달란트 빚진 자 하나를 데려오매, 갚을 것이 없는지라. 주인이 명하여, '그 몸과 처와 자식들과 모든 소유를 다 팔아 갚게 하라' 한대, 그 종이 엎드리어 절하며 가로되, '내게 참으소서. 다 갚으리이다.' 하거늘, 그 종의 주인이 불쌍히 여겨 놓아 보내며, 그 빚을 탕감하여 주었더니, 그 종이 나가서, 제게 백 데나리온 빚진 동관 하나를 만나 붙들어 목을 잡고 가로되, '빚을 갚으라.' 하매, 그 동관이 엎드리어 간구하여 가로되, '나를 참아 주소서. 갚으리이다.' 하되, 허락하지 아니하고, 이에 가서 저가 빚을 갚도록 옥에 가두거늘, 그 동관들이 그것을 보고 심히 민망하여 주인에게 가서 그 일을 다 고하니, 이에 주인이 저를 불러다가 말하되, '악한 종아, 네가 빌기에 내가 네 빚을 전부 탕감하여 주었거늘, 내가 너를 불쌍히 여김과 같이 너도 네 동관을 불쌍히 여김이 마땅치 아니하냐?' 하고, 주인이 노하여, 그 빚을 다 갚도록 저를 옥졸들에게 붙이니라. 너희가 각각 중심으로 형제를 용서하지 아니하면, 내 천부께서도 너희에게 이와 같이 하시리라(마태복음 18:18~35).

위 구절을 주의 깊게 읽으면, 인간 세상과 천국과의 관계가 암시되어 있음을 알 수 있다. 다시 말해, 인간세상의 인간과 천국의 하나님과의 관계가 '용서'라는 것을 통해서 어떻게 연계되어 있는가를 간접적으로 설명하고 있다. 곧, '무엇이든지 너희(인간)가 땅에서 매면 하늘에서도 매일 것이요, 무엇이든지 땅에서 풀면 하늘에서도 풀리리라.' 한 이 말이 그것이다.

인간이, 땅에서 무엇인가를 매면 하늘에서도 매이고, 땅에서 풀면 하늘에서도 풀린다는, 땅과 하늘과의 관계로서 그 원리 하나가 말해지고 있다 하겠다. 따라서 모든 것은 인간이 하기에 달려 있다는 뜻으로 해석된다. 인간이 인간에게 너그러우면 하나님도 인간에게 너그러울 것이요, 인간이 인간에게 잔혹하면 하나님께서도 인간에게 잔혹하게 대할 수밖에 없다는 뜻이다.

그래서일까, 예수께서 제자들에게 기도하는 방법과 내용을 가르쳐 줄 때에 "우리가 우리에게 죄 지은 자를 사하여 준 것 같이 우리 죄를 사하여 주옵시고(마태복음 6:12, 누가복음 11:4)"라는, 이 구절을 포함시키지 않았나 싶다. 뿐만 아니라, 예수께서는 자신을 골고다 언덕에서 십자가에 못 박는 사람들을 두고, "아버지여, 저희를 사하여 주옵소서. 자기의 하는 것을 알지 못함이니이다(누가복음 23:34)."라고 오히려 그들의 죄를 용서해 달라고 빌었다. 보통의 인간으로서는 도무지 받아들이기 어려운 자비요, 사랑이요, 용서가 아닐 수 없다.

―2008. 10. 20.

긍휼矜恤에 대하여

불쌍히 여기어 사랑하는 마음을 내는 것을 '자비慈悲'라 하고, 불쌍히 여기어 어떤 구체적인 동작이나 행위를 일으키어 돕는 것을 '긍휼(矜恤:불쌍히 여길 긍, 구휼할 휼)'이라 한다. 이런 의미에서 본다면, 자비에 보시布施를 합친 것이 긍휼인 셈이다.

예수교 경전에서는 '긍휼'이라는 단어가 169회, '자비'라는 단어가 43회 각각 사용되었는데, 이들 두 단어의 의미를 엄밀하게 구분하지는 않았다. 단순히 '불쌍히 여기다'라는 의미로 긍휼이라는 단어가 '자비'라는 단어와 함께 쓰이고 있기 때문이다.

(참고로, '긍휼'로 번역된 compassion이 58회, 자비로 번역된 kindness가 52회, gracious가 42회, compassionate가 12회 각각 영문성경에서 사용되었다.)

하나님을 믿는 사람들은 하나님의 속성에 대해 자비롭고, 긍휼이 많은 것으로 인정함(사무엘하 24:14, 역대상 21:13, 느헤미야 1:5, 9:17, 9:31, 시편 86:15, 119:156 등)은 물론이고, 그 자비와 긍휼을 베풀어달라고 기도·기원하는 입장으로서의 묘사가 많다(시편 4:1, 6:2, 9:13, 25:16, 27:7 등). 뿐만 아니라, 하나님 스스로가 "자비慈悲롭고, 은혜恩惠롭고, 노

怒하기를 더디하고, 인자仁慈와 진실眞實이 많다."고 인간에게 밝히는 대목(출애굽기 34:6)도 있다.

그러므로 인간은 언제나 하나님께서 자신을 긍휼히 여기시어, 자비를 베풀어주고, 도와달라는 입장인 반면, 하나님은 그런 인간에게 자비와 긍휼을 선택적으로 베풀어 주는 입장이다. 따라서 인간은 하나님의 긍휼을 받아서, 혹은 하나님의 긍휼을 입어서 자신의 근심 걱정을 덜고, 원하는 바를 이루고자 한다. 결과적으로, 하나님의 긍휼은 인간을 불쌍히 여기는 마음에서 나오는 사랑의 권능인 셈이다. 그렇기 때문에 하나님은 "은혜 줄 자에게 은혜를 주고, 긍휼히 여길 자에게 긍휼을 베푸느니라(출애굽기 33:19)."라고 직접 언급했는지도 모르겠다.

하늘에 계신 하나님의 그런 인간 사랑의 권능은, 땅에 계신 예수를 통해서 그대로 인간들에게 전해졌다. 아니, 전해졌다기보다는 예수 자신이 몸소 실천해 보였다. 예수는 사람들에게 "긍휼히 여기는 자는 복이 있나니 저희가 긍휼히 여김을 받을 것임이요(마태복음 5:7)"라고 말함으로써 사람이 사람에게 긍휼로써 대하기를 강조하였다. 뿐만 아니라, "내가 긍휼을 원하고 제사를 원치 아니하노라(마태복음 9:13).", "너희 아버지의 자비慈悲하심 같이 너희도 자비하라(누가복음 6:36)"고 분명하게 말씀하셨다.

그런 탓일까, 예수는 세례를 받은 후부터, 잠시도 쉬지 못할 정도로 분주하게 사람들을 향해 가르침을 폈고, 많은 병자病者들의 온갖 질병을 고쳐 주었으며, 하나님 나라의 일에 대하여 증언하며 강론을 펼쳤다. 특히, 대제사장·서기관·율법사·바리새인·이방인 등으로 불리는 사람들의 위선과 불신을 지적·비판하였고, 상대적으로 가난하고 소외된 사람들인 과부·고아·창기·병자 등을 불쌍히 여기고,

너그럽고 따뜻한 마음으로 그들을 위로해 주었으며, 세리·군인 등으로 불리는 부패한 죄인들을 마다하지 않고 그들에게 천국에 대해서 알기 쉽게(?) 비유적인 화법으로써 설교하였다. 심지어는, 자신을 모함하고, 자신을 죽이려는 음모를 꾸미고, 자신을 면전에서 조롱하고 핍박하는 자들조차 불쌍히 여기셨다. 그런가하면, 나사로의 누이 마리아가 울고, 그녀와 함께 온 유대인들의 우는 것을 보시고, 예수도 눈물을 흘리셨고(요한복음 11:33~35), 죽은 나사로를 곧바로 말씀으로써 살려 주시었다.

예수의 그런 너그러운 마음과 행동이 어디에서 나오는 것일까? 부족하기 짝이 없는 인간을 불쌍히 여기고 원하는 바를 들어주려는, 그 따뜻한 마음은, 과연 어디에서 나온 것일까? 하나님의 뜻을 저버리고 죄를 지으며 살아가는 인간에 대한 한없는 측은지심惻隱之心의 발로일까? 아니면, 부족함이 없는, 완벽함에서 절로 나오는 신성神性일까? 아니면, 창조주로서 가지는 피조물에 대한 원대한 사랑일까? 그토록 인간을 지극히 사랑하는 예수의 자비와 긍휼은 과연 어디로부터 온 것일까? 하늘에 계신다는 하나님 아버지에 대한 믿음의 소산일까? 아니면, 하나님 아버지의 뜻으로서 명령일까, 계시일까, 성령일까?

-2008. 10. 21.

인내忍耐에 대하여

고난苦難이나 환난患難을 참고 견디어 내는 마음가짐과 태도를 인내(忍耐:참을 인, 견딜 내)라 한다. 대개, 인내할 때에는 어떠한 목표가 있게 마련인데, 그 과정은 감정을 억제하고 의지와 행동을 일치시켜 집중해야만 한다. 그렇기 때문에 인내하는 과정은 다소 힘들거나 고통스럽지만 그것의 결과는 반드시 있게 마련이다. 이런 일반적 경향에서 '인내는 쓰나 그 열매는 달다.' 라는 우리의 속담俗談도 나왔으리라 본다.

항간에서도 그렇지만, 예수와 그의 제자들도 인내를, 그것도 '오래 참음' 을 적잖이 강조하였다. 물론, 예수 자신도 참는다는 것이 얼마나 힘들고 어렵다는 것을 무의식중에 노출시킨 바 없지 않지만[41] 인내가 결실을 맺어주는데 반드시 필요한 덕목임을 강조하였고 (누가복음 8:15), 또한 몸소 실천해 보였다.

---

41) 예수가 인내의 어려움을 감정표출로써 노출시킨 예
"믿음이 없고 패역한 세대여, 내가 얼마나 너희와 함께 있으며, 얼마나 너희를 참으리요?
(마태복음 17:17)"

참는다는 것은 마음의 근심이나 신체의 고통에 대해 견디어 넘이기도 하지만 동시에 그것들이 사라지는 때에 대한 기다림이기도 하다. 그래서 정신적으로나 신체적으로, 크든 작든 고통이 수반되는 것이지만, 흔히 선지자들이 갖춘 덕목 가운데 하나로서 그 본을 삼아야 한다는 것이다(야고보서 5:10). 경전에 이런 기록이 있는 것으로 보면, 선지자들이 고난과 환난을 잘 참아냈던 것으로 보인다.

또한, 예수의 제자들은 "주의 강림하시기까지 길이 참으라(야고보서 5:7)."고 그 인내 기간을 단정하기도 했다.

어쨌든, 예수를 믿고 천국 복음을 전파하는 과정에서, 다시 말하면, 하나님과 예수에 대한 믿음과 그의 가르침과 온갖 계명을 지키는 과정에서 겪게 되는 시험·시련·핍박·환난·범사 등을 인내하면 (데살로니가후서 1:4, 야고보서 1:12, 고린도전서 4:12, 9:12) 단련이 되고(데살로니가후서 1:4), 그 단련됨은 소망을 굳건하게 한다는 것이다(로마서 5:4). 그 소망인 즉 하나님의 약속을 받기 위함이고(히브리서 10:36), 그 약속이란 천국에서의 영생이다(누가복음 21:19). 인내가 그런 결실을 보장해 준다는 점에서 인내가 요구되고 있는 것이다(누가복음 8:1).

이러한 인내는 예수 자신부터 실천에 옮기셨는데, 가히 초인적超人的이라 할 만하다. 그의 제자들에 의해서 저질러지는 불신과 배신을 참으시고, 자신을 시험하고 심문하는 대제사장과 서기관과 바리새인들을 참아내고, 십자가에 매달려 있는 자신을 비웃고 조롱하는 무리들을 참아내고, 얼굴에 침을 뱉고 뺨을 때리고 옷을 벗기는 등의 온갖 수모와 모욕을 참아내고, 십자가에 못 박혀 죽는 과정의 고통까지도 다 참아냈기 때문이다. 오로지 하나님의 뜻을 받들고, 부활하여 영광의 보좌(마태복음 19:28)나 권능의 우편(마태복음 26:64)에 앉기 위해서였다면 잘못된 표현일까.

부처도 수행자들이 반드시 지켜내야 하는 여섯 가지 덕목 가운데 하나로서 이 인내忍耐 대신에 인욕(忍辱:나를 수치스럽게 하거나 치욕스럽게 하는 온갖 욕됨을 참아내는 일.)을 강조하였다. (이에 대해서는 다른 글 「십계명과 예수의 가르침」의 주석 제45번을 참고하시기 바람.)

-2008. 10. 22.

불타는 덤불 앞에서 신발 끈을 푸는 모세의 모습. 현 이집트 시나이 산 밑에 있는
성 캐더린 사원(The Monastery of St. Catherine) 내 주 기도소의 앱스 위에 장식된 모자이크.
Moses unlaces His sandals in front of the Burning Bush. Detail of the Mosaic above the 'Katholikon' apse.

비판批判에 대하여

어떤 대상에 대하여 부정적 요소를 중심으로 판단하여 말함을 비판(批判: 칠 비, 판단할 판)이라 하고, 대상의 본질을 규명하고 그것의 가치를 매기는 행위로서 말이나 글을 비평(批評:칠 비, 평가할 평)이라 한다. 그래서 비판은 대체로 부정적인 내용이 되지만 비평은 부정과 긍정의 내용이 두루 포함되는 경향이 있다. 그리고 같은 부정적인 내용이라 하더라도 비평은 비판에 비해서 판단의 과정, 곧 합당한 논리나 당위성을 더 중요시한다. 이처럼 비판과 비평은 그 의미가 조금 다르다.

그런 탓인지, 적지 아니한 사람들은 '과히 좋지 않은 게 비판'이라는 식의 충고를 아끼지 않는다. 대개, 그 비판은 다른 비판을 불러들이고, 그럼으로써 대인관계에 금이 가는 등 서로에게 좋지 못한 결과를 가져다주기 때문이다. 이를 잘 앎인지, '남을 비판하지 않고 가능하면 좋게만 이야기하는' 태도가 처세술의 한 기교로서 은연중 강조되어 왔음도 사실이다. 옳고 그름이 분명히 있어야 하는 자리에서조차도 그를 가리지 않고 적당히 넘어가려는, 기형적인 가치관을 좋아하는 경향마저 띠고 있다. 그래서 우리 사회에서는 그를 잘 실천하는 사람이 인기가 있게 마련이고, 문제 발생 시 중재자 역할까지도 도맡는 경향이 없지 않다.

그렇듯, 예수 또한 남을 '비판하지 말라'고 강조했는데 그 내용인즉 이러하다.

비판을 받지 아니하려거든 비판하지 말라. 너희의 비판하는 그 비판으로 너희가 비판을 받을 것이요, 너희의 헤아리는 그 헤아림으로 너희가 헤아림을 받을 것이니라. 어찌하여 형제의 눈 속에 있는 티는 보고, 네 눈 속에 있는 들보는 깨닫지 못하느냐? 보라. 네 눈 속에 들보가 있는데 어찌하여 형제에게 말하기를, '나로 네 눈 속에 있는 티를 빼게 하라' 하겠느냐? 외식하는 자여, 먼저 네 눈 속에서 들보를 빼어라. 그 후에야 밝히 보고, 형제의 눈 속에서 티를 빼리라(마태복음 7:1~5).

예수의 이 말씀을 간단명료하게 정리하면 이러하다. 곧, ①남을 비판하지 말라 ②비판하게 되면 비판하는 네가 비판받게 된다 ③모름지기, 너 자신부터 알아라 ④꼭 비판하려거든 자신부터 온전하라 등이 된다.

남을 비판하지 말아야 할 이유가 제시된 셈인데, 그것은 내가 비판받지 않기 위해서이고, 남의 눈에 박힌 '티'보다 큰, 나의 눈에 박힌 '들보'가 있기 때문이다. 결과적으로, 자기 눈에 들보가 박혀있는 사람은 티가 박혀있는 남을 비판할 자격이 없다는 것이다. '똥 묻은 개가 겨 묻은 개를 나무라는' 격이 되지 말라는 것이나 다름없다. 한 마디로 말해, 주제 파악도 못하는 사람이 남의 일에 참견하는 꼴이 되지 말라는 지적이나 다를 바 없다.

그런데 로마서 제14장에서는 비판하지 말아야 하는 이유가 조금 다른 시각에서 제시되고 있기도 하다.

믿음이 연약한 자를 너희가 받되, 그의 의심하는 바를 비판하지 말라. 어떤 사람은 모든 것을 먹을 만한 믿음이 있고, 연약한 자는 채소를 먹느니라. 먹는 자는 먹지 않는 자를 업신여기지 말고, 먹지 못하는 자는 먹는 자를 판단하지 말라. 이는 하나님이 저를 받으셨음이니라(로마서 14:1~3).

비록, 믿음에 국한하여 비판하지 말라고 했지만, 그 이유가 비판을 받기 때문이 아니라 하나님이 저(믿음이 부족하여 의심하는 자)를 받으셨기 때문이라고 설명하고 있다. 비판받지 않으려면 먼저 비판하지 말라는 이유가(마태복음 7:1, 7:2, 누가복음 6:37), 하나님이 다 알아서 판단하신다는 이유로 바뀌고 있음을 알 수 있다.

그런데 예수는 천국복음을 전파하는 과정에서 대제사장들과 바리새인들을 향해서 선지자의 말을 환기시키면서 그들을 아주 신랄하게 비판하였다. 그 내용인 즉 이러하다.

"너희가 성경에서 '건축자들의 버린 돌이 모퉁이의 머릿돌이 되었나니, 이것은 주로 말미암아 된 것이요, 우리 눈에 기이하도다' 함을 읽어 본 일이 없느냐? 그러므로 내가 너희에게 이르노니, 하나님의 나라를 너희는 빼앗기고, 그 나라의 열매 맺는 백성이 받으리라. 이 돌 위에 떨어지는 자는 깨어지겠고, 이 돌이 사람 위에 떨어지면 저를 가루로 만들어 흩으리라(마태복음 21:42~44)."

대제사장들과 바리새인들 입장에서 들으면 실로 기분 나쁘고 꺼림칙한 말임에 틀림없다. 그러잖아도 그들은 자신들에 대한 이야기임을 알아차리고, 예수를 잡아들이려고 마음먹는다. 그러나 예수의 비판은 여기서 그치지 않는다. 작심한 듯, 위선과 불법으로 얼룩져 있는 서기관과 바리새인들을 아주 통렬하게(痛烈하게:몹시 날카롭고 매섭게) 비판한다.

①서기관들과 바리새인들이 모세의 자리에 앉았으니, 그러므로 무엇이든지 저희의 말하는 바는 행하고 지키되, 저희의 하는 행위는 본받지 말라. 저희는 말만 하고 행치 아니하며, 또 무거운 짐을 묶어 사람의 어깨에 지우되, 자기는 이것을 한 손가락으로도 움직이려 하지 아니하며, 저희 모든 행위를 사람에게 보이고자 하여 하나니, 곧 그 차는 경문을 넓게 하며, 옷술을 크게 하고, 잔치의 상석과 회당의 상좌와 시장에서 문안 받는 것과 사람에게 랍비라 칭함을 받는 것을 좋아하느니라.

②그러나 너희는 랍비라 칭함을 받지 말라. 너희 선생은 하나이요, 너희는 다 형제니라. 땅에 있는 자를 아비라 하지 말라. 너희 아버지는 하나이시니 곧 하늘에 계신 자시니라. 또한, 지도자라 칭함을 받지 말라. 너희 지도자는 하나이니 곧 그리스도니라. 너희 중에 큰 자는 너희를 섬기는 자가 되어야 하리라. 누구든지 자기를 높이는 자는 낮아지고, 누구든지 자기를 낮추는 자는 높아지리라.

③화 있을진저. 외식하는 서기관들과 바리새인들이여, 너희는 천국 문을 사람들 앞에서 닫고, 너희도 들어가지 않고, 들어가려 하는 자도 들어가지 못하게 하는도다.(없음)

④화 있을진저. 외식하는 서기관들과 바리새인들이여, 너희는 교인 하

나를 얻기 위하여 바다와 육지를 두루 다니다가 생기면 너희보다 배나 더 지옥 자식이 되게 하는도다.

⑤화 있을진저. 소경된 인도자여, 너희가 말하되, '누구든지 성전으로 맹세하면 아무 일 없거니와 성전의 금으로 맹세하면 지킬지라' 하는도다.

⑥우맹이요, 소경들이여, 어느 것이 크뇨? 그 금이냐? 금을 거룩하게 하는 성전이냐? 너희가 또 이르되. '누구든지 제단으로 맹세하면 아무 일 없거니와 그 위에 있는 예물로 맹세하면 지킬지라' 하는도다.

⑦소경들이여, 어느 것이 크뇨? 그 예물이냐? 예물을 거룩하게 하는 제단이냐? 그러므로 제단으로 맹세하는 자는 제단과 그 위에 있는 모든 것으로 맹세함이요, 또 성전으로 맹세하는 자는 성전과 그 안에 계신 이로 맹세함이요, 또 하늘로 맹세하는 자는 하나님의 보좌와 그 위에 앉으신 이로 맹세함이니라.

⑧화 있을진저. 외식하는 서기관들과 바리새인들이여, 너희가 박하와 회향과 근채의 십일조를 드리되, 율법의 더 중한 바 의와 인과 신은 버렸도다. 그러나 이것도 행하고 저것도 버리지 말아야 할지니라. 소경된 인도자여, 하루살이는 걸러 내고 약대는 삼키는도다.

⑨화 있을진저. 외식하는 서기관들과 바리새인들이여, 잔과 대접의 겉은 깨끗이 하되 그 안에는 탐욕과 방탕으로 가득하게 하는도다. 소경된 바리새인아, 너는 먼저 안을 깨끗이 하라. 그리하면 겉도 깨끗하리라.

⑩화 있을진저. 외식하는 서기관들과 바리새인들이여, 회칠한 무덤 같으니 겉으로는 아름답게 보이나 그 안에는 죽은 사람의 뼈와 모든 더러운 것이 가득하도다. 이와 같이 너희도 겉으로는 사람에게 옳게 보이되 안으로는 외식과 불법이 가득하도다.

⑪화 있을진저. 외식하는 서기관들과 바리새인들이여, 너희는 선지자들의 무덤을 쌓고 의인들의 비석을 꾸미며 가로되, '만일 우리가 조상때에 있었다면 우리는 저희가 선지자의 피를 흘리는데 참예하지 아니하였으리라' 하니, 그러면 너희가 선지자를 죽인 자의 자손 됨을 스스로 증거함이로다. 너희가 너희 조상의 양을 채우라.

⑫뱀들아, 독사의 새끼들아, 너희가 어떻게 지옥의 판결을 피하겠느냐? 그러므로 내가 너희에게 선지자들과 지혜 있는 자들과 서기관들을 보내매, 너희가 그 중에서 더러는 죽이고, 십자가에 못 박고, 그 중에 더러는 너희 회당에서 채찍질하고, 이 동네에서 저 동네로 구박하리라. 그러므로 의인 아벨의 피로부터 성전과 제단 사이에서 너희가 죽인 바라갸의 아들 사가랴의 피까지 땅 위에서 흘린 의로운 피가 다 너희에게 돌아가리라. 내가 진실로 너희에게 이르노니, 이것이 다 이 세대에게 돌아가리라.

⑬예루살렘아, 예루살렘아, 선지자들을 죽이고, 네게 파송된 자들을 돌로 치는 자여, 암탉이 그 새끼를 날개 아래 모음 같이 내가 네 자녀를 모으려 한 일이 몇 번이냐? 그러나 너희가 원치 아니하였도다. 보라. 너희 집이 황폐하여 버린 바 되리라.

⑭내가 너희에게 이르노니, 이제부터 너희는 찬송하리로다. '주의 이름으로 오시는 이여' 할 때까지 나를 보지 못하리라(마태복음 23:1~39).

위 인용문들에서 보다시피, 예수의 비판은 숨이 차도록, 그리고 주저함이 없이 이루어졌다. 자칫, 그 내용을 놓칠 수 있기에 필자가 임의로 일련번호를 매기고 문단을 나누어 놓았을 뿐이다. 이들을 간단히 줄여서 말한다면, 서기관과 바리새인들을 내세워 당대의 탐욕·방탕·불법 등으로 얼룩져 있는 기득권층을 신랄하게 비판하였

다 할 것이다. 그 내용의 핵심인 즉 (a)겉과 속이 다른 위선적 언행言
行, (b)하나님에 대한 진실한 믿음과 경배를 외면하고 물질욕에 빠져
있는 종교적 타락, (c)선지자·의인義人·지자智者 등에 대한 핍박·살
해, (d)선량한 교인에 대한 오도誤導와 예수 자신에 대한 부정·불신
등으로 요약된다.

어쨌든, 예수의 비판은 거침이 없다. 서기관과 바리새인들을, 외
식外飾하는 자·우맹·소경·뱀·독사의 새끼 등으로 불러대며, 그들에
게 화가 있으리라고 단정적으로 말할 뿐만 아니라 지옥의 심판을 피
할 수 없다고까지 호통쳤다.

그리하여 예수는 그들로부터 외면·불신당했으며, 모함 받게 되
고, 체포·구금되고, 온갖 모욕을 받았으며, 마침내 십자가에 못 박
혀 죽임을 당했다. 엄밀한 의미에서 본다면, 비판 받지 않기 위해서
비판하지 말라고 스스로 말씀하셨는데, 먼저 비판함으로써 비판을
받고 미움의 대상이 되어 버렸다.

그러나 예수는, 자신의 눈에 들보도 티도 없는 온전한 이였기 때
문에 들보가 박힌 저들을 비판할 수 있었다고 본다. 그럼에도 불구
하고, 똥 묻은 개가 겨조차 묻지 않은 개를 물어 죽인 꼴이 되었다
고나 할까, 마땅히 비판 받아야 할 사람들이 깨끗하고 온전한 그를
시기·질투한 끝에 죽여 버린 것이다. 예수의 딱한, 아니 어처구니없
는 상황을 오늘날 인간사회에 그대로 대입시켜 보면서 나는 비판하
지 말라는 그의 가르침의 옳고 그름에 대해 새삼 새기어 보지 않을
수 없다.

　-2009. 10. 29.

위선(僞善)에 대하여

예수께서는 겉과 속이 다름을 몹시 싫어하셨다. 겉과 속이 다르다 함은, 말과 행동이 일치하지 않음이요, 겉을 꾸며서 속을 위장하기 때문에 속마음과 겉마음조차 다르다는 뜻이다. 이를 한자어로 표리부동表裏不同이라 하는데, 결과적으로 진실하지 못하다는 뜻이다. 예수께서는 인간의 이러한 행동과 마음 씀씀이를 두고 '외식(外飾:겉을 꾸미는)하는' 이라는 말로 곧잘 표현하셨다(대략 열다섯 번 정도 표현함). 특히, 서기관과 바리새인들의 위선을 낯 뜨거울 정도로 비판하셨다. 예수의 그 비판의 말씀을 그대로 옮겨놓고 보면, 예수가 말하는 위선의 내용이 한눈에 들어올 것이다.

①사람에게 보이려고 그들 앞에서 너희 의義를 행치 않도록 주의하라. 그렇지 아니하면, 하늘에 계신 너희 아버지께 상을 얻지 못하느니라. 그러므로 구제할 때에 외식하는 자가 사람에게 영광을 얻으려고 회당과 거리에서 하는 것 같이 너희 앞에 나팔을 불지 말라. 진실로 너희에게 이르노니, 저희는 자기상을 이미 받았느니라.

②너는 구제할 때에 오른손의 하는 것을 왼손이 모르게 하여, 네 구제함이 은밀하게 하라. 은밀한 중에 보시는 너의 아버지가 갚으시리라. 또, 너희가 기도할 때에 외식하는 자와 같이 되지 말라. 저희는 사람에게 보이려고 회당과 큰 거리 어귀에 서서 기도하기를 좋아하느니라. 내가 진실로 너희에게 이르노니, 저희는 자기상을 이미 받았느니라.

③너는 기도할 때에 네 골방에 들어가 문을 닫고 은밀한 중에 계신 네 아버지께 기도하라. 은밀한 중에 보시는 네 아버지께서 갚으시리라. 또, 기도할 때에 이방인과 같이 중언부언하지 말라. 저희는 말을 많이 하여야 들으실 줄 생각하느니라. 그러므로 저희를 본받지 말라. 구하기 전에 너희에게 있어야 할 것을 하나님 너희 아버지께서 아시느니라.

④금식할 때에 너희는 외식하는 자들과 같이 슬픈 기색을 내지 말라. 저희는 금식하는 것을 사람에게 보이려고 얼굴을 흉하게 하느니라. 내가 진실로 너희에게 이르노니, 저희는 자기상을 이미 받았느니라. 너는 금식할 때에 머리에 기름을 바르고 얼굴을 씻으라. 이는 금식하는 자로 사람에게 보이지 않고, 오직 은밀한 중에 계신 네 아버지께 보이게 하려함이라. 은밀한 중에 보시는 네 아버지께서 갚으시리라.

⑤비판을 받지 아니하려거든 비판하지 말라. 너희의 비판하는, 그 비판으로 너희가 비판을 받을 것이요, 너희의 헤아리는, 그 헤아림으로 너희가 헤아림을 받을 것이니라. 어찌하여, 형제의 눈 속에 있는 티는 보고, 네 눈 속에 있는 들보는 깨닫지 못하느냐? 보라. 네 눈 속에 들보가 있는데 어찌하여 형제에게 말하기를, 나로 네 눈 속에 있는 티를 빼게 하라 하겠느냐? 외식하는 자여, 먼저 네 눈 속에서 들보를 빼어라. 그 후에야 밝히 보고, 형제의 눈 속에서 티를 빼리라.

⑥서기관들과 바리새인들이 모세의 자리에 앉았으니, 그러므로 무엇

이든지 저희의 말하는 바는 행하고 지키되, 저희의 하는 행위는 본받지 말라. 저희는 말만 하고 행치 아니하며, 또 무거운 짐을 묶어 사람의 어깨에 지우되, 자기는 이것을 한 손가락으로도 움직이려 하지 아니하며, 저희 모든 행위를 사람에게 보이고자 하여 하나니, 곧, 그 차는 경문을 넓게 하며, 옷술을 크게 하고, 잔치의 상석과 회당의 상좌와 시장에서 문안 받는 것과 사람에게 랍비라 칭함을 받는 것을 좋아하느니라.

⑦화 있을진저. 외식하는 서기관들과 바리새인들이여, 너희는 천국 문을 사람들 앞에서 닫고, 너희도 들어가지 않고, 들어가려 하는 자도 들어가지 못하게 하는도다! (없음) 화 있을진저. 외식하는 서기관들과 바리새인들이여, 너희는 교인 하나를 얻기 위하여 바다와 육지를 두루 다니다가 생기면, 너희보다 배나 더 지옥 자식이 되게 하는도다!

⑧화 있을진저. 소경된 인도자여, 너희가 말하되, "누구든지 성전으로 맹세하면 아무 일 없거니와, 성전의 금으로 맹세하면 지킬지라." 하는도다! 우맹이요 소경들이여, 어느 것이 크뇨? 그 금이냐? 금을 거룩하게 하는 성전이냐? 너희가 또 이르되, "누구든지 제단으로 맹세하면 아무 일 없거니와 그 위에 있는 예물로 맹세하면 지킬지라." 하는도다! 소경들이여, 어느 것이 크뇨? 그 예물이냐? 예물을 거룩하게 하는 제단이냐? 그러므로 제단으로 맹세하는 자는 제단과 그 위에 있는 모든 것으로 맹세함이요, 또 성전으로 맹세하는 자는 성전과 그 안에 계신 이로 맹세함이요, 또 하늘로 맹세하는 자는 하나님의 보좌와 그 위에 앉으신 이로 맹세함이니라.

⑨화 있을진저. 외식하는 서기관들과 바리새인들이여, 너희가 박하와 회향과 근채의 십일조를 드리되, 율법의 더 중한 바 의와 인과 신은 버렸도다. 그러나 이것도 행하고, 저것도 버리지 말아야 할지니라. 소경

된 인도자여, 하루살이는 걸러 내고 약대는 삼키는도다!

⑩화 있을진저. 외식하는 서기관들과 바리새인들이여, 잔과 대접의 겉은 깨끗이 하되, 그 안에는 탐욕과 방탕으로 가득하게 하는도다! 소경 된 바리새인아, 너는 먼저 안을 깨끗이 하라. 그리하면 겉도 깨끗하리라. 화 있을진저. 외식하는 서기관들과 바리새인들이여, 회칠한 무덤 같으니 겉으로는 아름답게 보이나 그 안에는 죽은 사람의 뼈와 모든 더러운 것이 가득하도다. 이와 같이 너희도 겉으로는 사람에게 옳게 보이되, 안으로는 외식과 불법이 가득하도다!

⑪화 있을진저. 외식하는 서기관들과 바리새인들이여, 너희는 선지자들의 무덤을 쌓고 의인들의 비석을 꾸미며 가로되, "만일, 우리가 조상 때에 있었다면 우리는 저희가 선지자의 피를 흘리는데 참예하지 아니하였으리라." 하니, 그러면 너희가 선지자를 죽인 자의 자손 됨을 스스로 증거함이로다. 너희가 너희 조상의 양을 채우라. 뱀들아, 독사의 새끼들아, 너희가 어떻게 지옥의 판결을 피하겠느냐?

마태복음 제6, 7, 23장의 말씀을 이해하기 쉽게 위선과 관련된 부분만을 옮겨 놓았으되, 문장부호를 사용하고, 일련번호를 매겨 놓았을 뿐이다. 위 열 한 가지 내용들이 예수가 인식한 위선의 내용인 셈인데, 이것들을 일별하면 이렇게 정리할 수 있을 것 같다. 곧, ① 겉과 속이 다름, ②겉을 드러내기 좋아하는 성향, ③자기모순, ④말을 앞세우면서도 실천하지 않거나 못하는 삶, ⑤천국복음에 대하여 잘못 가르치거나 방해하는 삶 등이 다 위선이라는 것이다. 여기서, 겉과 속이 다르다 함은 속마음을 감추고 겉으로 꾸미어 말하고 행동함을 일컬으며, 겉을 드러내기 좋아하는 성향이란 자신의 말이나 행동을 겉으로 드러냄으로써 자랑하고 인정받고 싶은 욕구(명예욕)에 의해서 기도·금식할 때나 남을 돕고 바른 일을 할 때에 여러 사람들에게 보이도록 하는 태도를 일컫는다. 그리고 자기모순이란 자기 잘못에 대해서는 지각하지 못하면서 남의 잘못을 비판하는 행위를 말하며, 천국복음에 대하여 잘못 가르치거나 방해하는 삶이란 하나님의 뜻이나 계획을 전하는 지도자 입장에 있는 사람들이 오히려 그릇되게 가르치거나 훼방하는 태도나 활동을 뜻한다.

우리는 위 예문만으로도 예수가 얼마나 믿음을 가장한 위선을 싫어했는지 알 수 있다. 솔직히 말해서, 예수가 경계한 위선의 내용들은 그가 살던 시절이나 지금이나 크게 다를 바 없다고 생각한다. 예수가 이토록 신랄하게 지적·비판했어도 달라진 것이 없다는 뜻인데, 보라. 오늘날 우리가 어떻게 기도하며, 금식하며, 사회봉사활동을 하는지를 생각한다면 과거 서기관이나 바리새인이나 크게 다를 바 없다는 사실을 알게 될 것이다.

그렇다면, 예수의 이런 직접적인 가르침이 경전에 분명하게 기록되어 있는데, 왜 우리는 변하지 않는 것일까? 인간은 원래부터가, 아니, 생존본능으로서 남보다 우월한 위치에 있고 싶어할 뿐 아니라 실제로 그 목표를 이루기 위해서 평생을 노력하며 산다 해도 틀리지 않는 운명적 속성 때문이 아닌가 싶다. 여기서 우월한 위치란, 상대적으로 재물이나 권력 등을 많이 갖고, 역사나 자연현상이나 종교적 지식 등을 많이 알고, 주변 사람들 속에서 중심적 역할을 하며, 부러움과 존경을 받는 자리일 것이다. 그런 자리에 있는, 아니, 그런 자리에 오른 사람이 자신을 낮추고, 남들을 위해서 헌신적으로 봉사하며, 하나님께 간절히 감사·기도하는 생활을 한다는 것은 실로 어려운 일일 것이다. 인간은 그 바탕이 생물학적인 존재에 지나지 않기 때문이다.

위선이 역겹고 싫다는 것은 다 알지만 그런 위선을 부리는 것이 다름 아닌 인간임을 어찌하랴.

-2008. 11. 18.

높이 20.5센티미터 크기의, 주교가 의식 때에 쓰는 모자로서 꽃무늬 장식을 새기고 그 위에 은으로 도금하였다. 그리고 구멍을 뚫고 에나멜 장식용 실을 매달아 장식하였다.(1678년 작품)
Mitre in gilded silver(height 20.5cm) with engraved representation. Floral ornamentation, perforated and enriched with braided enamel. 1678.

의義에 대하여

의義란 옳고 그름 가운데 옳음을 구하는 말과 행동을 뜻한다. 그래서 그 의에 대하여 우리는 '인간으로서 마땅히 추구해야 할 삶의 도리'라는 철학적 의미까지 부여하기를 주저하지 않는다. 특히, 고대 중국이나 우리의 철학에서는 이 의義가 모든 인간사의 근본이며, 이로움을 가져다주는 덕목으로서 받아들였다. 그래서 개개인으로부터 특정 집단이나 국가 등 조직사회에 이르기까지 이 의를 추구해야 한다고 강조해 왔으며, 사회정의를 구현하는 한 요소로서 여겨왔던 것이다.

고대 유대인들이 집필한 예수교 경전 안에서도 공의公義·정의正義·의義라는 말이 뒤섞여 사용('공의公義':96회, '정의正義':16회, '의義':345회 이상)되었는데, 이들 가운데 의가 가장 포괄적인 개념인데도 불구하고 가장 좁은 의미로 사용되었다.

먼저, '공의公義'라 함은, 일반적으로 '공평하고 의로운 도'라고 정의하지만 나는 모든 사람들이 같이 생각하는, 그래서 모든 사람에게 똑 같이 적용되어야 하는 판단의 기준으로서 의로움이 공의이고,

그것이 구현되는 것이 정의라고 말하고 싶다. 경전 안에서는, 이 '공의'라는 말이 '정의'라는 말과 뒤섞여 사용되었지만, 그 근원을 따지자면 이러하다. 곧, 아브라함이 '하나님의 심판이 공의로써 이루어져야 한다(창세기 18:25)'고 말함으로써 처음 사용되기 시작했는데, 그 뒤로는 인간 세상의 지도자가 백성들을 재판 또는 심판할 때에도 이 공의로써 해야 할 뿐만 아니라(레위기 19:15) 백성이라면 모름지기 이 공의를 추구해야 한다고 강조되었다(신명기 16:20, 사무엘하 15:4, 23:3, 호세아 12:6, 아모스 5:15, 스바냐 2:3 외).

따라서 공의는 하나님의 정체성을 이루는 속성 가운데 하나로서 자주 언급되고 있는데(신명기 32:4, 33:21, 사무엘하 15:4, 느헤미야 9:33, 욥기 8:3, 시편 9:8, 33:5, 37:28, 이사야 11:4, 예레미야 5:1, 에스겔 34:16, 다니엘 9:14, 미가 6:8, 말라기 2:17 외) 특히 인류 심판과 관련하여 많이 사용되었다. 이러한 배경이 있었기 때문에 예수도 '바리새인들이 십일조는 내면서 인간으로서 마땅히 추구해야 하는 공의를 저버리고 있다'라고, 그들을 비판했으며(누가복음 11:42), '사람을 판단할 때에는 외모로 하지 말고 공의로써 하라'고 직접 언급했던 것이다(요한복음 7:24).

이처럼 예수의 말이나 행동은 유대교의 경전인 구약 곧 선대先代의 가르침 속에서 나왔는데, 그 전형적인 예가 유대인의 왕으로서 초라한 나귀새끼를 타고 예루살렘 성으로 들어가는 일이었다. 예수의 이런 행동은, "시온의 딸아, 크게 기뻐할지어다. 예루살렘의 딸아, 즐거이 부를지어다. 보라! 네 왕이 네게 임하나니, 그는 공의로우며, 구원을 베풀며, 겸손하여서, 나귀를 타나니 나귀의 작은 것 곧 나귀새끼니라(스가랴 9:9)."는 스가랴 선지자의 언급이 먼저 있었기 때문에 나온 것이다. 물론, 이 '공의'라는 말과 '나귀새끼를 타고 입성'하는 행동만이 있는 것은 아니다. 예수의 입에서 나온 거의 모든 말들이 다 앞선 기록에서 나온 것들이고, 예수의 행동 역시 여러 선지자들이 행하거나 요구한 것들의 모방·변형·종합인 것이다. (이에 대한 자세한 사항은 다른 글 「예수는 어떤 책을 읽었을까」를 참고하기 바란다.)

이야기가 다소 빗나갔지만, 경전에서 말하는 의義의 개념을 확인하기 위해서는, 창세기로부터 요한계시록까지에서 무려 354회 이상 언급되고 있는 의를 재해석하고 있는 예수의 개념을 분석해볼 필요가 있다. 예수가 직접 말씀하신 의에 대해서만 간추리자면 아래와 같다.

①이제 허락하라. 우리가 이와 같이 하여 모든 의義를 이루는 것이 합당하니라(마태복음 3:15).

②의에 주리고 목마른 자는 복이 있나니 저희가 배부를 것임이요(마태복음 5:6),

③의를 위하여 핍박을 받은 자는 복이 있나니 천국이 저희 것임이라(마태복음 5:10).

④너희 의가 서기관과 바리새인보다 더 낫지 못하면 결단코 천국에 들어가지 못하리라(마태복음 5:20).

⑤이같이 한즉 하늘에 계신 너희 아버지의 아들이 되리니, 이는 하나님이 그 해를 악인과 선인에게 비취게 하시며, 비를 의로운 자와 불의한 자에게 내리우심이니라(마태복음 5:45).

⑥사람에게 보이려고 그들 앞에서 너희 의를 행치 않도록 주의하라. 그렇지 아니하면 하늘에 계신 너희 아버지께 상을 얻지 못하느니라(마태복음 6:1).

⑦너희는 먼저 그의 나라와 그의 의를 구하라. 그리하면 이 모든 것을 너희에게 더하시리라(마태복음 6:33).

⑧요한이 의의 도로 너희에게 왔거늘 너희는 저를 믿지 아니하였으되, 세리와 창기는 믿었으며, 너희는 이것을 보고도 종시 뉘우쳐 믿지 아니하였도다(마태복음 21:32).

⑨화禍 있을진저. 외식外飾하는 서기관들과 바리새인들이여, 너희가 박하薄荷와 회향茴香과 근채芹菜의 십일조를 드리되 율법의 더 중한바 의義와 인仁과 신信은 버렸도다. 그러나 이것도 행하고 저것도 버리지 말아야 할지니라(마태복음 23:23).

⑩그러므로 의인 아벨의 피로부터 성전과 제단 사이에서 너희가 죽인 '바라갸'의 아들 '사가랴'의 피까지 땅 위에서 흘린 의로운 피가 다 너희에게 돌아가리라(마태복음 23:35).

의義에 대해 언급하고 있는 위 10개 항목의 문장을 아무리 살펴보아도 ― 의인義人·의로운 피·의로운 자·의義의 도道·의義 등의 용어가 쓰이고 있지만 ― 그것이 무엇인지는 직접적으로 설명하고 있지는 않다. 따라서 각 항목에 쓰인 의義의 숨은 의미를 추론해 보아야만 한다.

먼저, 의義에 주리고 목마른 자②, 의義를 위하여 핍박逼迫을 받은 자③, 서기관과 바리새인의 의보다 더 나은 의義를 가지는 자④, 의義의 도道로서 온 요한⑧, 의를 버린 위선적인 서기관과 바리새인⑨ 등을 전제한다면, 예수가 말한 의가 옳고 그름 가운데 옳음을 구하는 말과 행동을 뜻한다. 그러나 '그 옳음이 무엇이냐'가 새로운 문제로서 반드시 해결되어야만 한다.

그렇다면, 예수가 생각하고 있는, 옳음이란 무엇인가? 다시 말해, '인간으로서 마땅히 추구해야 할 삶의 도리'로서 올바른 말과 행동이란 무엇인가? 그 단서가 '아벨'과 '사가랴'라는 두 사람이 흘린

피⑩가 될 것이다. 다시 그렇다면, 그 두 사람이 흘린 피란 무슨 의미인가?

'아벨'은 아담과 하와의 둘째 아들로서 첫째 아들인 '가인'으로부터 살해당하지만, 자신이 기르는 양의 첫 새끼와 기름으로써 하나님께 제사를 드렸던, 하나님에 대한 충실한 믿음을 가졌던 사람이었다. 그리고 '사가랴'는 제사장으로서 기도할 때에 대(代)를 이을 자식 걱정을 하자 하나님이 아들을 낳게 해주겠다고 약속하는데, 그것을 의심함으로써 벙어리가 되어버렸고, 하나님의 약속대로 아들을 낳게 되자 하나님에 대한 믿음을 회복하고, 성전에서 아들의 할례를 행하고, 그의 이름을 지을 때에 비로소 혀가 풀려 하나님을 찬양하는 사람이 된다. 그의 아들이 바로 요단강에서 예수에게 물로써 세례를 주었던 세례 요한이다. 이 두 사람의 삶을 통해서 예수가 말한 의가 무엇인지 비로소 추론할 수 있을 것 같다. 곧, 하나님에 대한 믿음을 갖고, 제사와 기도, 그리고 찬양으로 이루어지는 예배를 진실로써 드리는 삶이다.

그러나 하나님을 믿고 찬양·경배 드리는 삶이 '의'라고 말한다면 많은 사람들은 당혹스럽게 생각할 것이다. 하나님이 어떤 하나님인가가 먼저 명백하게 설명되어야 하는, 또 다른 문제가 제기되기 때문이다. 그렇듯, 하나님은 경전에서 수없이 의롭다고 강조되고 있는데(에스라 9:15, 느헤미야 9:8, 욥기 4:17, 시편 7:9, 7:11, 11:7, 19:9, 36:6, 51:19, 89:14, 116:5 외 다수) 도대체, 하나님의 무엇이 어떻게 의롭다는 것인가?

그것은 하나님의 말씀과 행위가 다 의롭다는 것인데(시편 145:17), 하나님의 말씀과 행위는 결국 ①인간을 포함한 천지창조와 운행 ②인간을 각별하게 사랑하사 인간에게 주는 계율(규례·계명 등 포함) ③악한 영과 인간에 대한 심판 ④심판 후 새 땅 새 하늘에서의 천년 통치 등으로 나타난다. 따라서 하나님의 의義는 이들 네 가지의 일을 수행하는 과정이나 절차나 그 결과 등이 모두 의롭다는 것으로(욥기 4:17, 시편 19:3, 119:160, 119:164, 119:172, 베드로후서 3:13, 요한계시록 15:3, 16:5, 16:7, 19:2 등) 말할 수밖에 없다. 바로 그렇기 때문에 하나님의 의義란 하나님의 명령을 지키는 것(신명기 6:25)이고, 정직한 자가 구하는 것이고(시편 94:15), 영원한 복을 가져다주는 것이고(신명기 12:25, 12:28), 또한, 그 공효가 화평이고, 그것의 결과는 영원한 평안과 안전이며(이사야 32:17), 그 자체가 영원한 진리(시편 119:142)라고까지 말하는 것이 아닐까 싶다.

결과적으로, 하나님이 인간을, 지도자가 백성들을 심판할 때에는 공히 공의로써 해야 하고, 사람과 사람 사이에서 그것이 지켜져야 한다는 것이다. 그리고 인간이 하나님을 진정으로 알고, 믿고, 따르고, 경배하는 삶을 사는 것이 하나님에 대한 인간의 도리로서 '의'라는 것이다. 따라서 공의는 선악을 구분하되 사회학적 의미가 부여된 것으로 인간이 판단한다면, 의란 하나님에 대한 인간의 도리로서 종교적인 의미가 부여된 것으로 하나님이 판단한다고 정리할 수 있을 것 같다. "네 마음을 다하고, 목숨을 다하고, 뜻을 다하고, 힘을 다하여 주 너의 하나님을 사랑하라(마가복음 12:30, 마태복음 22:37, 누가복음 10:27 외)"는 예수의 말이, 하나님에 대한 인간의 도리인 의를 무서우리만큼 강조한 것으로 보인다.

　－2008. 11. 20.

사랑에 대하여

사랑에는 주체와 객체가 있어야 한다. 누가 누구를 사랑해야 하는가? 예수교 경전에서는 하나님이 인간을 사랑하듯, 인간이 하나님을 사랑하고(출애굽기 20:6, 신명기 5:10, 마가복음 12:30, 누가복음 10:27 등), 형제를 사랑하고, 부부간에도 서로 사랑하고(에베소서 5:28, 5:33), 이웃(마태복음 19:19, 22:39, 누가복음 10:27)을 사랑하라 한다. 심지어는 나그네(신명기 10:18)를 자식같이 사랑하고, 나를 핍박하는 자와 원수(레위기 19:18, 마태복음 5:44, 누가복음 6:27)까지도 사랑하라고 한다. 결과적으로, 모든 사람이 창조주 하나님을 사랑하고, 모든 사람이 모든 사람을 사랑하라는 뜻이다. 간단히 말해, 인간이 신을, 그리고 인간이 인간을 사랑하라는 뜻이다. 물론, 이것이 온전히 실천된다면 사랑의 주체가 객체가 되고, 객체가 주체가 되는, 완벽한 '사랑의 천국'이 실현됨에는 틀림없다. 문제는 그렇게 되지 않는다는 데에 있다.

그렇다면, 사랑이란 무엇인가?

사랑은 오래 참고, 사랑은 온유하며, 투기하는 자가 되지 아니하며,

사랑은 자랑하지 아니하며, 교만하지 아니하며, 무례히 행치 아니하며, 자기의 유익을 구치 아니하며, 성내지 아니하며, 악한 것을 생각지 아니하며, 불의를 기뻐하지 아니하며, 진리와 함께 기뻐하고, 모든 것을 참으며, 모든 것을 믿으며, 모든 것을 바라며, 모든 것을 견디느니라. 사랑은 언제까지든지 떨어지지 아니하나 예언도 폐하고, 방언도 그치고, 지식도 폐하리라.

고린도전서 제13장 4절로부터 10절까지의 내용이다. 사랑의 의미에 대해서 아주 쉽게 풀어쓴 것 같지만 대단히 어려운 설명이다. 위인용문을 온전히 이해하려면 문장 가운데 쓰인 '진리'라는 말과 '모든 것'이라는 말이 반드시 해명되어야만 한다. 그러나 예수교라는 종교적 시각에서 이 두 낱말을 보지 않으면 끝내 해명되지도 않는다.

따라서 '예수교'라는 종교적 시각에서 '진리'가 무엇이고, ①참고 ②믿으며 ③바라고 ④견디는 이라는 수식어가 붙는 '모든 것'이 무엇인지를 생각해야만 한다. 게다가, "사랑은 언제까지든지 떨어지지 아니하나 예언도 폐하고, 방언도 그치고, 지식도 폐하리라."는 말의 의미도 함께 해독되어야만 함으로 어렵다고밖에 할 수 없는 것이다.

예수교라는 종교적 시각에서 진리란, 결국 예수교의 종지宗旨 곧, 교리의 핵심이나 그것의 근본 취지를 말할 것이다. 이렇게 볼 때에, ①하나님이 우주만물을 창조·운행하시고 ②하나님이 인간에게 준 율법을 지켜야 하고 ③세상 '끝날'에는 산자와 죽은 자를 심판하며 ④그 결과에 따라서 사람들은 천국과 지옥으로 분류되며 ⑤천국에서는 하나님의 자녀로서 영생하지만 ⑥지옥에서는 영벌을 받는다는 것 등이다. 그리고 참고 견디는 모든 것이란, 이 진리(믿지 않는 사람이 볼 때에는 한낱 '주장'이라는 말이 더 가깝게 느껴지지만)를 믿으며 사는 동안에 받는 고난과 핍박과 환난 등이며, 믿어야 하는 모든 것은 종교 교리로서 모든 가르침이며, 바라는 모든 것은 천국에서의 영생을 포함한 개개인의 소망일 것이다.

그리고 "사랑은 언제까지든지 떨어지지 아니하나 예언도 폐하고, 방언도 그치고, 지식도 폐하리라."라는 말은 무슨 의미인가? 이 역시, 문장의 의미가 분명하게 해독되지 아니하면 '사랑'의 의미를 온전하게 이해할 수 없다. 하지만 다행스럽게도, 불완전한 것이긴 하지만, 이를 해석하게 하는 단서가 붙어 있다.

우리가 부분적으로 알고 부분적으로 예언하니 온전한 것이 올 때에는 부분적으로 하던 것이 폐하리라. 내가 어렸을 때에는, 말하는 것이 어린아이와 같고, 깨닫는 것이 어린아이와 같고, 생각하는 것이 어린아이와 같다가, 장성한 사람이 되어서는 어린아이의 일을 버렸노라. 우리가 이제는 거울로 보는 것 같이 희미하나 그 때에는 얼굴과 얼굴을 대하여 볼 것이요, 이제는 내가 부분적으로 아나 그 때에는 주께서 나를 아신 것 같이 내가 온전히 알리라. 그런즉 믿음, 소망, 사랑, 이 세 가지는 항상 있을 것인데 그 중에 제일은 사랑이라.

고린도전서 제13장 9절로부터 13절까지의 내용이다. 이 내용의 핵심인 즉 우리가 하나님을 온전히 알지 못할 때에는 그 불완전한 앎, 곧 하나님에 대한 부분적인 지식으로써 부분적으로 예언하고, 부분적으로 방언하게 되는데, 그 결과는 희미한 거울에 비추이는 하나님을 본 것에 지나지 않는다는 것이다. 따라서 하나님이 우리를 온전히 아는 것처럼, 바꿔 말해, 하나님이 우리를 온전히 사랑하는 것처럼 우리가 하나님을 온전히 아는 것이야말로 '온전한 사랑'의 조건인 동시에 그 자체라는 것이다. 다시 말해, 우리가 얼굴과 얼굴을 맞대어 볼 때처럼 하나님을 분명하게 알아야 온전한 사랑이 가능하다는 것이고, 온전히 알기 때문에 굳이 예언과 방언과 불완전한 지식이 더 이상 필요치 않다는 것이다.

하나님의 지극한 인간 사랑과 하나님이 원하는 인간의 인간사랑은, 모름지기, ①오래 참고, ②온유하며, ③투기하는 자가 되지 아니하며, ④자랑하지 아니하며, ⑤교만하지 아니하며, ⑥무례히 행치 아니하며, ⑦자기의 유익을 구치 아니하며, ⑧성내지 아니하며, ⑨악한 것을 생각지 아니하며, ⑩불의를 기뻐하지 아니하는 속성을 띠어야 한다는 것이다. 동시에 하나님의 인간 사랑이 지극하여 떨어짐[枯渴]이 없듯이 인간도 하나님을 온전히 앎으로써 온전히 사랑하고, 그렇게 서로 사랑하라는 뜻이다.

그렇기에 "원수를 갚지 말며, 동포를 원망하지 말며, 이웃 사랑하기를 네 몸과 같이 하라(레위기 19:18)." 했으며, "너희와 함께 있는 타국인을 너희 중에서 낳은 자 같이 여기며, 자기 같이 사랑하라(레위기 19:34)."했으며, "너희 모든 일을 사랑으로 행하라(고린도전서 16:14)."고까지 말할 수 있지 않았나 싶다. 그렇듯, 사랑이란 '모든 허물을 가려주고(잠언 10:12)', '거짓이 없으며(로마서 12:9)', '덕을 세우며(고린도전서 8:1)', '두려움이 없고(요한1서 4:18)', '모든 번제물과 기타 제물보다 낫고(마가복음 12:33)', '율법의 완성(로마서 13:10)'이라고까지 했다. 한 마디로 말해, 예수교는 '사랑'이라는 단어 하나로 요약되며, 인간이 인간을 사랑하고, 창조주 하나님을 사랑하기만 하면 하나님께서 천대까지 은혜를 베풀어주겠다고 약속한다(신명기 5:10). 사랑을 권장하고 사랑을 나누어주는 사랑의 종교가 바로 예수교인 셈이다. 문제는 말처럼 실천하기가 쉽지 않다는 현실에 있다.

결과적으로, 예수교 경전에서 말하는 온전한 사랑의 방법이란, ① 하나님을 믿고, ②하나님이 인간에게 주신 계율을 지키고, ③하나님이 원하는 경배를 드리는 삶이 될 터인데, 인간 생명의 본질과 사랑의 속성상 온전히 실천할 수 없다는 데에 문제가 있다. 여기서 생명의 본질이란, 생명현상을 유지하고 고양시키는 데에 필요한 에너지를 몸 밖에서 구해야 하기 때문에 경쟁이 불가피하고, 경쟁이 불가피하기 때문에 욕구 충돌이 일어날 수밖에 없는 현실성을 두고 한 말이다. 그리고 사랑의 속성이란 근본적으로 주는 것보다 받는 것을 먼저 원하며, 사랑을 함에도 반드시 조건이 붙게 마련이라는 사실이다.

-2008. 11. 28.

사랑의 속성에 대하여

사랑이란 무엇인가? 상대가 원하는 것을 기꺼이 주는 마음과 행동이 사랑이라고 나는 말하고 싶다. 그래서 사랑에는 반드시 조건이 붙게 마련이다. 조건 없는 사랑이란 있을 수 없다. 그런데 누가 조건 없는 사랑을 운운하는가. 다 위선이라고 생각한다. 하나님조차도 인간을 지극히 사랑한다지만 조건이 있다. 예수도 인간을 지극히 사랑하였다지만 역시 조건이 있었다.

그 조건이란 무엇인가? ①직임과 법도와 규례와 명령을 항상 지켜야 하고(신명기 11:1), ②계명을 지켜야 하고(요한복음 14:15, 14:21), ③이 세상이나 세상에 있는 것들을 사랑치 말아야 한다(요한1서 2:15)는 조건이다. ①과 ②는 노력하면 지킬 수 있다지만 ③은 실로, 실천하기 어려운 조건이다. 아니, 원천적으로 실천할 수 없는 조건이다. 오늘날 예수교 경전을 손에 들고 다니는 수많은 사람들의 삶이나 그들이 다니는 교회를 보면 알 수 있다고 본다.

그리고 사랑은 근원적으로 주는 것이라기보다 받기를 먼저 원하는 것이다. 우리 한국의 시인 유치환은 작품「행복」에서 "사랑하는 것은 사랑을 받느니보다 행복하나니라."라고 노래했고, 많은 사람들은 그렇게 믿지만 사실은 전혀 그렇지가 않다. 이는 어디까지나 스스로 위로하는 말이고, 스스로가 애써 그렇게 느끼거나 여기는 말이지, 객관적 진실은 아니다. 그렇다고 그 주관적 표현이 거짓이라고 말하는 것은 아니다. 왜냐하면, 상대방이 그런 나의 사랑을 알아주고 받아주든 그렇지 못하든 관계없이 내가 사랑하고픈 대상을 일방적으로 사랑할 때에도 스스로 즐겁고 스스로 행복하다고 느낄 수 있기 때문이다. 그러나 이것은 어디까지나 주관적 진실이 되긴 하지만 모든 사람들에게 적용되는 객관적 진리가 아니라는 뜻이다.

하나님조차도 자신의 백성들로 하여금 자신을 지극히 사랑해달라고 요구했었다. 곧 "나를 사랑하고 내 계명을 지키는 자에게는 천대까지 은혜를 베푸느니라(출애굽기 20:6, 신명기 5:10)"했고, "너는 마음을 다하고, 성품을 다하고, 힘을 다하여 네 하나님 여호와를 사랑하라(신명기 6:5)."고 했다. 그렇듯, 예수도 그 누구보다도 자신을 지극히 사랑해 달라고 강조한 바 있다. 곧, "아비나 어미를 나보다 더 사랑하는 자는 내게 합당치 아니하고, 아들이나 딸을 나보다 더 사랑하는 자도 내게 합당치 아니하고, 또 자기 십자가를 지고 나를 좇지 않는 자도 내게 합당치 아니하니라(마태복음 10:37~38)." 라고까지 말했다. 사랑은 주는 것보다 받는 것이 더 행복함에 틀림없다. 자신에게 물어들 보시라.

실로, 사랑에는 누가, 누구를, 무엇을 사랑하든지 반드시 조건이 붙게 마련이고, 일방적으로 주기보다는 더불어 주고받기를 원하는 것이 보편적인 진실이다. 이런 원칙을 무시하면 사랑도 더는 오래 가지 못하는 법이다. 그렇기에 하나님의 온전한 사랑이란, 하나님을 온전히 알고 믿는 것이며, 하나님이 붙여주신 조건을 충족시켜야 하고, 하나님이 원하는 경배를 드려야 한다.

그렇듯 나의 사랑에는 어떠한 조건이 붙으며, 내가 원하는 바가 무엇인지를 새삼 자문自問해볼 필요가 있다. 그러나 이 세상에서 가장 솔직하고 가장 위대한 사랑이란 '함께 울고 함께 웃는' 마음이요, 행동이라고 생각한다.

　-2008. 11. 28.

병을 죄의 대가로 여기는 편견

하나님을 믿는 일부의 사람들은 자신의 병病에 대하여 상당한 정신적 부담감을 가진다. 정신적으로든 신체적으로든 어떠한 질병에 걸리게 되면, 본인이 죄를 많이 지어서 병을 얻은 것으로 오해하기 때문이다. 이런 기본적 시각은 부처님을 믿는 사람들도 마찬가지다. 자신의 병을 전생前生에 혹은 이승의 업보業報 때문이라고 믿기 때문이다. 그래서 일부의 병자들은 자신의 병에 대하여 입을 열지 않으려는 경향마저 가지고 있는 게 사실이다.

그렇다면, 누가 무엇을 가지고 순박한 사람들로 하여금 그런 믿음을, 그런 고약한 편견을 갖게 했을까? 예수교 경전인 성경이나 부처님 말씀을 기록했다는 불경 내용을 가지고 강론을 펴거나 전도해 온 사람들이라고 생각한다.

예수께서 배에 오르사, 건너가 본 동네에 이르시니, 침상에 누운 중풍병자를 사람들이 데리고 오거늘, 예수께서 저희의 믿음을 보시고 중풍병자에게 이르시되, "소자야, 안심하라. 네 죄 사함을 받았느니라."

어떤 서기관들이 속으로 이르되, '이 사람이 참람하도다.' 예수께서 그 생각을 아시고 가라사대, "너희가 어찌하여 마음에 악한 생각을 하느냐? '네 죄 사함을 받았느니라.' 하는 말과 '일어나 걸어가라.' 하는 말이 어느 것이 쉽겠느냐? 그러나 인자가 세상에서 죄를 사하는 권세가 있는 줄을 너희로 알게 하려 하노라." 하시고, 중풍병자에게 말씀하시되, "일어나 네 침상을 가지고 집으로 가라." 하시니, 그가 일어나 집으로 돌아가거늘 무리가 보고 두려워하며 이런 권세를 사람에게 주신 하나님께 영광을 돌리니라.

마태복음 제9장 1절로부터 8절까지의 말씀이다. 예수께서 중풍병자를 말씀 한 마디로 낫게 하면서 "소자야, 안심하라. 네 죄 사함을 받았느니라."라고 말씀하셨다. 여기까지만 보게 되면 사람의 병이 지은 죄 때문이라고 능히 여길 만하다. 만약에, 이것을 아담과 하와의 원죄와 그 대가까지로 연계시켜서 확대해석한다면 더욱 그러할 것이다.

게다가, 당대 사람들조차 그런 편견을 가졌었다는 사실이다. 그 증거가 성경 안에 있다. 그것은, 소경으로 태어난 사람을 길거리에서 보았을 때 "랍비여, 이 사람이 소경으로 난 것이 뉘 죄로 인함이오니이까? 자기오니이까? 그 부모오니이까?(요한복음 9:2)"라고 제자들이 예수께 질문했다는 사실이다. 물론, 예수의 대답은 "이 사람이나 그 부모가 죄를 범한 것이 아니라 그에게서 하나님의 하시는 일을 나타내고자 하심이니라(요한복음 9:3)."라고 엉뚱하게 말씀하셨지만, 당대 사람들이 그런 생각을 가졌던 것만은 틀림없다고 본다. 이런 질문 자체가 병을 죄와 연계시켜 생각하는 경향이 당대 사람들에게, 그것도 예수의 제자들에게까지 있었음을 보여주는 단서이기 때문이다. 물론, 제자들과 당대 사람들에게 결정적인 영향을 끼쳤으리라고 판단되는 예수의 말도 있다. 그것은 38년 묵은 병자를 치료해 주고 그에게 한 말이다. 곧, "네가 나았으니 더 심한 것이 생기지 않게 다시는 죄를 범치 말라(요한복음 5:14)."고 하셨다. 그렇다면, 예수의 이런 시각은 어디서 왔을까? 그것은 하나님이 모세에게 직접 말했다는 내용과 결코 무관하지 않다고 본다. 곧, "누가 사람의 입을 지었느뇨? 누가 벙어리나 귀머거리나 눈 밝은 자나 소경이 되게 하였느뇨? 나 여호와가 아니뇨(출애굽기 4:11)?"이다.

이런 예수교 경전을 가까이 하는 사람들은 바로 이런 연유로 병을 죄와 연계시켜 생각하는 경향을 가지고 있다. 하지만, 인간의 병에 대한 본질을 바로 보지 못하게 하는 편견에 뿌리를 둔 일종의 자학적 태도요 왜곡된 시각이라는 점을 유념할 필요가 있다. 예수의 말처럼 모든 사람의 모든 병을 '하나님의 하시는 일을 나타내고자 함'이라고 말할 수 있으며, 또한, 모든 사람의 모든 병이 죄의 대가라면 이미 예수가 인류의 죄를 대속해 주었다는 말이 무색해지지 않는가. 제대로 대속해 주었다면 그 후에 사람들은 죄 사함을 받았을 것이고, 그 결과 더 이상 죄도 짓지 않았을 것이며, 동시에 병도 없어졌어야 하지 않는가? 그런데 현실은 전혀 그렇지가 않다. 죄 사함을 받고도 인류는 조금도 바뀌지 않았기 때문이다. 이는 무엇을 말하는가? 내가 예수를 하나님으로 믿는 자들에게 묻고 싶다.

실제로, 병석에 누워있는 성도가 있으면 의례히 목사님이 다른 성도들을 이끌고 병문안하게 되는데, 그 때에 약식 예배를 하나님께 드리는 경우가 많다. 그 예배의 핵심이야, 환자의 병을 말끔히 치료해 주고, 건강을 회복해 달라고 예수님의 이름을 받들어서 기도해 주면서 찬송가를 부르는 일이다. 그렇다고 죽을 자가 죽지 않는 것도 아니고, 회복 불가능자가 회복되는 것도 아니다. 다만, 병문안 차 온 사람들의 따뜻한 마음으로부터 위로를 받으며, 보이지는 않지만 하나님의 손을 꼭 붙잡고서 자신의 모든 것을 맡길 때처럼 잠시 동안이라도 편안함을 누릴 수는 있을 것이다. 이런 종교적 믿음을 갖고 살아가는 주변 사람들의 생활문화를 누누이 지켜보노라면 꼭 병 주고 약 주는 꼴이라는 생각을 떨칠 수가 없다.

그러나 분명한 사실은, 인간의 생명은 구조물의 기능이고, 그 기능장애가 곧 질병인데, 문제는 그것을 피할 수 없다는 사실이다. 있는 그대로를 받아들이는 태도가 무엇보다 중요하다고 본다.

-2009. 01. 19.

'거듭남' 과 '바람[風]' 에 대하여

바리새인 '니고데모' 라 하는 유대인 관원이 어느 날 밤에 예수께 와서 "랍비여, 우리가, 당신은 하나님께로서 오신 선생인 줄 아나이다. 하나님이 함께 하시지 아니하시면 당신의 행하시는 이 표적을 아무라도 할 수 없음이니이다."라고 말하자, 예수께서는 "진실로, 진실로 네게 이르노니, 사람이 거듭나지 아니하면 하나님 나라를 볼 수 없느니라. I tell you the truth, no one can see the kingdom of God unless he is born again(요한복음 3:3)."라고 대답하셨다.

그러자, 그 니고데모에게 '거듭나야 한다' 는 말이 이해되지 않았는지, 그는 다시 예수께 묻는다. "사람이 늙으면 어떻게 날 수 있삽나이까? 두 번째 모태에 들어갔다가 날 수 있삽나이까?"라고 말이다. 그러자, 예수께서 다시 그에게 말씀하시기를, "진실로, 진실로 네게 이르노니, 사람이 물과 성령으로 나지 아니하면 하나님 나라에 들어갈 수 없느니라. 육으로 난 것은 육이요, 성령으로 난 것은 영이니, 내가 '네게 거듭나야 하겠다' 하는 말을 기이히 여기지 말라.

바람이 임의로 불매, 네가 그 소리를 들어도 어디서 오며 어디로 가는지 알지 못하나니, 성령으로 난 사람은 다 이러하니라. I tell you the truth, no one can enter the kingdom of God unless he is born of water and the Spirit. Flesh gives birth to flesh, but the Spirit gives birth to spirit. You should not be surprised at my saying, 'You must be born again.' The wind blows wherever it pleases. You hear its sound, but you cannot tell where it comes from or where it is going. So it is with everyone born of the Spirit(요한복음 3:5~8)." 라고, 비교적 자세하게 설명해 주었다.

그렇다고, '거듭난다'는 말의 진의眞意가 다 해명되었을까? 오히려 더 어려워지고 더 복잡해진 것 같다는 게 나의 판단이다. 따라서 처음부터 다시 생각해 보기로 하자.

'거듭남'이란 말 그대로, 그리고 영문에서 보듯이, '다시 태어남'이라는 뜻이다. 그런데 혼동해서는 안 될 것이, 육체적인 재탄생이 아니라 정신적인 재탄생을 의미한다는 사실이다. 그렇듯, 현실 사회에서도 개인의 획기적인 발전적 변화를 두고 '거듭났다'라는 표현을 쓴다.

그러나 예수에게는 한 가지 문제가 있다. 그것은 인간 존재를 영靈과 육肉으로 분리해서 말한다는 것이다. 육을 떠난 영의 존재여부에 대해서 입증해 보일 수도 없지만 그것(육을 떠난 영)은 인간생명체로서의 의미가 없다. 설령, 영이 별도로 존재한다 하더라도 그것은 이미 온전한 인간이 아니기 때문이다. 그렇듯이, 영이 떠난 육 또한 마찬가지일 뿐이다. 그럼에도 불구하고, 예수는 천국에 가서 영생한다는 것도 분명하게 '인간'이 아니라 '영'이라 했는데, 사람들은 죽은 몸이 다시 살아나 영생하는 것으로 임의 해석하고 있다. 아니, 사람들이 그렇게 임의 해석하는 게 아니라 경전 내에 '죽은 몸이 다시 산다'라고 이중적으로 기록되어 있다.

그런데 ①하나님 나라를 보기 위해서, 그리고 ②그곳(하나님 나라)에 들어가기 위해서 거듭나야 한다는 것이고[거듭남의 목적], ③거듭나기 위해서는 물과 성령으로 나야 한다는 것이다[거듭남의 방법]. 그렇다면, 물과 성령으로 난다는 것은 또 무슨 말인가? 물로써 어떻게 해야 다시 나는 것이고, 성령으로써 어떻게 해야 다시 나는 것인지에 대해서는 구체적인 설명이 없다. 물론, 경전 내용의 전체를 유기적으로 읽으면 '세례'를 뜻한다는 것을 금세 알아차릴 수 있다.

세례란, 이미 다른 글에서 정리했듯이, 자기 죄를 자복[自服:범죄犯罪 사실事實을 스스로 고백告白하고 항복降伏함]하면서 그것을 씻어내는 의식으로, 회개시키기 위한 수단(마태복음 3:11)이다. 세례 요한은 예수를 포함한 많은 사람들에게 물로써 세례를 베풀었고, 예수는 성령과 불(고린도전서 12:13, 마태복음 3:11, 누가복음 3:16)로써 제자들과 선택된 사람들에게 세례를 베풀었으며, 예수의 제자들은 예수 그리스도의 이름(사도행전 10:48, 19:5)으로 세례를 베풀었다. 따라서 세례는 자기 죄를 자복(마가복음 1:5)하고, 회개(마가복음 1:4, 누가복음 3:3)하고, 하나님과 예수를 믿음으로써 죄를 씻고(사도행전 22:16), 죄 사함을 받으며(마가복음 1:4, 누가복음 3:3, 사도행전 2:38), 성령을 받고(사도행전 2:38), 구원(마가복음 16:16)을 받기 위한 필수 과정인 셈이다.

그렇다면, 물과 성령 등으로써 세례를 받음으로써 새 사람이 된다[거듭난다]는 것은, 결과적으로 ①물로써 몸을 씻듯이 영을 깨끗하게 한다는 뜻이 있고, 영을 깨끗하게 하기 위해서 ②하나님의 영을 믿고 따르고 받아들여야 한다는 것이다. 그런데 문제는, 그렇게 해서 거듭난 사람의 영의 정체성을 설명하는, 이 애매모호한 말이다. 곧, "바람이 임의로 불매, 네가 그 소리를 들어도 어디서 오며, 어디로 가는지 알지 못하나니, 성령으로 난 사람은 다 이러하니라. The wind blows wherever it pleases. You hear its sound, but you cannot tell where it comes from or where it is going. So it is with everyone born of the Spirit."라고 한 구절이다. 도대체, 이게 무슨 말인가?

'성령으로 난 사람'은 바람과 같다. 사람들은 바람이 불 때마다 그 소리는 들을 수 있지만 그것이 어디로부터 와서 어디로 가는지는 모른다. 그렇듯, 성령으로써 난 사람의 말소리는 사람들이 들을 수 있지만 그가 어디서 와서 어디로 가는지에 대해서는 알지 못한다는 뜻일 것이다. 이는 성령으로 난 사람의 본질, 곧 정체성을 설명하기 위해서 예수가 '바람'을 끌어들이고 있지만 정말, 모호하기 짝이 없다.

바람이라면, 지표면에 대한 공기의 상대적 운동으로서 자연현상인데, 그 자연현상이 가지는 특성 가운데에서 시작과 끝 지점을 분명하게 알지 못한다는 사실에 착안하여 성령으로 거듭난 사람의 본질을 설명하였다. 다시 말해, 예수는 바람이 어디로부터 와서 어디로 가는지 알 수 없다는, 그것의 신비스러움에 초점을 맞추어 성령으로써 거듭난 사람을 빗대었다.

반면, 기원 전 인디아 사람인 석가모니는 그물을 쳐놓아도 조금도 걸리지 않고 자유롭게 빠져나가는 바람의 속성에 착안하여 '도道를 깨우치기 위해서 부단히 정진하는 사람이나, 그것을 깨우친 사람'으로 빗대었다. 다시 말해, 그는 그물에 부딪쳐도 걸림 없이 빠져나가는 바람의 자유로움에 초점을 맞추어 도를 깨우치기 위해서 정진

하는 사람이나 이미 깨우친 사람의 품성을 드러내어 설명했던 것이다.

'어디로부터 와서 어디로 가는지 알 수 없는' 예수의 바람이나 '그물에 걸리지 않는' 석가모니의 바람이나 바람은 바람이로되, 공히 특별한 사람으로서 인성과 인격이 부여되어 있음을 확인할 수 있다. 한 마디로 말해서, 시작과 끝을 알 수 없는 바람과, 그물에도 걸리지 않는 바람이란, 성령으로써 거듭난 사람과 도를 깨우친 사람이라는 원관념을 각각 드러내기 위해서 끌어들인, 수사학修辭學에서 말하는 '보조관념' 이라는 사실이다.

-2010. 11. 11.

인간 교화 수단인 예수의 '심판론'

①예루살렘의 딸들아, 나를 위하여 울지 말고 너희와 너희 자녀를 위하여 울라. 보라. 날이 이르면 사람이 말하기를 '수태 못하는 이와 해산하지 못한 배와 먹이지 못한 젖이 복이 있다' 하리라. 그 때에 사람이 산들을 대하여 '우리 위에 무너지라' 하며, 작은 산들을 대하여 '우리를 덮으라' 하리라. 푸른 나무에도 이같이 하거든 마른 나무에는 어떻게 되리요.

누가복음 제23장 28절로부터 31절까지의 내용으로, 골고다 언덕으로 끌려가는 예수가 자신을 따르며 슬피 우는 여인들을 향해 했다는 말이다. 도대체, 이것이 무슨 뜻일까? 생각할수록 모호한 표현이다. 일방적으로 해석하자면, 그 핵심적인 내용이야 이러하다.

세상의 여인들이여, 나 하나 십자가에 못 박혀 죽는 것을 슬퍼하지마라. 진정으로 슬퍼할 일이 있다면 바로 너희들 자신과 자식들에게 도래하는 심판이다. 심판이 왜 슬프냐고? 그 때가 되면 자식 낳지 못하고 사는 불행한 여인에게 오히려 복이 있다고 말할 정도로 너희와 너희 가족들에게 심판의 재앙[경전에서는 '환난'이라는 단어가 쓰이고 있음]이 있을 것이기 때문이다. 그런데 마태복음 제24장 16절로부터 19절에 이 재앙이 어떠한 것인가에 대해서 다소 유사한 설명이 있다.

②유대에 있는 자들은 산으로 도망할지어다. 지붕 위에 있는 자는 집 안에 있는 물건을 가지러 내려가지 말며, 밭에 있는 자는 겉옷을 가지러 뒤로 돌이키지 말지어다. 그 날에는 아이 밴 자들과 젖먹이는 자들에게 화가 있으리로다.

여기서도 아이 밴 자와 젖 먹이는 자에게 화가 있다고 강조하고 있다. 왜일까? 그것은 아마도, 그 때의 재앙이 인간에 대한 연민이나 자비로운 마음으로 보아주는 성질의 것이 아님을 강조한 것이 아닐까 싶기도 하다.

만약, 그게 아니라면, 아이를 낳고 젖을 먹여 키우는 여자란 유대교의 대제사장이나 랍비처럼 대중들을 가르치고 인도하는 사람들을 빗대어 말한 것일 수도 있다.

왜, 이 같은 추론이 가능한가? 예수의 말 가운데에는 자신의 행위에 대해서 암탉이 병아리들을 품어 끌어안는 일로 빗댄 경우("예루살렘아, 예루살렘아, 선지자들을 죽이고, 네게 파송된 자들을 돌로 치는 자여, 암탉이 그 새끼를 날개 아래 모음 같이 내가 네 자녀를 모으려 한 일이 몇 번이냐? 그러나 너희가 원치 아니하였도다(마태복음 23:37)."}가 있는데, 이런 비유법을 쓸 정도라면 아이 밴 자와 젖먹이는 자도 '목자'와 같은 비유어일 가능성이 크기 때문이다.

그리고 집안에 있는 물건을 가지러 내려가지 말고, 겉옷을 가지러 뒤로 돌아서지도 말라는 것은, 그럴 만한 여유조차 주지 않는다는 뜻일 것이다. 한 마디로 말해서, 인정사정 보아주지 않는다는 뜻일 것이다. 그런 재앙의 결과를 설명해 주는 몇 개의 단서가 있다.

③너희 집이 황폐하여 버린 바 되리라(마태복음 23:38, 누가복음 13:35).
④돌 하나도 돌 위에 남지 않고 다 무너뜨리리라(마태복음 24:2, 마가복음 13:2, 누가복음 19:44, 21:6).
⑤해가 어두워지며, 달이 빛을 내지 아니하며, 별들이 하늘에서 떨어지며, 하늘의 권능들이 흔들리리라. 그 때에 인자의 징조가 하늘에서 보이겠고, 그 때에 땅의 모든 족속들이 통곡하며, 그들이 인자가 구름을 타고 능력과 큰 영광으로 오는 것을 보리라(마태복음 24:29~30).

그렇다면, 재앙이란 무엇을 두고 한 말일까? 그것은 모름지기 세상 '끝날'에 있다는 예수의 '심판'일 것이다. 예수는 바로 그 심판이 있음을 강조함으로써 심리적 압박을 가하여 세상 사람들로 하여금 바르게 살도록 유도하였다고도 말할 수 있다. 결국, 예수에게 심판이란 것은, 인간으로 하여금 바르게 살도록 하는 강력한 수단이자 방편으로 쓰였던 것이 아닐까 싶기도 하다. 예수는 그 심판에 대비해서 늘 깨어 있고, 늘 기도하라고, 누누이 강조(마태복음 24:42, 25:13, 26:41, 마가복음 13:33, 13:35, 13:37, 14:38, 누가복음 21:36, 골로새서 4:2)하였다.

다시 그렇다면, 그 심판의 재앙은 언제 내려지는 것일까? 그 때에 대해서는 ①에서는 "날이 이르면(누가복음 23:29)"이고, ②에서는 생략되었지만 "천국 복음이 모든 민족에게 증거 되기 위하여 온 세상에 전파되리니 그제야 끝이 오리라. 그러므로 너희가 선지자 다니엘의 말한 바 멸망의 가증한 것이 거룩한 곳에 선 것을 보거든(읽는 자는 깨달을진저) 그 때(마태복음 24:14~16)"이다. 매우 추상적인 설명이다.

그러나 다행스럽게도, "이 세대가 지나가기 전(마태복음 23:36, 24:34, 마가복음 13:30, 누가복음 21:32)"이라는 단서가 붙어있다. 물론, 이 세대 (This generation)라는 말을 어떻게 해석하느냐에 따라서 그 '때'를 다르게 말하겠지만 사실은 예수를 조롱하고, 심문하고, 핍박하고, 십자가에 못 박아 죽게 했던 사람들의 세대임에 틀림없다.

그 증거가 있다. 그것은, 대제사장이 예수를 심문할 때에 예수가 그에게 한 말이다. 곧, "이 후에 인자가 권능의 우편에 앉은 것과 하늘 구름을 타고 오는 것을 너희가 보리라(마태복음 26:64)."에서 바로 '너희'의 세대이기 때문이다. 간단히 말하여, 그들이 다 죽기 전에 자신에 의한 심판이 이루어진다고 분명하게 말한 셈이다. 그렇다면, 거듭 말하지만, 그것은 이미 지나갔어야 한다는 것이 나의 판단이다.

여하튼, 예수는 심판이 있음을 몇 차례 강조하였는데, 자신이 십자가를 매고 골고다 언덕길을 올라가는 상황에서도 그 심판이 있음을 강조하였다. 평소 같으면 사악한 인간들을 교화시키기 위한 수단으로 활용할 수 있었던 것(①죽은 몸이 다시 산다:부활 ②심판 임박 ③천국에서의 영생 등) 가운데 하나였다고 말할 수 있지만, 대제사장으로부터 심문받을 때와 강제로 십자가에 못 박히기 위해서 십자가를 지고 비틀비틀 걸어가는 절박한 상황에서 말한 심판론은 과연 무슨 의미일까? 혹시, 숨겨 놓은 카드처럼 그것을 사용하지는 않았을까. 압제자들에게 경각심을 심어줌으로써 악행을 줄이거나 근절시키겠다는 의지의 반영으로서 말이다.

물론, 이것이 아니라면 그의 선대先代로부터 믿어왔던 하나님의 실존과 심판에 대하여 확신確信한 상태에서, 자신에게 이미 세뇌된 심판 시에 일어날 일[환난·재앙]들을 염두에 두고, 연민의 정으로써 무지한 사람들에게 담대히 진술했다고도 볼 수 있다. 진실이 어느 쪽에 있든, 분명한 사실은, 예수의 심판론이 예나 지금이나 인간을 교화시키는 효과를 톡톡히 거두고 있다는 점이다. 마치, 불가佛家의 사후死後 심판론이 그러하듯 말이다.

-2009. 07. 11.

예수의 떡(빵)론

예수교 경전인 '성경' 속에는 우리말인 '떡'이란 단어가 약 200
여 회 이상 사용되었고, 떡이란 의미의 다른 단어(예를 들어, 무교병, 유
교병, 전병 등)들도 적지 않게 사용되고 있다. 영문 성경 속에는 이들
떡에 해당하는 단어인 빵, 곧 'bread'가 245회나 사용되었다. 물
론, 이들 단어 사용 빈도수가 중요한 것은 아니고, 그것이 어떤 의
미로 사용되었는가가 중요하다. 그 떡의 의미를 밝히기 전에 그것에
대한 기본적인 정보를 경전 안에서만 찾아 정리해보면 대략 이러하
다.

떡은 곱게 빻은 곡식 가루(밀·보리·콩·팥·조·귀리 등)에 물만을 부어
반죽하여(창세기 18:6), 화덕에 굽기도 하고(창세기 40:1~2, 40:5, 출애굽기
8:3, 레위기 2:4 외), 그 반죽에 누룩을 넣어 발효시켜서 굽기도 했다(레
위기 23:17). 뿐만 아니라, 기름까지 발라 구웠던 것으로 보인다(레위기
8:26). 그러니까, 시루에 증기蒸氣로써 찌는 우리의 '떡'이라기보다
는 화덕이나 약한 불에 굽는 '빵'과 더 가깝다.

그것의 종류로는, 흰떡(창세기 40:16)도 있고, 보리떡(에스겔 4:12, 사사

기 7:13)도 있으며, 밀가루 과자(사무엘하 13:8)와 가루 떡(민수기 15:21)도 있고, 건포도 떡(이사야 16:7) 등도 있었음을 알 수 있다.

빵을 굽는 불은, 땔감나무나 숯을 사용하기도 했고(이사야 44:19), 건조시킨 인분이나 쇠똥을 사용하기도 했다(에스겔 4:15).

그리고 집단생활을 하는 세도가나 공동체사회에서는 떡을 전문으로 굽는 직분의 사람을 두었던 것으로 보인다(사무엘상 8:13).

이런 빵은 유대인들의 주식主食이었는데, 주로 아침식사로 먹었고(출애굽기 16:12), 군인들의 전투식량이기도 했다(레위기 26:26). 동시에 하나님께 제사드릴 때뿐만 아니라 안식일마다 진설되는 음식 가운데 중요한 한 가지이기도 했다(출애굽기 18:12, 레위기 23:20, 24:8 외). 그래서 사람이 먹고, 하나님께 바치는 떡에는 '불의의 떡(잠언 4:17)', '곰팡이가 핀 떡(여호수아 9:5)', '더러운 떡(말라기 1:7)', '부정한 떡(에스겔 4:13)', '환난의 떡(이사야 30:20)', '고난의 떡(신명기 16:3)', '고생의 떡(열왕기상 22:27)', '수고의 떡(시편 127:2)' 등이 있는가하면 '거룩한 떡(사무엘상 21:4)'도 있다. 이들 떡 앞에 붙은 다양한 수식어들은 떡의 실질적인 형질을 규정짓는 게 아니라 떡을 만들어 하나님께 바치고 먹는 사람들의 마음 상태와 현실적인 여건 등을 반영한 말이라고 생각한다.

따라서 경전에서 나오는 '떡'이란 '빵'으로 바꾸어 번역되어야 하며, 그 빵이란, 우리의 '밥'과 같은 것으로 일상생활 속에서는 마시는 물만큼이나 중요한 필수품이었으며, 동시에 하나님께 드리는 제물이기도 했던 것만은 틀림없다. 그만큼 떡은 당대 사람들이 먹고사는 데에 있어서 없어서는 안 되는 중요한 것이었다. 바로 그렇기 때문에 40일 동안 금식한 예수에게 마귀가 "네(예수)가 만일 하나님의 아들이어(거)든 명하여 이 돌들이 떡 덩이가 되게 하라(마태복음 4:3)."

고 유혹한다. 그러자, 예수가 "사람이 떡으로만 살 것이 아니요, 하나님의 입으로 나오는 모든 말씀으로 살 것이라(마태복음 4:4, 누가복음 4:4)."고 기록되었음을 환기시키며 거절한다. 물론, 예수의 머릿속에 기억된 그 기록이란 "너를 낮추시며, 너로 주리게 하시며, 또 너도 알지 못하며, 네 열조도 알지 못하던 만나를 네게 먹이신 것은, 사람이 떡으로만 사는 것이 아니요, 여호와의 입에서 나오는 모든 말씀으로 사는 줄을 너로 알게 하심이니라(신명기 8:3)."일 것이다.

문제의 이 떡이 얼마나 중요한가는, 떡 다섯 조각과 물고기 두 마리로, 혹은 떡 일곱 조각과 물고기 두 마리로써 사오 천여 명이 먹고 남게 했다는 예수의 표적이 말해주기도 한다. 뿐만 아니라, "너희가 나(예수)를 찾는 것은 표적을 본 까닭이 아니요, 떡을 먹고 배부른 까닭이로다(요한복음 6:26)."라는 예수의 말 속에서도 확인할 수 있다.

그런데 이 떡이 갑자기 사람들의 목구멍 속으로 넘어가는 에너지원으로서의 떡이 아니라 '예수의 몸'이라는 것이다(마태복음 26:26, 마가복음 14:22). 그것도, 그냥 떡이 아니고 '참' 떡이며(요한복음 6:32), '산' 떡으로서(요한복음 6:51) 하나님 아버지가 하늘에서 내려준 것으로서 세상에 생명을 주는 것(요한복음 6:33)으로서 그 의미가 비약(飛躍:논리나 사고방식 등이 차례를 따르지 않고 나아가는 것)된다. 더욱 놀라운 사실은, 이 예수의 몸이자 살인 떡을 먹으면 죽지 않고 영원히 산다는 것이다(요한복음 6:51, 6:58). 그래서 예수는 확신에 찬 목소리로 말했던 것이다. 곧,

인자의 살을 먹지 아니하고 인자의 피를 마시지 아니하면 너희 속에 생명이 없느니라. 내 살을 먹고 내 피를 마시는 자는 영생을 가졌고,

마지막 날에 내가 그를 다시 살리리니, 내 살은 참된 양식이요, 내 피는 참된 음료로다. 내 살을 먹고 내 피를 마시는 자는 내 안에 거하고 나도 그 안에 거하나니, 살아계신 아버지께서 나를 보내시매 내가 아버지로 인하여 사는 것 같이 나를 먹는 그 사람도 나로 인하여 살리라. 이것은 하늘로서 내려온 떡이니 조상들이 먹고도 죽은 그것(만나)과 같지 아니하여, 이 떡을 먹는 자는 영원히 살리라(요한복음 6:53~58).

바로, 예수의 이 말 때문에, 오늘날 예수를 영접하는, 다시 말해서, 예수를 마음으로부터 받아들이고, 그의 가르침을 믿고 따르는 사람이 되고자하는 이들에게 교회나 성당에서 빵 혹은 떡과 포도주를 나누어 먹게 하는 의식이 정형화된 것이다.

결과적으로, 예수는 인간이 생명현상을 유지하고 고양시키는 데에 절대적으로 필요한 에너지원인 물질로서의 빵을 영적으로 영생 永生하는 데에 반드시 먹어야 하는 양식인 추상적인 빵으로 환치(換置:바꾸어 놓음)시켰고, 그것에 자신의 몸, 자신의 삶, 자신의 가르침을 모두 담아내는 고도의 수사법을 썼다는 사실이다.

-2010. 11. 23.

예수 최후의 계명

-서로 사랑하라

　예수는 스스로 선택한, 아니, 하나님 아버지가 예수에게 주신(요한
복음 6:39, 17:6, 17:7, 17:9, 17:11, 17:12, 18:9) 제자들과 무리들에게 3년 동
안 실로 많은 가르침을 폈는데, 그것을 단 한 마디로 잘라 말한다면
무엇일까? 하나님으로부터 모세가 받은 온갖 계율들을 실천하는 것
일까? 아니면, 예수가 가르침을 펴면서 말한 36가지 이상의 숱한
요구사항42)들을 실천에 옮기는 삶일까? 아니면, 하나님 아버지와
아들인 예수와의 관계에 대한 절대적 믿음일까? 물론, 이것들과 무
관하지는 않다고 생각한다. 그렇다면, 예수의 그 가르침을 한 마디
로 잘라 말한다면 어떻게 말할 수 있을까?

　예수는, '겟세마네' 43)라는 동산에서 무장한 사람들에게 붙잡혀
가기 전에, 제자들에게 간곡한 가르침을 폈는데, 그 과정에서 새 계
명 하나를 분명하게 준다. 그 새 계명이란 다름 아닌 '서로 사랑하

---

42) 예수의 36가지 요구사항
다른 글 「실천하기 어려운 예수 계율」에 자세히 나옴.

라'는 것이다. 곧, "새 계명을 너희에게 주노니, 서로 사랑하라. 내가 너희를 사랑한 것 같이 너희도 서로 사랑하라. 너희가 서로 사랑하면 이로써 모든 사람이 너희가 내 제자인 줄 알리라(요한복음 13:34~35, 15:12)." 했다.

이처럼 예수는 '서로 사랑하라'는 말 한마디로써 자신의 모든 가르침을 정리·응축시켰는데, 과연 이 말은 무슨 의미일까? 이 문제를 풀기 위해서는, 예수가 제자들을 어떻게 사랑했는가를 먼저 따져보아야 할 것이다.

돌이켜보면, 예수는 제자들에게 '하나님 나라의 일'이라 불리는 '천국복음'을 전하면서, 비유적 수사법을 동원한 말솜씨로 강론을 펼치고, 때론 꾸짖고 질타하면서도, 인내심을 발휘하여 여러 가지 본을 보이셨다. 뿐만 아니라, 자신이 하나님의 아들임을 입증하기 위한 수단으로서 하나님으로부터 부여받은 권능으로써 죽은 자를 살리고, 온갖 질병을 퇴치하고, 죄를 사하여 주는 등 실로 놀랄만한, 숱한 초자연적 현상들을 일으켜 보여 주었다. 뿐만 아니라, 제자들에게도 그런 능력을 '성령'이란 것으로써 부여해 주기도 했다. 이런 예수의 모든 노력이나 모습이 제자 사랑이라 한다면, 그것의 근본은 무엇일까? (이 문제는 잠시 보류해 두자.)

나는 개인적으로 ①부활과 심판 ②천국과 지옥 ③회개와 믿음 등으로 짜여진 천국복음의 요체要諦도 현실사회에서 인간끼리 사랑하라는 의도였고, 방편이었고, 수단이었을 것이라 생각한다. 이런 나

---

43) 겟세마네(Gethsemane)
현재 이스라엘 예루살렘 성의 골든게이트(Golden Gate) 앞 올리브 산(Mount of Olives)의 서쪽 기슭으로 Franciscan, Armenian, Russian 등 세 구역으로 나뉘어 있으며, 마리아의 무덤교회, 만국교회, 러시아 정교회 소속 막달라 마리아 교회를 비롯하여 다른 교회들이 세워져 있다. 필자는 이 지역을 2009년 2월에 둘러보았다.

의 판단에 대다수의 사람들은 무슨 똥딴지같은 소리를 하느냐고 펄펄 뛰겠지만, 나의 판단에 근거가 없는 것은 아니다. 곧, ①하나님 심판의 근본목적을 '전쟁을 없게 함으로써 세상을 구원받게 함'이라 한 사실이 시사해 주는 바 크다. 그리고 ②예수의 제자 사랑을 상징적으로 드러낸 사건이 하나 있는데, 그것은 다름 아닌 '예수의 제자 발 씻어주기'였다.

그렇다면, '예수의 제자 발 씻어주기'[44]는 언제, 어디서, 어떻게, 왜, 이루어졌는가가 무엇보다 중요할 것이다. 사실, 예수의 제자 사랑 방식과 내용의 아이콘처럼 상징화되었기 때문이다. 따라서 이에 대해서는 아주 구체적인 분석이 필요하다.

---

[44] '예수의 제자 발 씻어주기'가 묘사된 경전 내용(요한복음 13:1~19)
유월절 전에, 예수께서 자기가 세상을 떠나 아버지께로 돌아가실 때가 이른 줄 아시고, 세상에 있는 자기 사람들을 사랑하시되 끝까지 사랑하시니라. 마귀가 벌써 시몬의 아들 가룻 유다의 마음에 예수를 팔려는 생각을 넣었더니, 저녁 먹는 중 예수는, 아버지께서 모든 것을 자기 손에 맡기신 것과, 또 자기가 하나님께로 오셨다가 하나님께로 돌아가실 것을 아시고, 저녁 잡수시던 자리에서 일어나 겉옷을 벗고 수건을 가져다가 허리에 두르시고, 이에 대야에 물을 담아 제자들의 발을 씻기시고 그 두르신 수건으로 씻기기를 시작하여, 시몬 베드로에게 이르시니, 가로되, '주여, 주께서 내 발을 씻기시나이까?' 예수께서 대답하여 가라사대, '나의 하는 것을 네가 이제는 알지 못하나 이후에는 알리라.' 베드로가 가로되, '내 발을 절대로 씻기지 못하시리이다.' 예수께서 대답하시되, '내가 너를 씻기지 아니하면 네가 나와 상관이 없느니라.' 시몬 베드로가 가로되, '주여, 내 발 뿐 아니라 손과 머리도 씻겨 주옵소서.' 예수께서 가라사대, '이미 목욕한 자는 발 밖에 씻을 필요가 없느니라. 온 몸이 깨끗하니라. 너희가 깨끗하나 다는 아니니라.' 하시니, 이는 자기를 팔 자가 누구인지 아심이라. 그러므로 '다는 깨끗지 아니하다' 하시니라. 저희 발을 씻기신 후에 옷을 입으시고 다시 앉아 저희에게 이르시되, '내가 너희에게 행한 것을 너희가 아느냐? 너희가 나를 선생이라 또는 주라 하니 너희 말이 옳도다. 내가 그러하다. 내가 주와 또는 선생이 되어 너희 발을 씻겼으니 너희도 서로 발을 씻기는 것이 옳으니라. 내가 너희에게 행한 것 같이 너희도 행하게 하려하여 본을 보였노라. 내가 진실로 진실로 너희에게 이르노니, '종이 상전보다 크지 못하고, 보냄을 받은 자가 보낸 자보다 크지 못하니, 너희가 이것을 알고 행하면 복이 있으리라. 내가 너희를 다 가리켜 말하는 것이 아니라 내가 나의 택한 자들이 누구인지 앎이라. 그러나 '내 떡을 먹는 자가 내게 발꿈치를 들었다'
* 한 성경을 응하게 하려는 것이니라. 지금부터 일이 이루기 전에 미리 너희에게 이름은 일이 이룰 때에 내가 그인 줄 너희로 믿게 하려 함이로라(요한복음 13:1~19).
*나의 신뢰하는 바 내 떡을 먹던 나의 가까운 친구도 나를 대적하여 그 발꿈치를 들었나이다(시편 41:9).

예수는 지상에서의 마지막 유월절을 제자들과 함께 예루살렘에서 보내게 되는데, 바로 그 저녁식사 중이었다. 그런데 예수는 왜 갑자기 식사하다 말고 자리에서 일어나 겉옷을 벗고, 수건을 가져다가 허리에 두르고, 대야에 물을 담아 제자들의 발을 일일이 씻어준 다음 수건으로 닦아 주었을까? 그것은 경전에 기록된 대로 ①아버지께서 모든 것을 자기(예수) 손에 맡기신 것과, 또 ②자기가 하나님께로부터 오셨다가 하나님께로 돌아가실 것을 아시고, ③제자들을 '끝까지' 사랑하는 모습을 스스로 보여 준 행위로서 받아들여진다.

그러나 이 정도의 설명만으로는 왠지 부족하다는 생각이 든다. 고작, 작별이 아쉬워서, 제자들과의 만남이 더는 없을 것이기에 본을 보일 필요가 있다고 판단하여 그리했다면 너무나 인간적이고 정적情的 행동일 것이다. 보다 구체적이고 보다 직접적인, 다른 이유는 없었을까? 있다. 그것은 마귀가 제자 가운데 한 사람인 시몬의 아들, 가룻 유다의 마음에 예수를 팔려는 생각을 불어넣었다는 것을 예수 스스로 알아차렸기 때문이다. 그렇다면, '예수의 제자 발 씻어주기'는 마귀의 활동과 떼어서 생각할 수 없을 것이다.

다시 그렇다면, 발을 씻긴다는 것은 무슨 의미일까?

발은 인체 가운데에서 가장 더러워지기 쉬운 부분이고, 늘 손과 함께 노출되어 있어 자주 혹은 마지막으로 씻어야 할 부분이다. 다시 말해, 몸은 깨끗해도 손발은 더러워지기 쉽다. 그래서일까, 예수는, '내 발뿐 아니라 손과 머리도 씻겨 달라'는 시몬 베드로의 요청에도 불구하고, '이미 목욕한 자는 발밖에 씻을 필요가 없느니라. 온 몸이 깨끗하다'라고 말한 바 있다.

(여기서 목욕했다는 것은, 예수를 믿고, 회개하고, 세례 받고, 그의 가르침을 따른다는 의미로 해석함이 좋을 듯하다.)

따라서 발을 씻긴다는 것은, 두 가지 측면에서 해석해 볼 수 있다. 하나는 인간적이면서 현실적인 시각에서의 발 씻기이고, 다른 하나는 세례와 같이 상징화되고 정형화될 의식으로서의 발 씻기이다.

과거 유대인들이 살던 곳은 사막과도 같은 헐벗은 산악지역이 많은 곳이었으므로 손님에게는 늘 손을 씻을 수 있는 물통을 집안에 준비해 놓는 풍습이 있었고, 나아가, 하나님께 경배 드릴 때에는 손발과 얼굴 등을 먼저 깨끗하게 씻는, 자연스런, 아니 자생적인 풍습이 있었다. 이런 습속習俗이 있어왔기 때문에 오늘날 무슬림들도 모스크(사원) 안으로 들어가기 전에 밖에서 손발과 얼굴을 간단히 씻을 수 있는 시설물이 설치되어 있다. 이런 현실적인 습속과 배경을 전제한다면, '예수의 제자 발 씻어주기'는 사소한 부분까지 깨끗하게 해주겠다는 현실적 의미가 있다고 본다.

그리고 ①예수를 팔게 되는 기롯 유다만은 깨끗하지 않다고 예수가 직접 말한 점과 ②지은 죄를 씻어내어 깨끗한, 새 사람이 되는 것을 세례洗禮라는 것으로서 정형화하여 받아들이는 점을 감안한다면, '예수의 제자 발 씻어주기'는 '사소한 혹은 오염되기 쉬운 더러움'곧 마귀의 시험을 포함하여 죄를 지을 수 있는 빌미 또는 여지조차도 주지 않고, 다, 온전히 씻어내겠다는 의식儀式으로서의 의미가 있다고 보여진다.

여하튼, 많은 사람들은, '예수의 제자 발 씻어주기'를 놓고, 윗사람이 아랫사람의 발을 손수 씻겨 주는, 진심어린, 자발적인, 겸손의 자기희생적인 사랑의 실천이라는 인간적 의미를 부여하기 좋아한다. 그도 그럴 수밖에 없는 것이, 예수 자신도 "내가 '주'와 또는 '선생'이 되어 너희 발을 씻겼다"라는 사실을 강조했기 때문이다.

그러나 예수가 시몬 베드로의 발을 씻겨 주려하자, 당혹스럽고 민망스럽게 생각한 나머지 그(베드로)가 말하기를, "주여, 주께서 내 발을 씻기시나이까?", "내 발을 절대로 씻기지 못하시리이다."라고 거부의사를 분명하게 밝혔다. 이것은 너무나 인간적인 통념에서 나온 태도이다. 다시 말해, 인간사회에서는 당연한 것처럼 받아들여지는 것이라는 뜻이다. 그런데 "내가 너를 씻기지 아니하면 네가 나와 상관이 없느니라."라고, 예수가 자신의 행위에 담긴 의미를 설명해 준다. 그때서야 시몬 베드로는, 발이 아니라 손과 머리까지도 씻겨 달라는 촌극寸劇을 연출했던 것이다.

이런 정황으로 미루어 보면, '예수의 제자 발 씻어주기'는, 예수와 그가 일방적으로 선택한 제자들과의 특별한 관계를 부여하고 재확인하는 수단으로서, 인간의 통념을 깨는 사랑의 실천이었던 것이 틀림없다. 결과적으로, 하나님 아버지와 그 아들인 자신(예수)을 믿고, 가르침에 순종함은 물론이고, 자신이 부여하는 명령 곧 임무를 수행하라는 숨은 뜻이 전제되어 있음도 우리는 간과해서는 안 될 것이다.

그리고 굳이, 예수의 가르침 속에서 이 상징적 행위의 근거를 찾는다면, "인자가 온 것은 섬김을 받으려 함이 아니라 도리어 섬기려 하고, 자기 목숨을 많은 사람의 대속물로 주려 함이니라(마태복음 20:28, 마가복음 10:45)."일 것이다. 바로 이 말을 예수 스스로가 실천해 보인 단적인 예라 할 수 있다.

예수가 제자들에게 '서로 사랑하라'고 강조했듯이, 제자들에게' 서로 발을 씻기는 것이 옳으니라.'라고 당부했다는 사실을 염두에 둔다면, 서로 사랑하는 것이 곧 서로의 발을 씻어주는 것이라는 등식이 성립됨을 알 수 있다. 다시 말해, 서로 발을 씻어주는 것이 서로 사랑하는 구체적인 방식이자 내용임을 내포하고 있는 일종의 아

302

이콘처럼 상징화된 행위라 할 수 있다. 문제는, 현실적인 대인관계 속에서 얼마큼, 어떻게 실천해 보일 수 있는가가 문제의 관건關鍵인 것이다.

따라서 ①하나님 아버지와 그 아들인 예수를 믿고, 그의 가르침을 따르는 삶을 서로 독려하고 실천하는 것이 곧 예수에 대한 사랑이고, ②대통령이 국민의 발을 씻겨주고, 선생님이 제자들의 발을 씻겨주는, 부모와 자식 사이와도 같은 진정어린, 자기 희생적인, 본능적인 애정과도 같은 사랑을 나누라는 뜻으로 예수의 사랑을 받아들임이 옳을 듯싶다.

자식의 흙 묻은 발바닥에 박힌 못을 빼어내고 그 독을 입으로써 서슴없이 빨아낼 수 있는 일은 그를 낳은 부모는 쉬이 가능하지만 그의 형제는 어려운 게 사실이기 때문에 이런 이타적인 사랑을 현실적으로 실천하기란 결코 쉽지가 않을 것이다.

—2011. 01. 21.

사랑하는 제자들에게 들려주는 예수의 마지막 설교

예수교 경전인 '성경' 속 문장으로 기록된 내용을 있는 그대로 받아들인다는 전제 아래서 보면, 마태복음은 '천국'에 대하여 중점적으로 설명을 하였고, 요한복음은 '하나님과 예수와 그의 제자들과의 관계'를 중점적으로 설명하였다고 보아진다. 물론, 이것은 나의 개인적 판단이다.

요한복음에 따르면, 예수는 사랑하는 제자들에게 마지막 설교를 하였는데, 그 내용이 바로 하나님과 자신과의 관계를 설명했으며, 동시에 예수 자신과 제자들과의 관계를 설명함으로써 자연스럽게 삼각관계(하나님·예수·제자)를 정립시켜 놓고 있다. 그 핵심적인 내용이 다 분석되기까지 우리가 염두에 두어야 할 사항이 하나 있는데, 그것은, 예수가 하나님이란 존재를 어떻게 인지認知하고 있는가, 이다. 이 점에 대해서는 분석과정에서 수시로 확인시켜 줄 것이다.

예수의 마지막 설교는 숨이 차도록 진행되었는데, 중간 중간에 쉬지 않고 계속 말했다면 적어도 15분 내외는 족히 걸렸을 것이다. 더욱이 사전 준비 없이 즉흥적으로 했다면 가히, 훌륭한 설교 곧 '명

304

설교'라 아니 말할 수 없다. 궁극적으로 말하고자 한 바 핵심적인 내용을 쉽게 전달하기 위해서 동원한 수사修辭가 대단히 뛰어나며, 얘기 전개 과정이 비교적 논리 정연하기 때문이다. 그 내용만을 따로 뽑아내어, 이해하기 쉽게 문장부호를 넣어서 표기해 놓고 읽어보면 누구나가 동감할 수 있으리라 본다.

{그 내용을 보다 쉽게 판단하기 위해서 ①~⑨까지 일련번호를 매겨 구분해 놓았으며, 곧바로 설명을 덧붙여 나갔다. 그리고 문장의 의미가 모호한 부분은 영문성경 내용을 병기併記했다.}

①너희는 마음에 근심하지 말라. 하나님을 믿으니 또 나를 믿으라. 내 아버지 집에 거할 곳이 많도다. 그렇지 않으면 너희에게 일렀으리라. 내가 너희를 위하여 처소를 예비하러 가노니, 가서 너희를 위하여 처소를 예비하면 내가 다시 와서 너희를 내게로 영접하여 나 있는 곳에 너희도 있게 하리라. If I go and prepare a place for you, I will come back and take you to be with me that you also may be where I am. 내가 가는 곳에 그 길을 너희가 알리라. 내가 곧 길이요 진리요 생명이니, 나로 말미암지 않고는 아버지께로 올 자가 없느니라. 너희가 나를 알았다면 내 아버지도 알았으리로다. 이제부터는 너희가 그를 알았고 또 보았느니라.

예수의 이 첫 마디는 제자들을 안심시키는 데에 역점을 둔 듯하다. 얼마 후면 예수 자신은 예정대로 끌려가 죽게 되지만 그(예수)는 제자들의 처소를 마련하러 하나님 아버지께로 가며, 처소 마련 후에 다시 와서 너희(제자)들을 데리고 가겠다고 말함으로써 제자들에게 희망을 주어 안심시켰기 때문이다. 여기서 염두에 둘 사항은, 예수의 죽음은 육신의 죽음일 뿐 영은 하나님 아버지께로 돌아감이며, 그것이 처소 마련을 위한 것이라는 점이다. 따라서 하나님 아버지께로 돌아가는 것은 예수의 몸이 아니라 영靈임을 놓쳐서는 안 된다. 그리고 예수가 다시 와서 제자들은 데리고 간다는 것 또한 제자들의 육肉이 아니라 영이라는 사실이다. 왜, 이런 추론이 가능한가? 그것은 예수가 이미 말했듯이, 하나님 아버지 자체가 영(요한복음 4:24, 6:63)이기 때문이다. 쉽게 말해서, 하나님이 계시는 천국은 인간들이 살 수 있는 인간세상, 곧 인간계人間界가 아니라 영계靈界인 것이다. 이런 대전제가 있어야 만이 예수가 한 모든 말에 비로소 논리가 서게 된다는 사실을 확인하게 될 줄로 믿는다.

②빌립아, 내가 이렇게 오래 너희와 함께 있으되, 네가 나를 알지 못하느냐? 나를 본 자는 아버지를 보았거늘 어찌하여 아버지를 보이라 하느냐? 나는 아버지 안에 있고 아버지는 내 안에 계신 것을 네가 믿지 아니하느냐? 내가 너희에게 이르는 말이, 스스로 하는 것이 아니라 아버지께서 내 안에 계셔 그의 일을 하시는 것이라. 내가 아버지 안에 있고, 아버지께서 내 안에 계심을 믿으라. 그렇지 못하겠거든, 행하는 그 일을 인하여 나를 믿으라. 내가 진실로, 진실로 너희에게 이르노니, 나를 믿는 자는 나의 하는 일을 저도 할 것이요, 또한 이보다 큰 것도 하리니, 이는 내가 아버지께로 감이니라.

여기에서는 예수가 특별히 '빌립'이라는 제자 이름을 부르면서, '내(예수)가 하나님 아버지 안에 있고, 하나님 아버지가 내 안에 계시다'라는 말을 믿도록 이해시키려고 노력했다. 그리고 예수를 믿는 자는 예수가 하는 일을 할 것이고, 그보다 더 큰 일도 할 수 있다고

306

격려했다. 예수의 이런 노력은, 자신이 곧 죽게 됨으로써 더 이상 제자들에게 가르치고 본[모범]을 보일 기회가 없을 것임을 잘 알고 있기에 행한 것으로 보인다. 따라서 '내가 아버지께로 감이니라'를 육신의 죽음으로 해석하면 무리가 없을 줄로 안다.

③너희가 내 이름으로 무엇을 구하든지 내가 시행하리니, 이는 아버지로 하여금 아들을 인하여 영광을 얻으시게 하려 함이라. 내 이름으로 무엇이든지 내게 구하면 내가 시행하리라. 너희가 나를 사랑하면 나의 계명을 지키리라. 내가 아버지께 구하겠으니, 그가 또 다른 보혜사를 너희에게 주사 영원토록 너희와 함께 있게 하시리니, 저는 진리의 영이라, 세상은 능히 저를 받지 못하나니, 이는 저를 보지도 못하고 알지도 못함이라. 그러나 너희는 저를 아나니, 저는 너희와 함께 거하심이요, 또 너희 속에 계시겠음이라. 내가 너희를 고아와 같이 버려두지 아니하고, 너희에게로 오리라. 조금 있으면 세상은 다시 나를 보지 못할 터이로되, 너희는 나를 보리니, 이는 내가 살았고 너희도 살겠음이라. Before long, the world will not see me anymore, but you will see me. Because I live, you also will live. 그 날에는 내가 아버지 안에, 너희가 내 안에, 내가 너희 안에 있는 것을 너희가 알리라.

예수는 다시 제자들을 격려하며 확신을 심어주려고, '너희들이 내 (예수)이름으로 구하는 것을 자신이 다 시행하겠다'고 약속한다. 그 방법은 자신(예수)이 하나님 아버지께 부탁하여 '보혜사'라는 진리의 성령을 내려 보냄으로써이고, 이런 삼각관계(예수-제자-하나님 아버지)를 맺고 약속을 함은, 아버지 하나님으로 하여금 아들(예수)로 인해서 영광을 얻게 함이라는 것이다. 여기서 삼각관계란, 예수가 하나님 아버지 안에, 제자들이 예수 안에, 예수가 제자들 안에, 하나님 아버지가 예수와 제자들 안에 있는 관계이다. 이는 오로지 영적 관계일 뿐임을 간과해서는 안 될 것이다.

④나의 계명을 가지고 지키는 자라야 나를 사랑하는 자니, 나를 사랑하는 자는 내 아버지께 사랑을 받을 것이요, 나도 그를 사랑하여 그에게 나를 나타내리라. 사람이 나를 사랑하면 내 말을 지키리니, 내 아버지께서 저를 사랑하실 것이요, 우리가 저에게 와서 거처를 저와 함께 하리라. 나를 사랑하지 아니하는 자는 내 말을 지키지 아니하나니, 너희의 듣는 말은 내 말이 아니요, 나를 보내신 아버지의 말씀이니라. 내가 아직 너희와 함께 있어서 이 말을 너희에게 하였거니와, 보혜사 곧 아버지께서 내 이름으로 보내실 성령 그가 너희에게 모든 것을 가르치시고 내가 너희에게 말한 모든 것을 생각나게 하시리라.

여기서는, 삼각관계의 조건과 하나님 아버지께서 보내주시게 될 보혜사保惠師 곧 진리의 성령이 하는 일에 대하여 분명하게 말하고 있다. 곧, 예수의 계명을 지키는 것이 나 예수를 사랑하는 것이고, 나를 사랑하는 것이 하나님 아버지를 사랑하는 것이기 때문에, 그런 조건 아래서 내(예수)가 너희들(제자)을 사랑할 것이고, 동시에 하나님 아버지가 사랑할 것이라는 점이다.

그리고 보혜사란 제자들을 가르치고, 예수가 말한 모든 것을 생각나게 하는 기능을 갖춘 것이다. 여기서 비로소 하나님이 성령이고, 죽은 뒤의 예수가 또한 성령이며, 예수의 제자들이 그 성령을 받아들이게 되면서 비로소 하나가 된다는 뜻으로서, 온전한 삼각관계를 말한 셈이다. 물론, 이런 관계설정은 근본적으로 인간의 육과 영이 완전히 분리되며, 영은 죽지 않는다는 믿음이 전제되어야만 가능한 것임을 이해해야 할 것이다.

⑤평안을 너희에게 끼치노니 곧 나의 평안을 너희에게 주노라. 내가 너희에게 주는 것은 세상이 주는 것 같지 아니하니라. 너희는 마음에 근심도 말고 두려워하지도 말라. '내가 갔다가 너희에게로 온다' 하는 말을 너희가 들었나니, 나를 사랑하였다면 나의 아버지께로 감을 기뻐하였으리라. 아버지는 나보다 크심이니라.
이제 일이 이루기 전에 너희에게 말한 것은, 일이 이룰 때에 너희로 믿게 하려 함이라. 이 후에는 내가 너희와 말을 많이 하지 아니하리니, 이 세상 임금이 오겠음이라. 그러나 저는 내게 관계할 것이 없으니, 오직 내가 아버지를 사랑하는 것과 아버지의 명하신대로 행하는 것을 세상으로 알게 하려 함이로라. 일어나라. 여기를 떠나자.

여기서는, 예수 자신이 죽게 된다는 것을 예정된 사실로서 받아들이면서, 그것(예수의 죽음)을 목도目睹하게 될 때에 제자들이 느낄 수 있는 근심·걱정·불안 등을 일소해 주기 위해서 특별히 '평안' 을 제자들에게 주며, 영적 존재인 하나님 아버지가 자신(예수)보다 크다고 강조하면서, 아버지께 돌아감(=죽음)이 슬픈 일이 아니라 오히려 기쁜 일이라고 주장한다.
그러면서 자신의 죽음이 곧 아버지에 대한 사랑을 실천하는 것이며, 동시에 아버지의 명령이자 그 명령대로 행했음을 세상에 알리기 위해서 불가피한 것이라는 점이다. 결과적으로, 예수가 이 땅에 오신 것도, 오셔서 하신 일 모두가, 그리고 죽임을 당한 비극조차도 다 하나님의 뜻이고, 명령이며, 그것을 따르는 것만이 하나님을 사랑하는 일이며, 그런 하나님과 아들을 세상 사람들로 하여금 믿게 하는 수단이자 목적이었음을 강조하고 있다.

⑥내가 참 포도나무요, 내 아버지는 그 농부라. 무릇 내게 있어 과실을 맺지 아니하는 가지는 아버지께서 이를 제해 버리시고, 무릇 과실을 맺는 가지는 더 과실을 맺게 하려하여 이를 깨끗케 하시느니라. 너희는 내가 일러 준 말로 이미 깨끗하였으니, 내 안에 거하라. 나도 너희 안에 거하리라. 가지가 포도나무에 붙어 있지 아니하면 절로 과실을 맺을 수 없음 같이 너희도 내 안에 있지 아니하면 그러하리라. 나는 포도나무요, 너희는 가지니 저가 내 안에, 내가 저 안에 있으면 이 사람은 과실을 많이 맺나니, 나를 떠나서는 너희가 아무 것도 할 수 없음이라. 사람이 내 안에 거하지 아니하면 가지처럼 밖에 버리워 말라지나니 사람들이 이것을 모아다가 불에 던져 사르느니라. 너희가 내 안에 거하고 내 말이 너희 안에 거하면 무엇이든지 원하는 대로 구하라. 그리하면 이루리라. 너희가 과실을 많이 맺으면 내 아버지께서 영광을 받으실 것이요, 너희가 내 제자가 되리라.
아버지께서 나를 사랑하신 것 같이 나도 너희를 사랑하였으니, 나의 사랑 안에 거하라. 내가 아버지의 계명을 지켜 그의 사랑 안에 거하는 것 같이 너희도 내 계명을 지키면 내 사랑 안에 거하리라. 내가 이것을 너희에게 이름은 내 기쁨이 너희 안에 있어 너희 기쁨을 충만하게 하려 함이니라. '내 계명은 곧 내가 너희를 사랑한 것 같이 너희도 서로 사랑하라' 하는 이것이니라. 사람이 친구를 위하여 자기 목숨을 버리면 이에서 더 큰 사랑이 없나니, 너희가 나의 명하는 대로 행하면 곧 나의 친구라. 이제부터는 너희를 종이라 하지 아니하리니 종은 주인의 하는 것을 알지 못함이라. 너희를 친구라 하였노니, 내가 내 아버지께

들은 것을 다 너희에게 알게 하였음이니라. 너희가 나를 택한 것이 아니요, 내가 너희를 택하여 세웠나니, 이는 너희로 가서 과실을 맺게 하고, 또 너희 과실이 항상 있게 하여, 내 이름으로 아버지께 무엇을 구하든지 다 받게 하려 함이니라. 내가 이것을 너희에게 명함은, 너희로 서로 사랑하게 하려 함이로라.

예수의 말씀 가운데 가장 뛰어난 수사적 표현능력이 반영된 부분으로, 하나님과 예수와 제자들과의 삼각관계를 농부와 포도나무와 가지 및 포도(과실)로서 빗대어 표현함으로써 이해를 돕고 있다. 그러면서 포도라는 과실이 무엇인지도 분명하게 말하고 있다. 곧, 그것은 서로 사랑하라는 예수의 계명이다. '예수에 대한 믿음 = 사랑'이라는 사실을 확인케 되는 대목이다.

오늘날 예수를 하나님으로 믿는 종교가 다 개혁의 대상이 되어야 한다고 필자가 주장하는 것도 바로 이 때문이다. 곧, 예수를 믿고, 그의 가르침을 펴면서도, 그가 가장 설득력 있게 강조한, 그의 하나뿐인 계명인 '서로 사랑'도 하지 않으면서 그저 개인적인 복락이나 얻기를 기원하거나 대행해주는 사람들로 바뀌어 있기 때문이다.

⑦세상이 너희를 미워하면 너희보다 먼저 나를 미워한 줄을 알라. 너희가 세상에 속하였으면 세상이 자기의 것을 사랑할 터이나, 너희는 세상에 속한 자가 아니요, 도리어 세상에서 나의 택함을 입은 자인고로 세상이 너희를 미워하느니라. 내가 너희더러 '종이 주인보다 더 크지 못하다' 한 말을 기억하라. 사람들이 나를 핍박하였은즉 너희도 핍박할 터이요, 내 말을 지켰은즉 너희 말도 지킬 터이라. 그러나 사람들이 내 이름을 인하여 이 모든 일을 너희에게 하리니, 이는 나 보내신

이를 알지 못함이니라. 내가 와서 저희에게 말하지 아니하였다면 죄가 없었으려니와 지금은 그 죄를 핑계할 수 없느니라. 나를 미워하는 자는 또 내 아버지를 미워하느니라. 내가 아무도 못한 일을 저희 중에서 하지 아니하였다면 저희가 죄 없었으려니와 지금은 저희가 나와 및 내 아버지를 보았고 또 미워하였도다. 그러나 이는 저희 율법에 기록된 바 '저희가 연고 없이 나를 미워하였다' 한 말을 응하게 하려함이니라. 내가 아버지께로서 너희에게 보낼 보혜사 곧 아버지께로서 나오시는 진리의 성령이 오실 때에 그가 나를 증거하실 것이요, 너희도 처음부터 나와 함께 있었으므로 증거하느니라. 내가 이것을 너희에게 이름은 너희로 실족지 않게 하려 함이니, 사람들이 너희를 출회할 뿐 아니라 때가 이르면 무릇 너희를 죽이는 자가 생각하기를 이것이 하나님을 섬기는 예라 하리라.

저희가 이런 일을 할 것은 아버지와 나를 알지 못함이라. 오직 너희에게 이 말을 이른 것은 너희로 그 때를 당하면 내가 너희에게 이 말한 것을 기억나게 하려 함이요, 처음부터 이 말을 하지 아니한 것은 내가 너희와 함께 있었음이니라. 지금 내가 나를 보내신 이에게로 가는데, 너희 중에서 나더러 '어디로 가느냐?' 묻는 자가 없고, 도리어 내가 이 말을 하므로 너희 마음에 근심이 가득하였도다. 그러하나 내가 너희에게 실상을 말하노니, 내가 떠나가는 것이 너희에게 유익이라. 내가 떠나가지 아니하면 보혜사가 너희에게로 오시지 아니할 것이요, 가면 내가 그를 너희에게로 보내리니, 그가 와서 죄에 대하여, 의에 대하여, 심판에 대하여 세상을 책망하시리라. 죄에 대하여라 함은 저희가 나를 믿지 아니함이요, 의에 대하여라 함은 내가 아버지께로 가니 너희가 다시 나를 보지 못함이요, 심판에 대하여라 함은 이 세상 임금이 심판을 받았음이니라.

여기에서는, 예수가 자신의 죽음 후에 제자들에게 닥칠 일을 걱정하여 미리 준비하라는 차원에서 몇 가지 일을 알려주는 상황이 그려지고 있다. 곧, 세상 사람들이 자신을 미워했듯이 너희(제자)들을 미워하게 되고, 급기야는 죽이게 된다는 것이다. 그것은 예수를 이 땅에 보내신 하나님 아버지를 세상 사람들이 모르기[믿지 않기] 때문이라는 것인데, 그 모름 자체가 예수의 시각에서는 '죄罪'가 된다는 것이다.

그리고 예수가 죽임을 당해서 영으로서 하나님 아버지께 돌아가는 것이 오히려 남은 제자들에게 유익하다는 논리다. 왜냐하면, 하나님 아버지께 돌아가야 만이 '보혜사'라는 진리의 성령을 내려 보낼 수 있고, 또 그래야만이 제자들이 스승인 예수의 말을 기억함으로써 아버지와 아들의 관계인 하나님과 예수의 관계를 증거하고, 나아가 세상 사람들의 죄와 의와 심판에 대하여 책망할 수 있다는 것이다. 결과적으로, 여기에서는 보혜사의 구실과 예수 죽음 후에 일어날 일을 제자들에게 알려 주었다.

⑧내가 아직도 너희에게 이를 것이 많으나 지금은 너희가 감당치 못하리라. 그러하나 진리의 성령이 오시면 그가 너희를 모든 진리 가운데로 인도하시리니, 그가 자의로 말하지 않고, 오직 듣는 것을 말하시며, 장래 일을 너희에게 알리시리라. 그가 내 영광을 나타내리니, 내 것을 가지고 너희에게 알리겠음이니라. 무릇 아버지께 있는 것은 다 내 것이라. 그러므로 내가 말하기를, '그가 내 것을 가지고 너희에게 알리리라' 하였노라. 조금 있으면 너희가 나를 보지 못하겠고, 또 조금 있으면 나를 보리라. 내 말이, '조금 있으면 나를 보지 못하겠고, 또 조금 있으면 나를 보리라' 하므로 서로 문의하느냐? 내가 진실로 진실로

너희에게 이르노니, 너희는 곡하고 애통하리니, 세상이 기뻐하리라. 너희는 근심하겠으나 너희 근심이 도리어 기쁨이 되리라. 여자가 해산하게 되면 그 때가 이르렀으므로 근심하나 아이를 낳으면 세상에 사람 난 기쁨을 인하여 그 고통을 다시 기억지 아니하느니라. 지금은 너희가 근심하나 내가 다시 너희를 보리니 너희 마음이 기쁠 것이요, 너희 기쁨을 빼앗을 자가 없느니라. 그 날에는 너희가 아무 것도 내게 묻지 아니하리라. 내가 진실로 진실로 너희에게 이르노니, 너희가 무엇이든지 아버지께 구하는 것을 내 이름으로 주시리라. 지금까지는 너희가 내 이름으로 아무 것도 구하지 아니하였으나 구하라. 그리하면 받으리니, 너희 기쁨이 충만하리라. 이것을 비사比辭로 너희에게 일렀거니와, 때가 이르면 다시 비사로 너희에게 이르지 않고 아버지에 대한 것을 밝히 이르리라. 그 날에 너희가 내 이름으로 구할 것이요, 내가 너희를 위하여 아버지께 구하겠다 하는 말이 아니니, 이는 너희가 나를 사랑하고 또 나를 하나님께로서 온 줄 믿은 고로 아버지께서 친히 너희를 사랑하심이니라. 내가 아버지께로 나와서 세상에 왔고 다시 세상을 떠나 아버지께로 가노라. Though I have been speaking figuratively, a time is coming when I will no longer use this kind of language but will tell you plainly about my Father. In that day you will ask in my name. I am not saying that I will ask the Father on your behalf. No, the Father himself loves you because you have loved me and have believed that I came from God. I came from the Father and entered the world.

여기에서도, 예수의 뛰어난 수사적 비유법이 쓰이고 있다. 그것은 예수의 죽음으로 인한 제자들과의 불가피한 작별에 대해서인데, 예수의 죽음이 제자들에게는 근심이요 고통이기 때문에, 예수는 '해산하는 여자'로 빗대어 말하고 있다. 곧, 여자가 아이를 낳기까지의 과정은 근심·불안이요 고통이지만, 일단 아이를 낳고나면 그 낳은 아이로 인해서 전에 가졌던 근심이나 고통이 다 사라져버리고 오로지 기쁨으로 채워지듯이, 나 예수가 죽어 하나님 곁으로 가는 과정이야 너희(제자)들에게 고통을 안겨주겠지만 일단 내(예수)가 하나님 곁에 가게 되면 '진리의 성령The Spirit of truth'이란 보혜사를 너희들에게 내려 보내줌으로써 나(예수)를 다시 만나게 되는 기쁨에 휩싸이게 된다는 논리다.

그렇다면, 그 진리의 성령이란 것이 무엇인가. 예수는 그것에 대하여 장황하게 설명을 하고 있다. 곧, ①제자들을 모든 진리 가운데로 인도하는데, ②자의로 말하지 않고, 오직 듣는 것을 말하며, 장래 일을 알려준다. ③예수의 영광을 나타내는데, 오로지 예수의 것을 가지고 알린다는 것이다.

그리고 예수는 한 가지 더 덧붙이었는데, 그것은 그동안은 하나님 아버지 이름으로 간구懇求했는데 이제부터는 예수 자신의 이름으로 간구해야 하며, 그리하면 자신(예수)이 다 들어주겠다고 약속까지 했다. 바로 이 대목 때문에 오늘날 많은 사람들이 오로지 예수 이름으로 기도하면서 온갖 것들을 간구하게 되는 신앙 행태行態를 보이는 것이다.

그렇다면, 과연 예수의 약속이 이행되고 있으며, 예수는 무엇으로써 그런 약속을 할 수 있었는가? 그 약속의 이행여부는 단정 지어 말할 수 없지만 "아버지께 있는 것은 다 내 것이라(요한복음 16:15)"는 모호한 말을 했기에 그런 약속이 가능했던 것으로 보인다. 다시 그렇다면, 이 말이 왜 모호한가? 그것은 예수의 또 다른 말, 곧, "지금 저희는 아버지께서 내게 주신 것이 다 아버지께로서 온 것인 줄 알았나이다(요한복음 17:7)."와, "너희가 무엇이든지 아버지께 구하는 것을 내 이름으로 주시리라(요한복음 16:23)." 등이 엄연히 병립되어 있기 때문이다. 그렇다면, 이 말도 옳고 저 말도 옳다면, 그래서 다 믿는다면, 결과적으로 하나님 아버지로부터 전권을 위임받아 아들 예수가 행사하겠다는 뜻으로밖에 해석되지 않는다는 사실이다.

⑨이제는 너희가 믿느냐? 보라. 너희가 다 각각 제 곳으로 흩어지고, 나를 혼자 둘 때가 오나니, 벌써 왔도다. 그러나 내가 혼자 있는 것이 아니라 아버지께서 나와 함께 계시느니라. 이것을 너희에게 이름은, 너희로 내 안에서 평안을 누리게 하려 함이라. 세상에서는 너희가 환난을 당하나 담대하라. 내가 세상을 이기었노라. I have overcome the world.

예수는, 제자들에게 자신의 죽음과, 그 후에 일어날 일들과, 하나님과 자신과 제자들과의 관계에 대하여, 그리고 앞으로 제자들의 삶의 태도에 대하여 충분히 설교하여 이해시켰다고 생각되었는지, 위와 같이 마무리를 지었다. 곧, "이제는 너희가 믿느냐? 보라. 너희가 다 각각 제 곳으로 흩어지고, 나를 혼자 둘 때가 오나니, 벌써 왔도다. 그러나 내가 혼자 있는 것이 아니라 아버지께서 나와 함께 계시느니라."라고 말하면서, 역시 조금은 못미더웠던지, 아니면 분명한 사족이지만 "이것을 너희에게 이름은, 너희로 내 안에서 평안을 누리게 하려 함이라."라고 덧붙이셨다. 그러면서도 제자들의 험난한 미래가 걱정되었던지, "세상에서는 너희가 환난을 당하나 담대하라. 내가 세상을 이기었노라."라고 말하면서, 사랑하는 제자들을 향한 마지막 설교를 끝내었다.

그러나 여운이 남는다. 예수의 가르침을 인간 세상 속에서 실천하려면 고통이 수반되고, 경우에 따라서는 환난을 받을 수도 있음은 알 수 있으나, "내가 세상을 이기었다"라는 말은 여전히 분분한 해석을 불러일으킬 여지가 있기 때문이다.

-2010. 11. 16.

십계명과 예수의 가르침

모세가 시내 산에서 하나님으로부터 직접 받은 십계명은 다 아는 바와 같이 이러하다.

①너는 나 외에는 다른 신들을 네게 있게 말지니라.

②너를 위하여 새긴 우상을 만들지 말고, 또 위로 하늘에 있는 것이나, 아래로 땅에 있는 것이나, 땅 아래 물속에 있는 것의 아무 형상이든지 만들지 말며, 그것들에게 절하지 말며, 그것들을 섬기지 말라.

③너는 너의 하나님 여호와의 이름을 망령되이 일컫지 말라.

④안식일을 기억하여 거룩히 지키라.

⑤네 부모를 공경하라.

⑥살인하지 말지니라.

⑦간음하지 말지니라.

⑧도적질하지 말지니라.

⑨네 이웃에 대하여 거짓증거하지 말지니라.

⑩네 이웃의 집을 탐내지 말지니라.

①~④까지는 하나님과 관련된 내용이고, ⑤~⑩까지는 사람과 사람 사이의 관계로서 서로 지켜야 할 내용이다. 따라서 열 가지 계율들은 신에 대한 것과 인간에 대한 것으로 양분된다. 바로 그렇기 때문에, 예수께서는 "네 마음을 다하고, 목숨을 다하고, 뜻을 다하여 주 너의 하나님을 사랑하라 하셨으니, 이것이 크고 첫째 되는 계명이요, 둘째는 그와 같으니, 네 이웃을 네 몸과 같이 사랑하라 하셨으니, 이 두 계명이 온 율법과 선지자의 강령이니라(마태복음 22:37~40)."라고 간단히 줄여서 말씀하셨던 것 같다.

믿는 자들이 노력하면, 위에 열거된 십계명은 어렵지 않게 지켜질 수 있다고 본다. 그런데 이 십계명을 전제로 하여, 예수께서 직접 가르친 여러 계율들은 온전히 실천하기에 가혹하다할 정도로, 너무나 큰 인내와 희생을 요구한다. 따라서 지나치게 이상적이라는 비판을 면하기 어려운데, 예수의 입을 통해서 나온, 그 가르침을 정리하여 열거하면 대략 이러하다.

①내(예수) 이름으로 받는 고난과 핍박을 기뻐하고 즐거워하라.

②계율을 지키되, 남에게 가르쳐라.

③형제애(하나님을 믿는 사람끼리, 같은 유대민족끼리, 혈족끼리 등 세 가지 의미가 있음)를 깨뜨리지 마라.

④송사가 있을 때에는 급히 사화私和하라.

⑤마음속에서 조차도 간음하지 마라.

⑥헛맹세하지 마라.

⑦악한 자를 대적하지 마라 :

　-누구든지 네 오른편 뺨을 치거든 왼편도 돌려 대며,

　-너를 송사하여 속옷을 가지고자 하는 자에게 겉옷까지도 가지게 하며,

−누구든지 너로 억지로 오리를 가게 하거든 그 사람과 십리를 동행하고,

−네게 구하는 자에게 주며,

−네게 꾸고자 하는 자에게 거절하지 말라.

⑧너희 원수를 사랑하며, 너희를 핍박하는 자를 위하여 기도하라.

⑨위선자가 되지 마라 :

−사람에게 보이려고 그들 앞에서 너희 의를 행치 않도록 주의하라.

−구제할 때에 오른손의 하는 것을 왼손이 모르게 하여,
네 구제함이 은밀하게 하라.

−기도할 때에 네 골방에 들어가 문을 닫고 은밀한 중에 계신
네 아버지께 기도하라.

−금식할 때에 너희는 외식하는 자들과 같이 슬픈 기색을 내지 말라.

⑩너희를 위하여 보물을 땅에 쌓아 두지 마라.

⑪의식주 걱정을 하지 마라.

⑫남을 비판하지 마라.

⑬거룩한 것을 개에게 주지 말며, 너희 진주를 돼지 앞에 던지지 마라.

⑭무엇이든지 남에게 대접을 받고자 하는 대로 너희도 남을 대접하라.

⑮의를 실천하여 영생하는 천국의 좁은 문으로 들어가라.

⑯거짓 선지자들을 주의하라.

(이상은 마태복음 제5장에서 필자가 뽑아 정리한 것에 지나지 않으며, 예수의 가르침은 더 많다.)

위 16가지 덕목들만 놓고 보아도, 우리가 실생활 속에서 실천할 수 있는 것이란 불과 몇이 되지 않는다는 것을 알 수 있다. 정말이지, 온전하게 실천하기란 어느 것 하나도 쉽지 않다고 생각한다. 왜냐하면, 너무나 큰 인내와 지혜와 자기희생을 요구하기 때문이다.

무엇 무엇은 하고, 무엇 무엇은 하지 말라고 분명하게, 그리고 이해하기 쉽도록 보충설명까지 곁들여서 말씀하셨지만, 아무리 새기

고 새겨보아도 생물학적인 인간의 몸을 가지고서는 현실사회에서 실천하기란 불가능하다는 생각이 앞선다. 만에 하나, 하나님에 대한 믿음을 갖고서, 결단을 내리고, 실천한다했을 때에는 얼마 가지 않아서 그의 생활이 지속될 수 없는 상황에 놓일 것이기 때문이다. 물론, 모든 사람들이 동시에 같은 생각과 같은 태도를 갖고서 산다면 문제는 달라지겠지만, 그것이 어디 있을 수 있는 일인가.

예수의 말처럼 하나님에 대한 겨자씨만한 믿음만 있어도 아니 될 것이 없다면, 누구나가 근심·걱정 없이 실천할 수 있겠지만, 그가 선택한 제자들조차 온전히 실천해 보이지 못했잖은가? 더욱이, 예수의 복음서를 손에 들고, 평생 동안 사람들을 가르치며 사는, 지구촌의 수많은 목사와 신부·수행자들조차 예수의 가르침을 온전히 실천한다고 볼 수는 없다. 물론, 노력한다고는 하나 오히려, 교회마다, 성도마다 부와 명예 쌓기에 여념이 없고, 그것을 위해서라면 소송[訟事]까지도 마다하지 않는 게 엄연한 현실이기 때문이다. 예수님의 시각에서 본다면 '외식外飾하는', 바리새인이나 율법사나 제사장과 조금도 다를 바 없다고 본다. 다만, 주어진 조건과 가능한 범위 내에서, 예수의 가르침을 실천하려고 애쓰는 사람들이려니 하고 치부하면 그만이지만 말이다.

그러나 이는 상대적으로 노력한다는 뜻이지, 예수의 가르침대로 사는 것과는 전혀 다른 것이다. 이런 의미에서 본다면, 예수의 가르침이 너무나 이상적이기 때문에 현실사회에서 온전하게 실천하기가 원천적으로 불가능하다는 사실만큼은 지적되어 마땅하다.

그렇다면, 예수는 왜 이상적인 계율을 지키라고 요구했는가? 원천적으로 인간존재의 실상을, 다시 말해, 인간의 정체성을 잘못 판단했기 때문일 것이다. 자신은 하나님의 아들이거나 하나님의 신성을 지닌 존재였기에 가능했는지 모르겠지만 지상의 인간으로서는 불가능한 일일 뿐이다. 다시 말해, 생명현상을 유지하고 고양시키기 위해서 필요한 에너지를 몸 밖에서 구해야 하는, 그래서 경쟁과 욕구충돌이 불가피한 시스템 안에서 살아야만 하기 때문이다.

그러나 그의 가르침 가운데 매우 인상적인 것은, 이웃사랑에 관한 것이다. 이웃 사랑하기를 자신의 몸처럼 하라고 하셨는데, 그 구체적인 내용을 확인하게 되면, 예수의 사랑이 얼마나 크고, 얼마나 이상적인가를 어렵지 않게 실감할 수 있으리라 본다. 곧, 원수와 악행자에 대해서까지도 오히려 기도해 주고, 자신을 바치듯 희생해야 한다. 누구든지 네 오른편 뺨을 치거든 왼편도 돌려 대며, 너를 송사하여 속옷을 가지고자 하는 자에게는 겉옷까지도 가지게 하며, 누구든지 너로 하여금 억지로 오리를 가게 하거든 그 사람과 십리를 동행하고, 네게 구하는 자에게 주며, 네게 꾸고자 하는 자에게 거절하지 말라는데 이를 온전히 실천하다보면 나의 삶 나의 존재가 더 이상 지탱될 수 없을 것이다. 물론, 예수의 이런 가르침은 "옷 두 벌 있는 자는 옷 없는 자에게 나눠줄 것이요, 먹을 것이 있는 자도 그렇게 할 것이니라(누가복음 3:11)."고 한 세례 요한의 가르침이 구체화된 것이지만 말이다.

그런데 한 가지 재미있는 것은, 이와 유사한 계율을 부처도 요구했다는 사실이다. 곧, ①욕을 하더라도 대꾸하지 말 것이며, ②때리더라도 원망하지 말 것이며, ③성을 내더라도 사랑하는 마음을 낼 것이며, ④업신여기고 헐뜯더라도 그의 악을 생각지 말라고, '차마갈差摩竭'이라는 사람의 질문을 받고, 보살이 마땅히 실천해야 할 도리로서 부처가 그에게 가르쳐 주었다.[45]

이처럼 부처도 예수도 공히 자기희생적인 '큰 사랑'을 인간에게 요구했는데, 그리고 지금 적지 아니한 사람들은 그들의 이름들을 들먹이며 그것을 입버릇처럼 가르치며 요구하지만, 나는 그것을 온전하게 실천하는, 살아있는 부처나 예수를 만나본 적은 없다. 문장文章 속에서가 아니라 삶 속에서 말이다. 모르긴 해도, 부처도 예수도 이 세상엔 다시 오지 못하리라는 생각이 든다. 스스로 말한 계율들을 온전히 지켜낼 수 없을 것이기 때문이다. 이 말을 뒤집으면, 두 분이 역사적 시공에 계셨다하더라도 그분들의 가르침이 후대에 문장 속에서 어느 정도는 가공되었을 것이라는 뜻이다.

-2008. 11. 18.

---

45) 菩薩生地經의 관련 내용

보살이 부처가 되기 위해서 수행해야 하는 6가지 덕목(보시·지계·인욕·정진·선정·지혜) 가운데 하나인 '인욕'을 풀어 설명한 내용이다.

가유라위국의 석씨 종족 장자의 아들인 차마갈이 합장하고 부처님께 아뢰기를 "보살이 무엇을 행해야 빨리 바르고 참된 도를 깨달으며, 32상을 원만하게 갖추며, 한 불국토에서 다른 불국토에 이르며, 죽을 때에 마음이 어지럽지 않으며, 태어나는 곳이 여덟 가지 어려운 곳에 떨어지지 않고, 항상 오고가는 일을 알며, 모든 법을 다 터득하여 일체의 걸림도 없이 공의 행을 믿고 알며, 남이 없는 법인을 얻으며, 항상 지극한 마음으로 사문이 되고자 하며, 계를 범하지 않고, 거처를 즐기지도 않습니까?" 했다. 그러자, 부처님께서 대답하시기를, "위대하구나. 차마갈이여, 그대는 보살의 행을 묻는구나. 보살의 행은 인욕이 근본이다. 인욕의 힘이 세워짐으로써 빨리 부처가 될 수 있다. 인욕에는 네 가지가 있으니, 그 네 가지란 욕을 하더라도 묵묵히 대꾸하지 않는 것이고, 때리더라도 맞고서 원망하지 않는 것이며, 성을 내더라도 사랑스런 마음으로 대하는 것이며, 업신여기나 헐뜯어도 그의 악을 생각지 않는 것이다."라고 대답하였다. 이 같은 보살의 수행에 대해서는 화엄경(華嚴經) 십회향품(十廻向品)에서도 잘 나타나 있다.

실천하기 어려운 예수 계율

세상 사람들은 역사상 가장 위대한 인물로 예수를 말함에 주저하지 않는다. 왜 그럴까? 솔직히 말해, 나는 그 이유를 모른다. 그가 죽지 않고 영원히 살 수 있는 방법을 가르쳐 주었기 때문일까? 아니면, 그가 하나님으로부터 부여받은 권능으로써 사람들의 온갖 질병을 고쳐주고, 하나님을 섬기고 경배하는 방법을 바르게 가르쳐 주었기 때문일까? 아니면, 하나님으로부터 왕권을 부여받고 죽은 자와 산 자를 심판하러 오는 미래의 절대 권력자이기 때문일까? 아니면, 그가 지상에 머무는 동안에 소외된 자들에게 베풀었던 따뜻한 사랑과 기득권자들을 신랄하게 비판하는 용기를 함께 지녔던 인물이었기 때문일까? 아니면, 자신의 죽음을 통해서 하나님의 뜻을 온전하게 실천한 하나님의 진정한 아들이기 때문일까? 아니면, 그가 사람들에게 가르쳐 준 세상사는 법이 너무나 요긴하고 훌륭하기 때문일까?

나는 이 문제 하나를 해결하기 위해서 예수의 입으로써 직접 한 말들을 중심으로 분석하고, 그 속에서 그의 가르침을 확인해 보기로

작정했다. 그리하여 마태복음에서 그가 직접 한 말만을 뽑아내고(실은, 마태·마가·누가·요한복음에서 예수가 직접 한 말들을 뽑아 분석해 보았지만 마태복음의 것이 종합적이라 판단했다.), 그것들을 재삼재사 읽으면서 그의 가르침의 내용을, 다시 말해, 그가 인간에게 요구하고 있는 내용이 구체적으로 무엇인지를 나름대로 뽑아 보았다. 그런 연후에 그것에 기초한 체크리스트를 만들어 보았다.

따라서 우리는 이 체크리스트를 통해서, 그동안 온전하게 실천해 온 것이 과연 몇이나 되는지 확인해 볼 필요가 있다고 본다. 특히, 예수교 경전을 들고서 일요일마다 교회나 성당에 나가 예배를 인도하거나 참여함으로써 하나님을 믿고 찬양하는 사람들은 더욱 그러하다. 왜냐하면, 예수의 '천국론'은 그렇다 치더라도 그가 인간에게 요구하는 계율들이 무엇인가는 최소한 알아야 한다고 생각하기 때문이다. 나아가, 그가 요구하는 계율들이 얼마나 비현실적이고 실천할 수 없는 것들인지도 신중하게 생각해보아야 할 것이다. 물론, 그가 요구한 계율들이 온전히 지켜지는 인간사회라면 그야말로 이상세계가 따로 없는, 아니, 그곳이 바로 천국이 될 것임에는 틀림없다. 하지만 생물학적인 몸을 지닌 인간존재로서는 도저히 지켜낼 수 없는 비현실성에 더 큰 문제가 있다. 아래 서른여섯 가지 항목들을 읽으면서 무엇이 문제인가를 각기 생각해 보기 바란다.

1	지금까지 살면서 사람을 죽여본 적이 없는가? (예, 아니오)
2	아내 아닌 여자를 보고 음욕을 품은 적이 없는가? (예, 아니오)
3	아내의 음행이 아닌 이유로 이혼한 적이 없는가? (예, 아니오)
4	음행이라는 이유로 이혼당한 여자와 재혼한 적이 없는가? (예, 아니오)

5	사는 동안 남의 것을 도적질해 본적이 없는가? (예, 아니오)
6	거짓으로 증언하여 진실을 왜곡한 적이 없는가? (예, 아니오)
7	사는 동안 남의 돈을 빌려 쓰고 갚지 않았거나 소송을 당한 적이 없는가? (예, 아니오)
8	지키지 못할 맹세나 약속을 한 적이 없는가? (예, 아니오)
9	평소에 부모를 공경하였다고 생각하는가? (예, 아니오) -여기서 공경이란 상대를 인격적으로 존중해주고, 상대가 원하는 바를 충족시켜 주려는 최대한의 노력 등이 포함된다.
10	네 오른편 뺨을 치는 이에게 왼편 뺨을 내어 준 적이 있는가? (예, 아니오)
11	소송을 제기하여 너의 속옷을 가지고자 하는 이에게 겉옷까지 준 적이 있는가? (예, 아니오)
12	억지로 너를 오리를 가게 하는 이와 십리를 동행해본 적이 있는가? (예, 아니오)
13	너의 것을 갖고자하는 이에게 거절하지 않고 주었으며, 네게 빌리고자 하는 이에게 흔쾌히 빌려 주었는가? (예, 아니오)
14	상대방이 잘못을 저질렀을 때에 490번까지 용서해본 적이 있는가? (예, 아니오)
15	예물을 제단에 드리다가도 네 형제에게 원망들을 만한 일이 생각나서 예물을 제단 앞에 둔 채 먼저 가서 형제와 화해하고 그 후에 다시 와서 예물을 드려본 적이 있는가? (예, 아니오) -여기서 형제란, 첫째로 하나님을 믿는 성도들을 의미하며, 둘째, 같은 민족을 말하며, 셋째, 혈육 간의 인척관계를 말한다.
16	너의 원수를 진정으로 사랑했으며, 너를 핍박하는 자를 위하여 기도해본 적이 있는가? (예, 아니오)

17	죄를 범하는 네 형제에게 직접 권고했으며, 네 말을 듣지 않는 그에게 한 두 사람을 데리고 가서 그들로 하여금 말마다 증참케 하였으며, 그들의 말도 듣지 않는 그를 교회에 말하는 절차를 밟는 노력을 기울여 보았는가? (예, 아니오)
18	사람에게 보이려고 그들 앞에서 의義를 행한 적은 없는가? (예, 아니오)
19	구제할 때에 오른손의 하는 것을 왼손이 모르게 하여, 네 구제함을 은밀하게 했는가? (예, 아니오)
20	기도할 때에 네 골방에 들어가 문을 닫고 은밀한 중에 계신 네 아버지께 기도했는가? (예, 아니오)
21	금식할 때에도 슬픈 기색을 내지 않았는가? (예, 아니오)
22	남을 비판하지 않고, 대접받고 싶은 만큼 남을 대접해 보았는가? (예, 아니오)
23	어린이와 같이 자신을 낮추어 늘 겸손했는가? (예, 아니오)
24	핍박과 환난을 참아내고, 거짓 선지자를 구분 경계하는 지혜를 갖추었는가? (예, 아니오)
25	죄를 범하게 한다 해서 자신의 눈과 손발 등을 잘라내 본 적이 있는가? (예, 아니오)
26	자신을 위하여 보물을 땅에 쌓아 두지 않고 하늘에 쌓아두었다고 말할 수 있는가? (예, 아니오)
27	자신의 목숨을 위하여 조금도 의식주를 걱정하지 않고 살았는가? (예, 아니오)
28	내일을 걱정하지 않고 오로지 하나님의 의義를 구하였는가? (예, 아니오) —여기서 의義란 하나님을 믿고, 그 가르침을 실천하며,

	하나님께 경배 드리는 삶을 말한다.
29	우상을 숭배하지 않았으며, 다른 신을 섬기지도 않았는가? (예, 아니오)
30	목사·신부라고 칭함을 받지는 않았는가? (예, 아니오)
31	부모를 아비·어미라 부르지는 않았는가? (예, 아니오)
32	십일조를 빠짐없이 내었는가? (예, 아니오)
33	심판의 날(예수 재림)을 맞이하기 위하여 늘 깨어있었는가? (예, 아니오)
34	선대가 핍박한 선지자들을 위하여 반성하고, 하나님의 의를 구하고 전하는 자(예수 같은 분)들을 믿고 따랐는가? (예, 아니오)
35	하나님이 우주만물을 창조하시고, 인간을 사랑하사 계율을 주시고, 세상 끝날에 심판을 하고, 그 결과에 따라 천국과 지옥으로 인도하여 영생과 영벌을 받게 하는 주관자이심을 진실로 믿었는가? (예, 아니오)
36	하나님의 천국복음을 땅 끝까지 전파했는가? (예, 아니오)

위 서른여섯 가지 항목 중에서 나는 과연 '예'라는 대답을 몇 번이나 할 수 있을까? 부끄럽게도 나는 '예'라고 대답할 수 있는 게 채 열 번도 되지 않는다. 분명한 사실은 ①원천적으로 실천할 수 없는 것들과, ②노력한다 해도 온전히 실천하기가 대단히 어려운 것들이 대부분이라는 점이다. 사실상, 예수가 인간에게서 실천되기를 원하는 이 계율들은 너무나 비현실적이고 이상적이어서 자칫 공염불이 될 가능성이 높다는 문제 아닌 문제가 있다. 그것은 개인사나 인류사를 통시적으로 볼 때에, 극히 몇 가지 항목만을 빼고는 거의 지켜진 것이 없다는 사실에서도 확인할 수 있다고 본다. 물론, 개개인

마다 실천의 유무와 정도 차이가 있겠지만 그것을 가장 이상적인 삶의 목표로 알고 노력하자는 의미로 받아들이면 문제 삼을 필요도 없겠지만, 어느 것 하나 제대로 실천하지 못하면서, 그의 가르침의 내용을 온전히 이해하지도 못하면서 예수를 운운하며 그의 이름을 파는 것은 분명 난센스임에 틀림없다.

따라서 우리는 예수가 당대 사람들에게 무엇을 어떻게 말했으며, 그것들이 오늘을 사는 우리에게 어떤 의미가 있는지를 분명하게 알아야 할 것이다. 무턱대고, 혹은 막연하게 그를 말하는 것은 그에 대한 도리도 예의도 아니며, 비이성적인 처사일 뿐이라고 나는 생각한다.

-2008. 12. 02.

제Ⅲ장 천국과 지옥

'천국과 지옥' 장을 읽기 전에

여전히 궁금한 천국의 실체
요한의 눈에 비친 천국天國과 그곳에 사는 존재들
'꾸란' 에서의 천국
예수교와 이슬람교의 두 '천국' 비교
천국과 극락에 대한 단순비교
천국에 대한 비유적 표현이 불가피했던 이유
'음부陰府' 에 대하여
예수교·이슬람교·불교의 '지옥' 에 대하여
꾸란에서 말하는 최후의 심판
이분법적 시각의 함정

'천국과 지옥' 장을 읽기 전에

'천국The kingdom of heaven'과 '지옥Hell'이라는 단어는, 예수교 경전 내 구약에서는 단 한 차례도 쓰이지 않았다. 이 두 용어는 예수가 천국복음을 전하면서 처음 쓰기 시작했는데, 그렇다면 그 이전 시기에는 산자와 죽은 자를 심판한 후 천국과 지옥으로 갈라놓는 내용을 핵심으로 하는 '하나님의 천국복음'이 없었다는 뜻인가? 아니면, 하나님의 계획이 새롭게 바뀌기라도 했단 말인가? 그렇지는 않다고 본다. 오로지, 인간 스스로가 그 개념들을 발전시켜 온 것뿐이다. 간단히 말해서, 하나님의 뜻을 인간들이 새롭게 이해하고 발전시켜 온 결과이다.

구약에서는 '지옥'이라는 말 대신에 '음부陰府 The grave'가 사용되었고, '천국'이라는 말 대신에 '하늘The sky = The heaven'이라는 말이 쓰였음을 어렵지 않게 확인할 수 있다. 물론, 음부나 하늘의 의미가 곧 지옥과 천국의 의미와 동일하지는 않다. 음부가 지옥으로 발전하고, 하늘이 '천국' 또는 '하나님의 나라' 등으로 발전했다는 것뿐이다. 구체적으로, 어떻게 발전했는지에 대해서는 이들 용어의 쓰임새와 상관성에 대한 분석이 이루어지면 그에 대한 판단은 얼마든지 가능하다고 본다.

이 장에 실리는 열 편의 글들은 예수교와 이슬람교, 그리고 불교의 경전에서 말하는 천국[극락]과 지옥의 실상을 어느 정도 이해시켜줄 줄로 믿는다. 오로지, 경전 내 문장 분석을 통한 결과이므로 그에 대한 객관적 판단에 도움이 될 것이기 때문이다. 특히, 심판이란 과정을 거쳐서, 죽은 자를 부활시켜서 산자와 함께 인간을 분류하여, 천국 또는 지옥으로 보낸다는 주장이, 예수교와 이슬람교의 핵심교리이기 때문에 두 종교에서의 이들 개념을 비교적 상세하게 비교하였다. 그리고 이들 종교의 '천국'에 해당하는 불교佛敎의 '극락'에 대해서도 해당 경전 내용을 정리해 놓음으로써 천국이란 개념과 무엇이 어떻게 다른가를 판단할 수 있도록 했다.

사실, 경전 내용이라는 것도 알고 보면, 하나님을 열망하는 특별한 사람들의 주관적인 생각이나 의식意識이었는데 그것이 점차 공유共有되면서 집단무의식처럼 자리 잡게 되었다. 이런 맥락에서 본다면, 우리는 고대인古代人로부터 유전되어 내려오는 사고思考에서 자유롭지 못한 면이 없지 않다고도 말할 수 있는데, 바로 이 장에서 다루는 천국과 지옥, 그리고 심판 등에 대한 반신반의半信半疑도 그 적절한 예라 할 수 있다. 차제에, 이들 종교적 키워드에 대해서 냉정하게 생각해 볼 수 있는 기회가 되었으면 한다.

-2009. 04. 27.

여전히 궁금한 천국의 실체

　'천국天國' 이란 단어는, 말 그대로 '하늘나라' 혹은 '하나님의 나
라' 라는 뜻으로 예수교 경전 가운데 신약에서만 약 35회 이상 사용
되고 있다.[46) 그렇지만 그것이 어떤 구조로, 어디에 있는지에 대해
서는 구체적인 설명이 없다. 천국을 직접 가본 사람이 없기 때문일
것이다. 심지어는 '천국복음 전파' 라는 매우 특별한 임무를 띠고 이
땅에 오신 하나님의 아들 예수조차도 그에 대한 직접적인 설명을 피
한 채 오로지 비유적인 화법話法으로써 간접 묘사만 하고 말았다.
곧, ①좋은 씨를 제 밭에 뿌린 사람(마태복음 13:24) ②사람이 자기 밭
에 갖다 심은 겨자씨 한 알(마태복음 13:31) ③여자가 가루 서 말 속에
갖다 넣어 전부 부풀게 한 누룩(마태복음 13:33) ④밭에 감추어진 보화

---

46) 예수교 경전에서 '천국' 이란 단어가 사용된 예
마태복음 3:2, 4:17, 4:23, 5:3, 5:10, 5:19, 5:20, 7:21, 8:11, 9:35, 10:7, 11:11, 11:12, 13:11,
13:19, 13:24, 13:31, 13:33, 13:38, 13:44, 13:45, 13:47, 13:52, 16:19, 18:1, 18:3, 18:4,
18:23, 19:12, 19:14, 19:23, 20:1, 22:2, 23:13, 24:14, 25:1, 디모데후서 4:18 등.
참고로, NIV 영문성경 속에는 The kingdom of heaven 이 29회, hell이 4회, The sky가 64회,
heaven이 571회 사용되었다.

(마태복음 13:44) ⑤좋은 진주를 구하는 장사(마태복음 13:45) ⑥바다에 치고 각종 물고기를 모는 그물(마태복음 13:47) ⑦새 것과 옛 것을 그 곳간에서 내어오는 집주인(마태복음 13:52) ⑧종들과 회계하려 하던 어떤 임금(마태복음 18:23) ⑨품꾼을 얻어 포도원에 들여보내려고 이른 아침에 나간 집 주인(마태복음 20:1) ⑩자기 아들을 위하여 혼인 잔치를 베푼 어떤 임금(마태복음 22:2) ⑪등을 들고 신랑을 맞으러 나간 열 처녀 (마태복음 25:1) 등과 같은 것이 바로 천국이라는데, 이들 열한 가지 비유어들이 그 천국을 설명해 주기에는 너무나 부족하고, 너무나 추상적이다. 우리가 궁금해 하는 점들을 전혀 해소해 주지 못한 채 – 아니, 피한 채 – 그것의 성격만을 암시해 주면서 상상하게 하고 있기 때문이다.

그도 그럴 수밖에 없는 이유가 있다. 그것은 천국에 대한 예수의 진실한 믿음이 바로 이런 것이었기 때문이다. 곧, "하나님의 나라는 볼 수 있게 임하는 것이 아니요, 또 여기 있다 저기 있다고도 못하리니, 하나님의 나라는 너희 안에 있느니라. The kingdom of God does not come with your careful observation, nor will people say, 'Here it is,' or 'There it is,' because the kingdom of God is within you(누가복음 17:20~21)."라는 말이 그것이다.

그렇다면, 예수가 말한 천국은, 인간의 눈으로 확인할 수 없는 것이로되, – 하나님 자체가 영이기 때문이고, 부활하여 천국에 가는 사람들도 몸이 아닌 영이기 때문이지만 – 사람들의 마음속에서나 그려볼 수 있고, 가질 수 있는 무형無形의 이상세계理想世界임에 틀림없다. 그런데 많은 사람들은 '죽은 몸이 다시 살아나서', "오직 성령 안에서 의와 평강과 희락(로마서 14:17)"이 주어지는 가운데 영생할 수 있는,

특별한 공간이 하늘 어딘가에 있다고 – 어떤 종파는 하늘 가운데 있는 게 아니라 지상에서 실현된다고 주장하기도 하지만 – 막연하게 믿는다는 사실이다. 이 얼마나 어처구니없는 아전인수 격의 생각이며, 인간의 밑 빠진 독과도 같은 욕심의 반영인가.

보통 사람들로 하여금 그런 욕심을 – 점잖게 말해서, 소망을 – 내게 하는 요인이 있으니, 그것은 천국에 대한 예수의 수사적修辭的 설명이 아니라 요한의 구체적인 천국 묘사가 아닌가 싶다. 곧, 하나님으로부터 계시를 받은 예수가 그것[하나님의 계시]을 한 천사에게 주어서, 그 천사로 하여금 사도 요한에게 특별히 말하고 보여주어 기록하게 했다는 계시록에서는, 천국의 외형外形과 내형內形 그리고 그곳에 사는 존재들(하나님·어린 양·네 생물·24명의 장로·천사·천군 등)의 활동에 대해서까지 구체적인 묘사가 있다. (이 부분에 대해서는 별도의 글 「요한의 눈에 비친 천국天國과 그곳에 사는 존재들」에서 확인하기 바람.) 결과적으로, 불가시적不可視的 영역으로서의 예수 천국을 요한이 가시적 대상으로 그려냈는데, 이 둘 사이에는 현실적인 모순 – 인간의 이성으로써 다 설명할 수 없는 것이 신의 세계인 종교 고유의 영역이라 말하는 사람들도 있지만 – 이 분명 있으며, 우리들의 상상력을 무한히 자극한다는 공통점을 가지고 있다.

여하튼, 천국을 설명하기 위해서 집필된 듯한 마태복음의 제13장을 보면, 천국에 대한 예수의 모호한, 혹은 궁색한 입장 표명이 잘 드러나 있다. 곧, 예수가 집에서 나와 바닷가에 앉자 큰 무리가 모여들었고, 그러자 예수는 배위로 올라가 앉아서 그들에게 천국에 대하여 '뿌려지는 씨'로 빗대어 비유적인 화법으로써 설교하신다(내용생략). 그러자 제자들이 예수께 다가와, "어찌하여 저희(큰 무리)에게 비유로 말씀하시나이까?"라고 묻는다. 이에 예수는 "천국의 비밀을 너희에게는 허락되었으나 저희(큰 무리)에게는 아니 되었나니, 무릇, 있는 자는 받아 넉넉하게 되고, 무릇, 없는 자는 있는 것도 **빼앗기리라**."라고, 대답하였다.

단적으로 말하여, 제자가 아닌 무리에게는 천국의 비밀에 대하여 알 기회가 '허락되지 않았다'는 이유 때문에 비유적인 화법으로써 말할 수밖에 없다는 것이다. 참으로 묘한, 알쏭달쏭한 해명이다. 천국에 대해서 직접적으로 설명을 한다 해도 이해하지 못하기 때문이 아니라, 천국의 비밀이 허락되지 않았다는 이유에서 비유적인 표현이 불가피하다는 것인데, 그렇다면, 누구에게는 허락되고, 또 누구에게는 허락되지 않은 천국이라는 말인가? 만약, 그렇다면, 그런 천국 복음을 무엇 때문에 세상 끝까지 전파하려 애를 쓴단 말인가? 처음부터 모두에게 천국비밀을 허락하지 않고서 말이다. 참으로, 알 수 없는 일이다.

그런데 예수께서는 다행스럽게도, 이어서 조금 더 분명한 그 이유를 밝히신다. 곧,

그러므로 내가 저희에게 비유로 말하기는, 저희가 보아도 보지 못하며, 들어도 듣지 못하며, 깨닫지 못함이니라. 이사야의 예언이 저희에게 이루었으니, 일렀으되, '너희가 듣기는 들어도 깨닫지 못할 것이요, 보기는 보아도 알지 못하리라. 이 백성들의 마음이 완악하여져서, 그 귀는 듣기에 둔하고, 눈은 감았으니, 이는 눈으로 보고 귀로 듣고 마음으로 깨달아 돌이켜 내게 고침을 받을까 두려워함이라.' 하였느니라. 그러나 너희 눈은 봄으로, 너희 귀는 들음으로 복이 있도다. 내가 진실로 너희에게 이르노니, '많은 선지자와 의인이 너희 보는 것들을 보고자 하여도 보지 못하였고, 너희 듣는 것들을 듣고자 하여도 듣지

못하였느니라. 그런즉 씨 뿌리는 비유를 들으라(마태복음 13:13~18).'

사람들의 마음이 완악(頑惡:성질이 매우 고집스럽고 사나움)해졌고, 그 완악해짐 때문에 배워서 깨달아 고쳐지는 것 자체를 두려워한다는 것이고, 그 두려움 때문에 '보아도 보지 못하고, 들어도 듣지 못하며, 깨닫지 못함으로' 천국에 대하여 비유적인 설명이 불가피하다는 것이 예수의 논리적 판단이다. 그러나 그것은 오히려 천국에 대한 이해를 더욱 혼란스럽게 했을 뿐 아니라 증폭되어가는 천국에 대한 의문을 풀어주지 못했다. 실로, 안타깝기 그지없는 일이다.

예수의 천국에 대한 비유적인 표현을 아무리 샅샅이 훑어보아도 그 실체가 명료하게 드러나 보이지는 않는다. 그저 상상이 가능할 뿐이다. 그나마 예수의 천국론은, ①천국은 가까이 있다(누가복음 10:9, 10:11) ②대다수의 사람들은 천국을 보아도 보지 못하고, 들어도 듣지 못하고, 깨닫지 못한다(누가복음 8:10) ③천국 비밀이 예수의 제자들에게는 허락되었지만 대다수 사람들에게는 허락되지 않았다(마태복음 13:11, 누가복음 8:10) ④천국에는 심령이 가난한 자·애통하는 자·온유한 자·의에 주리고 목마른 자·긍휼히 여기는 자·마음이 청결한 자·화평케 하는 자·의를 위하여 핍박을 받은 자 등이 간다(마태복음 5:3~11) ⑤천국은 열한 가지 비유어들과 같다[47] 등으로 정리하여 말할 수 있기 때문에, 이들 부분적인 언급을 통해서 나름대로 상상하고 생각해볼 수 있을 뿐이다.

그러나 분명한 사실은, '너희 안에 있다' 는 보이지 않는 예수 천국과, 하늘 문이 열림으로써 보고 기록했다는 요한의 그것에 대하여 아무리 상상력을 발휘하고 생각해 보아도 우리의 궁금증이 풀리지 않는다는 것이고, 그것은 사람이 쓴 경전의 한계로 여겨진다는 점이다. 결과적으로, 예수교의 천국은 모호하게 이중적으로 묘사됨으로써 궁금증의 핵심을 피하거나 혼란시킨 셈이고, 오로지 받아들이는 사람들의 몫으로 남겨둔 셈이 되어 버렸다.

-2008. 10. 13.

---

47) 예수가 동원한 천국에 대한 비유어 11가지
①좋은 씨를 제 밭에 뿌린 사람(마태복음 13:24)
②사람이 자기 밭에 갖다 심은 겨자씨 한 알(마태복음 13:31)
③여자가 가루 서 말 속에 갖다 넣어 전부 부풀게 한 누룩(마태복음 13:33)
④밭에 감추어진 보화(마태복음 13:44)
⑤좋은 진주를 구하는 장사(마태복음 13:45)
⑥바다에 치고 각종 물고기를 모는 그물(마태복음 13:47)
⑦새 것과 옛 것을 그 곳간에서 내어오는 집주인(마태복음 13:52)
⑧종들과 회계하려 하던 어떤 임금(마태복음 18:23)
⑨품꾼을 얻어 포도원에 들여보내려고 이른 아침에 나간 집 주인(마태복음 20:1)
⑩자기 아들을 위하여 혼인 잔치를 베푼 어떤 임금(마태복음 22:2)
⑪등을 들고 신랑을 맞으러 나간 열 처녀(마태복음 25:1)

요한의 눈에 비친 천국天國과 그곳에 사는 존재들

　예수가 살아계실 때에 방편으로, 여러 가지 비유를 들어서 인간에게 '천국天國'을 설명하긴 했지만 왠지 속 시원하지 못하다. 천국이 하늘 어딘가에 있긴 있다는데, 그래서 자신도 부활·승천하여 하늘에 계시는 하나님 우편에 앉으셨다고 말하면서도, 그것의 모양새와 위치와 구조를 정확히 알려 주지 않았기 때문이다. 그렇듯, 예수교 경전 말씀을 전하면서 그 의미를 구체적으로 설명해 주어야 하는 오늘날의 목사나 신부들 또한 천국에 대해서는 속 시원히 말해 주질 않는다. 아니, 말해주지 않는 게 아니라 못한다. 그들 역시 천국을 들여다보지 못했고, 극히 제한적이면서 모순까지 안고 있는 경전의 기록만으로 설명하기가 쉽지 않기 때문이다.

　그런 탓인지 천국과 영생, 지옥과 심판 등의 기본 개념으로 짜여진 천국복음을 손에 들고 다니면서도, 막연하게 '천국이 하늘에 있다' 든가, '사람의 마음속에 있다' 는 등 실로, 무책임한 말을 늘어놓는 게 현실이다. 엄밀히 말해서, 이는 복음의 전체적인 내용을 파악하지 못한 데에서 나온 결과로서, 아는 만큼 임의로 해석하여 말하는, 불완전한 것일 뿐이다.

나는 예수교 경전 가운데 요한계시록에서 묘사된, 다시 말해서, 사도 '요한'이라는 사람의 눈에 비친, 그것이 자의든 타의든 간에, 천국을 가능한 범위 내에서 이해하기 쉽게 설명하고자 한다. 이는 천국이 있거나 없다고 주장하기 위해서가 아니라 '하나님의 감동' 48)으로 쓰여졌다는, 좀 더 구체적으로 말하여, 하나님이 예수에게 계시를 주고, 그 계시를 예수가 천사에게 지시하여, 그 지시를 받은 천사가 지상의 요한에게 직접 설명하고, 보여주고, 임무를 주어 수행한 내용 등을 요한 스스로 기록했다는(1:1), 그 계시록 속에 묘사된 천국이 어떠한 것인가를 알려줌으로써 독자의 이해와 판단을 돕고자 한다. 특히, 요한의 계시록은 다른 복음서와 달리 그 내용을 파악하기가 여러 가지 이유에서 대단히 어렵기 때문이다. (그 구체적인 이유에 대해서는 다른 글 「요한계시록이 어렵게 느껴지는 이유에 대하여」를 참고하기 바람.)

그렇다면, 천국은 과연 어떻게 생겼을까?

요한의 눈에 처음 들어온 것은 '하늘문'(4:1)이다. 그 문이 어떻게 생겼고, 얼마나 큰 지에 대해서는 일체의 언급이 없다. 다만, 그 하늘문이 열렸기 때문에 하나님이 계시는 천국을 들여야 볼 수 있었다는 것이다. 그렇다면, 열린, 그 하늘문 안으로는 무엇이 있었을까? 그곳의 외형적인 장식裝飾과 그곳에서 사는 존재들의 역할을 가능한 범위 내에서 살펴보자.

---

48) 하나님의 감동
모든 성경은 하나님의 감동으로 된 것으로, 교훈과 책망과 바르게 함과 의로 교육하기에 유익하니, 이는 하나님의 사람으로 온전케 하며, 모든 선한 일을 행하기에 온전케 하려 함이니라(디모데후서 3:16~17).

먼저, 그곳 가장 높은 곳에는 한 개의 보좌(寶座:보석으로 된 의자)가 놓여있고, 그 앞으로는 수정水晶과 같은 유리 바다가 펼쳐져 있고 (4:6), 수정 같이 맑은 생명의 강江이 발원한다(22:1). 이 생명의 강은 이슬람교의 천국에서 물이 흐른다는 자연적인 '강'과 불교의 극락에 있다는 '연못'과도 유사하지만 그 근본이 다르다.

그리고 하나님의 보좌 주변으로 24개의 보좌가 더 놓여 있으며, 그 앞으로는 제단祭壇(6:9, 8:3, 11:1, 14:18, 16:7)과 금단金壇(8:3, 9:13)이 있고, 그 위에는 일곱 금촛대(1:12, 1:13, 1:20, 2:1, 2:5, 11:5)와 금향로金香爐(8:3)와 금대접(5:8) 등이 있으며, 생명책(3:5, 13:8, 17:8, 20:12, 20:15, 21:27) 등이 놓여있고, 천사의 손에 들린 7개의 나팔(8:2)과, 네 생물과 장로들의 손에 들린 거문고(harp:5:8, 15:2) 등이 있다.

그리고 그곳에는 ①하나님 ②하나님의 일곱 영 ③어린 양 ④네 생물 ⑤24명의 장로 ⑥수많은 천사 외에도 천사가 부리는 ⑦천군(天軍:말과 말을 탄 병사=마병대) 등이 있다. 그런데 이들에 대한 자태(姿態:모양새와 태도)가 대단히 흥미롭게 묘사되어 있다.

가장 높은 곳에 있는, 무지개로 둘린, 녹보석綠寶石 같은 보좌寶座에 앉은 하나님의 모습은, 벽옥碧玉과 홍보석紅寶石 같고(4:3), 하나님의 보좌 앞에 일곱 등불이 켜있는데 이것이 곧 하나님의 일곱 영靈이라는 것이다(4:5).

'인자 같은 이(1:13)'와 '어린 양(5:6, 5:7, 5:8, 5:12, 5:13, 6:1, 6:16, 7:9, 7:10, 7:17, 14:1, 14:4, 14:10, 21:22, 21:23)'으로 빗대어지고 있는 예수는, 일곱 금촛대 사이에 발에 끌리는 옷을 입고, 가슴에 금띠를 띠고, 그 머리와 털의 희기가 흰 양¥털 같고, 눈[雪] 같으며, 그의 눈은 불꽃같고, 그의 발은 풀무에 단련鍛鍊한 빛나는 주석 같고, 그의 음성은 많은 물소리와 같으며, 그 오른손에 일곱별이 있고, 그 입에서는 좌우에 날선 검이 나오고, 그 얼굴은 해가 힘 있게 비취는 것 같다 (1:12~16). 뿐만 아니라, 보좌와 네 생물과 장로들 사이에 서있는 모습은, 일찍 죽임을 당한 것 같고, 일곱 뿔과 일곱 눈(온 땅에 보내심을 입은 하나님의 일곱 영)이 있다(5:6).

하나님의 보좌를 둘러 있는 24개의 보좌에 앉은 장로들은, 모두 흰 옷을 입고 있으며, 머리에 금 면류관冕旒冠을 쓰고 있다(4:4).

보좌 가운데와 보좌 주위에 네 생물(生物:living creature) 의 모습은, 앞뒤에 눈이 가득하고(4:2~6), 그 첫째 생물은 사자獅子 같고, 그 둘째 생물은 송아지 같고, 그 셋째 생물은 얼굴이 사람 같고, 그 넷째 생물은 날아가는 독수리 같은데, 네 생물이 각각 여섯 날개가 있고, 그 안과 주위에 눈이 가득하다(4:7~8). 참고로, 이 '네 생물'에 대해서는 에스겔이 먼저 아주 구체적으로 묘사해 놓았는데(에스겔 1:4~28), 요한의 이것은 그「에스겔」서로부터 옮겨온 것으로 보인다.

천사는 맑고 빛난 세마포 옷을 입고, 가슴에 금띠를 띠고 있으며 (15:6), 구름을 입고 하늘에서 내려오는 모습은 그 머리 위에 무지개가 있고, 그 얼굴은 해 같고, 그 발은 불기둥 같으며(10:1), 바다와 땅을 밟고 서있기도 한다(10:5).

한편, 마병대는 불빛과 자주빛과 유황빛 흉갑이 있고, 또 말들의 머리는 사자 머리 같고, 그 입에서는 불과 연기와 유황이 나오고, 이 말들의 힘은 입과 꼬리에 있는데, 그 꼬리는 뱀 같고, 또한 꼬리에 머리가 있다(9:19). 참으로 희한한 모습들이며, 아리송한 세계이다.

그렇다면, 이들은 각각 그곳 천국에서 어떤 역할을 하는가?
거문고와 금대접을 가진(5:8) 네 생물로부터 살펴보자.
첫째, 하나님에 대한 찬양·찬미이다. "거룩하다. 거룩하다. 거룩하다. 주 하나님 곧 전능하신 이여! 전에도 계셨고, 이제도 계시고, 장차 오실 자라." 말하고, 영광과 존귀와 감사를 보좌에 앉으사 세세토록 사시는 하나님께 돌린다(4:7~9).

둘째, 예수께서 생명책에 의한 심판을 주관하도록 강력하게 추천한다. "어린 양 앞에 엎드려, 각각 거문고와 향이 가득한 금대접을 가졌으니, 이 향은 성도의 기도들이라. ─ 그렇다면, 오늘날 교회나 성당에서 올리는 수많은 사람들의 기도는 다 천국에 있는 금대접 속으로 들어가 심판날까지 있게 된다면 한낱 우스갯소리가 되는가. ─ 새 노래를 불러 가로되, "책을 가지시고, 그 인印봉을 떼기에 합당하시도다! 일찍 죽임을 당하사, 각 족속族屬과 방언方言과 백성百姓과 나라 가운데서 사람들을 피로 사서 하나님께 드리시고, 저희로 우리 하나님 앞에서 나라와 제사장을 삼으셨으니, 저희가 땅에서 왕노릇하리로다(5:8~10)."라고 간청하면서, "아멘"으로 찬양한다(5:14).

셋째, 하나님의 진노를 가득히 담은 금대접 일곱 개를 일곱 천사에게 나누어 주어(15:7), 일곱 천사로 하여금 일곱 재앙을 펼치게 한다(16:2~21).

역시 거문고와 금 대접을 가진(5:8) 24명의 장로들은 무엇을 하는가?

첫째, 하나님을 찬양하고 심판할 때임을 하나님께 환기시켜 드린다. 곧, "감사하옵나니, 옛적에도 계셨고, 시방도 계신 주 하나님 곧 전능하신 이여! 친히, 큰 권능을 잡으시고, 왕노릇하시도다! 이방들이 분노하매, 주의 진노가 임하여 죽은 자를 심판하시며, 종 선지자들과 성도들과, 또 무론대소하고 주의 이름을 경외하는 자들에게 상 주시며, 또 땅을 망하게 하는 자들을 멸망시키실 때로소이다."라고 말하고, 또한 보좌에 앉으신 이 앞에 엎드려 세세토록 사시는 이에게 경배하고, 자기의 면류관을 보좌 앞에 던지며, "우리 주 하나님이여! 영광과 존귀와 능력을 받으시는 것이 합당하오니, 주께서 만물을 지으신지라, 만물이 주의 뜻대로 있었고, 또 지으심을 받았나이다(4:10~11)."라고 찬양한다.

둘째, 어린 양을 찬양·경배하며, 그가 땅의 왕이 됨이 합당하다고 강조한다. '어린 양 앞에 엎드려, 각각 거문고와 향이 가득한 금대접을 가졌으니, 이 향은 성도의 기도들이라. 새 노래를 노래하여 가로되, '책을 가지시고, 그 인봉을 떼기에 합당하시도다! 일찍 죽임을 당하사, 각 족속과 방언과 백성과 나라 가운데서 사람들을 피로사서 하나님께 드리시고, 저희로 우리 하나님 앞에서 나라와 제사장을 삼으셨으니, 저희가 땅에서 왕노릇하리로다(5:8~10)!' 라고 찬양하면서 어린 양에게 엎드려 경배 드린다(5:14).

그렇다면, 천사는 그곳에서 무슨 일을 하는가?

첫째, 하나님과 예수를 찬양하고, 경배한다(7:11).

둘째, 하나님의 명을 받들어 심판하는(5:2) 전 과정에 직접 행동대원으로서 참여한다. 구체적인 예를 들어서 말하면, '생명책의 인을 누가 떼어야 하느냐?'고 질문하기도 하고(5:2), 땅 네 모퉁이에 서서 사방의 바람을 붙잡아 땅에나 바다에나 각종 나무에 불지 못하게 하기도 하고(7:1), 하나님의 인을 가지고 있기도 하며(7:2), 재앙을 내리는 일곱 나팔을 들고(6:2), 직접 불어서 재앙을 내리며(8:7~10:7), 단위의 불을 향로에 담아다가 땅에 쏟아 뇌성과 음성과 번개와 지진을 일으키기도 한다(8:5). 뿐만 아니라, 이로운 낫을 가지고 곡식과 포도를 수확하여(14:17~18) '하나님의 진노의 큰 포도주 틀(14:19)'에 넣음으로써 일곱 천사의 일곱 재앙(15:1)을 집행하기도 한다. 또한, 하나님의 진노를 가득히 담은 금대접을 네 생물 가운데 하나로부터 받고(15:7), 그 대접을 땅에 쏟아 재앙을 내리기도 한다(16:1). 그리고 하나님의 심판을 찬양하고(16:5), '물위에 앉은 큰 음녀'를 심판하고(17:1), 큰 맷돌 같은 돌을 들어 바다에 던지기도 하며(18:21), 무저갱 열쇠와 큰 쇠사슬을 그 손에 가지고 하늘로부터 내려와 '용'을 잡아 천년 동안 결박해 놓기도 한다(20:1~3). 뿐만 아니라, 땅에 사는 자들에게 전해 줄 복음을 가지고 있으며(14:6), 새 땅 새 하늘로 상징되는 새 예루살렘 성을 지상에 내려 보내며, 그 성문에 머무르기도 한다(21:12). 한 마디로 말하여, 천사는 하나님의 심판을 집행하는 행동대이기도 하며, 그 임무를 수행하기 위해서 천군을 지휘하는 등 하나님으로부터 부여받은 모든 권능을 행사하며, 예수와 더불어서 지상에 내려와 새 예루살렘 성을 통치하기도 한다. 이런 천사들의 수는 만만 천천이다(5:11).

예수는 하나님의 오른손에서 책을 취하고, 네 생물과 24명의 장로들과 천사들의 찬양을 받을 뿐만 아니라 하늘과 땅과 바다에 있는 모든 생물들로부터 찬양과 경배를 받는다(5:1~14).

"예언은 언제든지 사람의 뜻으로 낸 것이 아니요, 오직, 성령의 감동하심을 입은 사람들이 하나님께 받아 말한 것임이니라(베드로후서 1:21)."했지만, 실로, 상상력 없이는 받아들이기 어려운, 선악 대결구도의 전쟁을 다룬 동화童話 같은 세상이다.

차제에 요한이 그리고 있는, 그런 천국의 풍경과 칭찬정토불섭수경稱讚淨土佛攝受經에 묘사된 극락의 풍경을 비교하면서 구체적인 설명을 한다면 재미있겠다는 생각이 든다. 비록, 천국이나 극락이 굶주린 자가 그리는 마음속의 떡 같은 것이요, 구속된 자가 그리는 마음속의 자유 같은 것으로서, 현실사회속의 절망을 희망으로 바꾸어 갖는 자기 위안의 환영幻影이라 할지라도 말이다. (이에 대한 것은 다른 글 「천국과 극락에 대하여」를 참고하기 바란다.)

−2008. 11. 03.

[덧붙임]
하나님의 영이 일곱이고, 예수의 눈과 뿔이 일곱이며, 금단 위에 놓인 금촛대가 일곱이며, 천사가 가진 나팔의 수가 일곱인데, − 물론, 이외에도 더 있지만 − 왜 일곱인지, 그리고 이들간 상관성의 유무에 대해서 별도의 연구가 필요하다.

'꾸란'에서의 천국

　오늘날, 이슬람교를 믿는 사람들은 '천국'이란 개념을 어떻게 받아들이고 있을까? 새삼 궁금해지는 게 사실이다. 꾸란을 읽으며, 그곳에 묘사된 천국을 생각하노라면 '인간적 유혹'을 받을 수도 있겠다 싶기 때문이다. 여기서 인간적 유혹이란 영靈만으로서 가는 곳이 아니라 생물학적인 몸과 영을 함께 지닌 상태 곧 인간 성체成體로서 가기 때문이고, 바로 그렇기 때문에 먹고 마시고 즐거워해야 하는 속성을 그대로 유지하고 있기 때문이다. 그런데 더욱 놀라운 사실은, 그럼에도 불구하고 다시는 죽음이 없다는 것이다.

　그렇다면, 그런 천국은 과연 누가 가는 것일까? 소위, 천국의 주인이 누구인지를 경전에 기록된 대로 밝히자면 이러하다. 곧, ①믿음으로 선행을 행하는 자(2:82, 98:7) ②하나님을 공경하고 두려워하는 자(3:15, 3:198, 98:8) ③의로운 자(3:198, 44:51) ④선을 실천한 믿음의 남녀(40:40) ⑤위 조건들을 만족시킨 옛 선조와 후세의 사람들 (56:13~14) 가운데 일부 등이다. 예수교 경전인 성경에서처럼 이를 간단히 줄여 말한다면, 하나님이 원하고 뜻하신 대로 산 사람들 중에 심판을 거쳐 최종 선택된 자들이 간다할 것이다.

다시 그렇다면, 천국에서는 그들에게 무엇이 보상報償으로 주어지는가? 그것의 핵심은 역시 ①영생永生·영주永住(2:82, 44:56, 43:71)할 수 있는 티켓이다. 그것도 ②티 없는 배우자(3:15, 43:70, 44:54, 55:56, 55:72, 55:74, 56:22)를 짝지어 주고, ③하나님의 말씀과 기쁨과 보살핌과 관용(3:15, 3:136, 36:55, 36:58, 44:57) 등의 은혜를 받으며, ④원하는 모든 것을 공급받는, 다시 말해 '계산 없는 풍성함(36:57, 40:40)'이 보장된다는 것이다. 조금 더 구체적으로 말해서, 배우자는 눈을 내려감았지만 어떤 인간과 '진'도 접촉하여 보지 못한 사람이며(55:56, 55:74), 루비와 진주 같이 아름다우며(55:58), 순진하고(55:72), 눈이 크다(56:22)는 것이다. 여기서 우리는 그들의 여성관을 엿볼 수 있다.

다시 그렇다면, 인간 성체로서 천국생활을 하려면 모름지기 먹고 마시고 자야 하는데 과연 무엇을 먹고, 무엇을 입으며, 어디서 자는 것일까? 먹을거리로서 제일 많이 언급되는 것이 과일(36:57, 44:55, 55:52, 55:54, 56:20)이다. 그리고 술(76:17)과 음료수(37:46~47, 76:21)도 있다. 그런데 그것들은 마시고 마셔도 머리가 아프거나 취하지도 않는다(56:19). 그리고 고기, 그것도 각별한 맛을 내는 새고기(56:21)도 있다. 뿐만 아니라, 온갖 보석으로 아름답게 장식된 침대와 베개와 초록색 방석 등이 융단(55:76, 36:56, 55:54, 88:15, 88:16) 위에 있고, 옥좌·금좌·안락의자(37:44, 56:15, 76:13, 88:13) 등이 있으며, 황금·금은·수정 등으로 된 잔과 컵과 주전자(43:71, 76:15, 76:16) 등도 있다. 한편, 사람들은 명주옷(76:21)이나 비단옷(44:53)을 입고, 은팔찌 등의 장신구(76:21)도 착용한다. 실로 놀라운 천국 풍경이다.

그렇다면, 그곳의 자연적 환경은 어떠한가? 무엇보다 ①흐르는 물과 강, 그리고 낙원 우물(3:15, 3:136, 44:52, 55:50, 76:18, 88:12) 등이 있으며, ②시원한 그늘(36:56, 76:14)도 있고, ③나클나무와 석류 등을 비롯하여 온갖 나무와 열매(55:48, 55:68, 76:14) 등이 있다.

이쯤 되면, 이슬람교의 천국은 천국이로되, 사막을 중심으로 살아온 사람들의 현실적인 의식주衣食住 생활이 짙게 반영된 것 같다는 판단이 든다. 유대인이 믿어왔던 유일신 여호와 하나님을 차용借用하여 사막의 옷을 입힌 셈이다.

여하튼, 꾸란에서의 천국은 인간이 살아가기에 필요한 것들이 조금도 부족함이 없는 곳이며, 하나님의 은혜와 보살핌으로 죽지 않고 즐거움으로써 영원히 사는 곳이다. 그래서일까, 그곳을 그들은 '에덴의 천국(98:8)' 이라고 말한다. 하나님이 인간낙원으로서 처음 만들어주신 에덴동산의 회복을 염두에 두고 있는 것은 아닌지 모르겠다.

　－2011. 05. 02.

예수교와 이슬람교의 두 '천국' 비교

유대인들의 하나님 여호와를 믿는 예수교와 이슬람교 두 종교의 경전이 말하는 천국을 비교해보자면 퍽 재미있다. 예수교 경전에서는 예수가 직접 비유적으로 언급한 천국이 있고, 그의 제자 요한이 보고 들어 기록한 천국이 있다. 물론, 전자는 비유적인 표현으로 일관하고 있고 간접적인 묘사인데 반해, 후자는 직접적이고 구체적으로 묘사되어 있다는 점이 다르다. 이들에 대해서는 다른 글 「여전히 궁금한 천국의 실체」와 「요한의 눈에 비친 천국天國과 그곳에 사는 존재들」에서 각각 확인할 수 있다.

이슬람교 경전인 '꾸란'에서 말하는 천국에 대해서는, 다른 글 「'꾸란'에서의 천국」을 통해서 확인할 수 있다. 특히, 꾸란에서는, 천국에 대한 단편적인 묘사가 수없이 산발적으로 이루어지고 있는데, 두 경전에 묘사된 천국을 비교해보면, 비슷해 보이나 사실은 엄청난 차이가 있다. 천국에 간다는 사람들의 성분成分과 그곳에 간 사람들이 하나님과 더불어서 영생한다는 주장은 비슷하지만 그 외에 천국에서 산다는 인간존재의 정체성이나 천국의 형태·구비조건 등은 현저하게 다르기 때문이다. 그 유사성과 다른 점들을 한번 살펴보자.

첫째, 심판 후 천국에 가는 사람들은 하나님의 은혜를 받으며 죽지 않고 영생한다는 점은 분명하게 같다. 그런데 그곳에 갈 수 있는 사람들의 성분에 대해서는 그 표현이 조금씩 다르긴 하지만, '하나님을 믿고, 하나님이 준 계율을 지키며, 선행을 베푼, 의로운 사람들이다'라고 개괄槪括하여 말한다면 이 또한 같다고 말할 수 있다. 그러나 하나님이 준 계율이 크게 다르다는 점을 간과해서는 안 될 것이다.

둘째, 천국에 가기 위해서는 일정한 절차가 있어야 하는데, 먼저 심판을 받기 위해서 죽은 자를 부활시켜야 하고(같음), 그런 다음 산자와 부활자를 대상으로 '생명책' 또는 '기록부'에 근거한 심판이 이루어지고, 물론, 예수교에서는 일부의 사람들이 심판을 면제 받지만, 그 결과에 따라 천국과 지옥으로 갈라져 간다는 점은 같다. 다만, 예수교에서는 '생명책'을 '기념책'이라고도 하지만 이슬람교에서는 '기록부'라고 한다는 점이 다를 뿐이다.

셋째, 천국으로 간다는 사람들의 정체성 곧 그 본질이 문제인데, 예수교에서는 영적 존재, 그러니까 천사와 같은 영으로서 올라가고 [昇天], 이슬람교에서는 인간 성체成體로서 올라간다는 주장이 서로 다르다. 이처럼 천국으로 가는 인간 존재양식이 다르기 때문에 그곳에서의 생활양식도 다르게 전개된다. 곧, 예수교의 천국에서는, "오직, 성령 안에서 의와 평강과 희락(로마서 14:17)"으로써 살고, 죽을 수도 없는 하나님의 자녀로서, 천사와 같으며, 부활의 자녀로서(누가복음 20:36, 요한복음 1:12, 로마서 8:16) 하나님을 찬양·경배하며 살지만, 이슬람교의 천국에서는 먹고 입고 자는 의식주衣食住 생활로부터 여가

餘暇생활에 이르기까지 조금도 부족함이 없는 물질적 풍요로움 속에서 아니, 화려하기 짝이 없는 시설과 환경 속에서 특별 대접을 받으며 살아간다는 것이다. 따라서 인간으로서의 가족 및 대인관계가 유지된다.

넷째, 천국에서 살아가는 인간 외의 존재들도 다른데, 예수교의 천국에서는 하나님과 네 생물과 24명의 장로와 수많은 천사와 천군들과, 최후의 심판을 거치거나 면제받은 인간들의 영이 함께 살지만, 이슬람교의 천국에서는 하나님의 종복(從僕:머슴)으로서 선택된 인간들이 그 주인으로서 하나님과 천사49)들과 도우미50)들이 함께 산다.

다섯째, 예수교의 천국에는 보좌寶座가 있고, 그 앞으로는 수정水晶과 같은 유리 바다가 펼쳐져 있고, 수정같이 맑은 생명의 강江이 발원한다. 그리고 하나님의 보좌 주변으로 24개의 보좌가 더 놓여 있으며, 그 앞으로는 제단祭壇과 금단金壇이 있고, 그 위에는 일곱 금촛대와 금향로金香爐와 금대접 등이 있으며, 생명책이 놓여있고, 천사의 손에 들린 7개의 나팔과, 네 생물과 장로들의 손에 들린 거문고

---

49) '꾸란'에서의 천사에 대한 묘사의 예
①천지에 있는 모든 것이 그분에게 있으며, 그분 가까이에 있는 천사들은 그분을 경배함에 거만하지 아니하고, 피로해하지도 아니함이라(21:19).
②그들(천사)은 밤낮으로 찬미를 드리며, 게을리 하지도 아니 하도다(21:20).
③사악한 자들의 영을 강력하게 끌어가는 천사들을 두고 맹세하사(79:1).
④축복받는 자들의 영혼을 부드럽게 인도하는 천사들을 두고 맹세하사(79:2).
⑤계시를 전달하는 천사를 두고 맹세하사(79:3).
⑥경주하여 인도하는 천사들을 두고 맹세하사(79:4).
⑦하나님의 명령들을 수행하는 천사들을 두고 맹세하사(79:5) 외

50) '꾸란'의 천국에서 산다는 도우미
천국에 살며 휴식을 취하는 사람들에게 음료수를 가져다주는 등 서비스행위를 하는 젊은이들로 '영원한 젊은이'라고 불린다.

[하프] 등이 있다. 그런데 이슬람교의 천국에는 물이 흐르는 강과 샘이 있으며, 그늘이 있고, 옥과 금은 등으로 장식된 의자와 비단으로 된 침상과 베개 등이 융단 위에 있고, 온갖 맛있는 과일과 음료수와 시중드는 젊은이까지 있으며, 황금으로 된 접시와 주전자를 비롯하여 잔이 있고, 원하는 모든 것이 구비되어 있다. 한 마디로 말하여, 예수교의 천국은 먹고 마시는 것도 없고, 그러한 곳도 아닌 영계靈界이지만, 이슬람교의 천국은 먹고 마시는 인간세상 그 자체인 것이다.

이처럼 엿새 동안에 말씀만으로 우주만물을 창조했다는, 유일한 하나님을 믿는 두 종교의 경전에서 묘사한 천국을 생각하노라면 웃음이 절로 날 정도로 다르다. 실재하는 천국을 본 것이 아니라 그것을 꿈꾸는 인간들의 마음속을 보았고, 그것을 꿈꾸게 하는 인간의 역사를 읽었다 함이 옳을 것 같다.

이제 남은 문제가 있다면, 예수교에서는 인간의 몸과 영혼이 분리되고, 몸이 없는 영만으로 존재할 수 있다는 점을 입증해 보여야 할 것이고, 이슬람교에서는 최후의 심판에서 최종적으로 선택된 인간들이 들어가 근심걱정 없이 풍족하고 여유롭게 살 수 있는, 천국이란 공간이 하늘 어디에 마련되어 있는지 입증해 보여야 할 것이다.

-2008. 12. 01.

천국과 극락에 대한 단순비교

천국이 하늘에 있든 사람들의 마음속에 있든, 그것은 사람이 다시 태어난다는 전제 아래에 있다. 사람이 다시 태어나지 않는다면 그것이 어디에 있든 그곳에 갈 일이 없기 때문이다. 그런데 예수교에서 다시 태어난다는 것은, 인간의 영적인 부활復活을 뜻하지만, 그래서 살아있는 동안에도 죽은 후에도 가능하지만, 이슬람교에서는 몸의 부활을 뜻한다. 그래서 죽은 후에나 가능한 일이다. 그런가하면, 불교에서는 부활이 아닌 환생還生이란 개념으로, 인간으로서의 고유성을 유지한 채 다시 태어날 수도 있지만 몸을 지닌 다른 종種으로까지 바뀌어 태어난다는 것이다. 따라서 이 또한 죽은 후에나 일어날 수 있는 일이다.

예수교의 천국은 하늘 어딘가에 있고, 그곳에는 하나님·예수·네 생물·24명의 장로·수많은 천사·천군天軍 외에 부활된 인간의 영靈들이 산다. 이슬람교의 천국은 하늘 어딘가에 있고, 그곳에는 하나님과 그의 종복從僕인 선택된 인간들과 천사들과 수종隨從 드는 젊은 이들이 산다. 불교의 극락은 인디아에서 서쪽으로 백천 구지 나유타

51)(헤아릴 수 없이 멀리) 떨어진 곳에 있으며, 그곳에는 무량광無量光 무량수無量壽라 불리는 부처님과 그의 제자들과 보살들, 그리고 그곳에서 다시 태어난, 복 받은 사람들이 산다.

예수교의 천국에서는 먹고 마시는 것도 없고, 그러한 곳도 아니지만, 인간의 영적 존재들은 하나님의 자녀로서 성령聖靈과 더불어 의義와 평강과 희락이 있을 뿐이며, 하나님에 대한 찬양이 있다. 이슬람교 천국에서는 하나님의 말씀 가운데 살지만 아름다운 배우자와 함께 도우미의 도움을 받으며, 아주 넉넉하고 풍족한 의식주衣食住 생활을 한다. 불교의 극락에서는 몸과 마음에 유익이 되는 갖가지 공덕功德과 찬란한 장엄(莊嚴=裝飾)으로 가득 차있어 오로지 즐거움만이 있다.

예수교의 천국에는 보좌들이 있고, 제단·금단·금향로·금대접·나팔·거문고·생명책·유리바다·수정같이 맑은 생명의 강江 등이 있다. 이슬람교의 천국에는 물이 흐르는 강과 샘이 있으며, 인간이 의식주 생활을 하는 데에 필요한 모든 가재도구와 먹을거리가 있다. 심지어는 마셔도 취하지 않는 음료수와 그것을 가져다주는 젊은 도우미도 있다. 불교의 극락에서는 난간(欄干:층계·다리·마루 따위의 가장자리에 일정한 높이로 막아 세우는 구조물로 통상 사람이 떨어지는 것을 막거나 장식으로 설치함)·다라수多羅樹·보배그물·연못·음악·하늘꽃·새들·바람 등이 있다. 그런데 난간과 다라수는 일곱 겹으로 늘어선 보배로 장식되어 있고, 일곱 겹으로 된 보배그물은 4가지 보배(금·은·폐유리·파지가)로

---

51) 구지(拘胝·俱胝) 와 나유타(那由他)
구지란 고대 인도에서 쓰던 수량(數量)을 나타내는 말로 1억(億) 혹은 1천만이라고도 한다. 나유타란 역시 고대 인도에서 쓰던 수량을 나타내는 말로 '아주 많음'을 의미한다. 갠지즈 강의 모래알 수를 일컫는 아승기(阿僧祇)의 만 배 또는 억 배를 일컫기도 한다.

장식되어 있다. 그리고 연못은 곳곳에 있는데, 그 밑바닥에는 금모 래가 깔려 있고, 8가지 공덕(澄淨·淸冷·甘美·硬軟·潤澤·安和·飢渴·過患 無·善根 四大 增益)을 지닌 물로 채워져 있어 마셔도 배탈이나 갈증이 없을 뿐 아니라 심신心身을 안온하게 해준다. 뿐만 아니라, 연못 주변으로는 4가지 보배로 된 계단이 있고, 그 밖으로는 7보로 장식된 보배나무가 줄서있고, 연못 안에는 4가지 빛깔(靑·黃·赤·白)의 연꽃이 수레바퀴 만하게 피어 있다. 음악은 모든 악惡과 번뇌를 사라지게 하고, 하루밤낮으로 여섯 번씩 내려오는 하늘꽃은 보는 이의 몸과 마음을 기쁘게 하되 탐착하지 않게 하고 무량수불께 헌화[공양]된다. 그리고 새들은 거위·기러기·오리·해오라기·학·공작·갈라빈가·명명조 등으로, 이들이 모여서 아름답고 온화한 소리로써 묘법(妙法:正 斷·覺·道支·神足·根力 등)을 선양宣揚해 준다. 바람은 보배그물과 보배나무에 부딪쳐 묘한 소리를 내는데 그 소리는 불법의 묘한 가르침을 환기시켜 준다. 한편, 극락의 대지는 순금으로 되어 있어서, 그 촉감이 부드럽고, 그 향기가 깨끗하며, 광명이 한량없다.

예수교의 천국은 심령이 가난한 자·애통하는 자·온유한 자·의에 주리고 목마른 자·긍휼히 여기는 자·마음이 청결한 자·화평케 하는 자·의를 위하여 핍박받는 자·하나님과 예수를 믿고 계율을 지키는 자 등이 심판 과정을 거쳐서 혹은 예외적으로 면제받고서 간다. 이슬람교 천국은 하나님을 믿고 선행을 베푼 의로운 자들과 순교자들이 심판을 거쳐서 간다. 불교의 극락은 극락세계의 불법(佛法:①稱 讚淨土佛攝受經 ②佛說阿彌陀經)을 듣고, 그곳에 대하여 생각하면서 흔들리지 않은 사람들이, 다시 말해, 불법에 의지하여 발원發願하고 정진 精進한 사람이 죽을 때에, 무량수불이 많은 제자들과 보살들을 거느리고, 그에게 나타나 머물면서 자비로써 그의 마음을 혼란스럽지 않게 해주며, 그의 목숨이 끊어지면 그 때에 그들이 그의 영을 인도하여 간다. 그야말로 믿기지 않는 일로서 아주 드물게 있는 일인지라 해당 경전에서는 희유稀有 불가사의不可思議하여 '믿기 어려운 법'이라 했다.

-2011. 04. 24.

구멍을 뚫고 새기고 장식한 성 유물함으로, 베네치아 풍의 특색을 지닌 은 공예품으로 실물이거나 아닐 수 도 있다. 1619년 크레타 인의 인공물로 기록되다.
Reliquary(height 30.5cms) with engraved ornamentation, perforated,
Virtual and not, with traits of the venetian elaboration of Silver. A marked artifact of a cretan Laborotory, 1619.

천국에 대한
비유적 표현이 불가피한 이유

나는 마태복음 제13장을 읽으면서, 적이 당혹스러움을 감추지 못했다. 왜냐하면, 예수께서 직접 하신 말씀 가운데 이해하기 어려운 부분이 있었기 때문이다. 이에 나는 눈을 크게 뜨고 여러 번 읽으면서 생각해 보았지만 여전히 이해되지 않는다.

문맥상으로는 분명, 그렇다. 예수께서 갈릴리 호수가로 나가자 군중이 몰려왔다. 그래서 예수는 물위에 있는 배에 올라타고서 호숫가에 무리지어 서있는 군중에게 '뿌려지는 씨앗' 에 대하여 설교하였다. 그 내용인 즉 이러하다.

씨를 뿌리는 자가 뿌리러 나가서 뿌릴 새, 더러는 길가에 떨어지매 새들이 와서 먹어버렸고, 더러는 흙이 얇은 돌밭에 떨어지매 흙이 깊지 아니하므로 곧 싹이 나오나 해가 돋은 후에 타져서 뿌리가 없으므로 말랐고, 더러는 가시떨기 위에 떨어지매 가시가 자라서 기운을 막았고, 더러는 좋은 땅에 떨어지매 혹 백 배, 혹 육십 배, 혹 삼십 배의 결실을 하였느니라. 귀 있는 자는 들으라.

이 말이 떨어지기가 무섭게 그의 제자들이 예수에게 다가와 "어찌하여 저희에게 비유로 말씀하시나이까?" 라고 묻는다. 이 질문은 '왜, 솔직하게, 있는 그대로 말씀하시지 않고 빗대어서 말씀하십니까?' 라는 말로 내게 들린다. 그러자 예수의 대답은 이러하다.

천국의 비밀을 아는 것이 너희에게는 허락되었으나 저희에게는 아니 되었나니, 무릇, 있는 자는 받아 넉넉하게 되되 무릇, 없는 자는 그 있는 것도 빼앗기리라. 그러므로 내가 저희에게 비유로 말하기는 저희가 보아도 보지 못하며, 들어도 듣지 못하며, 깨닫지 못함이니라. 이사야의 예언이 저희에게 이루었으니, 일렀으되, '너희가 듣기는 들어도 깨닫지 못할 것이요, 보기는 보아도 알지 못하리라. 이 백성들의 마음이 완악하여져서 그 귀는 듣기에 둔하고, 눈은 감았으니, 이는 눈으로 보고 귀로 듣고 마음으로 깨달아 돌이켜 내게 고침을 받을까 두려워함이라.' 하였느니라. 그러나 너희 눈은 봄으로, 너희 귀는 들음으로 복이 있도다. 내가 진실로 너희에게 이르노니, 많은 선지자와 의인이 너희 보는 것들을 보고자 하여도 보지 못하였고, 너희 듣는 것들을 듣고자 하여도 듣지 못하였느니라.

예수의 이 답변을 전제한다면, '천국의 비밀'에 대해서 제자들에게는 앎이 허락되었지만 군중에게는 허락되지 않았다. 심지어는 많은 선지자와 의인들조차 그것에 대해 알고자 했어도 알지 못했다는 것이다.

그렇다면, 누구에게 문제가 있는가? 제한적으로 허락하는 하나님, 또는 예수에게인가? 아니면 스스로 준비하지 못한 군중에 있는가? 어쨌든, 군중은 천국비밀을 보아도 보지 못하고, 들어도 듣지 못한다는 것인데 그 같은 이유는 선지자 '이사야'가 말한 대로 '마음이 완악하여져서 그 귀는 듣기에 둔하고, 눈은 감았으니, 이는 눈으로 보고 귀로 듣고 마음으로 깨달아 돌이켜, 내게 고침을 받을까 두려워'하기 때문이라는 것이다.

그래서 예수께서 불가피하게 비유로써 말한다는 것이다. 결국, 천국비밀에 대해 말해주어도 이해하고 받아들이기가 쉽지 않으므로 예수는 이해하기 쉽게 비유로써 말한다는 것인데, 정말로 그럴까? 혹시, 없는 천국에 대해서 모호하게 말함으로써 듣는 이 나름대로 상상하게 하는 결과를 염두에 둔 것은 아닐까? 혹시, 말해 보았자 알아들을 수 없는 것이기에 인간의 현실적인 이야기로 빗대어서 말할 수밖에 없지는 않았을까? 별의별 생각이 다 드는 게 사실이다.

아무래도, 지상에서의 인간 생활과는 전혀 다른 이상세계가 막연하게 천국이라는 용어로 그려졌는지 모르겠지만 – 물론, 이를 뒷받침해주는 다른 표현이 있다. 곧, "내가 땅의 일을 말하여도 너희가 믿지 아니하거든 하물며 하늘 일을 말하면 어떻게 믿겠느냐?(요한복음 3:12)"가 그것이다. – 그것을 설명할 길이 없기 때문에 현실의 인간사적 정황으로 빗대어 말함으로써 나름대로 상상하게 한 것이라고 나는 생각한다. 특히, 천국에 대한 비유적 표현들이 그렇다. 이 점에 대해서는 잠시 뒤에 얘기하기로 하고, 예수께서 하신 위 비유의 말씀에 대한 직접적인 풀이[解明]를 먼저 확인해 보자.

아무나 천국 말씀을 듣고 깨닫지 못할 때는 악한 자가 와서 그 마음에 뿌리운(뿌려진) 것을 빼앗나니, 이는 곧 길가에 뿌리운 자요, 돌밭에 뿌리웠다는 것은 말씀을 듣고 즉시 기쁨으로 받되 그 속에 뿌리가 없어 잠시 견디다가 말씀을 인하여 환난이나 핍박이 일어나는 때에는 곧 넘어지는 자요, 가시떨기에 뿌리웠다는 것은 말씀을 들으나 세상의 염려와 재리의 유혹에 말씀이 막혀 결실치 못하는 자요, 좋은 땅에 뿌리웠다는 것은 말씀을 듣고 깨닫는 자니 결실하여 혹 백 배, 혹 육십 배, 혹 삼십 배가 되느니라.

천국비밀 곧 '천국말씀'이 무엇인지 아직 확인되지는 않았지만 그것을 받아들이는 사람들의 네 가지 양태를 비교적 자세하게 설명하고 있다. 그렇게 어려운 이야기도 아닌데 이처럼 비유적 표현을 먼저 하고, 그 다음에 해명하듯 설명해야만 했는가? 경전에서는 이처럼 비유법을 통해서 말하는 것을 두고, '비유를 베풀다', '비유로 말씀하시다', '비유로 가르치다', '비유로 배우다' 등의 표현이 쓰이고 있는 것을 보면 비유적 수사가 예수를 통해서 널리 활용되었는데, 이는 구어口語보다는 상대적으로 고급스런 화법으로 여겨졌기 때문인지도 모를 일이다.

그러나 일반적으로 비유比喩라는 수사修辭는 ①이해를 쉽게 하기 위해서 ②달리 설명할 길이 없어서 ③의미에 대한 확대 해석이 가능하다는 이유 등에서, 표현하고자 하는 대상, 곧 사물이나 현상이나 상황을 유관한 다른 대상으로 빗대거나 바꾸어서 표현하는 것이다.

이제, 천국비밀에 대한 다른 비유적 표현을 살펴보자.

천국은 좋은 씨를 제 밭에 뿌린 사람과 같으니, 사람들이 잘 때에 그 원수가 와서 곡식 가운데 가라지를 덧뿌리고 갔더니, 싹이 나고 결실할 때에 가라지도 보이거늘, 집 주인의 종들이 와서 말하되, 주여, 밭에 좋은 씨를 심지 아니하였나이까? 그러면(그런데) 가라지가 어디서 생겼나이까? 주인이 가로되, 원수가 이렇게 하였구나. 종들이 말하되,

그러면 우리가 가서 이것을 뽑기를 원하시나이까? 주인이 가로되, 가만 두어라. 가라지를 뽑다가 곡식까지 뽑을까 염려하노라. 둘 다 추수 때까지 함께 자라게 두어라. 추수 때에 내가 추수꾼들에게 말하기를, 가라지는 먼저 거두어 불사르게 단으로 묶고, 곡식은 모아 내 곳간에 넣으라.

천국은 마치 사람이 자기 밭에 갖다 심은 겨자씨 한 알 같으니, 이는 모든 씨보다 작은 것이로되, 자란 후에는 나물보다 커서 나무가 되매 공중의 새들이 와서 그 가지에 깃들이느니라. 천국은 마치 여자가 가루 서 말 속에 갖다 넣어 전부 부풀게 한 누룩과 같으니라.

좋은 씨를 뿌리는 이는 인자요, 밭은 세상이요, 좋은 씨는 천국의 아들들이요, 가라지는 악한 자의 아들들이요, 가라지를 심은 원수는 마귀요, 추수 때는 세상 끝이요, 추수꾼은 천사들이니 그런 즉 가라지를 거두어 불에 사르는 것 같이 세상 끝에도 그러하리라. 인자가 그 천사들을 보내리니, 저희가 그 나라에서 모든 넘어지게 하는 것과 또 불법을 행하는 자들을 거두어 내어 풀무 불에 던져 넣으리니, 거기서 울며 이를 갊이 있으리라. 그 때에 의인들은 자기 아버지 나라에서 해와 같이 빛나리라. 귀 있는 자는 들으라.

천국은 마치 밭에 감추인 보화와 같으니, 사람이 이를 발견한 후 숨겨 두고 기뻐하여 돌아가서 자기의 소유를 다 팔아 그 밭을 샀느니라. 또 천국은 마치 좋은 진주를 구하는 장사와 같으니, 극히 값진 진주 하나를 만나매 가서 자기의 소유를 다 팔아 그 진주를 샀느니라. 또 천국은 마치 바다에 치고 각종 물고기를 모는 그물과 같으니, 그물에 가득하매 물가로 끌어내고 앉아서 좋은 것은 그릇에 담고 못된 것은 내어 버리느니라.

세상 끝에도 이러하리라. 천사들이 와서 의인 중에서 악인을 갈라내어 풀무 불에 던져 넣으리니, 거기서 울며 이를 갊이 있으리라. 그러므로 천국의 제자된 서기관마다 마치 새 것과 옛 것을 그 곳간에서 내어오는 집주인과 같으니라.

여기서 '천국'은 어떠한 방식으로든 설명되어져야 할 대상이다. 그것도 가능하면 자세하게, 구체적으로 설명되어서 사람들에게 생소한 그것이 이해되고 받아들여지도록 해야할 것이다. 그런데 예수의 말씀 가운데에는 천국에 대한 직접적이고 구체적인 설명은 없고, 현실의 인간사人間事적 정황으로 빗대어 표현됨으로써 그것(천국)을 암시하고 있을 뿐이다. 왜, 그랬을까?

암시는 상상력을 자극하는 효과가 있는데, 바로 그 상상력에 의해서 저마다 나름대로 그 대상에 대한 생각을 펴고, 정리하는 결과를 낳기 때문에 문학적 표현기교로서 곧잘 사용된다. 흔히, 표현의 한계에 부딪쳤을 때에, 혹은 거리감을 느끼는 구체적인 표현보다 가까이 있는 일상적 정황으로 바꾸어 표현함으로써, 먼저 관심을 끌고, 의미전달이 쉬워지고, 그 파급효과가 커질 수 있다는 이유 등에서 각종 비유법을 동원하는 것이 일반적이다.

여하튼, 예수의 위 말씀 가운데에 천국은, 일곱 가지의 보조관념으로 빗대어지고 있는데, 곧, ①자기 밭에 좋은 씨를 뿌리는 사람 ②자기 밭에 갖다 심은 겨자씨 한 알 ③가루 서 말 속에 갖다 넣은 누룩 ④밭에 감추어진 보화 ⑤좋은 진주 ⑥바다에 드리운 그물 ⑦서기관을 통해서 곳간에서 옛것과 새것을 내어오는 집주인 등이 그것이다. ①과 ⑦은 천국의 주인(하나님)을, ④와 ⑤는 천국의 가치를, ②③ ⑥은 천국의 바탕[本質]과 도구를 각각 암시하고 있다.

말 그대로 이들은 암시일 뿐이지 천국에 대한 구체적이고 직접적인 설명은 아니다. 아마도, 설명해 보았자 이해되지 않는다는 선입견이 크게 작용한 탓일까? 정작, 천국에 대하여 구체적인 설명이 있어야 하는 경전에서 비유적인 묘사만 있기 때문에 우리는 천국에 대하여 짐작하고 상상할 수는 있어도 단정 지어 말할 수 없고 확신할 수도 없다.

정말이지, 경전 내 다른 어느 곳에서도 천국에 대한 구체적인 설명이 없다면 이는 무엇을 의미하겠는가? 그리고 군중에게 그것을 설명해 보았자 이해할 수 없고 받아들일 수 없는 것이라면 그 천국이 또한 무슨 의미가 있겠는가?

그럼에도 불구하고, 천국은 한 가지 중요한 계획을 갖고 있다는 사실만이 강조되고 있다. 그것은, 농부가 추수 때에 알곡과 가라지를 구분하듯, 세상 끝에 의인과 악인을 구분하고, 악인을 가라지처럼 풀무불에 집어넣는 일이다. 곧, 심판과 그 결과에 따라 지옥과 천국으로의 자리이동이 있다는 것이다.

특히, 천국으로 간 사람들은 영적 존재로서 천사와 같으며, 오로지 하나님과 더불어서 오직 성령 안에서 의와 평강과 희락이 있을 뿐이라(로마서 14:17)는 것이다. 뿐만 아니라, 예수의 길을 예비하고 어처구니없는 죽음을 당한 세례 요한에 대해서조차 예수는 "여자가 낳은 자 중에 세례 요한보다 큰 이가 일어남이 없도다. 그러나 천국에서는 극히 작은 자라도 저보다 크니라(마태복음 11:11)."라고 말씀하신다.

이처럼 천국에 대한 설명은 모두가 상상력을 자극하는 간접적인 표현뿐으로 직접적이고 구체적으로 말해지지는 않는다. 그 이유를, ①말해도 모르는 인간무지로 보든, ②말해도 받아들여질 수 없는 비현실적인 세계로 보든, ③천국이 없거나 가보지 못했기 때문에 달리 설명할 길이 없는 사실로 보든, ④아니, 모호하게 말하는 편이 더 효과가 있다는 계산된 판단으로 보든, 독자 여러분의 판단에 맡길 따름이다. 문제는, 예수교 경전만이 아니고 이슬람교와 불교의 경전도 마찬가지라는 사실이다.

-2009. 03. 12

※ 창세기로부터 요한계시록까지 '비유' 라는 단어가 사용된 예
시편(2), 잠언(1), 예레미야애가(1), 에스겔(4), 호세아(1), 마태복음(17), 마가복음(12), 누가복음(19), 요한복음(1), 갈라디아서(1), 히브리서(2) 등으로, 전체 11서에 61회 사용되었다. 그 대부분은 예수가 사용했다.

'음부陰府'에 대하여

'음부'라 하면, 우리는 대개 어두운, 그늘진 곳에 숨어있는 것 같은 여자의 성기로서 '음부陰部'를 떠올리거나, 아니면 음란한 행위를 즐겨하는 성인 여자라는 의미의 '음부淫婦'를 떠올릴 것이다. 그러나 성경을 가까이한 사람들은 저승의 지옥을 연상하게 하는, 인간의 죽음과 관련하여 권세를 지닌 곳으로서 '음부陰府'를 떠올릴 것이다.

예수교에서는 '지옥'이라는 용어보다 '음부陰府 The grave'라는 다소 생소한 단어가 더 먼저, 더 많이 쓰였다. '지옥'은 마태복음으로부터 마가복음·누가복음·야고보서·베드로후서 등에서 모두 13회 사용된 것이 고작이지만, '음부'는 창세기로부터 요한계시록까지 모두 17서書에서 50여 회 이상 사용되고 있다. 그러니까, 예수 이전의 유대인 사회에서만큼은 '지옥'이라는 말이 공식적으로 쓰이지 않았고, 예수에 의해서 처음으로 쓰인 것이 아닌가 생각해 볼 수 있다.

음부란 말 그대로, 그늘·응달 陰에 곳집·관청·마을 府로서 '그늘진 마을에 있는 관청'이다. 굳이, 그늘진, 어두운 곳[陰部]이라 하지 않음은, '그늘진, 어두운 무덤 같은 지하'에서 '죽음을 관장하는 권세가 있는 세계'로 그 의미가 바뀌어 깊어지기 때문이 아닌가 싶다.

어쨌든, 예수교 경전에서 음부는, ①사람이 죽어서 묻히는 땅속(창세기 37:35, 아모스 9:2, 시편 30:3) 낮은 자리이며(마태복음 11:23, 누가복음 10:15, 이사야 57:9), ②육신의 썩음이 있는 곳이며(사도행전 2:27, 2:31), ③죽은 자에게 고통을 가하는(누가복음 16:23, 시편 116:3) 일정한 권세가 있고(마태복음 6:18), ④세상 '끝날'에는 하나님의 심판이 미치는 곳이다(요한계시록 20:13~14). ⑤주로 악인惡人·범죄자犯罪者등이 가는 곳(욥기 24:19, 시편 9:17)으로 언급되어 있다.

결과적으로, 음부는 천국과 대립되는 개념으로 죽음과 깊이 연관되어 있고(시편 55:15, 잠언 2:18), 어둠의 세계이지만(욥기 17:13), 천국은 생명과 연관되어 있으면서(잠언 15:24), 빛[光明]의 세계이다. 사람이 죽으면 그 몸은 땅속에 묻혀 썩어 없어진다지만 그 영혼은 천국으로 가서 영생한다고 믿고 싶은 인간의 마음이, 그런 이분법적 가설들을 만들어내고, 그것들을 더욱 발전시켜 오면서 우리는 정설처럼 받아들이고 있을 뿐이라고 생각한다.

우리는 언제부턴가 자신들이 살아가는 땅을 기준으로 하여, 그 위를 하늘나라 곧 천국天國으로, 그 밑을 땅속 감옥이라 하여 지옥地獄으로 각각 형상화시켜 왔다. 그렇듯, 천국은 위에 있고, 하나님이 주재하시고, 광명의 세계이며, 선의 근원이며, 생명의 길이지만, 지옥은 아래에 있고, 사탄이 주재하며, 어둠의 세계이고, 악의 근원이며, 죽음의 길이다. 그래서 착한 사람이 죽으면 천국에 가고, 악한 사람이 죽으면 지옥에 간다는, 아주 단순한 이분법적 사고가 집단적으로 공유되고 유전되면서 종교적 이론의 근간이 되지 않았나 싶다.

그럼으로써 그것이 오늘날까지도 무비판적으로 받아들여져 우리들의 사유세계에 적지 않은 영향을 미치고 있는 것이다. 따라서 예수교 경전에서 음부란 지옥의 원형인 것이다. 다시 말해, 음부가 발전하여 지옥이 되었다는 뜻이다.

-2008. 12. 11.

그리스 아토스 산에 있는 성 바울 사원의 나무 십자가 모형물. (13세기 작품)
Wooden cross decorated with miniatures in the monastery of St. Paul. 13C.

예수교·이슬람교·불교의 '지옥'에 대하여

우리는 '지옥地獄' 하면 제일 먼저 '불'을 떠올릴 것이다. 그도 그럴 것이, 일찍이 우리나라에 들어온 불교에서 말하는 지옥 개념에 직간접으로 세뇌당한 면이 없지 않은데다가, 뒤늦게 들어온 예수교 경전에서 예수가 직접 말한 불지옥(마태복음 5:22, 18:9, 마가복음 9:43, 야고보서 3:6)을 쉽게 떠올리기 때문일 것이다.

그런데 이슬람교 경전인 '꾸란'에서는 이 두 종교보다 지옥 불이 더욱 강조되고 있다. 불도 그냥 불이 아니라 '유황불(2:174, 2:175)'이며, 그 불은 하나님의 분노가 타는 불로서(104:5~9) 사람의 몸을 녹이고 태우는 것이다. 결국, 하나님의 인간 징벌 수단 가운데 하나인 셈인데, 이슬람교에서의 지옥은 인간을 위한 하나님의 경고(74:36)요, 가장 중대한 재앙(74:35)이라 한다. 물론, 지옥에서의 모든 일은 천사들이 주관한다(74:31).

(불경佛經에서는 지옥에서 일하는 '천사'에 해당하는 존재를 두고 '귀신의 졸개'라는 용어가 쓰이고 있다. 사실상, 천사=귀신으로 볼 수 있다. 다만, 천사는 좋은 이미지로, 귀신은 나쁜 이미지로 각인된 상태이기 때문에 받아들이기 곤란하겠지만, 인간의 몸을 떠난 영혼으로서 영적 존재나 다를 바 없는 천사나 귀신이 사실상 같은 의미일 뿐이다.)

예수교 경전인 '성경'에서의 지옥은, 몸과 영혼을 멸하는 곳이고 (마태복음 10:28), 꺼지지 않는 불이 있으며(마가복음 9:43, 마태복음 5:22, 18:9), 죽임을 당한 사람들이 던져지는 곳이고(누가복음 12:5), 온몸을 더럽히고 생의 바퀴를 불사르는 혀의 불이 나오는 곳이며(야고보서 3:6), 어두운 구덩이가 있는 곳이다(베드로후서 2:4).

그런데 지옥에서 벌어지게 되는 구체적인 정황情況에 대해서는, ①"가라지를 거두어 불에 사르는 것 같이 세상 끝에도 그러하리라 (마태복음 13:40)"라든가, ②"지옥 불에 들어가게 되리라(마태복음 5:22 외)"라는 정도로 언급되어 있지만, '꾸란'에서는 이보다 훨씬 더 구체적이다. '지옥'이라는 단어 역시 '성경'에서는 마태복음(7회)을 비롯하여 마가복음(3회), 누가복음(1회), 야고보서(1회), 베드로후서(1회) 등 모두 5서書에서 13회 정도밖에 사용되지 않았는데 비해 '꾸란'에서는 훨씬 많다.

재미있는 사실은, 예수교의 지옥은 상당히 추상적이고 관념적인 데 비해, 이슬람교의 그것은 매우 구체적이라는 점이다. 천국이 그러한 것처럼. 그리고 그곳에서 벌어지는 정황묘사도 '성경'에서는 지옥불과 어두운 구덩이에 던져진다는 정도로 그치는데 비해 '꾸란'에서는 아주 자세하게 묘사되고 있다는 점이 다르다. 쉽게 말해서, 지옥에 대해서는 예수교보다 이슬람교가 더 많이 강조하고 있다고 바꿔 말할 수 있다.

그렇다면, 꾸란에서 말하는 지옥의 정황묘사는 어느 정도인가? 가능한 범위 내에서 몇 가지 조건들을 확인해보자.

우선, 지옥에는 어떠한 사람들이 가는가? 하나님에 대한 불신자 (2:24, 22:19), 사악을 저지르는 자(2:81), 살인하고, 주거지로부터 추방하며, 죄악과 앙심을 조성하고, 포로의 보석금을 갈취한 사람, 성서의 일부만 믿고 일부를 불신하는 자(2:85), 성서에 계시한 것을 감추고 하잘 것 없는 것을 얻고자 하는 자(2:174), 가난한 사람들에게 자선을 베풀지 아니하고, 무익한 잡담을 하는 이들과 공론을 폈던 사람(74:44~47) 등이 심판이란 과정을 거쳐서 간다. 한 마디로 줄여서 말한다면, 하나님이 원하는 대로 살지 않거나 못한 사람들이다. 이 점은, ①형제에게 미련한 놈이라 하는 자(마태복음 5:22), ②뱀과 독사의 새끼들(마태복음 23:33), ③범죄한 천사들(베드로후서 2:4) 등이 지옥에 간다고 분명하게 기록된 예수교 경전인 성경 속이나 크게 다를 바 없다.

그 이유인 즉 이들 세 가지 말이 내포하고 있는 실질적인 의미를 생각한다면, 곧, 다수의 돈 많은 사람·위선자·불신자·어린이들을 잘못 인도한 자·의로운 자를 핍박한 자·거짓말하는 자·술수부린 자·음행자淫行者·형제를 업신여긴 자 등등 실로 많은 사람들이 해당되기 때문이다. 다만, 두 경전에 기록된, 하나님이 인간에게 원하는 바 가르침의 내용이 큰 틀에서는 같지만 세부적으로 들어가면 현저하게 다르므로 천국과 지옥에 가는 사람들이 같다고는 볼 수 없다.

그리고 그곳 지옥에서는 어떠한 일들이 벌어지는 것일까? 불길에 옷이 찢기며, 머리 위에는 이글대는 물이 부어지고, 그것으로 인하여 그들의 내장과 피부도 녹아버린다(22:19~20). 아내는 목에 동아줄이 감긴 채 연료를 운반하는 중노동을 해야 하며(88:3, 111:2~5), 끓고 있는 화염의 물을 마시게 되고, 또한 모진 가시(88:3~7)와 자꾸무 나무가 녹은 쇳물(44:43~50)을 먹어야 하며, 유황불(2:174, 2:175)과 철로 된 회초리(22:22)로써 벌을 받게 되며, 저주 받은 침상에서는 끓는 액체와 굳어가는 액체(38:55~58, 55:44)가 부어지며, 또한 그것을 마시게 된다(88:4~7).

결과적으로, 노동·굶주림·끓는 물·불·회초리 등으로 가해지는 가혹한 형벌로 살아남지 못하는 곳이 바로 지옥이다. 그럼에도 불구하고, 영원히 죽지 않고 고통스런 벌을 받는다고 모순적인 어법으로 기록되어 있다(2:81). 이 모순어법은 영벌永罰을 강조하면서(마태복음 25:46) 영멸永滅(시편 92:7)시킨다고 기록된 예수교의 모순어법과도 흡사하다. 아마도, 지옥에서의 고통이 얼마나 큰가를 체감體感, 각인刻印시키기 위한 방편이 아니었나 싶다.

그런데 희한하게도, 예수교나 이슬람교는 공히 지옥의 위치·구조·크기 등에 대한 정보는 그 어디에도 없다. 왜 그럴까? 지옥이 없거나, 있더라도 직접 가서 본 사람이 없기 때문일 것이다. 그러면서도 지옥에 가는 사람들의 성분에 대해서는 한 목소리로 강조한다는 사실이다. 어쩌면, 이것은 지옥이라는 개념이 '심판'이나 '천국'과 마찬가지로 인간교화 수단으로서 활용되었다는 사실을 반증해 주는 것인지도 모른다.

그렇다면, 불교의 지옥은 어떠한가?

불교의 지옥에 대해서는, 불경佛經 가운데 ①아비달마구사론阿毘達磨俱舍論 ②불설죄업응보교화지옥경佛說罪業應報敎化地獄經 ③불설육도가타경佛說六道伽陀經 등에서 확인할 수 있다. 아비달마구사론 제8권의 분별세품分別世品에 의하면, 지옥은 욕계·색계·무색계 등 3계 가운데 욕계에 있으며, 그 욕계를 구성하는 20처處(8대 지옥+6욕천欲天+4대주大洲+방생傍生+아귀餓鬼의 처소=20)의 일부로서, 4대주大洲에 있으며, 남섬부주·동승신주·서우화주·북구로주 등 4대주 가운데 남섬부주 밑에 있다고 한다.

문제의 지옥은, 등활等活·흑승黑繩·중합衆合·호규號叫·대규大叫·염

열炎熱·대열大熱·무간無間 지옥 등으로 구분되는데, 이들에 대해서는 불설육도가타경佛說六道伽陀經에서도 비교적 자세하게 기술되어 있다.

곧, ①사람을 살해殺害하면 등활지옥에 떨어져 그곳에서 생사를 거듭하며 500년이 지나야 벗어날 수 있고, ②부모나 친척이나 권속들이나 선지식 등을 속이거나 업신여기거나 미워하거나 싫어하면 흑승지옥으로 떨어져 포승줄로 몸이 묶인 채 톱질당하며, ③법답지 않은 행동을 익히고 중생을 괴롭히며 거짓말하는 죄업을 지은 사람들은 염열지옥에 떨어져 한 곳에 모여 맹렬한 불길로 몸을 태우게 되며, ④가축이나 동물들을 살해하여 중합지옥에 떨어지면 뭇 산들이 몸을 덮치어 부수어버리는 고통을 가하며, ⑤몸·말·뜻 등의 3업으로 번뇌를 일으키거나 사람을 속이거나 유혹하여 호규지옥에 떨어지면 사납고 거친 불길이 몸을 태워 괴로움에 울부짖게 되며, ⑥성현이나 청정수행승이 지닌 재물이나 보배를 탐내거나 훔치면 대호규지옥에 떨어져 도둑질한 업의 크기만큼 큰 불로 몸을 태우는 과보를 받아 울부짖고 외치며 큰소리를 내며, ⑦큰 공덕을 지은 사람과 부모 등을 헐뜯고 비방하고 은혜를 저버려 무간지옥에 떨어지면 골수가 부서지는 고통을 끝없이 받게 되며, ⑧서로 사랑하고(애욕에 빠지고) 미워하고 시기하고 살해하면 제 악취에 몸을 받고 태어나는데 손에 칼날 같은 긴 손톱이 자라나 열꽃이 피는 몸을 긁게 되어 고통스런 상처를 입고, ⑨어리석고 삿된 음행을 행한 사람들은 쇠로 된 나무 위로 오르도록 하여 상처를 입으며 쇠로 된 까마귀와 맹수들이 몸을 먹어치우며, ⑩아첨하고 속이고 거짓말하는 사람들은 불에 달군 쇳덩이를 삼키고 끓는 구리물을 마셔야 하며, ⑫다른 사람들을 업신여기고 속이면 쇠로 된 아귀나 맹수들이 올라타 몸을 뜯어

먹으며, ⑬탐욕·탐착을 일삼으면 끓는 구리물이 흐르는 강 속으로 던져지며, ⑭스스로 어리석고 미혹하여 다른 사람에게 나쁜 짓을 권하면 철륜鐵輪지옥에 떨어져 몸이 찢기며, ⑮삿된 도리를 말하고 바른 법을 파괴하면 칼날이 가득한 길로 걷게 하며, ⑯닦고 익혀야 할 수행과 깨달음을 외면한 채 비천한 것들에 집착하고 마음과 뜻이 삿되기 그지없으면 유증由增지옥52)으로 떨어진다. 곧, 포악한 구더기들이 두 발을 먹어치우고, 꿈틀거리는 벌레들을 많이 죽이면 불에 달군 철봉으로 매를 맞으며, 극심한 분노로 많은 죄업을 지으면 염마찰焰魔刹에 떨어져 숱한 괴로움을 당한다는 것이다.

이토록, 지옥에서 일어나는 정황을 상술詳述하고 있지만 그것의 지리적 위치나 규모나 구조 등에 대해서는 객관적인 기술이 거의 없다. 그나마 부분적으로 있는 것들조차도 상상에 의존해야 하는 관념적인 기술뿐이다.

특히, 불경佛經은 여러 시기에 걸쳐서 여러 사람들이 집필한 것인데다가, 그 대부분이 중국을 통해서 들어온 것들이고, 예수교의 경전처럼 한 권으로 최종 정리 국역國譯되지 못하여 알고자 하는 내용을 쉽게 찾아 볼 수 없는 불편함까지 있다.

같은 지옥에서 벌어지고 있는 일들을 조금 다르게 기록하고 있는 불설죄업응보교화지옥경佛說罪業應報敎化地獄經은, 신상보살이 부처님께 질문하고 부처님이 답변하는 형식을 빌어서, 온갖 죄를 지은 사람들이 지옥에서 받게 되는 스무 가지 벌53)을 설명하는 내용이다.

---

52) 유증(由增) 지옥
8한(寒) 8열(熱)의 대지옥(大地獄)에 딸린 작은 지옥으로, 마치 법에서 특별한 죄인들에 한해서 가중처벌을 하는 것처럼 이중으로, 아니면 더 세게 벌주는 곳으로 이해하면 된다.

그 핵심 내용을 읽게 되면, 역시 지옥이란 개념이 인간 교화수단으로서 만들어진, 혹은 꾸며진 관념적인 세계임을 추론할 수 있으리라 본다.

결과적으로, 불교·이슬람교·예수교 순으로 지옥을 많이 강조하고 있고, 그 내용인 즉 인간의 상상력에 의존하여 나온 관념적인 세계라는 사실이다.

-2011. 04. 27.

---

53) 불설죄업응보교화지옥경(佛說罪業應報敎化地獄經)에서 말하는 스무 가지 벌
몸이 꺾이고 찢기고 베어지며, 나병환자의 고통을 받으며, 발이 없어서 배로 기어다니다가 작은 벌레들로부터 뜯기어 먹히며, 두 눈이 멀어서 웅덩이에 빠져 죽으며, 벙어리가 되며, 배는 크나 목이 작아서 음식을 먹을 수 없으며, 뼈와 머리에 쇠못질을 당해 불타며, 우두아방(牛頭阿傍:소머리 모양을 지닌 사람으로 지옥에서 벌을 주는 귀신의 졸개)의 삼지창으로 끓는 솥 안으로 넣어지며, 불타는 성안에 갇히며, 설산(雪山) 한풍(寒風)으로 피부가 벗겨지고 살점이 찢기며, 칼처럼 날카로운 산과 나뭇가지 위에서 고통스럽게 지내며, 다섯 감각기관이 불완전해지며, 앉은뱅이가 되고, 손발이 묶이며, 지랄병을 얻거나 미치광이가 되며, 몸은 작으나 생식기만 너무 커서 움직이는 데에 불편하여 피로에 지치고, 아예 남근이 없기도 하며, 평생 무자식으로 살아가며, 일찍이 고아가 되어 나쁜 짓을 많이 하게 됨에 따라 구금되며, 눈을 뜨고 바라볼 수 없을 만큼 온몸이 일그러지고 악취가 나는 병에 걸려 산다는 것이다. 위의 벌들을 받는 사람들은 다 전생에서 불법불신(佛法不信)·살생·불효·불충·음행·사기·불사(佛舍)파괴·도둑질·폭력·증오·질투·모함·비판·귀신에게 제사(祭祀)·포악·동물학대·주정뱅이 등의 업을 지은 사람들이다.

꾸란에서 말하는 최후의 심판

이슬람교 경전인 꾸란[코란]에서는, 하나님에 의한 인류의 엄중한 심판이 종말(22:7)에 있고, 그 결과에 따라서 사람들은 천국과 지옥으로 분류되며, 분류된 사람들의 그곳에서의 생활상 등이 비교적 상세하게, 그리고 산발적으로 기록되어 있다. 뿐만 아니라, 인간이 분류된다는 그 심판의 날에 어떠한 사건과 현상들이 일어나는지에 대해서도 예수교 경전인 '성경' 보다 더 많이, 그리고 더 구체적으로 언급되어 있다. 따라서 그 문장들을 따로 떼어내어 분석하면, 꾸란에서 말하는, 하나님의 심판날에 벌어지는 여러 가지 정황들을 확인할 수 있고, 또한 그것들을 통해서 그 절차나 과정을 추론追論까지는 아니더라도 어느 정도 상상할 수 있다.

우선, 그 내용들을 먼저 읽고, 나름대로 재구성해 보면 이러하다. 아래 내용은 필자가 꾸란을 주의 깊게 일독하면서 정리해 놓은 자료를 바탕으로 재구성한 것이므로 완벽하다고는 볼 수 없으나 최소한 객관성을 유지하려고 노력하였다. 이점을 전제해 두면서 심판날에 펼쳐질 정황을 먼저 제시해 본다.

마침내, 심판의 날이 도래했다는 신호로서 하늘에서 우렁찬 나팔소리가 들리고(27:87, 74:8), 사람들의 고막이 찢어질 듯한 굉음이 이어지면서(80:33), 하늘이 갈라지고(82:1), 태양과 달이 가까워지며(75:9), 별들은 흩어지면서(82:2) 그 빛을 잃고, 달조차 어둠속으로 갇혀 버린다(75:8). 오로지, 하나님의 명령만이 있을 뿐이다(82:19).

한편, 땅에서는 대지가 갈라지고, 바다가 열려 하나가 되고(82:3), 산들이 산산조각이 되어 먼지로 흩어지거나(77:8~10), 혹은 가지런한 양털처럼 되며(101:5), 모든 무덤들이 열리어 뒤집어지며(82:4), 그 속에 있는 것들이 밖으로 나와 산산이 흩어지고(100:9), 그의 심중에 있는 것들이 낱낱이 밝혀진다(19:90, 100:10). 그리고 선지자들이 약속된 시간에 모두 모이고(77:11), 인간들은 나방처럼 흩어져 버린다(101:4).

이때에 무덤 속에서 소생된 자들과 산 자인 인간들은, 얼굴빛이 검게 변하는 자들과 하얗게 변하는 자들로 대별되는데, 얼굴빛이 검게 변하는 사람들은 믿음을 가진 후 배반한 자들로 그에 따른 재앙을 맞게 되며, 얼굴빛이 하얗게 변하는 사람들은 하나님의 자비 가운데 천국에서 영생한다(3:106~107). 더 정확히는, 세 부류로 갈라지는데, ①우편의 사바하(가족) ②좌편의 사바하 ③앞서는 자 등이 그것(56:7~10)으로, 우편의 사바하란 천국으로 가서 살 사람들이고, 좌편의 사바하란 지옥으로 가서 벌 받을 사람들이며, 앞서는 자들이란 선행을 행함에 있어서 늘 남들보다 앞장서서 실천한 사람들로 천국에 가서도 가장 높은 곳에 있게 된다.

이런 분류(77:13) 과정에서는 서로가 서로에게 도움이 되지 않고, 어떤 보상도 허락되지 않으며, 어떤 중재도 거래도 소용없으며, 어떤 도움도 청할 수 없고 받을 수도 없다(2:123, 2:254). 심지어는, 모든 유모가 젖먹이는 것을 잊을 것이며, 임신한 모든 여성이 유산을 하게 되며, 사람들은 술에 취한 것처럼 횡설수설하며 두려움에 떨게 된다(22:2).

물론, 사람들은 저마다 자신의 행실에 대하여 증언(100:7) 내지는 변명을 하지만 하나님은 전지전능함(6:128, 64:11, 65:12)으로 짧은 시간에, 아주 쉽게 심판을 마칠 것이다. 특히, 죽은 자들을 소생시켜 그들이 앞서 행한 것들과 그들이 남긴 것들을 기록하여(36:12) 놓은 기록부(예수교의 '생명책' 또는 '기념책'에 해당됨)가 있고, 천사(79:1~5)와 선지자들이 합심하여 돕기 때문이다. 뿐만 아니라, 심판의 주체이신 하나님은, 하늘과 땅과 그 사이 모든 것을 엿새 동안에 창조하신 (57:4, 59:24) 분으로, 인간들이 행하는 모든 것을 지켜보시고(57:4), 생명을 주시기도 하고 앗아가기도 하는(57:2) 인류의 왕(114:2, 59:23)이며 신(114:3, 59:23)이기 때문이다. *( )속의 숫자는 꾸란의 장절을 표시한 것임.

꾸란에 기록된 심판날에 대한 위 정황묘사는 예수교의 경전인 성

---

54) 예수교 경전인 '성경'에서의 묘사 내용
①예루살렘의 딸들아, 나를 위하여 울지 말고 너희와 너희 자녀를 위하여 울라. 보라. 날이 이르면 사람이 말하기를 '수태 못하는 이와 해산하지 못한 배와 먹이지 못한 젖이 복이 있다' 하리라. 그 때에 사람이 산들을 대하여 '우리 위에 무너지라' 하며, 작은 산들을 대하여 '우리를 덮으라' 하리라. 푸른 나무에도 이같이 하거든 마른 나무에는 어떻게 되리요(누가복음 23:28~31).
②유대에 있는 자들은 산으로 도망할지어다. 지붕 위에 있는 자는 집안에 있는 물건을 가지러 내려가지 말며, 밭에 있는 자는 겉옷을 가지러 뒤로 돌이키지 말지어다. 그 날에는 아이 밴 자들과 젖먹이는 자들에게 화가 있으리로다(마태복음 24:16~19).
③너희 집이 황폐하여 버린 바 되리라(마태복음 23:38, 누가복음 13:35).
④돌 하나도 돌 위에 남지 않고 다 무너뜨리리라(마태복음 24:2, 마가복음 13:2, 누가복음 19:44, 21:6).
⑤해가 어두워지며, 달이 빛을 내지 아니하며, 별들이 하늘에서 떨어지며, 하늘의 권능들이 흔들리리라. 그 때에 인자의 징조가 하늘에서 보이겠고, 그 때에 땅의 모든 족속들이 통곡하며, 그들이 인자가 구름을 타고 능력과 큰 영광으로 오는 것을 보리라(마태복음 24:29~30).
⑥보라! 내가 너희에게 비밀을 말하노니, '우리가 다 잠잘 것이 아니요, 마지막 나팔에 순식간에 홀연히 다 변화하리니, 나팔 소리가 나매 죽은 자들이 썩지 아니할 것으로 다시 살고, 우리도 변화하리라(고린도전서 15:51~52).

경에서의 묘사[54]와 비교해 볼 때 동일한 점도 있지만 다른 면이 많다. 우선, 나팔소리가 들리고 – 나팔소리에 대한 개념이 여러 의미로 사용되고 있지만[55] – , 하늘과 땅에서의 큰 변화가 엄청난 자연재앙처럼 일어나고, 인간들에게는 공포와 죽음의 화가 있다는 점은 분명히 같다. 특히, 아이 밴 자들과 젖먹이는 자들에게 화가 있다고 강조한 점까지도 같다.

그러나 분명하게 다른 점이 있다면, 자연재앙과도 같은 하늘과 땅에서의 변화와, 심판의 과정이자 결과이기도 한 인간 분류에 대하여 자세하게 설명하고 있는 쪽이 이슬람교 경전인 '꾸란'이라면, 인간들에게 가해지는 재앙의 공포와 고통을 환기시키고, 부활 자체를 강조하는 쪽이 예수교 경전인 '성경'이라 할 수 있다는 사실이다.

-2011. 04. 27.

---

55) 나팔소리의 의미
성경 가운데 신약에서는 나팔을 불어 소리를 낸다는 것은, 여러 가지 의미로 사용되었다. 곧, ①천사들의 활동시기를 알리고(마태복음 24:31) ②예수가 강림하여 죽은 자들을 썩지 아니할 것으로 다시 살리고, 산 사람들도 변화시키는, 다시 말해 부활을 알리며(고린도전서 15:52, 데살로니가전서 4:16) ③일곱 명의 천사들이 지상에 재앙을 내리는 직접적인 수단이면서 심판의 마무리를 뜻하며(요한계시록 8:7~15), ④기타 위선자들의 자기자랑을 일컫기도 한다(마태복음 6:2). 결과적으로, 하늘에서 들리는 나팔소리란 인류 심판의 전 과정에서 일정한 행동개시나 끝을 알리는 신호의 의미로서 사용되고 있다고 할 수 있다.

이분법적인 시각의 함정

사람들이 말하는 것처럼, 육(肉)은 죽어서 썩어 없어지는데 비해 영(靈)은 육을 떠나도 영원히 죽지 않는 것인가? 그래서 인간의 영(靈)과 육(肉)은 마침내 분리될 수 있으며, 이미 분리된 그 많고 많은 영들은 과연 어디로 간 것일까? 이런 말이 성립되지도 않는다고 믿지만 오히려 많은 사람들은 믿어 의심치 않는 것 같다. 특히, 예수교에서는, '육은 썩는 양식이지만 영은 영생하는 양식(요한복음 6:27)'이라 하여 "사람이 떡으로만 살 것이 아니요, 하나님의 입으로 나오는 모든 말씀으로 살 것이라(마태복음 4:4)" 강조한다. 뿐만 아니라, 하나님을 믿고, 하나님이 준 계율을 지키며 산 사람들에게는 천국에서의 영생이 보장된다는데, 그곳에서의 영생은 인간의 몸으로서가 아니라 영이라는 것이다. 그럼에도 불구하고 많은 사람들은 인간의 몸이 사는 것으로 오해하고 있다. 그도 그럴 수밖에 없는 것이 '죽은 몸이 다시 산다'고 경전 안에서 이중적으로, 모순되게 기술되어 있기 때문이다.

물론, 그것이 사실이든 아니든, 그런 전제가 있어야 사후세계가 있고, 사후세계가 있어야 인간은 죽으면서도 꿈을 꿀 수 있다. 또한, 언제든지 꿈을 꿀 수 있어야 사는 동안에 겪는 갖가지 고통을 이겨낼 수 있는 힘을 얻게 되며, 그 힘을 얻을 수 있을 때 그 자체로서 위안이 되어주는 것이다. 이것이 바로 종교의 뿌리다. 종교는 이런 뿌리에서 자라나기 때문에 흔히 천국과 지옥을 상정하고, 빛과 어둠, 선과 악, 영과 육이란 세계가 대립한다고, 대상對象을 이분법적으로 해석하는 경향을 띤다.

그런데 문제는 인간의 영과 육이란 것이 편의상의 구분일 뿐이지 실제로 구분되어지는 것이 아니라는 데에 있다. 인간의 육은 복잡한 구조를 이루고 있고, 그 구조가 가지는 여러 가지 기능 가운데 하나가 바로 온갖 감정을 느끼고 사유하는 영역으로서 영이기 때문이다. 그 영은 일정 범위 내에서 육에 영향을 미치고, 육 또한 영에 영향을 미치는 불가분의 관계에 있다. 곧, 구조적인 육이 있기에 영이 있고, 영이 있기에 육이 온전한 생명체로서 존재하는 것이다.

그럼에도 불구하고, 적지 아니한 사람들은 인간의 영적 기능에만 집착하고, 분리시킬 수 없는 육과의 관계를 분리시켜 생각함으로써 천국에서의 영생을 생각한다. 자신들의 그런 생각을 합리화시키기 위해서 영과 혼을 애써 구분하는 이들도 있다. 곧, 필자가 말하는 '영'은 영이 아니라 혼魂이고, 영이란 하나님이 인간 창조 시 흙으로 먼저 만드신 형상의 코에 불어 넣은 '생기'라고 한다. 그래서 이 세상의 생명체 가운데에서 인간만이 유일하게 하나님을 경배하는 속성을 가진다고 주장하기도 한다. 그럴 듯한 궤변이다.

그러나 그들은 인간이 영만으로서 독립적으로 존재할 수 있는지, 그 유무와 그 의미를 확증할 수 없기 때문에 결국 모순된 말을 하고 만다. 곧, 천국에서 영생하게 되는 영적 존재란, 영이신 하나님의 종으로서 혹은 자녀로서 천사와 같은 존재이고(마태복음 22:30), 또 영은 살과 뼈가 없으며, 죽은 자를 부활시킬 때에도 분명히 몸이 아닌 영이라 했는데(요한복음 6:63), 죽은 몸이 다시 산다고 강조하고 있다. 게다가, 예수 자신도 "내 손과 발을 보고 나인 줄 알라. 또, 나를 만져보라. 영은 살과 뼈가 없으되, 너희 보는 바와 같이 나는 있느니라(누가복음 24:39)."라고 말함으로써 자신들의 종지宗늡와도 같은 대전제를 원천적으로 부정하고 만다. 이처럼 결정적인 내용에 대해서 이중적인 태도를 취하고 있는 모순이야말로 함정이 아니고 무엇이랴.

어쨌든, 인간이 죽으면 천국에서 영생할 수 있다는 것만으로도 인간에겐 고통스런 현실을 위로받는 '희망'임에는 틀림없다. 마치, 사는 동안 좋은 업業을 지어 인간으로 다시 태어날 때에는 부귀영화를 누리고픈 염원을 갖는 사람들의 종교적 믿음처럼 말이다. 그러나 내가 보기엔, 그저 인간의 밑 빠진 독에 물 붓기 같은 욕구를 노출시키고, 인간 생명과 죽음의 본질에 대한 무지無知만을 드러내고 있는 꼴 외에 다름 아니다.

이처럼 우리는 어떤 대상의 본질을 파악하는데, 흔히 구조물과 기능이 불가분의 관계에 있음에도 불구하고, 그것들을 구분하여 독립적으로 보는 경향이 있다. 마치, 선과 악이란 양면성을 동시에 가지고 있는 인간의 어떤 모습을 보느냐에 따라서 그 인간을 두고 '선하다', '악하다'라고 상반된 말을 하는 것과 같은 이치라고 생각한다.

−2008. 12. 09.

제IV장 계시록

'계시록' 장을 읽기 전에

요한계시록이 어렵게 느껴지는 이유에 대하여
심판이 이루어지는 '주의 날' 에 대하여
심판 날에 대한 사도 요한과 바울의 강박관념
계시록에 나오는 몇 개의 상징어 풀이 -용과 두 짐승 그리고 음녀에 대하여
심판 시 징벌 과정과 수단
징벌 수단 가운데 하나인 '쑥'
징벌 수단 가운데 하나인 '황충'
심판 수단 가운데 하나인 '저울'
계시록에 나오는 숫자들과 알쏭달쏭한 그 의미에 대하여
심판 후 실현된다는 '새 하늘 새 땅' 에 대하여

'계시록' 장을 읽기 전에

나는 우연찮게도 요한계시록만 20년 이상 연구했다는 어느 목사의 강론을 들을 수 있었다. 행운이라면 행운이었는데, 그가 강론을 펼치면서 하는 말이, 계시록 안에 나오는 144,000명(요한계시록 7:4)이란 숫자는 상징수가 아니고 실제수이며, 황충(요한계시록 9:3, 9:7)은 지옥에서 나오는 악령을 빗댄 비유어라고 강조한다. 또한, 144,000명에 대해서는 하나님의 인[도장]을 받아 심판 시 해_害를 면하게 될 사람들로 모두 이스라엘 자손의 열두 지파에서 나온다(요한계시록 7:3~8)고 경전에 분명하게 기록되어 있음에도 불구하고, 그는 그 열두 지파의 이름 가운데 세 사람의 이름이 바뀐 것[56])을 지적하면서,

---

56) 열 두 지파

경전 안에서는 '열 두 지파' 혹은 '십 이 지파' 라는 두 가지 용어로 함께 쓰였는데, 열 두 지파는 출애굽기 28:21, 39:14, 마태복음 19:28, 누가복음 22:30, 사도행전 26:7, 야고보서 1:1, 요한계시록 21:12 등에서 사용됐고, 십 이 지파는 창세기 49:28, 출애굽기 24:4, 에스겔 47:13 등에서 사용됐다. 창세기 제49장에 따르면, 이 열 두 지파는 야곱의 아들들로 루우벤, 시므온, 레위, 유다, 혼, 스불론, 잇사갈, 단, 갓, 납달리, 요셉, 베냐민 등이다. 그런데 민수기 제1장 21절로부터 29절까지에서는 르우벤, 시므온, 갓, 유다, 잇사갈, 스불론, 에브라임, 므낫세, 베냐민, 단, 아셀, 납달리 등으로 기록되어 있다.

144,000명이 이스라엘 자손들이 아니라 '영적 열두 지파'라고 말함으로써 그 의미를 완전히 둔갑시켜 버린다. 사실, 그렇게라도 해석해야 예수를 부정하는 유대인이 아닌, 자신을 포함한 이방의 수많은 예수교도들이 배제되지 않고 그 안에 들 수 있겠기 때문이다.

하지만 그것은 궁색한 궤변에 지나지 않는다. 어떤 것은 실제수이고, 어떤 것은 상징수이고, 분명히 이스라엘 자손의 열두 지파라 했음에도 불구하고 영적 열두 지파를 운운하는 것은 아전인수我田引水격의 비논리적 주장이기 때문이다.

이 장에 포함되는 계시록 관련 나의 글들도 그 목사의 강론 같은 궤변이 아니기를 기대해 보면서 차제에 계시록 관련 나의 사적 견해를 덧붙이고자 한다.

계시록이 인류의 종말을 예언한 책이라고 적지 아니한 사람들이 믿고 있지만 나는 아니라고 생각한다. 그리고 계시록을 분석하고서 그 내용을 이해하기 쉽게 밝히고 있는 글들도 적지 않지만 그 결과는 사람마다, 글마다 다르다고 말하는 편이 옳을 정도다. 뿐만 아니라, 예수교 경전을 가지고 가르침을 펴는 목회자들에게는 그 구체적인 내용에 대해서 가급적 언급을 자제하려는 경향마저 있다. 어지간히 연구해보았자 아리송할 뿐 아니라 그것을 가르쳐 책임질 수 없기 때문일 것이다. 실로, 오랫동안 계시록만을 연구해왔다는 전문가들조차 해석의 방법이나 그 결과를 놓고 보면 황당하기 짝이 없다. 이러한 상황에서 계시록을 어떻게 읽고, 분석하고, 이해했느냐는 대단히 중요한 문제라 아니 말할 수 없다.

나 역시 문제의 계시록을 온전히 해독했다고는 볼 수 없지만, 그것을 읽으면서 스스로 이해할 수 있었던 부분들에 대해 십여 편의 글을 썼고, 그것들이 이 장 안에 고스란히 들어 있다. 일련의 글들을 다 읽으면 나름대로 느끼겠지만, 요한계시록을 읽고서 '성경'에 대하여 글 쓰고 싶은 욕구가 크게 감퇴했듯이, 독자들도 그것을 읽을 의미나 가치를 느끼지 못할지도 모르겠다는 우려마저 드는 게 사실이다. 너무나 황당하고, 너무나 유치하기 짝이 없는 공상소설 같은 수준이기 때문이다.

그러나 그것은 하루아침에 쓰여진 글이 아니며, 먼저 있었던 선지자들의 예언서 등이 탐독(耽讀:어떤 책이나 글을 깊이 빠져들듯 열중하여 읽음) · 각인(刻印:도장을 파 새기듯이 머릿속에 뚜렷하게 기억됨)된 상태에서, 요한 개인의 절박한 현실인식이 반영된 기록이라는 점이 그나마 나의 시선을 붙잡아 둔다. 따라서 요한계시록과 다른 예언서 등을 유기적으로 살피면 서로 관련된 부분이 적지 않음을 확인할 수 있을 것이다. 물론, 계시록뿐만이 아니지만 경전의 유기성 곧 복음과 복음 사이의 상관관계가 들추어지면 질수록 '기록이 기록을 낳았다' 는 생각을

---

57) 일곱 교회
①에베소 ②서머나 ③버가모 ④두아디라 ⑤사데 ⑥빌라델비아 ⑦라오디게아 등을 일컬으며, 고대 로마 통치 아래에 놓여 있던 도시들로, 그곳에 세워진 교회들이었지만 현재는 터키 땅에 속해 있으며, 모두가 한결같이 폐허가 되었고, 그 흔적조차 찾아보기 어려운 상태다. 천국에 계시는 예수는 요한을 통해서 이들에게 제대로 임무수행을 하면 생명나무의 과실, 생명의 면류관, 감추었던 만나, 만국을 다스리는 권세, 흰 돌, 새벽별, 생명책에 기록, 보좌에 앉을 수 있는 자격과 권한 등을 주겠다고 약속했는데 이런저런 이유로 다 사라져 버렸다. 사라지기는 이들뿐이 아니다. 빌립보(지금의 그리스 필립피philippi)와 고린도(지금의 그리스 고린토스Korinthos)와 골로새(지금의 터키 오나즈Honaz 부근) 등을 비롯하여 바울이 쓴 서신[지금의 신약 경전 가운데 일부]을 받았던 곳들의 교회들도 다 마찬가지다. 한 마디로 말해, 다신교의 신전이든 유일신의 신전이든 결국은, 신전이란 신전은 다 무너지게 되어 있다는 사실을 반증해 준다.

갖게 될 줄로 믿는다.

여하튼, 계시록의 진실문제를 놓고 논쟁할 때에는, 특히, 그 논쟁이 끝나지 않을 때에는 한 마디로써 잘라 말하곤 했는데, 아직도 그것이 내게는 유효하다고 생각한다. 곧, "사도 요한이 서신을 보낸 아시아의 일곱 교회[57]가 오늘날 어떻게 되어 있는가가 계시록의 본질을 잘 말해 준다."고 말이다.

-2009. 04. 23.

요한계시록이
어렵게 느껴지는 이유에 대하여

요한계시록은 읽고 이해하기가 여간 쉽지 않다. 솔직하게 말하여, 한두 번 읽어도 전체적인 내용이나 짜임새에 대한 판단이 쉽지가 않기 때문이다. 여러 번 읽고 분석했다는 이들까지도 사실상 그 내용을 다르게 해석하며, 심지어는 그저 미루어 짐작하는, 주관적 판단에 의지하는 경향마저도 짙다. 물론, 여기에는 그럴만한 이유가 있다고 생각한다. 그 이유를 정리해 보자.

첫째, 문장부호를 사용하지 않은데다가 문장의 구조 또한 대체로 복잡하다.

주의 날에 내가 성령에 감동하여 내 뒤에서 나는 나팔 소리 같은 큰 음성을 들으니 가로되 너 보는 것을 책에 써서 에베소, 서머나, 버가모, 두아디라, 사데, 빌라델비아, 라오디게아 일곱 교회에 보내라 하시기로 몸을 돌이켜 나더러 말한 음성을 알아보려고 하여 돌이킬 때에 일곱 금 촛대를 보았는데 촛대 사이에 인자 같은 이가 발에 끌리는 옷을 입고 가슴에 금띠를 띠고 그 머리와 털의 희기가 흰 양털 같고 눈 같으며 그의 눈은 불꽃같고 그의 발은 풀무에 단련한 빛난 주석 같고 그의 음성은 많은 물 소리와 같으며 그 오른손에 일곱 별이 있고 그 입에서 좌우에 날선 검이 나오고 그 얼굴은 해가 힘있게 비취는 것 같더라(계시록 1:10~16)

위 인용문은 계시록 제1장 10절로부터 16절까지로서 단 한 개의 문장이다. 보는 바와 같이 문장부호도 제대로 사용하지 않고, 한 개의 문장 안에서 여러 개의 주어와 술어가 사용되다보니 문장이 길어져서 그 의미 판단이 쉽지가 않게 되어 있다. 이를 아래와 같이 문장부호만이라도 넣어 주술관계를 분명하게 하면 한결 의미판단이 쉬워진다.

주의 날에 내가 성령에 감동하여, 내 뒤에서 나는 나팔 소리 같은 큰 음성을 들으니, 가로되, "너 보는 것을 책에 써서 에베소, 서머나, 버가모, 두아디라, 사데, 빌라델비아, 라오디게아 일곱 교회에 보내라." 하시기로, 몸을 돌이켜 나더러 말한 음성을 알아보려고 하여 돌이킬 때에 일곱 금촛대를 보았는데, 촛대 사이에 인자 같은 이가 발에 끌리는 옷을 입고, 가슴에 금띠를 띠고, 그 머리와 털의 희기가 흰 양털 같고, 눈 같으며, 그의 눈은 불꽃같고 그의 발은 풀무에 단련한 빛난 주석 같고, 그의 음성은 많은 물소리와 같으며, 그 오른손에 일곱별이 있고, 그 입에서 좌우에 날선 검이 나오고, 그 얼굴은 해가 힘 있게 비취는 것 같더라.

둘째, 어법語法 자체가 현대어법이 아니다.

볼찌어다 구름을 타고 오시리라 각인의 눈이 그를 보겠고 그를 찌른
자들도 볼 터이요 땅에 있는 모든 족속이 그를 인하여 애곡하리니 그
러하리라 아멘(계시록 1:7)

계시록 제1장 7절로서 4개의 짧은 문장으로 되어 있지만 어법상
의 이유로 이해가 쉽지 않은 예이다. 곧, ①볼찌어다 → 볼지어다.
②구름을 타고 오시리라 → 구름타고 오시리라(주어가 생략되었음). ③
각인의 눈이 그를 보겠고 그를 찌른 자들도 볼 터이요 땅에 있는 모
든 족속이 그를 인하여 애곡하리니 그러하리라 → 개개인의 눈이 그
를 보겠고, 그를 찌른 자들도 볼 터이요, 땅에 있는 모든 족속이 그
로인해서 애곡하리니, 그러하리라. ④아멘 → 아멘. 등이 그것이다.
화살표의 좌를 우로 바꾸어 표기해야 옳지만, 그렇다 치더라도 세
번째 문장에서 '각인'과 '눈이 본다'는 표현과 '그를 인해서', '애
곡', '족속' 등의 어휘와 어구는 현대인들에게 낯설게 다가오는 어
법이라고 생각한다. 이를 현대어법으로 바꾸어 다시 고쳐 쓴다면 아
래와 같다.

볼지어다. (그는) 구름타고 오시리라. 저마다 그를 보겠고, 그를 (창으
로) 찌른 자들도 볼 것이다. (그 때에는) 땅에 있는 모든 사람들이 그로
인하여 슬피 울리라. (반드시) 그러하리라. 아멘.
*( )속은 원래 없는 말이지만 생략된 것으로 간주하고 넣어 표기한 부분임을 표
시한 것임.

셋째, '단순한' 혹은 '숨은' 뜻이 내포된 듯한 숫자가 중복되어
나타나 대단히 혼란스럽다.

여기서 '단순한' 이란 말은 글자가 겉으로 드러내고 있는 의미 곧 표시적 의미 외에 다른 의미가 없다는 뜻이고, '숨은 뜻이 내포된' 이라는 말은 어떤 속뜻을 지닌 채 기호화되었다든가, 아니면 어떤 진실이나 사실을 암시하고 있다는 뜻이다. 어떤 계시록 전문가는 전 자를 '실재수' 라고 하고, 후자를 '상징수' 라고 말하기도 한다. 그 요한계시록에 자주 나오는 숫자들로는 4, 6, 7, 10, 24, 144, 1000, 1260, 1600, 7000, 12000, 144000 등을 들 수 있다.

(어쨌든, 계시록에 나오는 이들 숫자의 의미에 대해서는 다른 글 「계시록에 나오는 숫자들과 그 상징적 의미에 대하여」를 참고하기 바란다.)

넷째, 숨은 뜻을 내장하고 있는 비유적 상징어가 적지 않게 사용 되고 있다.

숨은 뜻이 내장된 듯한 숫자를 비롯해서, 음녀·용·두 짐승·어린 양·두 증인 등 일련의 단어는 상당히 복잡한 의미를 내장(內藏:속으로 숨기고 있는)하고 있는데, 그 의미를 먼저 해독해야 만이 계시록에 대 한 온전한 이해가 가능해진다. (이에 대해서는 다른 글 「계시록에 나오는 몇 개 의 상징어 풀이」를 참고하기 바란다.)

다섯째, 현실적으로 확인 불가능한 '대상' 이나 '상황' 이 많이 기 술되고 있다.

현실적으로 확인 불가능한 대상이란, 천국에 있다는 '생물' 이나, 천사가 부리는 마병대의 '말' 이나, 사탄의 왕으로 빗대어지고 있는 '용' 이나, 그 용이 부리는 두 종류의 '짐승' 등의 경우처럼 아주 구 체적인 묘사는 있지만 확인이 불가능한 대상들을 일컫는다. 물론, '천국' 이나 '하나님' 이나 '어린 양' 이나 '천사' 등도 마찬가지이다. 그리고 현실적으로 확인 불가능한 상황이란, 천사와 사탄 사이에서 벌어지는 하늘에서의 전쟁이라든가, 구체적으로 묘사되고 있는 천국의 모양새라든가, 심판할 때에 동원되는 여러 가지 징벌 수단으로 인해서 생기는 재앙에 가까운 자연현상 등을 포함한, 납득하기 어려운 상황을 일컫는다.

여섯째, 계시록의 내용 자체가 독립적이라기보다는 다른 복음서의 내용과 유기적 관계 위에서 기술되고 있다는 점이다.

예를 들면, 예수가 천국이 어떠한 곳인가를 설명할 때에 열한 가지 비유를 들어서 간접적으로 말씀하셨는데, 그 가운데 마태복음 제25장 1절에서 '등을 들고 신랑을 맞으러 나간 열 처녀'로 빗댄 바 있다.

그런데 요한은 계시록에서, 심판 후 '새 땅 새 하늘'로서 빗대어지는 '새 예루살렘 성'을 두고 신랑을 기다리는, 새롭게 단장한 신부로 빗대고 있다. 신랑·신부라는 단어가 갑자기 개인적으로 사용된 것이 아니라 먼저 있었던 예수의 말이 전제된 가운데 재사용되었던 것이다.

그렇듯, 쑥이 심판 시에 하나님의 징벌 수단으로서 계시록에서 언급되고 있는데 이는 요한의 개인적인, 뜻밖의 생각이 아니다. 여호와 하나님의 징벌 수단으로 쑥이 이미 다른 복음서(예레미야 9:15, 23:15, 예레미야애가 3:15)에서 사용되었기 때문에 가능했던 상상으로 보인다. 이 같은 현상은, 앞서 있었던 복음서들의 내용이 요한에게 직·간접으로 영향을 미쳤으며, 그만큼 요한은 그 복음서들로부터 자유롭지 못했으리라는 생각이 든다. 자유롭지 못했다는 것은 그만큼 영향을 받았다는 뜻이다. 문제는 이 '신랑·신부', '쑥' 뿐만 아니라 '하늘구름' '황충' 등 적지 아니한 키워드나 '심판'에 관한 내용들이 앞선 복음서와 연관되어 있거나 유사하다는 사실이다.

계시록이 어려운 이유에 대해서 이상 여섯 가지를 들었지만 세분하여 말하기로 하면 훨씬 더 많아진다. 그 단적인 예문 하나를 들어서 종합적으로 설명하고자 한다.

버가모 교회의 사자에게 편지하기를 좌우에 날선 검을 가진 이가 가라사대 네가 어디 사는 것을 내가 아노니 거기는 사단의 위가 있는 데라 네가 내 이름을 굳게 잡아서 내 충성된 증인 안디바가 너희 가운데 곧 사단의 거하는 곳에서 죽임을 당할 때에도 나를 믿는 믿음을 저버리지 아니하였도다 그러나 네게 두어 가지 책망할 것이 있나니 거기 네게 발람의 교훈을 지키는 자들이 있도다 발람이 발락을 가르쳐 이스라엘 앞에 올무를 놓아 우상의 제물을 먹게 하였고 또 행음하게 하였느니라 이와 같이 네게도 니골라당의 교훈을 지키는 자들이 있도다 그러므로 회개하라 그리하지 아니하면 내가 네게 속히 임하여 내 입의 검으로 그들과 싸우리라 귀 있는 자는 성령이 교회들에게 하시는 말씀을 들을찌어다 이기는 그에게는 내가 감추었던 만나를 주고 또 흰 돌을 줄 터인데 그 돌 위에 새 이름을 기록한 것이 있나니 받는 자 밖에는 그 이름을 알 사람이 없느니라

요한계시록 제2장 12절로부터 17절까지의 문장이다. 이 인용문에서 '버가모 교회'라는 말이 쓰이고 있는데, 과연 이 교회는 어디에 있었던 어떤 교회인가? '좌우에 날선 검을 가진 이'라는 생소한 표현이 나오는데 이는 또 누구이며 무슨 뜻인가? 그리고 '안디바'는 누구이며, 어떻게 죽임을 당했다는 것인가? '발람'의 교훈은 무엇이며, '니골라당'의 교훈은 또한 무엇인가? '만나'와 '흰 돌'은 무엇이며, 그 흰 돌 위에 새겨질 것이라는 '새로운 이름'은 무엇인가?
이처럼 개개의 낱말들에 대해서 구체적인 설명이나 이해가 전제

되지 않는 한 계시록은 온전히 해독되지 않는다. 따라서 요한계시록보다 먼저 쓰여진 복음서들을 충분히 이해해야만 이들 키워드들의 의미 해독이 가능해지며, 동시에 역사적 관련 사실에 대해서도 연구가 병행되어야만 온전히 이해되는 어려움이 있다.(지금 예시한 문제들에 대해서는 다른 글 「버가모에서 띄우는 편지」를 참고하기 바람.)

보다시피, 요한계시록을 이해하기 위해서는 여러 가지 문제들을 극복해야만 한다. 필자는 그 문제들을 지적했고, 해독 가능한 범위 내에서 설명을 보탰을 뿐이다.

　-2008. 11. 10.

심판이 이루어지는 '주의 날'에 대하여

'천국복음'이라는 말은 「마태복음」(마태복음 4:23, 9:35, 24:14)에서 주로 사용됐는데, 그것의 핵심인 즉 이러하다. 곧, 하나님의 계획으로서 ①하나님과 그의 아들 예수를 믿고 '사랑'을 실천하면서 살면 심판을 면제 받거나 심판 후에 천국에서 영적 존재로서 영생하고, 그렇지 못하면 지옥으로 보내어져 영벌을 받는다는 점 ②하늘에서 사악한 사단과의 전쟁을 치루어 이긴 다음, 생명책에 기록된 대로 지상의 산자와 죽은 자를 예수가 심판한다는 점 ③새 땅 새 하늘로 빗대어지는 '새로운 예루살렘 성'을 만들어가지고 천사들과 더불어서 지상으로 내려와 예수에 의한 인간세상 '천년 통치'가 실현된다는 점 ④그 후에 하나님 아버지께 모든 것을 드린다는 점 등으로 요약된다. 바로 위 ①②③이 이루어지는 날을 두고 경전에서는 '주의 날 (욥기 10:5, 데살로니가전서 5:2, 데살로니가후서 2:2, 베드로후서 3:10, 요한계시록 1:10)'이라 하는데, 그 정확한 시기와 절차는 아리송하기 짝이 없다.

경전 안에서는, 이 '주의 날'을 심판 날(마태복음 10:15, 11:22, 11:24, 12:36, 베드로후서 2:9, 요한1서 4:17 등), **심판 때**(마태복음 12:41, 12:42, 누가복

음 10:14, 11:31, 11:32, 요한1서 2:4), 마지막 날(요한복음 6:39, 6:40, 6:44, 6:54, 11:24, 12:48), 예수의 날(고린도전서 5:5, 고린도후서 1:14, 빌립보서 1:6), 끝날(창세기 6:13, 신명기 4:30, 느헤미야 8:18, 예레미야 49:39, 다니엘 12:13, 마태복음 28:20), 종말(민수기 23:10, 히브리서 13:7), 그날(마가복음 13:17, 13:20, 이사야 2:11, 로마서 2:16, 히브리서 8:10, 10:16, 10:25, 요한계시록 9:6 등), 세상 끝(마태복음 13:40, 13:49), 환난 날(시편 77:2, 잠언 24:10, 25:19, 27:10, 예레미야 16:19), 권고 받는 날(누가복음 19:44), 형벌의 날(호세아 9:7, 미가 7:4, 누가복음 21:22), 죽은 자들이 하나님 아들의 음성을 들을 때(요한복음 5:25) 등으로 아주 다양하게 기술되고 있다.

그리고 그 정확한 시기에 대해서도 여러 가지 표현으로 언급되었지만 명확한 판단을 내리는 데에는 다소 혼란스러운 면이 없지 않다. 곧, 예수 자신은 ①천국이 가까웠다(마태복음 10:7) ②이스라엘의 모든 동네를 다 다니지 못하여서(제자들이) 인자(예수)가 오리라(마태복음 10:23) ③생각지 않은 때에 인자가 오리라(마태복음 24:44, 누가복음 12:40) ④자신도, 천사도, 그 누구도 알지 못하며, 오직 하나님만이 알고 계신다(마가복음 13:32) ⑤이 세대(예수가 활동하던 당대)가 지나가기 전에 이 일이 다 이루리라(마가복음 13:30) ⑥여기 섰는 사람(제자들) 중에 죽기 전에 인자가 그 왕권을 가지고 오는 것을 볼 자들도 있느니라(마태복음 16:28, 24:30, 마가복음 14:62, 누가복음 21:27) ⑦너희(제자들)의 도망하는 일이 겨울에나 안식일에 되지 않도록 기도하라(마태복음 24:20) ⑧이(대제사장으로부터 심문받고, 죽임을 당하고, 부활하여 승천한 후) 후에 인자가 권능의 우편에 앉은 것과 하늘 구름을 타고 오는 것을 너희(예수를 심문하던 대제사장과 함께 있던 사람들)가 보리라(마태복음 26:64, 마가복음 14:62) 등으로 말했다.

예수의 이런 언급들이 있었기 때문에, 계시록을 집필한 요한도,

①속히(요한계시록 1:1), ②때가 가까우니라(요한계시록 22:8) ③내(예수)가 속히 오리니(요한계시록 22:12) 등의 언급을 할 수 있었으며, '속히 soon' 라는 단어로써 강조했던 것이다. 뿐만 아니라, 바울은 "임박한 환난The present crisis을 인하여 사람이 그냥 지내는 것이 좋으니라(고린도전서 7:26)."라고까지 말했으며(요한과 바울에 대한 견해는 다른 글 「사도 요한과 바울의 심판 날에 대한 강박관념」에서 자세하게 나옴), '도적 같이(데살로니가전서 5:2, 베드로후서 3:10, 요한계시록 3:3)' 오기 때문에 그 시기時期가 아니라 그 정확한 시각時刻을 알 수 없다고 했다.

예수의 '이 세대This generation'나, 요한의 '속히soon', 그리고 바울의 '임박present'과 「히브리」서를 집필한 사람의 '잠시 잠깐 후For in just a very little while(히브리서 10:37)'라는 용어들과 이들 용어가 구축해 놓는 앞뒤 정황을 놓고 보면 분명, 심판은 이미 지나갔어야 옳다. 그럼에도 불구하고, 오늘날 사람들은 미래의 일로 여기고, 그것을 합리화시키기 위해서, 인간의 시간개념과 천국의 그것이 다르다는 궤변을 늘어놓기도 한다.

그리고 그 날이 오기 전에 하늘에서는 기사奇事가 있고, 땅에서는 징조徵兆가 있다고 예수가 직접 말했는데(사도행전 2:19, 마태복음 24:3~), 그것의 결과는 돌 하나도 돌 위에 남지 않고 다 무너뜨리는(마태복음 24:2) 일로서 피·불·연기 등(사도행전 2:19) 이 수반된다. 다시 말해서, 각 사람의 행한 대로 갚기(마태복음 16:27) 위한 심판審判과 그 절차로서 환난患難이 있다. 그리고 그 후에는 인자(예수)가 하늘 구름을 타고 큰 권능과 영광으로 오는 것을 사람들이 보며(다니엘 7:13, 마태복음 26:64, 마가복음 14:62), 예수가 천사들을 보내어 자기 택하신 자들을 땅 끝으로부터 하늘 끝까지 사방에서 모으며(마태복음 24:31, 마가복음 13:27), 기존의 천지가 없어지고 예수의 말씀만 남는다(마태복음 5:18,

24:35, 마가복음 13:31, 누가복음 21:33)는 것이다.

심판 전에 있다는 하늘의 기사란, ①해가 어두워지며, 달이 빛을 내지 아니하며, 하늘에서 별들이 떨어지며, 하늘의 권능들이 흔들리고(요엘 2:31, 마태복음 24:29, 마가복음 13:24, 누가복음 21:25 일월성신의 징조), ②바다와 파도가 울며(누가복음 21:25), ③하늘이 큰 소리로 떠나가고, 체질이 뜨거운 불에 풀어지고, 땅과 그 중에 있는 모든 일이 드러나는(베드로후서 3:10) 현상이 일어난다. 이 하늘의 기사에 대하여 이슬람교 경전인 '꾸란'에서는, 하늘이 갈라지고(77:9, 82:1), 태양과 달이 함께 모이며(75:9), 별들이 그의 빛을 상실하고(77:8), 흩어지며(82:2), 바다가 열리어 하나가 되고(82:3), 달은 어둠속에 묻히는(75:8) 것으로 묘사되어 있다. (이에 대한 자세한 내용에 대해서는 다른 글 「꾸란에서 말하는 최후의 심판」을 참고하기 바람.)

그리고 땅의 징조란 ①많은 사람이 내(예수) 이름으로 와서 이르되 '내가 그로라' 하여 많은 사람을 미혹하고(마태복음 24:5, 마가복음 13:6, 누가복음 21:8), ②민족이 민족을, 나라가 나라를 대적하여 일어나겠고, 처처에 지진이 있으며(마태복음 24:7, 마가복음 13:8, 누가복음 21:10), 기근(饑饉:농사가 잘 안 되어 식량이 모자라 굶주리는 상태)과 온역瘟疫이 있으며(마태복음 24:7, 마가복음 13:8, 누가복음 21:11), ③사람들이 너희(제자들)를 공회에 넘겨주겠고, 너희를 회당에서 매질하겠으며, 나를 인하여 너희가 관장들과 임금들 앞에 서게 되며(마태복음 10:18, 마가복음 13:9, 누가복음 21:12), ④형제가 형제를, 아비가 자식을 죽는데 내어주며, 자식들이 부모를 대적하여 죽게 하며(마태복음 10:21, 마가복음 13:12), ⑤너희가 내(예수) 이름을 인하여 모든 사람에게 미움을 받을 것이며(마태복음 10:22, 24:9, 마가복음 13:13, 누가복음 21:17), ⑥멸망의 가증한 것이 서지 못할 곳에 선 것을 보게 되며(마태복음 24:15, 마가복음 13:14), ⑦아이 밴 자들과 젖먹이는 자들에게 화가 있으며(마태복음 24:19, 마가복음 13:17, 누가복음 21:23), ⑧거짓 그리스도들과 거짓 선지자들이 일어나서 이적과 기사를 행하여 할 수만 있으면 택하신 백성을 미혹케 하려하며(마태복음 24:24, 마가복음 13:22), ⑨많은 사람이 시험에 빠져 서로 잡아 주고 서로 미워한다(마태복음 24:10) 는 것이다.

땅의 이런 징조와 결과에 대해서 이슬람교 경전인 꾸란에서는, 나팔소리가 들리며(74:8), 고막이 찢어질 듯한 소리(80:33)와 하나님의 명령(82:19)이 있으며, 약속된 시간에 모든 선지자들이 모이고(77:11), 사람들을 ①우편의 사바하 ②좌편의 사바하 ③앞서는 자 등으로 분류되며(56:7), 얼굴빛이 하얗게 되는 자와 검게 변하는 자들로 나누어지며(3:107), 모든 유모가 젖먹이는 것을 잊고, 임신한 모든 여성은 유산을 하며, 두려움에 떠는 사람들이 많을 것이며(22:2), 화염의 응벌을 맛보게 되며(22:9), 심중에 있는 것들이 밝혀지며(100:10), 치욕(22:8~9)·재앙(3:106)·증언(100:7)·심판(3:106, 22:8~9, 56:7)·분류(77:13) 등이 있다고 기록되어 있다.

그럼에도 불구하고, 산 자나 죽은 자를 심판하여 천국과 지옥에서 영생하거나 영벌을 받게 한다는 주의 날이 구체적으로 언제인가는 경전들이 더 이상 가르쳐 주지 않는다. 다만, 예수도, 천사도, 그 누구도 알지 못하며, 오직 하나님만이 알고 계신다(마가복음 13:32)고 기록되어 있을 뿐이다. 바로 이런 현실 때문에 지구상에서 큰 지진이 나고, 쓰나미가 밀어닥쳐 수많은 인명과 재산 피해를 낼 때마다 그것이 곧 하나님의 벌[응징]이니, 말세가 왔다느니, 하며 온갖 억측(臆測:뚜렷한 이유나 근거 없이 짐작함)들을 내는 것이다.

-2011. 03. 19.

심판 날에 대한
사도 요한과 바울의 강박관념

이 책의 예언의 말씀을 인봉하지 말라. 때가 가까우니라. 불의를 하는 자는 그대로 불의를 하고, 더러운 자는 그대로 더럽고, 의로운 자는 그대로 의를 행하고, 거룩한 자는 그대로 거룩되게 하라. 보라! 내가 속히 오리니, 내가 줄 상이 내게 있어 각 사람에게 그의 일한 대로 갚아 주리라. 나는 알파와 오메가요, 처음과 나중이요, 시작과 끝이라(요한계시록 22:10~13).

요한계시록 제22장 10절로부터 13절까지의 말씀이다. 여기서 인봉印封하지 말라는 책은 요한이 기록한 계시록을 말하고, 문장 속에서 '속히 오겠다'고 약속하고 있는 이는 예수 그리스도이다. 요한이 생각하고 있는 심판 날의 임박(성)을 단적으로 드러낸 대목이다.

그는 심판 날이 임박했음을 강조·설명하기 위해서 '예언의 말씀을 봉하지 말라'고 했고, "불의를 하는 자는 그대로 불의를 하고, 더러운 자는 그대로 더럽고, 의로운 자는 그대로 의를 행하고, 거룩한 자는 그대로 거룩되게 하라."고 했다. 심판이 얼마나 임박했다고 느끼고 확신했으면 이런 극단적인 말을 하겠는가. 이제 와서 삶의 태도나 행동양식을 바꾸거나 회개한다 해도 아무 소용없다는 말이니 그 임박함이란 이미 시기가 아니라 시각 문제라는 뜻으로 비춰진다.

요한은 그것을 '속히(coming soon)'라는 말로써 여러 차례 표현하였는데, 그것은 심리적 강박관념에 사로잡힌 결과로 보인다. 아마도, 요한의 강박관념에는 심판과 관련된 예수의 말[가르침]도 있었고, 요한이 개인적으로 인지하고 있는 당대 정치·사회적 현실인식이 크게 작용했으리라 본다. 요한의 이러한 강박관념은 바울에게서도 그대로 확인할 수 있다.

> 임박한 환난을 인하여 사람이 그냥 지내는 것이 좋으니라. 네가 아내에게 매였느냐? 놓이기를 구하지 말며, 아내에게서 놓였느냐? 아내를 구하지 말라. 그러나 장가가도 죄 짓는 것이 아니요, 처녀가 시집가도 죄 짓는 것이 아니로되, 이런 이들은 육신에 고난이 있으리니 나는 너희를 아끼노라. 형제들아, 내가 이 말을 하노니, 때가 단축하여진 고로 이후부터 아내 있는 자들은 없는 자 같이 하며, 우는 자들은 울지 않는 자 같이 하며, 기쁜 자들은 기쁘지 않은 자 같이 하며, 매매하는 자들은 없는 자 같이 하며, 세상 물건을 쓰는 자들은 다 쓰지 못하는 자 같이 하라. 이 세상의 형적은 지나감이니라(고린도전서 7:26~31).

고린도전서 제7장 26절로부터 31절까지의 말씀이다. 여기서 바울이 말하는 '임박한 환난The present crisis'이란 예수가 다시 오실 때[예수 재림]에 이루어지는 심판 과정에서 피할 수 없는 재앙임에는 틀림없다. 그런데 그것이 얼마나 임박했다고 판단했으면, 결혼해서 아내에게 매어 산다면 놓이기를 구하지 말고, 결혼하지 않았다면 굳이 결혼하여 매일 필요가 없다는 식의 '이상한' 주장을 하는가. 물론, 여기에는, 심판할 때에는 피할 수 없는 환난患難과 그에 따르는 육신의 고난이 있다는 확신이 깔려 있다. 그래서일까? 애써, 시집장가 가는 일이나 부부관계 개선 등으로 공연히 마음고생 할 필요조차 없다고 바울은 고린도58) 성도들에게 기원 후 51년경에 충고해 준 것이다.

이런 절망적인 발언이나 극단적인 태도는 심판이 임박했다는 판단에서 나온 것이지만 요한의 생각과 너무나 흡사하다.

(사실, 바울과 요한은 심판의 임박성에 대하여 서로 영향을 주고받았거나 아니면 전혀 무관한 가운데 현실인식을 같이했을 수도 있다. 다만, 경전 기록상으로 보면, 고린도서가 계시록보다 먼저 쓰였기 때문에 요한이 바울로부터 영향을 받았을 수 있다고 유추는 가능하다.)

그런데 바울은 무슨 근거로 심판의 때가 단축되었다고 판단했는지는 알 수 없다. 바울의 생각으로는 그 때가 분명히 단축되었고, 또한, 단축되었기 때문에 심판이 임박한 것이고, 임박했기 때문에 돌이키어 보았자 아무 의미 없다는 뜻에서, "아내 있는 자들은 없는 자 같이 하며, 우는 자들은 울지 않는 자 같이 하며, 기쁜 자들은 기쁘지 않은 자 같이 하며, 매매하는 자들은 없는 자 같이 하며, 세상 물건을 쓰는 자들은 다 쓰지 못하는 자 같이 하라."고, 그야말로 비관적인 극단의 주장을 할 수 있었던 것으로 보인다.

이 같은 심판 날에 대한 바울의 강박관념은, "이 세상의 형적은 지

---

58) 고린도
현재의 그리스 서남쪽에 있는, 뽕잎 모양의 큰 섬인 펠로폰네스(peloponnese) 북동쪽에 있는 해변 도시. 현재는 new corinth와 ancient corinth로 구분되어 있는데, 고대 고린도는 신도시와 사르니코스 만(saronicos Gulfs)이 내려다보이는 언덕 위에 있다. 이곳은 기원전 6세기에 세워진 아폴로 신전과 관련 로마 유적들이 현재까지 남아있다.

나감이니라(고린도전서 7:31)."라는 염세적인, 아니, 현실 비관적인 말을 낳게 했는데, 이것은 바로 예수의 가르침 가운데에서 부활과 심판, 그리고 천국에서의 영생이라는 달콤한 보상報償이 주어진다는 확신 때문에 가능했던 것이 아닌가 싶다. 어쩌면, 그것은 바울로 하여금 예수의 열 배인 30년 동안이나 천국복음 전파 임무수행을 마다하지 않고, 그것도 결혼조차 하지 않은 홀몸으로서 감수할 수 있게 했는지 모른다. 마치, 오늘날 많은 사람들이 '천국에서의 영생'이란 꿈을 그리며 크고 작은 현실적인 고난과 역경을 가볍게 여겨서 극복하는 것과 같은 이치라고 보아진다.

그렇듯, 다신교 신앙이 지배했던 고대사회에서 예수의 천국복음을 전파하는 과정에 수반되었던 온갖 고난과 역경을 요한이나 바울이 기꺼이 감수할 수 있었던 것도, 따지고 보면 조만간에 있을 심판 후에 주어지는 전혀 다른, 아주 새로운 세상 곧, '눈물(요한계시록 21:4)'과 '죽음(요한복음 8:51)'이 없는 천국에서의 생활을(물론, 요한은 새 예루살렘 성을 만들어 가지고 하늘에서부터 내려온다고 했지만) 꿈꾸고 믿었기 때문에 가능했던 것으로 보인다. 특히, 그들이 인간세상에서 겪는 온갖 고초와 시련을 견뎌낼 수 있었던 것도 심판하는 주의 날이 오기만 하면 일한 대로 갚아 주고(요한계시록 22:12) 행한 대로 갚아주어(마태복음 16:27, 요한복음 5:29) 영생과 영벌이라는 하나님의 상벌이 주어진다고 확신했기 때문에 가능했던 것이다. 결과적으로, 그러한 믿음은 당대 현실인식과 함께 심판 날에 대한 강박관념을 부추기는 요인이 되었으리라 본다.

-2010. 01. 22.

계시록에 나오는 몇 개의 상징어 풀이

-용과 두 짐승, 그리고 음녀에 대하여

1 용에 대하여

계시록에 나오는 용龍은 한 마리뿐이다. 그것은 크고, 붉은 색을 띠며, 머리가 일곱인데, 그 뿔은 열 개나 된다. 분명, 기형적이다. 그리고 일곱이나 되는 머리에 면류관 하나씩을 썼다(12:3). 면류관을 썼다는 것은 지위가 높다는 뜻이다.

그런데 그 꼬리가 얼마나 크고 힘이 센지 하늘에 있는 별 삼분의 일을 끌어다가 땅에 던질 수 있는 위력을 지니고 있다(12:4). 가히, 공상적이라 할 만하다. 그런 용이 머지않아 해산하게 되는 한 여자의 남자아이를 삼키고자 대기하고 있다(12:4). 하지만 그 아이는 장차 철장으로 만국을 다스릴 자이기 때문에 태어나자마자 하나님이 그를 하늘로 데려갔다(12:5).

그리하여 하늘에서는 천사 '미가엘'이 이끄는 사자使者들과 그 용이 부리는 사자들 사이에서 전쟁이 발발한다(12:7). 그 전쟁에서 패한 용과 그의 사자들은 땅으로 내어쫓긴다(12:9). 결과적으로 하늘과 그 가운데 거하는 자들은 즐거워하지만 땅과 바다에 있는 자들은 화가 있을 것이다(12:12). 땅으로 내쫓긴 용이 계속해서 남자를 낳은 여자를 핍박할 것이고(12:13), 그로 인해서 하늘로부터 땅에 재앙이 있을 것이기 때문이다.

아들을 낳은 여자는 큰 독수리의 두 날개를 받아 광야로 날아가 그곳에서 용의 낯[얼굴]을 피하여 한 때와 두 때와 반 때를 양육받자(12:14), 그 용은 여자의 뒤편에서 물을 강같이 토하여 여자를 떠내려가게 한다(12:15). 그러나 그 순간 땅이 여자를 도와 그 물을 삼켜버린다(12:16). 그러자 화가 더욱 치밀어 오른 용은 돌아가서 그 여자의 남은 자손들과 싸우려고 바닷가 모래 위에 서있다(12:17).

용은 옛 뱀, 곧 마귀라고도 하고, 사단이라고도 하는, 온 천하를 꾀하는 자이고(20:2), 여자의 자손들은 하나님의 계명을 지키며, 예수의 증거를 가진 자들이라 한다(12:17). 따라서 용은 하나님이 창조한 최초의 인간을 타락시킨 뱀이거나 그 뱀을 부리는 사단이고, 여자는 예수를 낳은 '마리아'로 유추되기도 한다.

2 용이 부리는 두 짐승에 대하여

하늘에서의 전쟁과 남자아이를 낳은 여자를 땅에서 핍박하려다가 실패한 용은, 그 자손들을 핍박하려고 두 짐승에게 자신의 권세(권한과 능력)를 주어 바다에서 땅위로 보낸다. 그 첫 번째 짐승의 모양새를 보면, 머리는 일곱이고, 그 뿔은 열 개이다. 그리고 그 뿔에는 열 개의 면류관이 씌어 있고, 그 머리들에는 참람(僭濫:분수 넘치게 나쁜 일을 한)된 이름들이 쓰여 있다. 겉모습은 표범과 비슷하고, 그 발은 곰

발 같고, 그 입은 사자 같은데, 용으로부터 능력과 보좌와 권세를 받았다(13:1~2). 그러니까 용은 아니지만 그와 유사한 존재이면서 그의 사주를 받는 자이다.

그런데 그의 머리 하나가 상하여 죽게 된 것 같았으나 그 상처가 나았다(13:3). 그러자 온 땅이 이상히 여겨 그 짐승을 따르고, 용과 짐승에게 경배하며, "누가 이 짐승과 같으뇨? 누가 능히 이와 더불어 싸우리요?"라고 말들 한다(13:4). 또한, 큰 말과 참람된 말을 하는 입을 받고, 마흔 두 달 일할 권세를 받았다(13:5).

따라서 짐승이 입을 벌려 하나님을 향하여 훼방하되, 그의 이름과 그의 장막 곧 하늘에 거하는 자들을 훼방한다(13:6). 또 권세를 받아 성도들과 싸워 이기게 되고(13:7), 각 족속과 백성과 방언과 나라를 다스리는 권세를 받으니, 죽임을 당한 어린 양의 생명책에 창세 이후로 녹명되지 못하고, 이 땅에 사는 자들은 다 짐승에게 경배하게 된다(13:8). 어쩌면, 로마의 왕으로부터 유대인 통치권한을 위임받은 대제사장이나 빌라도 같은 행정·사법·입법 등 삼권을 다 가진 책임자들을 염두에 두고 이런 비유법을 쓴 것인지도 모른다는 생각이 든다. 아니면, 유대인들을 지배·통치하며 괴롭힌 고대 이집트와 로마를 두 짐승으로 빗대었는지도 모를 일이다. 물론, 이것은 나의 개인적인 생각에 지나지 않는다. 그것도 뚜렷한 증거가 없는 상태에서 내리는 추측이다.

두 번째로 바다에서 땅으로 올라오는 짐승의 모양새를 보면, 새끼 양처럼 뿔이 두 개인데 말은 용처럼 한다(13:11). 먼저 나온 짐승이 가진 모든 권세를 그도 부리며, 땅과 땅에 거하는 자들에게 처음 짐승에게 경배하게 해서 죽게 되었던 상처가 나은 자이다(13:12). 그런 그가 큰 이적을 행하는데, 사람들 앞에서 불이 하늘로부터 땅에 내려오게 하고, 땅에 거하는 자들을 미혹하며, 땅에 거하는 자들에게 "칼에 상하였다가 살아난 짐승을 위하여 우상을 만들라."고 말한다. 그리고 그 우상에게도 생기를 주어 말하게 하고, 그 우상에게 경배하지 아니하는 자는 몇이든지 다 죽게 한다(13:15). 그리고 작은 자나 큰 자나 부자나 빈궁한 자나 자유한 자나 종들에게 그 오른손이나 이마에 표를 받게 하고, 누구든지 그 표를 가진 자 외에는 매매를 못하게 하니, 이 표는 짐승의 이름이면서 그 이름의 숫자이다. 이는 곧 사람의 수이니 육백육십육이다(13:16~18).

용이 창세기 때부터 있었던 사탄의 왕이라면, 이 두 짐승은 용이 부리는 사자使者들로서 그 앞잡이이다. 용의 본거지가 하늘에서 옮긴 바다라면, 이들 앞잡이의 본거지는 바다와 가까이 있는 땅이다. 다시 말해, 용이 최초의 인간인 아담과 하와를 유혹하여 하나님의 명을 거스르게 한 자라면 이들 짐승은 타락한 지상의 왕 중의 왕이다. 그의 머리가 일곱이라 함은 실질적으로 백성을 다스리는 이스라엘 주변의 역사적 통치권자의 머릿수일 것이고, 그 열 개의 뿔은 그들로부터 사주를 받아 백성을 직접 핍박하는 그 앞잡이들일 것이라고 상상해 볼 수 있다. 그렇다면, 첫 번째 짐승이 로마일 것이고, 두 번째 짐승이 고대 이집트일 것이다. 이 역시 필자의 일방적인 상상에 지나지 않는다.

사족이지만, 이런 맥락에서 계시록을 해석해야 앞뒤가 뒤틀리지 않고 자연스럽게 풀린다고 본다. 원래는 천사였지만 하나님의 명을 거역하고, 자기 처소를 이탈함으로써 타락한 천사가 악령이 되어 하나님의 피조물인 인간들을 유혹·타락시켰고, 그 뒤로 하늘에서 쫓기어 바다에 살며, 시시때때로 땅의 인간들을 타락시켜 온 것이다. 이런 시각에서 인간세계의 선악을 바라본 요한에게는, 사악한 악령이 나오는 곳이 바다이고, 별의별 우상을 섬기는 이교도의 침략자들이 오는 길도 또한 바다이다. 바로 그렇기 때문에 요한이 그린, 심판 후 어린 양이 가지고 내려오는 새 예루살렘 성에는 처음 있던 바다가 다 사라진 모습(요한계시록 21:1)으로 그려지는 것이 아닐까 싶기도 하다.

3 음녀淫女에 대하여

'음녀' 라는 단어는 창세기로부터 요한계시록까지 모두 17회 사용되었는데, 잠언에서 10회, 계시록에서 5회, 그리고 시편과 이사야에서 각 1회씩 사용되었다. 계시록에 묘사된 음녀를 제외하면, 대체로 그것은 상식적 수준에서 설명되고 있다 해도 틀리지 않는다. 곧, 음행을 즐기거나 그것을 꾀하는 여자가 음녀라는 것인데, 그 구체적인 묘사를 보면 이러하다. 말로 호리는 이방계집 같으며(잠언 2:16, 7:5), 그녀의 입술은 달콤한 꿀을 떨어뜨리며(잠언 5:3), 그녀의 입은 기름보다 미끄럽지만(잠언 5:3), 나중에는 쑥 같이 쓰고, 두 날을 가진 칼처럼 날카로우며(잠언 5:4), 그 발은 사지로 내려가고, 그 걸음은 음부로 나아가기에(잠언 5:5), 그녀는 생명의 평탄한 길을 찾지 못하고, 자기 길이 든든치 못하여도 깨닫지 못한다(잠언 5:6). 그래서 그녀의 입은 언제나 함정이고, 깊은 구렁(잠언 23:27)이며, 사람을 한낱 한 조각의 떡으로 남게 하는, 생명을 사냥하는(잠언 6:26), 주를 떠난 자(시편 73:27)로 묘사된다.

그러나 계시록에 나오는 음녀란, 땅의 모든 음녀들을 대표하는 상징성이 부여된, 악마의 화신으로서 묘사되고 있다. 그녀는 '많은 물' 위에 앉아 있고(요한계시록 17:1), 그 이마에 이름이 기록되어 있으나 비밀이다. 그렇지만 분명한 것은 그녀가 '큰 바벨론'이고, '땅의 음녀들과 가증한 것들의 어미'라는 사실이다(요한계시록 17:5). 그리고 그녀는 자주 빛과 붉은 빛 옷을 입고, 금과 보석과 진주로 꾸미고, 손에 금잔을 가졌으며, 가증한 물건과 그의 음행의 더러운 것들로 가득하다(요한계시록 17:4). 뿐만 아니라, 성도들의 피와 예수 증인들의 피에 취해 있기도 하다(요한계시록 17:6).

그런데 그녀의 몸에는 참람된 이름들이 가득하고, 일곱 머리와 열 개의 뿔이 있는, 붉은 빛 짐승을 타고 있다(요한계시록 17:3). 그리고 보면 용과도 같은 모습이다. 그 일곱 머리는 여자가 앉은 일곱 산이요, 또 일곱 왕인데, 그 다섯은 이미 망하였고, 하나는 현재 군림하고 있지만 다른 하나는 아직 이르지 아니하였다는 것이다. 그러나 그가 이르더라도 반드시 잠깐 동안일 뿐이다.

{전에 있었다가 현재 없어진 짐승들은 여덟째 왕이니 일곱 중에 속한 자들이고, 그가 멸망으로 들어가리라(요한계시록 17:11).}

그리고 열 개의 뿔은 열 명의 왕이니, 아직 나라를 얻지 못하였고, 다만 짐승과 더불어 임금처럼 권세를 일시 동안 받을 것이다. 그리하여 그들이 한 뜻을 가지고, 자기의 능력과 권세를 짐승에게 줄 것이다. 그리고 음녀가 앉은 물은, 백성과 무리와 열국과 방언들이다. 결과적으로 물이란 타락한 이방세계이고, 동시에 그녀의 지배 아래에 있는 땅이라는 뜻이다.

따라서 음녀는 유대인의 땅이든 이방의 땅이든 그 임금들을 다스리는, 사주하는 존재이자 그들을 지탱해주는 큰 성城이 아닌가 싶다. 다시 말해, 왕을 사주하여 그로 하여금 온갖 악행을 하게 하는 부인, 곧 왕비인지도 모른다.

그러나 요한의 희망사항은, 열 개의 뿔과 짐승이 음녀를 미워하여 망하게 되고, 벌거벗게 되고, 그 살을 먹어버리고, 그녀를 불로 사르게 된다는 것이다. 왜냐하면, 하나님이 자기 뜻대로 할 마음을 그들에게 주어서 한 뜻을 이루게 하고, 그들 나라를 그 짐승에게 주되 하나님 말씀이 응하기까지라고 조건을 붙였기 때문이다.

결과적으로, 음녀와 그녀가 탄 짐승은 한 통속이 되어 예수를 핍박하고, 그를 믿는 자들까지 핍박하려 하지만, 만주의 주요, 만왕의 왕인 어린 양 곧 예수는 그들을 이길 것이고, 또한 그와 함께 있는 자들, 다시 말하면, 부르심을 받고 **빼내심**을 얻은 진실한 자들과 더불어 이기고, 새 땅 새 하늘에서 새로운 천년을 함께 산다는 것이다.

-2008. 11. 06.

심판 시 징벌 과정과 수단

하나님의 계획인, 사악한 영들과 인간들을 심판할 때에는 '생명 책'에 기록된 대로 하며, 하나님이 인印을 치신[도장을 찍은] 자들을 제외하고는 모두 징벌하게 되는데, 이때에 누가 무엇으로써 징벌하는 가? 특히, 그 직접적인 수단이 무엇인지 자못 궁금한 것이 사실이다. 계시록에 기록된 그 징벌의 단계적 과정과 수단은 이러하다.

제1단계 어린 양이 생명책의 일곱 인印을 떼어내는 과정이다.

일곱 개의 인을 차례로 떼어낼 때마다 각기 다른 이[존재]가 나오게 되고, 동시에 그 수단도 드러난다. 곧, 첫째 인을 떼면, 흰말과 그 말을 탄 이가 면류관을 받아 전투에 임할 태세를 갖추며(6:2), 둘째 인을 떼면, 붉은 말과 그 말을 탄 이가 나타나 큰 칼로써 땅의 화평을 제하여 버린다(6:4). 셋째 인을 떼면, 검은 말과 그 말을 탄 이가 저울을 휴대한 채 나타나고(6:5), 넷째 인을 떼면, 청황색 말과 그 말을 탄 이가 검과 흉년과 사망과 땅의 짐승으로써 많은 사람들을 죽인다(6:8). 그리고 다섯째 인을 떼면, 제단 아래에 있는, 하나님의 말씀과 자신들의 증거로 인하여 죽임을 당한 영혼들에게 흰 두루마기를 주며, 동무 종들과 형제들도 그들처럼 죽임을 당해서 그 수가 차기까지 쉬라고 한다(6:11). 여섯째 인을 떼면, 큰 지진이 나며, 해가 총담(總擔:외항류外肛類 동물의 전단前端에 말편자 모양이나 환상環狀을 이룬 부분) 같이 검어지고, 온 달이 피같이 되며, 하늘의 별들이 무화과나무가 대풍에 흔들려 과실이 떨어지는 것 같이 땅에 떨어지며, 하늘은 종이 축軸이 말리는 것 같이 떠나가고, 각 산과 섬이 제 자리에서 옮겨지고, 땅의 임금들과 왕족들과 장군들과 부자들과 강한 자들과 각 종從과 자주자가 굴과 산 바위틈에 숨게 되고, 그곳에서 산과 바위에게 이르되, "우리 위에 떨어져 보좌에 앉으신 이의 낯에서와 어린 양의 진노震怒에서 우리를 가리우라. 그들의 진노의 큰 날이 이르렀으니, 누가 능히 서리요(6:12~17)?"라고 말한다. 그리고 일곱째 인을 떼면, 하늘이 반시半時 동안쯤 고요하고, 하나님 앞에 시위侍衛한 일곱 천사가 일곱 나팔을 받고, 또 다른 천사는 제단 곁에 서서 금金향로에 많은 향을 받아 금단金壇에 드리고자 하나님 앞으로 올라간다. 그리고 천사天使가 향로香爐에 단 위의 불을 담아다가 땅에 쏟으면 뇌성雷聲과 음성音聲과 번개와 지진地震이 난다(8:1~5).

제2단계 일곱 천사가 차례로 나팔을 부는 과정이다.

첫째 천사가 나팔을 불면, 피 섞인 우박과 불이 나서 땅에 쏟아지고, 땅의 삼분의 일이 타서 사위고, 수목의 삼분의 일도 타서 사위고, 각종 푸른 풀도 타서 사위어 버린다(8:7). 둘째 천사가 나팔을 불면, 큰 산과 같은 것이 바다에 던져지고, 바다의 삼분의 일이 피가 되고, 바다 가운데 생명 가진 피조물들의 삼분의 일이 죽고, 배들의 삼분의 일이 깨어진다(8:8~9). 셋째 천사가 나팔을 불면, 횃불같이 타는 큰 별이 하늘로부터 삼분의 일의 강과 여러 물샘에 떨어지고, 이 별들의 이름이 쑥이기 때문에 물들의 삼분의 일이 쑥물이 되어, 많은 사람이 죽는다(8:10~11). 넷째 천사가 나팔을 불면, 해 삼분의 일과 달 삼분의 일과 별들의 삼분의 일이 침을 받아, 그 삼분의 일이 어두워지고, 낮 삼분의 일은 비췸이 없어지고, 밤 또한 그러하다. 그리고 공중으로 날아가는 독수리가 큰소리로 말하기를, "땅에 거하는 자들에게 화禍, 화禍, 화禍가 있으리로다! 이 외에도 세 천사의 불나팔 소리를 인함이로다(8:7~13)." 한다. 다섯째 천사가 나팔을 불면, 하늘로부터 땅에 떨어진 별 하나가 무저갱(無底坑: 밑도 끝도 없는 구덩이)의 열쇠를 가지고 여니, 그 구멍에서 큰 풀무의 연기 같은 연기가 올라오고, 해와 공기가 그 연기 때문에 어두워지고, 또 황충이 연기 가운데로부터 땅위로 나오는데, 그 황충은 땅에 있는 전갈全蝎과 같은 권세[위력]를 받았다. 그 모양은 전쟁을 위하여 예비한 말들 같고, 그 머리에 금 같은 면류관 비슷한 것을 썼으며, 그 얼굴은 사람의 얼굴 같고, 또 여자의 머리털 같은 머리털이 있고, 그 이는 사자獅子의 것과 같으며, 또한 철흉갑 같은 흉갑이 있고, 그 날개들의 소리는 병거兵車와 많은 말들이 전장으로 달려 들어가는 소리 같으며, 또 전갈과 같은 꼬리와 쏘는 살이 있어 다섯 달 동안 사람들을 해치는 위력이 있다. 그들의 임금이 바로 무저갱의 사자使者인데, 히브리 음으로는 '아바돈'이라 하고, 헬라 음으로는 '아볼루온'이라 한다(9:1~11). 여섯째 천사가 나팔을 불면, (하나님 앞 금단金壇 네 뿔에서 음성이 나서, 나팔 가진 여섯째 천사에게 말하기를, "큰 강 유브라데에 결박한 네 천사를 놓아 주라." 하매) 유브라데에서 풀려난 네 명의 천사가 때를 기다렸다가 사람 삼분의 일을 죽이는데, 그 수단은 이만만二萬萬이 되는 마병대馬兵隊이다. 이들 마병대는, 불빛과 자주빛과 유황빛 흉갑이 있고, 또 말들의 머리는 사자머리 같고, 그 입에서는 불과 연기와 유황이 나온다. 그리고 이 말들의 힘은 그 입과 그 꼬리에 있는데, 그 꼬리는 뱀 같고, 또 꼬리에 머리가 있어 이것으로써 해친다(9:13~19). 일곱째 천사가 나팔을 불면, 하늘로부터 큰 음성들이 말하기를, "세상 나라가 우리 주와 그 그리스도의 나라가 되어 그가 세세토록 왕노릇 하시리로다." 하고, 하나님 앞에 자기 보좌에 앉은 이십 사 장로들이 엎드려 얼굴을 대고 하나님께 경배하여 가로되, "감사하옵나니, 옛적에도 계셨고, 시방도 계신 주 하나님, 곧 전능하신 이여! 친히 큰 권능을 잡으시고 왕노릇하시도다! 이방들이 분노하매, 주의 진노가 임하여 죽은 자를 심판하시며, 종 선지자들과 성도들과, 또 무론 대소하고 주의 이름을 경외하는 자들에게 상주시며, 또 땅을 망하게 하는 자들을 멸망시키실 때로소이다." 한다. 이에 하늘에 있는 하나님의 성전이 열리고, 성전 안에 하나님의 언약궤가 보이며, 또한 번개와 음성들과 뇌성과 지진과 큰 우박이 있다(11:15~19).

제3단계 금대접을 통한 일곱 천사의 일곱 재앙이 내려지는 과정이다.

하나님의 진노가 가득히 담긴 금대접을 네 생물 가운데 하나로부터 받고, 성전으로부터 들리는 큰 음성, 곧 "너희는 가서 하나님의 진노의 일곱 대접을 땅에 쏟으라."는 지시를 받고, 차례로 금대접을 땅에 쏟음으로써 내려지는 재앙이다.

첫째 대접을 땅에 쏟으면, 짐승의 표를 받은 사람들과 그 우상에게 경배하는 자들에게 악하고 독한 헌데(헌데:살갗이 헐어서 상한 자리)가 나타나고(16:2), 둘째 대접을 쏟으면, 바다가 죽은 자의 피같이 되고, 바다 가운데 모든 생물이 죽는다(16:3). 셋째 대접을 쏟으면, 강과 물 근원根源에 쏟아져 피가 되고(16:4), 넷째 대접을 쏟으면, 해가 권세를 받아 불로 사람들을 태워버린다(16:8). 다섯째 대접을 쏟으면, 짐승의 보좌에 쏟아져, 그 나라가 어두워지며, 사람들이 아파서 자기 혀를 깨물고, 아픈 것과 종기로 인하여 하늘의 하나님을 훼방하고, 저희 행위를 회개치 아니한다(16:10~11). 여섯째 대접을 쏟으면, 큰 강 유브라데에 쏟아져 강물이 말라서, 동방에서 오는 왕들의 길이 예비되고, 개구리 같은 세 더러운 영이, 용의 입과 짐승의 입과 거짓 선지자의 입에서 나와, 이적을 행하고, 온 천하 임금들에게 가서 하나님 곧 전능하신 이의 큰 날에 전쟁을 위하여 '아마겟돈'이라 하는 곳으로 왕들을 모은다(16:12~16). 일곱째 대접을 쏟으면, 공기 가운데 쏟아져, 큰 음성이 성전의 보좌로부터 나서 말하기를, "되었다!" 하니, 번개와 음성들과 뇌성과 큰 지진 등이 있어, 큰 성이 세 갈래로 갈라지고, 만국의 성들도 무너지고, 큰 성 바벨론이 하나님 앞에 기억하신 바 되어, 그의 맹렬한 진노의 포도주 잔을 받으매, 각 섬도 없어지고, 산악도 간 데 없이 된다. 또 중수[重數:무게의 단위單位로 헤아려 숫자로 나타낸 무게]가 한 달란트(①유대의 무게의 단위 ②유대의 화폐 단위 ③각자의 타고난 자질을 비유적으로 이르는 말)나 되는 큰 우박이 하늘로부터 사람들에게 떨어져 내려, 사람들이 그 박재雹災로 인하여 하나님을 훼방하니 그 재앙이 심히 크다(16:17~21).

결과적으로, 하나님은 ①생명책의 인 ②일곱 천사의 나팔 ③일곱 천사의 금대접 등을 통해서 사악한 영들과 인간에게 재앙을 내린다. 이 세 가지의 물건 속에 내장된 수많은 도구들이 초자연적이고 강력한 기현상들을 일으키는데, 그 직접적이고도 구체적인 도구들은 이러하다. 곧, 흰말·붉은 말·검은 말·청황색 말·검劍·흉년·사망·땅의 짐승·지진·뇌성·번개·우레·피 섞인 우박·큰 우박·불·바다위로 던지는 큰 것·횃불 같이 타는 별·침·무저갱의 연기와 황충·마별대·헌데·피나 쑥물로 변하는 물·저울(용도가 분명하게 밝혀지지는 않았지만) 등이다.

그야말로, '믿거나 말거나'이고, 이들이 아무리 숨은 뜻을 내장한 비유어들이라 할지라도 쉬이 납득되지 않는다. 말씀만으로 엿새 동안에 하늘과 땅 그리고 그 사이 모든 생물을 창조하신, 전지전능한 신께서 어이하여 그토록 구차스런 절차와 방식으로 인류를 심판한다고 하는지 웃음이 절로 나올 뿐이다. 어쩌면, 인간이 살아가는 현실사회가 너무나도 사악하여, 피해를 받는 약자 입장에서는 피해를 주는 자들이 심판을 받아야 한다고 생각해 온 결과가 아닐까 싶다.

-2008. 11. 04.

징벌 수단 가운데 하나인 '쑥'

내가 사는 곳에서는 겨울철 내내 황무지처럼 메마른 대지가 얼어붙었다 풀리곤 하기를 여러 차례 되풀이한다. 더러, 마른 추위가 계속될 때에도 시든 풀잎과 풀뿌리 사이사이를 분주하게 바람이 헤집고 다니지만, 더러는 그 소란스러움 위로 눈이 내려 쌓여 세상을 온통 하얗게 덮어버리기도 한다. 그 때마다 숨죽인 대지에 침묵의 성城이 높아가지만, 더러는 비가 내리면서 그 높고도 빛나던 하얀 성이 허물어져 버린다.

언덕배기 너른 황토밭이 붉게 드러나고, 어두운 논두렁도 제 모습을 드러낸다. 그곳으로 따뜻한 햇살이 길게 내려 온기를 불어넣으면서 잠자던 생명의 기운을 흔들어 깨워 놓는다. 그리하여 이른 봄, 양지바른 논밭두렁이나 언덕배기나 산비탈에서는, 특히 불길이 지나가 검게 변한 자리마다 흰 솜털을 뒤집어쓰고서 앞 다투어 내미는, 연초록 빛 쑥의 새싹들을 보면서 천지간에 의심할 수 없는 봄기운을 온몸으로 느껴왔다.

때를 기다렸다는 듯 들길을 걸으며, 대나무 칼을 꺼내들고 한 줌 그 쑥을 뜯어오는 나의 어머니, 그 여린 쑥을 깨끗이 씻어 끓는 물에 살짝 데친 다음 물기를 빼고, 그것을 된장 푼 쌀뜨물에 넣고 펄펄 끓인 다음, 입맛을 내기 위해서 두부를 아주 잘게 썰어 넣는다. 그리고는 마지막으로 마늘·버섯·파·다시마·멸치·소금 등으로 만든 양념을 풀어 넣는다. 매콤한 맛을 좋아하는 사람들은 청량고추라도 한두 개 썰어 넣기도 한다. 이른바 '쑥국'이다.

이른 봄철 대지의 기운을 머금고 나오는 여린 쑥을 우리는 그렇게 국을 끓여 먹었다. 어디 국뿐인가? 백설기나 송편을 찔 때에도 그 쑥을 넣고, 밀가루로 버무린 쑥을 쪄먹기도 하고, 여름철엔 보릿가루와 쑥 가루를 섞어 물에 타 먹기도 한다. 또한, 약이 귀한 시절에는 피가 나오는 상처마다 쑥을 찧어서 지혈시키는 데에도 써왔다. 그리고 쑥이 다 자란 후에는 그것을 베어다가 그늘에 말려 둔다. 뜨거운 물에 넣어 우려냄으로써 목욕물로 쓰기 위해서다. 한 마디로 말해, 우리는 예로부터 지천에 널린 이 쑥을 널리 활용해 왔다. 물론, 오늘날은 더 적극적으로 그것의 약리작용을 활용하는 여러 가지 건강보조 식품을 만들어 시판하기도 한다. 그만큼 우리는 보잘것없어 보이지만 이 쑥과 아주 가깝게 살아온 셈이다.

그래서일까. 단군신화에서도 그 쑥이 나온다. 곰이 아름다운 여자로 변신하는 데에서도 쑥이 필요했다. 다 아는 이야기지만, 인간이 되고자 하는 곰에게 환웅이 쑥 한 줌과 마늘 스무 쪽을 주면서 일백일 동안 햇빛을 보지 말라 하자, 그 약속을 지키던 중 스무 하루 만에 곰은 아름다운 여자가 되어서 하늘에서 내려온 환웅과 결혼하였고, 그들 사이에서 나온 이가 단군이고, 그가 기원전 3333년에 우리나라의 원조인 고조선을 개국하지 않았는가. 이런 의미에서 본다면 우리 한민족이야말로 분명 천손天孫이고 쑥을 매우 가까이 해온 사람들이다.

결과적으로, 우리는 아주 오래 전부터 쑥의 생태나 약리작용 등을 충분히 이해하고, 생활 속에서 활용해 왔을 뿐 아니라 그것을 신령스럽게까지 여기는 친자연적 성향을 지닌, 지혜로운 백성이었다고 생각한다.

그런데 예수교 경전을 읽다보면 쑥에 대한 언급이 나오는데 적이 당황스럽지 않을 수 없다. 그 속에서는, 좀 더 구체적으로 말해, 예수교 경전을 집필했던 유대인들에겐 이 쑥Wormwood이 한낱 독성이 있는 해로운 풀이나 다를 바 없는 것으로 여겨지고 있기 때문이다. 물론 우리의 쑥과 유대인의 그것이 다를 수는 있다. 자연환경이 완전히 다르기 때문이다.

여하튼, 창세기로부터 요한계시록까지에서 '쑥'이란 단어는 모두 7회 사용되었는데(신명기 29:18, 잠언 5:4, 예레미야 9:15, 23:15, 예레미야애가 3:15, 3:19, 요한계시록 8:11), 그것을 바라보는 그들의 부정적 시각을 분명하게 확인할 수 있다. 곧, 그들에게 쑥은, 하나님을 외면하고 우상을 숭배하는 사람들의 마음에 자라는 독초 정도로 여겨졌고(신명기 29:18), 달콤한 유혹으로 사람들의 영혼을 타락시키는 음녀를 쑥의 쓴맛으로 비유했으며(잠언 5:4), 또한, 여호와 하나님의 징벌수단이 바로 우스꽝스럽게도 쑥이기도 했다는 사실이다(예레미야 9:15, 23:15, 예레미야애가 3:15, 요한계시록 8:11). 그만큼 그들에게 쑥은 쓰디쓰고, 자신을 괴롭히는 해로운 존재의 상징적인 표현 수단이었다. 그런 인식이 전제된 만큼 삶의 고통이나 고초 등을 말할 때에도 쑥의 쓴맛을 빗대어 표현하는 경우도 없지 않았다(예레미야애가 3:19).

아무리 비유어[보조관념]로서 사용되었다지만 대상을 바라보는 눈이 이렇게도 다를 수 있다는 사실에 놀라지 않을 수 없다. 이 놀라움 속에는 솔직히 말해, 유치함과 황당함도 들어있다. 하나님의 인류 심판이 있을 때에 하늘에서 별 하나가 떨어져 지상의 강물 삼분에 일이 쓰디쓴 쑥물로 변하고, 많은 사람들은 다름 아닌 그 쑥물을 먹고 죽는다 하기 때문이다. 너무나 소박한, 아니 무지한, 아니 인간적인 발상이 아닌가.

-2008. 11. 11.

징벌 수단 가운데 하나인 '황충'

황충(蝗:누리 황, 蟲:벌레 충)은 요한계시록에만 나오는 것이 아니다. 계시록에서는 두 차례밖에 나오지 않지만 구약에서는 「열왕기상」(8:37), 「역대하」(6:28), 「시편」(78:46, 105:34), 「이사야」(33:4), 「예레미야」(46:23, 51:14, 51:27), 「요엘」(1:4, 2:25), 「아모스」(7:1, 7:2), 「나훔」(3:16) 등 여덟 복음서에서 모두 열세 차례나 나온다.

그런데 구약과 계시록에 나오는 황충은 크게 다른데, 전자는 식물의 잎을 갉아먹는 벌레인데(요엘 1:4, 아모스 7:2), 그 수가 많으며(예레미야 46:23, 51:14), 날개가 있어 날아다닌다(나훔 3:16). 메뚜기와 구별되기는 하지만 농작물에 크게 해를 끼치는 해충임에는 틀림없다. 그래서 구약시대에는 그 수가 많다든가 그의 세력이 크다 할 때에는 이 '황충'을 쉽게 떠올렸던 모양이다(예레미야 46:23, 51:14, 51:27).

이처럼 옛 사람들에게는 황충이 농작물에 피해를 끼치는 아주 무서운 존재였던 모양이다. 게다가, 이스라엘 사람들은 황충을 하나님이 보내시는 천군千軍으로까지 확대 해석하였다(시편 78:46, 요엘 2:25, 아모스 7:1, 말라기 3:11). 게다가, 여호와 하나님이 바로와 그의 신하들에게, 그리고 모세와 그 자손들에게 표징으로서 메뚜기를 동원한 예(출애굽기 10:1~6)가 있었다는 사실을 잘 알고 있었을 것이다. 바로 이런 배경에서 계시록을 쓴 요한도 인간에게 무시무시한 해를 끼치는 존재로서 황충을 자연스럽게 묘사할 수 있었지 않나 싶다.

계시록에 나오는 황충은, 인류 심판 시 징벌 수단 가운데 하나로서 '연기煙氣 가운데로부터 땅위로 나오고(9:3), 그 모양새는 '전쟁을 위하여 예비한 말들 같고, 그 머리에 금 같은 면류관冕旒冠 비슷한 것을 썼으며, 그 얼굴은 사람의 얼굴 같고, 또 여자의 머리털 같은 머리털이 있고, 그 이는 사자獅子의 이 같으며, 또 철흉갑 같은 흉갑이 있고, 그 날개들의 소리는 병거兵車와 많은 말들이 전장으로 달려 들어가는 소리 같으며, 또 전갈全蠍과 같은 꼬리와 쏘는 살이 있어, 그 꼬리에는 다섯 달 동안 사람들을 해害하는 권세權勢가 있다(9:7~10)' 는 것이다. 한 마디로 말하여, 그 누구도 본 적 없는 괴물에 가깝다 할 것이다.

처음에는 그저 농작물을 해치는 메뚜기 종류나 풀무치 아니면 콩중이 정도였던 것이 하나님이 부리는 천군天軍으로까지 여겨지고, 급기야는 인간을 심판할 때에 무시무시한 고통을 안겨주는 징벌 수단이 되어 나타나고 있음을 확인할 수 있다.

이처럼 시간의 흐름에 따라 '황충'이란 개념이 변화되었듯이 예수교 경전 내에 있는 다른 키워드들도 마찬가지라면 그것이 무엇을 말해주겠는가?

-2009. 04. 25.

심판 수단 가운데 하나인 '저울'

셋째 인을 떼실 때에 내가 들으니, 셋째 생물이 말하되, "오라." 하기로, 내(요한)가 보니, 검은 말이 나오는데, 그 (말을) 탄 자가 손에 저울을 가졌더라. 내가 네 생물 사이로서 나는 듯하는 음성을 들으니, 가로되, "한 데나리온에 밀 한 되요, 한 데나리온에 보리 석 되로다. 또, 감람유와 포도주는 해치 말라." 하더라.

요한계시록 제6장 5절로부터 6절까지의 내용이다. '어린 양'으로 빗대어지고 있는 예수가 '생명책'의 일곱 개 인印 가운데에서 세 번째 인을 떼어내자 나타나는 현상이다. 일곱 개의 인 가운데 네 번째까지는 그것을 떼어내면 공히 말[馬]이 나오는데 그 색깔만 다 다르다. 곧, ①흰색 ②붉은 색 ③흑색 ④청황색 등이 그것이다. 그리고 말을 탄 이들의 휴대장비라고나 할까 그가 가지는 살상殺傷의 중요 도구가 또한 다르다. 곧, ①면류관 ②큰 칼 ③저울 ④검·흉년·사망·땅의 짐승 등이다.

그런데 갑자기 저울이 왜 나오며, 그것으로써 무엇을 어떻게 하겠다는 것인가? 나로서는 그 숨겨진 속뜻을 확인할 길이 없다. 그래서 부득불 다른 사람의 견해를 확인해 보는 절차를 밟지 않을 수 없었는데, 그 결과 "식량을 저울에 달아 배급하는 주의 날의 초기 상황"[59]이고, "네 그룹[60](천국에 계신다는 하나님의 보좌 가운데 한 부류인, 괴물 같은 네 생물을 일컫는 듯함)이 모두 연합해서 식량공급을 조심스럽게 살필 필요가 있음을 표현한 것"[61]이라고 해석하고 있음을 알았다.

정말 그럴까? 하나님께서 인을 친 사람들을 제외하고 모든 사람들을 멸망에 이르게 하는데 그 인 받은 자들을 그 재앙으로부터 구해주고, 그들에게 식량까지 제공해 주기 위해서 지상의 사정을 고려하여, 생활필수품인 감람유와 포도주는 해치지 말아야 하고, 한 데나리온에 밀은 한 되이고, 보리는 석 되라고 꼭 확인해야 하겠는가? 도무지 이해되지 않는다.

예수교 경전을 읽다보면, 당시 유대인들의 주식이 밀·보리·조·귀리·콩(팥·녹두)·꿀·과일(포도·석류·무화과 등)·감람유·가축(양·소·염소 등)의 젖과 기름 등임을 알 수 있다. 그리고 상인들이 저울에 이들 물품을 달아 판매하였으되, 곧잘 저울을 속였으며(호세아 12:7), 여호와 하나님께 드리는 각종 제사(번제·소제·화목제·거제 등)에도 이들 물품이 소금과 함께 제물로서 헌납되었음을 알 수 있다(역대상 21:23, 에스겔 44:30, 45:25, 46:7, 46:11, 46:14, 46:15). 그래서 저울은 실생활 속에서 대단히 중요한 도구였으며, 그것을 통한 속임수 또한 많았음에 틀림

---

59) 계시록 -그 웅대한 절정은 가까웠다!
번역 겸 발행인/박종일, 1994. 3.1. 4쇄, 사단법인 워치타워성서책자협회(서울), P95

60) 그룹
다른 글 「천사의 날개는 어디로부터 왔는가」에서 자세히 소개하였음.

61) 위의 책(계시록 -그 웅대한 절정은 가까웠다!) P96

없다. 그래서 하나님은 '공평한 저울과 추와 에바와 힌을 사용하라' 고 누차 강조하였다(레위기 19:36, 잠언 11:1, 20:10, 20:23).

또한, 여러 가지 물품의 질량과 크기를 측정하는 각종 도구와 단위가 사용되고, 이들 물품을 사는 데 필요한 화폐가 사용되기도 했는데, ①스다디온 ②큐빗 ③석 ④말 ⑤되 ⑥달란트 ⑦고르 ⑧데나리온 ⑨세겔 ⑩에바 ⑪힌 ⑫밧 ⑬오멜 등이 그 증거이다. 이런 시대적 사회적 환경을 전제한다고 해도, 천국에서 하나님 보좌역들 사이에서 "한 데나리온에 밀 한 되요, 한 데나리온에 보리 석 되로다. 또, 감람유와 포도주는 해치 말라."라는 말을 왜 했으며, 흑마를 탄 이가 왜 저울을 가지고 있는지는 판단하기 어렵다.

필자 나름대로 상상하자면, 그동안 지상에서의 상거래는 정상적으로 이루어졌는지, 하나님께 제물을 제대로 바쳤는지를 측정하는 상징적인 도구로서 저울이 아닐까 싶기도 하다. 또한, 말 탄 이가 가지고 있는 천국의 그 저울은 지상의 그것과 달리 사람의 정직을 재고(욥기 31:6), 마음을 재고(잠언 24:11), 하나님 말씀에 대한 믿음과 실천 정도를 재는, 다시 말해, 모든 사람이 행한 대로 갚으심을 주겠다는 약속을 실천하기 위한, 하나님의 감찰 기능(시편 32:12, 잠언 24:12)으로서 상징화된 도구가 아닐까 싶기도 하다. 또한, '저울의 적'이라는 어구가 사용되고 있는데(이사야 40:15) 저울로써 사람들을 속인 상인들을 심판한다는 암시가 내재된 상징적 도구일 수도 있겠다 싶다.

이런저런 상상이 가능한 것도, 과거 유대인이 이집트에서 노예생활을 했고, 그 과정에서 그들의 다신교 관련 우상숭배와, 사후세계에서 인간의 선악행위에 대한 심판을 하는데, 저울에 심장의 무게를 재고, 그 결과에 따라 전혀 다른 길[還生 아니면 永滅]이 주어진다는, 당시의 종교적·사회적 통념의 영향과 무관하지 않을 것이라는 판단 때문이다.

물론, 이 저울은 이슬람교 경전인 '꾸란'에서도 나온다. "그날에 저울이 공평하니 선행으로 저울이 무거운 자가 번성하리라(7:8)."와 "저울이 가벼운 자는 하나님의 말씀을 거역한 것으로 그들의 영혼을 잃으리라(7:9)."가 그것이다. 이는 하나님에 대한 믿음과 선행을 재는 도구로서 저울이 사용되고 있음을 확인할 수 있는 결정적인 단서이다. 뿐만 아니라, 학의 날개를 지닌 두 여인이 '에바'를 천지 사이에 듦으로써 심판한다는, 앞선 기록(스가랴 5:8)이 있다. 어디 이뿐이겠는가. 1541/1542년에 지어지고 1548년에 장식되었다는, 그리스 메테오라 발람사원(The Holy Monastery of Varlaam)의 벽화로 「최후의 심판」이라는 제목의 성화 속에 심판하는 저울이 실제로 등장하기도 한다. 불교도 마찬가지다. (이에 대한 자세한 사항은 다른 글 「죽은 자를 저울로써 심판하다」에서 확인할 수 있다.)

 -2008. 11. 12.

계시록에 나오는 숫자들과
알쏭달쏭한 그 의미에 대하여

계시록 읽기가 어렵다고 느껴지는 이유 가운데 하나가 바로 숫자가 많이 중복되어 나온다는 점이다. 그들 숫자가 단순히 표시적인 의미를 지니기도 하지만 어떤 것은 꼭 상징적인 의미가 숨어 있는 듯해 해독하는 데에 주의를 요구하고 있기 때문이다. 차제에, 계시록 가운데 나오는 그 숫자들을 정리해 보자.

첫째, '2'라는 수이다. 이는 바다에서 나온 두 번째 짐승의 뿔 수(13:11)이며, 동시에 용이 부리는 짐승의 수이기도 하다. 단순히 짐승의 수이자 그 가운데 한 짐승의 머리에 난 뿔의 수가 두 개라는 점을 지시할 뿐이라고 생각하고 싶다. 그러나 두 마리의 짐승이 오랜 기간 동안 유대인들을 지배·통치해 온 고대 이집트와 로마의 권력자라고, 그것을 암시하는 숫자라고 누가 주장하기라도 한다면 어떻게 받아들일 것인가? 그렇게 주장할 근거가 있다. 그것은 곧 버가모 교회 사자에게 보낸 편지글(계시록 가운데 나오는 요한의 편지 내용)에서 '사단의 위'가 바로 여러 도시국가를 지배·통치해 온 로마의 왕을 암시해 주고 있다는 사실이다. (이에 대한 자세한 사항은 다른 글 「버가모에서 띄우는 편지」를 참고하기 바람.)

둘째, '666'이라는 수이다. 사탄의 왕[龍]으로부터 권세[권한과 능력]을 받은, 바다에서 나온 두 번째 짐승으로부터 우상을 숭배하겠다고 오른손이나 이마에 인증을 받은 사람들의 수이다(13:16~18). 물론, 매매賣買가 가능한 짐승의 이름이며, 그 이름의 수(13:17)라고 단서가 붙어있지만 분명 사람의 수임에는 틀림없다. 왜냐하면, "지혜가 여기 있으니, 총명 있는 자는 그 짐승의 수를 세어 보라. 그 수는 사람의 수니 육백 육십육이니라(13:18)."라고 분명하게 못을 박고 있기 때문이다. 그런데 짐승과 동일시하고 있는 점이 이상하다. 아니, 요한의 입장에서 보면 우상숭배를 강요하거나 숭배하는 자들은 한결같이 짐승이나 다를 바 없어 보였는지도 모를 일이다. 따라서 이 666이란 숫자는 우상 숭배자로서 매매가 가능한 노예이거나 그에 준하는 사람들일 것이라는 정도는 추론이 가능하다.

그런데 뜻밖에도 제칠일 안식일 재림교회에서는 이 666을 전혀 다르게 해석한다. 곧, 로마 교황이 쓰고 있는 모자에 '하나님 아들의 대리자'라는 뜻의 라틴어 'VICARIUS FILII DEI'이 새겨져 있는데, 이 라틴어 자모음이 갖고 있는 숫자 값을 합치면 666이 된다는 것이다. 결국, 로마 교황이 666이라는 뜻인데 이 역시 궤변일 뿐이다.

셋째, '4'라는 수이다. 하나님 곁에서 찬양하고 심판을 돕는 '생물'의 수(5:8)이고, 유브라데 강에 결박해 놓은 천사의 수(9:14)이다. 동시에 땅의 네 방향(동서남북)이고, 새 예루살렘 성의 모양이 정사각형이다. 굳이 확대 해석하자면, 네 방향으로 뻗어나가 이루는 전체를 의미하는 숫자로서 하나의 완전성을 의미한다고도 볼 수 있을 것이다.

430

넷째, '6'이라는 수이다. 하나님 곁에 있는 생물의 날개 수이다 (4:8). 아직은 그 특별한 의미를 발견할 수 없다. 혹, 여호와 하나님이 우주만물을 창조하는 데에 걸린 날수와 관련은 없을까, 생각해 볼만하다.

다섯째, '7'이라는 수이다. 생명책의 인印 수(5:1, 6:1)이고, 하나님의 영의 수(3:1)이며, 하나님 손에 들린 별의 수(3:1)이고, 천국에 있는 예수의 뿔과 눈[目]의 수이며, 금단 위에 있는 촛대 수이고, 요한으로 하여금 편지를 보내게 한 아시아에 있는 교회 수(1:4)이며, 힘센 천사의 우뢰 수(10:3)이며, 천사가 가지고 있는 나팔의 수이며, 바다에서 나온 첫 번째 짐승의 머릿수(13:1)이며, 붉은 용의 머릿수이며, 그 면류관의 수(12:3)이고, 음녀가 탄 짐승의 머릿수(17:3)이기도 하다. 아직은 그 특별한 의미를 유추해낼 수 없다.

여섯째, '10'이라는 수이다. 바다에서 나온 첫 번째 짐승의 뿔 수 (13:1)이며, 그 뿔에 달린 면류관 수(13:1)이고, 음녀가 탄 짐승의 뿔 수(17:3)이다. 유대인을 에워싸고 있는 이방국의 사악한 왕들이라고 유추해 볼 수는 있지만 역시 단정 지어 말할 수는 없다. 참고로, 이 「요한계시록」과 흡사한 「에스겔」서를 보면 바다에서 나오는 네 마리의 짐승이 나오는데 이 때 그 짐승은 이스라엘을 핍박하는 주변 나라를 상징한다. 그리고 그 짐승에 난 뿔의 수는 그 나라에서 세워지는 왕들의 수이다.

일곱째, '12'라는 수이다. 어린 양(예수)의 사도 수(열두 제자)이고 (21:14), 하늘에서 내려오는 새 예루살렘 성城의 문門 수(21:12)이고, 성문에 있게 되는 천사天使 수(21:12)이고, 그 성의 기초석基礎石 수(21:14)이며, 동시에 이스라엘 민족의 지파支派 수(21:12)이다. 혹, 예수가 굳이 12명의 제자를 둔 것 자체가 야곱의 아들들로 하나님의 백성인

12지파와 어떤 관계는 없는 것일까, 생각해 볼 수 있다.

여덟째, '24'라는 수이다. 하나님과 함께 있는 천국의 장로長老 수 (5:8)이다. 하지만 천국의 장로가 왜 24명인지 현재로서는 알 수 없다.

아홉째, '42'라는 수이다. 이방인異邦人이 거룩한 성城을 짓밟는 기간의 달 수(11:2)이다.

열 번째, '144'라는 수이다. 심판이 끝나고 하늘에서 내려오는 새 예루살렘 성의 성곽의 가로·세로 길이로서 그 단위는 큐빗(21:17)이다.

열한 번째, '1,000'이라는 수이다. 용을 잡아 결박한 채 무저갱에 넣어 가두는 기간(20:3)이며, 그리스도와 더불어 예수를 믿는 자들이 왕 노릇하는 기간(20:4)으로 그 단위는 년年이다.

열두 번째, '1,260'이라는 수이다. 굵은 베옷을 입은 두 증인證人이 예언豫言해야 하는 기간(11:3)이며, 광야로 도망간 여자를 양육하기 위하여 하나님이 예비하신 기간(12:6)으로 단위는 일日이다.

열세 번째, '12,000'이라는 수이다. 새 예루살렘 성의 길이·넓이·높이를 말하는 것으로, 그 단위는 스다디온(21:16)이다.

열네 번째, '1,600'이라는 수이다. 하나님의 진노의 포도주 틀에서 나온 피가 번지는 면적으로, 그 단위는 스다디온(14:20)이다.

열다섯 번째, '7,000'이라는 수이다. 두 증인이 죽고 나서 사흘 반 후에 승천하는 순간에 나는 큰 지진으로 인해 죽는 사람의 수 (11:13)이다.

열여섯 번째, '144,000'이라는 수이다. 이스라엘 자손의 각 지파支派 중에서 인印 맞은 자들의 수(7:4)이고, 시온산에 있는 어린 양과 함께 한 천사들 수(14:1)이며, 땅에서 속죄한 사람의 수(14:3)이다.

열일곱 번째, '이만만二萬萬'이라는 수이다. 유브라데 강에 결박해 놓은 네 명의 천사가 부리는 마병대의 병사 수(9:16)이다.

열여덟 번째, '만만천천萬萬千千'이라는 수이다. 하나님과 함께 있는 천국의 천사 수(5:11)이다.

솔직히 말하여, 이들 숫자가 어떤 숨은 의미를 담고 있는지, 그래서 그 의미를 해독해야만 하는지 필자로서는 알 수 없다. 또한, 이들 숫자가 단순히 지시하는 의미만을 담고 있는지, 그래서 있는 그대로 받아들여야 하는지도 알 수 없다. 12지파 12사도 12,000명 144큐빗 144,000명 등 무언가 서로 연관이 있을 법하지만 억지로 연계시키는 것 또한 무리일 것이다. 다만, 필자가 생각할 수 있는 것은, 표현자의 무의식에서 나온 것이든, 의식 속에서 나온 것이든 그들 숫자란 표현자의 머릿속에 어떠한 연유에서든 이미 지각되었거나, 지각된 그것과 연계된 선상에서 나오기 쉽다는 점이다. 바로 이 점 때문에 숫자가 단순히 겉으로 드러난 의미만이 아니라 표현자의 경험과 관련하여 무언가 속뜻을 숨기고 있을 가능성을 배제할 수 없다는 사실이다. 그래서 이들 숫자에 대한 해석을 보다 온전하게 하려면 전체적인 경전 내용 속에서 연관성을 분석해야 하고, 동시에 당대 정치·사회적 상황도 분석되어야 할 것이다.

-2008. 11. 05.

심판 후 실현된다는 '새 하늘 새 땅'에 대하여

'새 하늘 새 땅(요한계시록 21:1, 베드로후서 3:13, 이사야 65:17, 66:22)' 이란 말은 실로 그럴 듯한 말이다. 지금까지 있어왔던 하늘도 아니고 땅도 아닌, 전혀 새로운 것들이기 때문이다. '새롭다' 라는 것은 당연히 인간과 사탄의 온갖 죄악으로 얼룩지거나 오염된 것이 아닌, 아주 깨끗한 하늘과 땅을 말하겠지만 그것은 역시 인간이 그리는 이상적인 세계일 뿐이다.

그런데 예수교 경전에서는 세상 '끝날' 에 하늘과 땅과 인류를 일정한 절차와 방법으로 심판한 후에 깨끗해진, 회복된 하늘과 땅을 말하지만, 더 구체적으로는 심판 후에 천국에서 새로이 만들어 가지고 지상으로 내려오는 '새 예루살렘 성(요한계시록 3:12, 21:2)' 을 두고 말한다.

그것의 구조와 재질과 크기와 그곳을 드나들 수 있는 사람 등을 전제한다면 그것은 분명, 이스라엘 유대인의 새 하늘이요 새 땅으로서 새 예루살렘 성을 말하는데, 예수께서 새 천년 동안 통치하는 본부이기도 하다. 그런데 여기서 재미있는 한 가지 사실은, 유대교를 믿는 현재의 대다수의 유대인들은 그것을 받아들이지 않고 있고, 이스라엘 안팎 예수교를 믿는 사람들만이 인류 심판 후에 인간에게 주어지는 천국의 상징적 의미로 받아들이고 있다는 점이다.

생각건대, 계시록을 쓴 요한의 개인적인 소망과 가치관이 반영된, 다시 말해, 그의 이상세계가 구체화되어 나타난 지상의 천국이지만, 그가 그런 상상을 할 수 있고 꿈을 꿀 수 있었던 것 역시, 다윗과 솔로몬 시대로부터 있어온 현실적 예루살렘 성에 대한 신뢰와, 선지자 이사야가 언급한 "보라. 내가 새 하늘과 새 땅을 창조하나니, 이전 것은 기억되거나 마음에 생각나지 아니할 것이라(이사야 65:17)"와, "나 여호와가 말하노라. 나의 지을 새 하늘과 새 땅이 내 앞에 항상 있을 것 같이 너희 자손과 너희 이름이 항상 있으리라(이사야 66:22)"는 말 때문이 아니었나 싶다. 다시 말해, 이미 예언서·율법서·성문서 등을 읽어 잘 알고 있는 요한의 머릿속에서도 예루살렘 성은 하나님이 가장 좋아하시고 축복해준 땅으로서 하나님을 찬양하며 유대인들이 평화롭게 영원히 살 곳으로 인식되었던 것 같다.

그런 요한의 눈에 비친 새 하늘 새 땅의 상징물인 새 예루살렘 성에 대하여 그가 쓴 계시록에서 어떻게 묘사되고 있는지 구체적으로 살펴보자.

하나님이 새롭게 창조하신, 그리하여 신랑을 맞이하는 신부같이 단장된 모습인 새 예루살렘 성城이 하늘로부터 내려오는데, 그곳에는 처음 하늘과 처음 땅이 없고, 처음에 있던 바다도 없다(21:1~2). 하나님의 장막帳幕이 사람들과 함께 있음으로, 하나님이 사람들과 함께 머물면서, 백성의 모든 눈물을 닦아주기 때문에, 다시는 사망과 병과 슬픔과 울음이 없는(21:3~4), 옮겨진 천국인 셈이다.

그러나 두려워하는 자·믿지 아니하는 자·흉악한 자·살인자·행음자·술객·우상 숭배자·거짓말하는 자 등은 불과 유황이 타는 못에 보내어 죽게 한다(21:8).

　그렇다면, 어린 양, 곧 예수가 맞이하는 신부로서 빗대어지는 '새 예루살렘 성'은 과연 어떻게 생겼을까? (물론, 하나님의 영광으로) 그 성의 빛은 지극히 귀한 보석 같고, 벽옥과 수정 같이 맑다(21:11). 그리고 크고 높은 성곽이 있고, 열 두 문이 있는데, 문에는 열 두 천사가 있고, 그 문들 위에 이스라엘 자손 열 두 지파의 이름들이 기록되어 있다(21:12). 동서남북에 각각 세 개의 문이 있고, 성곽은 열 두 개의 기초석 위에 있는데, 그 위로 어린 양의 십이 사도의 이름이 새겨져 있다(21:13~14).

　그 성은 네모가 반듯하여 가로 세로 길이가 같은데, 12,000스다디온(12,000스다디온 × 185미터 = 2,220킬로미터)이고, 길이와 넓이와 높이가 같다(21:16). 그리고 성곽은 144규빗(cubit:고대 이집트, 바빌로니아 등지에서 썼던 길이의 단위. 1큐빗은 팔꿈치에서 손끝까지의 길이로, 약 18인치, 곧 45.72cm에 해당한다. 현재의 야드, 피트의 바탕이 되었음. 따라서 144큐빗 × 45.72센티미터 = 약65미터)이고, 벽옥으로 쌓였고, 그 성은 정금인데 맑은 유리 같다(21:17~18). 그 성의 성곽의 기초석은 각색 보석으로 꾸며졌는데, 첫째 기초석을 벽옥으로 하여 차례로 남보석·옥수·녹보석·홍마노·홍보석·황옥·녹옥·담황옥·비취옥·청옥·자정 등으로 꾸몄다 한다(21:19~20). 그리고 열 두 문은 모두 같은 진주로 되어 있고, 성안의 길은 맑은 유리 같은 정금으로 되었다(21:21) 한다.

　이 같은 새 성 안에는 주 하나님 곧 전능하신 이와 어린 양의 성전이 있는데, 계시를 받는 요한조차도 들어가 보지 못했고(21:22), 해나 달의 비침 또한 쓸데없다. 하나님의 영광이 비취고, 어린 양이 그 등燈이 되기 때문이다(21:23). 만국이 그 빛 가운데로 다니고, 땅의 왕들이 자기 영광을 가지고 그곳으로 들어온다(21:24). 성문조차 낮에 닫지 않는데 그곳에는 밤이 없기 때문이다(21:25). 사람들이 만국의 영광과 존귀를 가지고 그곳으로 들어오겠고, 무엇이든지 속된 것이나 가증한 일 또는 거짓말 하는 자는 결코 들어가지 못하되, 오직 어린 양의 생명책에 기록된 자들만 들어갈 수 있다(21:26~27).

또한, 그곳에는 수정같이 맑은 생명수의 강이 하나님과 어린 양의 보좌로부터 발원하여 길 가운데로 흐르는데, 강 좌우로 생명나무가 있어 일 년 열두 달 열두 가지 과일을 맺되, 달마다 다르고, 그 나뭇잎들은 만국을 소성(蘇醒:①까무러쳤다가 다시 깨어남 ②큰 병을 치르고 난 뒤에 다시 몸이 회복됨)시키기 위해 있다(22:1~2).

그런데 문제는 144,000명만이 초대된다는 사실에 있다. 하나님의 인[도장]을 이마에 받은 사람이 곧 144,000명인데(7:4, 14:1, 14:3), 그것도 이스라엘 12지파에서 각각 12,000명씩으로 제한한 숫자라는 사실이다. 역시 하나님은 이스라엘 유대인들의 하나님이라는 사실을 재확인하게 되는 대목이다. 예수가 "나는 이스라엘 집의 잃어버린 양 외에는 다른 데로 보내심을 받지 아니하였노라(마태복음 15:24)."라고 말한 바 있었듯이 말이다. 그런데 어찌하여 동네[里] 신이 세계의 신이 되었는가? 바로 이 점에 대해서는 별도의 글이 필요하다.

-2008. 11. 04.

제 V 장 수사修辭의 한계

'수사修辭의 한계' 장을 읽기 전에

인간의 위대한 스승은 역시 대자연이다 -예수의 천국론天國論과 부처의 불법론佛法論에 적용된 수사修辭
자연현상을 통해서 하나님을 읽는 사람들
예수와 부처의 겨자씨
예수가 부린 수사修辭의 함정 -주인과 종, 아버지와 자녀와의 관계에 대하여
'성경' 속에서 유사하거나 동일한 내용의 반복이 뜻하는 것
사람을 살리고 죽이는 것은 하나님께 너무나 쉬운 일 -진실 아니면 방편으로서의 반복 기록
'부활'에 대한 사도 바울의 믿음과 입증방식 -사도 바울의 3단계 부활론
예수가 '성경대로' 부활했다는 말의 의미에 대하여
무함마드의 궁색한 부활 입증 노력
피를 부르는 순교를 권장하는 이슬람교의 메커니즘
신에 대한 믿음을 강조하는 이슬람교와 예수교의 본질적 차이
'발람'에 대한 오해 - 경전 기술상의 문제를 제기하다
예수는 진정 성령으로 잉태·부활·승천했는가 -경전 기록상의 문제 제기를 위하여
세례 요한이 예수의 길을 예비했다는 주장에 대하여

'수사修辭의 한계' 장을 읽기 전에

어떤 대상이나 정황에 대하여 쉽고, 빠르게, 그리고 효과적으로 이해·전달시키기 위해서 비유적인 표현을 하는 경우가 많다. 곧, ① 표현하여 드러내고자 하는 대상이나 정황에 대해 구체적인 설명이 어려울 때에, ②오히려 구체적인 설명을 하는 것보다 간단히 줄여서 함축적으로 말하는 것이 효과적일 때에, ③구체적인 설명을 하더라도 듣는 이가 이해하기 어렵거나 더디다고 여겨질 때에, 우리는 곧 잘 비유적比喩的인 수사법修辭法을 쓴다. 특히, 문학에서는 읽거나 듣는 이의 감수성을 자극하여 쉽게 연상하거나 상상할 수 있는 동기를 적극적으로 부여함으로써 쉬이 공감될 수 있도록 각종 수사법을 널리 활용한다. 그런데 종교의 교리를 담아내고 있는 경전 안에서도 문학 이상의 비유적인 수사修辭가 동원된다는 사실이다. 문제는 그 비유적인 문장들 때문에 그것의 의미 곧 사실 판단을 하는 데에 오히려 혼란이 가중된다는 점이다. 예수교의 경전인 '성경' 뿐 아니라 이슬람교의 경전인 '꾸란' 이나 불교의 여러 경전들도 마찬가지이다.

예수교와 이슬람교의 키워드 중에 키워드인 천국天國·지옥地獄·부활復活 등이나, 불교의 키워드인 환생還生을 포함한 불법佛法세계 등이 해당 경전에서 설명될 때에도 직접적인 설명을 피한 채 자연현상을 빗대어 비유적인 표현으로 일관하고 있다. 정작, 구체적이고 직접적인 설명이 요구되는 이들 키워드에 대해서는 더욱 비유와 반복 등의 수사법을 동원하여 간접적으로 설명하고 강조하는 이유는 어디에 있는 것일까? 바로 그 이유가 종교의 한계를 말해주는 것이라고 필자는 생각한다.

사람들에게 구체적인 설명을 해보았자 이해하기 힘들다고 판단했기 때문일까? 물론, 예수교 경전에서는 그러한 면이 없지 않음을 분명하게 지적하고 있긴 하다(이에 대해서는 '천국과 지옥' 장에 있는 「천국에 대한 비유적 표현이 불가피했던 이유에 대하여」라는 글을 참고하기 바람). 그러나 그것만은 아니다. 혹시, 구체적인 설명 자체가 불가능했기 때문은 아닐까? 그렇다. 복음福音 또는 불법佛法을 전파하거나 그것의 가르침을 펴는 이들조차 천국[극락]과 지옥을 보지 못했고, 부활과 환생을 명백하게 입증해 보일 수 없기 때문이다. 그래서 이 민감한 문제에 대해서는 당대로부터 오늘날까지 질문이 계속되어 옴에도 불구하고, 여전히 직접적인 설명을 피한 채 비유적인 수사로써 일관하기 때문에 반신반의半信半疑하는 상황이 지속되고 있다. 객관적 사실을 기술하는 데에 비유나 반복 등의 수사가 적절치 않을 뿐만 아니라 신뢰상의 무리가 따르기 때문이리라.

여하튼, 이 장에서는 경전의 핵심 교리를 담고 있는 문장들이 비유적인 수사에 크게 의존하고 있다는 사실과, 그것들이 되풀이되어 사용되는 반복법에 크게 의존하고 있는데, 그 이유와 내용을 확인해 보는 것으로서 의미를 두고 싶다. 여러분의 이성적 판단 능력의 근간이라 할 수 있는 논리論理 내지는 합리合理로써 읽어 주기 바란다.

　어떤 이는, 종교는 과학이 아니기 때문에 논리적으로 설명될 수 없는 것이라고 말하나 그것은 당치 않은 궤변詭辯에 지나지 않는다. 인간을 창조하고, 인간을 위해서 천국복음을 전파하고자 하신, 전지전능하신 하나님께서 인간의 눈과 귀로 통하지 않는 방법을 사용할 리 없기 때문이다. 더욱이, 여기서는 문제의 핵심이 하나님 세계 그 자체라기보다는 그것을 담아내는 '그릇[형식]'임을 염두에 두었으면 한다.

　-2009. 05. 06.

인간의 위대한 스승은 역시 대자연이다
-예수의 천국론天國論과 부처의 불법론佛法論에 적용된 수사修辭

　예수와 부처가 살던 시대와 땅은 서로 달라도, 그들은 공히 사람들에게 세상사는 방법을 가르쳐 주었다. 예수는 '천국론天國論'으로, 부처는 '불법론佛法論'으로 각기 다른 내용을 가지고 가르침을 폈는데, 하나님을 믿고 따르는 자들이 심판 후에 영靈으로서 천국에서 영생永生한다는 것이 천국론이고, 생로병사生老病死의 고통을 초월할 수 있어 기대어 의지할만한 부처의 가르침이 곧 불법론이다.

　예수는 그 천국을 설명하기 위해서 열한 가지 비유어[보조관념]를 빌려 쓰고 있는데, 그 가운데에서 '뿌려지는 씨앗[種子]'이 수사적인 표현기교나 설명의 양적인 면에서 가장 두드러진다. 그리고 부처는 자신의 불법세계로 사람들이 모여들고, 그곳에 머물만한 이유를 사람들이 '바다를 좋아하는 이유'에 빗대어 설명하는 내용이 단연 함축적이면서 돋보인다 하겠다.

　씨를 뿌리는 자가 뿌리러 나가서 뿌릴 새, 더러는 길가에 떨어지매 새들이 와서 먹어버렸고, 더러는 흙이 얇은 돌밭에 떨어지매 흙이 깊지 아니하므로 곧 싹이 나오나 해가 돋은 후에 타져서 뿌리가 없으므로 말랐고, 더러는 가시떨기 위에 떨어지매 가시가 자라서 기운을 막았고, 더러는 좋은 땅에 떨어지매 혹 백 배, 혹 육십 배, 혹 삼십 배의 결실을 하였느니라.

아무나 천국 말씀을 듣고 깨닫지 못할 때는 악한 자가 와서 그 마음에 뿌리운(뿌려진) 것을 빼앗나니 이는 곧 길가에 뿌리운(뿌려진) 자요, 돌밭에 뿌리웠다(뿌려졌다)는 것은 말씀을 듣고 즉시 기쁨으로 받되 그 속에 뿌리가 없어 잠시 견디다가 말씀을(으로) 인하여 환난이나 핍박이 일어나는 때에는 곧 넘어지는 자요, 가시떨기에 뿌리웠다(뿌려졌다)는 것은 말씀을 들으나 세상의 염려와 재리의 유혹에 말씀이 막혀 결실치 못하는 자요, 좋은 땅에 뿌리웠다(뿌려졌다)는 것은 말씀을 듣고 깨닫는 자니 결실하여 혹 백 배, 혹 육십 배, 혹 삼십 배가 되느니라.

천국은 좋은 씨를 제 밭에 뿌린 사람과 같으니 사람들이 잘 때에 그 원수가 와서 곡식 가운데 가라지를 덧뿌리고 갔더니 싹이 나고 결실할 때에 가라지도 보이거늘, 집 주인의 종들이 와서 말하되, "주여, 밭에 좋은 씨를 심지 아니하였나이까? 그러면(그런데) 가라지가 어디서 생겼나이까?" 주인이 가로되, "원수가 이렇게 하였구나." 종들이 말하되, "그러면 우리가 가서 이것을 뽑기를 원하시나이까?" 주인이 가로되, "가만 두어라. 가라지를 뽑다가 곡식까지 뽑을까 염려하노라. 둘 다 추수 때까지 함께 자라게 두어라. 추수 때에 내가 추수꾼들에게 말하기를 '가라지는 먼저 거두어 불사르게 단으로 묶고, 곡식은 모아 내 곳간에 넣으라' 하리라."

좋은 씨를 뿌리는 이는 인자人子요, 밭은 세상이요, 좋은 씨는 천국의 아들들이요, 가라지는 악한 자의 아들들이요, 가라지를 심은 원수는 마귀요, 추수 때는 세상 끝이요, 추수꾼은 천사들이니, 그런 즉 가라지를 거두어 불에 사르는 것 같이 세상 끝에도 그러하리라.

마태복음 제13장의 내용 가운데 천국에 빗댄 '밭에 뿌려지는 종자'와 관련된 내용만을 간추려, 문장부호를 넣고, 괄호 속에 현대어법을 병기하여 문맥을 파악하는데 쉽게 정리한 것이다. 물론, 예수의 이 말씀이 계시록에서 그대로 실현되는 것으로 묘사되고 있지만, 예수의 이 천국론은 밭에 뿌려지는 씨앗에 의존하여 설명되고 있음에는 틀림없다. 왜, 무엇보다 중요한 천국에 대해서 구체적이고 직접적인 설명을 하지 않고 이 같은 비유적인 표현에 의지했을까?

말하는 사람이나 듣는 사람이나 공히 경험으로써 익숙해져 있는 자연현상으로 빗대어 말함이 보다 이해하기 쉽다고 판단했으리라는 생각은 할 수 있다.

부처가 오백여 비구들과 함께 사밧티의 녹야원에 계실 때, 부처님께서 바다를 특별히 좋아하는 한 젊은이에게 질문하였다. "바다 속에는 무슨 신기한 것이라도 있기에 그리 바다를 좋아하는고?"

이에 젊은이가 말했다. "바다 속에는 여덟 가지 처음 보는 법法이 있어서 그것을 즐기는 것뿐입니다. 첫째, 바다는 매우 넓고 깊습니다. 둘째, 바다에는 신비로운 덕德이 있습니다. 곧, 네 개의 큰 강이 각각 오십의 작은 강물을 합쳐서 바다로 들어오지만 바다에 이르러 그것들은 본래의 이름을 잃어버리고 맙니다. 셋째, 바다는 한없이 넓고 깊지만 모두 똑 같은 한 맛[一味]을 냅니다. 넷째, 드나드는 조수潮水가 그 때를 어기지 않습니다. 다섯째, 서로 다른 여러 생명체들이 그 속에서 더불어 살아갑니다. 여섯째, 바다는 어떠한 것들을 받아들일지라도 비좁아지지 않습니다. 일곱째, 바다에는 진주와 같은 여러 가지 진귀한 보석이 있습니다. 여덟째, 바다에는 금모래가 있고, 네 가지 보배로 된 수미산須彌山이 있습니다만, 여래의 법에는 대체 어떠한 것이 있기에 이처럼 많은 비구들이 머물며 즐기고 있는 것입니까?" 라고 젊은이가 부처께 되물었다.

이에 부처께서는 빙그레 웃으면서 말씀하기를, "내게도 처음 보는 여덟 가지 법이 있어 비구들이 이렇게 많이 모여 즐기고 있느니라. 첫째, 내 법 안에는 계율이 갖추어져 있어 방일放逸한 행行이 없다. 그것이 저 바다처럼 깊고도 넓다. 둘째, 세상에는 네 가지 계급이 있지만 내 법 안에서 도道를 배우게 되면 그들은 그 네 가지 계급을 떠나 한결같이 '사문'이라 불리운다. 마치 네 개의 큰 강이 바다에 들어가면 한 맛이 되어 그 전의 이름들이 다 없어지는 것과 같으니라. 셋째, 정해진 계율에 따라 차례를 어기지 않는다. 넷째, 내 법은 결국 똑 같은 한 맛이니 팔정도八正道가 바로 그것이니라. 다섯째, 내 법은 갖가지 미묘한 법으로 가득 차 있다. 여러 생명체들이 바다에 모여 사는 것처럼 비구들도 내 갖가지 법을 보고 그 안에서 즐기는 것이다. 여섯째, 바다에는 온갖 보배가 있듯이 내 법에도 온갖 보배가 있다. 일곱째, 내 법 안에는 온갖 중생들이 집을 떠나 머리를 깎고, 법복을 입고, 도를 닦아 열반에 든다. 그러나 내 법에는 더하고 덜함이 없다. 바다에 여러 강물이 들어와도 더하고 덜함이 없는 것과 같다. 여덟째, 바다 밑에 금모래가 깔려 있듯이 내 법에는 헤아릴 수 없는 삼매三昧가 있다. 비구들은 그것을 알고 즐기고 있는 것이니라." 하였다.

이는 초기경전 가운데 하나인 '증일아함 팔난품增一阿含 八難品'에 나오는 이야기인데, 부처님께서 얼마나 수사적 표현능력이 뛰어난가를 유감없이 보여주고 있는 대목 가운데 하나다. 자신이 깨우친

446

도道의 세계를 '바다'로 빗대어 설명하고 있는데, 왜, 그랬을까? 역시, 말하는 사람이나 듣는 사람이나 공히 직간접의 경험으로써 잘 알고 있는 일반적인(혹은 세속적인) 대상으로 빗대어 말함이 이해하기 쉽다고 판단했기 때문일 것이다.

그렇다면, 결과적으로, 땅에 뿌려지는 씨앗이 예수의 천국론을 설명해 주는데 활용되었고, 바다의 특징이 부처의 불법론을 설명해 주는데 활용되었음에 틀림없다. 다시 말해서, 처음부터 겉으로 드러내어 전해주고 싶었던 '천국'과 '불법'이라는 원관념을 '씨앗'과 '바다'라는 보조관념으로 각각 빗대어 놓은 셈인데, 이들 씨앗과 바다는 일상에서 사람들이 어렵지 않게 경험적으로 잘 아는, 자연적 대상임에 틀림없다. 그래서 듣는 이들이 쉬이 관심을 갖고 이해할 수 있는 효과가 더해지지만 간접적인 표현에 머물기 때문에 그 원관념에 대해서는 미루어 짐작해야 하는 부담이 해소되지 않는다. 사실이 그렇지, 예수나 부처의 가르침의 핵심을 비유적인 수사에 의존해서 말한다는 것은, 이해의 용이성 때문이라기보다는 그럴 수밖에 없는, 보다 근원적인 이유가 있다고 본다. 그것은, 천국론이나 불법론이 공히 한 인간의 상상력에 의해서 나온 관념적 세계이기 때문이다.

여기서 중요한 것은, 예수나 부처도 자신의 가르침을 결국에는 자연에서 유추해냈다는 사실이다. 그들이 자연에 대하여 아는 바가 없었다면 그렇게 비유적인 표현을 할 수 있었겠는가. 바로 이런 의미에서 본다면, 분명, 인간에게 가장 위대한 스승은, 그동안 인간을 길들여오고, 먹여 살려온 대자연이라 할 수 있다.

우리(하나님)가 대지를 두매 넓따랗게 두었으며, 산들을 두매 기둥으로 두었고, 너희를 창조하매 자웅으로 두었으며, 수면을 두매 너희 휴식을 위해 두었고, 밤을 두매 의상으로 두었으며, 낮을 두매 일용할 양식을 얻도록 두었느니라. 또한 우리가 너희를 위해 칠천을 두었으며, 그 안에 찬란한 빛을 두고, 풍부한 비구름을 보내어, 이로써 우리는 곡식과 채소를 생산케 하고, 울창한 정원들이 되도록 하지 아니했는가? (꾸란 78:6~16)

그분이 하늘에서 비를 내리게 하사, 그 양에 따라 계곡의 물이 흐르게 하시더라. 그러나 급류는 부풀어 오르는 거품을 동반함이라. 또한 장식품이나 용구를 만들 목적으로 불에 녹이는 금속에서도 거품을 동반케 하시매, 이렇게 하여 하나님은 진리와 허위를 비유하고자 하심이라. 그런 후 그 거품은 쓸모없이 사라지고, 사람에게 유익한 것은 대지 위에 남으니 하나님은 이렇게 비유하셨느니라. (꾸란 13:17)

이슬람교 경전인 '꾸란'의 내용인데, 여기에서도 자연을 바라보는 시각을 확인할 수 있고, 인간에게 전하고자 하는 가르침의 내용을 자연현상에 빗대어서 표현하는 비유적 수사법에 의지하여 담아내고 있음을 확인할 수 있다. 곧, 인간이 살 수 있는 터전인 대자연과 자연현상 체계가 하나님에 의해서 창조되었다는 기본적 시각에서 벗어나 있지 않으며, 진리와 허위조차도 물과 거품으로 빗대어 설명하고 있다. 결과적으로, 무함마드 역시 하나님의 역사役事하심을 자연현상을 통해서 설명해야 하는 한계를 벗어나지 못하고 있다. 뒤집어 말한다면, 인간 삶을 가능하게 하는 자연과 그 현상이 곧 하나님의 실존을 입증하는 수단이 되고, 그 자체가 인간의 스승이라는 사실 외에 다름 아님을 세 종교의 경전 내용이 입증해 주고 있다 하겠다.

-2008. 11. 21.

자연현상을 통해서
하나님을 읽는 사람들

하나님을 믿는 사람들은 자연현상 하나하나를 통해서 하나님의 실재하심과 그분의 뜻인 은혜[恩寵]나 응징[罰]을 입증하려 한다. 예수교도 다르지 않지만, 특히 이슬람교에서는 유별나다. 공히, 하나님이 인간을 포함하여 천지만물을 창조하고, 처음부터 끝까지 주관한다고 믿기 때문이다.

①낮과 밤이 교차되는 것도, 하나님께서 하늘로부터 일용할 양식을 주시는 것도, 그리고 죽은 대지를 소생하게 하며, 바람의 방향을 변화시키는 것도 이해하는 백성들을 위한 예증이라.(꾸란 45:5)
②우리(하나님)가 대지를 두매 널따랗게 두었으며, 산들을 두매 기둥으로 두었고, 너희를 창조하매 자웅으로 두었으며, 수면을 두매 너희 휴식을 위해 두었고, 밤을 두매 의상으로 두었으며, 낮을 두매 일용할 양식을 얻도록 두었느니라. 또한 우리가 너희를 위해 칠천을 두었으며, 그 안에 찬란한 빛을 두고 풍부한 비구름을 보내어, 이로 하여 우리는 곡식과 채소를 생산케 하고, 울창한 정원들이 되도록 하지 아니했는

가? (꾸란 78:6~16)

③그러나 우리가 그곳에 비를 내릴 때 대지는 다시 생동하고 솟아오르며, 모든 종류의 아름다운 초목들이 생성하느니라. 이것은 곧 하나님이 진리로 죽은 자를 살게 하시며, 모든 것에 전지전능하시는 분이시라. (꾸란 22:5~6)

④그분이 하늘에서 비를 내리게 하사, 그 양에 따라 계곡의 물이 흐르게 하시더라. 그러나 급류는 부풀어 오르는 거품을 동반함이라. 또한 장식품이나 용구를 만들 목적으로 불에 녹이는 금속에서도 거품을 동반케 하시매, 이렇게 하여 하나님은 진리와 허위를 비유하고자 하심이라. 그런 후 그 거품은 쓸모없이 사라지고, 사람에게 유익한 것은 대지 위에 남으니 하나님은 이렇게 비유하셨느니라. (꾸란13:17)

위 ①~④를 보면, 지구상에 발을 딛고 사는 인간이 직접 경험하는 자연현상 하나하나가 하나님의 뜻으로서 은혜임을 설명하며 강조하고 있음을 확인할 수 있다. 심지어는, 부활조차도 비가 내려 돋아나는 대지의 새싹으로 설명하고 있고(22:5~6), 진리와 허위조차도 쇳물과 빗물의 거품으로 빗대어 설명하고 있다. 이 정도면 무함마드의 눈에 비친 대자연이란 오로지 하나님의 것이면서, 하나님이 부리시는, 인간을 위한 은혜 그 자체일 것이다. 그렇기 때문에 "이 분이 창조주 하나님으로서 창조하시는 분이요, 형상을 만드는 분이시라. 가장 훌륭한 이름들은 그 분의 것이며, 하늘과 대지에 있는 모든 것들이 그 분께 영광을 드리나니, 실로, 그 분은 권능과 지혜로 충만하심이라(59:24)."라고 주저하지 않고 말할 수 있었던 것이리라.

그런데 문제는, 자연현상에는 이처럼 인간에게 유리하고 좋은 결과를 가져다주는 것만 있는 게 아니다. 지진·폭풍우·화산폭발·가뭄·쓰나미·전염병 등 인간에게 엄청난 피해를 입히는, 재앙과도 같은 현상들도 많다. 이런 자연현상들에 대해서는 과연 어떻게 의미를 부여하고 있을까? 나는 '꾸란'을 두 번째 읽고 있지만 그에 대해서는 아직 찾지 못했다. 다만, "하나님의 허락 없이 어떤 재앙도 있을 수 없나니 하나님을 믿는 자 그분께서 그의 마음을 인도하실 것이라. 실로 하나님은 모든 것을 아심으로 충만하시도다(64:11)."라는 구절이 있을 뿐이다. 이 구절을 전제한다면, 재앙과도 같은 자연현상 조차도 하나님의 뜻으로서 하나님이 주관하는 것으로 믿고 있음을 알 수 있다.

이런 시각과 믿음은 예수교도 크게 다르지 않다. 그에 대한 증거 하나를 댄다면, 농작물의 잎을 먹어치우는 '황충'을 바라보는 시각이다. 곧, 한낱 해충에 지나지 않는 황충이 농작물을 먹어치우는 자연현상을 보면서 하나님을 믿는 과거 유대인들은 하나님이 부리는 천군天軍으로 여겼고(시편 78:46, 아모스 7:1, 말라기 3:11), 계시록을 쓴 요한은 심판 시 징벌 수단으로까지 둔갑시켜 놓았다(이에 대한 자세한 내용은 제5부 「징벌수단인 황충에 대하여」를 참고하기 바람). 뿐만 아니라, 가뭄(욥기 24:19, 예레미야 14:1, 50:38 외)·홍수(창세기 6:17, 시편 90:5 외)·우박(출애굽기 9:19, 여호수아 10:11, 시편 78:47, 이사야 30:30, 학개 2:17, 요한계시록 8:7 외)·곰팡이(학개 2:17)·폭우(이사야 30:30, 에스겔 13:13 외) 등의 자연현상까지도 하나님의 징벌 수단으로 그 의미를 부여해 왔다.

특히, 이슬람교에서는 가상假想의 해괴한 자연현상이, 인류를 심판하는 날과, 지옥의 상상도에서 잘 묘사되고 있다. 곧, 심판하는 날에는 하늘이 찢어지고, 대지가 갈라지며, 산들이 산산조각 나며(19:90), 고막이 터질 듯한 소리와 나팔소리가 들리고(80:33, 74:8, 78:18), 달과 별들이 빛을 상실하고, 태양과 달이 모이고, 무덤 속에 있는 것들이 밖으로 나와 산산이 흩어진다(77:8, 75:9, 82:4). 동시에 지옥에서는 유황불과 끓는 물이 있고, 쇠로 된 회초리가 있으며, 목을 묶는 동아줄이 있고, 굶주림과 불길에 태우는 벌이 있다(2:174, 22:19, 22:22, 74:29, 111:5, 88:7)고 강조되어 있다. 유황불과 끓는 액체는 화산폭발 시에, 대지가 갈라지고 산들이 산산조각 나는 일은 큰 지진에서나 엿볼 수 있다지만, 그 외에 것들은 유사 이래 그 누구도 경험해 보지 못한, 가상의 현상들이다.

이처럼 실재하는 자연현상과 가상의 현상들까지 동원하여 하나님의 세계를 그리는 것은 이슬람교뿐 아니라 예수교도 불교도 똑 같다. 예수교에서 유황불은 하나님이 소돔과 고모라를 응징할 때에 이미 사용(창세기 19:24)되었고, 모세가 하늘을 향하여 지팡이를 들 때도 뇌성과 우박과 불을 하나님이 내려 주었다(출애굽기 9:23). 또한, 하나님은 벽력(霹靂:벼락)과 지진과 큰 소리와 회오리바람과 폭풍과 맹렬한 불꽃 등으로 징벌하며(이사야 29:6), 특히 지진이나 기근·온역(瘟疫:돌림병) 등은 예수가 말한 재난의 시작(마태복음 24:7, 마가복음13:8)이요, 하늘의 징조(누가복음 21:11)로 기록되어 있다. 뿐만 아니라, 천둥·번개·우박·지진 등은 지상의 사악한 무리들에게 징벌을 가하는 하나님의 직접적인 수단 가운데 일부(요한계시록 6:12, 8:5, 11:13)일 뿐이다. 게다가, 해가 총담(總擔:외항류外肛類 동물의 전단前端에 말편자 모양이나 환상環狀을 이룬 부분으로 그 둘레에 더듬이가 있고 가운데 입이 있다)같이 검어지고, 온 달이 피같이 되며, 하늘의 별들이 무화과나무가 대풍에 흔들려 과실이 떨어지는 것 같이 땅에 떨어지며, 하늘은 종이 축이 말리는 것 같이 떠나가고, 각 산과 섬이 제 자리에서 옮겨지는(요한계시록 6:12~14) 가상의 현상도 기록되고 있다.

그렇다면, 우리는 여기서 한 가지의 사실을 분명하게 확인할 수 있다. 그것은 인간이 살아가는데 도움이 되는 자연현상은 하나님의 은혜라고 여기고, 피해를 주는 그것에 대해서는 징벌 수단 내지는 응징으로 여긴다는 사실이다. 그리고 인간은 하나님의 실재하심과 뜻(부활·심판·천국·지옥 등)조차도 자연현상을 통해서 간접적으로 입증하려 한다는 점이다. 다시 말해, 자연현상을 통해서 하나님을 읽으려 한다는 것이다.

이런 현상이 인간의 의식意識 속에 엄연히 존재하기 때문에 지구촌에서 일어나는 큰 지진이나 화산폭발, 쓰나미나 폭풍우 등에 의한 인명과 재산피해를 두고도 하나님의 뜻으로 해석하려 하는 것이다. 굳이, 그 실례를 들지 않아도 되리라 믿는다. 그리고 이런 현상이 무엇을 뜻하는지에 대해서도 굳이 언급할 필요가 없으리라 믿는다.

–2008. 12. 20.

예수와 부처의 겨자씨

우리는 아주 작은 것을 말할 때에, '깨알'이라는 보조관념을 곧잘 빌려 쓰는 경향이 있다. 그런데 불경佛經을 집필한 인디아 사람과 예수교 경전을 집필한 이스라엘 사람들은 작은 것을 말할 때에 깨알이 아닌 '겨자씨'를 떠올렸고, 그것을 빌려 썼다. 사실, 작기로 치면 깨알보다 작고, 겨자씨보다도 더 작은 채송화 씨가 있다. 그런데 한쪽에서는 깨알을 쓰고, 다른 한쪽에서는 겨자씨를 썼다. 그만큼 각기다른 환경과 일상 속에서 쉽게, 자주 볼 수 있었던 것이 깨알이고 겨자씨였다는 뜻일 것이다.

예수께서도 아주 작은 믿음조차 없다고 제자들을 질타할 때에 '겨자씨 한 알'을 비유어로 썼고, 천국을 빗대어 말할 때에도 '겨자씨'를 활용하였다. 곧, "진실로 너희에게 이르노니, 너희가 만일 믿음이 한 겨자씨만큼만 있으면, 이 산을 명하여 여기서 저기로 옮기라 하여도 옮길 것이요, 또 너희가 못할 것이 없으리라." 했고, "천국은 마치 사람이 자기 밭에 갖다 심은 겨자씨 한 알 같으니, 이는 모든 씨보다 작은 것이로되, 자란 후에는 나물보다 커서 나무가 되

454

매, 공중의 새들이 와서 그 가지에 깃들이느니라." 했다.

예수가 믿음을 강조하기 위해서 빌려 쓴 겨자씨는 아주 작다는 의미이고, 천국을 설명하기 위해서 쓴 겨자씨는 처음에는 작지만 나중에는 새들이 깃들 정도로 커진다는, 다시 말해 변화·발전·성장·성숙의 의미로 쓰였다. 아마도, 예수가 살던 시절, 이스라엘 땅에는 겨자가 흔했던 모양이다.

이처럼 작다는 것을 말하고자 할 때에 겨자씨를 빌려 씀은 옛 인디아의 부처도 마찬가지다. 최초의 한역漢譯 불경으로 알려진, '사십이장경'의 끝장인 제42장에 이러한 구절이 있다. 곧, "나는 왕자의 지위를 문틈에 비치는 먼지처럼 보고, 금이나 옥 따위의 보배를 깨어진 기왓장처럼 보며, 비단옷을 헌 누더기같이 보고, 삼천대천세계를 한 알의 겨자씨 같이 본다. 그렇듯 열반을 조석으로 깨어있는 것과 같이 보고, 평등을 하나의 참다운 경지로 보며, 교화 펴는 일을 사철 푸른 나무와 같이 본다." 하였다.

삼천대천세계를 자그만 한 알의 겨자씨로 여긴다는 것인데, 여기서 삼천대천세계란 일대삼천세계一大三千世界를 말함이며, 일대삼천세계란 불교에서 말하는 수미산을 중심으로 하여 둘러싸여 있는 8산山 8해海 4대주大洲를 하나의 작은 우주로 볼 때 그것이 삼천 개 합쳐진 커다란 또 하나의 우주를 일컫는다. 그러니까, 상상할 수도 없이, 엄청나게 큰 우주를 한 알의 자그만 겨자씨로 여긴다는 뜻이다. 예수보다 훨씬 전의 사람인 부처의 시계視界와 안목을 엿볼 수 있는 대목이다.

아마도, 부처나 예수가 – 비단, 이들 둘뿐이 아니라 이슬람교 경전인 '꾸란'을 계시 받은 무함마드도 아주 작은 것을 말할 때에 이 겨자씨를 빗대어 썼지만[62] – 우리처럼 참깨 들깨를 재배하여 기름을 짜 먹고,

깻잎을 물에 씻어 야채로 먹든 절여서 먹는 생활문화권에서 살았다면 작다는 것에 대한 비유어로 겨자씨 대신 깨알을 빌려 썼을 수도 있다는 생각이 든다. 곧, '너희들은 어찌하여 깨알만한 믿음조차도 없느냐?'고 제자들을 질타했을 것이고, '이 광활한 우주를 한 알의 깨알처럼 여기노라.'고 힘주어 말했을 것이 아닌가.

이처럼 부처도 예수도 자신의 세계관을 피력할 때에는, 눈에 보이고, 온몸으로 느끼는 대자연의 사물이나 현상이나 질서 등을 빗대어 사용하였다. 이 겨자씨 말고도, 예수는 포도원이나 기상변화에 따른 초목들의 생태를 통해서 하나님의 뜻과 의지를 읽었고, 부처는 바다나 강물이나 바람 부는 자연현상을 통해서 자신의 가르침을 마음껏 폈다. 뿐만 아니라, '아주 단단하다', '진실되다' 등의 의미로 '금강석'이라는 물질을 두 사람이 공히 빌려 썼다.[63] 결국, 대자연이 이들의 스승인 셈이다. 다시 말하면, 대자연의 현상이나 질서를 통해서 그들 역시 삶의 지혜를 깨달았고, 그들이 궁극적 실체라 여기는 하나님과 공空에 대해서도 각기 그것과 연관 지으며 명상을 거듭했던 것이리라.

　-2008. 10. 14.

---

62) 꾸란 제31장 16절에서 "나의 아들아! 겨자씨만큼이나 작은 것이라 할지라도 그것이 돌 속에 있든, 하늘 위에 있든, 깊은 땅 속에 있든지 간에 하나님은 그것을 들추어내시거늘 실로 하나님은 세심히 아시는 분이시라."는 기록이 있다.

63) 예수교 경전 가운데 '금강석'이라는 단어는 예레미야(17:1), 에스겔(3:9, 28:13), 스가랴(7:12) 등에서이다. 불교에서는 '금강정경(金剛頂經)'도 있지만 근원적으로는 인간 속에 내재하는 절대적으로 진실하며 파괴되지 않는 그 무엇으로서 인자(因子)를 말한다. 나아가, '단단한', '견고한', '변함없는' 등의 의미로 쓰이기도 한다.

예수가 부린 수사修辭의 함정
-주인과 종, 아버지와 자녀와의 관계에 대하여

　예수교 경전 안에는 주인·여종·시녀·남종·노비·사환·청지기 등 일련의 용어들이 사용되고 있는 것을 보면, 기원 전후 고대 유대인 사회에서도 확실하게 노비제도가 있었던 것으로 보인다. 아니, 단순히 있었던 것이 아니라 그들의 하나님께서 그런 제도를 인정하셨던 것 같다. 아브람이 자식을 얻는 과정만 보아도 미루어 짐작할 수 있다(창세기 16:2). 그리고 포도농사를 짓고, 곡물로써 빵을 구어 먹고, 양·약대(낙타)·소·나귀 등의 가축을 길렀던 것으로 보면 목축이 상당한 비중을 차지한 농경사회였던 것이다.

　그래서일까, 예수는, 천국과 심판을 설명할 때에 하나님과 인간의 관계를 '주인과 종의 관계'로서 빗대기를 좋아하셨고, 하나님의 자비로운 인간 사랑에 대해서 설명할 때에는 '아버지와 자녀의 관계'로 빗대곤 했다. 사실, 주인과 종의 관계와 아버지와 자녀의 관계는 그 본질이 다르지만 어쨌든 그랬다. 이 같은 인식을 예수의 제자들도 같이했기 때문일까, 그들은 모세와 예수의 정체성을 분명하게 구분하였는데, 모세가 하나님 집의 사환(使喚:관청이나 회사, 가게 따위에서

잔심부름을 시키기 위하여 고용한 사람)이라면 예수는 하나님 집의 아들이라는 것이다. 뿐만 아니라, 예수가 이 땅에 오기 전 하나님과 인간과의 관계는 창조주와 종의 관계였는데 그 후에는 하나님 아버지와 자녀의 관계로 격상되었다고 주장한다.

경전의 이런 논리(?) 전개를 읽어내면서, 말[言]은 말을 낳고, 기록은 기록을 낳는다는 사실을 문득 깨닫게 된다. 경전도 그런 과정의 결과물인데, 경전 집필자들은 ①하나님은 반드시 '존재한다' 혹은 '존재해야 한다'는 대전제 아래서 ②그 하나님께 가까이 가려는 열망으로써 ③자기 합리화를 꾀하고, 경우에 따라서는 아전인수我田引水 격의 현상 해석을 하면서, 온갖 궤변(詭辯:상대방을 속이는, 그럴듯한 말수)들을 낳고, 그것들로써 경전이라고 하는 커다란 집을 지은 것이다.

예수의 그 적절한 비유적 수사修辭를 한 번 확인해 보자.

①천국은 좋은 씨를 제 밭에 뿌린 사람과 같으니, 사람들이 잘 때에 그 원수가 와서 곡식 가운데 가라지를 덧뿌리고 갔더니, 싹이 나고 결실할 때에 가라지도 보이거늘, 집 주인의 종들이 와서 말하되, "주여, 밭에 좋은 씨를 심지 아니하였나이까? 그러면 가라지가 어디서 생겼나이까?" 주인이 가로되, "원수가 이렇게 하였구나." 종들이 말하되, "그러면 우리가 가서 이것을 뽑기를 원하시나이까?" 주인이 가로되, "가만 두어라. 가라지를 뽑다가 곡식까지 뽑을까 염려하노라. 둘 다 추수 때까지 함께 자라게 두어라. 추수 때에 내가 추수꾼들에게 말하기를 '가라지는 먼저 거두어 불사르게 단으로 묶고, 곡식은 모아 내 곳간에 넣으라' 하리라(마태복음 13:24~30)."

예수의 위 말씀에서 보는 것처럼, 그는 천국과 그곳에서 이루어질 일, 곧 심판을 설명하는데, 밭에다가 곡식의 씨앗을 뿌리고 거둬들이는 농부의 농사일로써 빗대고 있다. 이를 청중들이 제대로 이해하지 못했다고 판단했는지, 예수 스스로가 덧붙여 설명하기를,

②좋은 씨를 뿌리는 이는 인자(人子:예수)요, 밭은 세상이요, 좋은 씨는 천국의 아들들이요, 가라지는 악한 자의 아들들이요, 가라지를 심은 원수는 마귀요, 추수 때는 세상 끝이요, 추수꾼은 천사들이니, 그런즉 가라지를 거두어 불에 사르는 것 같이 세상 끝에도 그러하리라. 인자가 그 천사들을 보내리니, 저희가 그 나라에서 모든 넘어지게 하는 것과 또 불법을 행하는 자들을 거두어 내어 풀무 불에 던져 넣으리니, 거기서 울며 이를 갊이 있으리라. 그 때에 의인들은 자기 아버지 나라에서 해와 같이 빛나리라. 귀 있는 자는 들으라(마태복음 13:37~43).

고 했다. 이 설명을 전제로, 위의 천국과 심판을 빗댄 수사修辭를 다시 읽으면 실로, 그럴 듯한 비유체계를 갖춘 명문장이라는 생각이 든다. 농사짓는 보통 사람들의 경험적인 일로써 빗대었기 때문에 그것(천국과 심판)에 대해서 어렵지 않게 상상할 수 있고, 판단할 수 있기 때문이다.

반면, 인간에 대한 하나님의 큰 사랑, 곧 은혜 베풂에 대해서는 주인과 종의 관계가 아니라 아버지와 자녀와의 관계로써 빗대어 말하는데, 그 예를 들면 이러하다.

①너희 중에 아비된 자 누가, 아들이 생선을 달라 하면 생선 대신에 뱀을 주며, 알을 달라 하면 전갈을 주겠느냐? 너희가 악할지라도 좋은

것을 자식에게 줄줄 알거든, 하물며, 너희 천부께서 구하는 자에게 성령을 주시지 않겠느냐(누가복음 11:11~13)?

②너희 목숨을 위하여 무엇을 먹을까, 몸을 위하여 무엇을 입을까, 염려하지 말라. 목숨이 음식보다 중하고, 몸이 의복보다 중하니라. 까마귀를 생각하라. 심지도 아니하고, 거두지도 아니하며, 골방도 없고, 창고도 없으되, 하나님이 기르시나니, 너희는 새보다 얼마나 더 귀하냐? 또 너희 중에 누가 염려함으로 그 키를 한 자나 더할 수 있느냐? 그런즉 지극히 작은 것이라도 능치 못하거든 어찌 그 다른 것을 염려하느냐? 백합화를 생각하여 보아라. 실도 만들지 않고 짜지도 아니하느니라. 그러나 내가 너희에게 말하노니, 솔로몬의 모든 영광으로도 입은 것이 이 꽃 하나만 같지 못하였느니라. 오늘 있다가 내일 아궁이에 던지우는 들풀도 하나님이 이렇게 입히시거든 하물며 너희일까보냐. 믿음이 적은 자들아, 너희는 무엇을 먹을까, 무엇을 마실까, 하여 구하지 말며 근심하지도 말라. 이 모든 것은 세상 백성들이 구하는 것이라. [너희 아버지께서 이런 것이 너희에게 있어야 될 줄을 아시느니라.] 오직 너희는 그의 나라를 구하라. 그리하면 이런 것을 너희에게 더하시리라. 적은 무리여, 무서워 말라. 너희 아버지께서 그 나라를 너희에게 주시기를 기뻐하시느니라(누가복음 12:22~32).

*[ ]친 부분은 내용 전개상 없어야 하는 말인데, 경전 집필자가 인간사회의 현실을 고려하여 의도적으로 삽입한 것이라 판단되어 식별이 용이토록 필자가 임의로 표시하였음.

아버지가 자식에게 갖는 보편적이고도 본능적인 사랑이 전제되면서, 까마귀·백합·들풀조차 하나님 아버지가 다 먹이고 재우고 살리는데 하물며, 그것들보다 귀한 자식인 인간들을 내버려 두겠는가,

라는 논조論調다. 예수는 한사코 인간의 의식주衣食住 문제를 염려하지 말고, 구하지도 말며, 오로지 하나님 나라의 일을 추구하라는데, 예수의 말처럼 산다면 오늘날 노숙자가 되기 십상일 것이다.

그건 그렇다 치고, 위 인용문 ①과 ②를 연관시켜서 읽게 되면 함정陷穽 하나를 어렵지 않게 확인할 수 있다. 곧, 아버지가 악한 자식에게라도 '생선' 대신에 '뱀'을 주지 않고, '알' 대신에 '전갈'을 주지 않는 것처럼, 하나님 아버지께서는 구하는 이들에게 '성령'을 준다는 것이다.

그런데 이것이 왜 함정이란 말인가? 사람들이 원하는(구하는) 것은 생선과 알이지만, 그 자리에 성령이라는 것을 대체해 놓았기 때문이다. 다시 말하자면, 사람으로서 살기 위해서 마땅히 먹고 마셔야 할 음식이 무엇보다 중요하고 반드시 필요한데, 그런 존재에게 먹고 마실 것을 구하지 말고, 구하기 위해서 근심조차 하지 말며, 오로지 성령을 구하라 하기 때문이다. 이를 영계靈界에서 오신 예수 시각에서 본다면, '먹고 마시는 것은 결국 썩어 없어질 육을 위함이고, 성령으로써 영생하면 오로지 의와 희락과 평강이 있을 뿐인데, 무엇 때문에 영생을 외면하고 없어질 육을 위해서 사는가?'가 될 것이다.

사실, 예수가 말했다고 기록된 경전 안의 문장들을 분석하면 여기서도 그런 논조로 말했어야 옳다. 그런데 보다시피, 교묘하게도 [ ] 친 부분 곧, "너희 아버지께서 이런 것(먹고 마시는 것 일체)이 너희에게 있어야 될 줄을 아시느니라."라는 말을 슬그머니, 어울리지 않게 삽입해 놓았다. 여기서 어울리지 않는다는 것은 그 문장이 없어야 앞뒤 문맥상 더 자연스럽다는 뜻이다. 그렇다면, 왜 그랬을까? 만일, 이 말이 없다면(하지 않았다면) 세상 사람들은 그(예수)가 말하는 천국복음에 동조하지 않을 것이기 때문이리라.

이처럼, 생선과 알이 놓이는 자리에 형질이 다른 '성령'을 대체시키면서(논점을 바꾸면서), 그것들(생선과 알:먹고 마시는 것)을 구하지 말고, 구하기 위해서 근심조차 말라 해놓고, 성령을 주신다는 하나님이 알아서 그것들까지 줄 것이라고 은근슬쩍 말하는 것은 분명, 자기기만이고, 속임수라고 생각한다. 뿐만 아니라, 심판할 때에는 하나님과 종의 관계이고, 사랑을 베풀 때에는 아버지와 자녀의 관계로 바뀌는 것은 말 그대로 말을 위한 것이지 진실 그 자체가 아니라는 생각이다. 이 얼마나 편의주의적인 발상인가. 나는 이런 것들이 바로 말[修辭]의 함정이고 덫이라 생각한다.

　-2011. 01. 28.

'성경' 속에 유사하거나
동일한 내용의 반복이 뜻하는 것

    예수교 경전인 '성경' 속에는 유사하거나 동일한 내용이 적지 않다. 특히, 예수가 하나님 아들이라는 증거로서 보여주는, 다시 말해, 하나님으로부터 부여받은 권한과 능력을 발휘한 결과로서 나타나는 표적들이 그러하다. 예를 들면, 예수가 수많은 병자病者들의 질병들을 퇴치했듯이 그의 제자들이 또한 병자들의 질병을 퇴치했고, 예수가 죽은 자를 살렸듯이 그보다 먼저 엘리야·엘리사 선지자가 죽은 아이를 살렸었다. 또한, 예수가 빵 다섯 개와 물고기 두 마리로 오천 명 이상이 먹고 남는 표적[초자연적 현상]을 행사하였듯이 그와 유사하게 빵 일곱 개와 물고기 두 마리로써 사천 명 이상이 먹고 남게 하는 기적도 행사하였다. 그렇듯, 바울 또한 로마로 가는 중에 배가 조난당하였을 때에 삼백 명 가까운 사람들에게, 정확히 말해, 276명에게 빵을 배불리 먹게 하였다. 물론, 예수와 바울이 이런 표적을 보여주기 전에 엘리야·엘리사가 먼저 유사한 표적을 보여주었었다. 그렇듯, 모세가 홍해의 바닷물을 갈랐듯이 엘리야·엘리사도 요단강물을 갈랐고, 모세가 메뚜기 떼로 애굽 땅을 징벌했듯이 사도 요한은 최후의 심판 날에 쓰일 징벌수단 가운데 하나로서 황충을 들었다.

이처럼 경전 내에는 유사하거나 동일한 초자연적 현상이나 사건이 적지 않게 기술되어 있는데, 이것들은 과연 무엇을 의미하는 것일까? 물론, 하나님을 믿는 자들은 한결같은 방식으로서 여호와 하나님의 능력과 인간 사랑을 보여주는, '있는 그대로의 사실 곧 표적'이라고 주장할 것이다. 그렇지만, 신의 존재를 믿지 않거나 의심하는 사람들은 이 같은 현상을 놓고도 전혀 다르게 생각한다. 곧, 하나님의 존재와 능력을 그런 방식으로밖에 설명하지 못하는 한계이자 기록이 기록을 낳은 결과[64]일 뿐이라고 말이다.

어쨌든, 하나님의 권능으로써 예수가 부렸던 갖가지 초자연적 현상이 처음부터 없었다면, 바꿔 말해, 하나님이 그에게 그런 능력을

---

64) 기록이 기록을 낳은 증거
다른 글 「예수는 어떤 책을 읽었을까」를 참고하되, 여기서 굳이 단적인 예를 들면 하나님에 대한 사랑[경배]법을 언급한 예수의 말을 통해서 확인할 수 있다. 곧, '네 마음을 다하고, 목숨을 다하고, 뜻을 다하고, 힘을 다하고, 지혜를 다하여 주 너의 하나님을 사랑하라(마태복음 22:37, 마가복음 12:30, 12:33, 누가복음 10:27)'고 예수는 제자들에게 가르쳤는데, 이 말의 출처는 어디인가? 그것은 모세가 이스라엘 백성들을 향하여 "마음을 다하고, 성품을 다하고, 힘을 다하여 네 하나님 여호와를 사랑하라(신명기 6:5, 10:12, 11:13, 13:3, 30:2, 30:6)"는 기록으로부터 왔다. 이 기록은 여호수아에게도 영향을 주어 "크게 삼가 여호와의 종 모세가 너희에게 명한 명령과 율법을 행하여 너희 하나님 여호와를 사랑하고, 그 모든 길로 행하며, 그 계명을 지켜 그에게 친근히 하고, 너희의 마음을 다하며 성품을 다하여 그를 섬길지니라(여호수아 22:5)."라고 말하게 했다. 그 뒤 사무엘 선지자도 '너희 마음을 다하여 진실로 섬기라(사무엘상 12:20, 12:24)'고 말하였으며, 다윗도 아들인 솔로몬에게 "여호와께서 내 일에 대하여 말씀하시기를, '만일 네 자손이 그 길을 삼가 마음을 다하고 성품을 다하여 진실히 내 앞에서 행하면 이스라엘 왕위에 오를 사람이 네게서 끊어지지 아니하리라' 하신 말씀을 확실히 이루게 하시리라(열왕기상 2:4)."라고 말했으며, 또한 솔로몬도 '마음을 다하고 성품을 다하여 여호와를 순종하고, 그 계명과 법도와 율례를 지켜 이 책에 기록된 이 언약의 말씀을 이루게 하리라' 하매, 백성이 다 그 언약을 좇기로(열왕기상 23:3) 약속하였으며, 요시야라는 임금도 '마음을 다하며 성품을 다하며 힘을 다하여 여호와를 향하여 모세의 모든 율법을 온전히 준행했다(열왕기하 23:25) 한다.' 뿐만 아니라, 아사왕과 요시야왕도 '마음을 다하고 성품을 다하여 열조의 하나님 여호와를 찾기로 언약 실천하였고(역대하 15:12, 15:15, 34:31),' 요엘 선지자도 '금식하며, 울며, 애통하고, 마음을 다하여 하나님께 돌아오라(요엘 2:12)'고 외쳤다. 이러한 배경이 있었기에 예수도 '마음·성품·힘을 다하여 섬기라'는 말을 '마음·뜻·힘·지혜·목숨을 다하여 섬기라'는 말로 발전시켜 말했던 것이리라.

주지 않았다면 세상 사람들은 그를 어떻게 대했을까? 자신이 ①안식일의 주인이자 ②하나님의 아들이고, ③유대인의 왕이라고 말하는 그를 말이다. 아니, 너희들이 나를 모함하고 죽이겠지만 내가 다시 와서 심판할 때에는 '살육당할 자가 많다' 느니, '너희들은 천국에 가지 못한다' 느니 말하는 그를 말이다. 상상컨대, 정신병자 취급을 받음은 물론이고 곧바로 하나님을 모독한다고 잡아 죽였을 것이다.

보다시피, 초자연적인 현상으로써 하나님의 권능을 입증하려 하고, 그 권능을 특별히 부여받은 사람이 바로 '선지자' 이거나 '하나님의 종 혹은 아들' 이거나 '하나님의 사람' 이라는 시각이 지배했던 유대인 사회에서는 초자연적인 현상을 일으키는 능력이 대단히 중요했던 것 같다. 엘리야·엘리사 같은 선지자도, 하나님의 종 혹은 아들이라 자처했던 모세·예수도 그것으로써 하나님을 입증하고, 그것으로써 자신들이 하나님의 사람임을 증명해 보이려 했으니 말이다. 결과적으로, 초자연적 현상을 일으킬 수 있는 능력이 곧 신神만이 가지는 고유한 능력이자 권위라 여겼던 것이 아닌가 싶다. 이를 다른 시각에서 보면, '존재하지 않는 신' 을 믿게 하기 위해서 불가피하게 끌어들인 '거짓' 으로도 볼 수 있다는 것이다.

여하튼, 분명한 사실은, 경전 속에는 그런 초자연적 현상이나 관련 내용이 많다는 것이고, 또한 그것들 중에서 하나님만의 권능을 느끼게 하는 데에 극적인 효과가 있다고 여겨지는 특별한 현상[사건]에 대해서는 약간씩 변형시켜 반복적으로 사용하고 있다는 사실이다. 마치, 문학에서 극적인 효과를 노리기 위해서 그럴 듯한(특별히 만들어낸) 허구를, 음식의 양념으로 생각하고 적절히 끼워 넣는 작법作法처럼 말이다.

이제 몇 가지 구체적인 예를 경전 문장을 통해서 확인해 보자.

①모세가 바다 위로 손을 내어민대, 여호와께서 큰 동풍으로 밤새도록 바닷물을 물러가게 하시니 물이 갈라져 바다가 마른 땅이 된지라. 이스라엘 자손이 바다 가운데 육지로 행하고, 물은 그들의 좌우에 벽이 되니, 애굽 사람들과 바로의 말들, 병거들과 그 마병들이 다 그 뒤를 쫓아 바다 가운데로 들어오는지라. 새벽에 여호와께서 불 구름기둥 가운데서 애굽 군대를 보시고, 그 군대를 어지럽게 하시며, 그 병거 바퀴를 벗겨서 달리기에 극난하게 하시니, 애굽 사람들이 가로되, "이스라엘 앞에서 우리가 도망하자. 여호와가 그들을 위하여 싸워 애굽 사람들을 치는도다." 여호와께서 모세에게 이르시되, "네 손을 바다 위로 내어 밀어 물이 애굽 사람들과 그 병거들과 마병들 위에 다시 흐르게 하라." 하시니, 모세가 곧 손을 바다 위로 내어 밀매 새벽에 미쳐 바다의 그 세력이 회복된지라. 애굽 사람들이 물을 거스려 도망하나 여호와께서 애굽 사람들을 바다 가운데 엎으시니, 물이 다시 흘러 병거들과 기병들을 덮되, 그들의 뒤를 쫓아 바다에 들어간 바로의 군대를 다 덮고 하나도 남기지 아니하였더라. 그러나 이스라엘 자손은 바다 가운데 육지로 행하였고, 물이 좌우에 벽이 되었었더라(출애굽기 14:21~29).
②선지자의 생도 오십 인이 가서 멀리 서서 바라보매, 그 두 사람이 요단 가에 섰더니, 엘리야가 겉옷을 취하여 말아 물을 치매 물이 이리 저리 갈라지고, 두 사람이 육지 위로 건너더라(열왕기하 2:7~8).

물이 양쪽으로 갈라져, 그것이 강물이든 바닷물이든 상관없이, 길을 내어 줌으로써 물에 빠지지 않고 사람들이 걸어가는, 믿기지 않는 초자연적 사건은 예수교 경전 가운데 두 번 나타나고 있다. 위에서 보는 것처럼 한 번은 '모세'를 통해서이고(출애굽기 14:21~29), 다른 한 번은 '엘리야'에게서 이다(열왕기하 2:7~8). 다만, 바닷물이냐 강물이냐의 차이가 있고, 누가 얼마나 많은 사람들과 함께 건너갔느냐의 차이가 있을 뿐이다. 비록, '모세'와 '엘리야'라는 사람을 통해서 물을 갈라놓는 초자연적 현상을 기록하고 있지만 실제는 배후에 계시는 전지전능한 하나님이 부리는 능력일 뿐임을 간과해서는 아니 된다.

③모세가 애굽 땅 위에 그 지팡이를 들매, 여호와께서 동풍을 일으켜 온 낮과 온 밤에 불게 하시니, 아침에 미쳐 동풍이 메뚜기를 불어들인지라. 메뚜기가 애굽 온 땅에 이르러 그 사방에 내리매, 그 해가 심하니 이런 메뚜기는 전에도 없었고 후에도 없을러라. 메뚜기가 온 지면에 덮여 날으매, 땅이 어둡게 되었고, 메뚜기가 우박에 상하지 아니한 밭의 채소와 나무 열매를 다 먹었으므로 애굽 전경에 나무나 밭의 채소나 푸른 것은 남지 아니하였더라(출애굽기 10:13~15).

④황충이 연기 가운데로부터 땅 위에 나오매, 저희가 땅에 있는 전갈의 권세와 같은 권세를 받았더라. 저희에게 이르시되, "땅의 풀이나 푸른 것이나 각종 수목은 해하지 말고, 오직 이마에 하나님의 인 맞지 아니한 사람들만 해하라"하시더라. 그러나 그들을 죽이지는 못하게 하시고, 다섯 달 동안 괴롭게만 하게 하시는데, 그 괴롭게 함은 전갈이 사람을 쏠 때에 괴롭게 함과 같더라. 그날에는 사람들이 죽기를 구하여도 얻지 못하고, 죽고 싶으나 죽음이 저희를 피하리로다. 황충들의 모양은 전쟁을 위하여 예비한 말들 같고, 그 머리에 금 같은 면류관 비슷한 것을 썼으며, 그 얼굴은 사람의 얼굴 같고, 또 여자의 머리털 같은 머리털이 있고, 그 이는 사자의 이 같으며, 또 철흉갑 같은 흉갑이

있고, 그 날개들의 소리는 병거와 많은 말들이 전장으로 달려 들어가는 소리 같으며, 또 전갈과 같은 꼬리와 쏘는 살이 있어 그 꼬리에는 다섯 달 동안 사람들을 해하는 권세가 있더라. 저희에게 임금이 있으니, 무저갱의 사자라. 히브리 음으로 이름은 아바돈이요, 헬라 음으로 이름은 아볼루온이더라.

위 ③은 메뚜기 떼로써 애굽을 심판한 여호와 하나님의 징벌이 모세를 통해서 이루어진 정황 묘사이다. 그리고 위 ④는 계시록에서 묘사된, 인류 심판 시 황충의 역할과 모양새이다. 계시록을 집필한 사도 요한은 메뚜기를 통해서 징벌하는 하나님의 세계를 잘 알고 있었기에 하나님의 징벌수단 가운데 하나로서 메뚜기와 유사한 황충을 묘사해 냈던 것이 아닐까 싶다. 아니, 잘 알고 있었다기보다는 그 내용을 사실로서 확신했기 때문에 가질 수 있었던 상상의 결과라고 본다.

⑤무리를 명하여 잔디 위에 앉히시고, 떡 다섯 개와 물고기 두 마리를 가지사, 하늘을 우러러 축사하시고, 떡을 떼어 제자들에게 주시매, 제자들이 무리에게 주니 다 배불리 먹고 남은 조각을 열두 바구니에 차게 거두었으며, 먹은 사람은 여자와 아이 외에 오천 명이나 되었더라 (마태복음 14:19~21).

비교적 널리 알려진 이야기로, 예수가 떡(loaves:구운 빵 덩어리) 다섯 개과 물고기 두 마리를 놓고, 하늘을 우러러 축사함으로써 오천 명 이상이 먹고 남았다는 이야기가 기술된 대목이다. 오늘날, 이스라엘 갈릴리 호숫가에 가면 이를 기념하는 교회가 세워져 있어 각국에서 오는 순례자들을 기다리고 있지만 우리 한국 사람들이 말하는 이 오병이어五餅二魚 기적과 유사한 칠병이어七餅二魚 기적도 있다.

⑥예수께서 가라사대, "너희에게 떡이 몇 개나 있느냐?" 가로되, "일곱 개와 작은 생선 두어 마리가 있나이다." 하거늘, 예수께서 무리를 명하여 땅에 앉게 하시고, 떡 일곱 개와 그 생선을 가지사, 축사하시고, 떼어 제자들에게 주시니, 제자들이 무리에게 주매, 다 배불리 먹고 남은 조각을 일곱 광주리에 차게 거두었으며, 먹은 자는 여자와 아이 외에 사천 명이었더라(마태복음 15:34~38).

떡 일곱 개와 작은 생선 두 마리로써, 그것도 같은 방식으로써 사천 명 이상이 먹고 남았다는 예수의 유사한, 초자연적 현상에 대한 기술이다. 이에 대해서 어떤 이는 '무리들에게 각기 가지고 있는 것들을 다 내놓게 한 다음 그것들을 다시 재분배했'는 식으로 이들 표적의 내용을 해석하기도 하지만, 어쨌든, 예수가 하늘을 우러러 축사함으로써 빵 몇 조각과 물고기 몇 마리를 부풀리어 무려 사오천 명이 먹고 남아 그것도 일곱에서 열두 광주리에 가득 채울 수 있었다는 것이다. 물론, 이것은 예수를 통해서 일어난 표적이지만 이 역시 하늘에 계신다는 하나님의 권능이 그에게 부여되었기 때문에 가능했던 일이다.

그렇다면, 왜 이런 먹는 문제를 초자연적인 현상인 표적으로써 해결해 주었다는 예시例示를 경전 집필자는 두 번이나 기록했을까? 그렇듯, 별의별 희한한 질병들을 의학적 지식이나 기술로써가 아니라 하나님에 대한 믿음의 확인만으로 치료해 주었다고 열거하면서 강조했던 것일까? 그것은 당대 사람들에게 식생활과 질병이 무엇보다 삶의 중요한 문제였기 때문일 것이고, 동시에 인간들은 그런 문제를 해결해 주지 못하지만 신에게는 문제가 되지 않는다는 점을 은연중 강조하기 위해서일 것이다. 결국, 당대인들이 처한 중차대한 현실적 문제를 아주 간단하게 해결해 주는 특별한 능력을 보여 줌으로써 신의 존재를 부각시키려는 데에 있었던 것이 아닐까 싶다. 그렇지 않고서야, 어찌 예수의 제자들에게도 그런 능력이 있다고 축소해서 기술했겠는가. 바울의 예를 들어보자.

> ⑦날이 새어 가매, 바울이 여러 사람을 음식 먹으라 권하여 가로되, "너희가 기다리고 기다리며 먹지 못하고 주린 지가 오늘까지 열나흘인즉 음식 먹으라 권하노니, 이것이 너희 구원을 위하는 것이요, 너희 중 머리터럭 하나라도 잃을 자가 없느니라." 하고, 떡을 가져다가 모든 사람 앞에서 하나님께 축사하고 떼어 먹기를 시작하매, 저희도 다 안심하고 받아먹으니, 배에 있는 우리의 수는 전부 이백칠십육 인이러라. 배부르게 먹고 밀을 바다에 버려 배를 가볍게 하였더니(사도행전 27:33~38)

물론, 여기서는 배에 탄 사람들이 선적했던 떡을 모두 꺼내어 276명이 배부르게 먹었다는 뜻인지, 아니면 예수처럼 몇 조각으로써 축사를 통해서 부풀리어 나눠먹었다는 뜻인지는 모호하긴 하다. 그러나 하나님께 축사했다는 것은 동일하고, 예수가 병 고침을 비롯하여 받아들이기 어려운 수많은 초자연적 현상을 일으켰듯이 바울도 그러했다는 것이다. 곧, 노예 무당의 몸에서 귀신을 축출하고(사도행전 16:16), 지진을 일으키어 감옥을 무너뜨리고 간수를 회개하게 하고(사도행전 16:27), 베드로와 사도 요한이 그랬던 것처럼 앉은뱅이를 일으켜 세우고(사도행전 14:8), 3층에서 떨어진 사람이나 이질·열병을 앓는 사람들을 고쳐 주기도 하는 등 초자연적 현상을 일으켰다. 다만, 예수의 것보다는 그 규모가 작을 뿐이다.

이런 점으로 미루어보면 276명이 떡을 배불리 나누어 먹었다는 모호한 사건도 예수의 표적과 유사한 현상으로 판단할 수 있다. 다만, 바울을 예수처럼 큰 인물로 부각시킬 수 없었기에 그의 초능력 발휘 규모를 작게 설정했을 뿐이다. 그렇듯, 예수의 다른 제자들이 부리는 초자연적 능력 행사 역시 예수의 것보다는 작게 할 수밖에 없었을 것이다. 예수의 표적이 있었기에 바울의 그것이 가능했다면 예수의 그것은 어디로부터 왔을까? 그 근원은 모세로부터 왔지만 이 오병이어 표적은 이보더 먼저 있었던 엘리사의 것[65]에서 모방된 것이 아닌가 싶다. 실은 모세의 온갖 표적들도 다 여호와 하나님으로부터 나온 것이기 때문에 표적의 시작은 하나님인 셈이다. 그것도 다른 여타의 신들과 차별화를 꾀하기 위한 방편이기도 했고, 백성들

---

65) 엘리사의 표적
아래 내용은 열왕기하 제4장 38절로부터 44절까지의 내용을 이해하기 쉽게 각색한 것임.

{길갈에 흉년이 들었고, 엘리사가 그곳에 이르렀을 때에, 생도(生徒, the company of the prophets)들이 엘리사의 앞에 앉는다.}
엘리사 : (사환에게) 큰 솥을 걸고, 선지자의 생도들을 위하여 국을 끓이라.
{이에 한 사람이 채소(茶蔬)를 캐러 들에 나가서 야등(野藤:야생 칡 같은 덩굴식물) 덩굴을 만나 그것에서 들외gourds를 따서 옷자락에 채워가지고 돌아와서 썰어 국 끓이는 솥에 넣었는데, 저희는 그것이 무엇인지 알지 못한다.}
생도들 : (국을 먹다가 소리쳐) 하나님의 사람이여, 솥에 사망(死亡)의 독이 있나이다.
엘리사 : 그러면 가루를 가져오라. (가져온 가루를 솥에 풀어 해독한 다음) 퍼다가 무리에게 주어 먹게 하라.
엘리사 : (이 때에 한 사람이 바알살리사에서부터 와서 처음 익은 식물 곧, 햇보리로 만든 보리떡 이십 조각과 자루에 담은 채소를 주자) 무리에게 주어 먹게 하라.
사환(使喚) : 어찜이니이까? 이것을 가지고 백여 명에게 먹이겠나이까?
엘리사 : 무리에게 주어 먹게 하라. 여호와의 말씀이 '무리가 먹고 남으리라' 하셨느니라.
(사환이 드디어 무리 앞에 다 베풀었더니 여호와의 말씀과 같이 다 먹고 남았다.)

로 하여금 자신의 존재를 신뢰하도록 하는 데에 활용되었던 것이다.

경전에 대한 이론가들은, 흔히 복음서 간에 내용 중복·유사성·연관성 등을 분석해 내어 그것으로써 내용의 사실성과 진실성을 입증하려는 경향을 지닌다. 그것은 내용이 '사실이다'는 의미로도 해석될 수 있지만 오히려 반대로, 먼저 쓰인 복음서의 내용이 뒤에 쓰이는 복음서의 내용에 직간접으로 영향을 미쳤다는 사실로도 해석된다는 점을 간과해서는 안 된다고 본다. 다시 말해, 먼저 쓰인 복음서의 내용이 뒤에 쓰는 복음서의 집필자에게 이미 인지된 혹은 각인된 상태이기 때문에 그 내용과 그 영향으로부터 결코 자유로울 수 없었다는 사실로도 해석된다는 뜻이다. 이를 뒷받침해 주는 예로서, 예수의 먹을거리 관련 표적의 원형이라 할 수도 있는 엘리야의 것을 소개한다.

⑧여호와의 말씀이 엘리야에게 임하여 가라사대, "너는 일어나 시돈에 속한 사르밧으로 가서, 거기 유하라. 내가 그 곳 과부에게 명하여 너를 공궤하게 하였느니라." 저가 일어나 사르밧으로 가서 성문에 이를 때에 한 과부가 그곳에서 나뭇가지를 줍는지라, 이에 불러 가로되, "청컨대, 그릇에 물을 조금 가져다가 나로 마시게 하라." 저가 가지러 갈 때에 엘리야가 저를 불러 가로되, "청컨대, 네 손에 떡 한 조각을 내게로 가져오라." 저가 가로되, "당신의 하나님 여호와의 사심을 가리켜 맹세하노니, 나는 떡이 없고, 다만 통에 가루 한 움큼과 병에 기름 조금 뿐이라. 내가 나뭇가지 두엇을 주워다가 나와 내 아들을 위하여 음식을 만들어 먹고 그 후에는 죽으리라." 엘리야가 저에게 이르되, "두려워 말고 가서 네 말대로 하려니와 먼저 그것으로 나를 위하여 작은 떡 하나를 만들어 내게로 가져오고, 그 후에 너와 네 아들을 위하여 만

들라. 이스라엘 하나님 여호와의 말씀이 '나 여호와가 비를 지면에 내리는 날까지 그 통의 가루는 다하지 아니하고, 그 병의 기름은 없어지지 아니하리라.' 하셨느니라." 저가 가서 엘리야의 말대로 하였더니, 저와 엘리야와 식구가 여러 날 먹었으나 여호와께서 엘리야로 하신 말씀 같이 통의 가루가 다하지 아니하고, 병의 기름이 없어지지 아니하니라(열왕기상 17:8~16).

엘리야의 이 표적이 예수나 바울의 표적을 낳는 동기부여 곧, 원형으로서 작용했는지에 대해서는 이 글을 읽는 사람들이 판단하기로 하고, 문제는, 이런 초자연적 현상이 다른 영역에서도 많다는 사실이다. 꼭 먹을거리 해결뿐 아니라 물을 가르는 행위나, 메뚜기 징벌이나, 병 고침이나 죽은 자를 소생시키는 등의 초자연적 현상들이 경전 내에는 중복·변형되어 나타난다. 뿐만 아니라, 필자가 동일인이든 아니든 상관없이, 경전 내에는 토씨 하나 틀리지 않는 문장으로부터 구절에 이르기까지 적지 않다. 그렇다면 이것들을 우리는 어떻게 받아들여야 하는가. 이에 대한 판단 역시 이 글을 읽는 독자들이 하기 바라며, 그 실례를 들어 보이면 아래와 같다.

①하나님이여, 주는 하늘 위에 높이 들리시며, 주의 영광은 온 세계위에 높아지기를 원하나이다(시편 57:5).
②하나님이여, 주는 하늘 위에 높이 들리시며 주의 영광은 온 세계위에 높아지기를 원하나이다(시편 57:11).

①이제 여호와께서 거짓말하는 영을 왕의 이 모든 선지자의 입에 넣으셨고, 또 여호와께서 왕에게 대하여 화를 말씀하셨나이다. 그나아나의

아들 시드기야가 가까이 와서 미가야의 **뺨**을 치며 이르되, "여호와의 영이 나를 떠나 어디로 말미암아 가서 네게 말씀하더냐?" 미가야가 가로되, "네가 골방에 들어가서 숨는 그 날에 보리라." 이스라엘 왕이 가로되, "미가야를 잡아 부윤 아몬과 왕자 요아스에게로 끌고 돌아가서 말하기를, 왕의 말씀이 이 놈을 옥에 가두고 내가 평안히 돌아올 때까지 고생의 떡과 고생의 물로 먹이라 하라." 미가야가 가로되, "왕이 참으로 평안히 돌아오시게 될진대 여호와께서 나로 말씀하지 아니하셨으리이다."또 가로되, "너희 백성들아, 다 들을지어다." 하니라(열왕기상 22:23~28).

②이제 여호와께서 거짓말하는 영을 왕의 이 모든 선지자의 입에 넣으셨고, 또 여호와께서 왕에게 대하여 화를 말씀하셨나이다. 그나아나의 아들 시드기야가 가까이 와서 미가야의 **뺨**을 치며 이르되, "여호와의 영이 나를 떠나 어디로 말미암아 가서 네게 말씀하더냐?" 미가야가 가로되, "네가 골방에 들어가서 숨는 그 날에 보리라." 이스라엘 왕이 가로되, "미가야를 잡아 부윤 아몬과 왕자 요아스에게로 끌고 돌아가서 말하기를 왕의 말씀이 이 놈을 옥에 가두고 내가 평안히 돌아올 때까지 고생의 떡과 고생의 물로 먹이라 하라." 미가야가 가로되, "왕이 참으로 평안히 돌아오시게 될진대 여호와께서 나로 말씀하지 아니하셨으리이다." 또 가로되, "너희 백성들아, 다 들을지어다." 하니라(역대하 18:22~27).

①만일, 저희가 주께 범죄함을 인하여 하늘이 닫히고 비가 없어서 주의 벌을 받을 때에, 이곳을 향하여 빌며 주의 이름을 인정하고 그 죄에서 떠나거든, 주는 하늘에서 들으사, 주의 종들과 주의 백성 이스라엘의 죄를 사하시고 그 마땅히 행할 선한 길을 가르쳐 주옵시며, 주의 백

성에게 기업으로 주신 주의 땅에 비를 내리시옵소서. 만일, 이 땅에 기근이나 온역이 있거나 곡식이 시들거나 깜부기가 나거나 메뚜기나 황충이 나거나 적국이 와서 성읍을 에워싸거나 무슨 재앙이나 무슨 질병이 있든지 무론하고, 한 사람이나 혹 주의 온 백성 이스라엘이 다 각각 자기의 마음에 재앙을 깨닫고, 이 전을 향하여 손을 펴고 무슨 기도나 무슨 간구를 하거든 주는 계신 곳 하늘에서 들으시고 사유하시며, 각 사람의 마음을 아시오니, 그 모든 행위대로 행하사 갚으시옵소서. 주만 홀로 인생의 마음을 다 아심이니이다. 그리하시면 저희가 주께서 우리 열조에게 주신 땅에서 사는 동안에 항상 주를 경외하리이다(열왕기상 8:35~40).

②만일, 저희가 주께 범죄함을 인하여 하늘이 닫히고 비가 없어서 주의 벌을 받을 때에, 이곳을 향하여 빌며 주의 이름을 인정하고 그 죄에서 떠나거든, 주는 하늘에서 들으사, 주의 종들과 주의 백성 이스라엘의 죄를 사하시고 그 마땅히 행할 선한 길을 가르쳐 주옵시며, 주의 백성에게 기업으로 주신 주의 땅에 비를 내리시옵소서. 만일, 이 땅에 기근이나 온역이 있거나 곡식이 시들거나 깜부기가 나거나 메뚜기나 황충이 나거나 적국이 와서 성읍을 에워싸거나 무슨 재앙이나 무슨 질병이 있든지 무론하고 한 사람이나 혹 주의 온 백성 이스라엘이 다 각각 자기의 마음에 재앙과 고통을 깨닫고 이 전을 향하여 손을 펴고 무슨 기도나 무슨 간구를 하거든, 주는 계신 곳 하늘에서 들으시며 사유하시되, 각 사람의 마음을 아시오니, 그 모든 행위대로 갚으시옵소서. 주만 홀로 인생의 마음을 아심이니이다. 그리하시면 저희가 주께서 우리 열조에게 주신 땅에서 사는 동안에 항상 주를 경외하며 주의 길로 행하리이다(역대하 6:26~31).

이처럼 경전 내용 가운데에는, 강조하기 위해서 반복하거나, 필요에 의해서 '인용'한 수준이 아니라 단순한 베낌[複寫]이 있다는 사실이다. 이에 대한 충분한 조사도 이루어져야 할 것이다. 동시에 동일하거나 유사한 초자연적 현상들을 통해서 하나님의 존재를 입증하고 있는데, 그 자체가 너무나 인간적인 발상이 아닌지에 대해서도 심각하게 생각해 볼 일이다.

-2010. 01. 25.

사람을 살리고 죽이는 것은
하나님께 너무나 쉬운 일
-진실 아니면 방편으로서의 반복 기록

죽은 사람을 살리는 것은 하나님에게는 결코 어려운 일이 아니다. 그렇듯, 살아있는 사람을 죽이는 것 또한 너무 쉬운 일이다. 예수는 죽은 사람을 여러 사람들 앞에서 살려냄으로써 하나님이 살아계시고, 자신이 하나님의 아들임을 입증해 보이려 했다. 그런데 그러한 일이 예수에게만 있었던 게 아니다. 알고 보니, 그보다 수백 년 전에 엘리야가 먼저 죽은 사람을 살려 내었다. 그 정황이 이러하다.

여인 : (떡과 기름 표적이 있은 후에, 여인의 아들이 병들어 증세가 심히 위중하다가 숨이 끊어진지라) 하나님의 사람이여, 당신이 나로 더불어 무슨 상관이 있기로, 내 죄를 생각나게 하고, 또 내 아들을 죽게 하려고, 내게 오셨나이까?

엘리야 : (여인에게 그 아들을 달라 하여, 그를 그 여인의 품에서 취하여 안고, 자기의 거처하는 다락에 올라가서, 자기 침상에 누이고, 여호와께 부르짖어 가로되) 나의 하나님 여호와여, 주께서 또 내가 우거하는 집 과부에게 재앙을 내리사, 그 아들로 죽게 하셨나이까? (그 아이 위에 몸을 세 번 펴서 엎드리고,

여호와께 부르짖어 가로되) 나의 하나님 여호와여, 원컨대, 이 아이의 혼으로 그 몸에 돌아오게 하옵소서. (여호와께서 엘리야의 소리를 들으시므로, 그 아이의 혼이 몸으로 돌아오고 살아난지라. 엘리야가 그 아이를 안고 다락에서 방으로 내려가서 그 어미에게 주며 이르되), 보라. 네 아들이 살았느니라.

여인 : 내가 이제야 당신은 하나님의 사람이시요, 당신의 입에 있는 여호와의 말씀이 진실한 줄 아노라.

과부인 한 여인과 엘리야와의 위 대화 내용은, 「열왕기상」 제17장 17절로부터 24절까지로, 여호와 하나님이 엘리야 선지자를 통해서 자신의 존재와 권능을 증명해 보이기 위해서 죽은 자를 살려내는 정황 묘사이다. 다시 말하면, 하나님의 실재하심과 능력을 입증해 보이기 위해서 엘리야가 죽은 아이를 간절한 기도로써 살려내는 과정을 묘사해 내고 있다.

마르다 : (예수 오신다는 말을 듣고, 곧 나가 맞되, 마리아는 집에 앉았더라.) 주께서 여기 계셨더(라)면 내 오라비가 죽지 아니하였겠나이다. 그러나 나는 이제라도 주께서 무엇이든지 하나님께 구하시는 것을 하나님이 주실 줄을 아나이다.

예수 : 네 오라비가 다시 살리라.

마르다 : 마지막 날 부활에는 다시 살 줄을 내가 아나이다.

예수 : 나는 부활이요 생명이니, 나를 믿는 자는 죽어도 살겠고, 무릇 살아서 나를 믿는 자는 영원히 죽지 아니하리니, 이것을 네가 믿느냐?

마르다 : 주여, 그러하외다. 주는 그리스도시요, 세상에 오시는 하나님의 아들이신 줄 내가 믿나이다.

(돌아가서 가만히 그 형제 마리아를 불러 말하되, "선생님이 오셔서 너를 부르신다." 하니, 마리아가 이 말을 듣고 급히 일어나 예수께 나아가매, 아직 마을로 들어오지 아니하시고 마르다의 맞던 곳에 그저 계시더라.)

마리아 : (예수 계신 곳에 와서 보이고, 그 발 앞에 엎드리어 가로되) 주께서 여기 계셨더(라)면 내 오라비가 죽지 아니하였겠나이다.

예수 : (마리아가 우는 것과 또 함께 온 유대인들의 우는 것을 보시고, 심령에 통분히 여기시고, 민망히 여기사) 그를 어디 두었느냐?

마리아 : 주여, 오셔서 보옵소서.

유대인들 : (예수께서 눈물을 흘리시는 것을 보고) 보라. 그를 어떻게 사랑하였는가? (그중 어떤 이는 말하되) 소경의 눈을 뜨게 한 이 사람이 그 사람은 죽지 않게 할 수 없었더냐?

예수 : (다시 속으로 통분히 여기시며, 무덤에 가시니, 무덤이 굴이라. 돌로 막았거늘) 돌을 옮겨 놓으라.

마르다 : 주여, 죽은지가 나흘이 되었으매 벌써 냄새가 나나이다.

예수 : 내 말이, '네가 믿으면 하나님의 영광을 보리라' 하지 아니하였느냐? (돌을 옮겨 놓으니, 예수께서 눈을 들어 우러러 보시고) 아버지여, 내 말을 들으신 것을 감사하나이다. 항상 내 말을 들으시는 줄을 내가 알았나이다. 그러나 이 말씀하옵는 것은 둘러선 무리를 위함이니, 곧 아버지께서 나를 보내신 것을 저희로 믿게 하려 함이니이다. (큰 소리로) 나사로야! 나오라! (죽은 자가 수족을 베로 동인 채로 나오는데, 그 얼굴은 수건에 싸였더라.) 풀어 놓아 다니게 하라.

예수와 마르다와 마리아와의 위 대화 상황은 「요한복음」 제11장 20절로부터 44절까지로, 죽은 지 나흘이 되어 무덤에 있는 나사로를 예수가 기도로써 살려내는 정황 묘사이다. 사실, 이 정황 하나만으로도 많은 이야기가 가능하지만 다 생략하고, 앞서 소개된 엘리야가 어린 아이를 살리는 것과 예수가 젊은 나사로를 살리는 것을 비교할 때에 무엇이 다르며, 무엇이 같은가를 생각해 볼 필요가 있다. 곧, 죽은 자를 살리는 주체는 여호와 하나님인데, 그것을 대행하는 자는 엘리야에서 예수로 바뀌었고, 살아난 이가 어린 아이에서 청년으로 바뀌었으며, 죽음으로부터 경과한 시일이 다소 다르며, 이런 표적이 일어난 시대적 배경이 또한 다르다.

그러나 하나님에 대한 믿음과 간절한 기도로써 죽은 자를 살아나게 했다는 점은 동일하다. 여기서 간과해서는 안 될 사항이, 하나님의 존재하심과 그 능력을 주변 사람들에게 보여주어 믿게 하려는 목적에서 이루어진 하나님의 초자연적 현상으로서 표적이라는 사실이다. 다시 말하면, 하나님은 엄연히 살아계시며, 엘리야가 그 하나님의 사람임을 보여 주기 위해서 하나님이 친히 엘리야를 통해서 죽은 어린 아이를 살리는 능력을 보여주었듯이, 하나님과 그가 보내신 아들 예수를 사람들로 하여금 믿게 하기 위해서 하나님은 예수를 통해서 죽은 나사로를 살리는 초자연적 현상인 능력을 보여 주었던 것이다.

이처럼 죽은 자를 살리는 것은, 경전 안에서는 하나님만의 능력으로서 하나님의 실존을 입증해 보이는 중요한 수단이자 방편이다. 그런데 그것이 반복·기술되었다면 그것은 무엇을 뜻하는가? 있는 그대로의 사실 아니면 어떤 목적 달성을 위한 방편일 것이다. 이에 대한 판단은 독자들에게 맡기며, 하나님은 이처럼 죽은 사람을 쉽게 살리기도 하지만 살아있는 사람을 쉽게 죽이기도 했다는 사실을 더 확인해 보시라.

베드로 : (아나니아라 하는 사람이 그 아내 삽비라로 더불어 소유를 팔아 그 값에서 얼마를 감추매, 그 아내도 알더라. 얼마를 가져다가 사도들의 발 앞에 두니) 아나니아야, 어찌하여 사단이 네 마음에 가득하여, 네가 성령을 속이고, 땅값 얼마를 감추었느냐? 땅이 그대로 있을 때에는 네 땅이 아니며, 판 후에도 네 임의로 할 수가 없더냐? 어찌하여 이 일을 네 마음에 두었느냐? 사람에게 거짓말 한 것이 아니요, 하나님께로다!

아나니아 : (베드로의 이 말을 듣고, 엎드러져 혼이 떠나니, 이 일을 듣는 사람이 다 크게 두려워하더라. 젊은 사람들이 일어나 시신을 싸서 메고 나가 장사하니라.)

베드로 : (세 시간쯤 지나 그 아내가 그 생긴 일을 알지 못하고 들어오니) 그 땅 판 값이 이것뿐이냐? 내게 말하라.

삽비라(아나니아의 부인) : 예. 이뿐이로라.

베드로 : 너희가 어찌 함께 꾀하여 주의 영을 시험하려 하느냐? 보라. 네 남편을 장사하고 오는 사람들의 발이 문 앞에 이르렀으니, 또 너를 메어 내가리라.

삽비라 : (곧 베드로의 발 앞에 엎드러져 혼이 떠나는지라, 젊은 사람들이 들어와 죽은 것을 보고 메어다가 그 남편 곁에 장사하니, 온 교회와 이 일을 듣는 사람들이 다 크게 두려워하니라.)

베드로 앞에서 거짓말하는 아나니아와 그의 부인 삽비라가 변명 한 마디 못한 채 죽어 나가는 상황을 묘사한 사도행전 제5장 1절로부터 11절까지의 내용이다. 베드로가 말한 '주의 영' 곧 하나님의 성령을 시험하려 했다는 이유에서 베드로의 말이 떨어지기가 무섭게 두 사람이 즉시 죽어나갔다. 이처럼 영이신 하나님께서는 사람을 죽이는 일도 살리는 일만큼 쉬운 일이다. 성령을 속이고, 주의 영을 시험했다는 이유에서 베드로 앞에서 말 한 마디에 즉사한 부부 이야기이지만 이것의 원형 격인 사건이 있다. 그것은 다름 아닌 여호와 하나님에 의한 아론과 모세의 죽음이다. 이에 대해서는 다른 글 「아론과 모세의 특별한 죽음에 대하여」를 참고하기 바라고, 왜 이런 사건 기술이 연이어 나타났는가? 우리는 바로 이점을 생각해야 할 것이다.

여호와 하나님께서 스스로 내세운 초대 대제사장인 아론과 최초의 선지자인 모세를 엄명嚴命으로써 죽게 했다. 그 이유는 여호와 하나님을 불신하고, 시험했으며, 하나님의 말을 거역했다는 것이다. 이런 선대의 기록을 예수가 읽어 잘 알고 있었기에 예수는 제자들에게 성령을 훼방(마태복음 12:31, 마가복음 3:29) 하거나 거역(마태복음 12:32) 하거나 모독(누가복음 12:10)하는 자는 용서받을 수 없다고 강조하였다. 예수의 이런 가르침이 있었기 때문에 사도행전 집필자도 바로 이런 사건을 기술해 놓지 않았을까 싶다.

어쨌든, 분명한 사실은, 영이신 하나님께서는 사람을 죽이는 것도, 살리는 것도, 너무나 쉬운 일이라는 점이다. 경전 안에 기록된 일련의 사건들이 있는 그대로의 사실인지, 아니면, 하나님과 그 하나님의 말을 대신 전하는[하나님의 성령을 받는] 사람들을 믿고 따르게 하기 위한 경전 집필자들의 방편이었는지는 알 수 없다. 경전 안에서는 한사코 전자로 기술되어 있지만 이런 일들이 오늘날까지 문장으로만 기록되어 있는 것으로 보면 후자라는 생각도 드는 게 사실이다.

-2011. 03. 25.

'부활'에 대한
사도 바울의 믿음과 입증방식
-사도 바울의 3단계 부활론

①만일 죽은 자의 부활이 없으면 그리스도도 다시 살지 못하셨으리라. 그리스도께서 만일 다시 살지 못하셨으면 우리의 전파하는 것도 헛것이요, 또 너희 믿음도 헛것이며, 또 우리가 하나님의 거짓 증인으로 발견되리니, 우리가 하나님이 그리스도를 다시 살리셨다고 증거하였음이라. 만일, 죽은 자가 다시 사는 것이 없으면 하나님이 그리스도를 다시 살리시지 아니하셨으리라. 만일, 죽은 자가 다시 사는 것이 없으면 그리스도도 다시 사신 것이 없었을 터이요, 그리스도께서 다시 사신 것이 없으면 너희의 믿음도 헛되고, 너희가 여전히 죄 가운데 있을 것이요, 또한 그리스도 안에서 잠자는 자도 망하였으리니, 만일 그리스도 안에서 우리의 바라는 것이 다만 이생뿐이면 모든 사람 가운데 우리가 더욱 불쌍한 자리라(고린도전서 15:13~19).

사도 바울이 '부활復活'에 대하여 얼마나 확고한 신념을 가졌는지를 확인할 수 있는 대목이다. 하나님의 부활 능력과 계획이 없었다면 예수의 부활이란 것이 있을 수 없었고, 예수의 그것이 없었다면 하나님의 복음을 전파하는 자신은 하나님에 대한 거짓 증인에 지나지 않으며, 자신을 포함해서 예수를 믿는 사람들은 모두 불쌍할 따름이라는 논리다.

그러나 예수 부활이 없었다면 '우리 모두가 여전히 죄 가운데에 있게 되고, 그리스도 안에서 잠자는 자들도 다 망하였을 것이라'고 말한, 그것의 의미에 대해서는 좀 더 생각해보아야 할 것 같다. 이를 임의로 해석해보자면, 곧, '예수가 부활하지 않았다면' 이란 말은 '예수가 자신의 죽음으로써 자신을 통째로 하나님께 제물로 드려서 우리가 그 대신에 하나님으로부터 죄를 사면 받았는데, 그렇지 않았다면' 이라는 뜻과 다르지 않다. 그가 부활하지 않았다는 것은 하나님의 당초 계획이 아니기 때문에 상상할 수 없는 일이다. 바로 이런 전제, 곧 믿음이 있기 때문에 예수가 부활하지 않았다면 우리가 죄 가운데 있을 수밖에 없다는 판단을 내리는 것 같다.

그리고 '예수 안에서 잠자는 자' 란 예수의 가르침 곧 천국복음을 믿고 살다가 부활을 꿈꾸며 죽은 자들일 것이다. 그래서 예수가 부활하지 않았다면, 바꿔 말해, 죽은 자들의 부활이 없다면 결과적으로 사는 동안 헛고생했다는 뜻이고, 죽는 순간까지 지녔던 그 믿음조차 공약空約이 됨으로써 모든 것이 헛것이 되어버린다는 뜻일 것이다.

사도 바울이 이처럼 확신했던 부활에 대해서 당시에도 많은 사람들이 의심했던지라 바울로서는 그것을 적극적으로 입증해 보여야 했는데, 과연 그 입증 방법이 어떠했을까? 여간 궁금하지 않을 수 없다.

첫째, 사도 바울은 예수의 부활이 있었음을 분명하게 전제해 두어야 모든 사람의 부활이 있음을 말할 수 있기 때문에 예수의 그것을 먼저 입증해 보이려 노력했다.

②성경대로 그리스도께서 우리 죄를 위하여 죽으시고, 장사 지낸 바
되었다가, 성경대로 사흘 만에 다시 살아나사, 게바에게 보이시고, 후
에 열두 제자에게와 그 후에 오백여 형제에게 일시에 보이셨나니, 그
중에 지금까지 태반이나 살아 있고, 어떤 이는 잠들었으며, 그 후에 야
고보에게 보이셨으며, 그 후에 모든 사도에게와 맨 나중에 만삭되지
못하여 난 자 같은 내게도 보이셨느니라(고린도전서 15:3~8).

「고린도전서」 제15장 3절로부터 8절까지의 기록이다. 여기에서
예수는 '성경대로' 우리 죄를 사면시키기 위해서 죽으시고, 장사 지
낸 바 되었으나 '성경대로' 사흘 만에 다시 살아났다는 사실을 전제
했다. 그런 다음, 그(예수)가 여러 사람들에게 모습을 보였고, 자신에
게도 보였다는 것으로써 예수의 부활을 입증했다. 그러나 이것은 납
득될만한 입증방식이라고 생각되지는 않는다. 부활 후 사십 일이나
더 지상에 머물면서 제자들을 만나고, 하나님 나라의 일을 말씀하셨
다(사도행전 1:3)고 기록되어 있는데 '당연히 많은 사람들을 만나셨겠
지' 하면 그만이기 때문이다. 문제는 그런 기록 자체도 의심할 수밖
에 없기 때문이다. 다시 말해, 성경을 한낱 픽션으로 여기는 이들에
게 그 내용이 사실이라고 증명하기 위해서 그 안의 부분적인 내용을
가지고 주장하는 한계가 있다.
여하튼, 사도 바울은 예수의 부활을 그렇게 입증해 보였고, 부활
을 의심하는 사람들을 위해서 구체적으로 설명해 주었는데, 「고린
도전서」 제15장 35절로부터 56절까지의 기록이 그것이다.

③누가 묻기를, "죽은 자들이 어떻게 다시 살며, 어떠한 몸으로 오느냐?" 하리니, 어리석은 자여, 너의 뿌리는 씨가 죽지 않으면 살아나지 못하겠고, 또 너의 뿌리는 것은 장래 형체를 뿌리는 것이 아니요, 다만 밀이나 다른 것의 알갱이뿐이로되, 하나님이 그 뜻대로 저에게 형체를 주시되, 각 종자에게 그 형체를 주시느니라(고린도전서 15:35~38).

위 문장의 의미를 온전히 해독하기에는 그 구조나 그 비유적 표현이 썩 좋지는 않다. 그러나 나의 개인적 판단으로는 그 의미가 이러하다. 곧, '어떻게 죽은 자들이 다시 살 수 있으며, 어떤 몸으로 오느냐?' 라는 일반적인 질문에 사도 바울이 대답하기를, '①네가 뿌리는 씨가 죽지 않으면 살아나지 못하겠고, ②네가 뿌리는 것은 장차 나타날 형체를 뿌리는 것이 아니고, 밀이나 다른 것의 알갱이뿐인데, ③하나님이 각 종자에게 그 형체를 주시는 것처럼 죽은 사람에게도 그 뜻대로 형체를 주신다' 했다. 이런 뜻으로 말하고자 했지만 표현이 다소 모호하게 된 것 같다. 나의 이 판단이 옳다는 전제하에서 그 구체적인 의미를 생각해 보자.

먼저, ① '네가 뿌리는 씨가 죽지 않으면 살아나지 못하겠고' 라는 말은, 네가 뿌리는 씨가 죽어야 살아난다는 뜻이다. 이는 우리가 흔히 농작물의 종자를 땅에 뿌렸을 때에 뿌린 종자의 형체가 죽어 없어져야 – 사실은 죽어 없어지는 게 아니라 물질로서 이루어진 구조물[종자=씨앗]이 물과 열을 공급받아서 생화학적 반응을 일으키는 현상이지만 – 새싹이 난다는 자연적 현상을 염두에 두고 한 말 같다. 그렇다고 종자의 발아發芽현상을 인간의 부활이라고 한다면 크게 잘못된 판단이요 잘못된 비유比喩일 뿐이다. 종자의 발아를 굳이 사람의 일로 치면 자식을 두는 것과 같은 이치이고, 또한, 종자는 죽은 상태가 아니고 휴면상태로서 조건만 갖추어 주면 언제든지 발아되는 것일 뿐이다. 그런데 사람은 죽어서 생태계의 순환질서에 의해서 분해과정을 거칠 뿐이다. 죽은 몸이 완전히 없어지면서 새 몸으로 발아되듯이 나오는 것이 아니라는 뜻이다. 물론, 조건(물과 열)만 갖추어지면 언제든지 종자가 발아되듯이 사람에게도 조건만 갖추어지면 발아되듯 되살아난다는 논리인데, 그렇다면, 사람에게 필요한 조건이란 결국 하나님이 선택한 '시간'과 하나님만의 '권능'이라고 말할 수밖에 없을 것이다.

②'네가 뿌리는 것은 장차 나타날 형체를 뿌리는 것이 아니고, 밀이나 다른 것의 알갱이뿐인데'라는 말은 적절한 표현이 결코 아니다. 왜냐하면, 다음에 이어지는 문장, ③'하나님이 각 종자에게 그 형체를 주시는 것처럼 죽은 사람에게도 그 뜻대로 형체를 주신다'를 연계해서 해석해야 하는데, '네가 뿌리는 것은 밀 같은, 죽을 종자일 뿐'으로 해석되기 때문이다. 뿌려진 종자가 죽어서 새싹을 내듯이, 다시 말해, 하나님이 그 죽은 종자에게 새로운 형체를 부여하듯이 우리 인간의 죽은 몸에도 각자에 맞는 형체[몸]을 새롭게 준다는 것이다. 이 때 '각자에 맞는'이라는 말은 종자로 치면 종자마다 달리 가지는 형질일 것이고, 사람으로 치면 그 사람을 그 사람답게 하는 형질일 것이다. 문제는, 나는 유전학의 개념인 형질이라는 용어를 빌려 쓰고 있지만, 사도 바울처럼 믿는 자들은 사람의 외형과 내형 곧 형체인 몸을 부리는 주인으로서 '영혼'을 말할 것이다. 게다가, 하나님이 다시 부활시킬 때에는 어떠한 형체를 부여하시는지에 대해서 모호하게 말했다는 사실이다.

④육체는 다 같은 육체가 아니니, 하나는 사람의 육체요, 하나는 짐승

의 육체요, 하나는 새의 육체요, 하나는 물고기의 육체라. 하늘에 속한 형체도 있고, 땅에 속한 형체도 있으나, 하늘에 속한 자의 영광이 따로 있고, 땅에 속한 자의 영광이 따로 있으니, 해의 영광도 다르며, 달의 영광도 다르며, 별의 영광도 다른데, 별과 별의 영광이 다르도다. 죽은 자의 부활도 이와 같으니, 썩을 것으로 심고 썩지 아니할 것으로 다시 살며, 욕된 것으로 심고 영광스러운 것으로 다시 살며, 약한 것으로 심고 강한 것으로 다시 살며, 육의 몸으로 심고 신령한 몸으로 다시 사나니, 육의 몸이 있은즉 또 신령한 몸이 있느니라(고린도전서 15:39~44).

위 내용은, 하나님이 죽은 인간들을 부활시킬 때에 어떠한 형체[몸]로 시키는지에 대한 사도 바울의 해명이다. 그런데 부활 전과 부활 후의 형체에 대해서, 썩는 것과 썩지 않는 것, 욕된 것과 영광스러운 것, 약한 것과 강한 것, 육의 몸과 신령한 몸, 땅에 속한 형체와 하늘에 속한 형체 등으로 이분법적 시각에서 풀이하고 있다. 이것이 왜 문제인가? 사도 바울이 스스로 말한 하늘에 속한 형체, 곧 신령한 몸에 대해서 설명이 불가不可하기 때문이다. 설명이 불가하다는 것은 단순히 상상에 맡겨야 한다는 뜻이기도 하다. 다만, 사도 바울은 이런 대립되는 존재유형이 아담과 예수로부터 연유되었다고 주장한다.

⑤기록된 바, 첫 사람 아담은 산 영이 되었다 함과 같이 마지막 아담은 살려주는 영이 되었나니, 그러나 먼저는 신령한 자가 아니요 육 있는 자요, 그 다음에 신령한 자니라. 첫 사람은 땅에서 났으니 흙에 속한 자이거니와 둘째 사람은 하늘에서 나셨느니라. 무릇 흙에 속한 자는 저 흙에 속한 자들과 같고, 무릇 하늘에 속한 자는 저 하늘에 속한 자

들과 같으니, 우리가 흙에 속한 자의 형상을 입은 것 같이 또한 하늘에 속한 자의 형상을 입으리라(고린도전서 15:45~49).

사도 바울 시각에서 본다면, 아담은 신이 창조한 첫 사람으로 산 영靈이지만 육[肉=몸]을 가진 자요, 땅에서 나고 땅에 속한 자이다. 반면, 예수는 신이 창조한 마지막 사람으로 살려주는 영이요, 하늘에서 난 자이고, 하늘에 속한 자이다. 따라서 "아담 안에서 모든 사람이 죽은 것 같이 그리스도 안에서 모든 사람이 삶을 얻으리라(고린도전서 15:22)."말하고, 부활 전 인간은 아담과 같이 흙에 속한 존재이지만 부활 후에는 예수와 같은 하늘에 속한 형체가 된다는 것이다.

그렇다면, 우리는 하늘에 속한 형체가 어떻게 생겼으며, 어떤 형질[속성]을 갖는지에 대해서는 부활 후의 예수와 천사들을 통해서 확인하는 길밖에 없다. (이 부분은 별도의 연구가 필요하다.)

⑥형제들아, 내가 이것을 말하노니, 혈과 육은 하나님 나라를 유업으로 받을 수 없고, 또한 썩은 것은 썩지 아니한 것을 유업으로 받지 못하느니라. 보라. 내가 너희에게 비밀을 말하노니, 우리가 다 잠잘 것이 아니요, 마지막 나팔에 순식간에 홀연히 다 변화하리니, 나팔 소리가 나매, 죽은 자들이 썩지 아니할 것으로 다시 살고, 우리도 변화하리라. 이 썩을 것이 불가불 썩지 아니할 것을 입겠고, 이 죽을 것이 죽지 아니함을 입으리로다. 이 썩을 것이 썩지 아니함을 입고, 이 죽을 것이 죽지 아니함을 입을 때에는 사망이 이김의 삼킨 바 되리라고 기록된 말씀이 응하리라(고린도전서 15:39~54).

위 내용이, 부활 후의 예수와 천사들의 속성을 설명하는 것이라면 얼마나 좋겠는가. 부활의, 때와 의미와 자격을 설명하고 있는 내용이다. 곧, '썩을 것이 썩지 아니할 것이 되고, 죽을 것이 죽지 아니함을 얻는 것'이 곧 부활의 참 의미이며, 그 때는 '나팔 소리가 들리는 순간' - 이를 사도 바울은 그리스도의 날(고린도전서 1:8, 빌립보서 1:10, 2:16), 예수의 날(고린도전서 5:5, 고린도후서 1:14, 빌립보서 1:6), 진노의 날(로마서 2:5) 등으로 말하고 있지만 - 이라는 것이다. 그리고 '혈과 육은 하나님 나라를 유업으로 받을 수 없고, '썩은 것'은 썩지 아니한 것을 유업으로 받지 못한다'는 조건, 곧 부활자의 자격이 언급되어 있다. 이 때 썩은 것은 위에서 말한 '썩을 것'이 아니라 살면서 하나님의 천국복음을 믿지 않고 잘 못 산 사람을 말할 것이다. 그래야만이 사도 바울이 말한 말들이 상충되지 않고 논지論旨의 논리가 성립되기 때문이다.

⑦그러나 이제 그리스도께서 죽은 자 가운데서 다시 살아 잠자는 자들의 첫 열매가 되셨도다. 사망이 사람으로 말미암았으니 죽은 자의 부활도 사람으로 말미암는도다(고린도전서 15:20~21).

위에서는 부활의 전제조건이 밝혀지고 있다. 곧, "사망이 사람으로 말미암았으니 죽은 자의 부활도 사람으로 말미암는다."라는 명제가 그것이다. 그리고 이미 언급되었지만 부활의 두 번째 전제조건이 있다면 "죽은 자의 부활이 없으면 그리스도도 다시 살지 못하셨으리라(고린도전서 15:13)"란 명제일 것이다. 이것들이 바로 사도 바울이 부활이 있다는 것을 주장하게 되는 그 전제 조건인 것이다.

⑧그러나 각각 자기 차례대로 되리니 먼저는 첫 열매인 그리스도요,

다음에는 그리스도 강림하실 때에 그에게 붙은 자요, 그 후에는 나중이니 저가 모든 정사와 모든 권세와 능력을 멸하시고 나라를 아버지 하나님께 바칠 때라. 저가 모든 원수를 그 발 아래 둘 때까지 불가불 왕 노릇 하시리니, 맨 나중에 멸망 받을 원수는 사망이니라. 만물을 저의 발 아래 두셨다 하셨으니 만물을 아래 둔다 말씀하실 때에 만물을 저의 아래 두신 이가 그 중에 들지 아니한 것이 분명하도다. 만물을 저에게 복종하게 하신 때에는 아들 자신도 그 때에 만물을 자기에게 복종케 하신 이에게 복종케 되리니, 이는 하나님이 만유의 주로서 만유 안에 계시려 하심이라(고린도전서 15:23~28).

위에서는 부활이 이루어지는 횟수를 말하고 있다. 그것은 그리스도가 처음이고, 그리스도가 강림하실 때에 그에게 붙은 자들에게 이루어지는 부활이 두 번째다.

(여기서 그리스도가 강림하실 때란 예수가 심판하러 하늘에서 지상으로 내려오시는 날이다. 예수 재림을 믿게 하는 단서 가운데 하나이다. 그리고 그에게 붙은 자란 예수의 천국복음을 믿고 따랐거나 따르는 사람들일 것이다.)

그리고 예수가 모든 정사와 모든 권세와 능력을 멸하시고, 나라를 아버지 하나님께 바칠 때가 세 번째 이루어지는 부활이다. 사도 바울의 시각에서는 이처럼 부활이 세 차례에 걸쳐 이루어진다. (물론, 요한계시록에서도 같은 입장이다.) 그러니까, 지금까지는 첫 번째 부활만 있었고, 두 번째와 세 번째는 아직 도래하지 않았다는 뜻이다. 그야말로 믿거나 말거나이지만.

-2009. 09. 26.

예수가 '성경대로' 부활했다는 말의 의미에 대하여

사도 바울은 예수의 부활을 의심하는 사람들을 위해서 말하기를,

성경대로 그리스도께서 우리 죄를 위하여 죽으시고, 장사 지낸 바 되었다가, 성경대로 사흘 만에 다시 살아나사, 게바에게 보이시고, 후에 열두 제자에게와 그 후에 오백여 형제에게 일시에 보이셨나니, 그 중에 지금까지 태반이나 살아 있고, 어떤 이는 잠들었으며, 그 후에 야고보에게 보이셨으며, 그 후에 모든 사도에게와 맨 나중에 만삭되지 못하여 난 자 같은 내게도 보이셨느니라(고린도전서 15:3~8).

했다. 여기서, '성경대로' 라는 말이 두 차례나 쓰이고 있는데, 이 말은 ① '성경에 기록된 대로' 혹은 ② '(선지자를 통해서 성경에) 예언된 대로' 혹은 ③ '(하나님의) 각본[계획]대로' 라는 뜻임에 틀림없다. 그렇다면, 예수의 그런 부활이 성경 어디에서, 어떻게, 언급되고 있는가?

부활이라 함은 분명, '죽은 몸이 다시 살아난다' 는 뜻인데, 이런

492

뜻과 직간접으로 관련된 구절들이야 경전 안 여러 곳에서 찾을 수 있지만, 가장 강력하고 가장 분명한 것은, 예수가 자신의 입으로써 스스로 말한 내용을 기록하고 있는 「마태복음」 제12장 40절의 내용일 것이다. 곧, "요나가 밤낮 사흘을 큰 물고기 뱃속에 있었던 것 같이 인자도 밤낮 사흘을 땅 속에 있으리라(마태복음 12:40)."라는 언급이다.

이는 분명, 예수가 죽임을 당하기 전에 직접 한 말로서, 자신이 하나님의 아들임을 의심하는 서기관과 바리새인 중 몇 사람이 표적 보여주기를 원하자, 예수가 그들에게 한 예언으로서 표적을 미리 말한 셈이다.

이 말이 도대체 무슨 뜻이기에 예수의 부활을 미리 언급했다고 하느냐, 라고 많은 사람들이 질문할 수도 있을 것 같다. 그들을 위해서 설명하자면, 니느웨 성(지금의 시리아 땅인 앗수르에 있는 성)에 가서 '회개하라'고 외치라는 하나님의 명命을 '요나'라는 사람이 거역하고서 배를 타고 도망치려 할 때에, 하나님이 그 배를 폭풍으로 위태롭게 하자, 이방인 선원들이 그 요나를 물속에 던져버리게 되었다. 그러자 하나님은 미리 준비시켜 놓았던 큰 물고기로 하여금 그를 집어삼키게 했고, 물고기 뱃속에 갇힌 상황에서 요나는 사흘 동안 기도로써 하나님께 간구했다. 그 요나의 절박한 진심과 뜻을 상달 받은 하나님은 물고기로 하여금 육지에 그를 토해 놓게 했다(요나 2:10)는, 그야말로 믿거나 말거나인 동화童話 같은, '하나님과 선지자, 아밋대의 아들(요나 1:1) 요나와의 관계'를 떠올리면서, 예수 자신도 밤낮 사흘 동안 땅속에 있으리라고, 다시 말해 죽임을 당하지만 사흘 만에 하나님에 의해서, 하나님의 뜻에 의해서, 다시 살아난다는 것을 미리 언급했고, 그 같은 표적에 대해서 확신했던 것 같다.

그렇다면, 예수의 그런 예언 능력과 믿음은 어디에서부터 온 것이었을까? 하나님만이 알고 있는 하나님만의 각본[계획]이었을텐데, 「요나」서書를 비롯하여 여러 복음서들을 읽어서 하나님에 대한 절대적 믿음과 실천이 뒤따르기만 하면 하나님의 권능이 임하게 되어 어떠한 일도 다 이루어진다는, 간접경험에 대한 무한한 신뢰를 가졌기 때문일까? 아니면, 예수가, 하나님이 특별히 인류를 구원하기 위해서 임무를 주어 지상으로 내려 보낸 외아들이었기 때문에 아들로서 그가 이미 아버지 하나님의 뜻을 다 알고서 한 말일 뿐인가? 물론, 나는 전자前者라고 생각하지만 이 글을 읽는 독자의 판단에 맡기는 편이 나으리라는 생각도 든다.

그런데 그때에 예수는 '요나보다도 더 크고, 솔로몬보다도 더 큰 이가 바로 자기 자신'이라고 분명하게 덧붙였다(마태복음 12:41~42)는 사실이다. 다시 말하면, 예수는 자신의 정체성에 대해서 유대인 역사 가운데 종교적 정치적 큰 인물로 여겨졌던 이들, 곧 요나나 솔로몬보다 더 큰 의미를 자신에게 스스로 부여했던 것이다. 이는 그들(요나·솔로몬·예수 등)이 시대는 다르지만 대대로, 그리고 집단적으로 믿어온 하나님과 자신들과의 관계를 더욱 발전·심화시켜 왔던 과정상에 나타나는 현상이라고 해석하고 싶다. 필자의 다른 글 「예수의 출현에 대하여」에서 이미 언급한 바 있지만 「잠언」을 집필한 솔로몬 역시 자신의 정체성에 대하여 언급한 부분이 있는데 그것이 바로 그 생생한 증거라고 생각된다.

여호와께서 그 조화의 시작 곧 태초에 일하시기 전에 나를 가지셨으며, 만세 전부터, 상고부터, 땅이 생기기 전부터 내가 세움을 입었나니, 아직 바다가 생기지 아니하였고 큰 샘들이 있기 전에 내가 이미 났으며, 산이 세우심을 입기 전에, 언덕이 생기기 전에 내가 이미 났으니, 하나님이 아직 땅도, 들도, 세상 진토의 근원도 짓지 아니하셨을 때에라. 그가 하늘을 지으시며 궁창으로 해면에 두르실 때에 내가 거기 있었고, 그가 위로 구름 하늘을 견고하게 하시며 바다의 샘들을 힘 있게 하시며, 바다의 한계를 정하여 물로 명령을 거스리지 못하게 하시며 또 땅의 기초를 정하실 때에, 내가 그 곁에 있어서 창조자가 되어 날마다 그 기뻐하신 바가 되었으며 항상 그 앞에서 즐거워하였으며, 사람이 거처할 땅에서 즐거워하며 인자들을 기뻐하였었느니라(잠언 8:22~31).

이처럼 솔로몬도 하나님이 우주만물을 창조하기 전부터 자신이 창조주와 함께 있었다는 얼토당토 않는 말을 남겼는데, 이것이 무엇을 의미하는지에 대해서는 내 굳이 말할 필요가 없다고 생각한다. 그런 솔로몬처럼 예수도 동화童話 같은「요나」서書를 비롯하여「잠언」까지 다 읽어서 익히 알고 있던 터라 그[예수]로서는, 좀 더 정확히 말하여, 예수에 대한 경전 집필자로서는 요나나 솔로몬 뒤에 출현한 예수를 더 발전·심화된, 아니 더 격상된 위상으로 묘사해야 하지 않았나 싶다.

이런 예수의 부활과 관련하여 직접적인 다른 언급도 없지 않지만 {"인자가 많은 고난을 받고 장로들과 대제사장들과 서기관들에게 버린 바 되어 죽임을 당하고 사흘 만에 살아나야 할 것을 비로소 저희에게 가르치시되(마가복음 8:31)"} 경전 집필자는 무슨 근거로 '사흘 만에 부활'을 말할 수 있었던 것일까? 다시 말해서, 예수의 부활론이 하루아침에 갑자기 나올 리 없었건만 무엇에 근거하여 나왔는가를 생각해 볼 필요가 있다. 그것은「시편」과「이사야」서로부터「요나」서書에서 기인되었으리라는 판단이 가능하다. 곧, 「시편」에는 '땅 깊은 곳에서 다시 이끌어 올린다(시편 71:20)' 라는 말과 '우리를 다시 살리사(시편 85:6)' 라는 두 가지 직접적인 언급이 있다. 물론, 이들은 죽은 몸이 다시 살아난다는 직접적인 뜻이라기보다는 비유적인 표현으로서 그 의미가 더 크다. 이런 표현이 있었기 때문에 "주의 죽은 자들은 살아나고, 우리의 시체들은 일어나리이다. 티끌에 거하는 자들아, 너희는 깨어 노래하라. 주의 이슬은 빛난 이슬이니 땅이 죽은 자를 내어 놓으리로다(이사야 26:19)." 라고 언급한 「이사야」 서書가 나올 수 있었다는 생각을 하게 되는데, 이 언급은 하나님의 권능, 곧 창조주로서의 권한과 창조주로서의 능력을 인정하고 강조하는 수단으로 죽은 자들이 다시 살아난다는, 바꿔 말해, 하나님이 죽은 자를 살려낸다고, 당시로서는 매우 충격적인 표현을 하지 않았나 싶다.

그런데 왜, 하필, 사흘이냐는 질문도 가능하다고 본다. 이 사흘이라는 말은 경전 안에서 40일 만큼이나 많이, 습관적으로 사용되었다는 판단이 든다. 창세기로부터 요한계시록까지에서 무려 41회나 사용되는데, 그 쓰임새는 세 가지 유형으로 나타나고 있다. 곧, 그 하나는, 사흘 동안에 걸어가는 거리距離라는 뜻으로 '사흘길three-day journey' (창세기 30:36, 출애굽기3:18. 5:3, 8:27, 15:22)이라는 뜻으로 쓰였고, 그 둘은, 단순히 사흘 전후라는 특정 시점 내지는 시기를 뜻하는 말로서 사용되었다(사무엘상 9:20, 30:13, 마태복음 27:63, 누가복음 2:46, 요한복음 2:1, 사도행전 27:19, 28:1). 그리고 그 셋은, 어떤 일이 벌어지는 시간적 길이로서 '동안' 의 의미(창세기 40:13, 40:19, 여호수아 2:16, 2:22, 사무엘상 20:19, 30:12, 열왕기하 2:17, 역대상 12:39, 21:12, 역대하 20:25, 마태복음 12:40, 15:32, 26:61, 27:40, 27:64, 마가복음 8:2, 8:31, 14:58, 15:29, 누가복음 24:21. 요한복음 2:19, 사도행전 9:9, 10:40, 28:7, 28:12, 고린도전서 15:4, 요한계시록 11:9)로 쓰이고 있다. 이들을 일별하면, 성경 안에서는 사흘이라는 기간 동안에 벌어지는 사건들이 많다는 사실이고, 예수의 부활도 그 가운데 하나일 뿐이라고 단순하게 해석할 수 있다.

이처럼 예수의 입으로부터 나온 '부활'이라는 개념이 교리의 핵심으로 자리 잡기까지에는 선대[구약]의 유사개념이 점진적으로 확대·심화되어 이루어졌다는 사실을 확인할 수 있다. 사도 바울이 '성경대로' 예수가 부활했다고 말을 할 수 있었던 것도 다 같은 맥락이라고 판단된다. 더욱이, 사흘 만에 부활했다는 것도 따지고 보면, 선지자 요나가 사흘 만에 물고기 뱃속에서 구원되었다는 전례前例의 영향 탓이 아닐까 싶기도 하다. 그렇지 않다면야 당연히 하나님에게 있어 사흘이란 기간이 아주 특별한 의미가 있었을진대, 필자는 아직 그것을 찾지 못하고 있다.

-2010. 05. 17.

무함마드의 궁색한 부활 입증 노력

이슬람교 경전인 '꾸란'에서는, 하나님의 뜻에 의해서(80:22) 죽은 자들이 무덤 속으로부터 부활된다는데(22:7), 그것은 오로지 심판을 받고(64:7), 그 결과에 따라서 지옥과 천국으로 가기 위함이라고 말한다(101:4~9). 대단히 흥미로운 내용이다. 그렇지만, 부활하는 모습이 죽기 직전의 것인지, 아니면 개개인의 특정 시기의 것인지, 그리고 죽은 자 모두를 동시에 부활시키는지 아닌지, 그리고 천국과 지옥이 부활된 자들을 모두 수용할 수 있는 크기인지, 그야말로 유치한 질문이 꼬리에 꼬리를 물지 않을 수 없다.

그렇듯, 무함마드가 살아서 활동하던 당시에도, 이 부활에 대해서만큼은 많은 사람들이 필자처럼 의심했던 모양이다. 부활과 내세에 대한 불신자들은 불지옥으로 간다는 경고성 발언이 경전 내에 적지 않은 것을 보면 말이다. 따라서 무함마드로서는 그들의 의심을 적극적으로 해소시켜 주어야 했는데, 그 방식이 자신의 일방적인 부활 주장이나 다를 바 없어 유감스럽기 그지없다.

①이 때 아브라함이 강구하길, "주여, 죽은 자를 어떻게 소생시키나이까?" 이에 가로되, "네가 믿지 못하겠단 말인가?" "아닙니다. 그러나 제 마음이 평안하기 위해서입니다." 이에 가로되, "네 마리의 새를 잡아 그들을 길들여 각 언덕 위에 두고서 그들을 다시 불러보아라. 이에 그들은 서둘러 너에게로 오리라. 그리하여 권능과 지혜가 하나님께 있음을 알게 되리라(2:260)."

②인간들이여! 부활에 관하여 의심하고 있다면 태초의 창조를 보라. 실로, 우리가 너희를 흙에서 창조한 후 한 방울의 정액으로, 그런 후 응혈로, 그리고는 살을 붙이니 완전한 형상과 완성치 아니한 형상으로 되었더라. 이는 너희에게 우리의 능력을 보이고자 함이라. 또한, 우리의 뜻에 따라 정하여진 기간에 태내에서 자라게 한 후 아이로서 출산케 하고, 양육하여 충분히 성장토록 하다가, 너희 가운데 일부는 젊어서 죽음의 부름을 받게 하고, 너희 가운데 일부는 노령에 이르게 하여 알았던 자식마저도 알지 못하게 하느니라. 또한, 그대는 황폐하게 되고 생명을 잃은 대지를 보게 되리라. 그러나 우리가 그곳에 비를 내릴 때 대지는 다시 생동하고 솟아오르며, 모든 종류의 아름다운 초목들이 생성하느니라. 이것은 곧 하나님이 진리로 죽은 자를 살게 하시며, 모든 것에 전지전능하시는 분이시라(22:5~6).

③죽어 흙이 된 후 우리가 다시 소생한단 말인가! 그것은 이해될 수 없는 불가능한 것이라. 그들 중에 얼마나 많은 무리를 대지가 앗아갈 것인지, 우리는 이미 알고 있으니, 우리에게 보존된 기록이 있도다. 그러나 그들은 진리가 그들에게 도래하였을 때 그것을 부인했으니, 실로, 그들은 혼돈 속에 있도다. 그들은 그들 위의 하늘을 쳐다보고, 우리가 어떻게 그것을 창조하고 장식하되 그 안에 한 점의 결함이 없게 하였는가를 숙고하지 아니하느뇨? 또한, 대지를 넓게 두사, 그 안에 확고

한 산들을 두고, 그 안에서 아름다운 초목이 자웅으로 성장케 하심을 숙고하지 아니하는가! 이로써 하나님께 귀의하는 모든 종들로 하여금 지켜보고 찬미하도록 함이라. 또한, 우리는 하늘로부터 축복받은 비를 내리게 하사, 그로 하여 과수원을 가꾸고 곡식을 수확하도록 함이니, 높은 나클 나무에 주렁주렁 겹치어 열매를 주시어, 하나님의 종들을 위한 양식으로 하사, 죽은 대지에 생명을 주시었으니, 부활도 이와 같으니라(50:3~11).

①에서 보면, 아브라함조차 하나님에 의한 인간 부활이 어떻게 이루어지는지 궁금했던 모양이다. 죽은 자를 어떻게 소생시키느냐는 그의 질문에 대한 하나님의 대답이 걸작이다. 곧, "네 마리의 새를 잡아 그들을 길들여 각 언덕 위에 두고서 그들을 다시 불러보아라. 이에 그들은 서둘러 너에게로 오리라."가 그것이다. 죽은 자의 부활에 대한 직접적인 대답은 결코 아니라고 생각한다. 이를 굳이, 확대 해석하자면, 인간이 새를 길들여 자기 마음대로 부릴 수 있듯이 하나님은 인간을 창조하였기에 인간의 죽고 사는 문제를 마음대로 할 수 있다는 뜻으로밖에 달리 해석되지 않는다. 그렇다고 설득력이 있는 것도 아니지만.

②와 ③에서 보면, 부활을 의심하는 사람들에게 하나님에 의한 태초의 인간창조와 그 후 인간출산 방법 등을 통해서 하나님의 부활 능력을 확인할 수 있다는 것이다. 그리고 황폐해진 대지에 비를 뿌려 초목들을 자라나게 하듯이 죽은 인간을 얼마든지 부활시킬 수 있다는 암시가 깔려 있을 뿐이다. 결과적으로, 죽은 자의 부활을 입증하는 데에 자연현상을 그대로 원용하고 있는 셈이다. 그렇다고, 인간 부활에 대한 입증이 직접적으로 되었다고 보기에는 여전히 어렵

다. 이것이 바로 종교의 한계이다. 그렇기 때문에 경전에서는 하나님의 권능에 대한 무조건적인 믿음을 강조하지 않을 수 없는 것이다. 믿고 따르는 자에게는 천국에서의 영생을 보장한다는 '당근'을 주고, 불신자에게는 무시무시한 지옥으로 보낸다는 '채찍'을 휘두르면서 말이다(2:24, 22:19, 74:31).

이처럼 인간 부활을 입증하려는 데에 있어서 자연현상을 통해서 간접적으로 할 수밖에 없는 이슬람교의 한계성은 불교에서도 마찬가지다. 불교의 키워드인 '환생還生'을 설명하는데 있어서, 망고의 씨를 심으면 새로운 망고나무가 자라나 새 망고열매가 열리는 것으로서 했던 나가세나 스님의 설법66) 또한 조금도 다를 바 없는 수준이기 때문이다.

그렇다면, 예수교는 어떠한가? 예수교 역시 심판을 받고서 지옥에 가기 위한 부활과, 승천하여 천국에 가기 위한 부활이 있음을 입증해 보이기 위해서 예수 자신이 장사한 지 사흘 만에 부활했음을 강조하고, 또한 예수가 다른 죽은 자들을 살려내기도 했다. 하지만 지옥에 갈 때에는 몸과 영이 함께 있는 인간의 온전한 몸으로서 가지만, 천국에서 생활은 몸이 아닌 영이라고 하니 모호한 이중적인 표현을 피하지 못하고 있다. 게다가, 예수 자신은 죽은 몸이 부활되었다지만 형태상의 변화가 수반되었는지 제자들이 부활된 몸을 잘 알아보지 못했다. 그래서인지 오늘날 목사들은 영체靈體라는 해괴한 말을 만들어 쓰기도 한다.

-2008. 12. 09.

---

66) **나가세나** 스님의 환생에 관한 설법 내용은 졸문 「환생에 대한 반신반의」를 참고하기 바람. 이 글은 필자의 심층여행 에세이 『시간의 수레를 타고』 pp180~183에 실려 있음.

피를 부르는 '순교'를 권장하는
이슬람교의 메커니즘

　나는 이슬람교 경전인 '꾸란'을 일독하면서 적이 놀라웠다. 그 이유 가운데 하나가 하나님의 이름으로 현실생활을 가볍게 여기도록 조장하고, 동시에 두 가지 이유에서 대적하여 전쟁도 불사하라는, '이상한' 가르침이 있기 때문이다. 전쟁도 불사하라는 그 두 가지 이유란 하나님을 불신·배반하는 것과, 현실생활 속에서 잘못된 대인관계이다. 잘못된 대인관계란 거주지로부터 추방하거나, 침략하거나, 전쟁포로 보석금을 가로채거나, 경제활동에서의 속임수를 쓰거나, 약속을 이행하지 않는 것 등이다.

　그런데 중요한 것은 현실생활을 아주 가볍게 여겨야 죽은 다음에 전개된다는, 입증되지 아니한, 입증될 수도 없는 내세의 꿈같은 세계에 대해서 더욱 동경하게 되고, 그래야만이 자신들이 주장하는 하나님에 대한 신뢰가 생긴다는 사실이다. 이런 단계가 전제되어야 다음 단계인 하나님의 이름으로 사업을 펼칠 수가 있는 것이다. 하나님의 이름으로 펼치는 사업이란, 하나님을 믿고 따르는 신앙인으로서의 삶이고, 하나님을 불신하거나 배반하는 자들에 대한 경계·대적·전투 등을 벌이고, 현실생활 속에서 자신들에게 물질적·정신적 피해를 주는 사람들과 대적하여 전쟁과 순교를 불사하는 것이다. 하나님의 이름으로 펼치는 그 사업들을 수행하는 과정에서, 이를 두고 경전에서는 '하나님의 길'이라고 표현되었지만, 일신상의 모든 것을 포기하고 자신의 생명조차도 온전히 희생하기도 하는데 이를 '순교殉敎'라 한다. 이 순교를 노골적으로 강조하는 종교가 바로 이슬람교이다.

그렇다면, '꾸란'에서는 실제로 현실생활을 어떻게 경시하고 있으며, 전투·전쟁도 불사하고, 순교하라는 사실이 어떻게 묘사·표현되어 있는지 확인해 보자.

①모든 인간은 죽음을 맛보며, 심판의 날에 보상이 지불되도다. 지옥으로부터 구제된 자는 천국의 문이 열릴 것이며, 그곳에서 영광을 누리도다. 이 세상은 단지 기만의 속세에 불과하니라. (3:185)

②현세의 삶은 오락과 유희에 불과하니 가장 좋은 것은 내세의 안식처이며, 이는 곧게 사는 자들을 위한 것이니라. 너희들은 이해하지 아니함인가! (6:32)

③백성들이여! 현세의 삶은 지나가는 향락에 불과하니 영주할 곳은 내세이니라. (40:39)

④실로 현세는 유희와 오락에 불과하며, 허식과 권세로 풍성한 재산과 자손도 그러하거늘 그것을 비유하사 식물을 성장하게 하여 농부를 기쁘게 한 후 시들어 누렇게 되고 메말라 부스러지게 하는 벼와도 같도다. 그러나 내세에서는 사악한 자들에게는 가혹한 응벌이 있으되, 하나님께 헌신한 자 하나님의 관용과 기쁨이 있느니라. 실로 현세의 삶은 현혹된 향락에 불과하니라. (57:20)

⑤보라! 그래도 너희가 현세의 삶을 더 좋아하나 (87:16)

　내세가 더 좋으며 영원하니라. (87:17)

　위 ①~⑤까지는, 인간의 현실생활을, 아니, 인간 삶을 바라보는 이슬람교의 기본 시각을 확인할 수 있는 단서들이다. 분명한 사실은, 하나님의 계획 가운데 일부인 내세를 강조하려니 현세를 경시할 수밖에 없는 '습관적인' 혹은 '계산된' 잘못을 저지르고 있다는 점이다. 그들의 눈에 비친 현세의 삶이란 고작, '기만의 속세'이고, '오락과 유희' 내지는 '지나가는 향락'에 불과하며, 현혹된 것에 지나지 않는다. 이는 매우 부정적이고 왜곡된 시각일 뿐으로 위험천만한 생각이며, 그 폐해가 심각하다 아니 말할 수 없다.

　필자의 개인적인 생각을 굳이 밝히자면, 현세의 삶을 바르게 살기 위해서 내세가 준비되어 있다고 말하는 것은 몰라도, 입증되지도 않는 내세를 위해서 현세를 살라는 식의 말은 당치않다. 한마디로 말해, 앞뒤가 맞지 않는 모순이요, 어불성설語不成說이요, 함정이다. 한 인간이, 아니, 지상의 크고 작은 생명체들이 어떻게 태어나, 어떤 과정을 거쳐서, 어떻게 성장·결실하고, 마침내 늙어 죽게 되는지와, 생명체들 사이 관계를 꿰뚫어본다면 이것처럼 진지하고 거룩한 것도 없기 때문이다.

　그런데 어이하여 이런 말을 쉽게 하는지 이해할 수 없다. '세상살이가 너무나 힘들고 절망적이어서 그런 생각을 했나보다'라고 생각해 볼 수는 있지만 그릇된 시각임에는 틀림없다. 더욱 분명한 것은, 내세에 가서 영원히 잘 살겠다고 현실을 가볍게 여기면서 그것만을 꿈꾸거나 믿는 것은 인간의 부질없는 욕심이요, 현실도피일 뿐이라는 사실이다.

어쨌든, 현세의 삶은 한 순간의 오락이요 향락에 지나지 않는 만큼 인간은 모름지기 하나님을 위해서 살고, 그 분의 뜻을 전달하는 선지자의 가르침대로 살아야 한다는 것인데, 만약, 그 가르침에 문제가 있다면 어찌할 것인가?

①믿음을 가진 자들이여! 불신자들을 친구로 택하지 말라. 그들은 너희를 해치기 위해 노력을 아끼지 아니하며, 그들은 단지 너희의 파괴를 희망하고 있도다. 그들의 입들에서 증오가 발산되며, 그들의 마음은 더욱 사악하도다. 우리(하나님)는 너희에게 그 말씀을 설명했나니 너희는 알고 있느니라. (3:118)

②믿는 백성들이여! 하나님의 노여움을 받는 자들을 친구로 하지 말라. 그들은 내세에 관하여 실망하고 있나니, 이는 무덤 속에 있는 불신자들이 실망하는 것과 같으니라. (60:13)

③믿는 사람들이여! 믿음을 가진 여성이 너희에게 올 때 그녀들을 시험하라. 하나님은 그녀들의 믿음을 온전히 알고 계시니라. 그 때 너희가 그녀들이 믿는 여성들임을 발견했다면 그녀들을 불신자에게 보내지 말 것이라. 또한, 이 여성들은 그들에게 허락되지 아니하며, 또한 이들 불신자들은 그녀들에 대한 권리가 없도다. 그리고 그녀들에게 그들이 지불할 것은 주되, 너희가 지참금을 지불하고 그녀들과 결혼할 경우는 죄악이 아니거늘 믿지 않는 여성들과 결혼관계를 갖지 말라. 그리고 너희가 지불한 것을 요구하고 그들은 그들이 지불한 것을 요구하도록 하리니 그것이 하나님의 판정이라. 실로 하나님은 아심과 지혜로 충만하시도다. (60:10)

④우리(하나님)가 인간에게 명령하사 "부모에게 효도하라." 하였느니라. 그러나 그들(부모)이 너희로 하여금 나 외에 너희가 알지 못하는 다

른 것을 숭배하라 강요한다면 그들(부모)에게 순종하지 말라. 너희는 곧 내가 알려 줄 것이니라. (29:8)

⑤믿는 사람들아! 너희의 아버지들과 형제들이 믿음보다 불신을 택한다면 그들을 보호자로 택하지 말라 하였으니, 너희 가운데 그들을 보호자로 하는 자는 누구든 우매한 자들이라. (9:22)

위 ①~⑤까지를 보면, 하나님에 대한 불신자들을 친구 또는 결혼 상대로 교제하지 말라고 분명하게 강조하고 있다. 특히, 부모·형제가 불신자라면 그들에게도 순종하지 말라고까지 언급해 놓고 있다. 하나님에 대한 절대적인 신뢰를 그 무엇보다 중요시 여기고 있다는 증거다.

①하나님은 종교를 이유로 너희에게 대적하고, 너희를 너희 주거지로부터 추방하며, 너희를 추방함에 협력한 이들과 우정을 맺는 것만을 금지하셨나니 그들과 우정 맺는 자 누구든 의롭지 못한 자들이라. (60:9)

②침략하는 자들에 대항하여 투쟁하는 것이 너희에게 허락되나니 모든 잘못은 침략자들에게 있느니라. 진실로 하나님은 전지전능하사 너희에게 승리를 주시니라. (22:39)

③일러 가로되, "너희 선조들과, 너희 후손들과, 너희 형제들과, 너희 아내들과, 너희 친척과, 너희가 획득한 재산과, 거래가 없을까 두려워하는 상품과, 너희가 바라는 주거지들이 하나님과 선지자와 하나님의 길에서 투쟁하는 것보다 귀중하다면 기다리라. 하나님께서 명령이 있으리라. 하나님은 우매한 백성은 인도하지 아니 하시니라." (9:24)

506

위 ①~③까지를 보면, 종교적인 이유로 적대시하고, 거주지로부터 추방하는 자들과는 친교관계를 맺어서는 안 된다고 분명하게 못박고 있다. 게다가, 침략하는 자들과는 맞서 투쟁하는 것이 허락되었다며 사실상 권장하고 있다. 심지어, 현실적인 계산을 앞세워 비협조적인 사람들에게는 '하나님이 우매한 백성은 인도하지 않는다.'고 우회적으로 비판하는 모습도 드러나 있다.

이처럼 이슬람교에서는 하나님에 대한 믿음을 강조하고, 불신자들과 자신들에게 피해를 입히는 자들에게는 경계·시험·대적·투쟁·순교하라고 독려하는데, 그 과정에서 아주 달콤한 약속을 빼놓지 않는다.

①(무함마드여!) 수천이나 되면서 죽음이 두려워 그들의 집을 떠난 이들을 보지 아니했는가! 하나님께서 그들에게 이르사, "순교하라. 그리하면 다시 소생케 하리라." 실로, 하나님은 인류에게 은혜를 주시는데 많은 백성이 감사할 줄 모르더라. (2:243)

②하나님의 길에서 살해당했거나 죽었다면 하나님으로부터 관용과 자비가 있을지니, 이는 생전에 축적한 것보다 나으리라. (3:157)

③하나님의 길에서 순교한 자가 죽었다고 생각지 말라. 그들은 하나님의 양식을 먹으며, 하나님 곁에서 살아있느니라. (3:169)

④그들은 하나님이 주신 은혜 가운데서 기뻐하며, 그들과 함께 하지 못하고 그들 뒤에 올 그들 순교자들을 기쁘게 할 것이며, 그곳의 그들에게는 두려움도 없으며, 슬픔도 없느니라. (3:170)

⑤그로 하여금 하나님의 길에서 투쟁케 하라. 이들은 현세를 버리고 내세를 구하려 함이거늘 하나님의 길에서 투쟁하는 자에게는 살해를 당하든 승리를 거두든 우리(하나님)는 그에게 크나큰 보상을 주리라.

(4:74)

⑥믿음을 가진 신앙인들은 하나님을 위하여 투쟁하고 믿음을 불신하는 자들은 사탄을 위해서 투쟁하나니 사탄의 무리와 투쟁하라. 실로 사탄의 교활함은 허약할 뿐이니라. (4:76)

⑦하나님의 길에서 성전하라. 그 성전은 그분의 권리이니라. 그분께서 너희를 선택하사 아브라함의 신앙심이 종교 안에서 너희를 어렵게 하지 않느니라. 그분은 전에도 그랬고, 오늘날에도 너희를 무슬림이라 부르셨으며, 그 선지자가 너희에게 증인이 되고, 너희는 백성들에게 증인이 되리니, 예배를 드리고 자카트(종교 구빈세:헌물·헌금)를 바쳐라. 그리고 하나님을 따르라. 그분은 보호함과 도와주심이 가장 으뜸가신 보호자이시니라. (22:78)

⑧믿는 사람들이여! 나(하나님)의 적과 너희 적을 친구로 하여 너희에게 도래한 진리를 거역하고, 너희 주님 하나님을 믿는다 하여 선지자와 너희 자신들을 추방한 그들에게 사랑을 베풀려 하느뇨? 너희가 나(하나님)의 길에서 성전하고 나의 기쁨을 추구하려 한다면, 그들에게 사랑을 베풀지 말라. 나는 너희가 숨기는 것과 드러내는 모든 것을 알고 있나니 이렇게 행하는 누구든 올바른 길에서 벗어났느니라. (60:1)

⑨실로 하나님은 하나님의 명분을 위하여 대열에 서서 견고한 건물처럼 자리를 지키며, 전투에 임하는 자들을 사랑하시니라. (61:4)

⑩그들의 주님께서 그들에 응하사, 나(하나님)는 남녀를 불문하고 그들이 행한 어떠한 일도 방임치 않으니 너희는 서로이니라. 그들의 집을 떠났거나 추방당했거나 나의 길에서 수고한 자 투쟁이었거나 살해당한 그들을 위해 그들을 속죄하여 줄 것이며, 그들을 강이 흐르는 천국으로 들어가게 하리니, 이는 하나님으로부터 보상이니라. 그 중 좋은 보상은 하나님께 있느니라. (3:195)

위 ①~⑩까지를 보면, 순교하는 자들을 하나님이 각별히 사랑하는데, 그 사랑은 보상으로 이루어진다. 그 보상은 다시 살아나 하나님의 양식을 먹으며, 두려움과 슬픔도 없이 하나님 곁에서 산다는 것이다.

경전에 이러한 원색적인 구절들이 많다는 것은 한번쯤 생각해 볼 필요가 있다. 인간이란 교육에 의해서 비로소 온전한 인격체가 될 수 있는데 그 교육과정에 이런 경전 구절로써 되풀이하여 교육된다면 피교육자는 어떻게 되겠는가?

솔직히 말해, '꾸란'을 읽다보면 하나님에 대한 믿음을 강조하고 집착한 나머지 불신자들은 투쟁을 해서라도 멸망시켜야 한다거나, 아니면 지옥에 간다는 식의 중언부언重言復言이 너무 많다는 사실을 지각하게 된다. 왜 그렇게 강조했을까? 어쩌면, 무함마드가 유대인의 신, 하나님에 매료되었고, 동시에 유대인에 대한 콤플렉스가 있지 않았을까 싶다.

이를 뒤집어 말하면, 그만큼 유대인과 이방인으로부터 고통을 받았다는 뜻이고, 자신들의 결속과 행동통일을 요구하는 삶에 어떤 의미를 부여해주는 구심점 구실을 하는 존재가 있어야 했는데, 바로 그 자리에 유대인의 하나님을 차용해 놓았던 것으로 보인다.

이제는 한 수 더 두어서 "하나님 앞에서의 종교는 이슬람뿐이며, 이전에 성서를 받은 자들도 달리하지 아니하였으나 그 후 그들에게 그른 지식이 도래하였도다. 하나님의 말씀을 불신하는 자 하나님의 심판이 있으리라(3:19)."라고 오히려 유대인의 하나님으로 유대인을 훈계하고 있다. 그러면서 "이슬람 외에 다른 종교를 추구하는 자 용인되지 않을 것이며, 내세에서 패망자 가운데 있게 되니라(3:85)."라고 배수진까지 쳐 놓고 있다.

이것들이 과연, 하나님의 진정한 뜻일까? 아니면, 이방인과 이민족에 대한 오래된 콤플렉스를 스스로 노출시키고 있는 것일까? 독자 여러분이 판단하기 바란다.

-2008. 12. 18.

모세에게 주었던 십계명을 새기어 104센티미터 크기로 만든 구리 십자가(6세기 작품)
VIth century Bronze Cross(height 104cms) with engraved representations of the giving of The 'Decalogue' to Moses.

신에 대한 믿음을 강조하는
이슬람교와 예수교의 본질적 차이

신에 대한 믿음을 강조하지 않는 종교는 없다. 왜 그럴까? 그만큼 인간들이 주장하는 신이란 존재의 실존을 입증하기 어렵기 때문이고, 그 자체가 다른 사람들에게 믿기지 않기 때문이고, 또한 그런 신조차 없다면 자신들의 이야기나 사업이 존재할 수 없기 때문일 것이다. 특히, 이슬람교에서는 이웃 유대인의 신[하나님]을 받아들여야 하는 입장이었기 때문에 현지인들의 의심과 불신이 많았던 모양이다.

그래서 경전인 '꾸란'에서는 하나님을 의심하거나 조롱하거나 불신하는 자들은, 살아서는 방황과 치욕을 맛보게 되며, 하나님의 응징을 받기도 하고, 죽어서는 심판 날에 부활되어 모두 지옥에 가서 유황불이나 끓는 물 등으로 벌을 받는다고 수없이 강조하고 있다. 심지어는, 하나님의 길에서 하나님을 불신하는 자들과는 친구 또는 결혼상대로도 교제하지 말고, 사업 파트너로서도 교류하지 말고, 필요시 그들과 성전聖戰하여 순교殉敎하라고까지 말한다. 그러면서 하나님의 종인 선지자가 알려준 방식대로 하나님에 대한 믿음을 실천하라고 요구한다.

그 실천의 방법으로서 ①신앙의 증언 ②예배 ③단식 ④종교 구빈세(헌물·헌금) 납부 ⑤성지 순례 등 다섯 가지를 공식화하고 있고, 독특한 이슬람 문화를 형성하는 데에 기여하고 있는, ⑥갖가지 계율을 생활 속에서 지키라고 요구하고 있다.

반면, 예수교에서는 하나님으로부터 모세가 직접 받았다는 십계명 가운데 그 첫 번째로부터 네 번째 계율까지에서 하나님에 대한 믿음을 실천하라는 내용이 지시되어 있다.

곧, ①너는 나 외에는 다른 신들을 네게 있게 말지니라 ②너를 위하여 새긴 우상을 만들지 말고, 또 위로 하늘에 있는 것이나, 아래로 땅에 있는 것이나, 땅 아래 물속에 있는 것의 아무 형상이든지 만들지 말며, 그것들에게 절하지 말며, 그것들을 섬기지 말라 ③너는 너의 하나님 여호와의 이름을 망령되이 일컫지 말라 ④안식일을 기억하여 거룩히 지키라 등이 그것이다. 결국, 이 네 가지 계율은 '네 마음을 다하고, 목숨을 다하고, 뜻을 다하여 주 너의 하나님을 사랑(마태복음 22:37, 마가복음 12:30, 12:33, 누가복음 10:27)'하라는 예수의 가르침과 동일한 것이다.

그리고 예수교에서도 하나님에 대한 믿음을 강조하기 위해서, '하나님을 미워하는 자의 죄를 갚되 아비로부터 아들에게로 삼사 대까지 이르게 하거니와, 나를 사랑하고 내 계명을 지키는 자에게는 천 대까지 은혜를 베푸느니라(출애굽기 20:6, 34:7, 신명기 5:10, 7:9),'라는 조건을 붙였다. 하나님에 대한 불신 죄를 지었다는 이유에서 하나님은 인간에게 삼사 대에 걸쳐서 죗값을 치르게 하겠다는 '채찍'을 휘두르면서 엄포를 놓고 있는 셈이다. 그러면서 동시에 자신을 사랑하는 이들에게는 천대千代까지 은혜를 베풀겠다고 달콤한 '당근'을 제시하고 있다. 그 채찍의 고통이 어떠하며, 그 당근의 맛이 어떠한지는 상상에 맡길 따름이다. 그 죗값과 그 은혜가 각각 구체적으로 어떠한 것인지에 대해서는 언급되지 않아 단정적으로 말할 수 없기 때문이다.

그런데 예수가 이 땅에 오신 후로는 하나님에 대한 믿음이 더욱 강조되는데, 실천하라고 한 그의 요구사항에 비하면 모세의 네 계명은 그저 단순한 것이 되고 만다. 이를 이해하기 쉽게 보충설명하자면, 예수는 하나님에 대한 믿음을 '천국의 의義를 구하는 삶'으로 동일시했고, 그 구체적인 실천 방안으로서 아홉 가지 계율을 강조하셨다.

곧, ①생명으로 인도하는 좁은 문으로 들어가라(이는 설명이 필요한 비유적 표현인데, 간단히 말하면, 인간이란 육신을 위한 '떡'으로만 살 수 없고, 영적 영역에 하나님 말씀으로 채우는 삶을 살아야 한다는 뜻이다. 전자보다는 후자에 더 큰 비중을 두고 살라는 뜻이다.) ②너희를 위하여 보물을 땅에 쌓아 두지 말고 하늘에 쌓아두라 ③네 목숨을 위하여 의식주를 걱정하지 말라 ④하나님을 믿고, 우상을 숭배하지 말며, 다른 신을 섬기지 말라 ⑤스스로 랍비(목사·신부 등)라 칭함을 받지 말라 ⑥땅에 있는 자를 아비라 하지 말라 ⑦십일조를 내라 ⑧깨어있으라(이 또한 설명이 필요한 비유적 표현인데, 예수가 모든 권한을 하나님으로부터 위임받아 인류를 심판하기 위해서 다시 오는 날과 그 시각을 염두에 두고, 그 날 그 시각을 놓치지 않기 위해서 기다리는 심정으로 가르침대로 살라는 뜻이다.) ⑨너희 조상의 양을 채우라(이 또한 설명이 필요한 비유적 표현인데, 그동안 하나님이 내세운 여러 선지자들을 인간들이 몰라보고, 오히려 핍박하거나 죽인 죄를 범했으므로, 그 대가로서 선지자들이 당한 고통과 핍박을 감수하는, 그리하여 하나님의 의를 세울 수 있는 사람이 되고, 그런 사람들을 따르라는 뜻이다.) 등이 그것이다. 하나님에 대한 전적인 신뢰가 있기 전에는 어느 것 하나도 실천할 수 없는 것들이다.

또한, 하나님에 대한 믿음을 강조하기 위해서, 세상 끝날에 심판이 있고, 그 결과에 따라서 천국과 지옥으로 나뉘어져 간다는 대전제를 세웠다. 이는 이슬람교와 조금도 다를 바 없지만 천국과 지옥의 실체가 다르고, 심판의 구체적인 절차와 방법이 또한 다르다. 한마디로 말해, 겉모습은 같아보여도 그 속모습은 현저하게 다르다는 사실이다. 아니, 다른 정도가 아니라 같은 하나님을 믿는 사람들인지, 다시 말해, 같은 하나님의 약속인지 심히 의심스러울 정도다.

그 다름의 핵심을 말하자면, 이슬람교에서는 오로지 하나님이 심판하기 위해서 죽은 자들을 모두 부활시키고, '기록부'에 의해서 심판한다. 그리고 그 결과에 따라 천국과 지옥으로 분류하여 보내는데, 하나님에 대한 믿음을 실천한 자와 선행자들은 천국으로 가고, 불신자와 악행자들은 지옥으로 간다.

그러니까, 이슬람교에서의 심판이란, 불신자와 믿는 자를 분류하고, 악행자와 선행자를 분류하는 일이다. 그런데 그 일은 하나님에게는 매우 쉬운 일이라 한다. 문제는, 천국이 하늘나라 그 어딘가에 있는 것이 아니라 '에덴동산'이 다시 주어지며, 그곳에는 강물이 흐르고, 온갖 과일이 넘치며, 금은보석으로 치장된 침실과 의자와 침구 등이 있으며, 심지어는 배우자까지도 주어지고, 늙지도 않는 젊은이들이 각종 음료와 필요한 음식물 등을 가져다주는 서비스를 제공하는, 이상야릇한 곳이다.

반면, 예수교에서는 하나님으로부터 왕권을 부여받은 예수가 천사들과 함께 세상 끝날에 심판을 하되, '생명책' 혹은 '기념책'에 기록된 대로 한다. 그 절차는 천국에서 악한 영들과 먼저 전쟁을 치러 승리하고, 그 다음에 지상의 죄인들을 여러 가지 방식과 수단으로써 징벌하여 멸망케 한다. 물론, 이때는 하나님으로부터 인[도장]을 받은 사람들은 그 징벌에서 제외되어 구제된다. 그리고 죽은 자들은 육체가 아닌 영만을 부활시켜 심판의 결과대로 천국으로 가게 한다. 따라서 천국에서는 지상의 혈연 및 대인관계도 없고, 인간처럼 먹고 마시는 즐거움도 없으며, 오로지 하나님의 자녀로서 천사처럼 영적인 존재로서 살며, 하나님의 명을 받들고, 하나님만을 찬양하며 사는, 전혀 다른 기쁨(?)이 있을 뿐이다.

그리고 지옥의 위치·규모·구조 등에 대해서도 두 종교가 구체적으로 설명하지는 않지만, 이슬람교의 지옥에 가면 유황불과 끓는 물과 쇠로 된 채찍이 있고, 가시로 된 나무를 먹는다고 말한다. 반면, 예수교의 지옥에는 그저 불구덩이가 있고, 어둠이 있을 뿐이다. 지옥이 따로 마련되어 있다기보다는 심판의 날에 여러 가지 수단으로 멸망당하는 상황 그 자체를 지옥으로 여기는 면이 없지 않다.

이처럼 두 종교는 하나님에 대한 믿음을 강조하고, 인간의 삶[행위와 마음]을 심판하고, 그 결과에 따라서 천국과 지옥으로 보내어 보상과 벌을 받게 한다는데, 그 천국과 지옥의 실체가 완전히 다르다. 이는 하나님이 선지자들을 내세워 인간으로 하여금 지키라고 하는 계율들이 변화하는 것과 함께 하나님을 의심하게 하는 가장 핵심적인 요소라 아니 말할 수 없다. 하나님의 마음과 계획이 바뀐 게 아니라 하나님을 바라보는 인간의 마음이 바뀐 것이라고 생각한다. 이는 곧 하나님이 인간을 창조한 것이 아니라 인간이 하나님을 창조했다는 뜻이기도 하지만 말이다.

그렇다면, 이슬람교에서 믿는 하나님이란 어떤 하나님인가?

경전에 언급되고 있는 하나님의 정체성에 대하여 종합·정리하자면, 이러하다. 곧, ①엿새 동안에 말씀으로 하늘과 땅, 그리고 그 사이 모든 만물을 창조하신 하나님이며, ②인간에게 지키기를 원하는 갖가지 계율을 주시고, 자신의 뜻을 전하기 위해서 천사와 선지자[예언자] 등을 부리시며, ③인간을 심판하기 위해서 죽은 자들을 부활시키고, ④그 결과에 따라 천국과 지옥으로 보내어 영생 아니면 영벌을 받게 하는, 인류의 심판자이다. 그리고 ⑤낳지도 태어나지도 않았으며, 처음부터 마지막까지 계시지만 나타나지도 않는 분으로 ⑥전지전능하며 자비로우시다. 뿐만 아니라, ⑦가브리엘 천사로 하여금 무함마드에게 '꾸란'을 계시하게 한 분이시며, ⑧노아·아브라함·이삭·이스마엘·모세·예수 등을 비롯하여 그밖에 많은 선지자들에게 계시를 준 인류의 유일한 신이요 왕으로서 하나님이다.

이처럼 이슬람교에서 말하는 하나님이란 창조주요, 주관자요, 심판자로서 처음과 끝인 유대교의 하나님과 다르지 않다. 다만, 예수에 대해서는, 마리아의 아들이고, 하나님의 종 가운데 한 분으로 이스라엘 자손들에게 교훈이 되도록 신약을 주었으며, 무함마드의 복음을 확증한 선지자이며, 심판의 날이 다가옴을 예시하기 위해서 다시 오며, 하나님도, 하나님의 아들도 아니며, 오로지 하나님 가까이 있는 자들 가운데 한 분이라 한다.

다시 그렇다면, 분명한 것은, 이슬람교의 하나님은, 먼저 있던 유대인의 하나님을 차용했다는 사실이다. 아니, 차용한 게 아니라 유대인의 하나님을 무함마드가 가로채어 사막의 옷을 입힌 것이 바로 이슬람교의 하나님이라는 생각을 떨칠 수 없다. 왜냐하면, 이슬람교에서 말하는 하나님이 곧 유대교의 하나님이고, 예수가 스스로 말한, '하늘에 계신 아버지 하나님'임에 틀림없는데, 그 분이 선지자로 선택했다는 예수와 무함마드의 가르침 가운데에는 극에 달할 정도로 상반된 요소들이 많기 때문이다. 곧, 하나님을 믿고, 경배하며, 겸손해야 하고, 인내심을 갖고 계율을 지키며, 사회적 약자인 어린이나 고아나 여자나 가난한 사람들에 대해서는 각별한 배려를 해야 한다고 요구하는 점은 같거나 유사하지만, 이웃사랑에 대해서는 완전히 다르다.

다시 말해, 예수는 네 이웃을 네 몸과 같이 사랑하라고 말하면서 덧붙이기를, 악한 자를 대적하지 말고, 원수를 사랑하며, 자신을 핍박하는 자를 위해서 기도하라고까지 했다. 심지어는 ①누구든지 네 오른편 뺨을 치거든 왼편도 돌려 대며, ②너를 송사하여 속옷을 가지고자 하는 자에게 겉옷까지도 가지게 하며, ③누구든지 너로 억지로 오리를 가게 하거든 그 사람과 십리를 동행하고, ④네게 구하는 자에게 주며, ⑤네게 꾸고자 하는 자에게 거절하지 말고, ⑥잘못을 저질렀을 때에는 490번이라도 용서하라고 말했다. 뿐만 아니라, 형제간에 각별히 사랑하라하면서, ⑦예물을 제단에 드리다가도 네 형제에게 원망들을 만한 일이 생각나거든 예물을 제단 앞에 두고 먼저 가서 형제와 화목하고 그 후에 와서 예물을 드리고, ⑧네 형제가 죄를 범하거든 그 사람을 상대하여 권고하고, 만일, 듣지 않거든 한두 사람을 데리고 가서 두 세 증인의 입으로 말마다 증참케 하고, 만일, 그들의 말도 듣지 않거든 교회에 말하고, 교회의 말도 듣지 않거든 이방인과 세리와 같이 여기라고 했다.

이에 반해, 무함마드는 ①침략하는 자들에 대항하여 투쟁하는 것이 너희에게 허락되나니 모든 잘못은 침략자들에게 있느니라. 진실로 하나님은 전지전능하사 너희에게 승리를 주시니라(22:39). ②믿는 사람들이여! 나(하나님)의 적과 너희 적을 친구로 하여 너희에게 도래한 진리를 거역하고, 너희 주님 하나님을 믿는다 하여 선지자와 너희 자신들을 추방한 그들에게 사랑을 베풀려 하느뇨? 너희가 나(하나님)의 길에서 성전하고 나의 기쁨을 추구하려 한다면, 그들에게 사랑을 베풀지 말라. 나는 너희가 숨기는 것과 드러내는 모든 것을 알고 있나니 이렇게 행하는 누구든 올바른 길에서 벗어났느니라(60:1). ③ 하나님은 종교를 이유로 너희에게 대적하고 너희를 너희 주거지로부터 추방하며, 너희를 추방함에 협력한 이들과 우정을 맺는 것만을 금지하셨나니 그들과 우정 맺는 자 누구든 의롭지 못한 자들이라(60:9). ④믿는 백성들이여! 하나님의 노여움을 받는 자들을 친구로 하지 말라. 그들은 내세에 관하여 실망하고 있나니, 이는 무덤 속에 있는 불신자들이 실망하는 것과 같으니라(60:13)고 했다. 심지어는 하나님의 길에서 성전하고(22:78), 순교하고(2:243), 전투에 임하는 자들을 사랑한다(61:4)고 강조하고 있다.

예수를 통해서 하신 말씀과 무함마드를 통해서 하신 말씀에 왜 이런 차이를 보이는가? 세월이 흐르면서 하나님의 마음과 계획이 바뀌었다는 말인가? 결단코, 그렇지는 않을 것이다. 하나님을 바라보는 인간의 마음이 바뀌었을 뿐이다.

-2008. 12. 16.

'발람'에 대한 오해
- 경전 기술상의 문제를 제기하다

[제1장1막]
(모세가 애굽으로부터 이스라엘 자손들을 이끌고 나와 요단 건너편 여리고 맞은편에 진을 치자 모압의 왕 발락이 심히 두렵기도 하고 걱정이 되어서)

발락 왕 : (소집된 미디안 장로들에게) 이제 저 무리가, 소가 밭에 풀을 뜯어먹는 것 같이 우리 땅 사면에 있는 것들을 다 뜯어먹으리로다.

(발락 왕이 회의를 마치고, 당대 최고의 주술사인 발람에게 모압 미디안 장로들로 구성하여 예물을 휴대시킨 채 특별사신을 보낸다.)

사신 : (사신이 발람 주술사에게) 보십시오. 한 민족이 애굽에서 나왔는데, 그들이 지면에 덮여서 우리 맞은편에 진을 쳤으되 우리보다 강하니, 청컨대, 오시어서 우리를 위하여 저 백성들을 저주해 주십시오. 발락 왕이 친히 저들을 쳐서 이기어 이 땅에서 반드시 몰아낼 것입니다. 고명하신 발람 주술사께서 복을 비는 자는 복을 받고, 저주하는 자는 저주 받을 줄을 저희가 익히 들어서 잘 알고 있사옵나

이다.

발람 : 오늘 밤은 여기서 유숙하십시오. 여호와께서 내게 이르시는 대로 알려드리리라. (그리하여 발락 왕의 사신들이 발람 주술사의 집에서 하룻밤을 묵는다.)

하나님 : (발람에게 임하여) 너와 함께한 이 사람들이 대체 누구이뇨?

발람 : 십볼의 아들이자 모압의 왕인 발락이 제게 보낸 사신들이옵니다. 그들이 제게 이르기를, '애굽에서 나온 민족이 온 땅에 덮였으니, 발락 왕을 위해서 그들을 저주해 달라 했으며, 그리하면 발락이 그들을 쳐서 몰아내겠다.' 하였사옵니다.

하나님 : 너는 그들과 함께 가지도 말고, 그 백성을 저주하지도 말라. 그들은 복을 받은 자니라.

발람 : (아침에 일어나서 발락의 사신들에게) 그대들은 그대들의 땅으로 돌아가십시오. 내가 그대들과 함께 가기를 여호와께서 허락하지 아니하셨습니다.

사신 : (돌아가 발락 왕에게) 발람 술사가 감히 청을 거절하였사옵나이다. (별수 없이 발락이 더 높은 직급의 귀족들을 더 많이 발람 주술사에게 보내는데)

[제1장2막]

2차 사신 : (발람 주술사에게로 와서 발락 왕의 말씀을 전하는데) 아무 것에도 거리끼지 마시고 부디 오시기만 하시라고 특별히 부탁하셨습니다. 왕께서 그대를 높여 크게 존귀케 하고, 그대가 말하는 것이라면 무엇이든지 다 시행하실 것이오니, 청컨대, 부디 저희와 함께 가셔서 우리 왕을 위하여 이스라엘 백성들을 저주하여 주시기를 앙망仰望하옵나이다.

발람 : (발락의 신하들에게 대답하여 말하기를) 왕께서 금은보화를 가득 채워

서 제게 줄지라도 내가 능히 여호와 내 하나님의 말씀을 어기어 덜하거나 더하지 못하옵나이다. 그리들 아시고, 오늘 밤에는 이곳에서 유숙해 주십시오. 혹, 여호와께서 내게 무슨 말씀을 더하실지 기다려 보십시다.

하나님 : (누워 있는 발람에게 임하여) 그 사람들이 너를 부르러 왔거든 일어나 함께 가라. 그러나 내가 네게 이르는 말만 준행할지니라.

(발람 주술사가 아침에 일어나서 나귀에 안장을 지우고, 두 명의 종을 대동하여, 모압 왕의 사신들과 함께 발락 왕에게로 출발하나, 갑자기 하나님이 진노하시어 사자를 내려 보내 그를 막으려 하는데, 발람의 나귀가, 여호와의 사자가 칼을 빼어 손에 들고 길에 선 것을 보고서, 길에서 이탈하여 밭으로 들어가자 영문도 모르는 발람이 나귀를 길로 돌이키려고 채찍질하니, 다시 여호와의 사자는 좌우에 담이 있는 포도원 사이 좁은 길을 막아선다. 나귀가 그런 여호와의 사자를 다시 보고 몸을 담에 대고 발람의 발을 그 담에 비비어 상하게 하매 발람이 다시 채찍질하니, 여호와의 사자가 더 나아가서 좌우로 피할 데도 없는 막다른 곳에서 막아선다. 이에 나귀가 또 다시 여호와의 사자를 보고서 아예 발람 밑에 엎드려 버리니 발람이 화가 나서 자기 지팡이로써 나귀를 마구 때린다.)

나귀 : (여호와께서 나귀의 입을 열어) 제가 주인께 무엇을 잘못하였기에 나를 이같이 세 번씩이나 때리옵나이까?

발람 : (나귀에게) 네 놈이 나를 거역하는 연고이니 내 손에 칼이 들렸다면 너를 바로 죽였을 것이니라.

나귀 : (주인인 발람에게) 저는 그저 주인님이 타는 충성스런 나귀가 아니옵니까? 제가 오늘같이 언제 주인님의 명령을 거역한 적이라도 있사옵나이까?

발람 : 그래, 없었느니라.

(바로 이때에 여호와께서 발람의 눈을 밝히시어 여호와의 사자가 손에 칼을 빼어들고 길에 선 것을 보게 되자 놀라며 곧바로 머리를 숙이고 엎드리니)

여호와의 사자 : (발람 주술사에게) 너는 어찌하여 너의 발 같고 손 같은 나귀를 세 번씩이나 때렸느냐? 보라. 네 길이 내 앞에 패역하므로

내가 너를 막으려고 나왔더니 나귀가 나를 보고 이같이 세 번을 돌이켜 내 앞에서 피하였느니라. 만일, 나귀가 돌이켜 나를 피하지 아니하였다면 내가 너를 단칼에 죽였을 것이니라.

발람 : ('아니, 저들과 함께 나더러 가라고 할 때는 언제이고'라는 말이 입가에 맴돌지만 애써 참아내며) 제가 죽을죄를 지었사옵나이다. 당신이 나를 막으려고 길에 서신 줄을 제가 미처 알지 못하였나이다. 당신이 저의 걸음을 기뻐하지 아니하시면 저는 지금이라도 당장 돌아가겠나이다.

여호와의 사자 : 저 사람들과 함께 가라. 다만, 내가 너에게 이르는 말만 말할지니라. 알았느냐?

(발람 주술사가 여호와의 사자 말을 듣고 발락 왕의 사신들과 함께 가는데, 발락 왕이 모압 변경의 끝 아르논 가에 있는 성읍까지 나와서 영접한다.)

[제2장1막]

발락 왕 : (발람에게) 내가 특별히 사신들을 보내어 그대를 부르지 아니하였느냐? 그대가 어찌 내게 오지 아니하였느냐? 내가 그대 하나를 높여 존귀케 하지 못하겠느냐?

발람 : 제가 오기는 왔으나 무엇을 임의로 말할 수 있으오리이까? 하나님이 내 입에 주시는 말씀 그것만을 말할 뿐이옵니다.

(발람 주술사가 발락 왕과 동행하여 기럇후솟에 이르렀을 때 발락 왕은 좋은 양을 잡아 발람과 그와 함께한 귀족을 대접하였고, 다음 날 아침에 발락 왕이 발람 주술사를 인도하여 바알의 산당에 오르매, 발람 술사가 거기서 이스라엘 백성의 진 끝까지 보니라.)

발람 : 나를 위하여 여기 일곱 단을 쌓고 거기 수송아지 일곱과 수양 일곱을 준비하소서. (발람의 말대로 준비가 다 끝나자 다소 거친 말투로) 당신의 번제물 곁에 서시옵소서. 나는 저리로 가겠나이다. 혹시 여호와께서 오셔서 나를 만나시리니, 제게 지시하시는 것은 단 하나도 빼놓지 않고 다 당신께 고하리로다. (발람 주술사가 사태난 산에 이른즉 하나

522

님이 임하시자 그가 하나님께 고하기를) 제가 일곱 단을 베풀고 매 단에 수송아지 하나와 수양 하나를 드렸나이다.

여호와 : 발락에게 돌아가서 이렇게 말할지니라.
(발람 주술사의 입으로 준 여호와의 말씀을 받아 발람 주술사가 발락 왕에게로 돌아간 즉 왕과 모압의 귀족들이 번제물 곁에 함께 서있는데)

발람 : (노래를 지어 신들린 사람처럼 말하되) 발락이 나를 아람에서, 모압 왕이 동편 산에서 데려다가 이르기를, '와서, 나를 위하여 야곱을 저주하라. 와서, 이스라엘을 꾸짖으라.' 하도다. 하나님이 저주치 않으신 자를 내 어찌 저주하며, 여호와께서 꾸짖지 않으신 자를 내 어찌 꾸짖을꼬? 내가 바위 위에서 그들을 보며 작은 산에서 그들을 바라보니 이 백성은 홀로 처할 것이라. 그를 열방 중의 하나로 여기지 않으리로다. 야곱의 티끌을 뉘 능히 계산하며, 이스라엘 사분지 일을 뉘 능히 헤아릴꼬? 나는 의인義人의 죽음 같이 죽기를 원하며, 나의 종말이 그와 같기를 바라도다.

발락 왕: (미간을 찌푸리며 발람 주술사에게 이르되) 그대가 어찌 내게 이같이 행하느냐? 나의 원수를 저주하라고 그대를 데려왔거늘 오히려 그대가 그들을 축복하였도다.

발람 : 여호와께서 내 입에 주신 말씀을 내가 어찌 말하지 아니할 수 있으리이까!

발락 왕 : 나와 함께 그들을 달리 볼 곳으로 가자. 거기서는 그들을 다 보지 못하고 그 끝만 보게 되리니 거기서 나를 위하여 그들을 저주하라. (소빔 들로 인도하여 비스가 꼭대기에 이르러 일곱 단을 쌓고 매 단에 수송아지 하나와 수양 하나를 드리니)

발람 : 내가 저기서 여호와를 만날 동안에 여기 당신의 번제물 곁에 서시옵소서.

(여호와께서 다시 발람에게 임하시어 그 입에 말씀을 주어 가라사대, 발락에게로 돌아가서 이렇게 말할지니라. 발람이 돌아와서 본즉 발락 왕이 번제물 곁에 섰고 모압 귀족들도 함께 있더라.)

발락 왕 : (다급해진 듯 먼저) 여호와께서 무슨 말씀을 하시더냐?

발람 : (또 노래를 지어 신들린 사람처럼 길게 읊조리되) 발락이여, 일어나 들을지어다. 십볼의 아들이여, 내 말을 자세히 들으라. 하나님은 인생이 아니시니 식언치 않으시고, 인자가 아니시니 후회가 없으시도다. 어찌 그 말씀하신 바를 행치 않으시며, 하신 말씀을 실행치 않으시랴! 내가 축복의 명을 받았으니 그가 하신 축복을 내가 돌이킬 수 없도다. 여호와는 야곱의 허물을 보지 아니하시며, 이스라엘의 패역을 보지 아니하시는도다. 여호와, 그의 하나님이 그와 함께 계시니 왕을 부르는 소리가 그 중에 있도다. 하나님이 그들을 애굽에서 인도하여 내셨으니 그 힘이 들소와 같도다. 야곱을 해할 사술이 없고 이스라엘을 해할 복술이 없도다. 이때에 야곱과 이스라엘에 대하여 논할진대 '하나님의 행하신 일이 어찌 그리 크뇨?' 하리로다. 이 백성이 암사자 같이 일어나고 수사자 같이 일어나서 움킨 것을 먹으며 죽인 피를 마시기 전에는 눕지 아니하리로다.

발락 왕 : 네 이놈, 그들을 저주하지도 말고 축복하지도 말라.

발람 : 내가 당신께 고하여 이르기를 '여호와께서 말씀하신 것을 내가 그대로 전하지 않을 수 없다' 고 말하지 아니하였사옵나이까?

발락 왕 : (단호하게) 이리 오라! 내가 너를 다른 곳으로 인도하리니, 네가 거기서 나를 위하여 그들을 저주하라! 하나님이 기뻐하시리라.

발람 : (발락 왕이 발람 주술사를 인도하여 광야가 내려다보이는 브올산 꼭대기에 이르렀을 때) 나를 위하여 여기 일곱 단을 쌓고 거기 수송아지 일곱과 수양 일곱을 준비하소서. (발락 왕이 발람 주술사의 말대로 행하여 단마다 수송아

지 하나와 수양 하나를 드리다.)

(발람이, 자기가 이스라엘을 축복하는 것을 여호와께서 선히 여기심을 보고, 전과 같이 사술을 쓰지 아니하고, 그 낯을 광야로 향하여 눈을 들어 이스라엘이 그 지파대로 거하는 것을 보는 동시에 하나님의 신이 그 위에 임하신지라.)

발람 : (신들린 점쟁이처럼 노래 지어 거침없이 읊조리되) 브올의 아들 발람이 말하며, 눈을 감았던 자가 말하며, 하나님의 말씀을 듣는 자, 전능자의 이상을 보는 자, 엎드려서 눈을 뜬 자가 말하기를 야곱이여, 네 장막이, 이스라엘이여, 네 거처가 어찌 그리 아름다운고? 그 벌어짐이 골짜기 같고, 강가의 동산 같으며, 여호와의 심으신 침향목들 같고, 물가의 백향목들 같도다. 그 통에서는 물이 넘치겠고, 그 종자는 많은 물가에 있으리로다. 그 왕이 '아각' 보다 높으니 그 나라가 진흥하리로다. 하나님이 그를 애굽에서 인도하여 내셨으니 그 힘이 들소와 같도다. 그 적국을 삼키고, 그들의 뼈를 꺾으며, 화살로 쏘아 꿰뚫으리로다. 꿇어앉고 누움이 수사자와 같고 암사자와도 같으니 일으킬 자 누구이랴! 너를 축복하는 자마다 복을 받을 것이요, 너를 저주하는 자마다 저주를 받을지로다.

발락 왕 : (대노하여 주먹으로 다른 손바닥을 치며) 내가 그대를 부른 것은 오로지 내 원수를 저주하라 함이거늘 그대가 세 번씩이나 그들을 축복하였도다. 내 그대를 해치기 전에 당장 그대의 집으로 돌아가라. 내가 그대를 높여 존귀케 하기로 마음먹었으나 여호와가 그대를 막아 존귀치 못하게 하였도다.

발람 : 황공하옵나이다. 당신이 내게 보낸 신하들에게 내가 이미 고하여 이르지 아니하였나이까? 왕께서 금은보화를 가득히 채워서 제

게 줄지라도 소인은 여호와의 말씀을 어기고 선악 간 임의로 행하지 못하며, 여호와께서 말씀하신대로 말하리라 하지 아니하였사옵나이까? 이제 소인은 돌아가겠지만 이 말만은 끝까지 들어 주십시오. 이스라엘 백성이 후일에 왕의 백성에게 어떻게 할 것인가를 알려드리리다.

(다시 거침없이 읊조리듯 말하는데) 브올의 아들 발람이 말하며, 눈을 감았던 자가 말하며, 하나님의 말씀을 듣는 자가 말하며, 지극히 높으신 자의 지식을 아는 자, 전능자의 이상을 보는 자, 엎드려서 눈을 뜬 자가 말하기를, '내가 그를 보아도 이때의 일이 아니며, 내가 그를 바라보아도 가까운 일이 아니로다. 한 별이 야곱에게서 나오며, 한 홀이 이스라엘에게서 일어나서 모압을 이편에서 저편까지 쳐서 파하고, 또 소동하는 자식들을 다 멸하리로다. 그 원수 에돔은 그들의 산업이 되며, 그 원수 세일도 그들의 산업이 되고, 그 동시에 이스라엘은 용감히 행동하리로다. 주권자가 야곱에게서 나서 남은 자들을 그 성읍에서 멸절하리로다. (아말렉을 바라보며) 아말렉은 열국 중 으뜸이나 종말은 멸망에 이르리로다. (가인 족속을 바라보며) 너의 거처가 견고하니 네 보금자리는 바위에 있도다. 그러나 가인이 쇠미하리니 나중에는 앗수르의 포로가 되리로다. 슬프다. 하나님이 이 일을 행하시리니 그때에 살 자가 누구이랴! 깃딤 해변에서 배들이 와서 앗수르를 학대하며 에벨을 괴롭게 하리라마는 그도 멸망하리로다.

(이 말을 남기고 발람 주술사가 꽁무니를 빼듯 서둘러 고향으로 돌아갔고, 얼굴이 사색이 된 발락 왕도 더 이상 할 말을 잃고 수심에 싸인 채 자기 길로 가더라.)

위 시나리오는, '발람'이 어떤 사람인가를 이해하기 위해서 민수기 제22장부터 제24장까지의 문장을 가지고, 가능하면 원문의 내용을 훼손하지 않고 각색해 본 것이다. 오로지 이해를 쉽게 하기 위해서 말이다.

분명, 위 내용으로 보면, 발람은 사술을 부리는 주술사였지만(민수기 24:1) 발락 왕의 초청을 받고 응하기까지에는 여호와 하나님 말씀에 귀를 기울인, 아주 신중한 사람이었다. 다만, 그는 하나님이 선택한 이스라엘 백성이 아니었을 뿐이다. 만약 이것이 아니라면 정녕 경전의 기록이 잘못되었으리라.

그는 이스라엘 백성을 물리치려는 모압 발락 왕의 '이스라엘 백성을 저주하라'는 요청을 받고도 신중하게 하나님의 뜻을 먼저 기다렸다. 그래서 하나님이 지시하는 대로, '발락 왕에게 가지 말라면 가지 않았고, 가라면 갔을 뿐이다. 게다가, 가서도 발락 왕이 원하는 대로 하지 않고, 오로지 하나님이 하라는 대로 말하고 행동했을 뿐이다.' 그리하여 발락 왕으로부터 약속된 대접도 받지 못하고 집으로 돌아왔을 뿐이다.

그런데 그가 속해있는 모압 미디안 사람들이, 이스라엘 백성에게 떡과 물로써 길에서 영접하지 않고(우스꽝스런 이유이지만), 오히려 그(발람)에게 뇌물을 주어 저주케 하였고(실제로는 실행되지도 못했지만(신명기 23:4, 느헤미야 13:2, 여호수아 24:9)), 특히, 이스라엘 백성이 싯딤에 머물 때에 모압 여자들과 음행을 꾀하게 하고(민수기 25:1), 모압인의 신에게 절하고 음식을 같이 먹게 함으로써 바알브올에게 부속되게 하여 하나님의 진노를 샀고(이 같은 행위가 누구 책임인데), 그럼으로써 이스라엘 백성들에게 염병이 돌아 24,000명이나 죽게 하였고(그렇다고 하나님은 자기가 선택한 백성들에게 응징으로서 장티푸스 질병을 주고(민수기 25: 2~9)), 이스라엘 백성의 원수가 되었으며(민수기 31:2~3), 그 결과 하나님의 명령대로 '원수 토벌대'라고나 할까, 비느하스가 지휘하는 이스라엘 군인들에게 죽임을 당해야 했다. 이때에 모세가 각 지파에서 일천 명씩을 선발하여, 제사장 엘르아살의 아들 비느하스에게 성소의 기구와 신호용 나팔을 들려서, 미디안 사람들을 도륙屠戮하다시피 했는데, 오로지 살인·방화·약탈 등으로써 온갖 재물은 챙기고, 남자들은 다 죽이고, 미디안의 다섯 왕까지 죽였으며, 발람도 칼날로써 무참히 죽여 버렸다(민수기 31:1~8, 여호수아 13:22)는 것이다.

이런 일련의 사태진전을 놓고, 경전 집필자들은, 발람이, ①이스라엘 자손으로 하여금 '브올의 사건'으로 여호와 앞에 죄를 짓게 함으로써 여호와의 회중에 염병이 돌게 했다(민수기 31:16) 하고, ②발락을 가르쳐 이스라엘 앞에 올무를 놓아 우상의 제물을 먹게 하였고, 또 행음하게 하였다(요한계시록 2:14)고 평가를 한다. 뿐만 아니라, 후대인들은 그 발람에 대하여 '어그러진 길(유다서 1:11)'을 간 사람이니, '불의의 삯(베드로후서 2:15)'을 받은 사람이니, '뇌물(느헤미야 13:2)'에 놀아난 사람이라는 식으로 떠올리곤 한다.

이것이 과연, 옳은 이야기, 옳은 판단일까? '발람의 꾀를 좇아(민수기 31:16)' 이스라엘 백성이 죄를 범했다는 일방적인 기술이 있긴 하지만 이 말 한 마디 갖고는 쉬이 납득되지 않는다. 오히려 그에게 모든 책임을 전가시키고, 그 죄를 뒤집어씌우는 꼴에 지나지 않기 때문이다. 만약, 발람이 그런 사람이라면, 발락 왕이 보낸 두 차례의 사신들을 접견할 때에 그의 입에서 '여호와(민수기 22:8, 22:13, 23:3, 23:15, 23:26)'라는 하나님 이름을 부르지 않았을 것이고, 나의 '하나님(민수기 22:12, 22:20, 22:38)'이라는 말조차 꺼내지 않았을 것이다. 꺼냈다면 미디안의 하나님인 바알세불을 불렀어야 옳은 것이다. 게다가, 발락 왕에게로 가는 길에서 하나님의 사자를 만나지 않았던가. 그런 그가 나중에 꾀를 부려서 이스라엘 백성을 타락시켜 죄를 짓게 하였고, 그 대가로 죽임을 당할 수밖에 없었다고 한다면 그야말로 너무나 일방적이고도 작위적인 발상이 아닌가.

　한 마디로 말해, 집필자 손에 달린 문제였고, 하나님 마음대로 다 조종했다는 것밖에 되지 않는다. 오로지, 단 한 가지의 목적의식을 가지고서 말이다. 그 목적의식이란, 하나님의 정체성과 하나님이 원하시는 인간 삶의 양태를 드러내려는 것으로서, 하나님이 선택한 백성들을 저주하거나 이방인의 신에게 절을 하거나 예물을 바쳐서 그에게 부속되거나, 하지 말라는 음행을 하거나 하면 하나님의 진노와 함께 반드시 응징이 있다는 사실을 가르치기 위한 전범典範을 만드는 일이다. 마치, '므리바'의 물 사건(출애굽기 17:7, 민수기 20:24, 27:14, 신명기 32:51, 33:8, 시편 81:7, 95:8, 106:32, 에스겔 48:28)을 통해서 이스라엘 자손이 다투고, 여호와 하나님을 의심·시험하고(출애굽기 17:7, 민수기 20:13, 신명기 33:8, 시편 81:7), 하나님의 말씀을 거역하고, 하나님의 거룩함을 나타내지 않는다(민수기 20:24, 27:14)면 하나님이 지휘 책임을 물어(민수기 20:24, 시편 95:8) 모세를 말 한마디로 죽였듯이 반드시 응징이 따른다는 실례로써 활용하는 것처럼 말이다.

　이처럼 경전의 내용 가운데에는 동화 같은, 어른들의 꾸며진 이야기가 많은데 그것들이 모여서 커다란 하나의 주제 곧 하나님의 정체성과 그를 가까이하고자 하는 사람들의 열망이 담긴 이야기로 귀결된다. 그러나 그 안에서는 앞뒤가 맞지 않는 모순도 있고, 일방적인 판단에 기초한 기술뿐만 아니라, 생략되고 누락된 듯한 기술도 많다. 그래서 분석하면 할수록 많은 의혹과 논란이 생길 수밖에 없는 상황이다.

-20011. 07. 12.

[덧붙임]

우리는 발람의 브올 사건을 통해서 무엇을 더 생각할 수 있을까?

첫째, 하나님에 대한 정체성 그 일면을 읽을 수 있다는 점이다. 곧, 하나님은 마음먹은 대로 무엇이든지 다 할 수 있다. 예컨대, 동화童話에서처럼 ①나귀에게 인간의 말을 하게하고, ②필요하다면 언제든지 천사[使者]를 지상으로 내려 보내 하나님의 뜻을 대신 전하거나 집행하게 하고, ③점쟁이 혹은 주술사의 마음까지도 지배, 임의 조종하고 ④인간에게 상벌을 엄히 주며, ⑤인간들로부터 인정받고 대접 받기를 좋아하는 존재이다. 그리고 ⑥필요하다면 언제든지 누구에게든 임하여 명령하거나 그로 하여금 스스로 말하게 하고, 직·간접으로 인간세상을 통치하고자 한다. 그렇다면, 하나님은 왜 인간들과 그런 식으로 가까워지려 하는가? 그리고 인간들에게 원하는 바가 있는 것 같은데 그것은 과연 무엇인가? 이 두 문제는 별도의 글이 필요함으로 여기서는 과제로 남겨두고자 한다.

둘째, 사건 전개 과정이, 다시 말해서, 경전의 짜임새가 주는 신비한 암시 기능이 있다는 점이다. 곧, 하나님의 사자使者가 발람을 태운 나귀의 앞길을 세 번 막아서는데 이 세 번의 막아섬이 세 번씩이나 번제물을 바치고 하나님의 의중을 묻고 답하는 발락 왕과 발람 주술사의 행위와 어떤 상관성이 있을 것이라는 암시이다. 덧붙이자면, 하나님의 사자가 미리 길을 세 번 막았듯이 장차 발람에게 일어날 세 차례의 불편한 권유를 미리 귀띔해 주었거나 환기시켜 주었다고 해석할 수 있다는 점이다. 이는, 베드로가 예수를 세 번 부인했는데 부활된 예수가 그에게 나타나 '나를 사랑하느냐?' 고 같은 말을 세 번씩 묻는 것과 매우 흡사하다.

셋째, 사태진전에 대한 기술면에서 모순·생략·인과관계의 비현실성 등의 미흡한 면이 있으나 어떤 특별한 사건을 끌어들이거나 만들어서 궁극적으로 집필자가 말하고자 하는 바를 드러내는 강력한 수단, 혹은 그 전형으로 삼겠다는 목적의식이 반영되었다는 점이다.

넷째, 여호와 하나님은 자신의 뜻을 인간세계에 펴기 위해서 필요하다면 수단방법을 가리지 않고 다 동원하는데, 예컨대, 천사를 보내거나 직접 인간에게 말을 하고, 인간의 언행에 상벌을 그때그때 주면서, 다시 말해, 직간접의 통치를 했으면서 오늘날은 왜 침묵만을 지키시는가? 모든 권한을 독생자인 예수에게 위임한 탓인가? 아니면 인간세상을 완전히 포기한 것인가? 아니면 예전처럼 일을 하기에 너무 늙은 탓인가?

사원의 벽에 장식된 부조물浮彫物의 한 부분으로서 십자가들(6세기 작품)
An element in relief on the Monastery's walls decorated with Crosses, VIth century.

예수는 진정 성령으로 잉태·부활·승천했는가

-경전 기록상의 문제 제기를 위하여

예수는, 마리아가 요셉과 정혼하였으나 동침하기 전에 성령으로 잉태되어 태어났다(마태복음 1:18) 한다. 그럼에도 불구하고, 예수를 두고 아브라함과 다윗의 자손(마태복음 1:1)이라 말한다. 그것도 요셉의 족보를 들이대며 말이다.[67] 그렇다면, 이 둘 가운데 하나는 분명히 논리상 거짓말이 될 수밖에 없다. 왜냐하면, 예수가 성령으로써 잉태되어 태어났다면 아브라함과 다윗의 후손인 요셉이 낳은 것이 아니기 때문에 그들의 후손이 될 수 없는 것이고, 예수가 요셉의 아들이라면 동침하여 낳은 인간의 아들일 뿐이지 성령으로써 잉태된 하나님의 아들이 아니기 때문이다.

그렇다면, 경전 기록자는 왜 이 같은 모순의 말을 피하지 못했을

---

67) 요셉의 족보
아브라함 → 이삭 → 야곱 → 유다 & 그의 형제 → 베레스 & 세라 → 헤스론 → 람 → 아미나답 → 나손 → 살몬 → 보아스 → 오벳 → 이새 → 다윗 → 솔로몬 → 르호보암 → 아비야 → 아사 → 여호사밧 → 웃시엘 → 요담 → 아하스 → 히스기야 → 므낫세 → 아몬 → 요시야 → 여고냐 & 그의 형제 → 스알디엘 → 스룹바벨 → 아비훗 → 엘리아김 → 아소르 → 사독 → 아킴 → 엘리웃 → 엘르아살 → 맛단 → 야곱 → 요셉 (마태복음 1: 2~16)

까? 예수를 하나님의 아들로서 특별하게 기록하려니 성령으로써 잉태되었다는 거짓말을 할 수밖에 없었을 것이고, 하나님이 선택하고 신뢰했던 아브라함과 다윗의 후손에 예수를 포함시키지 않으면 하나님과 하나님의 백성들 사이의 역사 곧 구약의 내용들이 무시되고 그것과 단절되기 때문이었을 것이다.

여기서 한 가지 간과해서는 안 될 것이 있는데, 그것은 '하나님의 아들'이라는 말 자체가 하나님의 가르침을 믿고 실천하며 경외하며 사는 사람이라는 뜻으로 먼저, 오랫동안 쓰였는데 경전 기록자인 마태가 그만 하나님이 낳은 자식으로서 그 의미를 끌어내렸다는 사실이다. '하나님의 아들'이라는 말에 대한 이런 곡해曲解가 계속되어 '하나님이 예수를 보내었다(마태복음 10:40, 마가복음 9:37, 누가복음 9:48, 10:16, 요한복음 3:34, 4:34, 5:24, 5:30, 5:36, 5:37, 5:38, 6:29, 6:39, 6:44, 7:16, 7:18 외 다수)'라거나 '예수가 하나님께 돌아가다(요한복음 7:33, 13:1, 13:3)'라고 예수와 그에 대한 경전 기록자들이 여러 차례 말하게 되었던 것이다. 마치, 예수가 온전한 성체成體로서 하늘에서 내려오고, 다시 하늘로 올라간 것처럼 말이다.

그러나 경전 기록상에는, 예수가, 올 때에는 성령으로써 마리아의 자궁을 빌려 왔지만, 가실 때에는 성체로서 구름 타고 하늘로 올라갔다고 되어 있다. 뿐만 아니라, 예수는 자신이 아브라함과 다윗의 후손이 될 수 없는데, 그 이유인 즉 예수 자신이 그들보다 먼저 존재했기(요한복음 8:58, 17:5, 17:24) 때문이라고 솔로몬의 화법68)을 빌려서 예수가 분명하게 말한 바 있다. 이처럼 '예수'라는 존재의 탄생과 승천 등에 대한 기록들이 상충相衝되는데 ─ 실은, 다른 내용에서도 그렇지만 ─ 사람들은 이런 점을 모르는 바 아니겠지만 묵인해 두는 경향이 있다.

솔직히 말해, ①성령으로써 잉태되었다, ②부활했다, ③승천했다, ④아브라함과 다윗보다 먼저 있었다 등 예수 관련 일련의 언급에 대해서 필자는 전혀 신뢰하지 않는다. 물론, 이들 말의 표시적인 의미 그대로를 믿는 사람들도 많지만 나는 전혀 다르게 해석하는 입장이다. 예컨대, 예수가 성령으로써 잉태되었다는 말은, '아브라함과 다윗의 후손인 요셉이 낳은 아들로서 조상 대대로 믿어왔던 하나님에 대한 신뢰가 직·간접으로 예수에게 유전되고 훈육되었을 가능성이 높다'라는 말로 해석하고, '부활했다'는 말에 대해서는, 예수의 몸은 여느 사람들처럼 죽어 장사지내어졌고, 그래서 썩어 없어졌지만, 그의 영은 살아서 성령이신 하나님 곁으로 갔다는 뜻으로 해석한다. 예수는 영과 육의 분리를 믿었던 사람이고, 자신의 육체는 얼마든지 죽일 수 있어도 영만은 죽일 수 없다고 믿었던 사람이기 때문이다.[69] 그리고 '승천했다'라는 말도, 몸이 아니라 영으로서 하나님 곁으로 갔다는 말로 해석한다. 그는 하나님의 가르침을 절대적으로 믿고 실천하며 살았기 때문에 하나님의 우편에 앉아 보좌하는 자격이 있다고 스스로 확신했던 것이고, 하나님을 보좌하는 중요한 직분을 맡는 것을 두고 하나님 우편에 앉는 것으로 빗댈 수 있었던 것도 시편[70]을 통해서 익힌 바 있기에 가능했던 것으로 보인다(마태복음 26:64 외 다수).

---

68) 솔로몬의 화법
여호와께서 그 조화의 시작 곧 태초에 일하시기 전에 나를 가지셨으며, 만세전부터, 상고부터, 땅이 생기기 전부터 내가 세움을 입었나니, 아직 바다가 생기지 아니하였고, 큰 샘들이 있기 전에 내가 이미 났으며, 산이 세우심을 입기 전에, 언덕이 생기기 전에 내가 이미 났으니, 하나님이 아직 땅도, 들도, 세상 진토의 근원도 짓지 아니하셨을 때에라. 그가 하늘을 지으시며 궁창으로 해면에 두르실 때에 내가 거기 있었고, 그가 위로 구름 하늘을 견고하게 하시며, 바다의 샘들을 힘 있게 하시며, 바다의 한계를 정하여 물로 명령을 거스리지 못하게 하시며, 또 땅의 기초를 정하실 때에 내가 그 곁에 있어서 창조자가 되어 날마다 그 기뻐하신 바가 되었으며, 항상 그 앞에서 즐거워하였으며, 사람이 거처할 땅에서 즐거워하며, 인자들을 기뻐하였었느니라(잠언 8:22~31).

한 가지 다행스러운 것은, 나의 현실적이고도 이성적인 판단에 지지를 보내듯, 경전 기록자 가운데 한 사람인 바울은, 예수에 대하여, "육신으로는 다윗의 혈통血統에서 나셨고, 성결의 영으로는 죽은 가운데서 부활하여 능력으로 하나님의 아들로 인정되셨으니 곧 우리 주 예수 그리스도시니라. regarding his Son, who as to his human nature was a descendant of David, and who through the Spirit of holiness was declared with power to be the Son of God by his resurrection from the dead: Jesus Christ our Lord(로마서 1:3~4)."라고 말했다는 사실이다. 바울의 이 말속에는 예수가 처음부터 하나님 아들로서 하늘에서 내려오지 않았다는 전제가 깔려있다. 다시 말하면, 하나님의 성령으로써 잉태된 것도, 인간 성체로서 내려온 것도 아니고 오로지 다윗의 혈통인 요

---

69) 영과 육을 이분법적으로 보는 예수 시각의 증거
①몸은 죽여도 영혼은 능히 죽이지 못하는 자들을 두려워하지 말고, 오직 몸과 영혼을 능히 지옥에 멸하시는 자를 두려워하라(마태복음 10:28).
②육으로 난 것은 육이요 성령으로 난 것은 영이니(요한복음 3:6)
③살리는 것은 영이니 육은 무익하니라. 내가 너희에게 이른 말이 영이요, 생명이라(요한복음 6:63).
④형제들아 내가 이것을 말하노니, 혈과 육은 하나님 나라를 유업으로 받을 수 없고, 또한 썩은 것은 썩지 아니한 것을 유업으로 받지 못하느니라(고린도전서 15:50).
⑤육신을 좇는 자는 육신의 일을, 영을 좇는 자는 영의 일을 생각하나니, 육신의 생각은 사망이요, 영의 생각은 생명과 평안이니라(로마서 8:5~6).
⑥육의 몸으로 심고 신령한 몸으로 다시 사나니 육의 몸이 있은즉 또 신령한 몸이 있느니라(고린도전서 15:44)
⑦자기의 육체를 위하여 심는 자는 육체로부터 썩어진 것을 거두고, 성령을 위하여 심는 자는 성령으로부터 영생을 거두리라(갈라디아서 6:8).
이들 외에도 인간의 육과 영을 구분하고, 마치 분리되는 것처럼 인식한 경전 구절들은 많다.

70) 시편에 나타난 우편
①주의 우편에 있는 자 곧 주를 위하여 힘 있게 하신 인자의 위에 주의 손을 얹으소서(시편 80:17).
②여호와께서 내 주에게 말씀하시기를, '내가 네 원수로 네 발등상 되게 하기까지 너는 내 우편에 앉으라' 하셨도다(시편 110:1).
③주의 우편에 계신 주께서 그 노하시는 날에 열왕을 쳐서 파하실 것이라(시편 110:5). 외

섭의 아들로서 인지했다는 뜻이고, 처음부터 하나님의 아들이었던 것이 아니라 나중에 하나님의 아들이 되었다는 말로 받아들여지기 때문이다. 다만, 예수의 죽은 몸의 부활인지, 영의 거듭남인지 명확하지는 않지만 '부활'이라는 능력으로써 하나님의 아들로 인정되었다는 것이다. 결과적으로, 예수가 부활하지 않았다면 하나님의 아들이 되지 못했을텐데 그 부활의 능력이 있었기 때문에 하나님의 아들이 되었다는 것이다.

그렇다면, 몸의 부활인지 영의 부활인지 분명하게 따져 볼 필요가 있다. 물론, 경전의 내용상으로는, 예수는 부활 후에 40일 동안 지상에 더 머물면서 자신의 몸이 부활했다고 제자들을 만나 두 차례나 음식을 먹어 보였으며, 의심하는 제자에게는 직접 자신의 상처를 만져 보라고 확인까지 시켜 주었다. 그런데 당혹스럽게도, "살리는 것은 영이니 육은 무익하니라. 내가 너희에게 이른 말이 영이요, 생명이라(요한복음 6:63)."라고 예수가 제자들에게 직접 말하기도 했다는 사실이다. 이처럼 '부활'이라는 핵심적인 교리와 관련하여 이중적으로, 상충되게 기록되어 있는 것이 사실인데 과연 몸이 부활했을까? 아니면 영이 부활했을까?

나는 이 문제를 애써서 증명해 보일 필요는 없다고 생각한다. 왜냐하면, 경전 안에서는 죽은 자를 살려내고, 예수가 다시 살아났다는 것을 포함하여 온갖 믿기지 않는 일들이 있었다고 기록되어 있지만 그 후에 죽은 자들 가운데에서 살아난 사람이 단 한 사람도 없다는 사실을 믿기 때문이다. 물론, 예수의 재림과 동시에 이루어지는 심판의 때가 도래하지 않았기 때문이라고 항변하겠지만 기록상으로는 이미 지나갔어야 옳은 일이다.(이 점에 대해서는 다른 글 「심판이 이루어지는 '주의 날'에 대하여」를 참고하기 바람.)

그렇듯, '하나님의 아들'이라는 개념도 예수 이후에는 바울에 의해서 그 의미가 구약에서처럼 확대되는데, "너희가 다 믿음으로 말미암아 그리스도 예수 안에서 하나님의 아들이 되었으니(갈라디아서 3:26)", "무릇, 하나님의 영으로 인도함을 받는 그들은 곧 하나님의 아들이라(로마서 8:14)."가 그 증거이다. 이처럼, 경전 내용은 이중적으로, 모호하게, 입증해 보일 수 없는 내용들이 기록되어 서로 충돌하는 모순도 있고, 특별한 사건이 일방적으로 복사되어 재구성되며, 키워드들의 개념이 점진적으로 변화·변질되어 왔다는 사실이다.

그렇다면, 예수 관련 탄생과 하나님의 아들, 부활 등의 개념만 그러한가? 그렇지 않다. 이 외에도 적지 않다. 게다가, 더 알고 싶거나 끝내 의심스러운 사안들에 대해서는 경전이 온전히 해명해 주지 못한다. 이러한 점들이 경전 기록의 한계라면 한계일 것이고, 바로 그 한계 때문에 신을 열망하는 인간들이 썼다고 주장하는 것이다.

-2011. 09. 07.

세례 요한이 예수의 길을
예비했다는 주장에 대하여

'예비豫備한다' 함은 어떤 목적 달성을 위하여 필요한 것들을 미리 준비하는 행위를 말한다. 예컨대, 유월절을 보내기 위해서 특별한 장소를 미리 물색하는 일이나, 가뭄과 흉년에 대비하여 먹을거리를 마련해 두는 일 등이다. 그렇듯, 여호와 하나님이 이스라엘 백성들의 목전에 강림하시기 위해서 백성들로 하여금 3일 동안 준비하는 시간을 주었듯이(출애굽기 19:11, 19:15), 예수가 제자들의 처소를 마련하기 위하여 먼저 천국에 갔던(요한복음 14:2, 14:3) 일들이 다 '예비하는' 행위였다.

그런데 예수가 이 땅에 와서 천국복음을 전파하기 전에 그의 길을 예비한 자가 있었다 하니 그가 바로 세례 요한이다. 길을 예비豫備한다 함은, 길을 가는 사람의 발걸음을 순탄하고 편안하도록 굽은 곳은 곧고 바르게, 울퉁불퉁한 곳은 평탄하게, 끊어진 곳은 잇는 등 '길 내기' 혹은 '길 닦기' 작업일 것이다. 따라서 예수의 길을 예비한다 함은, 예수가 가고자 하는 길에 온갖 장애물을 제거하고, 순조롭게 가도록 길을 넓히고 평탄하게 하며 안내판을 설치하는 등의 사전 준비 작업일 것이다.

마태는, '광야에서 외치는 자이자 주(예수)의 길을 예비하는 이가 바로 세례 요한이라'고 선지자 이사야가 먼저 기록을 남겼다고 주장한다. 곧, "저(세례 요한)는 선지자 이사야로 말씀하신 자라. 일렀으되, '광야에 외치는 자의 소리가 있어 가로되, 너희는 주의 길을 예비하라. 그의 첩경을 평탄케 하라.' 하였느니라(마태복음 3:3)."가 그것이다. 이런 주장은, 이 마태복음 외에 마가복음에서도 그대로 확인할 수 있다. 곧, "선지자 이사야의 글에 보라. '내(여호와 하나님)가 내 사자(세례 요한)를 네(예수) 앞에 보내노니, 저(세례 요한)가 네(예수) 길을 예비하리라. 광야에 외치는 자의 소리가 있어 가로되, 너희는 주의 길을 예비하라. 그의 첩경을 평탄케 하라.' 기록된 것과 같이 세례 요한이 이르러 광야에서 죄 사함을 받게 하는 회개의 세례를 전파하니(마가복음 1:2~4)"가 그것이다.

그러니까, 마태와 마가에 의하면, 예수가 오시기 전에 요한이 먼저 와서 예수의 길을 준비한다는 것이고, 그 예언을 이사야가 했다는 것이다. 이 주장은 누가도 같이하는데, "선지자 이사야의 책에 쓴 바 광야에 외치는 자의 소리가 있어 가로되, '너희는 주의 길을 예비하라. 그의 첩경을 평탄케 하라. 모든 골짜기가 메워지고, 모든 산과 작은 산이 낮아지고, 굽은 것이 곧아지고, 험한 길이 평탄하여질 것이요, 모든 육체가 하나님의 구원하심을 보리라.' 함과 같으니라(누가복음 3:4~6)."가 그 증거이다. 더욱이, 누가복음에서는 세례 요한의 아버지이자 제사장인 '사가랴'의 예언 내용이 기록되어 있는데, "네(세례 요한)가 지극히 높으신 이(예수)의 선지자라 일컬음을 받고, 주(예수) 앞에 앞서 가서 그 길을 예비하여, 주의 백성에게 그 죄 사함으로 말미암는 구원을 알게 하리니, 이는 우리 하나님의 긍휼을 인함이라(누가복음 1:76~78)."라 했다.

그렇다면, 이 세 복음서가 함께 주장하는, 세례 요한과 예수와의 관계에서 최소한 두 가지 사안에 대해서만큼은 해명이 필요하다. 곧, ①세례 요한이 예수보다 먼저 와서 예수의 길을 예비했다는데, 그것이 과연 무엇을 뜻하며, ②정말로 이사야가 요한과 예수의 출현에 대하여 기록을 남기었는가, 이다. 확인해야 할 한 가지 중요한 사안이 더 있다면, 길을 예비했다는 기록상의 주장도 다른 것들처럼 – 예컨대, 문둥병자 치료가 엘리사에게서 예수로, 죽은 사람을 살리는 행위가 엘리야로부터 엘리사, 예수 등으로 이어진 사례 – 전례前例가 있어서 모방·복사되었을 가능성이다. 그러나 본고에서는 이 세 번째 문제에 대해서는 유사한 내용을 다루고 있는 다른 글들이 있기 때문에 논외로 하겠다.

예수가 가고자 했던 길이란 과연 어떤 길이었을까? 그것은 다름 아닌 '천국으로 가는 길'이었다. 그 길은, 최후의 심판을 통해서 천국에서 영생이냐, 지옥에서 영벌이냐를 결정짓는 이승[현실]에서의 삶의 방법을 알리는 일이었다. 그 삶의 방법이란, 하나님 앞에서 지은 죄를 사면 받기 위해서 ①먼저 회개하고, ②세례 받고, ③하나님과 그의 아들 예수를 믿으며, ④지극정성으로 하나님을 섬겨야 하며, 또한 ⑤이웃사람들을 자신의 몸처럼 사랑하는 삶이었다. 결과적으로, 인간의 하나님 사랑과 인간의 인간 사랑을 요구한 셈인데, 말은 간단하지만 그 세부 내용을 실천하기란 육신을 가진 인간으로서는 거의 불가능할 정도로, 개인의 인내와 희생을 요구하는 것이었다. (이에 대한 자세한 사항은 다른 글 「실천하기 어려운 예수 계율」을 참고하기 바람.)

그렇다면, 예수보다 먼저 온 세례 요한은 예수의 그 길을 어떻게 예비했는가? 세례 요한의 출생 배경과 하나님으로부터 부여받은 임무와 그의 존재 의미 등에 대해서 비교적 자세하게 기록하고 있는 누가복음71)을 참고하면 대략 이러하다.

여호와 하나님은, 늙은 아브라함과 사라 사이에 외아들 이삭을 낳게 했듯이, 늙은 사가랴와 엘리사벳 사이에 요한이라는 아들을 낳게 했다(자식이 없는 의인義人에게 자식을 낳게 하는 일은 하나님에게 익숙해진 일인 듯함 = 하나님이 인간에게 주는 현실적인 복 가운데 한 가지임). 그 요한은, ①모태로부터 성령의 충만함을 입어 이스라엘 자손을 주 곧 저희 하나님께

---

71) 세례 요한의 출생배경, 부여받은 임무, 존재 의미 등을 유추해 볼 수 있는 누가복음의 기록들
①유대 왕 헤롯 때에 아비야 반열에 제사장 하나가 있으니 이름은 사가랴요. 그 아내는 아론의 자손이니 이름은 엘리사벳이라. 이 두 사람이 하나님 앞에 의인이니 주의 모든 계명과 규례대로 흠이 없이 행하더라. 엘리사벳이 수태를 못하므로 저희가 무자하고 두 사람의 나이 많더라. 마침 사가랴가 그 반열의 차례대로 제사장의 직무를 하나님 앞에 행할째 제사장의 전례를 따라 제비를 뽑아 주의 성소에 들어가 분향하고, 모든 백성은 그 분향하는 시간에 밖에서 기도하더니, 주의 사자가 저에게 나타나 향단 우편에 선지라. 사가랴가 보고 놀라며 무서워하니, 천사가 일러 가로되, '사가랴여, 무서워 말라. 너의 간구함이 들린지라, 네 아내 엘리사벳이 네게 아들을 낳아 주리니, 그 이름을 요한이라 하라(누가복음 1:5~13).'
②너(제사장 사가랴=세례 요한의 아버지)도 기뻐하고 즐거워할 것이요, 많은 사람도 그의 남(출생)을 기뻐하리니, 이는 저(장차 태어날 세례 요한)가 주(예수) 앞에 큰 자가 되며, 포도주나 소주를 마시지 아니하며, 모태로부터 성령의 충만함을 입어 이스라엘 자손을 주 곧 저희 하나님께로 많이 돌아오게 하겠음이니라. 저가 또 엘리야의 심령과 능력으로 주 앞에 앞서 가서 아비의 마음을 자식에게, 거스리는 자를 의인의 슬기에 돌아오게 하고, 주를 위하여 세운 백성을 예비하리라(누가복음 1:14~17).
③그(세례 요한) 부친 사가랴가 성령의 충만함을 입어 예언하여 가로되, '찬송하리로다. 주 이스라엘의 하나님이여, 그 백성을 돌아보사 속량하시며, 우리를 위하여 구원의 뿔을 그 종 다윗의 집에 일으키셨으니, 이것은 주께서 예로부터 거룩한 선지자의 입으로 말씀하신 바와 같이, 우리 원수에게서와 우리를 미워하는 모든 자의 손에서 구원하시는 구원이라. 우리 조상을 긍휼히 여기시며 그 거룩한 언약을 기억하셨으니, 곧 우리 조상 아브라함에게 맹세하신 맹세라. 우리로 원수의 손에서 건지심을 입고, 종신토록 주의 앞에서 성결과 의로 두려움이 없이 섬기게 하리라 하셨도다. 이 아이여, 네가 지극히 높으신 이의 선지자라 일컬음을 받고, 주 앞에 앞서 가서 그 길을 예비하여, 주의 백성에게 그 죄 사함으로 말미암는 구원을 알게 하리니, 이는 우리 하나님의 긍휼을 인함이라. 이로써 돋는 해가 위로부터 우리에게 임하여 어두움과 죽음의 그늘에 앉은 자에게 비취고, 우리 발을 평강의 길로 인도하시리로다 하니라. 아이가 자라며 심령이 강하여지며 이스라엘에게 나타나는 날까지 빈들에 있으니라(누가복음 1:67~80).'
④선지자 이사야의 책에 쓴 바 광야에 외치는 자의 소리가 있어 가로되, '너희는 주의 길을 예비하라. 그의 첩경을 평탄케 하라. 모든 골짜기가 메워지고, 모든 산과 작은 산이 낮아지고, 굽은 것이 곧아지고, 험한 길이 평탄하여질 것이요, 모든 육체가 하나님의 구원하심을 보리라.' 함과 같으니라(누가복음 3:4~6).

세례 요한이 예수의 길을 예비했다는 주장에 대하여 541

로 많이 돌아오게 하겠고, 또한 ②엘리야의 심령과 능력으로 주 앞에 앞서 가서 아비의 마음을 자식에게, 거스리는 자를 의인의 슬기에 돌아오게 하고, ③주를 위하여 세운 백성을 예비(누가복음 1:15~17)하게 한다는 것이다. 또한, ④지극히 높으신 이의 선지자라 일컬음을 받고, ⑤주 앞에 앞서 가서 그 길을 예비하여 주의 백성에게 그 죄 사함으로 말미암는 구원을 알게 하며, ⑥아이(예수)가 자라며 심령이 강하여지며 이스라엘에게 나타나는 날까지 빈들에 있다(누가복음 1:67~80)는 것이다.

그리하여 요한은, "회개하라. 천국이 가까웠느니라(마태복음 3:2)."를 유대 광야에서 외쳤으며, 약대 털옷을 입고, 허리에 가죽 띠를 띠고, 메뚜기와 석청 등을 먹으며(마태복음 3:4, 마가복음 1:6), 요단강에서 예루살렘과 온 유대와 요단강 사방에서 온 사람들에게(마태복음 3:5), 그리고 예수에게까지 세례를 베풀었다(마태복음 3:6, 3:13, 3:15, 마가복음 1:5, 1:9, 누가복음 3:3, 요한복음 10:40). 뿐만 아니라, 말 많고 의심 많은 바리새인과 사두개인들에게는 자신과 예수와의 차이와 예수의 심판에 대하여 단호한 어조로 설교[72]하기도 했다.

결과적으로, 세례 요한은 '죄 사함을 받게 하는 회개의 세례를 전파(마가복음 1:4, 누가복음 3:3)'하였고, 백성들에게 예수를 소개하였으며, 예수의 심판론을 미리 설명해 준 선지자였다. 특히, 예수와 자

---

[72] 세례 요한의 설교
"독사의 자식들아, 누가 너희를 가르쳐 임박한 진노를 피하라 하더냐? 그러므로 회개에 합당한 열매를 맺고, 속으로 아브라함이 우리 조상이라고 생각지 말라. 내가 너희에게 이르노니, '하나님이 능히 이 돌들로도 아브라함의 자손이 되게 하시리라. 이미 도끼가 나무뿌리에 놓였으니 좋은 열매 맺지 아니하는 나무마다 찍혀 불에 던지우리라. 나는 너희로 회개케 하기 위하여 물로 세례를 주거니와, 내 뒤에 오시는 이는 나보다 능력이 많으시니, 나는 그의 신을 들기도 감당치 못하겠노라. 그는 성령과 불로 너희에게 세례를 주실 것이요, 손에 키를 들고 자기의 타작마당을 정하게 하사 알곡은 모아 곡간에 들이고 쭉정이는 꺼지지 않는 불에 태우시리라(마태복음 3:7~12, 누가복음 3:7~9).'

신과의 차이에 대하여서는, ①"나는 그(예수)의 신을 들기도 감당치 못하겠노라. 그는 성령과 불로 너희에게 세례를 주실 것이요, 손에 키를 들고 자기의 타작마당을 정하게 하사 알곡은 모아 곡간에 들이고 쭉정이는 꺼지지 않는 불에 태우시리라." 했고, ②"나는 굽혀 그의 신들메를 풀기도 감당치 못하겠노라. 나는 너희에게 물로 세례를 주었거니와 그는 성령으로 너희에게 세례를 주시리라." 라고 강조하였다. 그리고 예수 가르침의 길[방향]을 제시했는데, 그것은 인간의 인간 사랑법이다. 곧, "옷 두 벌 있는 자는 옷 없는 자에게 나눠 줄 것이요, 먹을 것이 있는 자도 그렇게 할 것이니라. 세리는 정한 세금 외에는 늑징(勒徵:백성들에게서 재물을 강제로 거두어들임)치 말며, 군병들은 사람에게 강포强暴하지 말며, 무소(誣訴:터무니없는 일을 있는 것처럼 꾸미어서 송사를 일으킴)하지 말고, 받는 요[報酬]를 족한 줄로 알라."했다. 뿐만 아니라, 헤롯왕의 악행을 비판하여 구금되고(누가복음 3:20), 끝내는 참수당하여 죽는다.

이처럼 세례 요한이 한 일들에 대해서는 간단명료하게 정리할 수 있지만. 그는 무엇보다 백성들에게 회개하게 하고 세례를 줌으로써 죄를 사면 받을 수 있는 길을 처음으로 열어 주었고, 예수에게도 세례를 줌으로써 그에게 성령이 임하도록 길을 터 주었으며, 예수의 능력과 사명에 대하여 미리 알려 주었던 것이다. 이런 요한의 활동을 포함하여 기타 기록되지 않은 여러 가지 일들을 두고 포괄적으로 말한다면, '백성에게 좋은 소식(누가복음 3:18)'을 전함으로써 예수의 길을 예비했던 것으로 판단된다.

이제, 마태·마가·누가 등이 인용하여 주장한, 주 예수의 길을 예비한 요한에 대한 이사야의 기록을 확인해 보자.

외치는 자의 소리여, 가로되, '너희는 광야에서 여호와의 길을 예비하라. 사막에서 우리 하나님의 대로를 평탄케 하라. 골짜기마다 돋우어지며, 산마다 작은 산마다 낮아지며, 고르지 않은 곳이 평탄케 되며, 험한 곳이 평지가 될 것이요, 여호와의 영광이 나타나고, 모든 육체가 그것을 함께 보리라. 대저, 여호와의 입이 말씀하셨느니라(이사야 40:3~5).'

예수 행적을 기록하고 있는 네 사람 가운데 세 사람(마태·마가·누가)이 인용한 이사야의 기록이 바로 이것이다. 그런데 무슨 근거로, 이 사야의 이 구절을 놓고, 여호와의 길을 예비하는 자를 두고 세례 요한이라고 말하는지, 그리고 예비된 길을 오신다는 여호와 하나님을 예수로 여기는지 알 수가 없다. 여기서 분명한 사실은, 외치는 자는 여호와 하나님의 말씀을 전하는 사람이고, 그가 곧 이사야라는 점이다. 그리고 예비된 길을 오신다는 여호와는 우리의 하나님이라는 점이고, 길을 예비한다는 것은, 산은 낮추고 골짜기는 돋우어 험한 곳을 평지가 되도록 함으로써 사막의 대로를 평탄하게 하는 일이고, 바로 그 사막의 대로를 평탄하게 해야 하는 이가 바로 '너희'이다. 여기서 '너희'는 하나님의 백성들로 불특정 다수일 뿐이다.

그런데 어찌하여 광야(사막)에서 여호와의 길을 예비하는 자를 두고 세례 요한이라고 말하는지, 그리고 예비된 길을 오신다는 여호와 하나님을 예수로 여기는지, 알 수가 없다. 다만, 여호와 곧 우리의 하나님을 예수로 여기는 이유를 굳이, 찾는다면, 다음 구절을 들 수 있을 것이다.

"보라. 주 여호와께서 장차 강한 자로 임하실 것이요, 친히 그 팔로 다스리실 것이라. 보라. 상급이 그에게 있고, 보응이 그 앞에 있으며,

그는 목자 같이 양 무리를 먹이시며, 어린 양을 그 팔로 모아 품에 안
으시며, 젖먹이는 암컷들을 온순히 인도하시리로다(이사야 40:10~11)."

여호와 하나님은 그 본질이 전능한 영靈이시기 때문에 형태가 없
으나 필요하여 인간 세상에 임할 때에는 여러 가지 유·무형의 모습
으로 나타나신다. 과거 모세시대에는 불꽃·천사·말씀 등으로 오셨
고, 예수 시대에는 천사·말씀·성령 등으로 오셨다.

그런데 이사야의 예언에서는 '강한 자'라는 사람 모습으로 오시
고, 그 강한 자의 팔로써 다스릴 것이라 한다. 그리고 그 '강한 자'
는 '목자'로서 양 무리를 먹이고, 어린 양을 품에 안으며, 젖먹이는
암컷들을 온순히 인도한다는 것이다. 이 비유적인 표현을 곰곰이 새
기어 보면, 예수가 표방한 삶, 다시 말해 기록된 예수의 삶과 많이
닮아 있다는 사실을 깨닫게 된다. 곧, 예수는 어린이에 대한 전도를
대단히 중요시 여겼으며, 과부를 비롯하여 여자들을 가까이 전도하
여 그들이 따랐고, 오천 명 이상의 무리들에게 빵과 물고기를 먹고
남게 했기 때문이다. 이런 점으로 보면, 분명히 이사야가 말한 어린
양(어린이)을 품에 안았으며, 젖먹이는 암컷(여자)들을 인도하였고, 양
무리(군중)들을 굶주리지 않게 했다고 말할 수 있다.

그렇다면, 혹시, 예수가 이사야의 이 구절들을 읽고, 여호와 하나
님이 보내시겠다고 한 강한 자이자 목자를 자임하고 나선 것은 아닐
까? 다시 말하면, 여호와의 길을 예비할 백성들을 두고 세례 요한이
라고 기술했듯이, 예비된 길을 오시는 여호와 하나님의 자리에 자신
을 대입시켜 '짜 맞추기'한 것은 아닐까 싶다는 뜻이다.

기록된 대로, 세례 요한이 예수의 길을 예비했다면, 예수는 하나
님의 길을 예비했다 함이 옳다고 필자는 생각한다. 왜냐하면, '최후

의 심판을 받은 인간세상을 예수가 천년 통치한 후에 하나님 아버지께 온전히 드린다'는 요한계시록의 언급이 있고, 또한 「이사야」서보다 훨씬 뒤에 쓰여진 「말라기」를 보면, 여호와 하나님이 오시기 전에 사자를 미리 보내어서 길을 예비시키겠다는 표현[73]이 되풀이되어 강조되는데, 하나님이 보내시겠다고 한 사자使者가 다름 아닌 엘리야이고, 그 엘리야가 곧 백성들이 사모하는 '언약의 사자'라는 것이다. 그것도 여호와의 크고 두려운 날, 다시 말하면, 심판의 날이 이르기 전에 보내겠다는 것이고, 그 보내심을 받은 사자는 '아비의 마음을 자녀에게로 돌이키게 하고, 자녀들의 마음을 그들의 아비에게로 돌이키게' 한다는 것이다. 그렇다면, 하나님이 보내겠다는 엘리야가 수백 년 전에 이미 승천한 엘리야인가, 세례 요한인가? 아니면 예수인가? 당연히 예수라고 생각한다. 심판 전에 오시어 인류로 하여금 천국에 갈 수 있는 방법을 전파하여 그 기회를 준 사람이 바로 예수이기 때문이다.

엘리야가 털옷을 입고 가죽띠를 매었듯이(열왕기하 1:8)[74] 세례 요

---

73) 사자를 보내 하나님의 길을 예비시키겠다는 말라기의 기록들
①"보라. 내(여호와)가 내 사자(엘리야)를 보내리니, 그가 내 앞에서 길을 예비할 것이요, 또 너희의 구하는 바 주가 홀연히 그 殿에 임하리니, 곧 너희의 사모하는 바 언약의 사자가 임할 것이라 "See, I will send my messenger, who will prepare the way before me. Then suddenly the Lord you are seeking will come to his temple(말라기 3:1)."
②"보라. 여호와의 크고 두려운 날이 이르기 전에, 내가 선지 엘리야를 너희에게 보내리니, 그가 아비의 마음을 자녀에게로 돌이키게 하고, 자녀들의 마음을 그들의 아비에게로 돌이키게 하리라. 돌이키지 아니하면 두렵건대, 내가 와서 저주로 그 땅을 칠까 하노라(말라기 4:5~6)."

74) 엘리야가 털옷을 입었다는 증거(열왕기 하 1:8)
①저희가 대답(對答)하되 그는 털이 많은 사람인데 허리에 가죽 띠를 띠었더이다(개역한글)
②He was a man with a garment of hair and with a leather belt around his waist.(영문 NIV)
③He was an hairy man, and girt with a girdle of leather about his loins.(영문 KJV)
④He wore a garment of haircloth, with a girdle of leather about his loins.(영문 RSV)

한도 약대 털옷을 입고 허리에 가죽띠를 매었다(마태복음 3:4)는 사실은 세례 요한이 엘리야라는 사실을 말해주는 단서라기보다 두 사람이 공히 선지자였기 때문에 오랜 전통으로서 털옷을 입었을 가능성을 시사해 준다.75) 따라서 복식服飾을 가지고 단정 짓기는 곤란하고, 오히려 그들의 행적과 성품이 고려되어야 할 줄로 믿는다.

물론, 예수조차도 "오리라 한 엘리야가 곧 이 사람(세례 요한)이니라(마태복음 11:14)."고 직접 말한 바 있고, "엘리야의 심령과 능력으로 주 앞에 앞서 가서 아비의 마음을 자식에게, 거스리는 자를 의인의 슬기에 돌아오게 하고 주를 위하여 세운 백성을 예비하리라(누가복음 1:17)."한 이가 세례 요한으로 기록되었긴 하다.

그러나 '여호와의 크고 두려운 날(말라기 4:5)'이 이르기 전에 보내겠다던 엘리야가 세례 요한이라면, 그 뒤에 주(하나님)로서 온 예수는 마땅히 심판을 했어야 했는데 아니 했을 뿐만 아니라, 하나님과 이들 세 사람과의 개별적 관계를 고려해 본다면 보내겠다는 엘리야가 예수일 가능성이 가장 크다. 그 이유인즉 하나님이 그들(엘리야와 예수)의 삶을 직접 챙겨 주었다는 점 때문이다. 덧붙이자면, 우상숭배에 대한 하나님의 응징인 오랜 가뭄에도 굶어 죽지 않도록 하나님은 여러 가지 방법으로써 엘리야를 보호해 주었고(피신길 안내·까마귀와 과부의 봉양 등), 그 엘리야로 하여금 '하나님의 사람'임을 증명해 보일 수 있도록 하나님의 권능 곧 초자연적인 현상을 일으킬 수 있는 능력(죽은 아이를 기도로써 살리고, 곡식가루와 기름이 떨어지지 않도록 하고, 많은 이방

---

75) 선지자들이 털옷을 즐겨 입었다는 증거
그 날에 선지자들이 예언할 때에 그 이상을 각기 부끄러워할 것이며, 사람을 속이려고 털옷도 입지 아니할 것이며, 말하기를 '나는 선지자가 아니요, 나는 농부라. 내가 어려서부터 사람의 종이 되었노라.' 할 것이요(스가랴 13:4~5),

의 선지자들을 불로써 죽이는 등)을 주시었다. 뿐만 아니라, 이방異邦·이교異敎의 선지자들을 쳐 죽임으로써 유일신인 하나님을 증명해 보인 공을 세운 엘리야에게 후계자(엘리사)를 남기게 하고 회오리바람을 타고 승천하는 기회를 주시었다. 이처럼 하나님이 직접 챙긴 엘리야의 지상에서의 삶[활동]을 전제한다면 예수는 그와 흡사하지만 업그레이드된, 달라진 '엘리야'라고 말할 수 있다.

따라서 하나님이 보내겠다는 엘리야가 세례 요한이 아니고 예수임에 틀림없는데, 예수의 행적을 기록한 이들이 예수를 여호와 하나님으로 격상시키다보니 여호와 하나님 자리에 예수를 대입시키게 되고, 예수의 자리에 세례 요한을 대입시킨 것으로 보인다. 그렇다면, 예수라는 존재도 앞선 기록들이 말하고 요구하는 능력과 품성을 두루 갖춘 존재로 짜 맞추어져 기록된, 가공된 인물일 가능성이 매우 높다고 본다. "그(하나님이 보내겠다는 엘리야=예수)가 아비의 마음을 자녀에게로 돌이키게 하고, 자녀들의 마음을 그들의 아비에게로 돌이키게 하리라. 돌이키지 아니하면 두렵건대 내(하나님)가 와서 저주로 그 땅을 칠까 하노라(4:6)."라는 말라기의 기록이 있었기 때문에 "저(세례 요한)가 또 엘리야의 심령과 능력으로 주(예수) 앞에 앞서 가서, 아비의 마음을 자식에게, 거스리는 자를 의인의 슬기에 돌아오게 하고, 주를 위하여 세운 백성을 예비하리라(1:17)."라는 누가의 기록이 나올 수 있었다는 점이 시사해 주는 바 크다.

-2011. 09. 29.

[덧붙임]

하나님은 전지전능한 영이시고 뜻이다. 따라서 형태가 없다. 하나님 형상대로 인간을 지었다고 말하는 대목들(창세기 1:27, 5:1, 9:6, 야고보서 3:9)은 잘못된 기술이라고 생각한다. 하나님이 형태가 없는 영이자 뜻임에도 불구하고, 인간 세상에 필요하여 하나님의 뜻을 전하고자 할 때에는, 그 뜻대로 구현되는(전지전능하기 때문에) 유무형의 존재를 만들어 지상으로 보낸다. 천사·선지자·불꽃·말씀·성령 등이 다 그것들이다. 예수도 하나님의 뜻이 구현되어 나타난 한 선지자일 뿐이다. 이런 결론을 내리지 않으면 예수교 경전의 내용이 끝내 이해되지 않는다. 이런 주관적 판단을 그대로 받아들인다 해도 한 가지의 문제는 남는다. 그것은 곧 하나님이 인간 세상을 왜 그토록 직·간접으로 간섭하고 통치하려 하는가, 이다. 인간 세상의 주인으로서 창조주의 뜻이라면 할 말이 없지만 여전히 납득되지 않는 일이다. 그렇다면, 전지전능하신 영이고 뜻인 하나님을 원천적으로 부정해야 하는가? 우주만물을 창조한, 아니, 존재하게 하는 근원으로서 하나님은 존재한다. 인간의 마음이나 의사에 관계없이 존재했고 존재할 따름이다. 그런 하나님이 어찌하여 인간 세상을 사사건건 간섭하려드는가? 그것은 인간이 그 하나님을 자신들의 세상으로 끌어내렸기 때문이다. 그러나 하나님은 하나님의 길이 있을 뿐이지 인간을 위해서 말하지는 않는다. 인간세상의 흥망성쇠와 직접적으로 무관하다는 뜻이다. 이것이 경전을 탐독한 나의 결론이다.

제VI장 예수교 키워드

'예수교 키워드' 장을 읽기 전에

예수교 경전 속 몇 개의 키워드 분석 -심판·부활·승천·영생·천국·지옥 등에 대하여
'성령聖靈'이란 무엇인가
'계시啓示'에 대하여
예수교 경전인 성경에서의 '방언方言'의 의미
'회개悔改'란 무엇인가
'할례割禮'란 무엇인가
'믿음[信]'이란 무엇인가
'포도(주)'에 대하여
'돼지'에 대한 편견
'천사天使'의 외형과 역할
'선지자先知者'에 대하여
'사십 일日'의 의미
이해되지 않는 하나님 마음 -모압 땅 느보 산을 둘러보고
아브라함·롯·모세 등이 만난 여호와 하나님
아론과 모세의 특별한 죽음에 대하여
하나님께 제물로 드린 예수의 죽음 -아브라함의 번제물인 외아들 이삭에서 하나님의 화목제물인 외아들 예수까지
하나님에 대한 제사가 갑자기 중지된 이유
'하늘이 열린다'는 말의 의미에 대하여

'예수교 키워드' 장을 읽기 전에

　필자가 경전을 읽고 파악한 예수교의 핵심은, 모든 사람이 하나님
이 원하는 대로 살아서, 세상 '끝날'에 있을 심판 시에, 지옥에 가서
벌 받지 말고 천국에 가서 천사와 같은 영적 존재로서, 더 정확히
말하여, 하나님의 종從 혹은 자녀로서 하나님과 영원히 함께 사는
일이다. 따라서 이 일과 관련된 방법론이라 할 수 있는 심판·부활·
승천·영생·천국·지옥·천사·계시·성령·회개·세례·믿음 등은 예수
교의 키워드들로서 마땅히 먼저 해명解明되어야 한다고 본다. 물론,
이들 용어 외에도 사십일·포도·돼지·할례·방언·하늘의 열림 등 적
지 않지만, 일련의 용어에 대해서는 객관적 해설이 보장되어야 예수
교의 핵심을 보다 온전히 이해할 수 있으리라 본다.

　이런 문제들을 해결하기 위해서, 필자는 창세기로부터 요한계시
록까지의 내용을 분석 대상으로 삼았으되, 그 외에 어떠한 이론가의
글이나 사적 견해를 참고하지 않았고, 그 모두를 철저하게 배제시켰
다. 왜냐하면, 교리와 관련된 키워드 해설은 경전 안에서 해결되어

야 온전할 뿐 아니라 사적 견해를 고려하기로 하면 밑도 끝도 없는 일이 되기 때문이다.

경전을 꾸준히 읽으며 성도들을 가르치는, 우리나라의 목사들은 경전 내 특정 문장이나 특정 구절의 내용을 해석하고 주장할 때에, 그리고 그 내용의 옳음을 강조하고 입증하기 위한 방법으로서 다른 복음서의 유관한 문장을 찾아 대비對比시키고 연계連繫시키는 경향이 짙다. 물론, 이런 태도나 방법이 꼭 틀린 것은 아니나 반드시 옳은 것만도 아니라는 사실을 먼저 지적해 두지 않을 수 없다.

경전 내 66권의 복음서들은 각기 다른 시기에, 다른 사람들에 의해서 쓰여졌는데, (물론, 1인 2종 이상의 복음을 집필한 사람도 있지만) 뒤에 쓰여진 복음서는 앞의 것들이 충분히 인지·검토되고 재해석되는 과정을 거칠 수밖에 없는 상황의 산물이기 때문에 서로가 직·간접으로 연관될 수밖에 없는 일이다. 그 단적인 예를 들자면, 예수가 직접 말한 내용 속에도 그가 읽은 복음서 내용이 적지 않게 인용되고 있다는 사실이다. (이에 대한 구체적인 내용에 대해서는 다른 글 「예수는 어떤 책을 읽었을까」를 참고하기 바람.)

필자는 이런 현실적 상황에 대해서 "말이 말을 낳고, 기록이 기록을 낳는다."는 표현을 본문 중에서 했지만, 바로 이런 현실 때문에 경전 내 키워드들의 의미를 설명해 주는 구절들이 서로 관련될 수밖에 없으며, 경우에 따라서는 그것들이 점진적으로 확대·심화되기도 하고, 어떤 것들은 변질되기도 한다는 사실을 어렵지 않게 확인할 수 있다.

우리는 특정 키워드의 의미가 확대·심화되는 과정에서 인지人知 발달을 읽을 수 있고, 그것의 변질 과정에서 교리 간 상충되는 모순矛盾을 발견하기도 한다. 경전 내에 이런 현상은 결국, '신은 말하지 않으나 인간이 말할 뿐이다' 라는 사실을 뒷받침해 주는, 한 요소라고 생각된다. 신의 뜻, 곧 하나님의 마음이나 의도가 바뀌어 다르게 표현되었을 리 없기 때문이다.

아무튼, 예수교의 종지宗旨를 이루는 키워드 분석을 통해서, 그것도 경전의 해당 문장 분석을 통해서, 예수교 큰 기둥의 실체를 확인하는 것은 예수교 이해의 첫걸음이라 생각된다. 따라서 이 장에서는 최소한 앞에서 나열한 열여덟 개 키워드들에 대한 해명과 이해를 목표로 한다.

예수교 경전 속 몇 개의 키워드 분석

-심판·부활·승천·영생·천국·지옥 등에 대하여

　예수교 경전의 목표는, 인류를 영생永生할 수 있도록 그 방법을 가르쳐 주는 데에 있다. 그 방법의 핵심은, 하나님과 그의 아들 예수를 알고 믿는 일이지만, 그 실천 여부와 정도를 가늠하는 인간행위의 선악을 심판하는 과정을 거친다. 그리고 그 심판의 전 단계로 죽은 자 모두를 영靈과 육肉을 지닌 상태로 부활復活시키고, 영생을 얻는 자와 영벌永罰 받는 자로 구분하고, 영벌 받는 자는 지옥地獄으로 보내고, 영생을 얻는 자는 승천昇天이란 방식을 통해서 육이 아닌 영으로서 　- 물론, 예수는 몸으로서 승천했다지만 -　 천국天國으로 올려 보내진다.

　그렇다면, 천국에서의 영생과, 지옥에서의 영벌이 각각 어떻게 이루어지며, 심판과 부활, 승천 등이 각각 어떻게 이루어지는지가 반드시 해명되어야 할 것이다. 나아가, 영 혹은 영적 존재에 대해서도 구체적인 해명이 있어야 한다고 생각한다. 이들 키워드가 사람들을 묶어두는 예수교 경전의 핵核이요, 기둥이요, 대들보나 다름없기 때문이다. (아래에서 기술되는 심판·부활·승천·영생·천국·지옥 등 여섯 개의 키워드들의 의미에 대해서는 99% 이상이 경전 안의 내용만을 정리하여 간추린 것이기 때문에 경전 내용을 부분적으로 아는 사람들은 '정말 그럴까?' 의심하며 놀라겠지만, 그렇지 못한 대다수의 사람들은 매우 생소하게 느낄 것이다. 그래서 '여섯 개의 키워드에 숨겨진 의미'에 대해서 필자 개인적인 견해를 끝에 밝혀 놓았다.)

1 심판審判에 대하여

심판이란, 말 그대로 특정 사안에 대하여 어떤 기준과 근거에 의해서 살피어 판단하는 일이다. 그 일을 실행하려면 심판하는 이[심판의 주체]와 받는 이[심판의 객체]가 있어야 하고, 그 구체적인 내용이 있어야 하며, 또한, 그 기준이나 근거가 마련되어 있어야 한다. 뿐만 아니라, 심판의 정해진 시간과 장소도 있어야 한다. 그렇다면, 경전 안에서의 심판은 과연, 언제 어디서 어떻게 이루어지는가?

심판이 이루어지는 때는 '마지막 날(요한복음 12:48)' 예수가 자기 영광의 보좌에 앉는(마태복음 19:28) 순간으로 기록되어 있지만, 그 때에 대해서는 오직 하나님만이 알고 계신다(마태복음 24:36). 이 심판의 날에 대해서는 표현의 이중성과 모호성으로 논란의 여지가 많음으로 별도의 글이 필요하다(이에 대해서는 다른 글 「심판이 이루어지는 주의 날에 대하여」와 「사도 요한과 바울의 심판 날에 대한 강박관념」 등을 참고하기 바람).

심판이 이루어지는 곳은, 마루가 백향목으로 덮여있는 낭실廊室(사랑채 혹은 행랑 낭廊, 집실室:신전이나 궁궐 등 공공건물의 본청 주위로 둘러 지은 집. 여기서는 신전에 붙어있는 대기실 정도로 해석하면 됨:열왕기상 7:7)이며, 오늘날 공동묘지가 되어 있는 예루살렘 성 밖에 있는 여호사밧 골짜기(요엘 3:2, 3:12)[76] 이다.

심판하는 이[주체]에 대해서는 여러 가지 유사한 말들로 표현되고 있다. 곧, 정하신 사람(사도행전 7:7), 예수 그리스도(요한복음 9:39, 12:47, 12:48), 만민의 심판자 하나님(히브리서 12:23), 심판자(야고보서 5:9), 심판하시는 자(베드로전서 2:23), 하나님·심판장(시편 50:5) 등이 그것이다. 심판의 주체가 하나님이라는 뜻인지 예수라는 뜻인지, 아니면 함께 한다는 뜻인지, 아니면 하나님과 예수가 동일 존재라는 뜻인지 사실상 분명하지는 않다. 그런데 심판의 권세를 아들에게 주었음으로(요한복음 5:27) 하나님의 아들(요한복음 5:22)인 예수라 보는 시각이 지배적이지만 전혀 그렇지 않은 해석도 얼마든지 있을 수는 있다. 곧, "내가 아무 것도 스스로 할 수 없노라. 듣는 대로 심판하노니, 나는 나의 원대로 하려하지 않고, 나를 보내신 이의 원대로 하려는 고로, 내 심판은 의로우니라(요한복음 5:30)."라는 구절에서 확인할 수 있듯이 심판을 하시는 실질적인 심판장이 예수가 아닌 그의 아버지 하나님(시편 50:6)으로 볼 수 있겠기 때문이다. 이런 이중적인 표현이 경전 내에 산재되어 있기 때문에 많은 사람들은, 하나님과 예수를 구분하거나 동일시하는 혼란을 피할 수 없다.

심판의 주체에 대해서 한 가지 간과해서 아니 될 것은, 천국의 영적 존재인 천사天使들이 심판의 보좌역으로서 심판자에게 도움을 준

---

76) 여호사밧 골짜기
① 내가 만국을 모아 데리고 여호사밧 골짜기에 내려가서 내 백성 곧 내 기업된 이스라엘을 위하여 거기서 그들을 국문(鞫問)하리니, 이는 그들이 이스라엘을 열국 중에 흩고 나의 땅을 나누었음이며, (요엘 3:2)
② 열국은 동하여 여호사밧 골짜기로 올라올지어다. 내가 거기 앉아서 사면의 열국을 다 심판하리로다. (요엘 3:12)
'여호사밧 골짜기'에 대해서는 위에서 보는 바와 같이 분명하게 여호와 하나님이 자기 백성들과 그와 관련된 열국을 심판하는 골짜기라고 분명하게 기록되어 있다. 그럼에도 불구하고, 많은 사람들은 '만 국민'을 심판하는 곳에 대한 '상징적 표현'이라고 임의로 확대 해석한다. 그러면서 '기드론'의 옛 이름으로 간주한다. 이 기드론은 현재의 예루살렘 성의 골든 게이트(Golden Gate)와 덩 게이트(Dung Gate) 사이에 있으되, 성벽 쪽에 붙은 지역이며, 그 앞쪽 감람산 기슭과도 같이 많은 무덤들이 있는 곳이다. 간단히 말해, 유대인과 이슬람교도들의 공동묘지가 되어 있는데, 이는 현재의 기드론에서 하나님의 심판이 이루어진다는 믿음과 무관하지 않아 보인다.

다는 사실이다(마태복음 16:27). 결과적으로, 심판은 천사의 도움을 받아서 하나님 또는 예수가 한다는 뜻이다.

심판받는 이[객체]는 사람·나라·세계 등으로 표현되어 있는데, 사람의 경우는 백성(이사야 3:13)·모든 혈육(이사야 66:16)·모든 육체(예레미야 25:31)를 포함하는 산 사람과 죽은 사람(디모데후서 4:1)이다. 나라의 경우는 사면의 열국(요엘 3:12)과 종 삼는 나라(사도행전 7:7)·땅(역대상 16:33) 등이 포함되어 있고, 세계(시편 9:8)는 죄악(사무엘상 3:13)과 죄인(시편 1:5)으로 가득한 인간세상을 두루 포함한다. 그리고 천국에서 일부 타락한 천사, 예컨대, 죄를 범한 천사(베드로후서 2:4)와 자기 지위를 지키지 아니하고 자기 처소를 떠난 천사(유다서 1:6)가 심판의 대상으로 포함되어 있다. 특히, 심판의 대상으로서 구체적으로 거명된 사람들의 성분은 대략 이러하다. 곧, 여호와를 대적한 자(사무엘상 2:10), 거만한 자(잠언 19:29), 다른 신을 섬기는 자(예레미야 1:16), 제사장·이스라엘 족속·왕족(호세아 5:1), 술수를 부리는 자·간음한 자·거짓 맹세한 자·품꾼의 삯으로 억울하게 한 자·과부 고아를 압제한 자·나그네를 억울하게 한 자·신을 경외하지 않은 자(말라기 3:5), 살인자(마태복음 5:21), 형제에게 노하는 자·형제에 대하여 라가라 하는 자·미련한 놈(마태복음 5:22), 이스라엘 열두 지파(마태복음 19:28), 하나님의 권세나 명을 거스르는 자(로마서 13:2), 형제를 업신여기는 자(로마서 14:10), 너희를 요동케 하는 자(갈라디아서 5:10), 진리를 믿지 않고 불의를 좋아하는 자(데살로니가후서 2:12), 믿음을 저버린 자(디모데전서 5:12), 음행한 자·간음한 자(히브리서 13:4), 긍휼矜恤을 행하지 않은 자(야고보서 2:13), 하나님의 복음에 순종치 아니한 자(베드로전서 4:17), 불의한 자(베드로후서 2:9), 경건치 아니한 자(베드로후서 2:4), 높은 자(욥기 21:22) 등이다.

그러나 심판을 받지 않고 천국에 가는 면제자도 있으니, 그것은 다름 아닌 하나님과 그의 아들 예수를 믿는 자(요한복음 5:24)이다. 심판 시 면제자가 있다는 것은 이슬람교도 마찬가지다.[77]

심판의 기준과 근거는 '기념책(말라기 3:6)'이라고도 말해지는 '생명책(시편 69:28, 빌립보서 4:3, 요한계시록 3:5, 13:8, 17:8, 20:12, 20:15, 21:27)'에 기록된 내용이다. 아마도, 그 책에는 죄인이나 악인보다는 의인(시편 69:28)과 어린 양으로 빗대어지는 착하고 겸손한 자(요한계시록 21:27)들이 주로 등재되어 있으며, 죽은 자들의 행위가 기록되어(요한계시록 20:12) 있는 것으로 보인다. 그렇기 때문에 심판하는 과정에서 심판자는 오래 생각지 않으며(욥기 34:23), 오직 공의公義(욥기 8:3)·정직(이사야 11:4)·불과 칼(이사야 66:16)로써 심문(마태복음 12:36)·국문(鞫問: 이사야 3:14, 에스겔 7:3, 요엘 3:2 외 다수)·심판한다.

심판의 구체적인 내용은, 인간 행위(에스겔 33:20, 36:19)이며, 의인과 악인을 구분하고(창세기 18:25, 전도서3:17), 죄악(사무엘상 3:13)·의義·성실함(시편 7:8)·사람의 은밀한 것(로마서 2:16) 등을 심판한다. 이런 심판의 구체적인 내용과 방법을 포괄하여 비유적으로 경전에 기록되기를, '수양과 숫염소 사이에(에스겔 34:17), 살찐 양과 파리한 양 사이에(에스겔 34:20), 양과 양 사이에(에스겔 34:22) 심판한다'는 것이다.

심판의 결과, 죄인罪人과 악인惡人은 지옥으로 보내어져 몸과 영혼이 함께 영벌을 받음으로써 멸하고(마태복음 10:28), 의인義人과 선인善人은 생명의 부활(요한복음 5:29)을 입어 영靈으로서 천국으로 승천하여 영생하게 된다고 말한다. 이점에 대해서는 이슬람교도 유사하

---

77) 꾸란 103장 2~3절에는 "실로 모든 인간은 멸망케 되니라. / 그러나 믿음으로 의로운 일을 실천하며 서로가 서로에게 진리를 권고하며 인내하는 이들은 제외이니라."로 기록되어 있다. 예수 그리스도교 경전에서처럼 심판받지 않고 영생하는 면제자들이 이슬람교에도 있음을 보여주는 단서다.

다.[78] 그런데 한 가지 큰 모순은 요한계시록에서 심판 후 '새 하늘 새 땅'으로 빗대어지는 새 예루살렘 성을 천국에서 만들어 가지고 지상으로 내려와 예수가 그곳에서 천년통치를 한다고 기록되어 있다는 사실이다. 다시 말해, 승천과정이 불필요하다는 뜻이다.

그렇다면, 이런 심판의 과정을 왜 두었는가? 그 근본 목적은 전쟁을 없애기 위해서이고(마가복음 4:3), 세상이 구원받게 하기 위해서라는 것이다(요한복음 3:17). 너무나 황당한 목적이 아닐 수 없다. 바로 이 점이, 심판이란 것이 인간 교화 수단으로써 말해진 것일 수도 있음을 시사해 준다.

2 부활復活에 대하여

부활이란, 일반적으로 죽은 자가 다시 살아남을 뜻한다. 그렇다면, 경전에서 말하는 부활이란 무엇인가?

창세기로부터 요한계시록까지 '부활'이란 용어는 마태복음(5회)을 비롯하여 마가복음(2회)·누가복음(5회)·요한복음(3회)·사도행전(10회)·로마서(2회)·고린도전서(4회)·빌립보서(2회)·디모데후서(1회)·히브리서(2회)·베드로전서(2회)·요한계시록(2회) 등 전체 12서에서 40회나 사용되고 있다. 이들의 문맥을 분석해 보면, 부활이란 '죽은 자가 다시 살아남'이란 뜻으로 쓰이고 있다(요한복음 11:24, 고린도전서

---

78) 꾸란 102장 6~8절에는 "너희는 지옥의 불을 볼 것이라. 실로 너희는 분명히 눈으로써 목격할 것이라. 그런 후 너희는 너희가 탐닉했던 향락에 관하여 힐문을 받을 것이라."라고 기록되어 있다. 지옥에 불이 있다는 것은 예수교 경전과 다르지 않으나 '행위의 선악'이라는 말 대신에 '탐닉했던 향락'이, '심문(審問)과 국문(鞫問)'이라는 말 대신에 '힐문(詰問)'이 각각 쓰이고 있다는 점이 다르다.

15:12). 이 부활에 대해서는 이슬람교도 마찬가지이지만, 그에 대한 기술이 매우 추상적이다.[79]

그렇다면, 경전 안에서 부활한 사람은 과연 누구인가? 물론, 그 대표적인 사람으로서 부활이 있음을 세상에 보여준 이가 바로 예수이다(고린도전서 15:12~13, 베드로전서 1:3, 3:21, 마태복음 28:6, 마가복음 16:6, 누가복음 24:12, 요한복음 20:1~31, 로마서 1:4). 그 외에도 죽은 자 가운데에서 살아난 자들, 특히 그 신분이 드러난 사람이 셋이나 더 있다. 물론, 신분이 드러나지 않고 부활했다는 사람[성도]들은 많다.[80] 이들은 논외로 치고, 신분이 드러난 세 사람을 말한다면, 한 사람은, 죽은 지 나흘이 된 '나사로'이고(요한복음 11:33~44), 다른 한 사람은 '나인' 성城 안에 살고 있는 한 과부의 외아들 청년이다(누가복음 7:11~16). 이들은 공히 예수께서 부탁을 받거나(요한복음 11:3) 단순히 불쌍히 여기셔서(누가복음 7:13) 하나님으로부터 위임받은 권능으로써 살리신 것뿐이다. 따라서 예수의 부활과는 그 본질이 다르다. 예수는 부활하여 승천함으로써 영생한다지만 이들이 그렇게 되었다는 근거가 그 어디에도 없기 때문이다. 그리고 죽었다가(= 숨이 끊어졌다가) 다시

---

79) 꾸란 101장 1~11절에는 "부활의 날 / 부 활의 날이 무엇이뇨? / 부활의 날이 무엇인지 무엇이 그대에게 설명하리요? / 그날은 인간이 나방처럼 흩어지는 날이며 / 산들은 가지런한 양털처럼 되는 날로 / 그날 그의 선행이 무거운 자는 / 안락한 삶을 영위할 것이나 / 그의 선행이 가벼운 자는 / 불지옥의 함정에 있게 되리라. / 불지옥의 함정이 무엇인지 무엇이 그대에게 설명하여 주리요? / 그것은 작렬하게 타오르는 불지옥이라."기록되어 있다. '인간이 나방처럼 흩어지고 산들이 양털처럼 가지런해진다'는 비유적인 표현으로밖에 부활을 설명하지 못하고 있다. 그리고 심판하기 위해서 죽은 자를 부활시키고, 그 심판의 결과 안락한 삶과 불지옥에 떨어지는 것으로 구분되는 이분법적 사고에서 벗어나지 못함도 예수교 경전과 결코 다르지 않다.

80) 예수께서 다시 크게 소리 지르시고 영혼이 떠나시다. 이에 성소 휘장이 위로부터 아래까지 찢어져 둘이 되고, 땅이 진동하며 바위가 터지고, 무덤들이 열리며 자던 성도의 몸이 많이 일어나되, 예수의 부활 후에 저희가 무덤에서 나와서, 거룩한 성에 들어가 많은 사람에게 보이니라. 백부장과 및 함께 예수를 지키던 자들이 지진과 그 되는 일들을 보고 심히 두려워하여 가로되, '이는 진실로 하나님의 아들이었도다' 하더라(마태복음 27:50~54).

살아난 사람으로, 시돈 사르밧에 살고 있는 과부(열왕기상 17:9)의 어린 아들이 있다(열왕기상 17:17). 이는 예수가 아니라 엘리야가 숨이 끊어진 아이 위에 몸을 세 번 펴서 엎드리고, 여호와께 부르짖어 가로되, "나의 하나님 여호와여, 원컨대 이 아이의 혼으로 그 몸에 돌아오게 하옵소서."라는 말과 함께 기도로써 소생시킨 예이다. 오로지, 하나님의 살아계심과 그 권능을 입증하고, 동시에 엘리야가 하나님의 사람임을 증명해 보이는 방편으로서 있었던 일이다. 그럼에도 불구하고, 구약에서는 이 '부활'이란 단어가 한 차례도 쓰이지 않았다. 그런데 하나님은 엘리야를 통해서 죽은 아이를 소생시켰고, 바꿔 말해, 엘리야는 하나님의 권능을 입증하기 위해서 죽은 아이를 소생시켰다. 그런데 예수는 엘리야의 이런 표적을 익히 안 탓인지 그(예수) 역시 하나님의 권능을 입증하기 위한 강력한 수단으로서 부활을 강조했던 것이다.

부활에서 한 가지 주목해야 할 것이, 부활 후의 존재는 부활 전의 외형과 기능(외적 형태와 기능을 포괄하여 '형질'이라는 단어로 표기하겠음)이 같거나 전혀 다르다는 사실에 있다. 즉, 예수가 직접 살리신 두 사람은 부활 전의 모습 그대로이지만 정작 부활된 예수 자신은 전혀 다른(?) 모습이었다. 장사한 지 사흘 만에 부활한 예수의 모습을 제자들이 잘 알아보지 못했는데, 그가 직접 하시는 말씀을 듣고서야 부활한 예수를 받아들일 수 있었던 점이 잘 말해준다(요한복음 20:14, 21:4, 24:13~16). '죽은 자가 어떻게 다시 살아날 수 있느냐'는 현실적인 의구심이 컸던 이유도 있었겠지만, 급기야는 상처가 있는 손과 옆구리를 직접 손으로 만져 보아야만 했다(요한복음 20:25, 20:27, 마태복음 28:17). 뿐만 아니라, 제자들이 모여 있는 곳을 부활하신 예수께서는 두 차례 방문하셨는데 출입문이 닫혀 있었어도 아무도 모르게 이미 들어와 서계신(요한복음 20:19), '투명인간'과도 같은 — 마치, 부처가 신통력을 발휘하여 눈 깜짝할 사이에 병석에 누워있던 제자 '유마힐'의 방안으로 들어 오셨다하듯이 — 특별한 능력을 가지셨다. 그런 능력으로 말할 것 같으면, 물위를 걷기도 하고, 거친 풍랑을 잠재우고, 자신의 모습을 다른 모습으로 바꾸는 변신술(?)도 있으며, 사람들의 온갖 질병을 고치며, 귀신까지 굴복시키고, 죽은 자를 살려내기도 하고, 떡 다섯 조각과 물고기 두 마리로써 수천의 사람들을 먹이며, 예언豫言·예단豫斷이 가능하며, 검劍으로써 잘려나간 귀를 손으로 만져 원상복구 시키고, 성령으로써 제자들에게 자신이 부여받은 하나님의 권능을 주시기도 하며, 대단히 뛰어난 화술話術까지 겸비하셨다. 물론, 이런 초자연적, 혹은 보통의 사람들보다 월등히 뛰어난 초인적인 능력 면에서는 예수의 경우 부활 전후가 크게 다를 바 없지만 부활 후의 모습만큼은 비록 구체적인 묘사가 없으나 제자들조차 두려워하고 몰라보았다는 점에서 크게 달라졌다는 사실 정도는 얼마든지 유추할 수 있다.

예수는 그렇다 치고, 심판의 과정을 거쳐서 천국에 오르는 영적 존재로서 부활한 사람들은 지상에서의 인간 형질이 아니라는 데에 문제가 있다. 곧, 시집장가도 아니 가고, 다시 죽지도 못하며, 오로지 하나님의 자녀로서 하늘에 있는 천사와 같을 뿐이다(마태복음 22:30, 누가복음 20:35, 20:36). 따라서 부활한 존재에게는 지상에서의 대인·혈연관계도 없고, 생로병사의 과정도 없으며, 오로지 하나님의 자녀로서 존재할 뿐이다. 이런 부활의 능력을 발휘하는 주체는 오로지 하나님이거나 그 분으로부터 그런 특별한 능력을 위임받은 예수뿐이다(요한복음 11:25).

그런데 문제는 부활 후의 존재에 대하여 분명히 영靈이라 해놓고,

죽은 몸이 다시 산다고 강조하며(사도신경), 육신이 썩음을 당하지 아니한다(사도행전 2:31)고 경전에서 이중적으로 말하고 있다는 사실이다. 그래서 예수는 부활 후에도 분명히 몸이란 형태를 지니셨고(누가복음 24:50), 심지어는 승천할 때에도 그 형태를 유지했다(누가복음 24:50~51). 오늘날, 불가佛家에서 '심령체心靈體'니 '열반체涅槃體'니 하는 기이한 말을 만들어 쓰듯이 한국의 목사들 또한 '영체靈體'라는, 말도 안 되는 말[모순어법]을 만들어 쓰는, 궁색한 이유를 알 법도 하다.

3 승천昇天에 대하여

승천이란, 말 그대로 지상에서 하늘로 올라간다는 뜻이다. 누가? 특별히 하나님으로부터 선택된 사람(에녹·엘리야)이나 심판을 거쳐 부활된 자(아직 심판의 때가 오지 않았기 때문에 해당되는 자 없음)가. 무엇 때문에? 천국에서 하나님의 자녀로서 함께 살기 위해서. 어떻게? 하나님과 동행하거나 회오리바람을 타고서 아니면, 하나님의 뜻에 따라 단순히 하늘로 올리어짐으로써.

그렇다면, 경전 내에서 승천한 사람은 과연 몇 명이나 될까? 현재까지 파악된 바로는 모두 세 명이다. 곧, '에녹'과 '엘리야'와 '예수'이다.

에녹은 아담의 7대손(창세기 5:1~20)으로, 홍수로써 인류가 심판을 받기 전의 사람이다. 그는 65세에 '므두셀라'를 낳았고(창세기 5:21), 300년간 하나님과 '동행한' 특별한 인물이다(창세기 5:22). 그는 365세까지 살았고(창세기 5:23), 하나님과 동행했다는 이유에서 하나님이 그를 데려가시었다(창세기 5:24). 그런데 그가 죽은 다음에 부활·승천시켜서 데려갔다는 뜻인지, 아니면 죽은 몸은 지상에 두고 영만 데려가셨다는 뜻인지 분명하게 기술되어 있지는 않다. 다만, 그를 하나님이 데려가시어 그가 세상에 있지 않았다(창세기 5:24)라고 기술된 점으로써 확대 해석한다면, 예수처럼 몸과 영이 함께 승천한 것으로 보인다. 그리고 그가 하나님과 동행 시에 구체적으로 무엇을 어떻게 했는지는 더욱 판단하기 어렵다. 다만, '하나님과 동행했다' 하니 하나님의 뜻을 좇아 산 것으로 미루어 짐작할 수밖에.

엘리야는 길르앗 디셉 사람으로(열왕기하 1:3, 1:8), 이스라엘 왕 '아하시야'의 죽음을 예언하였고, 그가 보낸 오십 부장을 포함한 오십 인을 하늘에서 내려오는 불길로 두 차례나 불태워 죽였다(열왕기하 1:10, 1:12). 그리고 제자인 엘리사와 함께 요단강을 건널 때에 겉옷을 둘둘 말아 물을 치매 물이 이리저리 갈라지므로 땅 위로 걸어가는 표적을 행하기도 했다(열왕기하 2:8). 그는 엘리사와 함께 있었지만 하늘에서 내려온 불수레와 불말들 a chariot of fire and horses of fire이 그들을 격리시켜 놓으면서 엘리야만을 회오리바람에 태워 승천하게 하였다(열왕기하 2:11).

예수는 십자가에 못 박혀 죽으시고, 장사한 지 사흘 만에 살아나신 뒤, 세 차례 이상 제자들을 만났으며, 40일 동안 하나님 나라의 일을 말씀하셨고(사도행전 1:3), 수많은 일을 행하신(요한복음 21:25) 뒤 감람산 기슭 베다니 앞에서 제자들이 지켜보는 가운데 손을 들어 축복해주시고 홀연히 올리어짐을 받아 승천하셨다(누가복음 24:50~51). 그리하여 하나님 우편에 앉으셨다(마가복음 16:19).

세 분의 승천과정에는 한 가지 공통점이 있다. 그것은 세 분 공히 자의自意가 아닌 하나님의 선택과 하나님의 방식대로 승천됐다는 점이다. 단순히 데려가시었거나 올리어졌고, 회오리바람에 실려 올리어짐을 받았기 때문이다.

한편, 예수교도들 가운데에서는 '승천昇天'이라는 말과 유사한 의미로 '휴거(携擧:끌携, 들擧)'라는 말을 만들어 쓰기도 했는데, 이 휴거는 세상 '끝날'에 이루어진다는 하나님의 인류 심판 시에 해를 입지 않고 공중으로 들어 올리어짐을 말한다. "그 후에 우리 살아남은 자도 저희와 함께 구름 속으로 끌어 올려 공중에서 주를 영접하게 하시리니, 그리하여 우리가 항상 주와 함께 있으리라(데살로니가전서 4:17)."라는 모호한 기록에 근거하고 있지만, 경전 문장에 집착하는 무리들 가운데 극히 일부는 계시록에 언급된 심판 날을 나름대로 계산하고서 한 때 휴거가 일어난다고 소동을 벌이기도 했다. 그러나 그들의 주장은 다 무위無爲로 돌아갔다. 유사 이래, 예수교 경전에서 문장으로써 기록되었던 과거 사람들 외에 승천했다거나 휴거되어 구원된 사람을 듣지도 보지도 못했으니, 이것이 무엇을 의미하는지에 대해서는 굳이 묻지 않아도 되리라. 뿐만 아니라, 예수는 "하늘에서 내려온 자 곧 인자the Son of Man 외에는 하늘에 올라간 자가 없느니라(요한복음 3:13)."라고 스스로 말함으로써 다른 복음서 내용을 전면 부정하기도 했다.

4 영생永生에 대하여

'영원한 생명', '영원한 삶'이란 뜻의 영생은 하나님만이 가진 능력이면서 본질이다. 그래서 하나님을 영생하시는 분(창세기 21:33), 영생하시는 자(다니엘 4:34, 12:7)라 일컫기도 한다. 영생이란 바로 그 하나님이 인간에게 직접, 또는 독생자 예수를 통해서 주시는 복(시편 133:3)이며, 명령(요한복음 12:50)이며, 약속(디도서 1:2)이며, 거룩함에 이르는 열매(로마서 6:22)이며, 하나님의 은사(로마서 6:23)이다. 하나님께서 예수 그리스도를 이 땅에 보내신 것도 바로 그 영생을 주기 위함이라(요한복음 3:16, 17:2) 한다.

그렇다면, 성경에서 말하는 '영생'이란 과연 무엇일까? '영생'이란 단어는 창세기(2회)를 비롯하여 시편(1회)·다니엘(3회)·마태복음(5회)·마가복음(4회)·누가복음(3회)·요한복음(19회)·사도행전(2회)·로마서(4회)·갈라디아서(1회)·디모데전서(2회)·디도서(2회)·요한1서(4회)·유다서(1회) 등 전체 14서에서 53회 사용되고 있다. 이들의 문맥을 분석하면, 영생은 '영벌永罰' 또는 '죽음'과 대립되는 개념으로 사용되고 있다. 따라서 영생이 이루어지는 곳이 천국이라면 영벌('영벌'이란 영원히 죽지 않고 벌을 받는다는 뜻이지만 몸과 영이 완전히 죽어 영원히 사라진다는 뜻이기도 하다.)을 받아 영원히 죽는 곳이 지옥이다.

다시 그렇다면, 누가 영생의 은사를 받는가? 그들은, 많이 깨어있는 자(다니엘 12:2), 내 이름을 위하여 집·형제·자매·부모·자식·전토 등을 버린 자(마태복음 19:29, 누가복음 10:30), 의인(마태복음 25:46), 하나님과 예수를 알고 믿고 순종하는 자(요한복음 3:15, 3:16, 3:36, 5:24, 6:47, 6:54, 17:3), 핍박받는 자(마가복음 10:30), 자기 생명을 미워하는 자(요한복음 12:25), 참고 선을 행하며 영광과 존귀와 썩지 아니함을 구하는 자(로마서 2:7), 성령을 심는 자(갈라디아서 6:8), 하나님의 종(로마서 6:22) 등이다. 이는 하나님의 뜻(요한복음 6:40)이며, 모든 권능을 아들인 예수에게 주었기 때문에 그를 통해서만이 영생을 얻을 수 있으며, 그야말로 참된 자이고, 참 하나님이며, 영생 그 자체라(요한1서 5:20) 한다. 바로 그렇기 때문에 "나는 하늘로서 내려온 산 떡이니 사람이 이 떡을 먹으면 영생하리라. 나의 줄 떡은 곧 세상의 생명을 위한 내 살이로라(요한복음 6:51)."고까지 말했는지 모른다.

5 천국天國에 대하여

천국이란 말 그대로 하늘에 있는 나라, 곧 하나님의 나라이다. 경전에서는 창세기로부터 요한계시록까지 '하나님의 나라'라는 말로는 마가복음(3회)·누가복음(4회)·요한복음(2회)·사도행전(7회)·고린도전서·에배소서·골로새서·데살로니가후서 등 전체 8서에서 20회 사용되고 있다. 그리고 '천국'이란 말로는 모두 37회 사용되고 있는데 36회가 마태복음에서이고 나머지 1회가 디모데후서에서 사용되고 있다.

'하나님의 나라'나 '천국'이나 사실상 같은 의미이지만 그곳이 하늘 어디에 있는지, 그리고 그곳의 구체적인 구조나 상태가 기술되어 있지는 않다. 다만, 그 성격에 대해서만은 비유적인 표현으로 일관되고 있기 때문에 정확한 판단을 불허不許한다. 예컨대, 천국은 좋은 씨를 제 밭에 뿌린 사람 같고(마태복음 13:24), 자기 밭에 심은 겨자씨 한 알 같으며(마태복음 13:31), 가루 서 말 속에 넣어 모두 부풀게 한 누룩과 같고(마태복음 13:33), 밭에 감추어진 보화 같고(마태복음 13:44), 좋은 진주를 구하는 장사 같고(마태복음 13:45), 각종 물고기를 잡아 올리는 그물 같고(마태복음 13:47), 종들과 회계하려던 어떤 임금과 같으며(마태복음 18:23), 품꾼을 얻어 포도원에 들여보내려고 이른 아침 집을 나간 집주인과 같고(마태복음 20:1), 자기 아들을 위하여 혼인잔치를 베푼 어떤 임금 같으며(마태복음 22:2), 등을 들고 신랑을 맞으러 나간 열 처녀 같다(마태복음 25:1)는 식이다.

그렇다면, 그 천국에는 누가 가는 것일까? 곧, 심령이 가난한 자(마태복음 5:3), 의를 위하여 핍박 받는 자(마태복음 5:10), 계명을 이행하며 가르치는 자(마태복음 5:19), 의로운 자(마태복음 5:20), 하나님의 뜻대로 행하는 자(마태복음 7:21), 어린 아이들 같이 되는 자(마태복음 18:3), 어린 아이들 같이 자기를 낮추는 자(마태복음 18:4), 거듭나는 자(요한복음 3:3), 물과 성령으로 난 자(요한복음 3:5) 등이다. 한 마디로 말해, 회개하고 복음을 믿는 자들이다(마태복음 3:2, 4:17, 마가복음 1:15).

그런데 애석하게도 천국에 가는 자들은 인간세상에서 환난患難을 감수해야만 한다(사도행전 14:22, 데살로니가후서 1:5). 뿐만 아니라, 예수께서 직접 말하기를, "하나님의 나라는 볼 수 있게 임하는 것이 아니요, 또 여기 있다 저기 있다고도 못하리니, 하나님의 나라는 너희 안에 있느니라(누가복음 17:20~21)."라고 말함으로써, 대다수의 사람들 생각이나 믿음처럼 하늘 어딘가에 있지 않다는 사실을 분명히 했다. 이것들이 무엇을 의미하는지에 대해서는 굳이 언급하지 않겠다.

6 지옥地獄에 대하여

지옥이란 글자 그대로 해석하면, 위든 속이든지 간에 땅에 있는 감옥이다. 경전에서는 창세기로부터 요한계시록까지 마태복음(7회)을 비롯하여 마가복음(3회)·누가복음(1회)·야고보서(1회)·베드로후서(1회) 등 모두 5서에서 13회 사용되고 있다. 이들 문맥을 분석해 보면, 지옥은 몸과 영혼을 멸하는 곳이고(마태복음 10:28), 꺼지지 않는 불이 있으며(마가복음 9:43, 마태복음 5:22, 18:9), 죽지 않는 구더기가 있으며(마가복음 9:48), 죽임을 당한 사람들이 던져지는 곳이고(누가복음 12:5), 온몸을 더럽히고 생의 바퀴를 불사르는 혀의 불이 나오는 곳이며(야고보서 3:6), 어두운 구덩이가 있는 곳이다(베드로후서 2:4). 물론, 그곳의 위치·구조 등에 대한 구체적인 정보는 그 어디에도 없다. 다만, 지옥에 던져지는 자들은, 미련한 놈이라 하는 자(마태복음 5:22), 뱀과 독사의 새끼들(마태복음 23:33), 범죄한 천사들(베드로후서 2:4) 등이라는 것이다.

(지옥에 대한 예수교·이슬람교·불교 등의 구체적인 정보는 다른 글 「예수교·이슬람교·불교의 '지옥'에 대하여」에서 확인할 수 있음.)

7 여섯 개의 키워드에 숨겨진 의미

지금까지 심판·부활·승천·영생·천국·지옥 등 여섯 개의 키워드들이 예수교 경전 안에서 어떻게 사용되었는가를 살펴보았다. 그러나 솔직히 말하여, 어느 것 하나 속 시원히 설명되고 있지는 않다. 그만큼 불완전한 설명이 경전 안 곳곳에 흩어져 있고, 비슷비슷한 표현과, 앞뒤가 맞지 않는 모순적인 표현과, 정확한 의미판단을 어렵게 하는 비유적인 수사修辭 등이 많기 때문에 키워드의 의미나 그들 사이 상관성을 분석하는 데에는 상당한 노력과 집중이 요구되는 게 사실이다. 자칫, 부분적인 설명에 매이거나, 부분을 가지고서 전체를 해석하거나, 중의법적으로 해석될 수도 있는 문장을 주관적 판단에 의지함으로써 진실 판단에 오류를 범하기가 쉽다. 따라서 필자의 그릇된 판단이나 해석도 있을 수 있음을 염두에 두면서 개인적인 생각을 정리하고자 한다. 이는 어디까지나 참고사항에 지나지 않을 것이다.

첫째, 누가 누구를 언제 어디서 어떻게 심판하는지와 그 결과 어떻게 되는지를 확인하였지만 심판의 때에 대해서는 하나님 외에 아는 이가 없다고 말함으로써 사실상 비껴갔다는 생각이 든다. 보다 정확히 말하면, 심판의 때에 대한 규명은 별도의 글이 필요하다. 이

자리에서 결론부터 말한다면, 심판의 때는 이미 지나갔어야 옳다. 그럼에도 불구하고 이중적인 표현이 많아 오늘날까지도 논란이 있을 뿐이다. (이에 대한 자세한 사항은 다른 글 「심판이 있다는 주의 날에 대하여」를 참고하기 바람.)

그리고 심판 받는 사람들에 대해서는 그 성분이 아주 구체적으로 나열되고 있는데, 이는 현실적인 인간사회가 개선되기를 바라는 소망을 반영한 결과로 추측되며, 그것이 틀리지 않음은 ①전쟁을 없애고 ②세상을 구원받게 하기 위한다는 심판의 근본 목적이 이미 말해주었다고 생각한다.

둘째, 죽은 자를 심판한다 했기에 부활이 필요하지만, 그 결과에 따라 지옥과 천국으로 보내기 위해서도 그것(부활)은 절대적으로 필요하다. 그런데 지옥에 가는 사람들은 영靈과 육肉으로 된, 인간의 본래 모습이지만 천국으로 가는 사람들은 영으로만 간다는 것이다. 지옥에서 벌을 받는다 했으니 그 고통이 실감나게 전해져야 하겠기에 그럴 것이고, 지상의 인간으로서 천국에 간다면 달라질 것이 없을 것이기에 개과천선된, 아니, 전혀 다른 존재양식인 영으로서 간다고 말할 수밖에 없지 않았을까 싶기도 하다.

그럼에도 불구하고, 부활이 분명하게 있음을 만인에게 보여주어야 한다는, 경전 집필자들의 강박관념 때문에 예수만은 예외적으로 몸과 영이 되살아났고, 또한, 그로써 승천했다고 기록했다. 물론, 예수가 죽은 자 가운데에서 살려낸 두 사람 역시 영과 육이 살아나긴 했지만 그렇다고 예수처럼 승천한 것은 아니다.

셋째, 천국은 하늘 어딘가에 있다지만 지옥처럼 그 구체적인 위치와 구조와 규모와 상태 등을 확인할 수는 없다. 인간이 지옥을 가보지 못했던 것처럼 천국을 가보지 못했기 때문이지만 설득력 있는 상상력을 동원하는 데에도 한계가 있다는 뜻일 것이다. 다만, 지옥은 어두운 구덩이 같고 불이 있을 따름이며, 그곳에서 인간의 영과 육이, 그리고 일부 죄를 지은 천사들이 영원히 멸하는 곳이라 함으로써 인간의 상상력을 무한히 자극시킬 뿐이다. 그렇듯, 천국은, 성령聖靈인 하나님과 예수와 천사들이 영적 존재로서 함께 살고 있다는 데 비유적인 표현으로 일관함으로써 막연히 '좋은 곳'이라는 암시만 끊임없이 주고 있을 뿐이다.

그럼에도 불구하고, 지옥에 가는 이와 천국에 가는 이들이 어떤 부류에 속하는 사람들인지에 대해서는 아주 구체적으로 그 성분이 나열되고 있는데, 이는 현실사회에서 갖는 인간의 소망이 직접적으로 반영되었음을 강력하게 시사해 주는 것이다. 게다가, 예수가 활동하던 1세기 사람들이 그랬듯이 오늘을 살고 있는 21세기 사람들도 끊임없이 '천국과 지옥이 어디 있느냐?'라고 묻지만 경전은 시원스럽게 대답해 주지 못한다는 사실이다.

예수 역시 그런 곤혹스런 질문을 받고, "하나님의 나라는 볼 수 있게 임하는 것이 아니요, 또 여기 있다 저기 있다고도 못하리니, 하나님의 나라는 너희 안에 있느니라(누가복음 17:20~21)."라고 말함으로써 사실상 경전 내용을, 아니 대다수의 사람들이 알고 있는 내용을 근본적으로 부정하는데, 여기에는 인간들이 사는 인간계와 영적 존재들이 사는 영계가 구분되어 있다는 예수의 시각을 반영한 것인지도 모른다.

넷째, 승천은, 천국이 하늘에 있다했으니 지상에서 그곳으로 올라가야 하는 절차로서 불가피했을 것이다. 그런데 승천했다는, 경전 속 세 사람 모두는 자의自意에 의해서가 아니라 오로지 하나님의 선택과 뜻에 따라 각기 다른 방법으로 이루어졌다는 사실을 주목할 필요가 있다. 심지어는, 예수 자신도 자기 의지에 따라 십자가에 못 박히고, 장사한 지 사흘 만에 살아나, 사십 일 동안 지상에 더 머물며, 하나님 나라의 일을 말씀하시고, 승천한 것이 아니라 이 모두가 다 하나님의 뜻[意志]이고 원願이라는 점을 상기할 필요가 있다. 자칫, 예수는 하나님에 의해서 조종되는 로봇처럼 생각되어질 수도 있는 대목이다. 그렇기 때문에 노벨문학상을 받은 '주제 사라마구'는 자신의 작품인 『예수의 제2복음』에서 '인간의 아들 예수를 하나님의 로봇'처럼 그렸던 것이다.

게다가, 이미 언급되었지만 천국의 상징인 '새 예루살렘 성'을 하늘에서 만들어 가지고 내려와 천사들과 함께 예수가 지상에서 천년 통치한다는 요한계시록의 주장을 받아들인다면, 승천이란 과정은 사실상 필요없는 것이 되고 만다는 점이다. 뿐만 아니라, 자신 외에는 그 누구도 하늘에 오른 이가 없다고 예수가 직접 말함으로써 사실상 다른 복음서의 내용이 부정되고 있기도 하다. 그렇다면, 어떤 복음서는 옳고 어떤 복음서는 틀리다는 말인가. 이처럼 경전을 자세히 읽으면 복음서 간 모순이 적지 않다.

다섯째, 영생은 천국에서 하나님과 예수와 이미 승천한 이들과 천사들이 함께 죽지 않고 영원히 산다는 뜻이다. 문제는 인간으로서가 아니라 하나님의 자녀로서 천사와 같은, 영원히 죽을 수도 없는 영적 존재로서 라는 것이다. 그럼에도 불구하고, 일부의 천사는 죄를 지어 지옥에 갇히고, 심판을 받고, 영멸永滅하기도 한다는 것이고, 그 영적 존재에 대해서는 구체적인 설명이 없다. 있다면 그저 먹고 마시는 것이 아니라 오로지 의와 평강과 희락이 있을 뿐이라는 정도다.

이처럼 경전 안에서 핵심적인 키워드 몇 개를 분석했는 데에도,

①복음서 간 모순이 적지 않고, ②가장 중요한 천국이나 지옥이나 영적 존재 등에 대해서는 구체적인 설명이 아닌 비유적 수사修辭로 일관하거나 그것이 매우 빈약하고, ③죽은 자와 산 자들의 행위의 선악을 심판하고, 그 결과에 따라 영생과 영벌이 결정된다는 너무나 인간적인, 인간의 현실적 희망사항만을 확인할 수 있다. 게다가, 더 알고 싶은 사안에 대해서는 납득할 만한 답을 더 이상 경전이 주지 못한다는 사실이다.

바로 이런 한계성과 실상을 전제한다면, 하나님은 말하지 않지만 그 하나님을 열망하는 사람들의 소망을 담아내는 상상의 세계가 바로 경전에 고스란히 담기었다는 것이다. 다시 말해서, 경전은 하나님의 말씀이 아니라 하나님을 경외하면서 가까이 가려는 인간들의 소망이 담긴 기록일 뿐이다.

-2008. 09. 09.

'성령聖靈'이란 무엇인가

예수교 경전에서 말하는 '성령'이란 무엇인가? 흔히들, 성부聖父 · 성자聖子 · 성령聖靈이 하나의 신성神性에서 나오는 존재양식[81]이라고 말하기도 하는데, 경전에서 성령이라는 단어가 어떤 의미로 쓰이고 있는지 확인하는 일은 대단히 중요하다고 본다.

---

81) 삼위일체설에 대하여

예수는, 세례 요한으로부터 요단강에서 물로써 세례를 받은 후 승천하기까지 하나님 나랏일에 대하여 말씀하시고, 온 몸으로써 증언하고 증거가 되셨다. 그런데 자신의 말과 자신이 행한 초자연적인 표적들과 자신의 죽음과 승천까지도 모두 하나님의 뜻이고, 하나님의 성령으로 말미암았다 한다. 뿐만 아니라, 말끝마다, '나의 아버지', '너희들의 아버지', '우리들의 아버지'라는 말을 했으며, 승천 후에는 하나님 우편에 앉아 계시고, 세상 '끝날'에 다시 오신다고 분명하게 기록되어 있기도 하다. 또한, 자신이 지상에 머물지 않고 승천하여 하늘에 계심으로써 자신의 아버지 하나님이 자신의 이름으로 성령을 '보혜사'로서 내려 보내주신다고도 했다. 그럼에도 불구하고 문장상의 애매한 표현으로 하나님과 예수와 성령이 하나의 신성에서 나오는 동일 존재라는 '삼위일체설'을 많은 사람들이 주장하고 믿는다. 아니, 억지로 의견 통일을 보았다고 해도 크게 틀리지 않는다. 필자가 확인할 수 있었던, 그 애매한 표현들은 이러하다. 곧,

① 예수께서 나아와 일러 가라사대, 하늘과 땅의 모든 권세를 내게 주셨으니, 그러므로 너희는 가서 모든 족속으로 제자를 삼아 아버지와 아들과 성령의 이름으로 세례를 주고, 내가 너희에게 분부한 모든 것을 가르쳐 지키게 하라. 볼지어다. 내가 세상 끝날까지 너희와 항상 함께 있으리라 하시니라 (마태복음 28:18~20).
② 주 예수의 은혜와 하나님의 사랑과 성령의 교통하심이 너희 무리와 함께 있을지어다(고린도전서 13:13).
③ 주는 영이시니 주의 영이 계신 곳에는 자유함이 있느니라(고린도후서 3:17).

경전을 읽다보면, 성령이 인간이나 교회에게 직접 말을 하고(마태복음 10:20, 마가복음 13:11, 누가복음 12:12, 사도행전 10:19, 21:11, 디모데전서 4:1, 히브리서 3:7, 요한계시록 2:7, 2:11, 2:17, 2:29, 3:6, 3:19, 3:22, 14:13, 22:17), 특정의 인간이 인간들에게 성령으로써 세례를 주고(마태복음 28:19), 성령에 의해 인간이 감동받고(마태복음 22:43, 마가복음 12:36, 누가복음 2:27, 사도행전 21:4, 요한계시록 1:10, 4:2), 성령을 좇아 인간이 행동하고, 성령이 세상을 책망하고(요한복음 16:8), 성령이 인간을 위로하고(사도행전 9:31), 성령이 인간을 가르치고(요한복음 14:26), 성령이 인간에게 명령하는(사도행전 11:12) 등 성령이 인간을 포함한 예수에게까지 지대한 영향력을 행사하기 때문이다(마가복음 1:12, 누가복음 4:1, 4:14). 심지어는, 예수의 시험과 고난은 물론, 그의 제자들의 운명까지도 성령에 의해

---

④ 그 중에 이 세상 신이 믿지 아니하는 자들의 마음을 혼미케 하여 그리스도의 영광의 복음의 광채가 비취지 못하게 함이니 그리스도는 하나님의 형상이니라(고린도후서 4:4).
⑤ 인자(예수)는 안식일의 주인이니라(마태복음 12:8, 누가복음 6:5) 등이다.

특히, 하늘과 땅의 모든 권세를 하나님이 예수에게 주었다는 표현과 세상 끝날까지 함께 있겠다는 표현에서 하나님과 예수가 사실상 동일한 존재가 아닐까 생각해 볼 수는 있다. 그리고 예수의 은혜와 하나님의 사랑과 성령의 교통하심이 있다는 표현에서 3위(位)가 엄연히 존재하며, 그것들이 사실상 하나의 신성에서 나오는 존재양식이라고 생각해 볼 수도 있다. 그러나 "나를 사랑하지 아니하는 자는 내 말을 지키지 아니하나니 너희의 듣는 말은 내 말이 아니요 나를 보내신 아버지의 말씀이니라. 내가 아직 너희와 함께 있어서 이 말을 너희에게 하였거니와 보혜사 곧 아버지께서 내 이름으로 보내실 성령 그가 너희에게 모든 것을 가르치고 내가 너희에게 말한 모든 것을 생각나게 하시리라. 평안을 너희에게 끼치노니 곧 나의 평안을 너희에게 주노라. 내가 너희에게 주는 것은 세상이 주는 것 같지 아니하니라. 너희는 마음에 근심도 말고 두려워하지도 말라. 내가 갔다가 너희에게로 온다 하는 말을 너희가 들었나니 나를 사랑하였다면 나의 아버지께로 감을 기뻐하였으리라. 아버지는 나보다 크심이니라(요한복음 14:24~28)." 라는 말씀을 분명히 유념해 둘 필요가 있다고 본다.
뿐만 아니라, 마지막 날에 있을 심판 시에도 천사들의 도움을 받아서 예수가 하되, 전적으로 하나님 아버지의 뜻에 따라 한다고 말한 것을 상기한다면, 하나님과 예수는 말 그대로 아버지와 아들의 관계에 있는 존재임에 틀림없는데, 신이 둘일 수 없다는 이성적 판단에서 동일시하는 것 같다. 솔직히 말해서, 하나님이 아들을 두었다는 것이나, 그 아들에게 모든 권세를 주어서 인류의 종말까지 함께 하도록 한 것이나, 아들로 하여금 다시 인류를 심판하러 보내겠다는 것 자체가 너무나 인간적인, 인간의 상상력에 의해서 꾸며진 '허구' 라는 느낌을 강하게 준다. 그렇기 때문에 이슬람교에서는 삼위일체설을 믿는 이들에게 저주가 있다고 강조한다. 이런 모순은 하나님도 형상이 있다고 강조해 놓고는(창세기 1:27, 5:1, 9:6, 민수기 12:8, 욥기 4:16, 시편 17:15) 보이지 않는다(골로새서 1:15)는 식의 표현이 경전 내에 많을 수밖에 없는 이치와도 무관하지 않다고 본다.

결정되는 것처럼 묘사되어 있다. 이를 삼위일체설에 입각해서 해석한다면, 처음부터 하나님의 뜻[意志]에 따라, 아니, 그 뜻이 반영된 계획서나 각본脚本에 의해서 인간사가 펼쳐지고 있는 것처럼 생각되어진다. 도대체, 성령이 무엇이기에 인간들의 삶에 직접적으로 영향을 미치는가? 아니, 성령이 무엇이기에 인간들은 그것에 속박되어 살아야만 하는가?

성령이라는 단어는, 창세기로부터 요한계시록까지 마태복음(12회)·마가복음(6회)·누가복음(16회)·요한복음(11회)·사도행전(49회)·로마서(13회)·고린도전서(14회)·고린도후서(5회)·갈라디아서(12회)·에베소서(11회)·빌립보서(3회)·골로새서(1회)·데살로니가전서(4회)·데살로니가후서(1회)·디모데전서(1회)·디모데후서(1회)·디도서(2회)·히브리서(7회)·야고보서(1회)·베드로전서(2회)·베드로후서(1회)·요한1서(4회)·유다서(2회)·요한계시록(13회) 등 전체 24서에서 192회 사용되고 있다. 그런데 오로지 하나님과 예수에게만 제한적으로 사용되는 말로서 영靈은 영이로되, '성스럽다'는 의미와, 그것이 가지는 '특별한 기능'이 강조되어 사용되는 조어造語임에는 틀림없다. 물론, '하나님의 영'이라는 말(로마서 8:9, 8:14, 고린도전서 2:11, 7:40, 12:3, 고린도후서 3:3, 베드로전서 4:14, 요한1서 4:2)과 '주의 영'(시편 104:30, 사도행전 5:9, 8:39, 고린도후서 3:17, 3:18), '예수의 영'(사도행전 16:7)이라는 말도 함께 쓰이긴 했지만 이들은 그리 많지 않다. 이것이 무엇을 말해 주는가?

구약에서는 천국과 지옥이라는 말이 전혀 사용되지 않았듯이 이 성령이란 말 또한 구약에서는 단 한 번도 사용되지 않았다. 음부가 지옥이 되고, 하늘이 하나님 나라가 되고, 하나님 나라가 천국이 되었듯이, 주의 영이 성령이 되었을 뿐이다. 없던 것이 갑자기 생겼다기보다는 인간에 의해서 그 개념들이 점진적으로 심화·발전되었을 뿐이다.

물론, 성령과 유사한 개념으로 심령·영혼 등의 단어가 쓰이고 있고, 기타 생령·망령 등의 단어도 쓰이고 있기는 하나 그 근본 의미는 성령과 크게 다르다. 심령이란 단어는, 전체 24서에서 68회 사용되고 있고[82], 영혼이란 단어는, 전체 22서에서 183회 사용되고 있는데[83], 이들 두 단어는 주로 인간에 국한하여 사용되고 있다. 특히, 인간이 살아있을 때로 제한하여 사용되는 경향을 띠는 것이 심령이라 한다면, 그것과 상관없이 생사를 초월하여서 사용되는 것이 영혼이라 할 수 있다. 곧, 살아있는 사람의 몸을 주재主宰하는 주인이 심령이라 한다면, 사람의 몸과 유리된 상태에서도 독자적으로 존재하는, 몸의 주인이 영혼이라 할 수 있다.

그렇다면, 이들과 다른 성령이란 무엇이며, 과연 어떤 의미로 사용되었을까?

첫째, 예수를 잉태하는 수단으로서 하나님만의 능력이다(마태복음 1:18, 1:20).

둘째, 세례 수단[84]으로서 하나님이 예수에게, 예수가 제자들에게 주는 능력(마태복음 3:11, 마태복음 28:19, 마가복음 1:8, 누가복음 3:16, 요한복음 1:33, 사도행전 1:5)이면서, 세례받게 되면 주어지는 선물(사도행전 2:38)

---

82) **심령이란 단어가 사용된 복음서와 그 횟수**
열왕기하(1), 욥기(2), 시편(13), 잠언(5), 전도서(6), 이사야(4), 예레미야(8), 예레미야애가(5), 에스겔(3), 스가랴(2), 말라기(2), 마태복음, 누가복음(2), 요한복음(2), 사도행전(1), 로마서(2), 고린도후서(1), 갈라디아서(2), 에베소서(1), 빌립보서(1), 골로새서(1), 디모데후서(1), 빌레몬서(1), 베드로전서(1), 베드로후서(1) 등

83) **영혼이란 단어가 사용된 복음서와 그 횟수**
사사기(1), 욥기(6), 시편(99), 잠언(19), 이사야(12), 예레미야(2), 예레미야애가(1), 에스겔(10), 요나(2), 미가(1), 하박국(1), 마태복음(2), 누가복음(5), 요한복음사도행전(2), 고린도후서(2), 히브리서(3), 야고보서(3), 베드로전서(5), 베드로후서(1), 요한3서(1), 요한계시록(4) 등

이기도 하다이다.

셋째, 방언方言·예언豫言을 포함하여 복음전파를 위한 설교를 하게 하는, 하나님의 근원적 능력이다(마태복음 10:20, 마가복음 13:11, 누가복음 1:67, 12:12, 요한복음 16:12~13, 사도행전 2:4, 4:25, 6:10, 11:28, 13:2, 19:6, 21:11, 28:25, 디모데전서 4:1, 누가복음 1:67, 베드로후서 1:21).

넷째, 예수로 하여금 말하고, 행동하고, 감정을 느끼게 하고, 온갖 표적을 행하게 하는 하나님의 근원적인 힘이다(마태복음 4:1, 12:18, 12:28, 마가복음 1:12, 누가복음 4:1, 4:14, 4:18, 10:21, 요한복음 3:34, 16:13, 요한계시록 17:3, 21:10).

다섯째, 하나님이 예수의 이름으로 그(예수)의 제자들에게 보내주는 보혜사保惠師로서, 가르치고 예수가 말한 내용을 기억나게 하는 능력이다(요한복음 14:26).

여섯째, 하나님의 뜻이면서(로마서 8:27), 인류에게 소망·의·평강·희락을 주는 것이고(로마서 14:17, 15:13), 영생을 얻기 위한 것이고(갈라디아서 5:22), 그 증거이다(히브리서 10:15, 요한1서 5:7).

이처럼 성령이란 궁극적으로 인류구원(데살로니가후서 2:13)이라는 하나님의 뜻을 실현시키고, 그 보조수단으로서 귀신을 굴복시키고, 온

---

84) 세례수단과 그 의미

세례란 자기 죄를 자복(自服:범죄(犯罪) 사실(事實)을 스스로 고백(告白)하고 항복(降伏)함)하면서 그것을 씻어내는 의식으로 회개시키기 위한 수단(마태복음 3:11)이다. 세례 요한은 예수를 포함한 많은 사람들에게 물로 세례를 베풀었고, 예수는 성령과 불(고린도전서 12:13, 마태복음 3:11, 누가복음 3:16)로써 제자들과 선택된 사람들에게 세례를 베풀었으며, 예수의 제자들은 예수 그리스도의 이름(사도행전 10:48, 19:5)으로 세례를 베풀었다. 세례는 자기 죄를 자복(마가복음 1:5)하고, 회개(마가복음 1:4, 누가복음 3:3)하고, 하나님과 예수를 믿음으로써 죄를 씻고(사도행전 22:16), 죄 사함을 받으며(마가복음 1:4, 누가복음 3:3, 사도행전 2:38), 성령을 받고(사도행전 2:38), 구원(마가복음 16:16) 받기 위한 과정인 셈이다.

그런데 베드로전서 3장 21절에서는 "물은 예수의 부활하심으로 말미암아 이제 너희를 구원하는 표니 곧 세례라. 육체의 더러운 것을 제하여 버림이 아니요, 오직 선한 양심이 하나님을 향하여 찾아가는 것이라."라고 기록되어 있기도 하다. 이처럼 '세례'라는 키워드의 의미가 조금씩 변질되어 감을 확인할 수 있다. 문제는 이 '세례'만이 아니라는 사실이다.

갖 병을 고치고, 죽은 자를 부활시키고, 갖가지 초자연적 현상을 일으키고, 하나님의 말씀을 전하는 특별한 능력을 예수에게 전해준 매질媒質이면서 그런 능력을 발현하게 하는 근원이다. 동시에 예수가 제자들에게 나누어 주는, 하나님으로부터 받은 뜻과 능력을 발휘케 하는 근원이기도 하다.

따라서 성령은, 하나님의 말씀이요(에베소서 6:17, 요한계시록 2:29, 3:6, 3:13, 3:22), 하나님의 명령과 지시요(누가복음 2:26, 사도행전 1:2), 하나님의 권능이요(사도행전 1:8, 고린도후서 5:5, 데살로니가전서 4:8), 진리요(요한1서 5:8), 선물이다(사도행전 2:38). 그러므로 하나님이 특별히 예수에게 주신 것이면서, 예수가 제자들에게 주신 것(디도서 3:6, 빌립보서 1:19)으로서 인류구원을 위함이다(빌립보서 1:19). 뿐만 아니라, 하나님 나라에 가기 위한 전제조건이면서, 기도하는 수단 내지는 방법이기도 하다(요한복음 3:5, 유다서 1:20). 또한, 성령은, 오로지 하나이며(고린도전서 12:4, 12:11, 12:13, 에베소서 4:4), 생명이다(로마서 8:2). 그러므로 성령은 영원하며(히브리서 9:14), 거룩하며(데살로니가후서 2:13), 부활의 능력인 것이며(로마서 8:11), 하나님 그 자체로 여겨지는 또 다른 신성이다(사도행전 10:38).

그런데 성령은 천국에 계시는 하나님으로부터 예수나 선택된 사람에게(요한복음 3:34, 누가복음 11:13, 사도행전 5:32, 12:8, 고린도후서 5:5, 데살로니가전서 4:8), 지상에 계시는 예수로부터 제자들이나 선택된 사람들에게(요한복음 20:22, 사도행전 1:2, 2:33, 로마서 8:2, 디도서 3:6), 하늘에서 인간에게 전해지는(베드로전서 1:12, 요한계시록 17:3, 21:10), 눈에 보이는 것이기도 하다. 특히, 하나님으로부터 예수가 받았던 성령은 형체가 묘사되어 있는데, 예수 자신도 볼 수 있었고, 예수에게 물로써 세례를 주던 세례 요한도 두 눈으로 볼 수 있었다. 곧, "하늘이 열리고 하나님의 성령이 비둘기 같이 내려 자기 위에 임하심을 보시더니(마태복음 3:16)", "성령이 형체로 비둘기 같이 그의 위에 강림하시더니(누가복음 3:22)", "성령이 비둘기 같이 하늘로서 내려와서 그의 위에 머물렀더라(요한복음 1:32)", "성령이 비둘기 같이 자기에게 내려오심을 보시더니(마가복음 1:10)" 등 일련의 기록이 그 증거이다. 다른 예를 들면, "홀연히 하늘로부터 급하고 강한 바람 같은 소리가 있어 저희 앉은 온 집에 가득하며 불의 혀 같이 갈라지는 것이 저희에게 보여 각 사람 위에 임하여 있더니(사도행전 2:2~3)"라고 기록된 점으로 보면, 성령은 꼭 비둘기 같지는 않더라도 위에서 아래로 내려오는 형태로서 육안으로 식별되는 것이며, 갈라지는 불의 혀 같기도 한 구체적인 형태를 띰에 틀림없다. 그것도 소리를 동반하면서 말이다. 이처럼 성령은 위에서 내려와 사람의 머리 위에 머물지만 사람 안[마음]에 머물기도 한다(고린도전서 3:16, 고린도후서 1:22, 디모데후서 1:14, 야고보서 4:5, 요한1서 3:24).

한 가지 재미있는 사실은, 무엇 때문인지 정확한 판단을 내리기가 쉽지 않지만 "성령을 훼방한 자는 (죄)사하심을 얻지 못한다."고 강조하고 있다(마태복음 12:31, 12:32, 마가복음 3:29, 누가복음 12:10). 그것도 말로써 인자[예수]를 거역하는 사람과 죄를 짓고 복음 전파를 훼방하는 사람들까지도 사하심을 받을 수 있다지만 성령을 거역하거나 모독하면 사하심을 받을 수 없을 뿐 아니라 영원히[다음에 오는 세상에서까지도] 단죄된다는 것이다. 아마도, 성령 그 자체가 하나님이고, 예수는 그가 보내신 아들에 지나지 않는다는 사실을 강조하기 위함이 아닐까도 싶기도 하고, (그럼에도 불구하고, 세인들은 하나님과 예수와 성령이 한 속성을 지닌, 하나의 존재라고 말하지만 말이다.) 모세와 아론의 죽음으로부터 크게 영향을 받지 않았나 싶기도 하다. (모세와 아론의 죽음에 대해서는 다른 글 「아론과 모세의 특별한 죽음에 대하여」를 참고하기 바람.) 그리고 성령을 입으면, 혹은 성령을 받으면 사람들은 어떻게 변하는가? 그것은 고린도전서 제12장 1절로부터 11절에 걸쳐 잘 나타나 있다. 곧, 지혜·지식이 생기고, 믿음이 강해지고, 병 고치는 은사가 생기고, 능력을 행하게 되고, 예언과 방언을 하며, 방언을 통역하며, 영들에 대한 분별 능력이 생기는 등 사람에 따라 다르게 하나의 성령에 의해서 그 능력들이 부여된다는 것이다. 성령은 이러한 갖가지 능력을 인간에게 부여해 주는 실체이기 때문에 사람들은 어떻게 하면 성령을 받을 수 있을까 고민하면서 노력해왔다 해도 틀리지 않는다. 이에 경전은 말하기를, 성령을 받기 위해서는 기도하고(사도행전 8:15), 금식하며(사도행전 13:2~4), 안수 받아야 한다는 것이다(사도행전 8:17, 8:18).

성령에 대한 위 내용을 전제로, 필자의 개인적인 생각을 굳이 밝히자면, 이러하다. 곧, 성령은 천국에 계시는 하나님 아버지의 의중意中을, 한시적으로 지상에 머무는 아들인 예수에게 주는, 그리고 하나님 아버지가 자신의 '우편에 앉은'(이는 비유적인 표현으로, 하나님의 총애와 신임을 받는 사람이라는 뜻으로 해석하는 게 바람직함) 예수에게 주고, 그것을 받은 예수가 '보혜사 The Counselor, the Holy Spirit(요한복음 14:16, 14:26)'라는 이름으로 지상의 제자들을 포함하여 선택된 인간들에게 내려주는, 특별한 능력을 지닌 것이다. 그리하여 그것을 받은 인간들로 하여금 예수를 느끼고, 생각하고, 말하고, 행동하게 하는 등의 구실을 하는 직접적인 매질媒質인 것이다. 다시 말해서, 하나님과 예수와 인간이 의사소통하는 직접적인 수단인 셈이다.

그렇다면, 예수가 이 땅에 오기 전[구약시대]에는 하나님이 직간접으로 인간의 음성으로써 말씀하셨는데(신명기 4:12, 4:15 외) 왜, 예수가 이 땅에 온 후[신약시대]에는 성령이란 것을 통해서 소통하시는 것일까? 의아스럽기 짝이 없는 대목이다. 심지어, 필요하다면 하나님은 지상으로까지 직접 내려오시거나 천사들을 보내지 않았던가? 게다가, 우주만물을 엿새 동안에 '말씀'만으로 창조하신, 전지전능하신 분께서 왜 그런 구차한(?) 절차와 방법으로 바꾸어 쓰시는가?

아마도, 예수의 머릿속에는 그 무엇보다 ①하나님은 영靈이시라는 믿음과 생각이 박혀 있었던 모양이다. 그렇기 때문에 예수는 ②인간 세상에서야 자신의 육신도 얼마든지 타의에 의해서 죽임을 당할 수 있다는 사실을 분명하게 인지했고, 죽임을 당한 뒤에는 ③비록, 영으로서나마 하늘에 올라가 하나님 우편에 앉겠다고, 다시 말해서, 하나님의 총애와 신임을 받는 아들이 되어서라도 지상에서 펼쳐지는 인간 세상의 사악함을 바로잡아보겠다는 숨은 뜻이 전제되지 않았을까 싶다.

그렇다면, 왜, 이런 추론이 가능한가? 예수가 많은 말을 했지만 그 많은 말들 가운데 바로 이런 말이 있기 때문이다. 곧, "몸은 죽여도 영혼은 능히 죽이지 못하는 자들을 두려워하지 말고, 오직 몸과 영혼을 능히 지옥에 멸하시는 자를 두려워하라(마태복음 10:28)." 그리고 "마땅히 두려워할 자를 내가 너희에게 보이리니, 곧 죽인 후에, 또한 지옥에 던져 넣는 권세 있는 그를 두려워하라. 내가 참으로 너희에게 이르노니, 그를 두려워하라(누가복음 12:5)."라는 말 속에 내장된 예수의 세계관이다. 이 두 마디의 말 속에는 인간의 몸과 영혼이 분리된다는 기본적인 인식이 깔려 있고, 인간의 영혼까지 죽일 수 있는 존재가 바로 영이신 하나님이라는 판단이 전제되었던 것이다.

-2008. 09. 15.

'계시啓示'에 대하여

'계시(啓示:열 계, 보일 시)'라는 단어가 일상 속에서는 '나아갈 길을 지적指摘하여 가리켜 줌'이라는 뜻으로 쓰이는데, 종교에서는 신神이 특정인에게 직접 또는 간접으로 음성音聲·현몽現夢·환상幻像·성령聖靈 등으로써 자신의 뜻을 알려 주는, 인간과의 의사소통 방식이다. 여기서 '직접'이란, 신이 인간에게 바로 계시하는 것이고, '간접'이란 신이 대리자(예컨대, 천사나 선지자 등)를 내세워 계시하는 것을 일컫는다.

그리고 음성은 소통하고자 하는 사람의 객관적인 말로써, 혹은 소통하고자 하는 이는 알아들어도 그 가까이 있는 사람들은 알아들을 수 없는, 특수한 조건으로서 말하되, 보이지 않는 가운데에서 하기도 하고, 가까이 대면對面하여 하기도 한다. 현몽은 소통하고자 하는 이의 꿈속에 나타나 직간접으로 말함이고, 환상은 소통하고자 하는 이의 환영幻影을 통해서 말함이다.[85] 성령은 소통하고자 하는 이에게 임하여, 그로 하여금 대신 말하고 행동하게 하는, 불가사의한 힘이다(자세한 사항은 다른 글「'성령聖靈'이란 무엇인가」참조하시기 바람).

584

구약시대에는 주로 음성과 현몽으로써 계시되었지만 신약시대에는 주로 성령으로써 계시되었다고 말할 수 있다. 그래서 예수교 경전 안에서는 이 '성령'이라는 단어가 192회나 사용되었어도 모두 신약에 국한하여 쓰였고,[86] '계시'라는 단어 역시 마태복음(1회)·누가복음(1회)·로마서(1회)·고린도전서(2회)·고린도후서(2회)·갈라디아서(3회)·에베소서(2회)·베드로전서(1회)·요한계시록(1회) 등 신약에서만 14회 사용되었다.[87]

신이 특정인과 직접 대면한 경우는 시내산(현재 이집트 내 시나이 반도에 있는 시나이 산으로 추정되어 왔으나 근자에는 우리나라의 김승학 씨에 의해서 사우디아라비아 미디안 광야에 있는 '라오즈' 산으로 주장되고 있기도 함.) 정상에서 모세에게 십계명을 줄 때 단 한 번뿐이다(출애굽기 제19장). 그리고 신약시대에는 예수에게 보이지 않는 가운데에서 두 차례 하나님의 음성을 들려주었고, 예수 탄생 후에는 그의 가족들에게 현몽과, 예수의 제자들에게 환상으로써 계시하기도 했다.

---

85) 환상이 하나님의 의사소통 방식 가운데 하나임을 입증하는 구절과 환상으로써 의사소통한 사람
"하나님이 가라사대, 말세(末世)에 내가 내 영(靈)으로 모든 육체에게 부어 주리니, 너희의 자녀들은 예언(豫言)할 것이요, 너희의 젊은이들은 환상(幻像)을 보고, 너희의 늙은이들은 꿈을 꾸리라(사도행전 2:17)."
①아나니아(사도행전 9:10) ②고넬료(사도행전 10:3) ③베드로(사도행전 10:19) ④바울(사도행전 16:9, 18:9) 등

86) 성령이란 단어가 쓰인 복음과 횟수
마태복음(12), 마가복음(6), 누가복음(16), 요한복음(11), 사도행전(49), 로마서(13), 고린도전서(14), 고린도후서(5), 갈라디아서(12), 에베소서(11), 빌립보서(3), 골로새서(1), 데살로니가전서(4), 데살로니가후서(1), 디모데전서(1), 디모데후서(1), 디도서(2), 히브리서(7), 야보고서(1), 베드로전서(2), 베드로후서(1), 요한1서(4), 유다서(2), 요한계시록(13) 총 192회

87) '계시'라는 단어가 쓰인 복음과 횟수
마태복음(1) 11:27, 누가복음(1) 10:22, 로마서(1) 6:26, 고린도전서(2) 14:26, 14:30, 고린도후서(2) 12:1, 12:7, 갈라디아서(3) 1:12, 2:2, 3:23, 에베소서(2) 1:17, 3:3, 베드로전서(1) 1:12, 요한계시록(1) 1:1 총14회

문제는, 계시를 받은 이들이 말로써 전하고, 문장으로써 기록을 남길 때에 직접적인 표현도 하지만 간접적인 표현을 즐겨한다는 사실에 있다. 그것도 결정적으로 중요한 사안에 대해서는 간접적인 비유를 쓰고 있다는 점이다. 예컨대, 하나님이 계시는 천국의 비밀을 전파하러 오신 분께서 천국을 언급할 때라든가, 그곳의 계획이면서 비밀이기도 한 심판과 지옥 등에 대해서는 구체적인 언급을 피하고 있다. 여기서 직접적인 표현이라 함은, 어떤 대상이나 상황에 대하여 구체적인 설명과 묘사로서의 기술記述을 의미하는 것이고, 간접적인 표현이라 함은 암시·상징·비교 등의 수사적 기교에 의존하는 기술을 의미한다. 따라서 전자는 그 의미가 겉으로 드러나기 때문에 독자의 임의해석이 불가不可·불요不要하지만 후자는 그것이 요구될 뿐만 아니라 얼마든지 가능하다. 경전 기록상의 이런 문제와 그 내용 관련 중요우선순위에 대한 판단의 차이로 같은 하나님을 믿으면서도 여러 종파가 파생되어 왔고, 신에 대한 경배 방식조차 다르게 형성되어 왔음을 부인할 수 없다.

어쨌든, 경전 안에서는 계시라는 단어의 정확한 의미에 대해서 규정짓고 있지는 않지만, 대략 이러한 의미를 내포하고 있다. 곧, 계시를 받아야 만이 하나님에 대해서 알게 되고(마태복음 11:27, 에베소서 1:17, 3:3), 그 계시는 하나님이 직접 주지만 예수도 그가 선택한 사람들에게 한해서 준다(갈라디아서 1:12, 요한계시록 1:1). 그 적절한 예가 바울이다. 바울은 자신이 말하고 글 쓰고 행동하는 것[바울의 복음]도 다 예수님이 주시는 계시라고 인식했다(갈라디아서 1:12). 또한, 계시는 하나님의 명령이며, 그것으로써 복음이 쓰여지고(로마서 16:26), 복음전파의 수단이 되며(갈라디아서 2:2), 대단히 중요한 것으로 받아들여지고 있다(고린도전서 14:30).

결과적으로, 개인의 꿈이든 현실이든 환영·환청·천사·성령 등에 의해서 하나님의 의중을 전달받는데, 이것들이 하나님과 인간과의 중요한 의사소통 방식이라면 문제가 있다고 생각된다. 그 방식이 극히 '폐쇄적'이기 때문이다. 여기서 '폐쇄적'이라 함은, 특정인과의 개별적인 의사소통이지 무리와 동시에 이루어지는 객관적인 방식이 아니라는 점이다. 우리는 이것이 무엇을 의미하는지에 대해 생각해 보아야 할 것이다. 물론, 이 점에 대해서 믿는 자들은 신이 필요에 의해서 선택적으로 대화하고자 했다고 주장하겠지만 이를 뒤집어 생각한다면, 인간 스스로가 어떤 대상에 대하여 관심을 집중시키는 가운데 생각을 펼침으로써, 확장되어가는 사유세계 안에서 특정 관념을 체계화해가는 과정상의 뇌腦의 자기작용이라 할 수 있다는 사실이다. 그렇다면, 신이 인간에게 말하는 것이 아니라 인간 스스로가 말하면서 신으로부터 음성을 들었다고 착각하는 것이다.

-2008. 09. 20.

예수교 경전인
성경에서의 '방언方言'의 의미

예수교 경전인 우리말 성경에는 '방언' 이라는 낱말이 무려 68회 나 사용되었는데, 우리가 흔히 알고 있는 '사투리' 곧, 표준말과 구분되는 특정 지역의 말로서 방언(方言, dialect)이란 의미로 사용되지는 않았다. 다시 말해, 한 나라의 표준말과 비교해 볼 때 그 쓰임새가 달라 구분되어지는 특정 지역이나 특정 계층의 말을 뜻하는, 소위 언어학에서의 지역적·계층적 방언으로 쓰이지 않았다는 뜻이다. 물론, 경전 안에서는 아람 방언(열왕기하 18:26, 에스라 4:7, 이사야 36:11, 다니엘 2:4), 유다 방언(열왕기하 18:26, 18:28, 역대하 32:18, 느헤미야 13:24, 이사야 36:11, 36:13), 아스돗 방언(느헤미야 13:24), 가나안 방언(이사야 19:18), 루가오니아 방언(사도행전 14:11), 히브리 방언(사도행전 21:40, 22:2, 26:14) 등이 있었음을 직접 언급하고 있기는 하지만 모두 특정 언어의 분화체로서의 말이 아닌, 독립된 통사구조와 쓰임새를 갖는 언어 language로 사용되었던 것이 아닌가 싶다. 게다가, 요한계시록에서는 백성(peoples), 족속(tribe), 나라(nations), 열국(multitudes, nations) 등이란 말과 대등하게 쓰이기도 했는데(요한계시록 13:7), 이 방언이란 말이 본래의 뜻과 다르게, 아주 모호하게 사용되고 있음을 알 수 있다. (참고로, 영문 성경에서는 'language'라는 단어가 44회 사용되었고, 'tongue'라는 단어가 135회 사용되었을 뿐 'dialect'라는 단어는 단 한 차례도 사용되지 않았다.)

특히, A.D. 1세기경의 지중해를 중심으로 한 연안국들의 정치·경제·사회·문화적 상황을 전제한다면, 고대 그리스·로마의 직·간접적인 영향권 안에 있었기 때문에 헬라어나 라틴어를 기준으로, 아니면 경전 집필자의 언어를 기준으로 해서 그 외의 언어들은 모두 방언으로 여겼던 것이 아닐까 싶기도 하다. 아마도, 현재의 이스라엘·레바논·시리아·터키·그리스·요르단·이집트·이탈리아·리비아 등지에 분포되어 있었던, 과거 고대도시에 살던 사람들이 육·해상 무역을 활발하게 했기 때문에 여러 종족들이 모이는 곳에서는 여러 언어가 사용되었던 것으로 추정할 수 있고, 그 과정에서 통역도 불가피했을 것으로 추론할 수 있다. 이 같은 사실은 경전 내용 가운데에서도 간접적으로 확인할 수 있다. 방언과 방언에 대한 통역이 성령의 은사 가운데 일부라고 언급되는 구절들이 있기 때문이다(고린도전서 12:4~12, 12:28~31).

사도행전 제2장 1절로부터 21절까지[88]에는 이 방언과 관련하여 매우 특이한, 종교적 의미가 부여되는 언급이 있는데, 그 내용인 즉 이러하다. 곧, 베드로·요한·야고보·안드레·빌립·도마·바돌로매·마태·알패오의 아들 야고보·셀롯인 시몬·야고보의 아들 유다·맛디아 등 열두 명의 예수 제자들이 오순절을 맞이하여 한 곳에 모여 있었는데, 그들 위로 '성령'이란 것이 임하여 그들로 하여금 각기 다른 방언으로 '하나님의 큰일(사도행전 2:11)'에 대하여 말하게 했다는 것이다. 모두 갈릴리 지역 사람들인 이 열두 제자의 입에서 나오는 방언[異國語]을 듣고 기이하게 여겨, 예루살렘의 유대인들이 몰려와 들으니, ①바대인 ②메대인 ③엘람인 ④메소보다미아 ⑤유대 ⑥가바도기아 ⑦본도 ⑧아시아 ⑨브루기아 ⑩밤빌리아 ⑪애굽 구레네에 가까운 리비야 등 여러 지방에 사는 사람들과 ⑫로마로부터 온 나그네 곧 유대인과 ⑬유대교에 들어온 사람들과 ⑭그레데인과 ⑮아라비아인들의 말이었다는 것이다.

그렇다면, 말을 할 수 있는 입은 열두 개인데 그 입에서 나오는 방언의 수는 적어도 열일곱 가지나 된다. 물론, 한 사람의 입에서 두 가지 이상의 방언을 말할 수 있었다고 주장하면 그만이겠지만, 여기서 더욱 기이한 사실은, 열두 제자들이 모두 갈릴리 사람들이기 때문에 히브리 방언으로써 말해야 할진대, 그렇지를 않고, 이국의 이방인 말들로써 '하나님의 큰일'을 말했다는 것이다. 그것도 주변 사람들이 그 방언을 듣고서 기이하게 여기거나 술 취한 사람의 소행으

---

88) 사도행전 2:1~21

오순절 날이 이미 이르매, 저희가 다 같이 한 곳에 모였더니, 홀연히 하늘로부터 급하고 강한 바람 같은 소리가 있어 저희 앉은 온 집에 가득하며, 불의 혀 같이 갈라지는 것이 저희에게 보여 각 사람 위에 임하여 있더니, 저희가 다 성령의 충만함을 받고 성령이 말하게 하심을 따라 다른 방언으로 말하기를 시작하니라.

그 때에 경건한 유대인이 천하 각국으로부터 와서 예루살렘에 우거하더니, 이 소리가 나매, 큰 무리가 모여 각각 자기의 방언으로 제자들의 말하는 것을 듣고 소동하여, 다 놀라 기이히 여겨 이르되, "보라. 이 말하는 사람이 다 갈릴리 사람이 아니냐? 우리가 우리 각 사람의 난 곳 방언으로 듣게 되는 것이 어찜이뇨? 우리는 바대인과 메대인과 엘람인과 또 메소보다미아, 유대와 가바도기아, 본도와 아시아, 브루기아와 밤빌리아, 애굽과 및 구레네에 가까운 리비야 여러 지방에 사는 사람들과 로마로부터 온 나그네 곧 유대인과 유대교에 들어온 사람들과 그레데인과 아라비아인이라. 우리가 다 우리의 각 방언으로 하나님의 큰일을 말함을 듣는도다." 하고, 다 놀라며 의혹하여 서로 가로되, "이 어찐 일이냐?" 하며, 또 어떤 이들은 조롱하여 가로되, "저희가 새 술이 취하였다." 하더라.

베드로가 열한 사도와 같이 서서 소리를 높여 가로되, "유대인들과 예루살렘에 사는 모든 사람들아, 이 일을 너희로 알게 할 것이니, 내 말에 귀를 기울이라. 때가 제삼시니, 너희 생각과 같이 이 사람들이 취한 것이 아니라, 이는 곧 선지자 요엘로 말씀하신 것이니 일렀으되, "하나님이 가라사대, 말세에 내가 내 영으로 모든 육체에게 부어 주리니, 너희의 자녀들은 예언할 것이요, 너희의 젊은이들은 환상을 보고, 너희의 늙은이들은 꿈을 꾸리라. 그 때에 내가 내 영으로 내 남종과 여종들에게 부어 주리니 저희가 예언할 것이요, 또 내가 위로 하늘에서는 기사와 아래로 땅에서는 징조를 베풀리니 곧 피와 불과 연기로다. 주의 크고 영화로운 날이 이르기 전에 해가 변하여 어두워지고, 달이 변하여 피가 되리라. 누구든지 주의 이름을 부르는 자는 구원을 얻으리라." 하였느니라.

로 여긴 점 등으로 미루어보면, 아마도 크게 소리 내어 아주 빠른 속도로 말해졌을 것으로 추정해 볼 수 있다. 마치, 요즈음 통성기도 通聲祈禱할 때처럼 말이다. 문제는, 평소에 못하는 이방인의 언어[외국어]가 갑자기 그들 입에서 터지게 되었다는 점과, 그것을 가능하게 했던 것이 다름 아닌 '성령'이 임했기 때문이라는 점인데, 이 두 가지는 분명하게 해명되어야 하지만 여전히 해명되지 않기 때문에 신비롭고, 또한 신비롭기 때문에 종교적 주장이 되는 것이 아닌가 싶다.

결과적으로, 성경 안에서 방언의 의미는 어떤 기준이 되는 공용어 公用語가 아닌 특정 '지역의 말' 내지는 특정 '종족의 말'이라는 기본적인 의미로 쓰이긴 했는데, 그것을 전혀 모르는 사람의 입에서도 터지게 되고, 그런 능력이 바로 성령에 의해서 주어진다는 종교적 의미가 추가된 방언이라는 사실이다.

문제의 그 '성령'에 대하여 사도 바울은, 고린도전서 제12장 4절로부터 12절까지[89]에서 말하기를, '성령=주=하나님=그리스도=하나'라는 대전제 아래, 한 성령이 각각의 사람들에게 지혜·지식·믿음·병 고치는 은사·예언·영에 대한 분별력·여러 방언을 말할 수 있는 능력·방언에 대한 통역 능력 등 각종 능력을 나눠 주는 주체라고 인식했다. 그러니까, 여러 방언을 말할 수 있는 능력도, 그에 대한

---

89) 고린도전서 12:4~12
은사는 여러 가지나 성령은 같고, 직임은 여러 가지나 주는 같으며, 또 역사는 여러 가지나 모든 것을 모든 사람 가운데서 역사하시는 하나님은 같으니, 각 사람에게 성령의 나타남을 주심은 유익하게 하려 하심이라. 어떤 이에게는 성령으로 말미암아 지혜의 말씀을, 어떤 이에게는 같은 성령을 따라 지식의 말씀을, 다른 이에게는 같은 성령으로 믿음을, 어떤 이에게는 한 성령으로 병 고치는 은사를, 어떤 이에게는 능력 행함을, 어떤 이에게는 예언함을, 어떤 이에게는 영들 분별함을, 다른 이에게는 각종 방언 말함을, 어떤 이에게는 방언들 통역함을 주시나니, 이 모든 일은 같은 한 성령이 행하사, 그 뜻대로 각 사람에게 나눠 주시느니라. 몸은 하나인데 많은 지체가 있고 몸의 지체가 많으나 한 몸임과 같이 그리스도도 그러하니라.

통역 능력도 다 성령이 부여해 주는 은사恩賜=恩寵 가운데 하나라는 기본적인 시각을 갖고 있는 셈이다.

또한, 바울은 고린도전서 제12장 28절로부터 31절까지[90] 에서 말하기를, 성령 곧 하나님이 교회에 세우는 직분으로 여덟 가지(①사도 ②선지자 ③교사 ④능력 ⑤병 고치는 은사 ⑥서로 돕는 것 ⑦다스리는 것 ⑧각종 방언)가 있는데, 그 가운데 하나인 방언을 하는 것도 그 하나라는 것이다. 쉽게 말해, 이방인의 말을 할 줄 아는 사람을 성령이 세운다는 것이다. 아마도, 교회에 모이는 사람들이, 말이 다른 여러 종족들이었기 때문에, 그리고 예수교를 전파하기 위해서 여러 지역, 여러 종족의 도시와 마을을 다녀야 했기 때문에 이국어異國語와 방언方言을 하고, 그것을 통역하는 일은 상당히 절실했으리라는 현실을 반영한 것이 아닌가 싶기도 하다. 이에 대한 방증이 있으니, 그것은 곧 "방언은 믿는 자들을 위하지 않고 믿지 아니하는 자들을 위하는 표적이(고린도전서 14:22)"라는 언급이다.

여하튼, 성경 안에서 쓰이고 있는 '방언'이란 말은 어떤 공용어公用語, 그러니까 당시 가장 널리 사용되었던, 혹은 사용할 수밖에 없었던 말을 공용어라 한다면, 그 말을 기준 삼아 그와 다른 여타의 지역이나 종족의 말들을 모두 방언으로 여기고 불리어졌을 것이라는 것이 나의 최종적인 판단이다.

그런데 오늘날 어떤 사람들은 그 방언이 특정 지역이나 특정 종족

---

90) 고린도전서 12:28~31
하나님이 교회 중에 몇을 세우셨으니, 첫째는 사도요, 둘째는 선지자요, 셋째는 교사요, 그 다음은 능력이요, 그 다음은 병 고치는 은사와 서로 돕는 것과 다스리는 것과 각종 방언을 하는 것이라. 다 사도겠느냐? 다 선지자겠느냐? 다 교사겠느냐? 다 능력을 행하는 자겠느냐? 다 병 고치는 은사를 가진 자겠느냐? 다 방언을 말하는 자겠느냐? 다 통역하는 자겠느냐? 너희는 더욱 큰 은사를 사모하라. 내가 또한 제일 좋은 길을 너희에게 보이리라.

이 하는 이방·이민족의 말이 아니라 하나님과 개인이 주고받는 말이라 하여, 다시 말해, 인간의 입을 통해서 하는 인간세계의 말이 아니라 하나님이 계시는 천국의 말로서 받아들인다는 사실이다. 나는 그들이 무엇을 근거로 그렇게 말하는지 모르겠으나 분명한 사실은, 천국의 언어에 대해서 우리가 아는 게 전혀 없다는 점이다. 특히, 그것의 음운音韻과 통사구조統辭構造 등에 대해서 밝혀진 바가 전무全無하기 때문이다.

기도할 때마다, 그것도 크게 소리 내어 기도할 때마다 거의 방언을 한다는 어느 신자信者에게 문제의 방언과 관련하여 몇 가지 질문을 했었는데, 그 사람의 답변은 이러했다. 곧, 처음에는 중국어와 헬라어로 여겨지는 말(이것은 방언자의 주관적 판단임)로써 했으며, 자신의 의지와는 상관없이 쏟아져 나왔다는 것이다. 말하는 혹은 소리 내는 자신의 혀를 임의로 통제·제어할 수 없었다는 것이다. 그리고 그 말의 의미를 지각할 수 없는 경우도 있었고, 곧 지각되는 경우도 있었다는 것이다. 스스로에게 지각된 내용인 즉 성경 안에 기록된 구절의 일부이기도 하고, 자신이 했던 기도 내용에 대한 응답이기도 했다는 것이다.

생각 같아서는 방언할 때마다 녹음해 놓고, 그것의 의미를 말하게 한 다음, 음과 뜻을 비교해 가면 소위, 천국 언어에 대한 통사구조를 밝혀 낼 수도 있지 않을까 싶지만 그리 하기란 여러 제한이 따르기 때문에 쉽지가 않다.

이런 방언과 관련하여 더 재미있는 사실은, 말하는 본인조차도 정확히, 그리고 즉각적으로 지각하지 못하는, 그야말로 알쏭달쏭한 방언을 듣고 통역하는 이가 있다는 것이다. 그것이 사실이라면, 그에게 천국의 언어에 대한 문법을 정리하라고 요청하고 싶은데 과연 그것이 가능한 일일까?

성경 안에서는 '하나님의 말씀'이라는 용어가 66회[91] 사용되었고, '천사의 말'이라는 용어가 1회[92] 사용 되었지만 하나님 말씀과 천사의 말이 서로 다른 통사구조와 음운을 가지고 있다는 의미에서 쓰이지는 않았다. 하나님께서 인간에게 직접 말을 하실 때에는 언제나 인간 스스로가 알아들을 수 있는 말로써 했지 별도로 존재하는(?) 천국의 말로써 하지 않았다는 사실이다. 뿐만 아니라, 천사가 하나님의 명을 받들어 특정인과 대화를 나눌 때에도 천국의 말이 아닌 인간의 말로써 했다. 비록, 바울이 고린도전서 제13장 1절에서 '천사의 말'이라는 용어를 쓰고 있지만 역시 하나님의 사자使者인 '천사가 하는 인간의 말'이란 의미로 사용되었을 뿐이다.

그런데 어떤 이유로, 인간의 말이 갖는 객관적인 통사구조와 음운법칙이 다 무시된, '외침'과 '중얼거림' 같은 소리를 '천국의 말'이라 할 수 있는가? 천국의 말이라 불리는 방언을 하는 경우를 보면, 대체로, ①하나님에 대해 절대적인 신뢰를 보내면서 열망할 때에 ② 자신도 모르게, 통제되지 않는 상태에서 나오게 된다는 점과 ③스스로 하는 말의 의미에 대해서 자신조차도 지각 못하기도 하고 지각하

---

91) '하나님의 말씀'이란 말이 사용된 복음서와 그 횟수(66회 사용됨)
사도행전(11), 누가복음(5), 요한계시록(5), 히브리서(4), 이사야(3), 민수기(3), 예레미야(3), 요한복음(3), 고린도후서(2), 역대상(2), 창세기(2), 로마서(2), 잠언(2), 디모데전서(1), 에스라(1), 디모데후서(1), 열왕기상(1), 시편(1), 마태복음(1), 빌립보서(1), 디도서(1), 역대하(1), 에스겔(1), 에베소서(1), 베드로전서(1), 베드로후서(1), 데살로니가전서(1), 사무엘상(1), 골로새서(1), 고린도전서(1), 마가복음(1), 요한1서(1)

92) 고린도전서 13:1~3
내가 사람의 방언과 천사의 말을 할지라도 사랑이 없으면 소리 나는 구리와 울리는 꽹과리가 되고, 내가 예언하는 능이 있어 모든 비밀과 모든 지식을 알고, 또 산을 옮길 만한 모든 믿음이 있을지라도 사랑이 없으면 내가 아무 것도 아니요, 내가 내게 있는 모든 것으로 구제하고, 또 내 몸을 불사르게 내어 줄지라도 사랑이 없으면 내게 아무 유익이 없느니라.

기도 한다지만, 설령, 지각한다 하더라도 '즉각적'이 아닌, 약간의 시간적 여유를 갖고서 생각해 본 결과라는 점 등으로 미루어보면, ①인간의 정신집중 ②하나님에 대한 절대적 의지 ③하나님 말씀이라고 하는 성경 내용에 대한 집착과 기억 등이 있는 특수한 상황 아래 놓인 개체의 최면과도 같은 '자기작용'이라고 생각한다. 여기서 자기작용이라 함은, 스스로 위로 받고자 하는 생명체로서의 본능과, 자신의 생각이나 논리를 자기 중심적 시각에서 합리화시키려는 경향 등이 작용하여 나타나는, 생리적 현상을 수반하는 심리적 활동의 결과가 아닌가 싶다. 다시 말해, 하나님에 대한 무한한 신뢰와 열망으로 몰입된 상태에서 개체의 간절한 바람[소원]이나 개체의 오래된 관심이나 이미 지각된 내용들에 속박된 채 자신이 원하는 쪽으로 정보를 재구성하고 재해석하는 과정에서 나타나는, 감정과 행위를 수반하는 편향된 사고전개 과정이자 결과일 것이다. 따라서 일부의 사람들이 말하는 방언에는 일정한 통사구조와 음운법칙이 존재하지 않을 것이라는 게 필자의 현재 판단이다.

　-2010. 04. 26.

'회개悔改'란 무엇인가

'회개悔改'라는 말은 일반적으로 잘못을 뉘우쳐 고침을 뜻한다. 그런데 예수교 경전인 성경에서는 이 일반적인 의미에 '예수교'라는 종교적 의미까지 부가시켜 사용하고 있다. 곧, 죄를 뉘우치고 더 이상 죄짓지 않으려는 마음가짐과 그에 따른 행위를 회개라 하는데, 이 회개는 '세례'라는 방식을 통해서 죄 사함을 받기 위한 전제 조건이다.

그렇다면, 다시 죄가 무엇인가가 문제인데, 예수교에서 죄란, 간단히 말하면, 하나님이 원하고 가르친 대로 살지 않는 것이 죄다. 하나님이 무엇을 원하고 무엇을 가르쳤느냐, 라고 다시 묻는다면, 창조주 하나님임을 믿고, 그에 대하여 경배하고, 그가 주신 계율을 지키며 사는 일이라고 간단히 줄여 말할 수 있을 것이다.

문제의 이 '회개'라는 말과 관련하여 죄에 해당하는, 성경 안에 있는 것들을 굳이 열거하자면, 악함(사도행전 8:22), 행한 바 더러움과 음란함과 호색함(고린도후서 12:21), 음행(요한계시록 2:21), 간음(요한계시록 2:22), 손으로 행하는 일(요한계시록 9:20), 살인·복술·음행·도덕질(요한

596

계시록 9:21), 하늘의 하나님을 훼방하는 행위(요한계시록 16:11) 등으로 '티끌과 재(욥기 42:6)'라는 비유어가 지시하는 것까지를 두루 포함한다.

그런데 재미있는 사실은, 이 '회개'라는 것을 하게 되면 죄 사함을 받고(에스겔 18:30, 마가복음 1:4, 누가복음 3:3, 24:47, 사도행전 2:38, 5:31), 생명을 얻고(사도행전 11:18), 구원에 이르고(고린도후서 7:10), 진리를 알게 하지만(디모데후서 2:25), 만약 회개하지 않는다면 심판 날에 하나님의 진노를 쌓을 뿐이며(로마서 2:5), 자신에게 칼을 갈아 겨누고, 자신에게 활을 당기는 것과 같으며(시편 7:12), 결국 망하게 된다(누가복음 13:3, 13:5)는 것이다.

문제의 이 회개가 얼마나 중요한지를 예수께서 직접 강조하였는데 그것이 지나치다못해서 또 다른 문제를 야기하고 있다. 곧,

　　그 때 마침 두어 사람이 와서 '빌라도가 어떤 갈릴리 사람들의 피를 저희의 제물에 섞은 일'로 예수께 고하니, 대답하여 가라사대, "너희는 이 갈릴리 사람들이 이 같이 해 받음으로써 모든 갈릴리 사람보다 죄가 더 있는 줄 아느냐? 너희에게 이르노니, 아니라. 너희도 만일 회개치 아니하면 다 이와 같이 망하리라. 또, 실로암에서 망대가 무너져 치어 죽은 열여덟 사람이 예루살렘에 거한 모든 사람보다 죄가 더 있는 줄 아느냐? 너희에게 이르노니, 아니라. 너희도 만일 회개치 아니하면 다 이와 같이 망하리라(누가복음 13:1~5)."

갈릴리 사람들의 피가 '빌라도'에 의해서 제물의 일부가 되고, '실로암'[93]의 망대가 무너져 열여덟 명의 사람이 죽게 된 것이 다른 사람보다 죄가 많기 때문이 아니라 회개하지 않았기 때문이라는

것이다. 결코, 옳은 판단이라고 받아들일 수도 없지만 황당하기 짝이 없는 설명이 아닐 수 없다. 만약, 예수의 이런 논리를 그대로 받아들인다면, 세상에 시도 때도 없이 발생하는 각종 안전사고조차도 다 회개하지 않은 탓으로 돌려야하지 않겠는가.

따라서 나는 이 회개라는 말도 그저 상식적인 수준에서 말하고 싶다. 곧, 자신의 잘못(그것이 실정법을 어긴 것이든, 하나님이 주신 계율을 어긴 것이든, 양심의 가책 받을 만한 것이든 상관없이 스스로 판단하여)을 뉘우치고, 고백하고, 다시는 저지르지 않겠다는 다짐과 함께 세례를 받고, 그리하여 새 사람으로 태어나고, 하나님을 믿으며, 그 말씀에 순종하는 삶으로의 전환이 진정한 회개라고 말이다.

충무로 지하철 역사 내 에스컬레이터를 타고 오르내리면서, 혹은 지하철 객차 안을 순회하면서, 혹은 사람들로 붐비는 길거리에서 "회개하라. 천국이 가까웠느니라." 또는 "회개하라. 회개하지 않으면 지옥의 심판을 받으리라."라고 큰 소리로 외쳐대는 사람들을 나는 기억한다. 그리고 자연재해를 당한 특정 지역에서의 수많은 사람들의 인명과 재산 손실을 지켜보면서 하나님의 응징으로 생각하는 극히 일부의 사람들도 기억한다. 참으로 잘못된 생각이 아닐 수 없으며, 잘못된 행동임에 틀림없다. 그들의 잘못된 생각의 발원지가 곧 다름 아닌 경전 안에 있다는 사실이다.

내가 회개에 대하여 이런 논리를 전개하자 어느 목사님이 경전 내

---

93) 실로암
'기혼샘'에서 솟은 물을 받아 형성된 저수지가 '실로암 못'인데, 기혼샘은 '사독'이라는 제사장이 솔로몬을 다윗의 노새에 태워 데려가 여호와의 기름을 부어 왕으로 삼은 곳(열왕기상 1:33)이며, 실로암은 예수가 소경의 눈을 뜨게 한 곳(요한복음 9:7)이기도 하다. 여호와를 잘 섬기고 백성을 위해 헌신적이던 히스기야(역대하 32:30)가 예루살렘 성안 사람들을 위해서 기원전 700년경에 533미터의 터널을 파서 물을 끌어들였는데 1880년 아랍 소년에 의해서 발견되었다고 전해진다.

용을 잘못 해석했다고 지적한다. 곧, 빌라도가 갈릴리 사람들을 처형하고, 실로암의 망대가 무너져 사람이 죽은 것은 회개하지 않은 데에 따른 결과가 아니라 모든 사람이 회개하지 않으면 그렇게 된다는 비유적인 표현이라는 것이다. 그렇다면, 우리는 회개해서 무탈하게 잘 살고 있는가, 되묻지 않을 수 없다.

—2009. 05. 11.

'할례割禮' 란 무엇인가

'할례割禮'란 말 그대로, 아브라함과 그의 후손들이 하나님께 '자신의 양피를 베어내는 것으로써 드리는(갖추는) 예의'이다. 그 기원은 창세기를 비롯하여 구약(출애굽기·레위기·신명기·여호수아·사사기·사무엘 상하·역대 상·이사야·예레미야·에스겔·하박국 등)에 잘 나타나 있다. 곧, 하나님의 백성이 되기 위한 전제조건으로서, 하나님과 아브라함 사이에서 한 언약(창세기 17:10)으로, 남자로 태어난 후 8일에 시행하는(창세기 17:12~13), 양피를 베어내는 일(창세기 17:11)을 말한다. 물론, 아브라함의 후손으로 간주되는 사람들, 곧 돈을 주고 산 종[노예]이나 데려다가 기른 이방인[타국인]들도 포함된다.

아브라함이 99세에 최초로 할례를 받았고(창세기 17:24), 그 다음이 그의 아들 13세의 이스마엘이 받았다(창세기 17:25). 이것이 계기가 되어, 고대 이집트에서 무리를 이끌고 탈출한 모세와 여호수아에 의해서 집단적으로 시행되기도 했으며(여호수아 5:2~3), 예수도 생후 8일만에 예루살렘 성전에서 받았다(누가복음 1:59, 2:21).

할례를 받지 않으면, 하나님과의 약속을 배반한 것으로 여겼고,

하나님 백성 중에서 대가 끊어지는 것으로 여겼기 때문에(창세기 17:14), 할례 받지 않은 남자에게 딸을 주는 것[결혼시키는 것]을 수치와 모욕으로 알았다(창세기 34:14). 뿐만 아니라, 할례 받지 않은 사람들은 성문과 성소에 출입조차 금지됐으며(창세기 34:24, 에스겔 44:9), 유월절에 음식을 함께 먹을 수도 없었다(출애굽기 12:48). 그만큼 할례를 중요하게 생각했기 때문에 안식일에도 시행할 수 있었다(요한복음 7:22). 심지어는 할례 받지 못한 자들은 곧 살육당할 이방인들과 동일시하기도 했다(에스겔 제32장).

이러한 뿌리 깊은 배경이 있기 때문에 유대인들은 자신들이 하나님의 백성임을 이 할례로서 강조하려는 경향이 있었다. 사도 바울이 지금의 시리아·터키·그리스·이탈리아 등에서 전도활동을 할 때에 그를 늘 괴롭힌 무리가 다름 아닌 이 할례를 강조하는, 아니 그것에 집착하는 유대인들이었다. 그래서 할례를 강조하면서 하나님의 계율을 지키지 못하는, 모순된 그들에 대해서 사도 바울은 '할례당(디도서 1:10)' 내지는 '손할례당(빌립보서 3:2)'이라는 말로써 맞받아쳤다. (당시 할례 받은 유대인들은 할례 받지 못한 이방인 예수교도를 두고 '무할례당'이라 했다(에베소서 2:11).)

그러나 "네가 율법을 행하면 할례가 유익하나 만일 율법을 범하면 네 할례는 무할례가 되느니라(로마서 2:25).", "무릇, 표면적 유대인이 유대인이 아니요, 표면적 육신의 할례가 할례가 아니니라(로마서 2:28)."라고 말한, 사도 바울의 믿음이 의미하는 바 크다 아니 말할 수 없다.

이처럼 할례는 하나님의 백성이라는 징표로서 육체적인 표식으로 출발하였지만 그것도 하나님이 먼저 인간에게 요구한 것이었지만, 사도 바울에게 와서는 하나님의 자녀로서 하나님의 계율을 지키는 것이 할례라는 소위 '마음의 할례' 곧 하나님에 대한 믿음과 실천으로 바뀌었던 것이다. 사도 바울은 전자를 '손으로 하는 할례'라 했고, 후자를 '육적 몸을 벗는 그리스도의 할례'라 빗대어 말하기도 했다(골로새서 2:11).

물론, 이런 변화에 앞서서 이미 '예레미야'도 "유다인과 예루살렘 주민들아, 너희는 스스로 할례를 행하여 너희 마음 가죽을 베고 나 여호와께 속하라(예레미야 4:4)."라고 함으로써, '마음의 할례(예레미야 9:26)'라는 말을 먼저 썼다. 그렇다면, 하나님의 마음, 곧 하나님의 뜻이 바뀌었단 말인가. 아니면, 입을 다물고 계시는 하나님의 의중을 읽으려는 사람들의 판단이 바뀌었단 말인가.

-2009. 10. 02.

'믿음[信]' 이란 무엇인가

저희(예수와 제자 일행)가 무리에게 이르매, 한 사람이 예수께 와서 꿇어 엎드리어 가로되, "주여, 내 아들을 불쌍히 여기소서. 저가 간질로 심히 고생하여 자주 불에도 넘어지며, 물에도 넘어지는지라. 내가 주의 제자들에게 데리고 왔으나 능히 고치지 못하더이다."

예수께서 대답하여 가라사대, "믿음이 없고 패역한 세대여, 내가 얼마나 너희와 함께 있으며, 얼마나 너희를 참으리요? 그를 이리로 데려오라." 하시다. 이에 예수께서 꾸짖으시니, 귀신이 나가고, 아이가 그때부터 나으니라.

이때에 제자들이 종용히 예수께 나아와 가로되, "우리는 어찌하여 쫓아내지 못하였나이까?" 가라사대, "너희 믿음이 적은 연고니라. 진실로 너희에게 이르노니, 너희가 만일 믿음이 한 겨자씨만큼만 있으면, 이 산을 명하여 여기서 저기로 옮기라 하여도 옮길 것이요, 또 너희가 못할 것이 없으리라."

마태복음 제17장 14절로부터 20절까지의 내용이다. 간질병 환자의 병 하나를 낫게 해주지 못한 제자들에 대하여 믿음 부족이라고 예수께서 질타叱咤하는 대목이다. 겨자씨 한 알 정도의 믿음만 있어도 이곳에서 저곳으로 산山을 다 옮길 수 있고, 못할 것이 없는데, 고작 간질병 하나 고쳐 주지 못했다는 이야기이다.

그렇다면, 믿음이란 무엇이며, 무엇에 대한 믿음이라는 말인가?

사람·사건·정황·현상 등을 포함한, 어떤 대상을 인정하고 받아들이는 마음자세와 태도를 믿음이라 한다면, 예수교 경전에서 말하는 믿음이란 과연 무엇일까? 창세기로부터 요한계시록까지 '믿음'이란 단어가 무려 225회나 사용되고 있다. 그만큼 믿음을 강조하고 있다는 뜻이다.

하지만 무엇을 믿으라는 것인지에 대해서는 경전이나 경전 연구자들이 명료하게 정리하여 설명해 주지는 않는다. 따라서 경전 내에서 단편적으로 기술된 채 흩어져 있거나 생략되어 있는 믿음의 대상들을 스스로 정리해야 한다. 곧, ①예수가 아브라함의 후손이라는 점(갈라디아서 3:7) ②예수가 하나님의 아들이라는 점(갈라디아서 2:20) ③예수의 십자가에 못 박혀 죽으심과 부활하심(갈라디아서 3:1, 마가복음 16:14, 요한복음 20:27) ④하나님의 말씀으로 모든 것이 창조되었다는 점(히브리서 11:3) ⑤세상 '끝날'에 심판이 있고, 그 결과에 따라 천국에서의 영생과 지옥에서의 영벌이 있다는 점 등으로 요약될 수 있다고 본다.

(참고로, 같은 하나님을 믿는 이슬람교의 경전인 '꾸란'에서는, ① ④ ⑤에대해서는 동일한 시각과 믿음을 갖지만, ② ③에 대해서는 전혀 다른 시각과 판단을 가지고 있다. '꾸란'에서는 삼위일체설 자체를 믿지 않을 뿐만 아니라 오히려 그것을 믿는 자들에 대해서 신의 저주가 있다고 기록되어 있다. 그리고 예수에 대해서도, 그는 어디까지나 마리아의 아들이며, 한 선지자로서 하나님 가까이 계시는 존재로 기술되고 있을 뿐 결코 십자가에 못 박혀 죽지도 않았다는 것이다. 그것도 하나님으로부터 성경을 받은 자손들이 그를 죽이려고 하자 하나님이 미리 알아차리고 그 의도를 무력화시켜 주었다는 것이

다. 그러니까, 예수의 죽음과 부활은 믿지 않으나 승천과 말씀과 각종 표적 등은 다 믿는 셈이다.)

그것은 그렇다 치고, 믿음과 관련하여 재미있는 사실이 하나 있는데, 그것은 곧, 믿는 사람들에게는, ①의인義人으로 동일시되고 있고, ②현실사회에서 고난과 핍박이 있음으로 인내가 필요하며, ③또한, 모든 소원이 이루어지고, ④경건하고 온유한 마음으로 사랑을 실천하며, ⑤위로 받고 담대해지며, ⑥돈이나 물질을 추구하지 않는 경향을 띤다는 점이다. 엄밀한 의미에서는 ②와 ③사이에 모순이 있음을 부인할 수 없다. 왜냐하면, 믿기만 하면 병 고침을 비롯하여 모든 소원이 다 이루진다면 어떠한 고난과 핍박도 있을 수 없을 것이기 때문이다.

어쨌든, 예수교 경전에서는 그러한 대상들에 대하여 믿음을 갖고, 예수가 제시한 사랑과 윤리를 실천하며 사는 사람이 곧 의인義人이며, 그들은 하나님의 자녀로서 천국에서 천사와 같은 영적 존재로 영생을 누린다는 것이다. 물론, 이렇게 주장할 수 있는 근거가 있다면, 하나님이 인간을 창조하였음으로 피조물에 대한 창조주로서의 뜻이자 계획이랄 수 있다는 점이다. 그렇다면, 문제는 예수가 제시한 사랑과 윤리가 과연 무엇이며, 그에 대한 실천 가능성은 어느 정도일까, 이다.(이 문제는 제3장 '예수의 가르침'에서 다루었음.)

한편, '꾸란'에서는 전지전능하시고, 자애로우신 하나님이기에 인간에게 끊임없이 은혜와 관용과 지혜를 주시므로, 모름지기 인간은 하나님께 경배 드려야 한다는 것이다. 그것도 감사·공경·찬미·헌물·헌금·기도·단식·순례·순교·성전 참여 등으로써 말이다. 뿐만 아니라, 경제적으로 어렵고 약자들에게 자선을 베풀고, 계시 받았다는 갖가지 생활법규 내지는 규칙과도 같은 율법을 지켜야 천국에서 '티 없는 배우자'와 함께 영생한다는 것이다. 이는 심판권자인 하나님에 의해서 결정되며, 천국에 가지 못하는 사람들은 유황불이 이글거리는 지옥으로 떨어진다고 강조한다. 그러니까, 하나님에 대한 믿음에 기초하여 이루어지는 경배·율법 준수·선행 등을 실천하면 천국에서의 영생과 보상이 주어지지만, 그렇지 못하면 지옥에서의 영벌과 응징이 주어진다는 이분법적 시각이 전제되어 있다하겠다.

그렇다면, 예수교나 이슬람교에서는 왜 하나님에 대한 믿음을 먼저 강조해야 하는가를 생각해 볼 필요가 있다. 그것은, 어떠한 이유에서든 인간의 이성적 판단능력으로 하나님이란 존재가 믿기지 않기 때문일 것이다. 그렇지 않고서야 굳이 하나님을 믿으라고 강조할 이유가 없으리라. 그러나 분명한 점은, 어떤 대상에 대한 믿음이 인간으로 하여금 자신감을 샘솟게 하고, 또한 적극적인 의욕을 가져다 준다는 사실이다. 그렇기 때문에 평소에 개개인이 가지는 능력 이상의 성취를 이룰 수 있는 가능성이 그만큼 높아진다. 따라서 이를 잘 활용하면, 일상생활 속에서도 인내와 노력을 집중시킬 수 있는 힘이 배가되어서 보통사람이 갖는 능력을 크게 초월할 수도 있다.

결국, 믿음이란 자기 최면 과정으로서 자신의 에너지를 집중시키는 데에 적지 아니한 효과를 보는 한 방법이 될 수 있다는 점에서 그 의미를 찾을 수 있다고 본다. 그렇기 때문에 신에 대한 믿음을 끝까지 견고하게 가진 사람들은 두려움과 고통을 비교적 잘 극복하며, 정신적 위로나 평안까지도 누릴 수 있는 것이다. 이런 메커니즘이 있기 때문에 보통의 사람들에게 반신반의하게 되는 종교가 현실사회 속에서 엄연히 존재하며, 영향력을 적지 않게 행사하는 것이다.

　-2008. 10. 14.

'포도주'에 대하여

  예수교 경전 상에서 포도(주)는 대단히 중요한 과일로서 생필품에 가까운 하나였다. 포도를 가지고 발효시킨 술의 한 가지로서 포도주뿐만이 아니라 생과일로서의 포도(경전에서는 '생포도'라는 말을 쓰고 있음. 민수기 6:3 외)와 그것을 건조시킨 건포도(아가 2:5, 사무엘하 6:19 외)까지 빼놓을 수 없는 식품이기도 했지만, 하나님께 드리던 제물祭物 가운데 하나였으며(출애굽기 29:40, 레위기 23:13, 민수기 15:5, 15:7, 15:10, 28:14), 특히, 연회장에서 늘 사용되었던(이사야 25:6) 과일이고, 음료[포도즙]이고, 술[포도주]이었다(요한복음 2:9).

  포도가 고대 이스라엘 사람들에게 일상생활 속에서나 종교적으로 꼭 필요한 물품이었기 때문에 당시 사람들은 포도나무를 재배하는 포도원을 가꾸기도 했고(창세기 9:21~22 외), 지금의 시리아·레바논 지역과 무역을 하기도 했다(에스겔 27:18, 호세아 14:7). 이런 포도와 그 가공식품이랄 수 있는 건포도, 포도주 등은 십일조로 내기도 했으며(신명기 12:17, 느헤미야 10:37, 13:5, 13:12), 심지어는 벌금으로까지 냈던 것이다(아모스 2:8). 한 마디로 말해, 소금처럼 화폐 대용으로 사용되었던 것이다.

노아가 포도농사를 지어서, 포도주를 만들어 마시고, 취하여 장막(요즘 말로 하면 '텐트') 안에서 발가벗었다(창세기 9:21~22)는 최초의 기록이 있지만, 이 포도주는 살렘 왕 멜기세덱(하나님의 제사장)이 아브람을 축복할 때(창세기 14:18~19)에도 사용되었고, 이삭이 야곱에게 준 것도 바로 이 포도주였다(창세기 27:37). 뿐만 아니라, 하나님이 야곱에게 주기를 원하는, 다시 말해, 하나님이 백성들에게 주신 복 가운데 하나(신명기 7:13, 11:14)이기도 했다.

이런 이유와 배경에서 포도주를 가까이하다보니, 인간사회에서는 그에 대한 명암明暗이 늘 엇갈렸던 모양이다. '회막(요즘 말로 치면 공공집회장소로서 대형천막이 됨)에 들어갈 때에는 포도주와 독주를 마시지 말아야 한다(레위기 10:9, 사사기 13:4, 13:7, 13:14)'라든가, '포도주가 사람의 마음을 빼앗는다(호세아 4:11)'라든가, '포도주는 사람을 거만케 하는 것(잠언 20:1)'이라고 한 대목 등은 그에 대한 부정적인 면을 경계한 것이라 판단된다. 반면, '포도주는 사람의 마음을 기쁘게(시편 104:15) 하고', '생명을 기쁘게 하는 것(전도서 10:19)'이라고 예찬한 대목 등은 그에 대한 긍정적인 기능을 언급한 것이라 판단된다. 심지어는 독주와 포도주의 용도를 구분 짓기도 했는데, 곧, "독주는 죽게 된 자에게, 포도주는 마음에 근심하는 자에게(잠언 31:6)." 주라 하기도 했다.

포도주의 양면성은 그것을 마시고 즐기는 사람들에 의해서 결정되겠지만 긍정적인 면보다 부정적인 면이 더 많이 강조된 것을 보면 그 부작용이 아주 컸던 모양이다. 포도주와 독주를 아예 마시지 말라(사사기 13:4, 13:14)고도 했으며, 또한 포도주를 마시기에 용감하며 독주를 빚기에 유력한 자들에게 화가 있으리라(이사야 5:22)고 했으며, 포도주는 뱀의 독이요 독사의 악독이라(신명기 32:33)고까지 말하기도 했다. 특히, 이사야 제28장 7절에는 "유다 사람들도 포도주로 인하여 옆걸음 치며, 독주로 인하여 비틀거리며, 제사장과 선지자도 독주로 인하여 옆걸음 치며, 포도주에 빠지며, 독주로 인하여 비틀거리며, 이상을 그릇 풀며, 재판할 때에 실수"한다고 기록되어 있음이 시사示唆하는 바 크다. 그런 탓인지 예수 이후의 사람인 바울조차도 고기도 먹지 말고 포도주도 마시지 말라(로마서 14:21)고 신도들에게 당부하기도 했다. 사도 요한이 걱정했던 것처럼 '음행의 포도주(요한계시록 17:2)'나 '하나님 진노의 포도주(요한계시록 14:8, 14:10, 16:19)'가 되기 일쑤였기 때문일 것이다.

추측컨대, 기원전에는 이스라엘 왕으로부터 백성들에 이르기까지 포도주를 참 많이 즐겼던 모양이다. 포도를 수확하여 포도주 틀에 넣어 짠 다음 그것을 항아리에 담아서 발효시켰을 것이라는 추론이 가능하고, 그 포도주를 둥근 잔(아가 7:2)이나 사발(예레미야 35:5) 또는 대접(아모스 6:6), 금잔(에스더 1:7, 예레미야 51:7 외) 등으로 마셨다는 기록이 있다.

어쨌든, 예수도 당대인들의 생활풍습에 따라서 포도주를 마셨는데 그로 인해서 오해를 사기도 했거니와(마태복음 11:19, 누가복음 7:34), 아이러니컬하게도 예수가 처음으로 초자연적 표적을 행하신 것이 바로 물을 가지고 포도주를 만든 일이었는데 자신이 십자가에 매달려 죽기 직전에 신포도주를 마셨다(마태복음 27:48, 마가복음 15:36, 누가복음 23:36, 요한복음 19:30).

한 가지 분명한 사실은, 구약시대(기원전)보다 예수가 활동하던 시기에 포도주가 더 광범위하게 활용되었음을 짐작할 수 있다는 점이다. 이때에는 ①새 포도주(누가복음 5:38 외) ②묵은 포도주(누가복음

5:39) ③몰약 탄 포도주(마가복음 15:23) ④쓸개 탄 포도주(마태복음 27:34) ⑤신 포도주(마태복음 27:48, 마가복음 15:36) 등으로 포도주의 종류가 구분되었으며, 상처를 치료하거나(누가복음 10:34), 신체적 통증 내지는 정신적 고통을 덜 느끼게 하는 진정제로도 활용(디모데전서 5:23)되었음을 추측할 수 있기 때문이다.

이처럼 포도주에 대한 당대 사람들의 생각과 활용은 대단히 현실적이었던 것 같다. 알코올이 함유된 음료로서 여러 가지 방편으로 최대한 사용되었기 때문이다. 그만큼 포도주가 일상생활 속에서 요긴하게 사용되었다는 뜻일 것이다. 그런 탓일까, 하나님의 나라에서 이 땅을 심판할 때에 '포도주는 해치 말라(요한계시록 6:6)'는 명령을 내리기도 한다.

그런데 예수는 이 물질적인 단순한 포도주를 자신의 피[血]로서 그 의미를 완전히 바꾸어 놓아버린다. 곧,

너희가 다 이것을 마시라. 이것은 죄 사함을 얻게 하려고 많은 사람을 위하여 흘리는 바 나의 피 곧 언약의 피니라. 그러나 너희에게 이르노니, 내가 포도나무에서 난 것을 이제부터 내 아버지의 나라에서 새 것으로 너희와 함께 마시는 날까지 마시지 아니하리라(마태복음 26:27~29).

늘 가까이 두고서 마시고, 즐기고, 취하고, 제물과 벌금으로 바치던 포도주를 자신의 피로, 그것도 그냥 피가 아니라 백성들로 하여금 죄를 사면 받도록 자신이 십자가에 못 박혀 죽을 때에 흘리는 피로서 그것의 형질을 바꾸어 놓았다. 다시 말해, 예수가 십자가에 못 박혀 죽지 않으면 수많은 백성들이 하나님의 응징[심판]을 받아서 죽

게 되는 판에 예수 자신이 피를 흘리고 죽음으로써 만 백성들이 죽지 않고 살게 되는, 그런 대속代贖의 피요, 그런 언약[약속]의 피라는 것이다. 예수가 십자가에 못 박혀 죽기 전 최후의 만찬장에서 제자들과 함께 나누었던 그 포도주가 말이다.

이런 일이 문장 상[기록상]으로 있기 때문에 오늘날 예수교에서는 예수의 몸이 되어버린 '빵'과, 피가 되어버린 '포도주'를 일정한 격식에 따라 나누어 먹음으로써 예수라는 영적 존재를 받아들이는 것이다.

돌이켜보면, 우주만물을 창조한 하나님께서 인간에게 포도주로서 복을 주셨는데, 인간들은 그 포도주 때문에 취하여 옆걸음질 치고 비틀거렸다. 다시 말해, 판단력이 흐려지고, 음행을 즐기고, 스스로 거만해지는 등 타락하여 하나님의 진노를 불러일으키는 물질이 된 것이다. 이런 현실적인 물질로서의 포도주를 예수는 대속의 피요 약속의 피로서 그것의 의미를 온전히 바꾸어 놓았고, 다시는 타락한 이 땅의 포도주를 마시지 않겠노라 선언까지 하였던 것이다. 그럼으로써 단순한 물질로서의 포도주가 영적 생명의 포도주로 업그레이드되었던 것이다.

-2010. 01. 15.

'돼지'에 대한 편견

유대교가 있었기 때문에 예수교가 태동되었고, 예수교가 있었기 때문에 이슬람교가 태동될 수 있었다. 이 같은 인과관계因果關係가 있는, 아니, 사실상 한 뿌리인 유대교·예수교·이슬람교에서는 돼지[豚·亥]를 부정한 동물로 여기고, 그 고기를 먹지 않음은 물론이거니와, 그 사체死體조차도 만지지 못하게 하는데(신명기 14:8), 왜 그러는 것일까? 여기에는 그럴만한 이유가 있다. 그 이유인즉 유대인들의 특수한 자연환경에서 나온(헐벗은 사막에서는 돼지보다도 양이 여러모로 사육하기가 쉬울 뿐만 아니라, 상대적으로 더 깨끗하고 온순하고 유익하다.) 그릇된 편견 때문이지만 그들에게 그것이 생겨서 고착固着되기까지 결정적인 구실을 해온 것이 있다면 바로 종교의 경전이다.

"돼지는 굽이 갈라져 쪽발이로되 새김질을 못하므로 너희에게 부정하니 너희는 이 고기를 먹지 말고 그 주검도 만지지 말라. 이것들은 너희에게 부정하니라."라는 레위기 제11장 7절로부터 8절까지의 기록이 돼지에 대한 최초의 언급이 아닌가 싶다. 물론, 이 언급은 여호와 하나님이 모세와 아론에게 준 많은 규례 가운데 하나로서 하나님의 지시요 명령인 셈인데, 하나님은 무엇 때문에 돼지를 한사코 부정한 동물로 여기셨을까?

문장 상으로는 분명, "새김질을 못함(레위기 11:7)"이라는 이유인데 도무지 이해되지 않는다. 새김질을 못하면 모두 부정한 동물이 되기라도 한단 말인가? 진정 다른 이유는 없는 것일까? 시편 제80장 13절에 돼지가 나오는데, 거기서 돼지는 '하나님의 포도나무'를 해치는, 수풀 속 돼지를 말한다. 그러니까, 쥐엄나무 열매를 먹기도 하는(누가복음 15:16) 가축화되어가는 야생돼지가 아닌가 싶다. 그리고 잠언에서도 이 돼지가 나오는데, 거기서는 더러움과 멍청함의 대명사처럼 쓰였다. 곧, 우리의 속담 '돼지 목에 진주 목걸이'라는 말을 떠올리게 하는, "아름다운 여인이 삼가지 아니하는 것은 마치 돼지 코에 금 고리 같으니라(잠언 11:22)."했다.

돼지에 대한 이런 생각들(①더럽다 ②멍청하다 ③부정하다 등)이 굳어지고 작용해서 "자기 생각을 좇아 불선한 길을 행하는 패역한 백성들(이사야 65:2)이, 다시 말하면, "동산에서 제사하며 벽돌 위에서 분향하여 내(하나님) 앞에서 항상 내 노(怒:노여움, 분노)를 일으키는 백성들(이사야 65:3)"이나 먹는 고기로 인식(이사야 65:4) 되었듯이, 하나님 시각에서 볼 때에는 그야말로 가증스런 것이 돼지이고, 그 고기이고, 그 피였던(이사야 66:3. 66:17) 것이다. 그렇기 때문에 가증스런 것과 돼지고기와 쥐[鼠]를 잡아먹는 사람들은 모두 망한다(이사야 66:17)고까지 경전은 사실이 아닌 거짓 주장을 펴고 있기도 하다. (쥐나 돼지를 잡아먹는 사람들이 망하지 않고 오늘날까지 잘 살고 있음이 말해준다.)

돼지에 대한 유대인들의 이런 편견이 고정관념이 되어서 예수까지도 돼지를 더럽고, 멍청하고, 가증스러운 동물로 여겼다. 곧, 예수는 "거룩한 것을 개에게 주지 말며, 너희 진주를 돼지 앞에 던지지 말라. 저희(개·돼지)가 그것을 발로 밟고 돌이켜 너희를 찢어 상할까 염려하라(마태복음 7:6)."라고 말했으며, 또한 돼지 떼에게 귀신이 들도록 함으로써 그들로 하여금 몰사沒死하게 하는(마태복음 8:30~32, 마가복음 5: 11~16, 누가복음 8:32~33) 부정한 동물로 인식했던 것이다. 돼지에 대한 이런 뿌리 깊은 편견이 있었기 때문에 당대 유대인들 사이에서는 "개가 제 토하였던 것에 돌아가고, 돼지는 씻었다가도 더러운 구덩이에 도로 눕는다."는 속담(베드로후서 2:22)이 있었던 것이리라.

이런 배경과 이유에서 유대교·예수교·이슬람교를 믿는 사람들은 돼지에 대한 편견을 갖고 있고, 그 고기조차 먹지 않으며(먹지 말라고 금기시 된 것은 돼지 외에도 더 있지만94)), 부정함의 상징적인 동물로 문장 상에서 곧잘 사용해 왔던 것이다. (이는 마치, 인디아 힌두교도들이 시바 신이 황소를 타고 다닌다 하여 소고기를 먹지 않음은 물론이고 모든 소를 신성시하는 풍습과도 같은 것이다.)

반면, 우리 한국인과 중국인들은 돼지를 아주 오래전부터 재물財物의 복福을 가져다주는 아주 상서로운 동물로서 가축으로 여겨왔고, 특히, 돼지머리는 온갖 신에게 드리는 제물祭物로 사용해 왔다. 마치, 유대교·예수교·이슬람교를 믿는 사람들이 하나님께 양羊을

---

94) 먹지 말라고 금기시 된 것들
①소·양·염소 등 화제(火祭)로 드리는 제물의 기름 ②스스로 죽은 것이나 다른 짐승에게 찢긴 것들의 기름 ③모든 종류의 새나 짐승의 피 등(레위기 7:23~26)이다. 더 구체적으로는, 레위기 제11장에서 먹을 수 있는 것과 없는 것들을 '부정(不淨)' 여부에 따라 구분해 놓았는데, 그 판단 기준은 모호하기 짝이 없다. ①굽이 갈라져 쪽발이 되고 새김질하는 동물은 먹되 약대·사반·토끼·돼지 등은 먹지 못하며, ②지느러미와 비늘 있는 어류는 모두 먹을 수 있으며, ③독수리·솔개·어옹(魚鷹)·매·까마귀·타조·다호마스·갈매기·새매 종류·올빼미·노자·부엉이·따오기·당아(塘鵝)·올옹(兀鷹)·학(鶴)·황새·대승(戴勝)·박쥐 등은 먹을 수 없다. 그리고 ④날개가 있고 네 발로 기는 곤충 중에 그 발에 뛰는 다리가 있는 것(메뚜기 종류와 베짱이 종류와 귀뚜라미 종류와 팟종이 종류)들은 먹을 수 있지만 날개가 있고 네 발로 기어 다니는 것들은 가증(可憎)하므로 먹을 수 없다 한다.

제물로 바치는 것처럼 말이다. 뿐만 아니라, 오늘날까지 돼지는, 종교적 관념에 종속된 지구촌의 일부 사람들을 제외하고는 거의 모든 사람들에게 고기와 기름을 제공하는 매우 중요한 가축임에 틀림없다. 그럼에도 불구하고, 사람들은 돼지에 대한 상반되는 편견들을 갖고 있고, 그 편견들은, 따지고 보면 다 고대古代로부터 전해 내려온 것이며, 자연적·종교적·사회적 환경 속에서 자연스럽게 형성되어 온 것이다. 문제는 오늘날의 현실과 사실에 맞지 않는 '돼지' 와 같은 편견들이 많다는 점이다.

그러나 인디아에서 식탁위로 소고기 요리가 올라오고, 무슬림 국가에서 돼지를 사육하는 농가農家가 있듯이, 대상에 대한 합리적 이해가 전제되어감으로써 '돼지' 와 같은 편견들이 점차 불식拂拭되어 갈 줄로 믿는다. 돼지가 부정하다는 것도, 복을 가져다준다는 것도 다 고정관념화 된 오래된 편견일 뿐으로, 요리를 잘하면 누구나가 아주 맛있게 먹을 수 있는 고기라는 것만은 분명한 사실이다.

-2010. 01. 12.

'천사天使'의 외형과 역할

    예수교에서 천사天使란 어떠한 존재일까? 「창세기」로부터 「요한계시록」에 이르기까지 '천사'라는 단어는 무려 170회나 사용되었고, 그 가운데에 요한계시록에서 55회로 제일 많이 사용되었다. 그렇다면, 경전에서 말하는 천사는 과연 어떻게 생겼으며, 무엇을 하는 존재인가?

    솔직히 말하여, 천사를 보았다는 사람은 많은데, 그 구체적인 모양새와 대화내용 등을 객관적으로 말해 주는 이는 거의 없다. 그 모양새를 물으면, 어디에선가 읽었거나 들었던 내용이 그대로 혹은 변형되어 환영幻影으로 나타난 모습을 설명하는 게 고작이다. 그것도 꿈속에서나, 아니면 기도 중에, 아니면 정신이 집중된 가운데 어떤 계기가 주어져서 보이는 주관적인 환영幻影인 것이다. 게다가, 대화내용이나 천사의 구체적인 활동상을 물으면 그의 대답이 어디서부터 어디까지가 진실인가를 근본적으로 의심하지 않을 수 없는 게 또한 사실이다. 따라서 천사를 만났다는 개개인의 경험을 무시하고, 오로지 예수교 경전에 기록된 내용만을 가지고 천사의 정체성에 대하여 분석·유추해 보고자 한다.

먼저, 천사의 모양새, 곧 그 외형에 대하여 언급된 경전 안에 구절은 없는가? 내가 보기에는 예수의 무덤 안에 앉아있던 두 천사의 겉모습에 대한 기술이 유일하지 않나 싶다.

(물론, 창세기에 롯이 소돔에 나타난 천사에게 경배 드리고, 한 식탁에 앉아 떡을 함께 먹고, 그의 손에 이끌려 성 밖으로 나가기도 했다. 이 때 사람들은 그를 여느 사람과 같은 존재로 여겼지만 그 모습에 대해서는 직접적인 묘사가 없다.)

①큰 지진이 나며, 주의 천사가 하늘로서 내려와 돌을 굴려 내고, 그 위에 앉았는데, 그 형상形像이 번개 같고, 그 옷은 눈 같이 희거늘, 수직守直하던 자들이 저를 무서워하여 떨며, 죽은 사람과 같이 되었더라 (마태복음 28:2~4).

②흰 옷 입은 두 천사가 예수의 시체 뉘었던 곳에, 하나는 머리 편에, 하나는 발 편에 앉았더라(요한복음 20:12).

③무덤에 들어가서 흰 옷을 입은 한 청년이 우편에 앉은 것을 보고 놀라매, 청년이 이르되, '놀라지 말라. 너희가 십자가에 못 박히신 나사렛 예수를 찾는구나. 그가 살아나셨고, 여기 계시지 아니하니라. 보라. 그를 두었던 곳이니라(마가복음 16:5~6).'

④이를 인因하여 근심할 때에 문득 찬란한 옷을 입은 두 사람이 곁에 섰는지라. 여자들이 두려워 얼굴을 땅에 대니 두 사람이 이르되, '어찌하여 산 자를 죽은 자 가운데서 찾느냐? 여기 계시지 않고 살아나셨느니라(누가복음 24:4~5).'

위 ①②③④는 동일한 정황의 천사 모습을 기술한 내용인데 네 복음서가 다 다름을 확인할 수 있다. 이들 복음서의 내용이 조금씩 달라도 진실이라는 전제 아래 이를 종합한다면, 천사의 외형은 젊은 남자 같은 모습이지만 눈이 부실 정도의 흰옷을 입었으며, 눈빛이 아주 날카로웠던 것 같다. 그런 천사의 전체적인 모습이 '번개' 처럼 인지되는 것으로 보아서는 사람으로 하여금 두려움을 느끼게 할 정도로 낯선 형태였던 것 같다. 보통의 인간처럼 익숙해진 겉모습은 분명 아니라는 뜻이다. 아브라함을 만난 하나님의 현현現顯인 세 사람과 롯을 만난 천사는 보통의 사람들과 조금도 다를 바 없었는데 예수의 무덤에 와 있는 두 천사는 그들과 상당히 다르다.

천사의 외형은 그렇다 치고, 천사의 역할은 무엇인가? 창세기로부터 요한계시록에 나타난 천사의 활동상을 요약하면 이러하다.

천사는, 하나님이 계시는 천국에서 하나님을 찬양하고, 경배하며,95) 하나님의 말씀이나 뜻을 인간 세상의 시공時空이나 개개인의 꿈속으로 내려와 특정인에게 직접 인간의 말로써 전하는 영적 존재이다. 물론, 인간 세상에 내려올 때에는 구름을 타고 오며, 인간 모습과 같기도 하며, 또한 다소 변형된 인간 모습을 띠기도 한다. 경우에 따라서는 천사가 인간 세상에 내려와 특정인과 함께 대화를 나누고, 한 식탁에 앉아 음식을 함께 먹으며, 사람의 손을 이끌거나 사람의 몸을 흔들어 잠을 깨우기도 한다. 뿐만 아니라, 특정 지역의 타락한 사람들을 멸망시키기도 하고, 특정인이나 가족 등을 구해주기 위해서 미리 그 방법을 안내하거나 직접 이끌기도 한다. 한 마디로 말해서, 천사는 하나님과 인간과의 가교역할을 하며, 일정 부분

---

95) 하나님에 대한 천사의 경배 방식
모든 천사가 보좌와 장로들과 네 생물의 주위에 섰다가 보좌 앞에 엎드려 얼굴을 대고 하나님께 경배하여 가로되, '아멘. 찬송과 영광과 지혜와 감사와 존귀와 능력과 힘이 우리 하나님께 세세토록 있을 지로다. 아멘' 하더라(요한계시록 7:11~12).

하나님의 뜻을 집행하는 존재이다.

천사의 이런 역할에 대하여 히브리서 제1장 14절에서는 '하나님이 부리는 영靈으로서 구원救援 얻을 후사後嗣들을 위하여 하나님을 섬기라고 보내심을 입은 존재'라고 기록되었고, 시편 제103장 20절에서는 '여호와의 말씀을 이루며, 그 말씀의 소리를 듣는' 능력과 권세를 지닌 존재로 기술되어 있다.

그리고 천사장天使長이란 직급이 있으며(데살로니가전서 4:16, 유다서 1:9), '힘이 있는(요한계시록 5:2)' 또는 '물을 차지한(요한계시록 16:5)'이라는 수식어가 붙는 천사도 있으며, 천사들에게 지시·명령하는 천사도 있다(요한계시록 7:2~3). 심지어는 죄를 범하여 지옥에 갈 천사들도 있다(베드로후서 2:4).

그러나 무엇보다 중요한 사실은, 하나님을 직접적으로 보좌하는 천국의 천사들이 심판할 때에 실질적인 행동을 거의 다 취한다는 점이다. 이에 대한 기술은 오로지 요한계시록에만 나타나 있다. 그 내용을 이해하기 쉽게 정리하면 이러하다.

천사들의 수는 만만 천천이요, 보좌·생물·장로들을 둘러싸고 있으며(요한계시록 5:11), 하나님께 경배 드린다(요한계시록 7:11~12). 사방 땅의 바람을 붙잡아 두어 불지 못하게 하는 네 명의 천사가 있고, 이들 네 명의 천사에게 "하나님의 종들의 이마에 인치기까지 땅이나 바다나 나무나 해하지 말라"고 지시하는 천사도 있다(요한계시록 7:1~3). 또한, 나팔을 불 때마다 이미 계획된 화[災殃 또는 罰]가 차례로 펼쳐지게 되는 일곱 명의 천사들이 있고(요한계시록 1~8, 16:1~21), 유브라데 강에 결박당한 네 명의 천사들도 있다(요한계시록 9:14). 또한, 땅에 거하는 자들, 곧 여러 나라와 족속과 방언과 백성에게 전할 '영원한 복음'을 가지고 있고, '하나님을 두려워하고, 영광을 돌리고,

경배하라'고 말하는 천사들도 있다(요한계시록 14:6~7). 그리고 물위에 앉은 큰 음녀가 받을 심판(요한계시록 17:1~18)과 심판 후 새 하늘 새 땅을 요한에게 미리 보여주기도 하는 천사가 있다(요한계시록 21:1~27, 22:6).

결과적으로, 천사는 하나님의 백성으로서 하나님을 찬양·경배하며, 하나님의 뜻과 명을 받들어 집행하는 행동대行動隊로서 천국과 인간세계를 왕래하며 가교역할을 해주는 영적 존재임에 틀림없다. 하지만 천사는 필요시 그 외형을 가질 수 있으며, 인간의 말을 할 수 있는 능력도 있다.

그리고 하나님의 뜻과 명을 받들기 때문에 인간 세상에 오는 천사는 특별히 벌을 주기 위해서 오는 천사들을 제외하고는 대체로 선한 일을 한다. 그런 탓인지 천사를 한 번도 직접 보지 못했으면서도 천사는 늘 착하고 선한 모양새를 지닌, 아름다운 존재로서 우리에게 각인되다시피 되었고, 또한, 그의 복장은 늘 깨끗하고 하얀 빛깔로 인식돼 왔다. 그의 존재 유무에 대해서 객관적으로 입증해 보일 수 없으면서 말이다.

-2008. 10. 27.

천사의 날개는 어디로부터 왔는가

①아브라함이 환대歡待한 세 명의 천사와 ②소돔 성에 사는 롯이 영접迎接한 두 명의 천사도, ③사도 바울이 옥중에서 만난 천사와 ④막달라 마리아가 예수의 무덤에서 만난 두 천사도, 그리고 ⑤베드로가 옥중에서 만난 천사까지도 공히 날개가 있다는 외양 묘사는 없다. 그럼에도 불구하고, 경전 내용의 특정 상황을 그린 옛 그림들에서는 대체로 날개가 달려있는 모습의 천사가 많다(이 책의 화보 중에서 '아브라함의 환대'라는 그림 참조). 게다가, 오늘날 보통 사람들의 생각 속에서도 '천사에게는 날개가 있다'는 고정관념이 여전하기에 그것의 근원지가 어딘지를 분명하게 확인하고 싶어졌다.

'날개'라 함은, 새나 곤충이 비행하는 직접적인 수단으로서 성체成體의 부분이다. 따라서 날개가 있다는 것은, 가고자 하는 곳으로 빠르게 날아갈 수 있는 능력과, 그 날개로써 새끼들을 보호할 수 있는 기능으로까지 고대인들에게 인지되었던 모양이다. 그래서일까, 예수교 경전 안에서는, 하나님이 날개 있는 모든 새를 그 종류대로 창조하였다는 기록(창세기 1:21)과 날개가 있으되 기어다니는 곤충은 가증스러운 것이라는 기록(레위기 11:20, 11:23)이 있다. 뿐만 아니라, 날개가 ①날아갈 수 있는 수단이자 ②새끼들을 보호할 수 있는 도구라는 두 가지 큰 의미로서 하나님의 사랑을 빗대어 드러내는 데에 적잖이 사용되었다. 곧, 날개는 하나님 혹은 그 하나님이 부리는 천사天使·천군天軍 등의 이동수단(사무엘하 22:11, 시편 18:10, 104:3, 에스겔 1:9, 10:16, 10:19, 나훔 3:16, 요한계시록 12:14 외)이면서, 하나님의 인도·보호·은혜 등 보살핌의 도구라는 의미(출애굽기 19:4, 룻기 2:12, 이사야 31:5, 40:31, 시편 36:7, 57:1, 61:4, 91:4 외)로도 사용되었다는 뜻이다. 단적인 예로, 여호와 하나님은 모세에게 말하기를, 애굽으로부터 인도하심을 두고 "독수리 날개로 너희를 업어 인도(출애굽기 19:4)" 하였다고 말했으며, 예수는 유대인들에게 말하기를 "암탉이 그 새끼를 날개 아래 모음 같이 내가 네 자녀를 모으려 한 일이 몇 번이냐(마태복음 23:37, 누가복음 13:34)?"라고 말한 바 있다. 이처럼 비유적으로 쓰인 '날개'라는 보조관념이 확대·변용되어, 바람의 날개(사무엘하 22:11, 시편 18:10, 104:3, 호세아 4:19)·새벽 날개(시편 139:9)·주의 날개(룻기 2:12, 시편 17:8, 36:7, 57:1, 61:4, 63:7, 이사야 8:8) 등 아주 관념적인 비유어로까지 활용되기도 했다.

그렇다면, 경전 안에서 날개를 가진 생물들은 어떠한 것들이 있는지부터 확인해보자. 물론, 하나님이 창조한 모든 새(창세기 1:21)와 모든 곤충(레위기 11:21)은 말할 것도 없겠지만, 특별히 그 이름이 거론되어 비유적으로 사용된 것들로는 ①독수리(출애굽기 19:4, 신명기 32:11, 잠언 23:5, 요한계시록 12:14) ②타조(욥기 39:13) ③매(욥기 39:26) ④비둘기(시편 55:6) ⑤암탉(마태복음 23:37, 누가복음 13:34) ⑥황충(나훔 3:16, 요한계시록 9:9) 등이 있다. 물론, 이들은 새와 곤충 종류이기 때문에 이들에게 날개가 있다는 것은 지극히 당연한 일이지만 이들은 원관념을 드러내기 위해서 끌어들여진[빌려 쓰는 혹은 차용한] 보조관념들에 지나지 않는다.

그런데 우리가 보지도 듣지도 못한 것들[존재]에게도 날개가 있다는데, 그것들은 ①그룹(출애굽기 25:20, 열왕기상 6:24, 역대상 28:18, 역대하 3:11, 에스겔 10:5 외) ②스랍(이사야 6:2) ③네 생물(에스겔 1:8, 요한계시록 4:8) ④바다에서 나온 네 짐승 가운데 사자 같고, 표범 같은 두 괴물(다니엘 7:4, 7:6) ⑤두 여인(스가랴 5:9) 등이다. 그렇다면, 도대체, 이들은 또 무엇이란 말인가?

'그룹cherub(창세기 3:24, 출애굽기 25:18, 열왕기상 6:27, 8:6, 역대상 28:18, 에스겔 10:5 외 다수)'이라는 말은, 경전에서 약 71회 정도 사용되었는데 그 대부분이 구약에서, 그 구약 가운데에서도 「에스겔」·「열왕기」·「출애굽기」 등에서 많이 사용되었다. 이 그룹이라는 것은, 하나님으로부터 아담과 하와가 에덴동산에서 쫓겨난 뒤부터 그곳 가운데에 있는 '생명나무의 길'을 지키게 한 천사이다(창세기 3:24). 바로 이것이 기원이 되어, 인간의 손으로 짓는 모든 성전 안 성소聖所의 속죄소마다 두 날개를 편 모습의 그룹을 새겨 놓거나, 수를 놓기도 했고, 금박을 입히기도 했다(출애굽기 25:18~22, 26:1, 26:31, 역대하 3:10 외). 뿐만 아니라, 성전의 문에 종려나무와 함께 새겨지는 파수꾼 같은 존재로도 묘사되었다(에스겔 41:18~25). 굳이 말하자면, 화재나 재앙을 물리치는 신령스런 동물로 여겨 궁궐 등에서 한 때 장식되기도 했던 우리의 '해태'나, 불교의 사찰寺刹에서 불법佛法 세계를 보호해 준다는 '사천왕상' 등과 같은 이치에서 나온 것으로 보인다.

이 그룹의 모양새에 대해서는, 「에스겔」 제10장에 자세하게 묘사되어 있기에 굳이 소개하지는 않겠지만, 하나님이 이 그룹의 호위를 받기도 하고(사무엘하 6:2, 22:11, 역대상 13:6, 시편 99:1), 타고 다니기도 한다(시편 18:10)는 것으로 미루어보면, 우리의 눈으로 확인할 수 있는 것은 이미 아니라는 사실이다. 한 마디로 말해, 인간의 상상력이 만들어낸 관념적인 존재라는 것이다. 곧, 눈[目]들이 가득한 바퀴가 달린(에스겔 10:12), "그룹들은 각기 네 면이 있는데 첫 면은 그룹의 얼굴이요, 둘째 면은 사람의 얼굴이요, 셋째는 사자의 얼굴이요, 넷째는 독수리의 얼굴이라(에스겔 10:14)"라는 표현이 단적으로 말해 주리라 믿는다. 다만, 하나님이 타고 다니는 이동수단이고, 하나님을 호위하고, 에덴동산의 생명나무의 길과 성전이나 성소 등을 지키는 파수꾼으로서 묘사되었다는 기록상의 사실만은 분명해 보인다.

'스랍seraph'이라는 말은, 「이사야」에서 두 번 사용되었는데(이사야 6:2, 6:6), 보좌寶座에 앉아계신 하나님을 호위護衛·보좌補佐하는 천사로서, 여섯 날개를 지니고 있는데, 그 둘로는 얼굴을 가리고, 그 둘로는 발을 가리며, 그 둘로는 나는데 사용한다는 것이다. 스랍은 하나님 곁에서 "거룩하다! 거룩하다! 거룩하다! 만군의 여호와여, 그 영광이 온 땅에 충만하도다."라고 찬양하는 존재이다. 뿐만 아니라, 화저(火箸:화로에 꽂아 두고 불덩이를 집거나 불을 헤치는 데 쓰는, 쇠로 만든 부젓가락)로써 단에서 취한 숯불을 손에 들고 날아와서 그것을 사람(이사야)의 입에 댐으로써 그의 모든 악과 죄를 없애주는 일도 집행한다(이사야 6:6~7). 간단히 말하면, 하나님의 뜻을 받들고 이행하는 천국의 천사인 셈이다.

'네 생물four living creatures'은, 오로지 「에스겔」과 「요한계시록」에서만 나오는, 하나님과 함께하는 천국의 존재이다. 그런데 「요한계시록」에서 묘사된 것과 「에스겔」에서 묘사된 것이 상당히 다르지만, 먼저 집필되었던 「에스겔」의 네 생물을 간추려 소개하자면 대략 이러하다. 곧, 사람의 형상은 형상이로되, 네 개의 얼굴과 네 개의 날개가 있고, 그 다리는 곧고, 그 발바닥은 송아지 발바닥 같고, 번들번들 닦아서 광을 낸 구리같이 빛나며, 그 사면 날개 밑에는 각각 사람의 손이 있다. 그리고 네 얼굴들의 모양은 각각 정면은 사람, 우편은 사자, 좌편은 소, 뒤는 독수리의 얼굴 모습을 지녔다는 것이다. 그리고 그 날개는 들어 펴면 서로 이어져 있고, 둘은 몸을 가렸으며, 나머지 둘은 나는데 사용한다. 그리고 그 나래치는 소리는 물소리 같기도 하고, 전능자의 음성과도 같기도 하며, 떠드는 군대 소리 같기도 하다는 것이다.

그러나 전체적인 모습은 숯불이나 횃불 같고, 번개처럼 빠르게 왕래하며, 눈이 가득한 바퀴가 네 개나 달려있다. 이런 해괴한 네 생물 역시 하나님이 타고 다니는 이동수단이자 하나님의 영광을 드러내는 모습이라는 것이다(에스겔 1:4~28). 그렇다면, 이 네 생물이 앞에서 얘기된 그룹과 같은 존재는 아닌지 모르겠다. 뿐만 아니라, 그 그룹이 에스겔과 요한에 의해서 네 생물로 구체화된 것이 아닌지도 모르겠다.

사자 같고, 표범 같은, 바다에서 나온 두 짐승은, 오로지 「다니엘」과 「요한계시록」에서만 나오는데. 역시 먼저 집필되고 더 자세하게 묘사된 「다니엘」의 것을 소개하고자 한다. 곧, 바다에서 첫 번째로 나온 사자 모양의 짐승은, 독수리의 날개를 가지고 있는데 잠깐 사이(다니엘이 볼 사이)에 그 날개가 뽑혔고, 땅에서 들려 사람처럼 두 발로 서게 되었으며, 또한 사람의 마음을 받아 가지고 있고, 독수리 날개가 있다(다니엘 7:4)는 것이다. 그리고 바다에서 세 번째로 나온 표범 같은 짐승은, 그 등에 새의 날개 넷이 있고, 머리도 넷이 있으며, 또한 권세를 받아 가졌다는 것이다(다니엘 7:6).

어쨌든, 바다에서 나오는 네 짐승 가운데 이 둘(첫째와 셋째)에게 날개가 있다는 것인데, 이들은 인간 세상에 나타날 나라[국가]이고, 동시에 그 나라의 왕(다니엘 7:17)이라는 것이다. 그런데 이들 나라의 왕은 공히 성도聖徒들을 핍박하는 자들이며, 심판 때에는 멸망의 길을 걷는 자들이다(다니엘 7:26).

따라서 바다에서 나오는 네 마리의 짐승은, 바다를 통해서 이스라엘을 침략하는 주변 나라를 상징하는 말이다. 그리고 그 짐승 중에는 뿔이 나있다는 것도 있는데 그 뿔은 그 나라에서 승계되는 왕(다니엘 7:24)이라는 뜻이고, 날개를 지녔다는 것은 백성을 다스릴 권세와 능력을 지녔다는 뜻으로 해석된다.

'두 여인'은, 「에스겔」(에스겔 23:2, 23:13)과 「스가랴」(스가랴 5:9)에만 나오는데, 날개가 있는 것은 스가랴에 나오는 두 여인뿐이다. 그들은 에바(주로 가루의 양을 재는 단위 또는 저울)에서 나왔는데, 학의 날개 같은 날개가 있고, 그 날개에 바람도 인다. (여기서 바람이 인다는 것은 날개가 날개로서 분주하게 제 구실을 한다는 뜻이다.) 그 여인들이 에바를 천지 사이에 들었다는데, 그것은 '시날' 땅으로 가서 그를 위하여 집을 지으려 한다는 것이고, 그 집이 준공되면 그가 그곳에 머물게 된다는 것이다. 스가랴 제5장에 기록된, 문제의 이 두 여인이 저울로써 하나님의 심판을 보조하는 천사로 보이지만 아직 단정 짓기에는 이르다.

경전에 기록된, 그룹·스랍·네 생물·바다에서 나온 네 짐승 중 두 괴물·두 여인 등 날개 달린 존재들의 정체성을 살펴본 바대로, 천국에서 하나님의 일을 보조하는 모든 존재들에게는 능력과 권위를 상징하는 날개가 달려 있고, 하나님의 백성을 핍박하는 지상의 왕들에게도 그것이 있다는 사실을 확인할 수 있다. 날개가 비유적으로 쓰였다는 증거이다. 그리고 천사들에게 날개가 달렸다는, 아주 오래된 고정관념은 에덴동산의 '생명나무의 길'을 지키기 위해서 보내어진 그룹으로부터 비롯되었음도 알 수 있다. 그 그룹을 모세 시절부터 날개 달린 모습으로 묘사하기 시작하면서 스랍이 나오고, 네 생물이 나온 것으로 유추해 볼 수 있기 때문이다.

-2011. 07. 29.

불타는 덤불 앞에서 신발 끈을 푸는 모세의 모습. 현 이집트 시나이 산 밑에 있는
성 캐더린 사원(The Monastery of St. Catherine) 내 주 기도소의 앱스 위에 장식된 모자이크.
Moses unlaces His sandals in front of the Burning Bush. Detail of the Mosaic above the 'Katholikon' apse.

'선지자先知者'에 대하여

선지자先知者라 함은 하나님의 뜻과 계획을 동시대인들에게 전하는 하나님의 종(열왕기하 21:10, 에스라 9:11, 예레미야 7:25, 25:4)으로서 하나님이 세우는 사람(민수기 12:6)이다. 선지자는 기도하고(창세기 20:7), 꿈을 꾸기도 하고(민수기 12:6, 예레미야 23:25, 23:28, 23:32), 예언하기도 하는(사무엘상 10:5, 10:10, 역대하 15:8, 18:9, 스가랴 13:4), 하나님 나라에 속한(누가복음 13:28) 자이다. 그래서 선지자의 말에는 증험證驗과 성취함이 있어야 하며(신명기 18:22), "하나님이 모든 선지자의 입을 의탁하여 자기의, 그리스도의 해 받으실 일을 미리 알게 하신 것(사도행전 3:18, 3:21)"이다. 이런 선지자는 단순히 꿈꾸는 자와 구분되는 신분이기도(신명기 13:1, 13:3, 13:5) 했는데, 자칭 선지자(예레미야 29:26, 요한계시록 2:20)와 거짓 선지자도 있다.

거짓 선지자는, 거짓말로 가르치고(이사야 9:15, 마태복음 24:24, 요한1서 4:1, 요한계시록 16:13, 20:10), 거짓 예언하며(예레미야 5:31, 14:14, 23:25, 23:26, 에스겔 13:9, 마태복음 7:15), 포도주나 독주를 마시고 옆걸음질 치며(이사야 28:7), 심지어는 간음을 행하고, 행악자의 손을 굳게 하고(예레미야 23:14), 사특 우매하며(예레미야 23:11, 23:13), 돈 받고 점을 치는 등(미가 3:11) 백성을 유혹(미가 3:5, 마태복음 24:11)하기도 한다. 이런 거짓 선지자를 두고 "황무지에 있는 여우(에스겔 13:4)"로 빗대어지기도 했다.

선지자 대부분은 남자이며, '훌다' 처럼 여자도 있었다. "모든 선지자와 및 율법律法의 예언한 것이 요한까지(마태복음 11:13)"라고 예수가 직접 언급하기도 했다. 이 선지자라는 말이 쓰이기 전에 선견자 先見者(사무엘상 9:9)라는 말이 먼저 쓰였다.

경전 속에서 거론되었던 선지자로는, 미리암(출애굽기 15:20)·갓(사무엘상 22:5)·나단(사무엘하 7:2)·아히야(열왕기상 11:29)·예후(열왕기상 16:12)·엘리야(열왕기상 18:36)·엘리사(열왕기하 6:12, 누가복음 4:27)·요나(열왕기하 14:25)·스마야(역대하 12:5)·잇도(역대하 13:22)·오뎃(역대하 15:8)·이사야(역대하 26:22)·훌다(역대하 34:22)·사무엘(역대하 35:18)·예레미야(역대하 36:12)·학개(에스라 5:1, 학개 1:1)·하나냐(예레미야 28:10)·하박국(하박국 1:1)·스가랴(스가랴 1:1)·다니엘(마태복음 24:15)·요엘(사도행전 2:16)·아가보(사도행전 21:10) 외 다수를 들 수 있다.

결국, 선지자란 하나님의 뜻이나 계획을 먼저 보고[先見], 먼저 아는[先知] 사람으로서 그 내용을 말하거나 기록으로 전하는 사람들인데, 경우에 따라서는 하나님의 뜻을 집행하기도 한다. 하나님이 인간세상 속으로 그들을 세워 보내어 그런 임무수행을 위임·명령한다 하나, 사실은 그렇지가 않다. 오로지, 하나님을 열망하는 자들 가운데서 하나님에게 사로잡힌 상태(여기서 하나님에게 사로잡힌다는 것은, 일종의 신들린 상태로서, 하나님의 영이 그 사람을 조종하는 상황이 아니라 실제는 없지만 있는 것처럼 하나님이란 추상적인 관념을 스스로 지어 그에 예속된 상태를 말한다.)에 놓인 사람들이 스스로 기도·묵시默示·몽사夢事·예언豫言하는

기능을 발휘하는 것뿐이다. 그렇기 때문에 언제든지 타락한, 거짓
선지자가 있을 수 있는 것이다.

-2011. 02. 08.

높이 20.5센티미터 크기의, 주교가 의식 때에 쓰는 모자로서 꽃무늬 장식을 새기고 그 위에 은으로 도금하였다.
그리고 구멍을 뚫고 에나멜 장식용 실을 매달아 장식하였다.(1678년 작품)
Mitre in gilded silver(height 20.5cm) with engraved representation. Floral ornamentation,
perforated and enriched with braided enamel. 1678.

'사십 일日'의 의미

   사십 일日이라는 일정 기간이 하나님께 어떤 특별한 의미가 있었을까? 아니, 경전 집필자들에게 그 사십 일이라는 기간이 어떤 각별한 상징적 의미라도 전제되어 있었을까? 있는 그대로의 사실을 기술한 결과인지, 아니면 그들의 습관적인, 입버릇이 되어버린, 특별한 의미 없는, 그렇지만 과장의 효과를 얻기 위한 방편으로서 단순한 말장난인지 판단해 내기란 쉽지가 않다. 그에 대한 판단은 명석한 독자 여러분에게 맡기고, 나는 다만, 사십 일이란 기간이 걸리거나 소요되었다고 기술된 경전 상의 내용만을 간추려 소개하고자 한다.

   노아시대 홍수가 사십 일 동안 내렸고(창세기 7:17), 사십 일이 지나서야 노아가 방주의 창을 열었다(창세기 8:6). 그리고 요셉의 아버지 이스라엘(이삭)이 죽자 그의 몸에 수종의사(隨從醫師:주치의)가 향 재료를 넣는데 사십 일이 걸렸으며(창세기 50:3), 모세가 하나님의 명을 받고 십이 지파[96]를 대표하는 자들을 가나안 땅으로 탐사 차 보냈을 때에도 사십 일이 소요되었다(민수기 13:25, 14:34). 또한, 모세가 하나님의 명으로 돌판 두 개를 미리 만들어 시내 산 정상으로 올라가, 구름 가운데에서 강림하신 하나님과 함께 머물면서, 경배 드리고, 언약을 받고, 하나님께서 십계명을 직접 새기어 준 두 돌판을 받아 들고 내려오는데 사십 일 밤낮이 걸렸다. 물론, 이 기간 동안에는 떡도 먹지 않고 물도 마시지 아니했다는 것이다(출애굽기 34:1~28). 또한, 다윗이 전쟁터로 나간 아버지 사울에게로 왕래하며 베들레헴에서 그(골리앗?) 아비의 양羊을 칠 때에 그 블레셋 사람이 사십 일을 조석朝夕으로 나와서 몸을 나타내었다는 것이다(사무엘상 17:14~16).

어디 이뿐이겠는가? 하나님이 요나로 하여금 니느웨 성읍으로 가서 "사십 일이 지나면 니느웨가 무너지리라." 라는 말을 선포하라고 하셨다(요나 3:4). 뿐만 아니라, 예수께서 세례를 받은 직후 성령에 이끌리어 광야로 나아가 사십 일 동안 금식하며 마귀의 시험을 받았고(누가복음 4:1~13), 부활하여 승천하기까지 사십 일을 더 지상에 머물면서 하나님 나라의 일을 말씀하셨다(사도행전 1:3).

'사십 일'이라는 기간은 역사적 사실에 대한 단순한 기술일 뿐인가? 아니면, 어떤 숨은, 상징적 의미가 있는 것일까? 아니면, 창작상의 습관적인 과장의 한 방편이었는가? 현재로서는 어떠한 결론을 내리기가 어렵다. 주목할 만한 것은, 하나님으로부터 율법을 받은 모세와, 하나님의 권능과 성령을 받은 예수의 사십 일이다. 곧, 모세는 지금의 이집트 시나이반도 남쪽에 있는 시나이 산[97])으로 추정

---

96) 열두 지파와 탐지 대표자들

①르우벤 지파 삭굴의 아들 삼무아 ②시므온 지파 호리의 아들 사밧 ③유다 지파 여분네의 아들 갈렙 ④잇사갈 지파 요셉의 아들 이갈 ⑤에브라임 지파 눈의 아들 호세아 ⑥베냐민 지파 라부의 아들 발디 ⑦스불론 지파 소디의 아들 갓디엘 ⑧요셉 지파 곧 므낫세 지파 수시의 아들 갓디 ⑨단 지파 그말리의 아들 암미엘 ⑩아셀 지파 미가엘의 아들 스둘 ⑪납달리 지파 윕시의 아들 나비 ⑫갓 지파 마기의 아들 그우엘 (민수기 13:4~15)

되는(아니면, 김승학 씨가 자신의 저서 『떨기나무』(사단법인 두란노서원 발행, 2007)에서 주장하는 것처럼 현재의 사우디아라비아 미디안 광야에 있는 '라오즈' 산이든지 간에) 시내 산 정상에서 구름 속에서 강림하신 하나님과 무려 사십 일 동안이나 함께 있었다. 물론, 아무것도 먹지 않은 채 말이다. 따라서 모세는 영광스럽게도 하나님으로부터 언약을 받는 동안 내내 하나님과 대면했을 것이다. 그렇지만 예수는 광야에서 마귀의 유혹과 시험을 받고, 천사들의 도움을 받기도 했지만 역시 사십 일 동안 금식했다. 모세처럼 하나님과 대면할 수 있는 기회를 갖지는 못했지만 성령에 이끌리어 있었고, 천사들의 수종을 받을 수 있었다. (아마도, 하나님께서 조금 바빴던 모양이거나, 아니면 하나님의 능력이 진화했거나, 그도 아니면 하나님 입장에서 일의 우선순위가 바뀌었던 모양이다.) 뿐만 아니라, 해를 받으시고, 다시 말해, 십자가에 못 박혀 죽으시고 부활하시어 사십 일이나 더 지상에 머무셨다(사도행전 1:3).

---

97) 시내 산과 시나이 산 [Mount Sinai]
'시내 산' 이란 지명은 성경에서 25회 사용되고 있다. 그 가운데 11회가 '출애굽기' 에서이다. 이 시내 산 정상으로 여호와 하나님이 강림하시고, 그곳으로 모세를 불러 그가 올라가(출애굽기 19:20) 사십 일 낮과 밤을 지냈다(출애굽기 24:18). 바로 그 때에 하나님은 모세에게 정직한 규례와 진정한 율법과 선한 율례와 계명을 주었다고 전해진다(느헤미야 9:13).
하나님이 시내 산 정상에 강림하실 때에 시내 산은 육 일 동안 구름에 덮여 있었고, 칠 일째 되는 날 구름 가운데에서 모세를 불렀다는데(출애굽기 24:16) 이 시내 산이 지금의 어떤 산인지에 대해서는 학자들마다 의견을 달리하고 있다. 곧, 현재 이집트 시나이 반도 내에 있는 ①제벨 무사(Gebel Musa) ②제벨 세르발(Gebel Serbal) ③제벨 신 비세르(Gebel Sin Bisher) ④제벨 할랄(Gebel Halal) ⑤하르 카르콤(Har Karcom) 등이 거론되고 있으나 가장 유력시 되고 있는 산은 역시 제벨 무사 곧 모세 산이다. 이 모세 산은 '시나이 산' 이라고도 하는데 이 산은 시나이 반도 남쪽에 있으며, 해발고도 2240미터의 화강암 봉우리이며, 330년에 산 밑에 세워진 '성 캐더린 수도원' 으로부터 도보로 약 2시간 거리이며, 산 정상에는 1934년에 세워진 삼위일체 교회가 있다. 오늘날은 각국에서 온 여행자들이 일출을 보기 위해서 언제나 북적거린다. 필자는 2009년 2월 28일 새벽 3시경부터 아침 8시까지 산 정상에 있었다.

*참고문헌 : SINAI -The Monastery of St. Catherine at the God - Trodden Mount, Nicolas M. Zoumbatlis, Responsible for the Distribution of The Holy Sinai Monastery Publications(Athene)

문제는 이처럼 구약과 신약 가운데에는 동일한 구조와 내용을 갖는 사건과, 어떤 상징적 의미가 있을 법한 용어 사용이 적지 않다는 것이다. 예컨대, 물을 갈라서 길을 건너는 사건이 모세뿐만 아니라 엘리야에게도 나타났고, 예수께서 떡 다섯 조각과 물고기 두 마리[五餠二魚]로 오천 명 이상을 먹였다는 표적과 유사한 칠병이어七餠二魚로 사천 명 이상을 먹였다는 표적 등이 있다.

　경전을 읽는 동안 이런 현상에 직면할 때마다 여러 가지 생각이 드는 게 사실이다. 곧, 사실에 대한 단순한 기록일까? 집필과정에서 필자들이 나름대로 보여준, 혹은 재활용할 만한 것으로 기억되어, 습관적으로 쓰이는, 단순 기교일까? 아니면, 당대 현실사회의 종교적 풍습(예컨대, 유대사회에서는 아들을 낳은 지 40일이 되는 날에 산모는 성전으로 가서 정결예식의 제물을 바쳐야 하는 행위와 같이)과 유관한, 어떤 상징적 의미가 숨겨져 있는 것일까? 나는 아직도 이에 대한 해답을 찾지 못한 채 머물러 있는 것이 사실이다.

　그럼에도 불구하고, 예수를 믿는 사람들은 오래전부터(좀 더 정확히 말하여, 325년 지금의 터키 이즈니크에서 개최된 예수교 공의회의 결정으로) '사순절四旬節'이라 하여 예수가 광야에서 사십 일간 마귀시험을 받으며 금식했던 고난을 기념해 오고 있다. 하지만 그조차 세월이 흐르면서 그 의미와 방식이 바뀌어 왔음을 부인할 수 없다. 단도직입적으로 말해, 나는 '예수가 왜 40일 동안 광야에서 고생했느냐?'를 묻고 있는데, 그[信者]들은 '일말의 의심도 없이 예수의 고생하심을 모두 기념하자.'고 동문서답한다는 뜻이다.

　-2008. 10. 09.

이해되지 않는 하나님 마음
-모압 땅 느보 산을 둘러보고

여기가 바로 '모세'가 걸어 올라왔을 때 여호와 하나님께서 ①길르앗 온 땅과 ②납달리·에브라임·므낫세·유다의 온 땅을 보여 주었던 비스가 산꼭대기(신명기 34:1~3)인가?

나는 모세 기념비가 세워져 있고, 발굴해 놓은 유물들을 전시해 놓은 아주 작은 박물관을 거쳐서 교회 내부의 바닥 모자이크를 살펴본 다음, 현재도 발굴 중인 출입제한 지역을 지나쳐서 수도원 위쪽에 서서 모세가 바라보았을 '약속의 땅(출애굽기 6:4)'을 멀리 내려다보고 있다. 모세가 서있던 자리라면 분명, "모압 평지에서 느보 산에 올라 여리고 맞은편 비스가 산꼭대기(신명기 34:1)"일 것이고, 이곳에서 "아브라함과 이삭과 야곱에게 맹세하여 그 후손에게 주리라 한 땅(신명기 34:4)"을 바라보았을 것이다. 그 순간 얼마나 감격스러웠겠는가? 나는 잠시 모세의 입장이 되어서 그를 상상해 본다.

그러나 생각이 여기까지 미치자, 나는 모세의 슬픔을 생각하지 않을 수 없었다. "너는 그리로 건너가지 못하리라(신명기 34:4)"고 명령한 하나님의 벌[罰=제한된 福]이 기다리고 있었기 때문이다. 곧, 모세는 비록 120살이나 먹었지만 그의 눈이 흐리지 않았고, 그의 기력이 쇠하지 않았다는데(신명기 34:7) 여호와의 말씀대로 모압 땅에서 죽어 벧브올 맞은 편 모압 땅 골짜기에 장사되었다(신명기 34:6). 쉽게 말해서, 하나님의 뜻대로 멀쩡한 사람이 죽어버린 것이다. 아무리 죽은 모세를 위하여 애도기간을 30일이나 잡았다 하더라도(신명기 34:8) 그게 무슨 소용이며, 하나님의 뜻을 온전히 이해하지 못하는 나로서는 쉬이 납득되지 않는다. 하나님 스스로가 그(모세)를 애굽 땅에 보내어 바로와 그 모든 신하와 그 온 땅에 이적異蹟과 기사와 권능과 위엄을 행하게 하셨고, 온 이스라엘 목전에서 그것을 행한 자(신명기 34:11~12)였는데 무엇을 얼마나 잘못했기에 이곳에서 죽게 했는가? 새삼스럽게 하나님의 정체성이 궁금해졌다.

그에 대한 답홈이 민수기 제20장에 기록되어 있긴 하다. 곧, 신(Zin) 광야에서 벌어진 일로서{출애굽기에서는 신 광야를 떠나 '르비딤(17:1)'에 장막(텐트 또는 천막)을 쳤을 때 일어난 일이라고 기록되어 있음.}, 무리들이 물이 없어 사람과 가축들이 다 죽게 되는 이 험악한 곳으로 어찌하여 이끌고 왔느냐고 모세와 아론에게 공박했고, 이에 모세와 아론은 그들에게서 떠나 회막문 앞에 엎드리었는데 여호와께서 모세에게 말씀 곧 영광을 주셨다 한다. 곧, "지팡이를 가지고 네 형 아론과 함께 회중을 모으고, 그들의 목전에서 너희는 반석에게 명하여, '물을 내라!' 하라. 네가 그 반석으로 물을 내게 하여 회중과 그들의 짐승에게 마시울지니라(민수기 20:8)." 했다는 것이다. 그리하여 모세는 하나님의 명령대로 실행하여 그 반석에서 물이 나왔다 한다.

이 사건을 두고 경전은 '이스라엘 자손이 여호와 하나님과의 다툼'으로 여기어서 이를 '므리바 물The waters of Meribah'이라 한다는데(민수기 20:13), 바로 이 사건 때문에 모세와 아론은 하나님으로부터

'너희가 나를 믿지 아니하고, 이스라엘 자손의 목전에 나의 거룩함을 나타내지 아니한 고로, 너희는 이 총회를 내가 그들에게 준 땅으로 인도하여 들이지 못하리라(민수기 20:12).'라는 벌을 받게 된다는 것이다.

그렇다면, 여기서 간과해서는 아니 될 것이 하나 있는데, 그것은 하나님을 믿지 아니한 사람들은 모세와 아론이 아니라 무리들이었고, 하나님의 거룩함을 나타내지 아니한 것 역시 무리 곧 이스라엘 백성들이라고 생각되는데 어떻게 모세와 아론에게 그 책임을 전적으로 뒤집어씌우는지 모르겠다. 혹시, 무리들의 소동 자체를 하나님에 대한 믿음부족 내지는 불신으로 여기고, 그들의 동요를 미리 막지 못함을 지휘자였던 모세와 아론의 하나님에 대한 불신과 무책임 탓이라고 판단했는지도 모르겠다. 모세야말로 유일무이하게 하나님을 대면했던 사람이었고, 하나님의 수많은 표적과 권능을 행사하였던 장본인이 아닌가. 그런 그가 어찌 하나님에 대한 신뢰가 없었겠는가. 백성들의 불신을 믿음으로 바꾸어 놓지 못한 지휘자의 지휘책임을 묻는다면 혹시 몰라도 '므리바 물'에서 하나님의 말씀을 거역(민수기 20:24)했다는 것 자체가 여전히 이해되지 않는다.

이에 대한 언급이 출애굽기 제17장에 기록되어 있는데, 곧, "백성(무리)이 모세와 다투어 가로되, '우리에게 물을 주어 마시게 하라.' 모세가 그들에게 이르되, '너희가 어찌하여 나와 다투느냐? 너희가 어찌하여 여호와를 시험하느냐?'(출애굽기 17:2)"이다. 바로 여기서 주의해야 할 대목은 무리가 모세와 다투는 행위 자체가 하나님을 의심하는 일이 된다고 여기거나, 아니면 모세에게 공박한 내용 가운데, 기록되어 있지는 않지만, 여호와 하나님을 의심하고 시험하는 직접적인 말이 있었는지도 모를 일이다.

여하튼, 모세와 아론이 이끄는 무리(백성)들이 물 때문에 벌인 소동으로 인하여 애꿎은 모세와 아론이 죽어야만 했는데, 하나님의 말씀대로 모세의 형 아론은 '호르' 산에서 죽고, 모세는 '느보' 산이 있는 '모압' 땅에서 특별하게 죽었다. (이들 죽음의 특별함은 별도의 글이 필요하기에 여기서는 언급을 하지 않겠다. 그에 대한 자세한 내용은 다른 글 「아론과 모세의 특별한 죽음에 대하여」를 참고하기 바람.)

-2010. 01. 18.

아브라함·롯·모세 등이 만난
여호와 하나님

[제1장1막]

(여호와께서 마므레 상수리 수풀 근처 아브라함에게 나타나시었는데, 정오 즈음에 그가 장막 문에 앉았다가 눈을 들어 본즉 사람 셋이 맞은편에 서 있다. 아브라함이 장막 문에서 달려 나가 영접하며, 몸을 땅에 굽혀 예의를 갖추면서)

아브라함 : 내 주여, 내가 주께 은혜를 입었사오면 원컨대, 종을 떠나 지나가지 마옵시고, 물을 조금 가져오게 하여 당신들의 발을 씻으시고, 나무 아래서 쉬소서. 내가 빵을 조금 가져오리니, 당신들의 마음을 쾌활케 하신 후에 지나가소서. 당신들이 종에게 오셨음이니이다.

세 사람(여호와 하나님의 사자使者인지 아니면 하나님의 변신變身인지, 사자가 곧 하나님인지 단정 지어 말하기 어렵지만) : 네 말대로 그리하라.

(아브라함이 급히 장막에 들어가 아내인 사라에게 '속히 고운 가루 세 스아98)를 가져다가 반죽하여 빵을 만들라' 하고, 또 짐승 떼에게로 달려가서 기름지고 좋은 송아지를 잡아서 하인에게 주어 그로 하여금 급히 요리하게 한다.)

아브라함 : (아무런 말없이) 나무 밑으로 식탁을 펴고 버터와 우유와 송아지 고기를 가져다가 진설하고, 서서 지켜본다.

세 사람 : (아브라함이 차린 음식을 먹으며) 네 아내 사라가 어디 있느냐?

아브라함 : 장막 안에 있나이다.

세 사람 : 기한이 이를 때에 내가 정녕 네게로 돌아오리니, 네 아내 사라에게 아들이 있으리라.

사라 : (장막 문 뒤에서 이 말을 듣고 '남편인 아브라함과 내가 나이가 많아 이미 늙을 대로 다 늙었을 뿐 아니라 경수조차 끊어졌는데 무슨 아이를…' 하며 중얼거리다가 속으로 웃으며) 제가 노쇠하였고, 제 주인도 늙었으니 어찌 제게 그런 즐거움이 있으오리까?

세 사람 : (아브라함에게 이르시기를) 사라가 왜 웃으며, '내가 늙었거늘 어떻게 아들을 낳으리요?' 라고 물었느냐? 여호와께 능치 못한 일이 있겠느냐? 기한이 이를 때에 내가 네게로 돌아오리니, 사라에게 아들이 있으리라.

사라 : (두려워서 승인치 아니하고) 내가 웃지 아니하였나이다.

세 사람 : 아니라. 네가 웃었느니라.

(세 사람이 일어나서 소돔으로, 아브라함은 그들을 전송하기 위해 함께 나간다.)

*사족 : 여호와 하나님은 전지전능하다는 사실이 전제되었다. 곧, ①하나님 자신의 변신술(하나님 → 세 사람), ②대면하지 않고도 타인의 마음·기분·언행 등을 알아차림, ③늙은 부부에게 자식을 낳게 하는 능력 등이 그 예로써 제시되었다. 그리고 세 사람의 말

---

98) 스아(seah)
가루와 곡물 등을 재는 단위(창세기 18:6, 열왕기하 7:1, 7:16, 7:18)이나, '세아' 라고도 번역되었다(사무엘상 25:18, 열왕기상 18:32). 경전에서 사용된 예문만으로는 한 스아 혹은 한 세아가 어느 정도의 양인지 정확히 알 수 없다.

가운데 '여호와께 능치 못할 일이 있겠느냐?' 라 했는데 이를 '내게 능치 못한 일이 있겠느냐?' 로 하지 않은 것을 보면, 세 사람이 하나님이 아니라 하나님의 사자인 듯한 인상을 준다. 그만큼 경전의 기록이 혼란스럽게 되어 있다는 뜻이다.)

[제1장2막]
(아브라함이 준비한 음식을 먹으며, 아브라함의 부인에게 아들이 있겠다고 약속하신 하나님이 아브라함과 작별하는 상황)

여호와 : 나의 하려는 것을 아브라함에게 숨기겠느냐? 아브라함은 강대한 나라가 되고, 천하 만민은 그로 인해서 복을 받게 될 것이 아니냐. 내가 그로 그 자식과 권속에게 명하여 여호와의 도를 지켜 의와 공도를 행하게 하려고 그를 택하였나니, 이는 나 여호와가 아브라함에게 대하여 말한 일을 이루려 함이니라.
소돔과 고모라에 대한 부르짖음이 크고 그 죄악이 심히 중하니, 내가 이제 내려가서 그 모든 행한 것이 과연 내게 들린 부르짖음과 같은지 그렇지 않은지, 내가 직접 가보고 확인하겠노라.

*사족 : 아마도, 여호와의 이 말은 아브라함에게 직접 하는 말 같지는 않다. 직접 하는 말이라면 '아브라함' 이라는 말 대신에 '너' 라고 했어야 옳다. 이 점도 경전 기록상의 모호성이다.)

아브라함 : (그 사람들이 거기서 떠나 소돔으로 향하여 가고, 아브라함은 여호와 앞에 그대로 섰더니) 주께서 의인을 악인과 함께 멸하시려하나이까? 그 성중에 의인 오십이 있을지라도 주께서 그 곳을 멸하시고, 그 오십 의인을 위하여 용서치 아니하시겠습니까? 주께서 이같이 하사 의인을 악인과 함께 죽이심은 불가하오며, 의인과 악인을 균등히 하심도 불가하옵나이다. 세상을 심판하시는 이가 공의를 행하실 것이 아니

옵니까?

여호와 : 내가 만일 소돔 성중에서 의인 오십을 찾으면 그들을 위하여 온 지경을 용서하리라.

아브라함 : 티끌과 같은 나라도 감히 주께 고하나이다. 오십 의인 중에 오인이 부족할 것이면 그 오인 부족함으로 온 성을 멸하시겠습니까?

여호와 : 내가 거기서 사십 오인을 찾으면 멸하지 아니하리라.

아브라함 : 거기서 사십 인을 찾으시면 어찌 하시겠나이까?

여호와 : 사십 인으로 인하여 멸하지 아니하리라.

아브라함 : 내 주여, 노하지 마옵시고 말씀하게 하옵소서. 거기서 삼십 인을 찾으시면 어찌 하시겠나이까?

여호와 : 내가 거기서 삼십 인을 찾으면 멸하지 아니하리라.

아브라함 : 내가 감히 내 주께 고하나이다. 거기서 이십 인을 찾으시면 어찌 하시겠나이까?

여호와 : 내가 이십 인으로 인하여 멸하지 아니하리라.

아브라함 : 주여, 부디 노하지 마옵소서. 내가 이번만 더 말씀하겠습니다. 거기서 십 인을 찾으시면 어찌 하시겠나이까?

여호와 : 내가 십 인으로 인하여도 멸하지 아니하리라.

(여호와께서 아브라함과 말씀을 마치시고 즉시 가시니, 아브라함도 자기 곳으로 돌아가더라.)

*사족 : 하나님이 굳이 아브라함을 찾은 이유('여호와의 도'를 지켜 '의'와 '공도'를 행하게 함)가 설명되고 있고, 여호와 하나님의 인자하심 곧, 의인을 멸하지 않는다는 사실을 강조하고 있음을 확인할 수 있다. 그리고 아브라함을 만났던 세 사람은 하나님의 사자인 듯하고, 여호와 하나님은 그들과 동행하지만 보이지 않는, 혹은 보이는 영靈이라는 생

각도 든다. 세 사람이 소돔으로 떠났지만 아브라함은 하나님과 대화를 나누고 있기 때문이다.

[제2장1막]
(저물녘 두 천사가 소돔에 이르니, 롯이 성문에 앉았다가 그들을 보고 일어나 영접하는데 땅에 엎드리어 절하며)

롯 : 내 주여, 돌이켜 종의 집으로 들어와 발을 씻고 주무시고, 일찍이 일어나 갈 길을 가소서.

두 천사 : 아니라. 우리가 거리에서 밤을 지내야 하느니라.
(그래도 롯이 간청하자 그제야 돌이켜서 그의 집으로 들어오는지라, 롯이 그들을 위하여 식탁을 베풀고, 무교병(baking bread without yeast:누룩을 넣지 않고 구운 빵)을 구우니, 그들이 먹고, 그들이 눕기 전에 그 성 사람들이 곧 소돔 백성들이 무론 노소하고 사방에서 다 모여 그 집을 에워싼 채 롯을 부르는데)

소돔의 백성들 : 이 저녁에 네게 온 사람이 어디 있느냐? 이끌어내라! 우리가 그들을 상관하리라.

롯 : (문밖의 무리에게로 나가서 뒤로 문을 닫으며) 청하노니, 내 형제들아, 이런 악을 행치 말라. 내게 남자를 가까이 아니한 두 딸이 있노라. 청컨대, 내가 그들을 너희에게로 이끌어 내리니, 너희 눈에 좋은 대로 그들에게 행하고, 이 사람들은 내 집에 들어왔은즉 이 사람들에게는 아무 짓도 하지 말라.

소돔의 백성들 : 너는 물러나라. 이놈이 들어와서 빌붙어 살면서 우리의 법관이 되려는도다. 이제 우리가 그들보다 너를 더 해하리라.

(롯을 밀치며 가까이 나아와서 그 문을 부수려 하는지라, 두 천사가 손을 내밀어 롯을 집으로 끌어 들이고 문을 닫으며, 문밖의 무리들의 눈을 어둡게 하니, 그들이 문을 찾느라고 아주 애를 먹더라.)

두 천사 : (롯에게) 두 딸 외에 네게 속한 자가 또 있느냐? 네 사위나

자녀나 성중에 네게 속한 자들을 다 성城 밖으로 이끌어내라. 그들에 대하여 부르짖음이 여호와 앞에 크므로 여호와께서 우리로 이곳을 멸하러 보내셨나니 우리가 멸하리라.

롯 : (나가서, 그 딸들과 정혼한 사위들에게) 여호와께서 이 성을 멸하실 터이니, 너희는 일어나 이곳에서 떠나라. (이 때 사위들은 농담으로 여긴다.)

두 천사 : (동이 틀 무렵, 롯에게 재촉하며) 일어나 여기 있는 네 아내와 두 딸을 이끌라. 이 성의 죄악 중에 함께 멸망할까 하노라.
(롯이 지체하자 두 천사가 롯의 손과 그 아내의 손과 두 딸의 손을 잡아 인도하여 성 밖에 두니, 여호와께서 그에게 인자를 더하심이었더라. 두 천사가 그들을 밖으로 이끌어 낸 후에)

두 천사 : 도망하여 생명을 보존하라. 돌아보거나 들에 머무르거나 하지 말고 산으로 도망하여 멸망함을 면하라.

롯 : 내 주여, 그리 마옵소서. 종이 주께 은혜를 얻었고, 주께서 큰 인자를 내게 베푸사 내 생명을, 내가 도망하여 산까지 갈 수 없나이다. 두렵건대, 재앙을 만나 죽을까 두렵소이다. 보소서. 저 성은 도망하기 가깝고 작기도 하오니 나로 그곳에 도망하게 하소서. 이는 작은 성이 아니나이까? 내 생명이 보존되리이다.

두 천사 : 내가 이 일에도 네 소원을 들었은즉 너의 말하는 성을 멸하지 아니하리니, 그리로 속히 도망하라. 네가 거기 이르기까지는 내가 아무 일도 행할 수 없노라.
(롯이 '소알 99)이라 불리는 성에 들어갔을 때에는 이미 해가 돋았는데 여호와께서 유

---

99) 소알(왕:벨라)
요단 들 가운데 한 곳으로, 여호와의 동산 같고 애굽 땅처럼 물이 넉넉한 곳(창세기 13:10)이다. 소돔(왕:베라)·고모라(왕:비르사)·아드마(왕:시납)·스보임(왕:세메벨) 등과 연합하여 싯딤 골짜기에서 엘람 왕과 싸운 왕국(창세기 14:2, 14:8)이며, 롯이 두 딸과 피신한, 소돔 성과 가까운 작은 城이기도 하다(창세기 19:20). 그리고 모세가 비스가산에서 바라본 '약속의 땅' 끝(신명기 34:3)이기도 하다. 동시에 모압 인들이 여호와 하나님의 징벌을 받아 멸망할 때에 울며 도망친 곳이기도 하다(이사야 15:5, 예레미야 48:34).

황과 불을 비 같이 소돔과 고모라에 내리사 그 성들과 온 들과 성에 거하는 모든 백성과 땅에 난 것을 다 엎어 멸하시더라. 롯의 아내는 뒤를 돌아본 이유로 그 자리에서 소금 기둥이 되었더라.)

아브라함 : ⋯.

(아침에 일찍 일어나 여호와의 앞에 섰던 곳에 이르러 소돔과 고모라와 그 온 들을 향하여 눈을 들어 연기가 옹기점의 연기 같이 치밀음을 보더라. 그리고 하나님이 아브라함을 생각하사 롯을 살려내시었음도 알았다.)

*사족 : 아브라함을 만났던 하나님의 변신인 세 사람이 두 천사로 바뀌었다. 그런데 소돔에 나타난 이 두 천사는 "여호와께서 우리로 이곳을 멸하러 보내셨나니 우리가 멸하리라."라는 말을 했다. 그러고 보면 두 천사는 하나님이 아니라 하나님이 보낸 사자使者로 보인다. 하나님의 사자는 사람들의 눈을 어둡게 하기도 하고, 유황불로 두 성을 멸망시키는 능력을 지녔다. 그렇다면, 아브라함으로부터 대접을 받았던 세 사람도 하나님이 보낸 사자로 보아야 하는지 의심스럽고, 심판할 때에 의인에 대한 이야기를 아브라함과 길게 나눈 여호와 하나님은 사자들을 보냈으되, 동행하는 전능한 영이라고 말할 수밖에 없는 상황이 되었다.

[제2장2막]

(롯이 소알에 거하기를 두려워하여, 두 딸과 함께 소알에서 나와 산에 올라 두 딸과 함께 산다.)

큰 딸 : (작은 딸에게) 우리 아버지는 늙으셨고, 이 땅에는 세상의 도리를 좇아 우리의 배필 될 사람이 없으니, 우리가 우리 아버지에게 술을 마시게 하고 동침하여 우리 아버지로 말미암아 인종을 전하자.

큰 딸 : (그 밤에 그들이 아비에게 술을 마시게 하고, 큰 딸이 들어가서 그 아비와 동침하니 아비는 그 딸의 눕고 일어나는 것을 깨닫지 못하고, 이튿날에 큰 딸이 작은 딸에게) 어젯밤에는 내가 아버지와 동침하였으니, 오늘밤에는 네가 들어가 동침하여 인종을 전하자.

(이 밤에도 작은 딸이 아비와 동침하니 역시 아비는 그 딸의 눕고 일어나는 것을 깨닫지

못하였더라.)

(큰 딸은 아들을 낳아 이름을 '모압' 이라 하였으니 오늘날 모압 족속의 조상이요, 작은 딸도 아들을 낳아 이름을 '벤암미' 라 하였으니 오늘날 암몬족속의 조상이었더라.)

*사족 : 모압·암몬 족속의 조상이 아버지와 두 딸들 사이에서 태어났다는 것을 밝히고 있다.

[제3장1막]

(모세가 그 장인 미디안 제사장 이드로의 양 무리를 치더니, 그 무리를 광야 서편으로 인도하여 하나님의 산 호렙100)에 이르렀을 때, 떨기나무 불꽃 가운데서 여호와의 사자가 그에게 나타나시어, 그가 보니 떨기나무에 불이 붙었으나 사라지지 아니한다.)

모세 : (혼잣말로 중얼거리듯) 내가 돌이켜 가서 이 큰 광경을 보리라. 떨기나무가 어찌하여 타지 아니하는가?

하나님 : (여호와께서 그가 보려고 돌이켜 오는 것을 보신지라. 하나님이 떨기나무 가운데에서) 모세야, 모세야,

모세 : 제가 여기 있나이다.

---

100) 호렙 산
하나님이 모세와 엘리야에게 큰 임무를 주기 위해서 직간접으로 임하셨던 '하나님의 산' (출애굽기 3:1)이다. 곧, 하나님이 떨기나무의 불꽃으로 오시어 모세에게 애굽에서 가나안 땅으로 이스라엘 백성들을 인도하라는 큰 임무를 주신 산(출애굽기 제3장)이며, 모세를 통해서 반석에서 물이 나오게 했던 산(출애굽기 17:6)이고, 하나님이 이스라엘 백성들에게 하나님을 경외하게 함을 가르치기 위해서 십계명을 두 돌판에 새기어 주고, 온갖 규례와 법도를 주어 언약을 세우신 산(신명기 4:10~!4, 신명기 5:2, 신명기 29:1, 열왕기상 8:9, 역대하 5:10, 말라기 4:4)이다. 그러나 이스라엘 백성들이 우상을 숭배하여 하나님을 진노하게 했고(신명기 9:8, 시편 106:19), 하나님의 명령대로 그들의 몸에서 단장품을 제거했던(출애굽기 33:6), 미디안 광야 서편에 있는 산이다. 이스라엘 백성들이 오래 머물렀던 산으로(신명기 1:6), 이곳에서 '아모리 족속의 산지로 가고, 그 근지 곳곳으로 가고, 아라바와 산지와 평지와 남방과 해변과 가나안 족속의 땅과 레바논과 큰 강 유브라데까지 가라' 고 한 하나님의 명령대로 방향을 튼 산이기도 하다(신명기 1:7). 또한 엘리야가 40일 밤낮으로 걸어서 다다른 곳이며, 이곳에서 엘리야가 하나님이 주시는 임무를 받은 산이다(열왕기상 제19장). 그렇다면, 여호와 하나님이 강림하셨다(출애굽기 19:11)는 '시내산' 과 같은 산인가? 독자 여러분이 판단해 보시기 바란다.

하나님 : 이리로 가까이 오지 말라. 너의 선 곳은 거룩한 땅이니, 네 발에서 신을 벗으라. 나는 네 조상의 하나님이니, 아브라함의 하나님, 이삭의 하나님, 야곱의 하나님이니라.

하나님 : (모세가 하나님 뵈옵기를 두려워하여 얼굴을 가리자) 내가 애굽에 있는 내 백성의 고통을 정녕히 보고, 그들이 그 간역자로 인하여 부르짖음을 듣고, 그 우고憂苦를 알고, 내가 내려와서 그들을 애굽인의 손에서 건져내고, 그들을 그 땅에서 인도하여 아름답고 광대한 땅, 젖과 꿀이 흐르는 땅 곧 가나안 족속·헷 족속·아모리 족속·브리스 족속·히위 족속·여부스 족속의 지방에 이르려 하노라. 이제 이스라엘 자손의 부르짖음이 내게 달하고, 애굽 사람이 그들을 괴롭게 하는 학대도 내가 보았으니, 이제 내가 너를 바로에게 보내어 너로 내 백성 이스라엘 자손을 애굽에서 인도하여 내게 하리라.

모세 : 제가 누구관대 바로에게 가며, 이스라엘 자손을 애굽에서 인도하여 내리이까?

하나님 : 내가 정녕 너와 함께 있으리라. 네가 백성을 애굽에서 인도하여 낸 후에 너희가 이 산에서 하나님을 섬기리니, 이것이 내가 너를 보낸 증거니라.

모세 : 내가 이스라엘 자손에게 가서 이르기를, '너희 조상의 하나님이 나를 너희에게 보내셨다' 하면, 그들이 내게 묻기를 '그의 이름이 무엇이냐?' 하리니, 내가 무엇이라고 그들에게 말하리이까?

하나님 : 나는 스스로 있는 자니라. 너는 이스라엘 자손에게 이같이 이르기를, '스스로 있는 자가 나를 너희에게 보내셨다' 하라. 너는 이스라엘 자손에게 이같이 이르기를, '나를 너희에게 보내신 이는 너희 조상의 하나님 곧 아브라함의 하나님, 이삭의 하나님, 야곱의 하나님 여호와라 하라. 이는 나의 영원한 이름이요, 대대로 기억할

나의 표호니라. 너는 가서 이스라엘 장로들을 모으고, 그들에게 이르기를 여호와 너희 조상의 하나님 곧 아브라함과 이삭과 야곱의 하나님이 내게 나타나 이르시되, '내가 실로 너희를 권고하여 너희가 애굽에서 당한 일을 보았노라. 내가 말하였거니와 내가 너희를 애굽의 고난 중에서 인도하여 내어 젖과 꿀이 흐르는 땅 곧 가나안 족속·헷 족속·아모리 족속·브리스 족속·히위 족속·여부스 족속의 땅으로 올라가게 하리라' 하셨다 하면 그들이 네 말을 들으리니, 너는 그들의 장로들과 함께 애굽 왕에게 이르기를, '히브리 사람의 하나님 여호와께서 우리에게 임하셨은 즉 우리가 우리 하나님 여호와께 희생을 드리려 하오니 사흘길쯤 광야로 가기를 허락하소서' 하라. 내가 아노니 강한 손으로 치기 전에는 애굽 왕이 너희의 가기를 허락지 아니하다가 내가 내 손을 들어 애굽 중에 여러 가지 이적으로 그 나라를 친 후에야 그가 너희를 보내리라. 내가 애굽 사람으로 이 백성에게 은혜를 입히게 할지라. 너희가 갈 때에 빈손으로 가지 아니하리니, 여인마다 그 이웃 사람과 및 자기 집에 우거하는 자에게 은 패물과 금 패물과 의복을 구하여 너희 자녀를 꾸미라. 너희가 애굽 사람의 물품을 취하리라.

모세 : 그러나 그들이 나를 믿지 아니하며, 내 말을 듣지 아니하고, 이르기를 '여호와께서 네게 나타나지 아니하셨다' 하리이다.

하나님 : 네 손에 있는 것이 무엇이냐?

모세 : 지팡이이옵니다.

하나님 : 그것을 땅에 던지라.

하나님 : (모세가 지팡이를 땅에 던지니, 그것이 뱀이 된지라. 모세가 뱀 앞에서 피하자) 네 손을 내밀어 그 꼬리를 잡으라. (그가 손을 내밀어 잡으니, 그 손에서 지팡이가 된지라. 이는 그들로 그 조상의 하나님 곧 아브라함의 하나님, 이삭의 하나님,

야곱의 하나님 여호와가 네게 나타난 줄을 믿게 함이니라.) 네 손을 품에 넣으라.

하나님 : (모세가 손을 품에 넣었다가 내어보니 그 손에 문둥병이 발하여 눈 같이 희어진지라) 네 손을 다시 품에 넣으라.

하나님 : (그가 다시 손을 품에 넣었다가 내어보니 손이 여상하더라.) 그들이 너를 믿지 아니하며, 그 처음 이적의 표징을 받지 아니하여도 둘째 이적의 표징은 믿으리라. 그들이 이 두 이적을 믿지 아니하며 네 말을 듣지 아니하거든 너는 하수를 조금 취하였다가 육지에 부으라. 네가 취한 하수가 육지에서 피가 되리라.

모세 : 주여, 저는 본래 말에 능치 못한 자라서 주께서 주의 종에게 명하신 후에도 그러하니 저는 그저 입이 뻣뻣하고 혀가 둔한 자이옵니다.

하나님 : 누가 사람의 입을 지었느뇨? 누가 벙어리나 귀머거리나 눈 밝은 자나 소경이 되게 하였느뇨? 나 여호와가 아니뇨? 이제 가라. 내가 네 입과 함께 있어서 할 말을 가르치리라.

*사족 : 바로 이 대목이 있기 때문에 예수도 소경으로 태어난 사람을 가리켜 '하나님의 하시는 일을 나타내고자 하심이니라(요한복음 9:3)' 라고 말할 수 있었던 것 같다.

모세 : 주여, 보낼 만한 자를 보내소서.

하나님 : (모세를 향하여 노를 발하시고) 레위 사람 네 형 아론이 있지 아니하뇨? 그의 말 잘함을 내가 아노라. 그가 너를 만나러 나오나니 그가 너를 볼 때에 마음에 기뻐할 것이라. 너는 그에게 말하고 그 입에 말을 주라. 내가 네 입과 그의 입에 함께 있어서 너의 행할 일을 가르치리라. 그가 너를 대신하여 백성에게 말할 것이니, 그는 네 입을 대신할 것이요, 너는 그에게 하나님 같이 되리라. 너는 이 지팡이를 손에 잡고 이것으로 이적을 행할지니라.

*사족 : 여호와의 사자使者가 천사가 아닌 떨기나무 불꽃으로 오셨다. 그런데 하나님의 입장에서 모세와 대화를 나눈다. 그러니까, 사람의 모양이 아니지만 인간의 말을 하고, 하나님의 사자로서 왔지만 하나님으로서 말을 한다. 하나님의 사자가 바로 하나님인 것 같다는 생각이 든다. 그리고 히브리 사람의 하나님이라는 사실을 믿게 하기 위한 표징表 徵으로서 이적異蹟을 행해 보이는데, 하나님의 이런 방법이 모세에게 사용되었기 때문 에, 예수도 자신이 하나님의 아들임을 입증하기 위한 방법으로 여러 가지 이적을 행사 했던 것으로 보인다. 단적으로, "모세가 광야에서 뱀을 든 것같이 인자도 들려야 하리 니, 이는 저(예수)를 믿는 자마다 영생을 얻게 하려 하심이니라.(요한복음 3:14~15)"라는 예수의 이 말조차도 바로 모세에게 나타나신 하나님을 통해서 배운 것임을 알 수 있다.

[제3장2막]
(모세가 장인 이드로에게 돌아가서)

모세 : 내가 애굽에 있는 내 형제들에게로 돌아가서 그들이 생존하 였는지 보려하오니 나로 가게 하소서.

이드로 : 평안히 가라.

하나님 : (모세에게) 애굽으로 돌아가라. 네 생명을 찾던 자가 다 죽었 느니라.

(모세가 그 아내와 아들들을 나귀에 태우고 애굽으로 돌아가는데 하나님의 지팡이를 손 에 잡았더라.)

하나님 : 네가 애굽으로 돌아가거든 내가 네 손에 준 이적을 바로 앞에서 다 행하라. 그러나 내가 그의 마음을 강퍅케 한즉 그가 백성 을 놓지 아니하리니, 너는 바로에게 이르기를 '여호와의 말씀에 이 스라엘은 내 아들 내 장자라. 내가 네게 이르기를 '내 아들을 놓아 서 나를 섬기게 하라' 하여도 네가 놓기를 거절하면 '내가 네 아들 네 장자를 죽이리라' 하셨다 하라.

[제3장3막]
(여호와께서 길의 숙소에서 모세를 만나사 그를 죽이려하시는지라, 십보라가 차돌을 취하여 그 아들의 양피를 베어 모세의 발 앞에 던지며)

십보라 : 당신은 참으로 내게 피 남편이로다.
(이에 하나님이 모세를 놓으시니라. 이때에 십보라가 '피 남편'이라 함은 할례를 인함이었더라.)

하나님 : (아론에게 이르시되) 광야에 가서 모세를 맞으라.

그(아론)가 가서 하나님의 산에서 모세를 만나 그에게 입 맞추니, 모세가 여호와께서 자기에게 부탁하여 보내신 모든 말씀과, 여호와께서 자기에게 명하신 모든 이적을 아론에게 고하니라. 모세와 아론이 가서 이스라엘 자손의 모든 장로를 모으고, 아론이 여호와께서 모세에게 명하신 모든 말씀을 전하고, 백성 앞에서 이적을 행하니 백성이 믿으며, 여호와께서 이스라엘 자손을 돌아보시고, 그 고난을 감찰하셨다 함을 듣고, 머리 숙여 경배하였더라.

[문제] : 아브라함과 모세 시절에는 영이신 하나님이 필요하다면 언제든지 인간(→ 천사) 혹은 불꽃의 모습으로서 지상으로 내려오셔서 상대방인 인간의 말로써 대화를 나누셨다. 그 대화중에 음식을 먹기도 했고, 임무를 주시기도 했으며, 약속을 하시기도 했다. 그리고 당신이 진정한, 능력 있는 하나님이라는 것을 믿게 하기 위해서 각종 표적을 행사하시기도 했다. 뿐만 아니라, 죄악이 들끓는 지역에 대해서는 유황불로 멸망시키기도 했다.
그런데 요즈음에는 왜 지상으로 내려오지 않으시며, 인간과의 대화를 피하시며, 인간 세상에 온갖 죄악이 창궐해도 소돔 성처럼 심판

을 하지 않으시는지 모르겠다. 오로지 공의로써 심판하신다는 하나님께서 의인과 악인을 구분하지 않고 오래토록 방치하는지 모르겠다. 전권을 아들인 예수에게 맡긴 탓일까? 아니면, 하나님이 너무 피로하시기 때문일까? 아니면 예수의 죽음을 제물로 받았기에 일정 기간 동안 지켜보고 있는 것일까? 이도 저도 아니라고 생각한다. 그런 하나님이 존재하지 않기 때문이다. 그런 하나님을 인간이, 다시 말하면, 「창세기」와 「출애굽기」 등을 집필한 사람이 창조하였고, 그 후대 사람들이 그것들을 읽거나 들음으로써 그 하나님에 대해서 끊임없이 의미를 부여하는 작업을 통해서 업그레이드시켜 왔을 뿐이기 때문이다. 그 가운데 한 사람인 예수가 기존의 통념적인(대다수의 사람들이 생각하고 있는) 하나님을 새롭게 해석함으로써 하나님의 정체성을 상당 부분 크게 바꾸어 놓았다. 곧, 하나님 중심의 인간 세상이 아니라 인간 중심의 하나님 세계로서 말이다. 그 대가로 자신은 하나님의 아들이 스스로 되었지만 말이다. 그렇듯, 앞으로 전혀 새로운 하나님이 나올 수도 있으리라 본다. 하나님을 꿈꾸고 해석하는 사람들에 의해서 새롭게 창조될 수 있다는 뜻이다.

-2011. 08. 10.

아론과 모세의 특별한 죽음에 대하여

아론은 모세의 형으로서 초대 대제사장 신분이었고, 모세는 하나님의 부름과 명을 받들어 애굽 땅에서 이스라엘 백성들을 이끌고 가나안 땅(아름답고 광대한 땅으로 젖과 꿀이 흐르는 땅이다. 곧, 가나안 족속·헷 족속·아모리 족속·브리스 족속·히위 족속·여부스 족속 등의 지방(출애굽기 3:8)이며, 언약한 땅(출애굽기 6:4)으로 불리기도 함.)으로 가야하는 선지자 신분이었다. 이들이 백성을 이끌고 신 광야에 있을 때(출애굽기에서는 "여호와의 명령대로 신 광야에서 떠나 그 노정대로 행하여 르비딤에 장막을 쳤을 때(17:1)"라고 기록되어 있지만)에 이스라엘 백성 가운데 일부가 하나님 말씀을 거역(민수기 20:24, 민수기 27:14)하고, 하나님이란 존재 자체를 의심하고, 시험(신명기 6:16)하는 불신不信을 저질렀기에(민수기 20:12) 하나님은 아론과 모세를 제명대로 살게 놓아두지를 않고 엄명嚴命에 죽게 함으로써 가나안 땅으로 들어가지 못하게 했다. 참으로 어처구니없는 하나님의 벌을 받은 것이다. 그것도 모세와 아론이 하나님을 불신한 것도 아닌데 지휘책임을 물은 것일까? 아니면, 백성들을 살리기 위해서 그 두 사람을 제물로서 죽인 것일까? 경전에는 그에 대한 구체적인 언급이 없고, 모호하면서 유사한 언급만이 되풀이 되고 있기 때문에 그에 대한 정확한 판단을 내리기가 쉽지 않다.

모세가 아바림 산((민수기 27:12) 아바림 산=느보 산=비스가 산(신명기 3:27, 신명기 34:1))에 올라가 하나님이 이스라엘 자손에게 준 땅을 바라보고 난 다음, 아론처럼 죽어야 하는 이유를 하나님이 그에게 직접 설명하기를, "신 광야에서 회중이 분쟁할 제 너희가 내 명을 거역하고, 그 물 가에서 나의 거룩함을 그들의 목전에 나타내지 아니하였음이니라(민수기 27:14)." 했다. 하지만 하나님의 어떤 명을 누가 어떻게 왜 거역했는지에 대해서는 구체적인 언급이 없다. 게다가, 같은 상황을 설명하고 있는 「신명기」에서는 "너희가 신 광야 가데스의 므리바 물 가에서 이스라엘 자손 중 내게 범죄하여 나의 거룩함을 이스라엘 자손 중에서 나타내지 아니한 연고라(신명기 32:51)."고 하나님이 모세에게 직접 했다는 말이 기록되어 있다. 여기에서도 이스라엘 자손중 누군가가 죄를 범했다는 것과 하나님의 거룩함을 나타내지 않았다는 이유가 언급되었을 뿐 그 죄의 내용과 그 죄를 지은 이가 누구인지는 구체적으로 언급하지 않고 있다.

　　"아론은 그 열조에게로 돌아가고, 내가 이스라엘 자손에게 준 땅에
　　는 들어가지 못하리니, 이는 너희가 므리바 물에서 내 말을 거역한 연
　　고니라. 너는 아론과 그 아들 엘르아살을 데리고 호르 산에 올라, 아론
　　의 옷을 벗겨, 그 아들 엘르아살에게 입히라. 아론은 거기서 죽어 그
　　열조에게로 돌아가리라(민수기 20:24~26)."

모세와 아론이 백성들을 이끌고 호르 산에 당도했을 때에 하나님이 모세와 아론에게 직접 하신 말이다. 여기에서도 아론이 죽어야

하는 이유를 '므리바 물에서 하나님 말을 거역했다'고 밝히고는 있지만 하나님의 무슨 말을 누가 어떻게 왜 거역했는지에 대해서는 언급이 없다. 막연히 '너희'라는 말만이 사용되고 있을 뿐이다. 하나님이 말하는 '너희'가 모세와 아론이란 말인가? 그렇지는 않을 것이다. 왜냐하면, 모세는 애굽 땅에서부터 하나님의 권능과 위엄과 기적과 이적 등을 직접 확인했던 사람이고, 하나님을 유일하게 직접 대면한 사람이지 않던가. 그리고 '이스라엘 자손 중'이란 말이 쓰인 것으로 보면 그들이 이끄는 무리 가운데 어떤 사람일 것이라는 추론이 가능하기 때문이다.

어쨌든, '므리바의 물' 사건으로 하나님은 화가 크게 나신 모양이다. 스스로 존재한다(출애굽기 3:14)는 자신의 정체성을 백성들로부터 의심받다니, 그것도 애굽의 노예 신분에서 해방시켜 주고자 하는 자신의 은총을 모르고 불신하다니, 하나님으로서는 실로 진노할 일이 생겼음에는 틀림없다. 그렇다고 지휘자들인 모세와 아론을 죽인다는 것은 이해하기 어려운 일이다.

혹시, 모세와 아론에게 지휘책임을 물어서 그 후대인들에게, 더 구체적으로 말해, 모세의 후계자인 '여호수아'와 아론의 후계자인 '엘르아살'에게 경각심을 심어주기 위해서였을까? 아니면, 하나님의 권위와 능력을 보여줌으로써 백성들로부터 신뢰를 회복하기 위함일까? 아니면, 자신의 분노를 녹여내기 위한 궁여지책으로서 그들을 희생양[祭物]로 선택하신 것일까? 이에 대한 정확한 답을 구하기 위해서는 하나님의 속성을 먼저 이해할 필요가 있다고 본다. 곧, 하나님은 창조주로서 유일할 뿐만 아니라 인간을 지극히 사랑하지만 백성들이 다른 신을 섬기거나 자신을 불신하는 행위만큼은 용납하지 않는다. 그리고 백성들이 자신을 믿고 존숭하여 경배 드리기를 원하는, 아니, 백성들의 믿음과 섬김 받기를 좋아하는 하나님이기도 하다. 그래서 규례를 주어서 온갖 제사를 지내게 하고, 그에 따라 제물 바치기를 원하는 하나님이다. 심지어는, 자신에 대한 믿음의 유무와 정도를 시험하기를 참 좋아하는, 의심이 많은 하나님이다. 그 단적인 예로 아브라함의 믿음을 확인하기 위해서 그의 외아들을 번제물로 바치라 요구했었고, 백성들을 구원하기 위해서 자신의 외아들인 예수를 십자가에 못 박혀 죽게 하기도 한 하나님이니까 말이다. 이런 맥락에서 본다면, 아론과 모세의 죽음도 자신의 진노를 스스로 풀고, 백성들을 목적지까지 이끌기 위해서, 다시 말해, 애초의 목적인 '가나안 땅으로의 이스라엘 백성 인도'라는 대의大義 성취를 위해서 그들의 죽음을 요구했는지도 모를 일이다.

분명한 것은, 오로지, '므리바의 물' 사건으로 하나님의 벌[言命]을 받아 두 지도자가 죽었는데, 그들에 대한 애도기간이 30일씩 주어졌고, 아론은 123세에 호르 산 정상에서, 모세는 120세에 모압 땅에서 각각 죽었다는 사실이다. 그것도 자연사自然死도 아니고, 사고사事故死도 아닌, 오로지 하나님의 엄명嚴命에 의해서 죽었던 것이다. 다시 말해, 하나님의 계획[각본]대로 다 부려먹고, 때가 되어 용도 폐기된 물건처럼 그들은 그럴싸한 이유에서 죽어야만 했던 것이다.

-2010. 01. 19.

656

하나님께 제물로 드린 예수의 죽음

-아브라함의 번제물인 외아들 이삭에서
하나님의 화목제물인 외아들 예수까지

예수의 죽음을 놓고, 하나님께 드린 화목제和睦祭101) 제물祭物로 생각하거나, 소나 양·염소처럼 제물로써 희생되었기 때문에 인류를 구원해 줄 수 있었다는 말들을 하는데, 아니, 경전에 그렇게 기술되어 있는데, 이를 어떻게 받아들여야 할지 모르겠다. 어쩌면, 황당하게 생각하는 쪽은 필자처럼 경전 내용에 대하여 온전히 모르는 사람들일 것이고, 경전에 기술된 여호와 하나님의 정체성[본질]을 충분히 이해하고 있는 사람들은 그것을 조금도 이상하게 생각지 않을 것이다.

---

101) 화목제(和睦祭:fellowship offerings)
하나님 이름을 기념하는 여러 제사 가운데 하나로서, 흙으로 쌓은 단위에 흠이 없는(레위기 3:1, 3:6) 소나 양을 제물로 드리는 제사인데(출애굽기 20:24, 24:5, 29:28) 제물의 일부는 태우고, 일부는 먹고(출애굽기 32:6), 즐거워하는 제사이다(신명기 27:7, 사무엘상 11:15). 이 화목제를 드리는 목적은 죄사함을 받고(레위기 4:26, 4:31, 4:35), 감사드리기 위함이기도 하지만(레위기 7:15, 역대하 30:22), 근원적으로는 하나님과 인간 사이에 친목을 도모하기 위함이다(요한1서 4:10). 그 구체적인 절차와 방법은, 하나님이 시내산에서 모세에게 준 규례 가운데 하나로서 기술되어 있지만 다소 복잡하다. 그 구체적인 내용은 출애굽기 제29장과 레위기 제7장에 언급되어 있다.

여호와 하나님은 일정한 절차와 방식에 의한 제사祭祀를 통해서 제물 받기를 참 좋아하셨다. 아담과 하와의 아들들인 가인과 아벨로부터(창세기 4:3~4) 제사가 시작되었는데, 그 후에 하나님은 모세에게 직접 준 규례에서 별의별 제사가 있음을(번제燔祭·화제火祭·소제素祭·속죄제贖罪祭·속건제贖愆祭·위임제委任祭·화목제和睦祭·감사제感謝祭·요제搖祭·전제奠祭·거제擧祭·관제灌祭·서원제誓願祭·낙헌제樂獻祭 등) 알렸고, 부분적이지만 그 진행절차와 방법까지도 비교적 상세하게 언급하였으며, 구약시대에는 이런저런 제사들을 수없이 받았다. 뿐만 아니라, 그 결과에 따라서 하나님은 인간에게 현실적인 복福, 그러니까, 장수·재물·땅·종족번창·전쟁 등으로부터 목숨 구원 등을 주셨는데 이것들이 그 증거인 셈이다.

그렇다면, 하나님은 다른 신들에 대한 제사는 일체 용납하지 않으면서 왜 자신만의 제사를 원하신 것이었을까? 그에 대한 답을 경전 안에서 굳이 찾는다면, 하나님의 정체성에 대해서 스스로 말한, "나 여호와 너의 하나님은, 질투하는 하나님인즉 나를 미워하는 자의 죄를 갚되 아비로부터 아들에게로 삼사 대까지 이르게 하거니와, 나를 사랑하고 내 계명을 지키는 자에게는 천대까지 은혜를 베푸느니라(출애굽기 20:5~6)"는 구절을 들 수 있다. 이를 좀 더 폭넓게 해석하자면, ①인간이 하나님을 믿고, ②기억·기념하여 감사하고, ③소원하는 바를 간구하고[祈禱], ④잘못을 뉘우치며 빌고[悔改·贖罪], ⑤하나님의 뜻이나 명령을 이행하며 살기[계명·율례·규례·준수]를 원하시는 창조주인 하나님과 피조물인 인간과의 관계로서, 제사를 그 증표로 삼았다는 뜻일 것이다. 심지어, 하나님은 자신에 대한 인간의 믿음을 확인하고 시험하기 위한 방편으로써 제사祭祀 받기를 원하셨고, 또한 제사를 받아야 만이 하나님의 분노가 상쇄되었고 기쁨 또한 배가되었던 것이다. 충성스런 아브라함에게 외아들을 번제(燔祭:제물을 불에 태워 향기로써 하나님께 드리는 제사)로 올리라는 요구를 한 사례가 상징적으로 잘 말해준다.

다시 그렇다면, 하나님은 왜 인간과의 관계에서 꼭 제사를 통해서만이 자신의 존재에 대한 믿음을 확인했으며, 그 믿음에 따라 상벌을 그때그때에 주었는가? 그것은, 제사를 지내려면 물질과 시간과 정성을 기울여야 하기 때문에 그 자체로서 믿음에 대한 판단 척도가 될 수 있다는 현실적인 이유가 깔려 있다고 본다. 또한, 모세가 이끈 이스라엘 백성이 다신교多神敎 신앙체제인 고대 이집트로부터 나왔고, 그 후에도 이스라엘 백성을 에워싸고 있는 주변 나라들과 종족들이 또한 다신교 신앙을 믿었으며, 그들 모두가 신들에게 제물을 바치는 의식儀式을 행했던 배경 탓도 있을 것이다. 뿐만 아니라, 그 제사를 통해서 하나님을 중심으로 백성들을 결속시킬 수 있었던 지도자 입장에서의 목적도 전제되었을 것이다. 물론, 더 근원적으로는, 약자인 인간이, 보이지 않는 강자인 신들에게 본능적이면서 자연발생적으로 보여주는 의지·청탁·감사 행위로도 해석할 수 있을 것이다.

이러한 배경과 이유와 목적 등이 있었기 때문에 유일신조차도 다신교 신앙에서처럼 자연스럽게 제사를 요구했고, 받아들였던 것으로 보인다. 이를 뒷받침해 주는 방증이 있으니, 그것은 다름 아닌 십계명 가운데에 신에 대한 인간의 의무사항으로 기록된 앞의 네 가지 조항들이다. 곧, ①너는 나 외에 다른 신을 섬기지 말지니라 ② 너를 위하여 새긴 우상을 만들지 말고, 또 위로 하늘에 있는 것이나, 아래로 땅에 있는 것이나, 땅 아래 물속에 있는 것의 아무 형상이든지 만들지 말며, 그것들에게 절하지 말며, 그것들을 섬기지 말라 ③너는 너의 하나님 여호와의 이름을 망령되이 일컫지 말라 ④안식일을 기억하여 거룩히 지키라 등이 그것이다. 이들 계명을 보면, 유일신인 여호와 하나님조차도 인간 세상에 다른 신들이 있다는 것을 전제하고 있으며, 그것들에 대한 경배방식 등이 의식된[지각된] 결과로 보인다. 간단히 말해, 모세 입장에서 보면, 이스라엘이 처한 현실인식에서 나온 계명이라는 뜻이다.

만약에, 하나님에 대한 제사가 모세의 현실인식에서 나온 것이 아니고, 하나님의 변하지 않는 정체성에서 나온 본질적인 것이라 한다면, 오늘날은 왜 그것들이 사라졌거나 경시되고 있으며, 남아있다 해도 크게 변형·변질되어 있는가? 유대교에서는 아직까지도 그 풍습이 남아있지만, 예수교(천주교와 기독교 등)에서는 크게 변형·변질되어 있는 상태이다. {일정한 절차와 방식으로 개선·고착되어 있는, 오늘날의 예배 (禮拜:예의를 갖추어 숭배하는 의식)도 하나님께 드리는 제사로 볼 수 있다.} 그렇다면, 제사의 구체적인 방식까지 규례로서 직접 주시고, 그대로 실천하기를 요구하신, 까다로운 하나님께서 오늘날은 왜 수수방관·묵인하시는 것일까? 이에 대해서 분명하게 대답해야 할 줄로 믿는다.(이에 대한 글은 「하나님에 대한 제사가 갑자기 중지된 이유」를 참고하기 바람.)

어쨌든, 여호와 하나님은 구약시대에 제사를 통한 제물 받기를 좋아하셨고, 또한 그것을 통해서 자신의 분노를 삭이셨고, 그에 따라서 상벌까지도 내리셨다. 마치, 인간 세상을 직접 통치하듯이 말이다. 제사를 통한 하나님과 인간과의 그런 밀접한 관계가 있었기 때문에 후대後代의 사람들조차 예수의 죽음을 놓고 하나님께 드리는 화목제和睦祭 제물로 인식했던 것이 아닌가 싶다.

바울은, 예수의 죽음을 하나님과 예수 두 시각에서 바라보았는데, 먼저 하나님 시각에서는 '하나님이 예수를 믿음의 증표로서 화목제 제물로 내세웠다(로마서 3:25)'했고, 예수 시각에서는 '예수 자신이 인간들을 위해서 향기로운 제물과 생축(牲畜:제물로 희생시키는 가축)으로써 하나님께 드렸다(에베소서 5:2)'고 했다. 그런가 하면, 사도 요한은 '온 세상의 죄를 위하여 화목 제물이 되었다(요한1서 2:2)'고 말했다.

이들이 이런 황당한 판단을 내리기까지에는 유대교 경전인 구약에 나타난 하나님 정체성, 곧 ①제사 받기를 좋아하고 ②질투·응징하시고 ③의義·인자仁慈·관용寬容·인내忍耐하는 등의 속성이 각인되다시피 되었기 때문일 것이다. 예수가 자신을 화목제 제물로 하나님께 바쳤든, 하나님이 고육지책으로 외아들인 예수를 제물로 삼아 인간 세상으로 내려 보내 죽게 함으로써 스스로 제사를 받았든, 상관없이, 제사를 받았다는 이유에서 하나님이 인류의 죄를 면해주어 멸망시키지 않았다(로마서 5:10)고 보는 시각과 판단이 무섭기까지 하다.

바울과 요한의 머릿속에 그런 무시무시한 생각이 깃들어 있는 데에는, ①아브라함의 믿음을 시험하기 위해서 하나님이 그에게 외아들을 번제물로 바치라 했던 사건과, ②이방인의 신에게 절하고, 이방인의 여자들과 음행한 죄로 하나님이 이스라엘 백성들을 염병으로써 죽게 하고, 그 이방인들을 모조리 살육으로써 응징한 사건 등이 크게 작용했다고 본다. 물론, 꼭 이 두 사건만은 아니겠지만, 이들 사건에 하나님의 정체성이 짙게 드러나 있어 크게 영향을 받았으리라는 판단이다. 해당 내용을 이해하게 되면 나의 판단이 크게 틀리지 않았음에 동감·동의해 주리라 믿으면서 그것들을 소개한다.

아래 내용은, 창세기 제22장 그대로이다. 충직한 믿음을 가진 아브라함조차 하나님은 시험하셨는데, 그 시험의 방법이 참으로 놀라운 것이었다. 하나뿐인 아들[102]을 번제물로 요구했기 때문이다. 물론, 동물이 아니라 산 사람을 제물로 신에게 바쳤던 고대 종족들도 없지 않았지만 놀라운 일이 아닐 수 없다. 그나마, 다행스러운 것은 아브라함이 하나님께서 요구하는 대로 지정된 곳으로 가서 아들을 번제물로 바쳐 제사를 지내려 하지만 갑자기 나타난 여호와의 사자使者가 중지시켰다는 사실이다. 아무리 하나님에 대한 믿음을 시험하는 방편으로써 착안된 일이라고는 하지만 한번쯤 생각해 보아야 할 일임에 틀림없다. 더욱이, 재확인된 아브라함의 믿음에 대한 보상으로써 하나님이 그에게 주는 복의 내용을 상기한다면 더욱 그러하다.

[제1장1막]

하나님 : (아브라함을 시험하시려고 그를 부르시는데) 아브라함아,

아브라함 : 제가 여기 있나이다.

여호와 : 네 아들 네 사랑하는 독자獨子 이삭을 데리고 모리아 땅으로 가서, 내가 네게 지시하는 한 산山 거기서 그를 번제燔祭로 드리라.

---

102) 예수교 경전인 '성경' 안에서는, 외아들이라는 뜻을 지닌 용어 곧 ①외아들(2회) ②독자(7회) ③독생자(5회) 등의 말이 적지 않게 사용되었는데, 그것은 하나이기 때문에 '매우 귀하다' 라는 보편적인 의미(창세기 22:12, 22:16, 예레미야 6:26, 아모스 8:10, 스가랴 12:10, 요한복음 3:16, 히브리서 11:17, 요한1서 4:9)를 지닌다.
실제로 경전 가운데에서 외아들로서 기록된 인물로는, ①이삭 ②솔로몬 ③나인성에 살았던 과부의 죽은 아들 ④귀신들린 병자로서 예수가 살리신 아이 ⑤하나님의 외아들 예수 등이 있다.
이삭은 아브라함이 100살 때에 아내 사라를 통해서 낳은 아들이면서 번제물로 바치라는 하나님의 요구가 있었지만 후에 하나님의 복을 받은 사람이고(창세기 21:5, 25:11, 히브리서 11:17), 솔로몬은 다윗과 밧세바 사이에서 나온, 잠언을 집필했으며 다윗 왕을 이은 이스라엘의 지혜로운 왕이다(잠언 4:3). 단, 그는 아버지 다윗의 외아들이 아니라 어머니의 외아들이다. 그리고 나인 성에 살고 있는 과부의 외아들은 청년으로 죽었지만 예수가 살려 주신 이다(누가복음 7:12). 그리고 귀신 들린 병자 아이는 예수께서 베드로와 요한과 야고보를 데리고 기도하러 산에 올라갔다가 이튿날 내려온 뒤 무리들 가운데에서 귀신들린 병(부르짖고, 경련을 일으키고, 거품을 흘리며, 몸을 상하게 하는 병)을 낫게 해달라고 간청한 사람의 어린 아이다(누가복음 9:38). 그리고 하나님의 독생자 예수(요한복음 3:16, 3:18, 요한1서 4:9)가 있다.

*사족 : 여호와 하나님이 아브라함에게 아들을 번제로 '드리라' 한 것보다 '올리라' 했어야 옳다.

아브라함 : (아브라함이 아침에 일찍 일어나 나귀에 안장을 지우고, 두 사환과 그 아들 이삭을 데리고 번제에 쓸 나무를 쪼개어 가지고 떠나 하나님의 지시한 곳으로 가더니, 제 삼일에 아브라함이 눈을 들어 그곳을 멀리 바라보고 나서, 사환에게) 너희는 나귀와 함께 여기서 기다리라. 내가 아이와 함께 저기 가서 경배 드리고 너희에게로 돌아오리라.

이삭 : (아브라함이 번제에 쓸 나무를 취하여 그 아들 이삭에게 지우고, 자기는 불과 칼을 손에 들고서 두 사람이 동행할 때에) 아버지여,

아브라함 : 아들아, 내가 여기 있노라.

이삭 : 불과 나무는 있거니와 번제할 어린 양¥은 어디 있나이까?

아브라함 : 아들아, 번제할 어린 양은 하나님이 자기를 위하여 친히 준비하시리라.

[제1장2막]

여호와의 사자使者 : (하나님이 지시하신 곳에 이르러 아브라함이 그곳에 단壇을 쌓고 나무를 벌여놓고, 아들 이삭을 결박하여 단 나무 위에 놓고, 손을 내밀어 칼을 잡고, 그 아들을 잡으려 하자, 하늘에서부터 그를 부르는데) 아브라함아, 아브라함아,

아브라함 : 제가 여기 있나이다.

여호와의 사자: 그 아이에게 네 손을 대지 말라. 아무 일도 그에게 하지 말라. 네가 네 아들 네 독자라도 내게 아끼지 아니하였으니, 내가 이제야 네가 하나님을 경외하는 줄을 아노라.
(아브라함이 눈을 들어 살펴본즉 수양 한 마리가 뒤에 있는데, 뿔이 수풀에 걸렸는지라,

아브라함이 그 양을 가져다가 아들을 대신하여 번제로 드리고, 그 땅 이름을 '여호와이레' 라 하였으므로, 오늘까지 사람들이 이르기를 '여호와의 산에서 준비되리라' 하더라.)

여호와의 사자 : (하늘에서부터 두 번째로 아브라함을 불러 대신 전하기를) 여호와께서 이르시기를 '내가 나를 가리켜 맹세하노니, 네가 이같이 행하여 네 아들 네 독자를 아끼지 아니하였은즉 내가 네게 큰 복을 주고, 네 씨로 그게 성盛하여 하늘의 별과 같고 바닷가의 모래와 같게 하리니, 네 씨가 그 대적對敵의 문門을 얻으리라. 또 네 씨로 말미암아 천하 만민이 복을 얻으리니, 이는 네가 나의 말을 준행하였음이니라.' 하셨다.

(아브라함은 자기 사환에게로 돌아와서 함께 떠나 브엘세바에 이르러 거기 거하였고, 이 일 후에 혹자가 아브라함에게 고하여 이르기를 '밀가가 그대의 동생 나홀에게 자녀를 낳았다' 하였더라. 그 맏아들은 우스요, 우스의 동생은 부스와 아람의 아비 그무엘과 게셋과 하소와 빌다스와 이들랍과 브두엘이라. 이 여덟 사람은 아브라함의 동생 나홀의 처妻 밀가의 소생이며, 브두엘은 리브가를 낳았고, 나홀의 첩妾 르우마라 하는 자도 데바와 가함과 다하스와 마아가를 낳았더라.)

아래 내용은 민수기 제25장으로, 이방인의 신에게 절하고, 음행한 벌로써 ①이스라엘 백성들에게 염병이 돌게 하여 이만 사천 명을 죽게 하고, ②그들을 유혹한 이방인들을 방화·약탈·살육으로써 응징하게 하였으며(이에 대해서는 다른 글 「'발람'에 대한 오해」에서 소개됨으로 여기서는 생략함), ③음행자의 표본을 잔인하게 창으로써 죽인 사람의 행위에 대하여 각별한 의미를 부여하면서 그에게 큰 상을 내리고, 또한 그럼으로써 진노가 가신다는 하나님의 정체성을 확인시켜 줄 것이다.

[제2장1막]

(이스라엘이 싯딤에 머물러 있더니, 그 백성이 모압 여자들과 음행淫行하기를 시작하니라. 그 여자들이 그 신神들에게 제사할 때에 백성을 청하매 백성이 먹고 그들의 신들에게 절하므로 이스라엘이 바알브올에게 부속된지라. 여호와께서 이스라엘에게 진노震怒하시니라.)

여호와 : (모세에게) 백성의 두령頭領들을 잡아 태양을 향하여 여호와 앞에 목매어 달라. 그리하면 여호와의 진노가 이스라엘을 떠나리라.

모세 : (이스라엘 사사士師들에게) 너희는 각기 관할하는 자 중에 바알브올에게 부속附屬한 사람들을 죽이라.

(이스라엘 자손의 온 회중會衆이 회막문會幕門에서 울 때에 이스라엘 자손 한 사람이 모세와 온 회중의 목전에 미디안의 한 여인을 데리고 그 형제에게로 온지라. 제사장 아론의 손자 엘르아살의 아들 비느하스가 보고 회중의 가운데서 일어나 손에 창槍을 들고 그 이스라엘 남자를 따라 그의 막幕에 들어가서 이스라엘 남자와 그 여인의 배를 꿰뚫어서 두 사람을 죽이니 염병染病이 이스라엘 자손에게서 그쳤더라. 그 염병으로 죽은 자가 이만 사천 명이었더라.)

여호와 : (모세에게) 제사장 아론의 손자 엘르아살의 아들 비느하스가 나의 질투심으로 질투하여 이스라엘 자손 중에서 나의 노怒를 돌이켜서 나의 질투심으로 그들을 진멸殄滅하지 않게 하였도다. 그러므로 말하라. 내가 그에게 나의 평화의 언약을 주리니, 그와 그 후손에게 영원한 제사장 직분의 언약이라. 그가 그 하나님을 위하여 질투하여 이스라엘 자손을 속죄贖罪하였음이니라. 죽임을 당한 이스라엘 남자 곧 미디안 여인과 함께 죽임을 당한 자의 이름은 시므리니 살루의 아들이요, 시므온인의 종족宗族 중 한 족장이며, 죽임을 당한 미디안 여인의 이름은 고스비니 수르의 딸이라. 수르는 미디안 백성 한 종족의 두령이었더라. 미디안인들을 박해하며 그들을 치라. 이는

그들이 궤계詭計로 너희를 박해하되 브올의 일과 미디안 족장의 딸 곧 브올의 일로 염병이 일어난 날에 죽임을 당한 그들의 자매 고스비의 사건으로 너희를 유혹하였음이니라.

이처럼 모세 시기에는 하나님이 직접 인간세상을 통치하듯 직·간접으로 모세에게 지시·명령하시되, 아주 구체적인 임무를 주어 수행하도록 했으며, 심지어는 백성들에게 땅을 나누어주도록 그 방법과 내용을 설명하셨고, 자신을 위해서 갖가지 제사를 지내도록 구체적인 안내까지 하기도 했다(민수기 제27, 제28장 참조).

요는, 예수를 비롯하여 그의 제자들까지 모세의 하나님을, 다시 말해, 제사 받기를 원하고 상벌을 내리시는 하나님의 정체성을 너무나 잘 알고 있었기 때문에 예수의 죽음을 화목제물로 인식했던 것이고, 아브라함의 외아들이 있었기 때문에 하나님의 외아들까지 나올 수 있었다는 사실이다.

이를 뒤집어서 말하면, 신약에서 이루어진 중요한 사건들은 이미 구약에서 이루어진 사건들의 재탕再湯 아니면 그것들의 변형에 지나지 않는데 ─이에 대한 예들은 다른 글 「예수는 어떤 책을 읽었을까」를 참고하기 바람. ─ 이것이 무엇을 말해주는 것일까?

모세의 세계관이 구약에 담겨 있고 유대교의 근간이 되었다 한다면, 예수의 세계관은 신약에 담겨 있고 예수교의 근간이 되었다 할 것이다.

그렇듯, 율법이란 형식에 매이어 사는 오랜 전통이 모세의 세계관으로서 '신神 중심의 인간 세상'이라 한다면, 진정으로 하나님을 사랑하고 인간을 사랑하라는 본질은 예수의 세계관으로서 '인간 중심의 신의 세계'라고 말할 수 있다.

유대교와 예수교는 바로 이런 관계이기 때문에 예수교는 유대교에서 태동되었지만 둘이 하나가 될 수 없는 것이고, 구약과 신약이 한 데 묶일 수 없는 것이다. 바꾸어 말하면, 모세의 하나님을 예수가 믿었으되 일정 부분은 재해석하여 그 본질을 바꾸어 놓았는데, 그것이 가능했던 것은, 기록이 다른 기록을 낳고, 다른 기록은 또 다른 기록을 낳아 오는 과정에서 변화·발전할 수 있었기 때문으로 보인다.

-2011. 08. 25.

하나님에 대한 제사가
갑자기 중지된 이유

하나님은 믿음의 증표로서 백성들로부터 일정한 절차와 방식으로 제사 받기를 원하셨다. 그래서 직접 관련 규례를 모세에게 주었다. 그리하여 모세로부터 예수가 출현하기까지, 좀 더 정확히 말하면, 예수가 승천하고 난 뒤 그에 대한 재해석이 이루어지기까지는 제사 장과 대제사장이란 직분을 두어 온갖 제사를 드렸다. 물론, 지금도 유대교에서는 하나님께 제사 지내는 전통이 남아 있다.

그런데 어찌된 영문인지, 예수를 '하나님의 아들' 내지는 '하나님'으로 믿는 오늘날의 예수교도들은 하나님이 직접 준 규례대로 제사를 지내지 않는다. 왜 그럴까? 제사를 지내보았지만 하나님과의 관계에서 언약이 이행되지 않는다는 사실을 오랜 경험에서 깨달았기 때문일까? 바꿔 말해, 아무리 제사를 지내도 모세와의 언약에서처럼 하나님과 백성들 사이에 신뢰와 그에 따른 하나님의 은혜[報償]가 베풀어지지 않기 때문일까? 그렇다. 규례로부터 비롯된 오랜 전통에 매이어 제사 지내는 사람들의 머릿속에서는 언제부턴가 그것이 한낱 하나님을 섬기는 형식적인 일에 지나지 않았을 것이다.

어쩌면, 할례를 받아야 하나님의 백성이 된다고 기록된 대로 믿고, 규례를 지키어 대대로 할례를 받고 시행했지만 그것을 무시한 사람들과 크게 다르지 않다는 것을, 아니 오히려 더 못할 수 있다는 것을 깨달은 것과 무관하지 않을 것이다.

그저 습관적으로 되풀이되는 제사·할례처럼 하나님의 언약을 지켰지만 하나님의 진정한 뜻을 이해하지 못하고, 가르침대로 살지 못하는 현실이 되어버렸던 것이다. 그래서 많은 선지자들이 '겉도는' 이스라엘 백성들을 비판하고, 하나님의 진정한 뜻 깨닫기를 촉구했지만, 근원적으로 변하지는 않았다. 바로, 그 과정에서 예수도 하나님이 모세에게 주었다는 계명과 율법과 규례를 모두 탐독하고, 먼저 온 선지자들이 남긴 글들을 심독하고, 나름대로 하나님을 이해하고 재해석한 것이다. 그렇기 때문에 그는 유대교의 율법사·제사장·대제사장·장로 등의 신분을 가진 사람들의 생각과 크게 다른 가르침을 폈고, 그들의 눈에 반反하는 행동을 했던 것이다. 예컨대, 빵을 먹을 때에도 손을 씻지 않고(마태복음 15:2), 안식일에도 일을 하고(마태복음 12:2, 12:10 외) 과부·병자·가난한 사람들을 만나 설교하는 등 습관처럼 굳어진 규례를 무시하였다. 게다가, "마음을 다하고 지혜를 다하고 힘을 다하여 하나님을 사랑할 것과, 또 이웃을 제 몸과 같이 사랑하는 것이, 전체로 드리는 모든 번제물과 기타 제물보다 낫다(마가복음 12:33)"고 가르쳤고, "예물을 제단에 드리다가, 거기서 네 형제에게 원망들을 만한 일이 있는 줄 생각나거든, 예물을 제단 앞에 두고, 먼저 가서 형제와 화목하고, 그 후에 와서 예물을 드리라(마태복음 5:23~24)."고 가르쳤다.

예수의 이런 행동과 가르침은, 유대교인들에게는 아주 낯설고 충격적이었을 것이다. 물론, 예수 입장에서는, 하나님을 섬긴다는 그들의 언행이 오히려 빈껍데기에 지나지 않았을 것이며, 그들의 위선을 목도할 때마다 가증스럽기까지 했을 것이다. 그래서 예수는 하나님을 위한 물질적인 제사[헌물·헌금]를 지내는 형식보다도 하나님에 대한 진정한 이해와 사랑, 그리고 인간들끼리의 사랑이 우선되어야 함을 그 무엇보다 강조했던 것이리라. '십일조를 내면서도 더 중요한 의義·인仁·신信을 저버렸다'고 바리새인들을 질책했던 것(마태복음 23:23, 누가복음 11:42)도 그 한 예라고 생각한다. 그렇다고, 예수가 헌금을 부정한 것도 아니고(누가복음 21:1~4), 십일조[103]를 부정한 것도 아니었으며(마태복음 23:23, 누가복음 11:42), 하나님과 백성들 간의 언약인 계명과 율법을 무시한 것도 아니며, 오히려 지켜야 한다고 말했다(마태복음 5:18, 누가복음 16:17). 다만, 그 형식에 매이거나 집착하기만 할 뿐 사랑의 실천이라는 알맹이 없는 위선을 비판·경계하였던 것이다.

그런데 제사는 왜 없어졌을까? 형식보다 본질을 우선시하는 예수의 가르침이 훗날 제사를 경시하게 되는 빌미를 제공해 주었을 가능성은 높지만 그의 가르침 때문만은 아니라고 생각한다. 예수 자신은 태어나서부터 죽기까지 율법을 준수한 사람(누가복음 2:39)이었기 때문이다. 곧, 태어난 지 8일째 되는 날 할례를 받았고, 40일째 되는 날 정결의식의 예물을 드렸으며, 때를 맞추어 절기를 잘 지켰기 때문이다. 뿐만 아니라, "내가 율법이나 선지자나 폐하러 온 줄로 생각지 말라. 폐하러 온 것이 아니요, 완전케 하려 함이라(마태복음 5:17)."고 직접 말한 바도 있다.

그렇다면, 무엇 때문에, 아주 오래된 전통으로 굳어져버린 제사가 은근슬쩍 없어졌느냐 말이다. 여간 궁금하지 않을 수 없다. 그것은 예수라는 존재를 해석하는 사람들에 중에서 그를 '중보中保'와 '큰 대제사장'으로 여기는 사람들 때문이다. 더 구체적으로는, 「히브리」서를 집필한 사람 때문이라고 생각한다. 그렇다면, 「히브리」서는 누가 집필하였는가. 나는 개인적으로 「히브리」서에서 ① '중보'라는 말이 사용된 점과, ②예수를 비롯하여 경전 내용을 나름대로 새롭게 재해석하는 경향이 짙은 점과, ③예수 재림 시기에 대해 '잠시 잠깐 후'라고 주장하는 점, 그리고 ④거침없는 구어체 문장 구사 등으로 보면, 바울이 집필했을 가능성이 크다고 생각한다.

---

103) 십일조(Tithe)

아브람(아브라함의 전 이름)이 살렘 왕이자 하나님의 제사장(창세기 14:18)인 멜기세덱에게 전쟁에서 얻은 것의 십분의 일을 바친 것을 시작(창세기 14:20)으로, 그의 둘째 손자인 야곱의 서원 곧, "하나님께서 자신에게 준 모든 것의 십분의 일을 하나님께 드리겠다(창세기 28: 22)."는 약속으로 이어졌다. 이런 관행이 모세와 아론 시절에는, 여호와 하나님이 제사장이었던 아론에게 직접 율례를 주어서 제사 지내는 방법과 제물 처리하는 방법 등을 지시·명령하였다(민수기 제18장). 곧, 이스라엘 자손이 여호와 하나님께 드리는 거제물(민수기 18:24)로서 토지의 소산(신명기 14:22)인 곡식과 포도주와 기름(신명기 14:23, 느헤미야 13:12) 등을 십일조로 바쳤으며, 소·양 등을 비롯하여 기타 성물(聖物, 역대하 31:6)까지도 일 년(신명기 14:22) 혹은 삼 년(신명기 26:12)에 한 차례씩 바치었다. 예수 시절에는 박하(薄荷)와 회향(茴香)과 근채(芹菜)를 십일조(마태복음 23:23, 누가복음 11:42)로 일주일에 두 번씩 바치기도 했다(누가복음 18:12).

바치어진 십일조 제물은, 일부(주로 가축의 기름)는 불에 태워져 향기로써 하나님께 드려졌고, 피는 제단에 뿌려졌으며, 나머지(고기류나 곡식류 등 기타 소금·건포도·포도주·향신료 등)는 제사장과 그에 딸린 사람들이 응식(應食:직위·직책에 따라서 받는 보수로서 음식)으로서 소유했으며, 그들은 받은 십일조의 십일조를 별도로 하나님께 바치었다. 결국에는, 하나님께 드려지는 십일조를 포함하여 온갖 제물들은 성소와 성전을 관리하는 사람들과 제사장의 몫인 셈인데, "레위인(장막과 회막 일을 맡아하는 사람들)과 객(客)과 고아(孤兒)와 과부(寡婦)에게 주어서 네 성문 안에서 먹어 배부르게(신명기 26:12)"하기도 했다 한다.

재미있는 것은, 이 십일조를 습관처럼 바치면서도 타락하여 죄를 범하는 사람들도 많았음인지 아모스 선지자는 "너희는 벧엘에 가서 범죄하며 길갈에 가서 죄를 더하며 아침마다 너희 희생을, 삼일마다 너희 십일조를 드리며, 누룩 넣은 것을 불살라 수은제(酬恩祭)로 드리며, 낙헌제(樂獻祭)를 소리 내어 광포(廣布)하(아모스 4:4~5)"다고 기록을 남겼으며, 심지어는 헌물과 십일조 도둑도 있었다는 간접적인 기록도 있다(말라기 3:8). 이런 현실 때문인지 예수는 서기관들과 바리새인들을 향하여 '십일조는 내면서도 하나님에 대한 사랑과 공의(公義)를 저버리고, 율법보다 더 중요한 의(義)·인(仁)·신(信)을 저버린다고 질타하기도 했다(마태복음 23:23, 누가복음 11:42).'

우리가 조상신에게 제사를 지내왔는데, 그 조상신들은 영이기에 그저 향기나 맡으면 되고, 온갖 진설된 음식은 사람들이 먹었듯이 하나님께 드리는 제사도 마찬가지였다. 하나님께는 기름 혹은 향신료나 약간의 고기를 태워 그 연기와 향기로써 드렸고, 온갖 제물은 사람들이 다 취하였다. 게다가, 하나님이 아론에게 직접 율례를 주어 '소금 언약'이라 하면서 반드시, 그리고 영원히 지키라 했는데, 오늘날은 그런 원시적인 제사는 다 사라지고(유대교에서는 아직도 남아있지만), 십일조를 비롯하여 각종 헌금만은 그대로 남아있다. 어찌 된 영문인가? 이에 대해서는 굳이 언급하지 않겠다.

'중보'라는 말은, 바울이 「갈라디아」서와 「디모데전」서에서 처음으로 썼는데(갈라디아서 3:19, 3:20, 디모데전서 2:5) 하나님과 인간 사이에 중개역할을 하는 자로서 예수를 지칭해 썼다. 물론, 거기에는 하나님이 모세를 통해서 백성들에게 언약을 세웠듯이(말했듯이), 하나님은 다시 예수를 통해서 '새 언약'104)을 세웠다는 판단을 전제로 하고 있다. 이 '중보'는 「히브리」서에서도 세 번이나 사용되는데, 예수가 얻은 '아름다운 직분(8:6)'이자, '새 언약의 중보(9:15, 12:24)'로 쓰였다. 다시 말해, 하나님이 새로운 언약을 백성들과 했는데 예수가 바로 그 중개인이라는 것이다. 과거에 하나님이 백성들에게 하고 싶은 말이나 지시사항이나 명령 등을 모세에게 했듯이 이제 예수에게 한다는 인식이 깔려 있다. 이처럼 하나님과 인간 사이를 중개하는 자를 '중보'라 한다면, 그(중보)는 '대제사장'에 해당한다. 바로 이런 판단에서 「히브리」서를 집필한 사람은 예수를 중보이자 대제사장으로 여러 차례 말한 것 같다.

그렇다면, 창세 이후부터 예수가 죽기까지 대제사장이 많았었는데 예수는 그들과 동일한 사람이란 말인가? 물론, 전혀 그렇지 않다. 대제사장이라도 '큰' 대제사장(히브리서 4:14)이고, '영원한' 대제

---

104) 새 언약

'새 언약'이란 말은, 예레미야 선지자가 하나님이 한 말이라 하면서 처음 썼던 용어이다. 곧, "나 여호와가 말하노라. 보라. 날이 이르리니, 내가 이스라엘 집과 유다 집에 새 언약을 세우리라. 나 여호와가 말하노라. 이 언약은 내가 그들의 열조의 손을 잡고 애굽 땅에서 인도하여 내던 날에 세운 것과 같지 아니할 것은 내가 그들의 남편이 되었어도 그들이 내 언약을 파하였음이니라(예레미야 31:31~32)."가 그것이다. 그러니까, 히브리서 집필자는 예레미야의 이 구절에서 '새 언약'이라는 말을 빌려 썼다. 물론, 이 말만 옮긴 것은 아니다. "저희 죄와 저희 불법을 내가 다시 기억지 아니하리라(히브리서 10:17)"라는 말도 "그들의 죄악을 사하고 다시는 그 죄를 기억지 아니하리라(예레미야 31:34)"에서 빌려 썼다. 문제는 히브리서 집필자보다 먼저 예수가 '새 언약'이란 말을 빌려 썼다. 유월절 무교절을 맞이하여 제자들과 식사한 후 포도주를 들기 전에 "이 잔은 내 피로 세우는 새 언약이니 곧 너희를 위하여 붓는 것이라(누가복음 22:20)"고 말했다. 알고 보면, 기록이 재해석되면서 새로운 기록을 낳는다는 사실을 여기에서도 확인할 수 있다.

672

사장(히브리서 6:20)이라는 의미를 부여하여 그들과 차별화를 꾀했다.

다시 그렇다면, 인간인 예수가 어떻게 중보가 되고, 큰 대제사장이 되었는가? 그것은, 백성의 연약함을 온몸으로 느끼어 불쌍하게 여기었고, 모든 일에서 똑 같은 시험을 받았으되 죄가 없는 사람(히브리서 4:15)이고, 하나님께 맹세한 사람(히브리서 7:21)이기 때문에, 하나님이 '너는 내 아들이니 오늘날 내가 너를 낳았다(히브리서 5:5)' 하셨고, '멜기세덱의 반차(班次:반열·품계·등급 등의 뜻)를 좇은 대제사장이라(히브리서 5:10)' 칭하셨다는 것이다. 그래서 예수는 하나님으로부터 인정받았다는 것이고, '염소와 송아지의 피가 아닌 오직 자기 피로써 영원한 속죄를 이루어 단번에 성소에 들어갔기(히브리서 9:11~12)' 때문에 앞선 대제사장들과는 본질과 위상이 다르다는 것이다.

따라서 예수의 성소는 사람의 '손으로 짓지 아니한, 곧 창조에 속하지 아니한, 더 크고 온전(穩全:본바탕대로 고스란히 있는)한 장막(히브리서 9:11), 다시 말해, 천국에 있는 것이기에 땅에 있는 그것들과는 전혀 다르다는 것이다. 그리하여 예수는 하늘에서 위엄의 보좌 우편에 앉으시어(히브리서 8:1) 백성의 죄를 구속하시고(히브리서 2:17, 3:1, 4:14), 장래 좋은 일의 큰 대제사장으로 오신다는 것이다. 그것도 '잠시 잠깐 후(히브리서 10:37)'에 말이다.

이러한 판단과 믿음이 있었기 때문에, 예수는 '대제사장으로서 합당하고, 거룩하고, 악과 더러움이 없고, 죄인에게서 떠나 있고, 하늘보다 높이 된 자(히브리서 7:26)'라 하는 것이고, 자신들이 믿는 도리道理의 사도(히브리서 3:1)라고 힘주어 말했던 것 같다. 뿐만 아니라, '제사 직분이 변역變易한즉 율법도 반드시 변역한다(히브리서 7:12)'고 전제하면서, ①옛 계명이 연약하고 무익하므로 폐하며(히브리서 7:18) ②날마다 제사 드릴 필요가 없으며(히브리서 7:27), ③하나님이 또한 제사와 예물을 원치 아니하시고(히브리서 10:5), ④번제함도 속죄제도 기뻐하지 않으며(히브리서 10:6, 10:8), ⑤자주 같은 제사를 드려도 죄를 없게 하지 못한다(히브리서 10:11)는 주장을 펴는 것이다.

「히브리」서 집필자의 이러한 주장에는, 한 가지 분명한 판단에 의지·근거하고 있는데, 그것은 곧, '죄 없는 예수가 자신의 몸을 통째로[전체로] 제물로써 하나님께 드렸기 때문에, 하나님은 그 이전의 죄를 모두 사해 주었으며(히브리서 10:18), 더 이상 죄와 불법을 기억하지도 묻지도 않는다는 것이고(히브리서 10:17), 그 이후에 죄를 짓는 사람들에게는 오로지 심판이 기다리고 있다(히브리서 10:27)는 것이다. 한마디로 말해, 제사는 예수가 단 한 번으로 영원한 제사를 드렸기 때문에 더 이상 필요하지 않다는 논리이다. 물론, 「히브리」서 집필자의 일방적인, 그럴듯한 주장이다.

그렇다면, 그 주장은 과연 옳은가? 나는 옳지 않다고 얼마든지 반론을 펼 수 있지만 자제하고자 한다. 더 이상의 의미가 없기 때문이다.

-2011. 08. 27.

'하늘이 열린다' 는 말의 의미에 대하여

"하늘이 열리고, 하나님의 사자들이 인자 위에 오르락내리락하는 것을 보리라(요한복음 1:51)."

이 말은, 예수가 요한의 아들 시몬과 빌립과 나다나엘 등을 제자로 삼을 때에 그들에게 직접 한 말이다. 하지만 나는 묻고 싶다. '①하늘이 진정 열렸으며, ②하나님의 사자使者들이, ③예수 위에 오르락내리락했던 것을 ④그의 제자들이 정말로 보았을까?' 라고 말이다.

그렇다면, '하늘이 열린다' 라는 말은, 과연 무슨 뜻일까? 하늘이 열려야 하나님의 성령이 내려오며(마태복음 3:16, 누가복음 3:21, 사도행전 10:11), 그것이 열려야 천국에 계신 하나님 우편에 예수가 앉으신 것(사도행전 7:56)을 비롯하여 그곳에서 이루어지는 일들을 인간이 볼 수 있다(요한계시록 19:11) 한다. 그리고 하늘이 열리는 것은 '하늘이 갈라지는 것' 과 같다(마가복음 1:10). 또한, 인간이 하나님께 죄를 지으면 하늘이 닫히게 되는데(열왕기상 8:35), 그렇게 되면 비가 내리지 않고

(역대하 6:26), 흉년(누가복음 4:25)이 들기도 한다는 것이다.

다시 그렇다면, 하늘이 열린다는 것은, 하나님 나라인 하늘과 인간 세상인 땅이 소통하는 데(에스겔 1:1)에 있어 전제前提되는 조건임을 알 수 있다. 다시 말해, 하늘이 열려야 하나님의 은혜와 은총을 받을 수 있고, 하나님 나라의 일을 볼 수 있으며, 인간들이 땅위에서 살 수 있다는 논리다.

그렇다면, 하나님의 사자使者란 무엇인가? 여호와 하나님이 자신의 뜻과 바람, 곧 의중意中을 지상의 특정 인간에게 전해주거나, 실현시키기 위해서 말을 하고, 구체적인 동작이나 행동을 취하는 대리 존재로서, 직접 부리시는 심부름꾼이다. 그 심부름꾼은 사람이나 천사의 형태를 띤 채 지상에 내려와 인간과 더불어서 말을 하고 구체적인 행동을 취하는데, 대개는 꿈이나 환영을 통해서 나타나지만, 현실적 시공時空을 차지하며 가시적 형태의 실물로서 나타나기도 한다. 그런가하면, 불가시적인 존재로서 사람들의 눈에 보이지 않지만 인간의 말[言語]만으로써 하나님의 뜻을 단순히 전하는 경우도 있고, 또 인간으로 하여금 스스로 말하고, 스스로 행동하게도 한다. 이런 '하나님의 사자(창세기 21:17 외 다수)'에 대해서는, 경전 내에서 '여호와의 사자(창세기 16:7 외 다수)', '주의 사자(마태복음 1:20 외 다수)'라는 다른 이름으로 불리어지기도 한다.

하나님의 그런 사자는 특정인에게 모르고 있는 정보나 사실을 알려 주고, 어떤 구체적인 행동을 하도록 암시하거나 지시·명령하기도 하고, 심지어는 옥문獄門을 열고 손에 묶인 쇠사슬을 특별한 능력으로써 풀어주는 등 특정인을 직접 도와주기도 한다(사도행전 5:19, 12:7).

따라서 하나님의 사자란, 눈에 보이는 천사로부터 인간모습으로 내려온 사람 같은 존재에 이르기까지 다양하며, 또한 눈에 보이지 않지만 직접 말을 하고, 인간으로 하여금 어떤 힘에 이끌려 말하고 행동하게 하는 존재이다. 그래서 '성령聖靈'이라 하는 것도, 많은 사람들은 하나님과 동일시하지만, 사자의 한 존재양식으로 받아들여진다. 뿐만 아니라, 특정의 인간을 선택하여 하나님의 뜻을 믿고, 따르고, 전하게 하는 경우도 있는데, 이때에는 통상 '하나님의 종從(창세기 50:17 외 다수)'이란 말로 구분하여 썼다.

그러므로 예수의 위로 오르락내리락하는 하나님의 사자란, 눈에 보이거나 보이지 않는 천사이거나 성령일 것이다. 그렇지만 예수의 제자들이 볼 수 있다고 했으므로 시공으로 나타나는 가시적인 천사나 성령으로 제한되어야 한다고 생각한다.

그렇다면, 하나님의 그런 사자들이 예수 위로 오르락내리락하는 것을 그의 제자들은 분명하게 보았을까? 보았다고 말한다면, 예수가 요단강에서 요한으로부터 세례 받을 때에 '성령'을 보았을 것이고, 예수가 40일 동안 광야에서 금식하며 묵상할 때에 사탄의 유혹을 받기도 했는데 그 끝 무렵에 천사의 도움을 받았다 했으니(마태복음 4:11) 그 때에 간접적으로 보았다면 보았을 것이다. 그리고 자신이 하나님의 아들이라는 사실을 믿게 하는, 수많은 표적('이적'·'기적' 등의 용어와 함께 쓰임.)을 보여줄 때마다, 그리고 부활할 때에, 그리고 승천할 때에도 보았을 가능성이 없지 않다.

그러나 이런 말은 왠지 석연치 않다. 책임을 지듯 단정적으로 말할 수 없기 때문이다. 보다 분명한 것은, "예수께서 세례를 받으시고, 곧 물에서 올라오실째 하늘이 열리고 하나님의 성령이 비둘기 같이 내려 자기 위에 임하심을 보시더니(마태복음 3:16)" 했으니, 이때에 다른 사람들도 그 성령을 보았을 것이다. 그리고 예수의 무덤 속에 앉아있던 두 천사를 막달라 마리아와 다른 마리아(마태복음 28:1)가 보았다는 사실이다. 그렇지만 예수가 숱한 표적을 행하실 때마다 하나님의 사자가 내려와 직·간접의 역할을 했는지에 대해서는 알 길이 없다. 안다면 예수만이 알 것이다. 예수는 입만 열면 곧잘 자신의 하는 말이나 행동이 임의로 하는 것이 아니라 하늘에 계신 아버지의 뜻이라 강조한 점을 염두에 둔다면, 그 때마다 그랬을 가능성이 없지는 않다. 비록, 제자들의 눈에는 보이지 않았지만 말이다. 그러나 이 또한 단정적으로 말할 수는 없다.

여하튼, 하늘이 열려 하나님의 사자들이 오르락내리락한다는 이 말은, 아니, 이런 발상 내지 상상은, B.C. 2333년 10월 3일에 환웅이 처음으로 하늘을 열고 백두산 신단수 아래로 내려와 홍익인간弘益人間·이화세계理化世界의 뜻을 펼쳤다는 우리 한민족의 신화神話나 다를 바 없어 보인다는 사실이다. 특히, 그것의 객관적 신뢰도 면에서 더욱 그러하다.

  -2010. 11. 09.

제VII장 나의 진실, 나의 오해

하나님을 믿으며 꿈꾸는 사람들의 이상세계
예수의 가르침을 잘못 믿으면
여전히 이해되지 않는 예수교의 문제들
예수교의 3대 거짓말
예수의 세 가지 큰 거짓말
'꾸란(코란)'을 읽고 파악한 이슬람교의 핵심 (요약)
예수교와 이슬람교가 다른 점 (요약)
종교인들의 아전인수我田引水
신神에 대한 보통 사람들의 여섯 가지 심리적 경향
'종교'라는 왕국에 대하여 잠시 생각하다
신이 있다면 얼마나 좋겠는가
이웃 사람들에게

하나님을 믿으며
꿈꾸는 사람들의 이상세계

①이리가 어린 양과 함께 거하며, 표범이 어린 염소와 함께 누우며, 송아지와 어린 사자와 살찐 짐승이 함께 있어 어린 아이에게 끌리며, 암소와 곰이 함께 먹으며, 그것들의 새끼가 함께 엎드리며, 사자가 소처럼 풀을 먹을 것이며, 젖 먹는 아이가 독사의 구멍에서 장난하며, 젖 뗀 어린 아이가 독사의 굴에 손을 넣을 것이라(이사야 11:6~8).

하나님을 믿는 사람들은, 피조물인 최초의 인간이 창조주인 하나님과의 약속을 파기하지 않았다면 바로 위와 같은 세상이 유지되었으리라 믿는다. 그리고 하나님의 심판이 이루어진 다음의 세상 곧 최초의 땅인 '에덴동산'처럼 깨끗하게 회복된 세상이 바로 위와 같을 것이라고 믿는다. 그야말로 하나님을 믿으며 꿈을 꾸는 사람들이 자신들의 이상세계를 그렇게 그려낸 셈이다. 더 구체적으로 말하여, 다윗과 솔로몬으로 이어지는 이스라엘 선정善政 시기를 예언·예찬한 선지자 '이사야'의 꿈인 것이다.

그러나 애석하게도, 그의 예언은 유효기간이 지났고, 문장이 지시하는 내용 또한 그대로 이루어지지 않았다. 나는 이를 한낱 비유적 표현으로 간주하지만 어느 종파의 정기간행물에서는 그런 세상이 오리라 믿고, 위 가상의 상황을 그림으로 그려 책표지에 사용하기도 한다. 뿐만 아니라, 사자 같은 맹수가 평소 먹잇감인 동물을 죽여서 먹지 않고 보호해주는, 특수한 상황을 포착하여 사진이나 동영상으로 공개하면서 문제의 「이사야」서를 떠올리기도 했는데, 아는 것이 병이라 아니 말할 수 없다.

②하나님의 장막이 사람들과 함께 있으매, 하나님이 저희와 함께 거하시리니, 저희는 하나님의 백성이 되고, 하나님은 친히 저희와 함께 계셔서, 모든 눈물을 그 눈에서 씻기시매, 다시 사망이 없고, 애통하는 것이나 곡하는 것이나 아픈 것이 다시 있지 아니하리니, 처음 것들이 다 지나갔음이러라(요한계시록 21:3~4).

③나는 알파와 오메가요, 처음과 나중이라. 내가 생명수 샘물로 목마른 자에게 값없이 주리니, 이기는 자는 이것들을 유업으로 얻으리라. 나는 저의 하나님이 되고, 그는 내 아들이 되리라. 그러나 두려워하는 자들과, 믿지 아니하는 자들과, 흉악한 자들과, 살인자들과, 행음자들과, 술객(술을 상습적으로 마시는 사람이 아니라 마술사 같이 사람들을 속이고 기만하는 사람들을 일컬음)들과, 우상 숭배자들과, 모든 거짓말하는 자들은, 불과 유황으로 타는 못에 참예하리니 이것이 둘째 사망이라(요한계시록 21:6~8).

④성 안에 성전을 내가 보지 못하였으니, 이는 주 하나님 곧 전능하신 이와 및 어린 양이 그 성전이심이라. 그 성은 해나 달의 비췸이 쓸 데 없으니, 이는 하나님의 영광이 비취고 어린 양이 그 등이 되심이라. 만국이 그 빛 가운데로 다니고 땅의 왕들이 자기 영광을 가지고 그리로

들어오리라. 성문들을 낮에 도무지 닫지 아니하리니 거기는 밤이 없음 이라. 사람들이 만국의 영광과 존귀를 가지고 그리로 들어오겠고, 무 엇이든지 속된 것이나 가증한 일 또는 거짓말하는 자는 결코 그리로 들어오지 못하되, 오직 어린 양의 생명책에 기록된 자들뿐이라(요한계 시록 21:22~27).

예수를 하나님의 아들로서 굳게 믿었던 사도 요한도 자신의 계시 록에서 심판 후의 세상, 곧 하나님의 뜻대로 회복된 세상에서의 인 간 삶이 어떻게 이루어지는가를 ②와 ③으로 묘사하였고, 인간 세상 에 내려와 인간세상을 통치하게 된다는 하나님과 예수님의 성전과 그 위상을 ④로 표현해 놓고 있다. 곧, 하나님과 인간이 함께 살게 되면, 다시 말해, 하나님이 인간세상을 직접 통치하게 되면 '눈물 없는 세상'이 된다는 것이다. 눈물 없는 세상이란 삶의 어떠한 고통 도 없지만 죽음 그 자체도 없는 세상을 말한다. 과연, 그런 세상이 오겠는가마는 하나님을 믿고 꿈을 꾸었던 자들은 '생명수'라는 것 을 통해서 자신들의 생각이 실현되리라 믿었던 것으로 보인다. 또 한, 그 눈물 없는 세상을 실현시켜 주어야 하기 때문에 그 주체인 하나님에 대해서는 특별한 능력을 지닌 "알파와 오메가요, 처음과 나중"이라고 그 위상을 설정할 수밖에 없었던 것으로 보인다. 이는, 어린 양으로 빗대어 지는 예수와 그의 아버지 하나님이 머무는 성전 에 해와 달이 필요없고, 밤조차 없으며, 생명책에 기록된 자들만이 들어갈 수 있다고 주장하는 것과 다를 바 없는데, 이 역시 그들의 꿈이 반영된 이상세계일 뿐이다.

그렇다면, 여기서 새로운 문제 하나가 도출되는데, 그것은 '왜 인 간이 자신들의 이상세계를 실현시켜 줄 주체로서 지금껏 본 일도 없

고 앞으로도 볼 수 없는 '신'이란 존재를 끌어들였는가?'이다. 이
는, '인간에게 종교가 왜 생기었는가.'와 사실상 같은 질문이지만
인간의 힘과 능력으로는 자신들의 이상세계를 실현시켜 줄 수 없다
는 판단이 전제되었을 것으로 본다. 다시 말해, 인간에 대한 절망이
절대자인 신에게 의지·의탁하게 했다는 뜻이다.

－2010. 01. 22.

예수의 가르침을 잘못 믿으면

예수의 가르침을 잘못 믿으면 ①가정을 파괴하고, ②재산을 잃고, ③건강마저 잃는 경우가 생긴다. 그리하여 끝내는, ④패가망신敗家亡身하여 인생의 말년을 서글프게 살다 죽는 경우도 더러 있다.

여기서 가정을 파괴한다는 것은, 가족들에게 먼저 그리고 마땅히 쏟아야 할 관심과 사랑을 쏟지 않고, 교회와 성당의 목사나 신부님에게, 그리고 그곳에서 수행하는 공적인 일에 정성을 쏟는 과정에서 생기는 가족 간의 무관심·갈등·불만·별거·이혼 등을 뜻한다. 단적으로 말해, 목사님은 잘 섬기면서 남편 알기를 우습게 여기거나, 구석구석 손이 가야할 집안일은 등한시하면서 교회일이라면 앞장서는 태도 등은, 우리가 간혹 볼 수 있는 성도들의 모순으로서 가정을 파괴하는 직접적인 원인이 될 수 있다.

그렇다면, 왜 성도들에게는 그런 모순적인 삶의 양태가 나오는 것일까? 내가 생각하기에는, 경전 내에 있는, 이런 구절 때문이 아닌가 싶다.

내(예수)가 진실로 너희에게 이르노니, 나와 및 복음을 위하여 집이나 형제나 자매나 어미나 아비나 자식이나 전토를 버린 자는, 금세에 있어 집과 형제와 자매와 모친과 자식과 전토를 백배나 받되 핍박을 겸하여 받고, 내세에 영생을 받지 못할 자가 없느니라. 그러나 먼저 된 자로서 나중 되고, 나중 된 자로서 먼저 될 자가 많으니라(마가복음 10:29~31).

아무든지 나(예수)를 따라 오려거든 자기를 부인하고 자기 십자가를 지고 나를 좇을 것이니라. 누구든지 제 목숨을 구원코자 하면 잃을 것이요, 누구든지 나를 위하여 제 목숨을 잃으면 찾으리라(마태복음 16:24, 마가복음 8:34, 누가복음 9:23).

이는 예수가 직접 한 말로서, 현실생활에 절대적으로 필요한 재물을 버림은 물론이고 대인관계조차 무시해 버릴 정도로 하나님 일을 생각하라는, 자기희생적인 삶을 요구하는 내용이다. 그런데 어느 목사나 신부가 이런 구절만 떼어서 강조한다면 흔들리지 않을 사람이 있겠는가. 구원받아 영생을 얻고, 버린 것의 백배를 되돌려 받는다는, 이 엄청난, 달콤한 유혹으로부터 말이다.

그리고 재산을 잃는다는 것은, 개인재산을 이런저런 명목으로 교회나 성당이나 기도원 등에 스스로 헌납함으로써 오는 결과인데, 꼭 그것이 아니더라도, 대개는 십일조를 비롯하여 각종 헌금을 내야하는 현실에 있다. 게다가, 성도들의 경쟁심을 촉발시키고 정신적인 부담감을 주면서 갖가지 헌금을 가능한 한 많이 내도록 유도하는 목사의 설교가 크게 작용하는 것도 부인할 수 없을 것이다. 여기에도 그런 행위를 정당시 여기게 하는, 관련된 경전 내용이 있으니, 그 예를 들면 이러하다.

재물이 있는 자는 하나님의 나라에 들어가기가 심히 어렵도다. 얘들아, 하나님의 나라에 들어가기가 어떻게 어려운지, 약대가 바늘귀로 나가는 것이 부자가 하나님의 나라에 들어가는 것보다 쉬우니라. 사람으로는 할 수 없으되, 하나님으로는 그렇지 아니하니, 하나님으로서는 다 하실 수 있느니라(마가복음 10:23~27).

너희 소유를 팔아 구제하여 낡아지지 아니하는 주머니를 만들라. 곧 하늘에 둔 바 다함이 없는 보물이니 거기는 도적도 가까이 하는 일이 없고, 좀도 먹는 일이 없느니라. 너희 보물 있는 곳에는 너희 마음도 있으리라(누가복음 12:33~34).

너희를 위하여 보물을 땅에 쌓아 두지 말라. 거기는 좀과 동록이 해하며, 도적이 구멍을 뚫고 도적질하느니라. 오직 너희를 위하여 보물을 하늘에 쌓아 두라. 거기는 좀이나 동록이 해하지 못하며, 도적이 구멍을 뚫지도 못하고 도적질도 못하느니라. 네 보물 있는 그 곳에는 네 마음도 있느니라(마태복음 6:19~21).

내가 참으로 너희에게 말하노니, 이 가난한 과부가 모든 사람보다 많이 넣었도다. 저들은 그 풍족한 중에서 헌금을 넣었거니와 이 과부는 그 구차한 중에서 자기의 있는 바 생활비 전부를 넣었느니라(누가복음 21:3~4).

가난하지만 생활비 전부를 헌금한, 한 과부를 칭찬하면서 재물이 있는 자는 '하나님 나라'에 들어가기가 심히 어렵다고 강조하였다. 그리고 개인적으로 소유하고 있는 재산을 다 팔아서 '낡아지지 아니하는 주머니' 곧 '하늘'에 두라고도 했다. 간단히 말해서, 개인재산을 팔아서 없는 사람들에게 직접 나눠주거나 교회나 성당 등에 기부하여 간접적으로 없는 사람들에게 나눠주라는 것인데, 이런 마음으로 실천하며 이웃사람들과 더불어 산다면 인간세상이야 한결 따뜻해짐은 두말할 나위가 없으리라. 그러나 그 누구도 예수가 말한 것처럼 살지 못함은 예나 지금이나 변함이 없고, 심지어 오늘날 예수를 외치는 자들까지도 마찬가지임을 그들 스스로가 적나라하게 보여주고 있는 게 엄연한 현실이다. 단적으로 말해, 성도 개개인은 가난해져도 교회는 부자가 되어가는 현실이 잘 말해 준다.

그리고 건강마저 잃는다는 것은, 교회에서 원하는 대로, 혹은 경전 내용이 가르치는 대로 기도하고, 봉사하고, 헌금하며 평생을 살다보면, 상대적으로 일신一身을 잘 돌보지 못하기 때문에 오히려 건강을 잃기 쉬운 조건에 놓이게 된다는 사실이다. 뿐만 아니라, 실제로 병을 얻거나 그 병으로 건강이 악화되면 무슨 죄를 지은 것처럼 자학하기 십상이고(이에 대한 근거는 다른 글 「병을 죄의 대가로 여기는 편견」에서 확인하시기 바람), 게다가, 모든 것을 하나님께 맡기고 기도하기를 권유 받는다. 그도 그럴 것이, 경전 내에는 다음과 같은 구절이 있기 때문에 자연스럽게 형성되는, 그릇된 가치관을 탓하지 않을 수 없다.

이방인의 길로도 가지 말고, 사마리아인의 고을에도 들어가지 말고, 차라리 이스라엘 집의 잃어버린 양에게로 가라. 가면서 전파하여 말하되, ① '천국이 가까왔다' 하고, ②병든 자를 고치며, ③죽은 자를 살리며, ④문둥이를 깨끗하게 하며, ⑤귀신을 쫓아내되, 너희가 거저 받았으니 거저 주어라(마태복음 10:5~8).

너희는 온 천하에 다니며 만민에게 복음을 전파하라. 믿고 세례를 받는 사람은 구원을 얻을 것이요, 믿지 않는 사람은 정죄를 받으리라. 믿는 자들에게는 이런 표적이 따르리니, 곧 저희가 내 이름으로 귀신을 쫓아내며, 새 방언을 말하며, 뱀을 집으며, 무슨 독을 마실지라도

해를 받지 아니하며, 병든 사람에게 손을 얹은즉 나으리라(마가복음 16:15~18).

위 내용은 마가복음의 끝장 끝절이지만, 예수가 직접 말한, 이 대목에 수많은 사람들이 집착을 보여 왔고, 그런 만큼 그 피해도 적지 않았다고 본다. 귀신을 쫓아낸다는 일도, 새 방언을 말한다는 것도, 병자에게 손을 얹은 즉 낫고, 어떤 독을 마실지라도 해를 받지 않으며, 믿음만 있으면 구원을 얻는다는, 이 기록이 많은 부작용을 초래해 왔기 때문이다.

개인적으로야, 몸을 떠난 영靈을 믿지 않기 때문에 귀신의 존재도 믿지 않지만, 귀신을 쫓아내는 일이 예수를 믿는 자들에게 주는 표적[증표]이라 하니, 당황스럽기만 한 것이 사실이다. 그리고 새로운 방언을 말한다는데, 이 또한 믿기지 않는 일이다(이에 대해서는 다른 글 「예수교 경전인 성경에서의 '방언'의 의미」를 참고하기 바람). 그리고 뱀을 집으며, 어떠한 독을 마실지라도 해를 받지 않고 병자에게 손을 얹은 즉

---

105) 예수가 말한 믿음의 표적들이 제자들에게 나타난 예
①바울의 귀신 축출:바울이 심히 괴로워하여, 돌이켜 그 귀신에게 이르되, '예수 그리스도의 이름으로 내가 네게 명하노니, 그에게서 나오라.' 하니 귀신이 즉시 나오니라(사도행전 16:18).
②병 고침:루스드라에 발을 쓰지 못하는 한 사람이 있어 앉았는데, 나면서 앉은뱅이가 되어 걸어 본 적이 없는 자라. 바울의 말하는 것을 듣거늘 바울이 주목하여 구원 받을만한 믿음이 그에게 있는 것을 보고, 큰 소리로 가로되, '네 발로 바로 일어서라.' 하니 그 사람이 뛰어 걷는지라(사도행전 14:8~10).
③뱀에 물리고도 이상이 없는 바울:토인들이 우리에게 특별한 동정을 하여, 비가 오고 날이 차매 불을 피워 우리를 다 영접하더라. 바울이 한뭇 나무를 거두어 불에 넣으니 뜨거움을 인하여 독사가 나와 그 손을 물고 있는지라. 토인들이 이 짐승이 그 손에 달림을 보고 서로 말하되, '진실로 이 사람은 살인한 자로다. 바다에서는 구원을 얻었으나 공의가 살지 못하게 하심이로다. 하더니, 바울이 그 짐승을 불에 떨어버리매 조금도 상함이 없더라(사도행전 28:2~5).
④방언으로 말함:필자의 다른 글 「예수교 경전인 성경에서의 '방언'의 의미」를 참고하기 바람.
⑤앉은뱅이는 바울 외에도 다른 사도인 베드로와 요한 등도 고쳤으며, 열병환자 등 다양한 병들을 치료해 주었다고 기록되었고, 이들 병 고침 외에도 예수가 그랬던 것처럼 수많은 초자연적 현상을 일으켰다고 기록되었음.

낫는다는 이 구절 때문에 사도 바울을 비롯하여 예수 제자들에게서 그러한 일들이 일어났다고 경전 곳곳에 기록되어 있는 것이다.[105] 물론, 믿는 자들은 단순한 사실에 대한 기록일 뿐이라고 주장하겠지만, 경전의 복음과 복음을 유기적으로 읽으면 기록이 기록을 낳고 있다는 사실을 부정할 수 없을 것이다. 뿐만 아니라, 얼마나 많은 사람들이 기도 중 성령이 임하여 자타의 병이 나았다고 주장하는가. 그들 가운데 타인의 병을 고쳐준 이들은 자신에게 성령이 임하여, 다시 말해, 예수께서 특별히 자신에게 권능을 준, 선택된 사람으로 인정받고자 할 것이고, 성령으로써 자신의 병이 나았다고 믿는 이들은 오로지 하나님에 대한 혹은 예수에 대한 믿음의 결과라고 주장할 터이니, 난감하기 그지없다. 나는 이런 경우에 대해서도 어떤 조건이 만족되면 인체의 자가치유 능력이 발현되는 현상의 결과라고 주장하지만 믿는 자들은 여전히 하나님의 은총으로 받아들이는 것이다.

여하튼, 예수의 가르침을 잘못 믿으면, 현실 지각력이 크게 떨어져 스스로 외톨이가 될 가능성이 높아진다. 특히, 예수교 경전은 마치 울창한 밀림 속 같은 것이어서 그 속에 한 번 들어가면 돌아 나오기가 어려운 처지에 놓이고 마는 경우가 허다하다. 때문에 그 속에서 자신의 위치를 확인하고 싶어도 할 수 없는 상황이 되는데, 그것은 경전 내용의 전부나 핵심을 읽지 못하고 일부 문장에 집착함으로써, 다시 말해, 말들의 덫에 갇힌 상태에서 맞게 되는 이성적 판단 능력의 함몰현상이라고 말하고 싶다. 그러므로 예수의 가르침을 주는 사람은 그것을 잘 펴야 하고, 받아들이는 사람 역시 이성적 판단 능력의 균형감각을 잃지 말아야 할 줄로 믿는다. 그래야만이 자신도 모르게 광신자狂信者가 되는 것을 피할 수 있을 것이다.

-2011. 01. 12.

여전히 이해되지 않는 예수교의 문제들

어떤 사람들은 예수교 경전인 '성경'을 읽으면 읽을수록 살아계신 하나님의 말씀임을 느끼게 된다는데 나는 왜 그렇지 못하는가? 나는 그것을 읽으면 읽을수록 유대인들의 역사적 사실과 그들에게 집단무의식처럼 유전되어오는 고정관념을 포함한 사고방식과, 꿈이 반영된 허구虛構가 중심축이 되어 여러 사람들에 의해서, 그리고 긴 시간대에 걸쳐서 집필된 '진지한 픽션'이라는 생각이 드니 말이다.

지금까지 나의 성경읽기에서 언급되었던 경전 상의 모순이나 여전히 이해되지 않는 문제점들을 가능한 범위 내에서 생각나는 대로 정리한다면 그러한 나의 주관적 판단에도 근거가 전혀 없지 않음을 확인하게 될 줄로 믿는다.

첫째, 우리를 세뇌洗腦시키는 듯한 기능을 가진 「사도신경」에 "본디오 빌라도에게 고난을 받으사, 십자가 못 박혀 죽으시고"라는 구절이 있는데, 그 '본디오 빌라도'라는 이름의 자리에 '유대교의 수장들'이라는 말이 들어가야 옳다고 생각한다. 이미 해당 경전을 통해서 확인했다시피 예수를 의심하고 조롱하고 핍박하고 사형시키라고 억지를 부린 장본인이 대제사장들과 유대 국민의 장로들이기 때문이다. 그럼에도 불구하고 본디오 빌라도에게 왜 책임을 전가시키는 것일까? 그것은 유대인 사회에서 유대인을 배척할 수 없다는 비겁한 계산 때문이다.

둘째, 부활하여 천국에 가는 것은 인간의 몸이 아니라 영靈이라고 분명하게 기술해 놓았음에도 불구하고, 「사도신경」에서는 "죽은 몸이 다시 사는 것과, 영원히 사는 것을 믿사옵니다."라고 상충되게 주장한다는 사실이다. 뿐만 아니라, 부활했다는 예수 자신조차도 "내 손과 발을 보고 나인 줄 알라. 또 나를 만져보라. 영은 살과 뼈가 없으되 너희 보는 바와 같이 나는 있느니라(누가복음 24:39)."라고 모순된 말을 했다. 그래서 오늘날 일부의 성직자들은 '영체靈體'라는 해괴한 말을 만들어 쓰고 있기도 하다.

셋째, 부활·심판·승천이라는 과정을 거쳐서 – 물론, 심판에서 제외되는 사람들도 있지만 – 천국으로 올라간다고 해놓고, 「요한계시록」에서는 하늘에서 '새 하늘 새 땅'으로 빗대어지는 '새 예루살렘 성'을 아예 만들어가지고 지상으로(그것도 현재의 이스라엘 땅인 예루살렘으로) 내려와 새 천년을 예수가 천사들의 도움을 받아 통치한다는 것이다. 그러니까, 심판 후 하늘로 올라가는 게 아니라 땅에서 기다리거나 공중에 떠서 내려오시는 예수 일행을 영접하면 된다는 식이다.

넷째, 경전에서 사용되고 있는 특정 낱말의 의미 변화는 인간들의 사유 영역이 점진적으로 발전·확대되어 왔음을 말해 줄 뿐이며, 새로운 낱말이 키워드로 등장하는 것은 하나님의 뜻이나 계획이 바뀌었기 때문이 아니라 그것에 대해 일방적으로 생각하는 인간들의 인지 능력이 바뀌었음을 말해 준다. 예컨대, 경전에 나오는 '황충'이란 낱말은 단순히 식물과 농작물에 피해를 끼치는 '해충'의 의미로 사용되다가 갑자기 하나님이 부리는 '천군天軍'으로, 나아가 인류 심판 시 강력한 징벌 수단으로까지 그 의미가 바뀌고 있다. 그렇듯, '하늘'이 '하나님의 나라'가 되고 '천국'이 되었듯이 '음부陰府'가 '지옥'으로 바뀌어 그 의미가 구체화된다. 또한, 하나님과 동일시되는 '성령'이라는 키워드는 신약에서만 사용되었다. 그렇다면, 구약 시대에는 '성령'이란 것이 없었단 말인가. 그렇듯, 할례란 하나님의 백성이 되기 위한 전제조건으로서, 하나님과 아브라함 사이에서 한 언약(창세기 17:10)으로, 남자로 태어난 후 8일에 시행하는(창세기 17:12~13) 양피를 베어내는 일(창세기 17:11)을 말한다. 그런데 이것이 바울에게 와서는 '마음의 할례'로 그 의미가 바뀌어버린다. 하나님의 마음이, 혹은 계획이 바뀌었단 말인가? 역시 그렇지 않다. 하나님의 마음을 헤아리는 인간의 판단이 바뀌었을 뿐이다.

다섯째, 예수의 삶을 기록하고 있는 중요한 네 복음서마다 그 내용은 얼마든지 다를 수 있다고 생각한다. 그것은 각기 다른 집필 시기 때문이 아니라 집필한 사람이 다르기 때문인데 집필자에 따라 대상을 보는 시각과 기술 방법과 그 범위가 얼마든지 달라질 수 있기 때문이다.

그러나 집필시기와 집필자가 다르더라도 서로 다르게 기술되어서는 안 되는 객관적 요소들이 있게 마련인데 그것들조차 다르게 기술되었다는 점은 복음서의 신뢰도 문제와 직결된다고 생각한다. 다시 말해, 경전의 신뢰도가 거론된다는 것 자체가 경전이 인간에 의해서 쓰여졌다는 뜻이고, 그것은 곧 허구적인 내용들이 얼마든지 끼어들었거나 복사되었다는 점이 있을 수 있음을 시사示唆해 준다. 예컨대, 유대인들이 예수를 빌라도에게 넘겨서 죄를 물은 다음 죽이기 위해서 그를 붙잡아 결박하는 상황묘사 가운데 ①어디서 ②누가 등 두 가지 요소만을 떼어 확인해 보자. 그 장소에 대해 마태(26:30)·마가 (14:26)·누가(22:52) 등 세 복음서에서는 '감람산' 이라고 분명하게 기술되어 있지만 요한복음(18:1)에서는 '기드론 시내 저편 동산' 이라고 기술되어 있다. 이처럼 감람산과 기드론 저편 동산이 서로 다르지 않기 때문에 동일 대상에 대한 이 같은 표현은 얼마든지 있을 수 있다고 본다.

그러나 그곳으로 예수를 결박하러 온 사람들에 대해서는, 네 복음서가 유사하게 기술하고 있지만 분명히 다르다. 곧, 「마태복음」 (26:47)에서는 '대제사장들과 백성의 장로들에게서 파송된 큰 무리' 라 했고, 「마가복음」(14:43)에서는 '대제사장들과 서기관들과 장로들에게서 파송된 무리' 라 했고, 「누가복음」(22:52)에서는 '대제사장들과 성전의 군관들과 장로들' 이라 했으며, 「요한복음」(18:12)에서는 '군대와 천부장과 유대인의 하속들' 이라 했다. 결과적으로, 누가복음에서 기술된 것처럼 대제사장들과 백성의 장로들이 직접 군인들을 이끌고 왔느냐, 아니면 군인들과 하속들만을 대신 보냈느냐, 인데 이는 사실에 대한 기술문제이기 때문에 달라서는 안 되는 요소라 생각하는데 보는 바와 같이 다르다.

문제는 다른 내용들에 있어서도 이 같은 현상이 있다는 사실이다. 그렇다면, 이것이 무엇을 말해주는가? 모든 성경이 하나님의 감동 (디모데후서 3:16)으로 되었고, 그 성경의 부분을 이루는 예언은 "언제든지 사람의 뜻으로 낸 것이 아니요, 오직 성령의 감동하심을 입은 사람들이 하나님께 받아 말한 것(베드로후서 1:21)" 이라 하지만, 분명한 사실은 먼저 쓰여진 경전은 그 뒤에 쓰이는 경전에 직간접으로 영향을 미쳤다는 점이다. 심지어, 경전 내에는 토씨 하나 틀리지 않는 문장들이 반복되어 사용되고 있다는 점이 그 같은 사실을 잘 입증해 준다고 믿는다.

여섯째, 인간존재의 영靈과 육肉이 분리되고, 육은 죽을 수밖에 없는 것이지만 영은 영생할 수 있다는 식의 이분법적인 사고[믿음]에서 '천국론'이 성립되는데 육을 떠난 영이 독립적으로 존재하여 "의와 평강과 희락(로마서 14:17)"을 누릴 수 있는지 입증해 보이는 것이 예수교의 당면과제라고 생각한다. 그렇지 못한다면 예수교의 천국론은 당연히 쓰레기통에 버려져야 하는 것이다.

일곱째, 경전 내에서 언급된, 하나님의 인간과의 대화방식에 문제가 있다고 본다. 문제가 있다는 것은 실재하는 대화방식이 아니라 인간이 일방적으로 생각해 낸 것이라는 뜻이기도 하다. 더욱이, 전지전능하신 분께서 인간과 대화를 할 때에, 인간이 하나님 말씀의 의미를 판단하는 데에 걸림이나 어려움이 따르는 제한적이고도 폐쇄적인 방식으로 하겠는가? 결코, 아니라고 생각한다.

처음에는 하나님이 직접 인간이 알아들을 수 있는 인간의 말[음성]로써 했는데, 그것이 변하여 개인의 꿈·환영 등을 통해서 하기도 하고, 천사나 선지자를 통해서 대신하기도 하고, 나중에는 육안으로 보이기도 하고 안 보이기도 하는 희한한 '성령'이란 것으로써 말한다. 그것도 해당되는 개인에게 국한하여 하되, 옆 사람조차도 알아들을 수 없는 방식으로 말이다. 세상 '끝날'에 심판이라는 과정을 거쳐서, 하나님의 말씀대로 살았다면 천국으로 보내 영생하게 하고, 그렇지 않으면 지옥으로 보내서 영벌을 받게 한다는 것이 천국복음의 요체인데, 그것을 세상 끝까지 전파하고자 하는 뜻을 두신 분이 어떻게 그런 방식으로 대화를 시도하겠는가? 너무나 비효율적이고 비합리적인 방식이 아닌가.

여덟째, 성부·성자·성령이 한 신성神性이라고 주장하는 삼위일체설도 문제 가운데 문제이다. 물론, 경전 내에는 삼위일체설을 주장할만한 근거가 되는 문장상의 기술이 있다. 그렇듯, 이들이 엄연히 구분되어 있음을 주장할만한 근거가 될 만한 문장상의 기술도 있다. 그래서 오랫동안 논쟁거리가 되어왔다. 어느 날 갑자기 삼위일체설을 믿기로 합의하였지만, 급기야는 그것을 믿는 사람들에게 신의 저주가 있을 것이라고 주장하는 이슬람교가 태동되었고, 예수교 안에서조차도 그것을 믿거나, 믿지 않는 부류가 섞여있다. 그렇지만 하나님은 여전히 침묵을 지키신다는 사실이다.

아홉째, 인간을, 세상 '끝날'에 심판이란 과정을 거쳐서 천국과 지옥으로 구분·분류하여 보내되, 천국에 가는 영은 하나님과 함께 의와 평강과 희락으로 영원히 살며, 지옥으로 가는 사람과 천사는 영벌을 받는다는 것이 예수교의 가장 중요한 주장이라 할 수 있는데, 정작, 경전에서는 천국과 지옥과 심판에 대한 추상적이고 부분적인 묘사만 있을 뿐 구체적인 설명이 거의 없다는 사실이다. 심지어는 그 같은 중차대한 '천국복음'을 전하러 오신 하나님의 외아들조차도 비유적인 표현만 나열하거나 말을 아꼈을 뿐 천국·지옥·심판 등에 대해서는 납득할만한 설명을 피했다. 이것은 천국과 지옥이 없거나 있어도 보지 못했기 때문일 것이고, 아직 세상 끝날이 오지 않았기 때문이겠지만 그보다는 온갖 불법과 타락으로 가득 찬 지상에서의 인간 삶을 바꿔보고자 하는 의도와 목표를 달성하기 위한 방편으로써 그것들이 말해졌음을 강력하게 시사해 준다. 전체적인 경전의 내용 속에서 이들이 차지하는 비중을 따져보아도 그렇다. 지상에서의 인간 삶이 더 많이 더 중요하게 다루어지고 있다는 사실이 시사해 주는 바 크다.

열 번째, 같은 하나님을 믿으면서도 서로 다른 주장을 하는 유대교·예수교·이슬람교 등의 교리를 논외로 치더라도, 예수교 안에서 조차 주의·주장이 다르고, 그것들에 대한 판단의 중요 우선순위가 달라서 많은 종파宗派가 생겨났음에도 불구하고 하나님은 여전히 입을 다물고 계시다. 비록, 하나님이 말씀만으로 천지만물을 창조했으며, 인간과 끊임없이 대화를 하고 있다하지만 굳게 다문 입은 좀처럼 열리지 않는다. 그저, 하나님의 심기心氣를 읽고자 하는 인간들이 일방적으로 말을 할 뿐이다.

열한 번째, 예수가 이 땅에 다시 오신다는 날 – 그날이 바로 인류 심판 날이지만 – 에 대해서 예수 자신은 '이 세대가 지나기 전에 구름 타고 오신다' 했고, 사도 바울은 '임박했다' 하면서 결혼하지 않은 사람들은 하지 않는 것이 좋다고 말할 정도로 가까이 다가왔다고 믿었다. 그런가하면 사도 요한은 '속히 될 일'이라 했다. 그런데 믿는 자들은 오늘날 무어라고 말하는가? 내 굳이 말하지 않아도 된다고 생각한다. 그들은 인간의 시간 개념과 천국의 그것이 다르다는 궤변을 늘어놓기에 급급하니까 말이다.

열두 번째, 마태복음에서는 예수를 아브라함과 다윗의 자손이라 기록되어 있다(마태복음 1:1). 그래서 많은 사람들은 그렇게 믿지만, 정작 예수 자신은 얼토당토하다며 그를 부정한다. 곧, 창세전부터 하나님과 함께 있었으며, 다윗조차도 자신의 주라고 불렀다는 것이다(누가복음 20:41~44). 이처럼 예수를 하나님이라고 믿는 예수교 경전 내에서조차 예수에 대하여 전혀 다른 기록이 있다. 이것이 무엇을 뜻하겠는가.

물론, 이들 외에도 크고 작은 문제들이 많다. 이들 문제를 크게 보면, 두 가지로 나누어 볼 수 있는데, 하나는 경전 내용 모두를 인정한다 해도, 그 안에서 상충되는 주의·주장이다. 이것은 경전 내용상의 모순으로 바꿔 말할 수 있다. 그리고 그 다른 하나는 경전 내용 모두를 인정한다 했을 때 그 안에서 해결해 주어야 할 많은 의문들이다. 앞으로 종교가 살아남으려면 그 의문과 그 모순들을 적극적으로 풀어 주려는 노력을 기울여야 한다고 믿는다. 그러나 불가하리라 본다.

-2009. 07. 29.

예수교의 3대 거짓말

1	죽은 몸이 다시 산다.
2	심판이 임박했다.
3	사자가 풀을 뜯고, 이리와 어린 양이 함께 눕는다 : 눈물과 죽음이 없는 세상 실현 혹은 회복.

  예수교 경전인 '성경' 안에는 서로 충돌하는 모순이 많고, 현실사
회에서 입증되거나 실현될 수 없는 주장이 또한 많다. ①모순 ②입
증불가 ③실현불가 등 세 가지 가운데 실현불가만을 거짓말이라 한
다면, 나는 위 세 가지를 예수교의 큰 거짓말이라 말하고 싶다.

  죽은 몸이 다시 살아난다는, 믿기지 않는 주장을 받아들이는 사람
들에 의해서 그동안 지구촌에서 얼마나 많은 인간 주검들이 성당이
나 교회 안으로 끌어들여졌던가. 하지만 그들 가운데 단 한 사람도
살아나 걸어 나온 이는 없다.

  사도 바울은 세 차례에 걸쳐서 부활이 있다 했지만, 하나님에 의
한 부활이 있음을 예증 삼아 보여준 첫 번째 예수의 부활이 경전 안

에서 문장으로 기록되어 있을 뿐 나머지 두 차례에 걸친 부활은 아직 없다. 그의 말대로라면 두 번째 부활을 보장해주는 하나님의 심판이 있었어야 하는데 애석하게도 아직까지 도래하지 않았다. 지금도 수많은 사람들이 심판을 위한 부활이 있다고 주장하지만 심판 자체가 없었다. 그 심판의 시기에 대해서 나는 이렇게 간단히 말하곤 하는데, 곧, ①바울의 '임박', ②요한의 '속히', ③예수의 '이 세대가 지나기 전'에 있다던[약속된] 심판과 부활의 그 날이 이천 년이 다 지나도록 없는 상태이다. 지금까지 왜 없냐고 물으면 천국의 시간개념과 인간의 그것이 다르다고 답변하는 게 예수교의 목사들이다.

그리고 심판 후에 '새 땅 새 하늘'에서 예수의 천년 통치가 이루어진다는데, 그 새 땅 새 하늘에서는 더 이상의 눈물과 죽음이 없는 세상이 보장된다고 주장한다. 바로 그런 세상에 대한 상징적 표현이, 최초의 인간이 죄를 범하기 전 '에덴동산'을 떠올리게 하는, '사자가 풀을 뜯고, 이리와 어린 양이 함께 눕는다.'는 주장이다. 하지만 이것은 어디까지나 인간의 마음 속 그림일 뿐 현실 속에서는 있을 수 없는 일이다.

고대 지중해 지역의 다신교多神敎 신앙이 지배하는 사회에서 그것을 부정하고 유일신을 믿는다는 이유만으로 핍박 받으며, 여러 가지 사회적 환경이 드리우는 절망 속에서, 다시 말하면, 선과 악이 충돌하는 인간세상 속에서 선자善者나 약자弱者가 꾸는 꿈이 끊임없이 업그레이드되면서 유일신 신앙이 다신교를 물리쳤으며, 결과적으로 동네의 신이 세계인의 신이 되었던 것이다. 그러나 여전히 ①모순 ②입증불가 ③실현불가 등 세 가지 요소를 품고 있다.

-2010. 05. 24.

예수의 세 가지 큰 거짓말

1	나보다 먼저 온 자는 다 절도요 강도니 양들이 듣지 아니하였느니라.
2	하늘에서 내려온 자 곧 인자 외에는 하늘에 올라간 자가 없느니라.
3	나는 하늘로서 내려온 산 떡이니 사람이 이 떡을 먹으면 영생하리라.

필자는, 예수교 경전인 '성경'에 기록된, ①예수가 마리아의 몸을 빌려서 성령으로 잉태되었고, ②그가 하나님의 아들이라는 증표[표적]로서 보여주었던 초자연적 현상들과 ③십자가에 못 박혀 죽은 지 사흘 만에 다시 살아나고[부활], ④몸을 지닌 채 승천하여 하나님 우편에 앉아 계시다가 산자와 죽은 자를 심판하러 하늘 구름을 타고 다시 오신다는 내용 등에 대해서 비유적인 수사修辭로 여길 뿐이지 실재했거나 실현될 사실로서 받아들이지는 않는다. (물론, 필자와 다르게 위 내용을 전적으로 신뢰하는 사람들도 많다.)

그리고 오늘날의 '구약', 그 중심에 모세가 있었고 그 주변으로

700

많은 선지자들이 있었기에 유대교가 존재하듯이, '신약' 중심에 예수가 있었고, 그 주변으로 그의 제자들이 있었기에 예수교가 태동될 수 있었다고 생각한다. 물론, 예수는 유대교의 품에서 양육된 사람이기에 하나님의 말씀을 전하면서도 모세를 의식하였고, 은연중 그와 자신을 비교했으며(이에 대해서는 다른 글 「모세에 대한 예수의 콤플렉스」를 참고하기 바람), 모세나 그 주변에 있던 선지자들의 기록 내용의 핵심을 취해 모방·활용하면서도(이에 대해서는 다른 글 「예수는 어떤 책을 읽었을까」와 「'성경' 속에서 유사하거나 동일한 내용의 반복이 뜻하는 것」을 참고하기 바람) 그들을 곧잘 비하卑下하거나 부정否定해 버렸다.

예컨대, 모세의 '만나'가 있었기에 예수 자신의 '산 떡'이 있고, 요나의 물고기 뱃속에서의 사흘 만에 구원이 있었기에 예수의 장사한지 사흘 만에 무덤에서의 부활이 있고, 창세전에 하나님이 자신을 먼저 지었다는 솔로몬의 주장이 있었기에 예수의 같은 주장이 나올 수 있었고, 엘리야에 의한 과부의 숨이 끊어진 아이 소생시킴이 있었기에 예수에 의한 나사로의 소생이 있고, 이사야의 예언[메시아의 출현과 심판론]이 있었기에 그것이 바로 예수 자신의 출현과 행적에 대한 기술이라고 주장할 수 있었다. 심지어는, 예수의 입으로써 말한 '목자牧者'니, '포도원'이니, '하늘구름'이니, '권능의 우편'이니 '잔'이니 하는, 일련의 중요한 의미를 내포하고 있는 키워드들조차 다 구약에서 다른 사람들에 의해서 쓰였던 것들이다. 한 마디로 말하여, 예수의 입으로써 말한 내용 가운데에는 독창적인 것이 하나도 없다 할 정도이다.

그럼에도 불구하고, 예수는 앞뒤가 맞지 않는, 서로 충돌하는 모순의 이중적인 말을 하는 실수를 적잖이 저질렀다. 그 실수가 본의 아니게 거짓말이 된 셈인데, 그것이 그의 제자들에 의해서 문장 상으로 야기된 것이든 아니면 처음부터 예수에 의해서 의도된 것이든 앞에서 나열한 세 가지 외에도 더 있다.

그렇다면, 그것들이 왜 거짓말인지를 확인해 보자.

첫째, 예수는 "모든 선지자와 및 율법의 예언한 것이 요한까지니(마태복음 11:13)"라고 말하고서, 이내 그것을 모두 부정하는 말을 해버렸다. 곧, "나보다 먼저 온 자는 다 절도요 강도니 양들이 듣지 아니하였느니라(요한복음 10:8)."라고 말이다. 이것이 바로 예수의 첫 번째 큰 거짓말이다. 이 말은 모세의 유대교 품안에서 성장한 예수가 그것을 부정함으로써 자신에 의한(자신이 창조한) 새로운 하나님을 믿게 하는 예수교의 태동을 의미하는 것이라고 바꿔 말할 수 있다.

둘째, 구약에서는 '에녹'과 '엘리야'가 이미 승천하였다고 분명하게 기록되어 있는데, 예수는 "하늘에서 내려온 자 곧 인자 외에는 하늘에 올라간 자가 없느니라(요한복음 3:13)."라고 말함으로써 그 내용을 전면 부정한다. 예수의 이런 태도와 이 말 역시 자신 외에는 진정한 선지자나 진정한 하나님의 사람이 없었다는 주장이다. 이것이 예수의 두 번째 거짓말이다.

셋째, '너희 조상들은 광야에서 만나를 먹었어도 죽었지만(요한복음 6:49)' "나는 하늘로서 내려온 산 떡이니 사람이 이 떡을 먹으면 영생하리라(요한복음 6:51)."했다. 한 마디로 말해서, 모세의 하나님과 자신의 하나님을 비교하며, 차별화를 선언한 것이나 다름없다. 하지만 그동안 예수의 가르침을 믿고 따랐던 그의 제자들과 그 과정에서 순교한 수많은 사람들이 예수의 말대로 과연 영생하고 있는가? 그렇지 않다. 이것이 예수의 세 번째 거짓말이다. 사실은, 만나를 먹었던 사람들(모세의 백성들 = 유대교의 하나님을 믿고 따랐던 사람들)의 몸이 죽었다는 사실을 예수 자신이 주장했던 영혼의 영생과 동일선상에 놓고 비교하는 논리적 모순을 범하고 있는 대목이다. 이 모순은 엄밀히 말해서 기만欺瞞에 가까운 것이다. 비교 대상이 될 수 없는 '몸'과 '영'을 동일선상에 놓고 비교하는 허위를 범하고 있기 때문이다.

이처럼, 모세의 하늘 양식인 만나를 예수가 영생을 약속하는 산 떡으로 대비함으로써 상대적 우월성을 과시했듯이, 예수는 널리 존경받으며 지혜로 통하는 솔로몬의 문장을 모방하면서도 그를 깎아내리지 않을 수 없었던 모양이다. 곧, 예수는 '창세전부터 하나님과 함께 했으며, 하나님 아버지의 사랑과 영화가 있었다(요한복음 17:5, 17:24).'고 주장하는데, 이는 "여호와께서 그 조화의 시작 곧 태초에 일하시기 전에 나를 가지셨으며, 만세전부터, 상고부터, 땅이 생기기 전부터 내가 세움을 입었나니, 아직 바다가 생기지 아니하였고 큰 샘들이 있기 전에 내가 이미 났으며, 산이 세우심을 입기 전에, 언덕이 생기기 전에 내가 이미 났으니, 하나님이 아직 땅도, 들도, 세상 진토의 근원도 짓지 아니하셨을 때에라(잠언 8:22~26)."라고 기록을 남긴 솔로몬의 모방이다. 그러면서도 예수는, "백합화를 생각하여 보아라. 실도 만들지 않고 짜지도 아니하느니라. 그러나 내가 너희에게 말하노니, 솔로몬의 모든 영광으로도 입은 것이 이 꽃 하나만 같지 못하였느니라(마태복음 6:29, 누가복음 12:27)."라고 언급함으로써 상대적 우월성을 부각시켜 그와 차별화를 꾀했던 것이다.

분명, 예수는 구약의 내용을 인용·모방하면서도 그것을 부정·폄하하는 이중적인 태도를 취했고 또한 그런 말을 했다. 그럼으로써 예수는 자기모순에서 벗어나지 못했다. 만약, 필자의 이런 판단이 틀리지 않는다면, 구약에서 언급된 하나님과 신약에서 언급된 하나님이 상당 부분 서로 다르다는 사실을 받아들여야 할 것이다. 더욱이 하나님의 마음이, 하나님의 뜻이 바뀌지 않았다면, 예수는 모세의 하나님을 부분적으로 인정·수용하면서 부분적으로 부정하는, 다른 하나님을 창조한 것이나 다름없기 때문이다. 바로 이점 때문에 유대교의 품안에서 태어나 성장한 예수가 하나님을 새롭게 읽고 해석하여 새로운 하나님을 창조했다고 말할 수 있는 것이다. 이것이 바로 유대교에서 예수교의 분파分派를 뜻하는 것이고, 예수가 아무리 유대인 사회에서 '형제애'를 강조했어도 예수는 그들에 의해서 죽임을 당했고, 오늘날까지도 유대교와 예수교가 하나가 되지 못하고 엄연히 병존하는 이유인 것이다.

-2010. 05. 24.

[덧붙임]

　예수의 거짓말은 이외에도 더 있다. 단지, 생략했을 뿐이다. 예수의 거짓말이라기보다는 그의 행적을 기록한 사람들에 의해서 빚어진[야기된] 문장 상의 모순으로서 오류라고 말하는 편이 더 옳을 것이다.

'꾸란(코란)'을 읽고 파악한 이슬람교의 핵심(요약)

1 천지만물을 '말씀'으로써 엿새 동안에 창조하신 하나님을 믿으며, 그 분은 오직 한 분으로서 전지전능하며, 인간에게 은혜·관용·자비·지혜 등을 베푸신다. 따라서 인간은 그 유일신에게 늘 감사하고, 공경하고, 두려워해야 하며, 반드시 경배를 드려야 한다.

(경배 드리는 방식은, ①믿음을 전제로 ②기도·염원하고, ③일정한 양식에 의해 예배 드리며, ④순례는 물론, ⑤기쁜 마음으로 헌물·헌금하며, ⑥단식을 통해서 하나님과 선지자들의 마음을 체감하고, ⑦경우에 따라서는 믿지 않는 자들과 투쟁하며 순교까지 감수해야 한다.)

2 예수교와 천주교에서 말하는 '삼위일체설'을 전면 부정한다. 천지 만물을 다 하나님이 창조한 것이기 때문에 종국에는 모든 피조물이 하나님으로 귀속된다. 따라서 하나님은 자손을 둘 이유가 없다.

3 예수는 선지자로서 하나님 가까이 계신 분으로 인정되지만 십자가에 못 박혀 죽지 않은 것으로 단정 짓고 있다. 다만, 예수의 재림은 심판과 관련하여 믿는다.

4 하나님에 의한 심판이 있으며, 그 결과에 따라 천국과 지옥으로 가는 사람들이 구분되며, 천국에서는 '티 없는 배우자'와 함께 영생하지만, 지옥에서는 유황불과 끓는 물에 신체가 녹는 벌을 받는다. 다만, 천국에는 예수교의 그것과 다른 인간의 영이 아닌 몸이 가며, 좋은 환경에서 배우자와 더불어 먹고 마시고 쉬는 즐거움이 보장된다.

5 천국에 가기 위해서는 죽은 자들의 '부활'이 전제된다. 따라서 부활에 대한 불신을 경계한다.

6 하나님은 인간에게 자신의 뜻을 전달하고, 인간으로서 마땅히 지켜야 할 계율을 주는데, 천사와 인간과의 중간 위치에 있는 '선지자'를 통해서이다. 그 선지자는 필요시 하나님이 내세우신다.

7 율법은 일상과 관련하여, 너무나 구체적이고 많기 때문에 일일이 열거할 수는 없지만, 크게 보면, ①하나님·부활·심판·천국·지옥 등에 대한 믿음, ②선행, ③자선 ④회개 ④하나님에 대한 경배 등을 행해야 한다고 강조한다. 특히, 사회적 약자인 고아·과부·여자·여행자 등에 대한 상당한 배려가 있고, 그 율법들은 사막이 많은 아랍권의 자연환경과 삶이 고려된 것들이 많다. 바로 여기에서 그들 특유의 문화가 생겼고, 그것이 존속될 수 있었다고 보여진다.

8 지옥에 간다고 강조되는 사람은 역시 불신자와 악행자이다. 다만, 악행자에 대해서는 상식적 판단에 맡겨도 되며, 불신자들과는 믿는 자들이 투쟁해야 한다고 말할 정도로 강경한 태도를 보인다. 결과적으로, 하나님에 대한 '믿음'을 무엇보다 강조하고 있는 셈이다.

9 유대인은 하나님의 뜻을 저버렸기에, 예수 이후에 '무함마드'라는 선지자를 내세워, 그에게 계시를 줌으로써, '꾸란'이라는 아랍

어 경전이 태동되었다.

10 따라서 꾸란은 경건한 이들에게는 믿음을 주고, 불신자에게는 경고를 주는 인류의 복음서라 한다.

이상 열 가지를 더 줄여 말한다면,

1	믿어라.
2	회개하라.
3	경배하라.
4	살며 선행을 베풀라.
5	모든 불신자와 악행자들을 위한 심판이 있고,
6	그 심판을 위한 죽은 자들의 부활이 있다.
7	심판의 결과에 따라 천국과 지옥으로 분류되며,
8	천국에서는 영생이, 지옥에서는 영벌이 약속되어 있다.
9	영생은 티 없는 배우자 함께, 영벌은 유황불과 끓는 물로!

이는 분명 예수교와 크게 다르지 않다. 다만, 신에 대한 경배방법과 지켜야할 율법의 내용이 다르고, 구약과 신약에 대한 해석의 차이가 크다. 간단히 말해, 동일한 신을 믿는데, 그 신의 뜻이 있어 예수 이후에 무함마드에게 계시를 주어 새 경전인 '꾸란'을 주었기에 '꾸란'만이 살아있다고 주장한다.

-2008. 12. 03.

예수교와 이슬람교가 다른 점(요약)

1 하나님에 대한 공식적인 예배일이 다르다. 예수교에서는 대체로 일요일인데 반해 이슬람교에서는 금요일이다.

2 삼위일체설, 곧 하나님[聖父]과 예수[聖子]와 성령聖靈이 같은 신성에서 나오는 동일 존재라는 것을 예수교는 공식적으로 인정하지만 이슬람교는 부정한다. 오히려 삼위일체설을 믿는 자들에게는 신의 저주가 있다고 말한다.

3 천국에서의 영생을 똑 같이 믿지만, 예수교에서는 영靈으로서 영생하는 반면 이슬람교에서는 인간의 몸으로서 영생한다. 그것도 배우자가 주어지고, 과일·음료수·침상 등 원하는 모든 것이 주어지는 곳으로 묘사되어 있다. 그리고 예수교에서는 천국이 하늘에 있지만 이슬람교에서는 '에덴동산'이 다시 땅에 주어진다고 말한다.

4 심판을 받기 위한 죽은 자들의 부활을 똑 같이 믿는데, 예수교에서는 지옥에 가는 이는 몸과 영으로서, 천국에 가는 이들은 영으로서 간다면서 죽은 몸이 다시 살아난다고 모순된 말을 한다. 반면, 이슬람교는 지옥과 천국에 가는 이들이 공히 몸과 영, 곧 인간의 몸

708

으로서 간다.

5 심판할 때에는 인간의 행위들이 낱낱이 기록된 장부 곧, 예수교에서는 '생명책' 또는 '기념책'이라 하고, 이슬람교에서는 '기록부'라 하는데 그것에 기록된 대로 하기 때문에 많은 시간도 걸리지 않고 어렵지도 않다고 말한다.

6 예수교에서는 십일조와 각종 헌금을 내야하지만 이슬람교에서는 연간 순수익의 2.5%를 종교구빈세로 내야 한다.

7 예수교에서는 유대교에서 전통적으로 내려온 할례와 각종 제사(번제·화목제 등)를 폐기한 대신에 세례와 헌금, 그리고 몇 가지 상징적인 절기(부활절·추수감사절·탄생절 등)를 기념하며, 예배방식과 절차가 공식화 되어 있는 편이다. 반면, 이슬람교에서는 하나님에 대한 경배 방식으로 신앙증언·예배·헌금(희사)·단식·성지순례 등을 들 수 있다. *구체적인 예배방식과 절차도 서로 다르다.

8 예수교의 계율은 온전히 실천하기만 하면 인간세상이 곧 천국이 되는데, 이슬람교의 계율을 지키려면 '성전'이라는 이름하에 전투와 폭력이 불가피하다. 문제는 예수가 말한 계율을 현실사회에서는 온전히 지킬 수 없다는 데에 있고, 하나님의 길에서 권장되는 성전을 치르다보면 인간세상은 끊임없이 피를 부르게 되어 있다는 점이다. 이들 문제는 하나님이 전지전능하다고는 하나 실제는 그렇지 못하다는 증거 외에 다름 아니다.

9 예수교는 유대교가 있었기 때문에 나올 수 있었고, 이슬람교는 유대교와 예수교가 있었기 때문에 나올 수 있었다. 한 마디로 말해, 같은 하나님인데 인간에 대한 요구사항이 바뀌었을 뿐이다. 아니, 인간에 대한 하나님의 요구사항이 바뀐 게 아니라 인간의 하나님을 바라보는 시각이 바뀌었을 뿐이다. 이는 신이 인간을 창조한 게 아

니라 인간이 신을 창조했다는 증거이다.

−2008. 12. 05.

구멍을 뚫고 새기고 장식한 성 유물함으로, 베네치아 풍의 특색을 지닌 은 공예품으로 실물이거나 아닐 수 도 있다.
1619년 크레타 인의 인공물로 기록되다.
Reliquary(height 30.5cms) with engraved ornamentation, perforated,
Virtual and not, with traits of the venetian elaboration of Silver. A marked artifact of a cretan Laborotory, 1619.

종교인들의 아전인수我田引水

달걀조차도, 식물의 뿌리조차도 먹지 않는 인디아의 깡마른 수행 자들도 있지만, 살생殺生하지 말라는 부처님의 가르침을 믿는 사람 들 가운데에는 고기란 고기를 다 먹으면서 유독 개고기만을 먹지 않 는 이들이 있다.

그렇듯, "돼지는 굽이 갈라져 쪽발이로되 새김질을 못하므로 너희 에게 부정하니 너희는 이 고기를 먹지 말고 그 주검도 만지지 말라 (레위기 11:7~8, 신명기 14:8)."는 말씀이 예수교 경전 안에 엄연히 기록 되어 있어도 한국의 예수교도들은 대부분 돼지고기를 잘 먹는다.

개고기를 먹지는 않지만 다른 여타의 고기들을 먹는 사람들이 불 경佛經을 들고 부처님의 자비를 외치며 절에 가듯이, 돼지고기를 먹 는 사람들이 성경을 들고 하나님의 사랑을 외치며 교회나 성당으로 간다. 공히, 경전의 내용을 믿기는 믿되 실천할 수 없거나 상식적으 로 받아들이기 곤란한 것들은 아예 무시해버리고, 본인들이 배워서 알고, 경전을 읽어서 스스로 아는 극히 부분적인 내용만을 실천하며 부처와 예수를 입에 달고 사는 사람들이라 해도 틀리지 않는다. 이 얼마나 어처구니없는 아전인수 격의 편의주의인가? 그것이 아니라면 두 경전의 내용이 얼마나 비현실적이며 불완전한 내용인가를 말해 줄 따름이다.

한 마디로 말해서, 자신들의 삶을 변명해주는 내용만 믿으면서 아무런 반성도 없이 전체를 믿는 것처럼 떠벌리는 태도야말로 경전을 자기 멋대로 해석하고 받아들이는 아전인수 격의 모순이 아니고 무엇이랴. 그럼에도 불구하고, 그들은 대체로 자신들의 손에 들린 경전이 곧 일자일구一字一句 수정할 수 없는 '진리'라고 강조한다.

-2010. 01. 12.

신神에 대한 보통 사람들의
여섯 가지 심리적 경향

보통 사람들은 신과 관련해서 몇 가지 공통된 심리를 가진다.

첫째, 신神을 부정하거나 배신하면 신의 징벌이 자신에게 미칠 수 있다는 막연한 불안감을 갖는다는 사실이다. 따라서 그들은 애써 신의 존재를 부정하거나 배신하여 신을 노엽게 할 필요가 없다는 생각을 갖는다. 그런 사람들은 대체로 신의 존재를 확신하는 것도 아니면서 막연히 있을 것이라고 여기며, 누군가가 신을 부정하고 나서면 갑자기 확신하는 사람처럼 태도를 바꾸어 걱정스럽다는 듯이 말하는 경향을 띤다. 그렇다고, 신의 가르침대로 사는 것도 아니고, 신의 가르침의 내용을 제대로 아는 것도 아니다.

둘째, 창조주인 신의 세계를 피조물인 인간의 불완전한 이성적 판단능력[科學]으로 재단裁斷할 수 없다는 해괴한 생각을 갖는다는 사실이다. 그래서 그들은 경전을 읽고 분석하여, 그 내용을 긍정적으로 설명하거나 설교[說法]하는 일(목사·신부·스님 등의 활동)은 당연한 것처럼 받아들이면서, 비판하거나 의문을 제기하는 사람들의 활동에 대해서는 의미 없는, 혹은 부질없는 일이라고 치부하는 경향을 가진다.

실은, 다 똑 같은 인간의 이성적 활동임에도 불구하고 말이다. 문제는 그런 자신의 태도나 입장 표명 자체가 자신의 이성적 판단능력에서 나온 것인 줄도 모른다는 사실이다.

셋째, 경전에 기록된 신의 가르침을 편리한 대로, 선택적으로 받아들이면서 마치 신의 가르침대로 사는 것처럼 떠벌이거나 자신만이 신의 선택을 받은 사람인 양 오판·착각한다는 사실이다. 그들은 신의 가르침 가운데 현실적으로 받아들이기 곤란한 것들에 대해서는 모르는 척 외면하거나 궤변을 늘어놓으면서도 어떤 것들에 대해서는 목숨을 건 듯 강조해대는 모순을 띤다. 그렇다고, 신의 마음이나 신의 가르침이 시간이 흐르면서 바뀐 것도 아닐 텐데 말이다. 신의 가르침이 있다면 그것은 언제 어디서 누구에게나 동일한 것이어야 할 줄로 믿는다.

넷째, ①신에 대한 믿음이 주는 위로慰勞와 편안함을 누리는 생활 곧 안주安住와, ②안주하는 동안에, 자기도 모르게 몸에 밴 행동양식인 버릇과, ③사유 활동에 고착固着된 생각들인 고정관념이나 편견 등이, 추운 겨울에 즐겨 입었던 외투外套 구실을 한다는 사실조차 지각하지 못한 채 그것을 벗거나 버릴 생각을 아예 하지 못하는 경향이다. 물론, 그 외투가 자기 몸에 맞는다고, 다시 말해서 가볍고 따듯하게 몸을 보호해 주고, 장식해 준다고 판단하기 때문일 것이다. 그러나 문제는 따듯한 봄이 오고 무더운 여름이 되어도 그것을 벗지 않으려 한다는 것이다. 너무나 오랫동안 익숙해진 탓도 있고, 새로운 것으로 바꾸어 입으려면 번거로움을 감수해야 하기 때문이다.

다섯째, 사는 동안에 발생하는 좋은 일이나 나쁜 일조차 다 신이 자신에게 주는 상벌로 여기려는 경향을 띤다는 사실이다. 좋은 일이 생기면 신이 도와준 것으로 여겨 신께 감사하고, 나쁜 일이 생기면

신이 자신에게 주는 경고 내지는 벌로 여기면서 스스로 위로한다. 간단히 말해, 기도에 대한 응답이거나 생활에 대한 응보應報로서 받아들이는 경향이 있다. 여기에는 삶의 모든 것을 신에게 의지·의탁함으로써 힘을 덜고, 위로받고, 고통을 줄이고자하는 생명체로서의 본능이 깔려 있다.

여섯째, 누구나 다 죽는다는 경험적 사실을 부정하지 못하기 때문인지 죽은 후에는, 분명하게 알 수 없지만, 다른 세계가 있기를 기대하는 막연한 욕구를 가진다는 사실이다. 그들은 대체로 사후세계가 없는 것보다 있는 편이 희망적이라고 말한다. 사실, 그래야만이 죽음을 맞이하는 사람으로서 희망을 갖고 비애감이나 허무한 감정을 쉽게 극복할 수 있겠기 때문이다. 이런 인간의 심리를 매우 이기적이고, 밑 빠진 독안에 물 채우기식의 욕심이라고 필자는 말하지만 대다수의 사람들은 죽은 후에도 이승에서의 꿈이 실현되기를 바라며, 동시에 불행했던 삶에 대해서는 보상받기를 원한다.

우리는 왜, 이런 심리적 경향을 띠는 것일까?

인간은 근원적으로 위로 받고 싶고, 편안해지고 싶고, 불확실한 일에 끼어들어 모험을 하기보다 안주하고 싶은 욕구가 크게 작용하기 때문이다. 심지어는 정신적 불안이나 신체적 고통이 수반되는 절망 속에서도 그 고통을 최소한으로 줄여서 가지려는 자기본능적인 활동이 전개되는 이치와 같다. 생명체로서 안전하게, 욕구를 충족시키며 살아가려는 근원적인 본능이 곧 생명이기 때문에 인간은 현실 생활이 힘들고 절망적일수록 꿈을 꾸게 되고, 자기가 실현시키지 못하면 대신 누군가가 나타나 그 꿈을 실현시켜 주리라 믿고픈 것이다. 바로 그 자리에 전지전능한 존재, 곧 어떤 절대자나 신을 끌어들이게 되고, 그에게 의지하면서 희망의 끈을 놓지 않으려 하는 것이다. 간단히 말하여, 안전하게 살아야 하고, 사는 과정에서 고통을 최소화하려는 본능이 작용하기 때문에 사유하는 동물로서 각자에게 맞는 종교적 귀의歸依가 자연스럽게 이루어지는 것이다.

그러나 죽음이란 구조물의 기능 정지이고, 기능이 정지되면 몸의 해체과정[分解過程]을 거치면서 그 개체는 온전히 사라지는 것이다. 더 정확히 말해서, 몇 가지 원소로 분해되어 우주 속으로 방사되고, 그것들은 다시 다른 물질이나 생명체를 구성하는 원료로 쓰일 뿐이다. 이 얼마나 깨끗하고 담백한 진리인가. 현실사회 속에서 어떻게 살았든 죽고 나면 모두가 다 원점으로 돌아가는, 동일한 길을 간다는 사실이!

따라서 죽은 후의 세상을 그리지 말고, 이승에서의 삶을 여한 없이 충실하게 살 필요가 있다고 본다. 어떻게 사는 것이 여한 없이 충실한 삶인가는 개개인 각자에게 달린 문제라고 생각한다. 그러나 여기에서도 전제되어야 할 조건은 있다. 그것은 곧, 사는 동안 가장 가까이 있는 가족으로부터 멀리 있는 사람들에게까지도 정신적으로나 물질적으로 피해를 끼치지 않아야 한다는 것이다. 이것은 그 어떤 봉사활동이나 다중多衆을 상대로 하는 정치보다도 더 근원적이면서 더 중요한 것이다.

　-2011. 05. 08.

'종교'라는 왕국에 대하여
잠시 생각하다

멀고 먼 옛날, 아프리카로부터 시작된 인류가 지구 전역으로 이동·확산되면서 각기 다른 자연환경에 적응하며 오늘날까지 대代를 이어 살아왔다. 그 자체가 생존본능의 결과이지만, 인류는 그동안 수많은 역경과 고난을 극복·진화하면서 오늘날의 눈부신 문명사회를 이루었다. 특히, 자연과 인간으로부터 주어지는 갖가지 고난과 역경 등은 인류의 상상력을 자극하고 진화進化를 촉발시켜 왔을 것이다.

자연에 대한 의존도가 아주 높았던 시대의 인류는, 지진·폭우·폭설·폭풍·가뭄·혹서·혹한·화산폭발·해성충돌·질병·토네이도·허리케인·쓰나미 등 갖가지 수많은 자연현상으로부터 직·간접의 엄청난 피해를 경험했을 것이며, 그 때마다 이들 현상을 일으키는, 엄청난 능력을 지녔을 법한, 보이지 않는, 어떤 존재를 상상하며 두려워하기도 했을 것이다. 오늘날도 큰 규모의 자연재해를 당하거나 그 것을 바라보는 사람들 가운데에는 자신도 모르게 '신'이란 존재를 떠올리듯이, 자연의 압도적인 힘 앞에서 나약하기 짝이 없는 인류는 막연하지만 그 무엇에 대한 경외감을 느껴왔을 것이다.

게다가, 낮과 밤이 교차하고, 계절이 바뀌며, 만물을 키우는 하늘과 땅의 신비로운 힘에 감사하며, 그에 전적으로 의지하면서 살 수밖에 없었던 인류는, 그 하늘과 땅에 대한 신비를 느껴왔을 것이다. 특히, 어김없이 떠오르는 태양과 밤하늘의 달과 별을 바라보면서 끝없는 상상의 나래를 펴왔을 것이고, 그 과정에서 자신의 일상과 그것들이 결코 무관하지 않음을 생각하며, 그것들의 움직임과 그 결과를 이해하려고 끊임없이 노력해 왔을 것이다. 한 마디로 말해서, 하늘과 땅과 인간의 유기적 관계에 대해 눈을 뜨기 시작하면서, 인류는 대자연에 대한 경외감과 신비로움을 간직하게 되었고, 그것들을 체감케 하는 대자연속의 그 무엇을 생각하면서, 눈에 보이는 모든 것들을 만들었을 것이라 여겨지는 '신神'이라는 관념적 혹은 추상적 존재를 자연스럽게 상상했을 것이다. 그리하여 한 번도 보지 못한 신의 형상을 꼭 본 것처럼 만들어 놓고, 그에 대해 경배 드리는 의식을 나름대로 발전시켜 왔던 것이리라. (이는 지구촌의 고대종교나 현존하는 원시부족사회에서도 얼마든지 확인할 수 있는 사실이다.)

그렇듯, 인간이 자연에 대한 경외감과 신비로움을 갖고 나름대로 환경에 맞게 적응·진화하면서 크고 작은 집단을 이루어 살 수밖에 없었는데, 문제는 살아가는데 필요한 모든 에너지와 물자를 자신들의 몸 밖인 한정된 자연에서 구해야 했다는 사실이다. 바로 그렇기 때문에 인류는 원천적으로 경쟁을 피할 수 없는 운명 앞에 놓였고, 그로인해서 개인과 개인이, 집단과 집단이, 민족과 민족이, 국가와 국가가 서로 충돌을 피하지 못하고 폭력·약탈·방화·전쟁 등을 불사해 온 것이다. 한 마디로 말해서, 인류는 다름 아닌 인간 자신들에 의해서 재산을 빼앗기고, 인권과 생명을 유린당하며 살 수밖에 없었던, 길고 긴 시절을 보내야했고, 그러면서도 더불어 화합하며 평화롭게 잘 살 수 있는 세상과 그를 위한 새로운 질서를 꿈꾸기 시작했을 것이다. 동시에, 그런 세상의 한 가운데에서는 그저 목숨만 부지하면 다행이라 여길 정도로 불안에 떨며, 경우에 따라서는 체념과 절망 속에서 살기도 했으리라.

그러나 힘없는 그들조차 인내의 한계에 도달하면서 울분을 토하기도 하고, 상대를 증오하기도 하면서, 더러는 조직적으로 항거하기도 했을 것이다. 이것이 바로 인류사의 발달과정이라 해도 크게 틀리지 않지만 인간이 만들어가는, 좀처럼 변하지 않을 것 같은 사회환경 속에서 사람들은 자신을 위로해 주고, 미운 상대방을 심판하고, 그에 따라 철저하게 응징해주는, 그 어떤 절대적인 힘을 지닌, 그러면서도 자신들이 꿈꾸는 세상을 지지·성원해 주는, 의지할 만한 존재가 절실했을 것이다. 그러한 사회적 혹은 심리적 배경 속에서, 인류는 단 한 번도 대면해본 적도, 대화를 나눠본 적도 없지만 '신神'이라는 존재를 상상하면서 그 의미를 구체적으로 부여하기 시작했으리라.

배를 주린 사람들에게는 빵이 요긴하고, 신체가 구속·감금되어 있는 사람들에게는 해방과 자유가 가장 그립듯이, 힘겨운 노동을 하며 평생을 살아가는 사람들에겐 그 굴레로부터 벗어나는 것만이 유일한 소원일 터이고, 병자들에겐 건강한 심신으로의 회복이 가장 절실한 소망일 것이다. 그렇듯, 자연과 인간으로부터 받아온 온갖 재해와 시련을 감당해 내는 과정의 인류는, 본능적으로 스스로 위로받고, 스스로 행복해지기 위해서 부단히 꿈을 꾸었을 것이고, 그 꿈에 살과 뼈대를 하나하나 갖추어 나갔을 것이다. 그리하여 마침내 자신들의 이상세계를 담아내는 틀을 갖춘 형태로 발전시킬 수 있었을 것이고, 그 틀이 바로 신이 거주하는 '종교'라고 하는 견고한 집이요 성城인 것이다.

따라서 종교라는 집안 가운데에 거주하는 신은, 대체로 인간이 무엇을 추구하며 어떻게 살아가야 한다고 역설할 수밖에 없었으며, 그를 실천하는 이들과 거역하는 이들에 대해서는 현세가 아니면 다음 세상에서라도 반드시 보상과 벌을 받는다고 약속해야만 했다. 그렇지 않으면 잘못되는 인간행위에 대해 제동을 걸어 자신들이 원하는 세상으로 바뀌지 않을 것이기 때문이다.

이처럼 종교는 현실 문제를 극복하고자 하는 인간의 염원이 담긴 상상계想像界에서 비롯되었다고 생각한다. 초기에는 겨우 틀을 갖춘 작은, 보잘것없는 집에 불과했지만 점차 인지가 발달하면서 왕국으로 변한 오늘날의 종교가 너무나 권위적이고, 너무나 웅장하고, 얼핏 보면 빈틈없어 보이기까지 하여, 감히 그 누구도 반기를 들 수 없는 상황으로 바뀌어버렸다. 게다가, 너무나 오랫동안 그 왕국의 중심으로부터 생산되는 이론적 주장에 세뇌된 나머지 보통의 사람들은 그에 대해 반기를 들거나 그곳으로부터 탈출을 시도하지도 못하는 상황이 돼버렸다. 이것이 바로, 아주 오래 전부터 유전되어 온 종교라는 왕국이라고 생각한다.

-2008. 09. 06.

신이 있다면 얼마나 좋겠는가

신이 있다면 얼마나 좋겠는가? 우주만물을 창조하고, 주관하는, 전지전능하신 신이 있다면 얼마나 좋겠는가? 특히, 인간 행위로부터 마음 씀씀이까지 그 잘잘못을 일일이 따지는 심판 과정을 거쳐서 천국과 지옥이라는 상벌을 주는 신이 있다면 정말이지 얼마나 좋겠는가? 또한, 사는 동안 어지간한 죄를 지어도 뉘우치고 신을 믿기만 하면 자비로운 마음으로 용서해주는, 그런 너그러운 신이 있다면야 얼마나 좋겠는가? 나 역시 그런 신이 있기를 바라지만 이 세상 어디에도 없다는 것이 문제다.

그런 신이 있다면 우리가 얼마나 살기 편하며, 공명정대한 세상이 보장되겠는가? 하지만 없어서 문제다. 그래서 나는 혼자다. 허허벌판을 홀로 걸어가야 하는, 아니, 끝없어 보이는 사막 위를 걷는 나그네나 다를 바 없다. 그렇기에 내 스스로를 의지할 수밖에 없고, 내 스스로를 믿을 수밖에 없다. 이제부터는 내가 계획을 세우고, 내가 노력하여 허허벌판을 가로지르고, 사막을 통과해야 한다.

세상의 모든 문제도 그런 나로부터 비롯되지만 그들 문제를 해결할 이 또한 나 자신일 뿐이다. 이제는 내가 나의 오늘과 내일을 결정해야만 한다.

그러나 세상의 나는 너무나 많다. 내가 지구촌에 존재하는 생명체의 일원으로서 생면현상을 유지하고 고양시켜 나가는 데에는 적지 아니한 에너지가 필요하다. 그런데 그 에너지는 몸 밖에서 구해야 한다. 그래서 모든 생명체는 경쟁이 불가피하다. 그 경쟁 속에서 서로 충돌하기도 하고, 경우에 따라서는 생사를 다투어야만 한다.

그런데 다행스런 일은 생각하는 동물인 우리가 그런 과정에서 발생하는 피해를 최소화시키고, 동등한 조건과 공평한 관계를 유지하기 위해서 필요한 조치들을 강구해 왔다는 사실이다. 그것이 법이고, 규칙이고, 질서이다.

따라서 나는 신이 만들어 준, 지키기 어려운 계율들을 지키라고 강조하면서 정작 자신들조차 지키지 못하는 현실을 감안하여 내 스스로 만든 포괄적인 계율이 있어야 한다고 생각했다. 그래서 정리한 계율이 이것이다.

첫째	사는 동안, 정신적으로나 물질적으로 가장 가까이 있는 이(평생 함께 사는 가족)를 포함하여 그 누구에게라도 피해를 끼치지 말라.
둘째	사는 동안, 세상 사람들이 필요로 하는 것을 만드는 데에 일정 부문 참여하라.
셋째	죽지 않고 영원히 산다는 믿음은 가장 어리석은 욕심일 뿐 시작이 있으면 끝이 있다는 사실을 인지하고, 죽음이

란 것조차 있는 그대로 받아들여라.

넷째 삶이란 제한된 시간에만 누릴 수 있는 축복이자 공허함
임을 알고, 가능한 한 자신의 능력을 이웃사람들에게 나
누어 주라.

이 네 가지를 실천하면 가장 가까이 있는 사람으로부터 널리 존경
받는 사람이 될 것이다. 진정으로 존경받는 이가 곧 성공한 이라 말
할 수 있다.

—2010. 10. 25.

이웃사람들에게

혹시, 여러분 가운데 아무런 근심걱정 없이, 죽지 않고, 영원히, 지상에서 살고 싶은 사람 있습니까? 물론, 얼마든지 있을 수 있다고 생각합니다.

그러나 곰곰이 생각해 보십시오, 죽지 않고 영원히 산다는 것이 얼마나 무서운 일이며, 지나친 욕심인가를. 현재의 지구 자연생태계 속에서 우리가 영생永生한다면, 그것이야말로 끔찍한 결과를 초래하고 말 것입니다. 그러잖아도 오늘날 70억 인류가 살아가는 데에도 지구는 엄청나게 빠른 속도로 황폐해지고 있습니다. 조금만 과장하면, 중병에 걸린 듯 휘청거리고 있다 해도 틀리지 않습니다.

나는 솔직하게 말해, 인간을 비롯하여 모든 생명체가 생로병사生老病死의 과정을 거치며, 그 개체로서는 한정적인 삶을 영위할 수밖에 없다는 사실이 매우 다행스러우며, 아름다움 그 자체라고 생각합니다. 다행스럽다 함은 내 죽음이 있기에 다른 생명활동이 지속될 수 있다는 뜻이고, 아름답다 함은 생명현상의 변화과정에 대한 사유가 요구되는 만큼 그 의미가 깊어진다는 뜻이기도 합니다.

724

혹시, 예수교의 경전에서 말하는 것처럼, 살과 뼈가 없는 영靈으로서 천국天國에서 영원히 살고 싶지는 않으십니까? 그것도, 천국이 하늘 어디에 있는지 정확히 말할 수는 없지만 오로지 천지만물을 창조한 하나님의 종 혹은, 자녀로서 천사처럼 말입니다. 그것도, 하나님과 예수와 다른 수많은 천사들과 함께 인간 행위의 선악을 심판하며, 하나님의 온갖 명命을 받들어 이행하는 충실한 종從 혹은 아들딸로서 말입니다. 한 가지 분명하게 말할 수 있는 것은, 그곳에서는 지상에서의 지연地緣도 혈연血緣도 없으며, 이미 인간이 아니기에 어떠한 대인관계對人關係도 있을 수 없습니다. 따라서 인간으로서 느끼고 갖는 갖가지 감정도, 욕구도 있을 수 없습니다. 있다면, 천사와 같은 영적 존재로서 다른 욕구가 있을 것이고, 다른 즐거움이 있겠지요. 하지만 유감스럽게도 나는, "하나님의 나라는 먹는 것과 마시는 것이 아니요, 오직 성령 안에서 의와 평강과 희락이라(로마서 14:17)."는 것 외에는 달리 그것을 설명할 수가 없습니다.

그런데 그곳에는 하나님의 뜻을 거역하는 일부의 천사들이 있고, 천사장이란 직급이 있는 것으로 보아 아마도, 욕구충돌을 피할 수 없는 것 같고, 집단을 관리·운영하는 측면에서 상하관계가 조직되어 있는 것 같습니다. 그럼에도 불구하고 살과 뼈가 없는 영으로서 천국에서 영원히 살고 싶으십니까? 나는 여러분에게, 특히, 예수교 경전을 손에 들고 다니는 이들에게 솔직하게 묻고 싶습니다.

부끄럽게도 나는, 지상에서 인간의 몸으로도, 확실하지 않은 천국에서 그 어떤 영적 존재로도 영원히 살고 싶은 생각은 없습니다. 다만, 있는 그대로를 보고, 느끼고, 받아들이면서, 가능한 한 기쁜 마음으로 살다가기를 바랄 뿐입니다. 그런 내가 너무 무지하고 어리석은지는 모르겠습니다. 혹, 그렇다면 나를 불쌍히 여겨 깨우쳐 주기 바랍니다.

내 아버지가 그랬듯 나도 어느새 나이 오십을 넘기면서, 그 검고 윤기 넘치던 머리칼이 희어지면서 성기어지고, 단단했던 근육은 탄력을 잃어가면서 졸아드는 노화老化를 실감하지만 어찌하겠습니까? 웃으면서 받아들여야지요.

제 아무리 영생을 외쳐도 끝내 죽지 않은 이를 보지 못했으며, 또한 죽은 자들 가운데에서 보란 듯이 되살아나 천국으로 오르는 이를 나는 아직까지 보지 못했습니다. 이 얼마나 다행스런 일이며, 공평한 일입니까. 만에 하나, 죽은 자가 되살아나 하늘에 오름으로써 영생한다면 그것이 어디, 나의 차지가 될 일이겠습니까? 천성적으로 워낙 무디고 굼뜬 내가, 그래도 희망으로 여기는 것은, 모든 생명체가, 아니, 밤하늘의 별들조차도 살 만큼 살다가 저마다 사연을 안고서 알게 모르게 사라진다는 사실입니다. 그런 죽음이 있기에 인간은 경건해 질 수 있으며, 짧은 생을 더욱 아낄 수 있는 것 아니겠습니까.

죽음이여, 그대야말로 영원할지로다.

-2008. 08. 29.

제 VIII 장 부록 · I

죽은 자를 저울로써 심판하다
사도 요한John the Apostle과 그의 무덤
바울의 감옥St. Paul's Prison
버가모에서 띄우는 편지
시나이 산에 오르는 날
성 베드로 수위권 교회를 둘러보고
갈릴리 호숫가에 있는 팔복교회 뜰에 앉아서
'슬픔의 길'을 걷던 날
소금
'에베소'에서의 산책
테살로니키Thessaloniki 유감
그리스 델피의 한 시골교회에서 예배를 지켜보다
필립피Philippi에서 외로운 사도 바울을 생각하다
'죽은 몸이 다시 산다[復活]'는 예수 가르침보다 더 강력한 것은 없었다
사도 바울의 그릇된 신체관

죽은 자를 저울로써 심판하다

위 그림은 이집트 서부사막 가운데에 있는 바할리아 오아시스 (Baharia Oasis)에 반넨티우(Bennentiu) 라는 사람의 무덤 내부에 그려 진 벽화 가운데 한 점이다. '반넨티우' 라는 사람은 고대 이집트 제 26대(B.C. 664~525) 왕조 사람으로 포도주를 테베(현 이집트의 룩소로)지 역으로 수출하여 거부巨富가 된 리비아 계 상인으로 알려지고 있다.

그의 무덤은 바할리아 오아시스의 중심인 '바위티' 라 불리는 마을에 있는데 지상건물(손님 대기실 내지는 분향소)은 흔적도 없이 사라졌고, 지하에 4개의 방만 남아 있는데, 그 벽면에 그려진 벽화가 잘 보존되어 있다. 위 그림은 그 가운데 한 점일 뿐이지만 신에게 재물을 바치던 제단도 그대로 남아 있다. (필자는 2009년 3월 12일 이곳에 들어가 보았다.)

그림 위쪽에 있는 고대 이집트 상형문자인 하이어글리프(Hieroglyphs)를 해독할 수 있다면 좋겠는데 그러하지 못함으로, 중요한 것만 상식적 수준에서 해설하자면, 이러하다. 곧, 그림의 제일 앞쪽에 서서 오른손으로 무언가 기록하는 것 같은 모습으로 서서, 그림에서는 보이지 않는 오시리스(Osris) 신에게 보고하는 토트(Thoth), 큰 저울 가운데에 서서 무게를 재는 앞의 아누비스(Anubis)와 뒤의 호루스(Horus)가 있고, 뒤에 죽은 자의 손을 잡고 서있는 마트(Maat) 신이 있다. 죽은 자의 심장을 재는 장면이다.

죽은 자의 심장 무게를 재는 이 의식은, 인간의 영혼인 카(Ka)가 사후세계인 두아트(Duat, Tuat)로 가기 위하여 받는 최후의 심판인 셈이다. 죽은 자의 심장을 큰 저울에 올려놓고, 정의와 지혜의 여신 마트의 깃털로 무게를 재는데, 심장이 마트의 깃털보다 무거울 경우 이승에서 많은 죄를 지었다고 여겨 괴물인 암무트가 심장을 먹어버린다. 그렇게 되면 죽은 자의 영혼은 영원히 사후세계로 가지 못하고 이승을 떠돈다고 믿었다. 반면에, 심장과 깃털의 무게가 일치하면 죽은 자의 영혼은 다시 육체에 남아있는 바(Ba)와 만나 부활한다고 믿었다.

고대 이집트인들(왕가, 귀족 등)의 무덤 안에는 이와 유사한 그림들이 많이 그려져 있으며, 오늘날 그들의 사후세계에 대한 믿음과 그 내용을 확인할 수 있는 중요한 단서가 되고 있다. 유사하지만 다른 그

림 한 점을 덧붙인다. (위 그림)

고대 이집트인들의 ①미라 만드는 방법과 기술, ②그들이 믿었던 다신多神들의 계보와 역할, ③사후세계에 대한 믿음과 그 내용, ④무덤의 구조와 부장품 그리고 벽화의 내용 등을 이해하면 더욱 흥미롭다.

그러나 중요한 것은, 고대인들의 생각과 믿음인데, 사람이 죽으면 모든 게 끝나는 게 아니라 심판이 있고, 그 결과에 따라 부활이 있다고 믿었다는 사실이다. 게다가, 예수교 경전인 '성경' 속 요한계시록에 언급된 것처럼 심판할 때에 다름 아닌 '저울'을 사용한다는 것이다.

우측 그림은 그리스 메테오라(meteora)에 있는 발람 사원(The Holy Monastery of BARLAAM)에 그려진 그림 가운데 한 점이다. 요한계시록만큼이나 모호하다. 물론, 예수교 관련 교회나 성당에 이런 심판을 주제로 그려진 그림이 이 외에도 여럿 있다.

그림을 자세히 바라보면 퍽 재미있는데, 그림 가운데에 예닐곱 곳에 글씨가 새겨져 있지만 그것을 읽을 수는 없고, 해독 가능한 범위 내에서 설명하자면, 이러하다.

상단 중앙에 예수가 보좌寶座에 앉아 있고, 그 좌우로 두 줄씩 24명의 장로長老가 나란히 앉아 있다. 계시록에 의하면, 24명의 장로는 한결같이 흰옷을 입었다고 기록되어 있으나 그림에서는 그렇지가 않다. 그리고 예수 좌우로 곁에 서서 생명책을 펴들고 보고하는 모습의 천사天使도 보인다. 그림 중앙 부분의 가운데에서는 천사들과 천군天軍에 의해서 사람들의 목을 끈으로 묶어서 끌고 나오는 모습이 보이며, 그들을 저울에 다는 소위 심판모습도 그려져 있다. 그리고 그림의 중하단 좌우는 사탄의 왕인 용龍의 세력이 성도들을 핍박하기 위해서 발악하듯 그 권세를 뻗히고 있고, 한편 핍박받는 인간들을 구원하기 위해서 하늘에서 천사들이 내려오는 모습이 그려진 듯하다.

이처럼 죽은 자를 심판할 때에 문제의 '저울'을 사용한다는 것은 불교佛敎도 마찬가지다.

우측 페이지에 있는 그림은, 죽음의 세계[冥府世界]를 관장하는 열 명의 왕들[태광왕(泰廣王)·초강왕(初江王)·송제왕(宋帝王)·오관왕(五官王)·염마왕(閻魔王)·변성왕(變成王)·태산부군(泰山府君)·평등왕(平等王)·도시대왕(都市大王)·오도전륜왕(五道轉輪王)] 가운데 여덟 번째 왕인 '평등왕'으로 고려 후기에 비단에 그려진 불화(佛畵:61.2 45.0㎝, 미국 개인 소장)이다.

그림 중앙 상단에 가장 크게 그려진 인물이 평등왕이고, 오른쪽 뒤편으로 남자 사신[使者]이 서 있고, 왼쪽 옆으로 여자 사신이 서 있는데, 무언가가 들어있을 법한 상자를 들고 있다. 그리고 오른쪽 앞 사신은 두루마리 서류를 펼쳐 보이며 기록된 내용을 읽고 있고, 왼

쪽 앞 사람은 긴 칼[長劍]을 들고 금방이라도 내려칠 것 같은 자세를 취하고 있다. 그리고 허리와 다리에 호피虎皮 무늬의 겉을 장식하는 옷을 걸치고 있다. 아마도 위엄과 용맹성을 드러내 보이기 위함인 것 같다. 그리고 정 중앙 왕 앞으로 목재로 만든 원시적인 저울이 있는데 그 좌우 양쪽에서 두 사람이 무릎을 꿇고 앉아서 무언가 하얀색의 추錘 같은 물건을 올려놓으려는 듯한 자세다. 그런데 왼편 사람은 상의가 벗겨져 있고, 머리가 산발散髮이며, 흰색의 바지를 입고 있는데 반해, 오른쪽 사람은 복장을 제대로 갖춘 것으로 보면 사신으로 보인다. 물론, 흰옷을 입고 산발인 사람이 심판을 받는 죽은 자임에는 틀림없다.

일반적으로 널리 알려진 불교의 시왕신앙에 따르면, 인간은 죽은 날로부터 일 주일에 한 번씩 일곱 번 심판을 받고(여기서 49제가 나왔음), 이어서 일백 일, 일 년, 삼 년이 되는 날에 세 번을 더 받음으로써 모두 삼 년 동안에 열 차례의 심판을 시왕들 앞에서 받은 연후에, 다음에 태어날 세계가 최종 결정된다고 한다.(우리의 전통적인 3년상과 무관하지 않다.) 이에 대한 기본 경전은 「염라왕수기사중역수생칠재공덕왕생정토경閻羅王授記四衆逆修生七齋功德往生淨土經」(약칭 「豫修十王生經」 또는 「十王生經」) · 「지장보살발심인연시왕경地藏菩薩發心因緣十王經」(약칭 「發心因緣十王經」 또는 「地藏十王經」) 등이 있으며, 서역과 중국에서 유행했던 명부신앙과 도교 및 민속신앙 등이 불교와 결합하여 중국에서 당唐나라 말기에 성립된 것이다. 안타까운 것은, 이 두 경전의 내용을 동국역경원의 홈페이지를 통해서 읽을 수 없다는 점이다.

어쨌든, 사후에 심판이 있다는 것은 고대 원시종교나 현대 고등종교에서도 같다. 그리고 심판 시에 저울을 사용한다는 것조차 같다. 이것이 무엇을 의미하는지에 대해서는 이 글을 읽는 여러분 스스로

734

가 판단해 주기 바란다.

　문제의 저울은, 물건의 무게를 재는 도구이지만 오늘날 법의 심판 곧 재판을 하는 곳인 법원法院 건물의 부조물로도 널리 사용되고 있기도 하다. 다시 말해, 무언가를 재어[측정하여] 정확히 판단한다는 저울의 기능을 옛 사람이나 현대인이나 다 같이 차용하여 심판의 상징적인 기호처럼 사용하고 있다는 사실만은 분명하다.

　－2010. 07. 12.

사도 요한John the Apostle과 그의 무덤

예수교 경전인 성경 가운데 신약에서 '요한'이라는 이름을 가진 사람은 모두 셋이나 된다. 그 중 한 사람은 예수께 요단강에서 물로써 세례를 베푼, 이른바 '세례 요한'이고, 다른 한 사람은 예수의 열두 제자 가운데 한 사람으로서 계시록과 요한3서, 요한복음 등을 집필한 것으로 알려진, 이른바 '사도 요한'이다. 그리고 나머지 한 사람은 '마가Mark'라고 하는 요한 곧 바울의 수종자이다(사도행전 12:25, 13:5, 15:37~38). 마가복음을 집필한 것으로 알려진 마가가 요한으로 불리어졌음에 주의가 요구되는 대목이다.

이 세 사람 가운데 사도 요한에 대하여 신약에서 기술된 내용만을 분석하여 정리하자면 이러하다. 곧, 사도 요한은, ①세베대의 아들이자 예루살렘에서 일찍 순교당한 야고보의 형제(아마도 요한이 동생인 듯함. 마태복음 4:21)이고, ②배에서 아버지와 형과 함께 그물을 깁다가 예수의 부름을 받고 형과 함께 그의 제자(마태복음 4:22)가 되었으며, ③형제인 야고보{알패오의 아들 '야보고'(마태복음 10:3)도 있고, 예수의 형제 '야보고'(마태복음 13:55)도 있기 때문에 주의 요망}와 함께 '보아너게' 곧 '우뢰의

사도 요한교회

아들'이란 별칭을 예수로부터 받았다(마가복음 3:17). 그리고 ④회당장인 '야이로'의 딸을 살리기 위해서 예수께서 그의 집안으로 들어갈 때에 베드로·야고보와 함께 들어갈 수 있도록 허락받은(누가복음 8:41~51) 제자였으며, ⑤예수가 높은 산에 올라가 변신하여 모세와 엘리야와 더불어 얘기하는 모습을 보여줄 때에도 동행한 세 사람(베드로·요한의 형제 야고보) 가운데 한 사람이었다(마태복음 17:1~3). 뿐만 아니라, ⑥예수께 질문이나 요구사항을 비교적 많이 했던 사람(마가복음 9:38, 10:35, 누가복음 9:54)으로 다른 제자들로부터 미움을 사기도 했다(마가복음 10:41).

그리고 ⑦예수께서 겟세마네 동산에서 마지막 기도를 하실 때에 다른 제자들은 '여기에 앉아 있으라' 했지만, 자신의 기도장소에 더 가까이 데리고 간 세 제자(베드로·야고보·요한) 가운데 한 사람(마가복음 14:32~40)이며, ⑧유월절에 양을 잡아야 하는 무교절일을 맞이하여 준비하라고 예수께서 성 안으로 미리 보낸 두 사람(베드로·요한) 가운데 한 사람(누가복음 22:7~13)이기도 하다. 그리고 ⑨예수께서 십자가에 매달려 계실 때에 예수의 어머니·이모·글로바의 아내 마리아·막달라 마리아 등과 함께 가장 가까이에서 지켜보았던 유일한 제자이며, 성모 마리아를 어머니로 모시도록 하는 임무를 예수로부터 부여받은 사람(요한복음 19:25~27)이기도 하다.

그리고 ⑩마리아로부터 예수의 무덤이 비었다는 사실을 베드로와 함께 전해 듣고, 무덤으로 달려가 베드로보다 먼저 도착하여 허리를 굽혀 세마포 놓인 것을 보았으나 들어가지는 아니하다가(요한복음 20:5) 뒤이어 온 베드로로 하여금 먼저 무덤 안으로 들어가게 하고 난 뒤에 따라 들어간 사람(요한복음 20:1~8)이다. 그리고 ⑪디베랴 바다에서 고기 잡던 제자들 가운데 한 사람으로서 부활한 예수를 가장 먼저 알아차린 사람(=예수의 사랑하시는 그 제자)이며(요한복음 21:7), ⑫예수 승천을 다른 제자들과 함께 감람원에서 지켜보고(사도행전 1:9~12), 예루살렘에서 성령을 집단적으로 받았으며(사도행전 2:1~4), 베드로와 함께 예수의 이름으로 병자(앉은뱅이 등)들을 고쳐주었으며(사도행전 3:6~7), 사마리아에서도 예수의 이름이 아닌 성령으로써 세례를 베풀어 주었다(사도행전 8:14, 8:25).

뿐만 아니라, ⑭요한복음·요한서신(요한1, 2, 3서)·요한계시록 등을 집필한 핵심 사도로 알려져 있으며, 그는 하나님과 예수와의 관계(예수는 하나님의 아들로서 하나님으로부터 모든 권한을 위임받아 인간세상을 심판하러 다시 오시며, 오직 그를 통해서만이 구원을 받을 수 있다는 점을 강조. 이것이 바울의 중보론으로 발전함.)를 집중적으로 설명함으로써 예수의 위상을 정립시킨 일등공신이라 판단되며, ⑮바울의 판단이지만, 예수께서 기둥처럼 여겼다는 세 사람(베드로·야고보·요한) 가운데 한 사람으로 기록된 인물이다(갈라디아서 2:9).

**

그런데 그런 사도 요한이 현재의 터키 에페스EPHESUS 유적지 인근 셀축SELÇUK이라는 작은 도시에 있는 '아야술룩' 언덕 위에 묻혔다 한다. 그가 죽은 연대에 대해서는 정확히 알려지지 않고 있으나 대략 서기 100년경으로 추정한다. 4세기에 요한의 무덤이 있던 자리에 처음으로 바실리카(basilica:로마 가톨릭 교회와 그리스 정교회에서 교회법에 따라 특별히 오랜 역사나 중요한 의미를 지닌 교회나 성당에 붙여주는 영예로운 이름이다. 그래서 이 바실리카라는 이름이 붙게 되면 통상 국제적인 예배 중심지 역할을 하게 된다.)가 지어졌는데, 그 후 6세기에 유스티아누스 황제

사도 요한 교회

(527~565)와 테오도라 왕비에 의해 더 크게 재건되었다 한다. 당시의 모습을 보여주는 스케치를 참고하되 현재는 사진에서 보다시피 거의 다 파괴된 상태이다.

사도 요한의 무덤 위에 지어졌다는 사도 요한 교회는, 아랍군의 침입 때에 주위로 성벽을 쌓아 더 높은 곳에 있는 아야술룩 성城과 연결함으로써 성의 일부처럼 보이게 했다 한다. 교회와 성벽에 사용된 돌들은 에페스 유적지에서 가져온 것들이며, 남쪽으로 나있는 '박해의 문'이라 불리는 아치형의 문을 통해서 교회 안으로 들어간다. 아치 위에 설치된 아킬레우스 관련 프리즈[Frieze:서양의 고건축에서 기둥들 위로 가로 놓이는 대들보 같은 부분으로 지붕과 연결된다. 흔히, 제일 아랫부분을 아키트레이브Architrave라 하고, 그 윗부분을 프리즈Frieze라 하며, 그 위 가장 위쪽을 코니스Cornice라 하는데, 이 코니스 위로 지붕의 덮개가 놓인다. 따라서 이곳은 대개 여러 가지 모양으로 장식되는 경향이 있다.]는 영국의 버번아비 갤러리로 옮겨졌고, 동과 서쪽으로 이어진 탑들에 딸린 작은 문도 있다.

교회 서쪽 끝에는 직사각형 모양의 안마당이 있고, 세 면에 기둥들이 세워져 회랑(回廊, Corridor) 있다. 교회는 3개의 본당으로 이루어졌고, 여섯 개의 커다란 돔dome이 십자가 형태로 배열되어 있다. 세례를 베풀던 세례소가 있고, 벽면의 십자가와 유아 세례용 돌확 등도 남아있다.

　문제의 사도 요한의 무덤은 중앙 돔 바로 아래에 있는데 대리석으

로 맨 바닥처럼 덮여있으며 다만, ST. JEAN IN MEZARI / THE TOMB OF ST. JOHN이라 적힌 표지석[墓碑]이 놓여 있을 뿐이다.

그러나 이곳이 사도 요한의 무덤으로 확정되기까지는 적지 아니한 논란이 있었던 것 같다. 객관적인 기록은 없고, 그저 사람들의 입에서 입으로 전해지는 말이나 입증할 수 없는 주장들에 의지할 수밖에 없었기 때문일 것이다. 브리태니커 백과사전의 기록이 이를 잘 말해 준다.

2세기말경 에페소스의 주교 폴리크라테스는 요한의 무덤이 에페소스에 있다고 주장하고, 그는 예수에게 사랑받던 제자였으며, '성직자 복장을 한 사제로서 순교자요 교사'였다고 덧붙였다. 180년경 리옹의 주교 이레나이우스는 요한이 파트모스 섬에서 「요한의 복음서」·「에페소인들에게 보낸 편지」·「요한의 묵시록」을 썼고, 에페소스에서 죽었다고 한다. 3세기에는 에페소스의 두 지역이 요한의 무덤으로 추정되었는데, 결국 한 곳이 공식적으로 인정을 받아 4세기에 성지가 되었다. 6세기에 요한의 무덤에서 나온 흙은 병을 고치는 능력으로 유명했고(프랑스 역사가 투르의 그레고리우스가 이 말을 전함), 또한 이 시기에 에페소스 교회는 제4복음서의 자필원고를 갖고 있다고 주장했다.

이처럼 사도 요한의 무덤이 우여곡절迂餘曲折 끝에 확정되었다 해도 틀리지 않는데, 그렇다면 그의 행적行蹟은 어떠한가? 필자는 경전 가운데에서도 신약에 국한하여 그와 관련된 내용만을 신중하게 가려내어 정리했지만 그 외에 것들은 알 수 없다. 그럼에도 불구하고, 정경正經으로 치지 않는 외경 중 「요한행전Acts of John」과 오로지 전승되어 오는, 믿을 수 없는 것들이 마치 객관적 사실인 양 이야기되고 있다. 예컨대, ①요한이 끓는 기름 속에 던져졌으나, 기적적으로 조금도 상해를 받지 않고 살아났다는 이야기(2세기 북아프리카

신학자 테르툴리아누스)나, ②「요한행전Acts of John」에서는 그가 죽은 것으로 묘사되었는데 후대 전승은 에녹과 엘리야처럼 승천했다고 주장하는 것이나, ③요한의 무덤을 덮은 흙이 요한이 살아 숨 쉬고 있는 것처럼 움직였다고 하는 것이나, ④요한이 매우 어렸을 때에 예수의 제자가 되었다는 「요한행전Acts of John」의 기록에 근거하여 그를 턱수염이 없는 소년의 모습으로 묘사하는 것 등이 그 예들이라 할 수 있다.

결과적으로, 우리는 아무것도 입증되지 않고 입증할 수도 없는 내용들을 가지고 너무 집착하는 것은 아닌지 모르겠다. 그야말로 전설傳說로 시작해서 전설로 끝이 나는 일, 곧 종교적 픽션을 가지고 현실 안으로 끌어들여서 스스로 구속받으며 스스로 매달려 있는 형국을 연출하는 것이 아닌가 싶다. 거기에는 오로지 전지전능하다는 하나님의 권한과 능력에 따른 부활과 심판과 영생이 있다는 믿음이, 아니 인간의 소망이 깔려 있기 때문일 것이다.

참고로, 터키의 '버가모'(요한계시록에 나오는 버가모 교회가 있던 곳이자 기원전부터 '페르가몬'이라 하여 헬레니즘과 로마통치시기와 비잔틴 시대를 거치면서 계속 발전해온 고대 도시국가)에 가면 헬레니즘 시기에는 고대 이집트 '세라피스Sera pis'라는 창조신에게 봉헌된 신전이었으나 비잔틴 시기에 이르러 개·보수되어 사도 요한에게 봉헌된 교회가 있다. 붉은 벽돌과 대리석 등으로 지어졌기 때문인지 '붉은 정원' 혹은 '붉은 교회'라고 불리어진다는, 지금은 폐허가 되다시피 된 건물이 남아있다.

그리고 예수에게 물로써 요단강에서 세례를 준 세례자 요한St. John the Baptist의 잘린 머리 무덤은 시리아의 수도 다마스쿠스 '우마야드'라 하는 이슬람사원[Umayyad Mosque] 안에 있고, 그의 잘린 머리를 제외한 유체는 이스라엘 사마리아Samaria의 세바스트

붉은교회

Sebaste에 묻혔다 한다. 사마리아에 있는 이 무덤은 4세기경까지 경배를 받아오다가, 362년경, 배교자 줄리안 시대에 크게 파손되었고, 훗날 기독교인들이 세례 요한의 남아 있는 유골을 수습하여 예루살렘으로 가져왔고, 다시 알렉산드리아로 옮겨져 395년 5월 27일 새로 봉헌한 '주의 예비자' 성당에 안치했다고 전해진다. 물론, 이들 외에도 세례자 요한의 머리와 유해遺骸를 보관하고 있다고 주장하는 교회나 성당이나 수도원 등이 더 있으며, 심지어는 박물관까지도 있다. 그야말로 믿거나 말거나이지만 왜 이런 현상이 유일신 신앙이 지배하는 지역 곳곳에서 일어나는지에 대해서는 별도의 연구가 필요하다. 소위, 성인聖人이라고 평가되는 사람의 사체死體 일부를 절단하여 성당 내부나 개인의 성소에 안치해 놓고 경배·기도하는 고대 풍습이 있었다는 단서가 확인되긴 하지만106) 그것도 신에 대한 절대적인 믿음이 지배하던 시기에 이루어질 수 있었던 것으로 보인다. 필자는 개인적으로, 다신교 신앙이 지배하는 사회 속에서 유일신 신앙이 살아남았고, 율법 중심의 형식주의에 빠진 유대교와 믿음과 사랑 실천 중심의 예수교 간의 대립을 거치고, 유일신에 대한 광신적 믿음이 지배하던 시기를 거치면서 신에 대한 절대적 믿음을 갖고 맹

---

106) 성인의 사체를 절단하여 여러 곳의 성당이나 성소에 안치하고 경배·기도하는 풍습이 있었다는 필자의 주관적 판단에 대한 단서

성 프란시스 제비어(St. Francis Xavier 1506~1552)는 1552년 12월 3일에 중국 산시안 섬에서 죽었는데, 그의 유해는 1553년부터 여러 차례 절단되었다. 유해를 산시안 섬에서 '말라카'의 성모 교회로 옮기기 위해서 무덤을 열고 작업하는 과정에서 목뼈가 부러지고, 다시 인디아 고아로 옮겨져 시신의 신선도를 확인하기 위해서 무릎 주위의 살점들을 떼어낸 것으로 시작하여, 그 후 1554년에는 포르투갈의 한 부인이 발가락 한 개를 절단해 갔으며, 1615년에는 팔의 일부가 경배를 위하여 로마의 The Church of Gesu로, 1890년에는 다른 발가락이 잘려 나갔고, 1916년에는 오른손이 잘려 The Jesuit Province of Japan으로 보내졌다 한다. 그 후에도 장기와 신체의 다른 부분들이 나누어져 여러 곳으로 보내어졌다 한다. 이렇게 훼손되어 불완전해진 상태로 남아있는 유해는 현재 인디아 고아 봄 지저스 대성당(Basilica of Bom Jesus) 안에 화려하게 장식된 은관 안으로 모셔져 있다. 필자는 봄 지저스 대성당을 2005년 12월에 방문했었다. (성 프란시스 제비어의 주검과 관련 자세한 사항은 필자의 다른 저서 『시간의 수레를 타고』의 148~155페이지와 190~191페이지를 참고하기 바람.)

종하던 사람들이 남긴 종양腫瘍 같은 것이라고 해석한다.

필자는 사도요한의 무덤을 2009년 1월 31일에, 세례 요한의 머리 무덤이 있다는 다마스쿠스 우마야드 모스크를 2009년 2월 17일에 각각 방문하였었다. 그리고 2009년 2월 18일~21일까지 예루살렘 Jerusalem · 베들레헴Bethiehem · 갈릴리Galilee 호수 주변을 순례했으나 사마리아의 고대도시였던 세바스트에 있는 세례 요한의 교회 Church of St. John the Baptist 유적을 살펴보지는 못했다.

　　-2011. 07. 07.

[참고문헌]

① **EPHESUS**, Selahattin ERDEMG L, NET TUR ST K YAYINLAR A. . (한글번역 김현옥) ISBN : 975-479-788-9

② **Our visit to Israel**, Emmanuel Dehan, 1993, Israel

③ **브리태니커 백과사전** : John the Apostle, Saint, H. Chadwick(글)

④ **MERT 페르가몬**, Turgay Tuna(글), CEMTURAN OFSET(ISTANBUL), ISBN 975-285-055-3

⑤ **OLD GOA**, S. Rajagopalan, Archaeological Survey of India Government of India, Good Earth Publication(new Delhi), 2004, ISBN 81-87780-20-7

바울의 감옥 St. Paul's Prison

그리스 크레니데스 필리피 유적지 안에 있는 바울의 감옥

사도행전 제16장 기록에 의하면, 바울이 마케도니아 지경 첫 성이
요, 로마의 식민지인 '빌립보'에 가 머물 때에 점쟁이 여종女從에게
든 귀신을 쫓아내 주었는데, 그 여종의 주인들과 무리들로부터 소란

을 피우고, 받지도 행할 수도 없는 풍속을 전파한다는 이유로 고발당하여, 심하게 매를 맞고 차꼬에 발이 묶인 채 감옥에 갇히었다.

그런데 그날 밤, 바울과 실라가 하나님을 찬미하며 기도하자, 갑자기 큰 지진이 일어나 옥터가 움직이고, 문이 다 열리며, 모든 사람의 매인 것이 풀어졌다 한다.

바로 그 옥獄이 지금의 그리스 필리피Philippi 라는 유적지 안에 있다는 것인데, 이 필리피는 드라마Drama라는 도시로부터 21km 떨어져 있고, 항구도시인 카발라Kavala로부터는 15km 정도 떨어져 있는 크레니데스Krenides라는 시골마을에 있다.

필리피 유적지는, 고대 중요 도시 가운데 하나로서 기원전 358년 마케도니아 왕 필립2세가 강점하여 처음으로 건설하였으며, 기원전 42년 로마와의 전쟁에서 패함으로써 그 이후에는 로마의 식민지가 되어 아우구스투스Augustus가 지배하였다.

방대한 성벽·아크로폴리스·네오폴리스·원형극장·아고라·각종 성소(아르테미스·실바너스·이집트 신 등)·바실리카 A·바실리카 B·대중목욕탕·체육관 등 많은 시설물들이 헬레니즘 시대로부터 로마 통치기를 거쳐서 초기 기독교 시기와 비잔틴 시기까지 계속해서 증축·확장되었다.

그러나 두 차례의 지진(6세말과 7세기 초)으로 초토화되어 현재는 다 무너져 있는 상태이지만, 그래서 돌덩이들이 나뒹굴지만, 발굴된 터와 부분적으로 남아 있는 유적과 유물들을 통해서 이 고대도시의 구조와 규모와 당시 시민들의 생활상 등을 엿볼 수 있다.

문제의 바울의 감옥은, 로마 지배시기에는 물을 저장해 두는 수조水槽Cistern였으나 그 기능을 잃자 기도하는 집Chapel으로 전환되어 사용되었다는데, 그 증거인 양 두 성인聖人이거나 천사天使로 보이는 인물상 가운데에 그리스도가 왕좌에 앉아 있는 모습이 프레스코 벽화로 남아 있다. 구전口傳에 의하면, '이곳이 바울의 감옥이었기 때문에 무너지지 않고 그대로 오늘날까지 남아있다' 한다.

이곳 빌립보(필리피)에 살고 있는 모든 성도와 감독들과 집사들에게 바울과 디모데가 편지를 써 보냈는데 그것이 곧 제4장 104절로 짜여진 성경 속 「빌립보서」이다.

필자는 2009년 1월 25일 이곳 유적지를 방문하였었다.

-2010. 08. 20.

[참고문헌]

① **PHILIPPI**, HELLENIC MINISTRY OF CULTURE ARCHAEOLOGIC AL RECEIPTS FUND, 2006년 5쇄, IBSN 960-214-124-7
② **GREECE** - A journey through History and Civilization, MICHAEL TOUBIS PUBLICATIONS S. A. IBSN 960-540-039-1

버가모에서 띄우는 편지

버가모(현 터키의 페르가몬)의 도시 모습

'가는 데까지 가보자' 한, 조금은 무모하고 조금은 자유로운 나의
발걸음이 '버가모'에까지 와 닿게 했다. 혹자는 이곳을 '페르가몬'

750

이라 하고, '베르가마Bergama'라 부르기도 하는데, 예수교 경전인 성경 속 계시록에서는 '버가모'로 표기된, 바로 그곳이다. 대단히 유서 깊은 고도古都임에는 틀림없다.

지도를 펼치면 터키 서쪽 '에게海'라 불리는 바닷가에 근접해 있는, 그다지 크지 않은 도시다. 고층빌딩은 거의 없어 보이지만 붉은색 지붕의 전통가옥들과 낮은 건물들이, 고대 페르가몬 왕국의 아크로폴리스가 있는 해발275미터의 산을 중심으로 부챗살처럼 넓게 펼쳐져 있다. 높은 곳에 서서 시선을 멀리 두면 낯선 이곳이 고즈넉하고 고풍스럽기까지 하여 안도감을 주기도 한다. 그러나 오늘이 있기까지 이곳의 역사를 돌이켜 보면 그리 편안한 곳만도 아니리라.

지금 내 손에 들린 책자의 도움을 받아서, 이곳 버가모의 역사를 간단히 소개하자면 대략 이러하다.

기원전 8세기경부터 사람들이 모여 살았고, '리디아'라는 이름의 왕국이 있었으며, 기원전 546년에는 페르시아 인들이 이곳을 정복하였고, 그 뒤에 스파르타 왕 데마라토스가, 기원전 334년에는 알렉산더 대왕이 각각 지배하였다. 기원전 323년에 알렉산더 대왕이 죽자 그의 휘하 장군인 리사마쿠스가 통치하기 시작하여, (그 뒤로 잠시 시리아의 간접 통치를 받기도 했지만) 리사마쿠스의 부하 필레타로스가, 기원전 263년에부터는 필레타로스의 양자인 유메네스 1세가, 그 뒤로는 유메네스의 양자인 아탈로스 1세가, 기원전 197년부터는 아탈로스 2세가 각각 지배·통치하였다. 그리고 기원전 130년에는 로마 제국으로 병합되어 아탈로스 2세로부터 3세로 권력이 넘어갔지만 그가 죽는 해인 기원전 133년에는 그의 유언으로 로마제국에 완전히 바치어진 도시왕국이 되었다. 그 후 7세기와 8세기에 아랍군의 침입으로 완전히 폐허가 되었으며, 1306년 셀축 터키의 카레시오올

고대도시 '버가모' 유적지에 남아있는 '트라이아누스' 신전

　라르가 잠시 점령했고, 1320년에 오스만 터키가 다시 점령 차지하
게 됨으로써 오늘에 이르고 있다.

　그러니까, 간단히 말하자면, 기원전에는 마케도니아·그리스를 중
심으로 하는 헬레니즘 문명의 지배를 받은 셈이고, 그 후 폐허가 되
기까지는 고대 로마문명의 통치를 받은 셈이다. 그래서 이곳에는 당
시의 주요 거주지였던 '아크로폴리스'와 당대 최고의 의료센터였던
'아스클레피온'을 비롯하여 궁전·다신교의 각종 신전·원형극장·수
로·도서관·병기고·아고라·체육관 등 '에페스(에베소)' 버금가는 유
적이 있다. 물론, 알렉산더 대왕과 로마가 통치하던 곳에는 지중해
연안국 고대 도시 어디를 가든 의례히 기본 세트처럼 이들이 산기슭
이나 계곡의 평지 또는 사막의 오아시스 등에 건설되었듯이 이곳도
예외는 아니다.

하지만 지금 나의 심장이 두근거리는 것은 이곳 유적의 방대함에 있는 것도 아니고, 역사적 배경과 사실에 대한 이해에 따른 놀라움과 공감 탓도 아니다. 오로지 사도 요한이 계시록 속에서 소아시아 일곱 교회{에베소·서머나·버가모·두아디라·사데·빌라델비아·라오디게아(요한계시록 1:11)} 에 편지를 보냈는데, 그 세 번째 교회인 '버가모 교회'가 있었다는 곳이 바로 이곳이고, 그 알쏭달쏭한 편지 내용이 파란 하늘에 흰 구름처럼 내 뇌리 속에서 떠올랐기 때문이다.

사도 요한이 활동하던 1세기에는, 이곳이 로마의 통치를 받는 시기였음으로 다신교 신앙이 주류였을 터이고(아크로폴리스 안에 있는 아테나 신전·트라이아누스 신전·디오니소스 신전·제우스 신전·그 외에 세라피스 신전 등이 말해주지만), 이곳에 예수교 소집단이 생겼다고는 하나 사람들이 밀집해 사는 아크로폴리스보다는 그 외곽지역에 있었을 것이라는 추측이 가능하다. 물론, 예수교가 공인된 이후 비잔틴 시대에는 아크로폴리스 안팎에 있는 신전들이 교회로 용도 변경되어 사용(예컨대, 고대 이집트 신인 '세라피스' 신전을 교회로 개조하여 사도 요한에게 봉헌함으로써 '붉은 교회'가 되었듯이)되기도 했지만 1세기경에는 감히 상상도 할 수 없는 상황이었음에 틀림없다.

사도 요한은 계시록에서 이곳 버가모 교회 사자使者에게 편지하기를 이렇게 썼다.

좌우에 날선 검을 가진 이가 가라사대, "네가 어디 사는 것을 내가 아노니, 거기는 사단의 위가 있는 데라. 네가 내 이름을 굳게 잡아서 내 충성된 증인 안디바가 너희 가운데 곧 사단의 거하는 곳에서 죽임을 당할 때에도 나를 믿는 믿음을 저버리지 아니하였도다. 그러나 네게 두어 가지 책망할 것이 있나니, 거기 네게 발람의 교훈을 지키는 자들이 있도다. 발람이 발락을 가르쳐 이스라엘 앞에 올무를 놓아 우상의 제물을 먹게 하였고, 또 행음하게 하였느니라. 이와 같이 네게도 니골라당의 교훈을 지키는 자들이 있도다. 그러므로 회개하라. 그리하지 아니하면 내가 네게 속히 임하여 내 입의 검으로 그들과 싸우리라. 귀 있는 자는 성령이 교회들에게 하시는 말씀을 들을지어다. 이기는 그에게는 내가 감추었던 만나를 주고, 또 흰 돌을 줄 터인데 그 돌 위에 새 이름을 기록한 것이 있나니 받는 자밖에는 그 이름을 알 사람이 없느니라(요한계시록 2:12~17).

곰곰이 생각하면 할수록 어려운 내용이다. 아니, 내용이 어려운 게 아니라 몇 개의 키워드들이 내장하고 있는, 숨은 의미가 있어 먼저 그에 대한 해독解讀이 요구되기 때문이다. 성경을 심사숙고하며 읽어온 사람으로서 이해를 돕기 위해서 가능한 범위 내에서 그 키워드들의 의미를 풀자면 이러하다. 곧, ①좌우에 날 선 검을 가진 이는 승천하여 하나님 우편에 앉아 계신다는 예수이다. ②사단의 위란, 이곳에서 예수교도를 핍박하는 통치자가 사단이라면 그에게 지시·명령하는 로마의 왕이 바로 사단의 위다. 사단 중에 사단 곧 사단의 왕이라는 뜻이다. ③발람의 교훈이란, 하나님이 선택한 이스라엘 백성을 저주하거나, 우상에 절하거나, 제물을 먹고, 음란한 행위를 하게 하면 '죽임'이란 하나님의 응징이 있다는 선례로서의 가르침이다. ④니골라당The Nicolaitans이라는 말은, 경전 안에서 딱 두 번 사용되었는데(요한계시록 2:6, 2:15), 우리말로 번역되지 못한 것으로 보면, 당대 교인들 사이에서 사용됐던 말로서 어떤 속뜻을 가지고 있을 터인데, 그에 대한 직접적인 설명은 경전 안 어디에도 없다. 다만, '발람의 교훈'이란 말과 대등한 위치에서 사용된 점으로 미루어 보면, 이 니골라당이란 말의 속뜻이 좋지 않은 것임에 틀림없고, 요한의 간접적인 설명처럼, 발락 왕에게 잘못 가르쳐 '이스라엘 앞에 올무를 놓아 우상의 제물을 먹게 하였고, 또 행음하게 한' 발람 같이 꾀[궤계]를 부리는 주술사를 따르는 무리일 것이다. 발람이 이교도 신을 믿는 주술사인 것처럼 이교도 신을 믿되 일정한 역할을 맡아하는 사람들을, 다시 말해, 지도자 위치에 있는 사람이나 그들을 추종하는 무리들을 뜻하지 않을까 싶다. 물론, 이것은 필자의 개인적 판단일 뿐이다. 말이 나왔으니 말인데, 경전에는 리골라 Nicanor라는 이름을 가진 사람 곧, 하나님 말씀을 열두 사도 대신 전할 일곱 사람 가운데 한 사람(사도행전 6:5)이 있지만 문제의 이 '니골라당'과는 무관해 보인다. 어쩌면, '라가', '바알세불'과 같은 이방인의 신이나 비어卑語를 굳이 번역하지 않고, 비교적 널리 유통되던 말이기에, 이방인의 언어 곧 방언을 소리 나는 대로 표기한 것이 아닐까 싶다. 따라서 '리골라당의 교훈'이란, '발람의 교훈'이란 말과 같거나 유사한 의미로 쓰였다고 본다. 그리고 ⑤만나란, 하나님이 선택한 백성들에게 하나님이 주는 하늘 양식으로서 하나님의 은총을 상징한다고 보면 틀리지 않는다. (만나에 대한 자세한 사항은 다른 글 「예수의 깊어가는 고민 - '만나'로부터 '산 떡'까지」를 참고하기 바람.) ⑥흰 돌A white stone이란, 물론, 흰색의 돌이고, 새로운 이름이 새겨진 돌이다. 새로운 이름이란, 해독의 어떤 단서가 있는 것은 아니지만, 하나님의 길에서 노력·헌신한 사람들에게 주어지는 상급賞給 곧 천국에서의 직분이 아닐까 싶고, 그것이 새겨진 돌이 희다는 것은 순수·성결을 뜻하는 것으로 판단된다. 천국에 있는 24명의 장로들이 흰옷을 입고 있다는 것과 같은 맥락으로 보이기 때문이다. 따라서 흰 돌에 새겨진 새 이름이란, 천국에서의 직분[직위·직책]을 약속하는 일종의 미래의 임명패任命牌 같은 것으로 보면 틀리지 않는다고 본다.

이제, 한 가지만 더 해독하면 될 것 같다. 곧, 이곳 버가모에서 '안디바' 라는 사람이 예수를 믿는다는 이유에서 죽임을 당한 모양인데, 바꿔 말해, 순교殉敎했는데, 그는 과연 누구이며, 어떻게 죽임을 당했을까, 궁금하지 않을 수 없다. '안디바' 로 번역된 사람은 서양 사람들이 말하는 '안티파스Antipas' 이다. 그런데 그에 대한 정보는 경전 안에서 극히 제한적이다. 경전의 문장을 통해서 확인할 수 있는 것은, 고작, 그가 이곳 버가모 사람이고, 예수의 충실한 증인이었으며, 죽임을 당할 때에도 그에 대한 믿음을 저버리지 아니한 사람이라는 정도이다. 경전 안에 있는 이 내용 외에는 아무것도 알 수 없다. 솔직히 말해서, 그 외의 내용 곧 경전 밖의 것에 대해서는 필자로서 책임질 수 없다는 뜻이다.

그러나 다른 자료에 의하면, 안티파스가 버가모 초대 주교이었던 가시우스 뒤를 이어 제2대 주교가 되었는데, 그는 치과의사였으며, 이교도들에 의해 뜨거운 기름에 튀겨져 죽었다는 것이다. 이것이 사실이라면 참으로 상상하기조차 어려운 사건이다. 물론, 로마제국의 통치자 가운데 한 사람이었던 데키우스Decius(249~251)가 250년 1월 초에 포고령을 선포하여, 모든 시민으로 하여금 로마의 신에게 경배하고, 행정관이 보는 앞에서 제물을 바치라 했는데, 당시 예수교도들이 일제히 거부하자 로마·예루살렘·안디옥 등을 비롯하여 여러 곳의 주교들을 가차 없이 죽였으며, 수많은 사람들이 체포되었다고한다. 바로 그때에 이곳 버가모 지역에서도 예수교도들이 모두 처형되었다하니 그의 죽음에 대한 방증이 될 만하다. 동시에 예수를 하나님으로 믿는 사람들에게는 찾아 가보픈 성지 중에 성지로 여겨지리라 믿는다.(하지만 사도 요한이 계시록을 쓴 시기와 안티파스가 순교한 시기가 일

버가모 유적지 안 대중 집회 장소로서 1만 명을 수용할 수 있는 극장이다.
이 극장은 유메네스 2세 때인 기원전 3세기에 세워진 것으로
급경사지 산비탈에 안산암으로 만들어졌다.

치 하는 지는 따져 보아야 한다.)

계시록을 집필한 사도 요한의 눈에는, 이곳 버가모 교회의 안티파

스 주교가 죽임을 당하면서도 배신·배교하지 않았기 때문에 마땅히 칭찬받아야 하지만, 두어 가지 책망할 것이 있었던 모양이다. 그렇다면, 그것은 무엇인가? 다름 아닌, 하나님으로부터 응징을 받은 '발람의 교훈'과 '니골라당의 교훈'을 되새겨야 할 사람들이 있고, 그들은 마땅히 잘못을 뉘우치고 회개해야 한다는 것이다. 만약, 그렇지 않는다면 과거에 하나님이 그들(발람과 브올 사건을 일으킨 미디안인)을 '죽임'으로써 응징했듯이 하나님(예수)의 입에서 나오는 검으로써 그들을 칠 것이고, 그들(발람 같은 니골라당)과 싸워 이기는 자에게는 상으로써 감춰 두었던 '만나'를 주고, 새 이름을 새겨 넣은 '흰 돌'을 주겠다는 것이다. 그야말로 채찍과 당근을 함께 쓰고 있는 형국이다.

사도 요한이 이런 발상을 할 수 있었던 것도 「민수기」에 기록된 발람 브올 사건을 생생이 떠올리고 있었기 때문이 아닌가 싶다. 곧, 발람이 꾀하여서 이스라엘 백성이 이방인의 신에게 절하고 제물을 함께 먹고 행음한 잘못을 저질렀을 때, 하나님은 진노하여 염병을 돌게 함으로써 24,000명이나 죽게 했고, 이런 하나님의 분노와 질투를 알아차린, 당시 제사장의 손자 '비느하스'가 음행한 남녀를 창으로써 배를 꿰뚫어 죽임으로써 하나님의 분노를 달래자 하나님은 돌던 염병을 그치게 했고, 그에게 원수 토벌대 대장과 같은 직분을 주어서 원수가 된 미디안인 토벌에 나서게 하여 그들을 모두 도륙하다시피 하게 했던 기록이 그것이다.

그런 하나님의 정체성이 각인된 사도 요한인지라, 다신교 신앙이 지배하는 사회에서 받는, 그 어떠한 핍박도 예수의 심판과 그에 따른 상벌이 기다리고 있다는 희망으로 바꾸어 갖고, 모든 고난과 핍박을 견디어 내라고 으름장을 놓을 수 있었던 것이 아닌가 싶다.

기원전부터 수많은 사람들이 이곳에서 일궈왔던, 화려했던 역사의 뒤안길을 배회하며, 나는 시시비비를 가리는 소리와, 산기슭을 쩌렁쩌렁 울리는 함성과, 약자와 패자가 지르는 비명소리를 함께 들으며 문득 생각에 잠긴다. 인간이 살아가는 한 언제나 그 가운데에서는 욕망이 질척거리고, 그 욕망이 충돌하는 과정에서 문명의 부침 浮沈도 있게 마련이라는 사실을. 그렇듯, 사도 요한의 간절한 소망과 죽음을 초월한 안티파스의 믿음을 생각하면서도, 신전이란 신전은 다 무너졌다는 사실 앞에서 소망은 소망일 따름이고 믿음은 믿음일 따름임을 어찌하지 못한 채 나는 길을 서두른다.

-2011. 07. 15.

[참고문헌]

MERT 페르가몬, Turgay Tuna(글), CEMTURAN OFSET(ISTANBUL), ISBN 975-285-055-3

시나이 산에 오르는 날

시나이 산과 성 캐더린 수도원
(41×47.5cm, 1570년, 목판 위에 그린 Oil Tempera.)

여호와 하나님이 강림降臨하시어 모세에게 율법과 규례와 계명 등을 주신 시내 산! 산은 엿새 동안 구름에 휩싸여 있었는데 이레째 되던 날 그 구름 속에서 모세를 불러, 그가 올랐던 시내 산! 그곳에서 모세는 사십 일 낮과 밤을 하나님과 함께 머물렀다 한다. 바로 그 산이 오늘날의 이집트 시나이 반도 남쪽에 있는 '시나이 산' 인지는 단정 지어 말할 수 없으나 오늘날 대다수의 사람들이 믿는 바대로 나는 그 산에 오르리라는 꿈을 꾸었었다.

시나이 산에 오른다는 기대만으로도, 나는 마음이 설레면서 심장이 마구 두근거렸다. 마침내, 나는 그 산에 오르기 위해서 홍해 아카바 만에 연해 있는 '다합'이라는 곳에서 미니버스를 타고 정확히 자정에 출발하였다. 국적이 다른 아홉 명의 남녀가 같은 차에 올라탔다. 우리는 한참을 가다가 '내려서 국립공원 입장료를 내라'는 운전수의 말대로 차에서 내려 입장 티켓을 각자 끊고, 다시 버스에 올라탔다. 어둠 속 모래벌판 위로는 차가운 바람이 만만찮게 불고 있다. 말로만 들었던 시나이 산의 추위가 예감되는 듯했다. 내심 긴장되었다.

우리는 몇 군데의 체크 포인트(검문소)를 지나는 가운데 어느 한 곳에선가 여권을 꺼내 보여주었고, 두어 시간 가깝게 달린 것 같은데 갑자기 버스가 멈추어 서더니 도로가에 서있는 한 사람을 태운다. 막 버스에 올라탄 그는 곧바로 자기가 바로 '여러분을 안내해서 시나이 산 정상까지 올라가는 가이드'라고 미소를 지으면서 자기소개를 한다. 얼굴의 생김새와 복장으로 보아 이 근방에서 살아가는 무슬림인 베두인 같았다.

우리는 두어 시간 넘게 사막 위로 난 아스팔트 포장도로를 내달린 끝에 타고 온 버스에서 내렸고, 그 안내인의 뒤를 따라 아무것도 보이지 않는 한 밤중에 시나이 산을 오르기 시작했다. 그러니까, 새벽 2시 반도 채 안 되었을 것이다. 보이는 것이라고는 오로지 밤하늘의 별들뿐이다. 우리는 손전등에 의지한 채 앞사람의 발부리를 쳐다보면서 조심스레 걷고 또 걷는다. 혹, 중간에 뒤처지는 사람이 없는지 두어 번 확인하긴 했지만 안내인은 아주 익숙한 길인 듯 쉬지 않고 줄기차게 오른다. 나는 일행의 제일 끝머리에서 뒤따라가는 입장이었지만, 여기는 조금 가파른 길이고, 여기는 아주 급경사이고, 여기

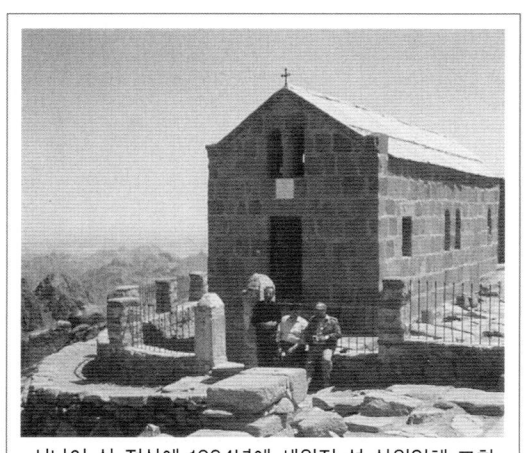
시나이 산 정상에 1934년에 세워진 성 삼위일체 교회

는 돌계단길이고, 여기서부터는 바람을 등지는 길이고, 여기서부터는 맞바람을 맞는 길이구나, 생각하면서 말없이 뒤따라갔다. 이 시점에서 분명한 것이 있다면, 갈수록 우리들의 숨소리가 더욱 거칠어지고, 누군가가 내뱉는 기침소리가 가끔 들리며, 앞뒤 행렬이 점점 길어지고 있다는 사실이다.

안내인은 평생을 사막에서 산 사람인지라 조금도 지친 기색 없이 능숙하게 길을 재촉한다. 쉬지 않고 두어 시간을 걸었을까? 나의 판단으로는 7. 8부 능선 이상 올라온 것 같은데 갑자기 불 켜진 천막이 나타난다. '이곳에서 쉬어 가는가?' 했더니 그냥 통과해 버리고 만다. 우리는 다시금 말없이 걷는다. 그저 헉헉거리는 숨소리들이 들릴 뿐이다. 걷다보니 아치형의 돌문을 지나고, 가파른 계단 길을 오르고, 마침내 두세 동의 천막이 쳐진 곳 가운데 가장 높이 있는 천막 속으로 들어간다. 천막 안으로 들어서자마자, 안내인은 '이제 다 왔다. 여기가 바로 정상이다'라고 말한다. 그 말을 듣고 나니 안도의 숨이 쉬어지기도 했지만 오히려 의아스러워지기 시작했다. 도대체, 지금이 몇 시인가? 새벽 4시도 채 안 되었다. 그렇다면 앞으로 몇 시간을 이 답답한 천막 안에서 기다려야 하는가? 게다가, 밖으로 나가 서있을 수도 없질 않은가. 찬바람이 너무 세게 불 뿐만 아니라 어두워서 아무것도 보이지 않기 때문이다. 금방이라도 바람에 천막이 뿌리 채 뽑혀져 나갈 정도로 들썩들썩해댄다. 정말이지, 이곳에서 동이 틀 때까지 기다려야 한다면 우리는 적어도 두 시간 반 이상을, 아니, 세 시간 이상을 꼬박 기다려야 한다. 갑자기 난감해지기 시작했다.

나는 배낭 속에 과일 주스 한 병과 빵 한 개와 바나나 몇 개를 넣어왔다. 그리고 물 한 병도 배낭 옆구리에 꽂혀있다. 산 정상에 오르면 몹시 춥다고들 해서 속옷을 껴입고, 바람막이 겉옷까지 입었으며, 유사시 펴서 온몸을 감쌀 수 있도록 침낭까지 가지고 왔다. 물론, 가죽장갑에 털실 모자와 목도리로 중무장하긴 했다. 그런 탓인지 올라오는 동안 내내 크게 추운 줄은 몰랐다.

이따금 바람에 휘청거리는 천막 안에 꼼짝없이 갇혀 있노라니 '왜 이렇게 빨리 출발했었나?' 하고 그때서야 새삼 의구심이 들었다. 그러나 어찌하랴. 이미 늦은 판단이다. 견디는 수밖에 다른 길은 없다. 일행들은 앉아 벌써부터 꾸벅꾸벅 졸기도 하고, 아예, 담요를 빌려서 누워 자는 사람들도 있다. 바짝 움츠린 채 남자 친구의 무릎을 베고 자는 여인도 있다. 나는 저들을 바라보면서 절대로 졸지 않고, 추워서 움츠러들지도 않으리라, 생각하면서 제법 초롱초롱한 눈망울로 버티어 내고 있었다.

그러나 시간이 가면 갈수록 내게도 졸음이 밀려오고, 그토록 두껍게만 느껴졌던 여러 겹의 옷이 살에 닿는 한 장의 천으로 느껴지기 시작했다. 그 순간부터 등에서 온몸으로 추위가 서서히 엄습해 오는 것임을 지각했다. 나는 견디다 못해 비싼, 차를 마시고, 배낭 속에 넣어온 빵과 바나나를 먹으면서 졸음을 쫓고, 추위를 이겨내려고, 손발을 움직이고, 비벼대고, 서서 몸을 이리저리 움직이는 등 별짓

시나이 산 밑에 있는 성 캐더린 수도원

을 다했다. 그러나 세 시간이 왜 이렇게 긴지 알 수가 없었다. 나도 끝내는 침낭을 뒤집어쓴 채 앉아 깜빡깜빡 졸면서 등으로부터 온몸으로 전이 되어 오는 한기를 느끼며 앉아있어야만 했다.

드디어 동이 트는 시간이 가까이 되었는지 사람들이 시끌벅적 몰려들어 온다. 갑자기 천막 안은 발 디딜 틈조차 없이 비좁은 공간으로 변해버리고, 그나마 세찬 바람소리를 들을 수 있었던 고적함조차 사라져 버린다. 게다가, 알아들을 수 없는 이국의 말들로 소란스럽기까지 하다. 먼저 온 일행들은 누워 자던 자리와 다리를 뻗었던 자리를 빼앗긴 채 사람들 틈바구니에서 여전히 꾸벅꾸벅 졸면서, 추위와 싸우고 있었다. 일행 가운데에는 그 두어 시간 사이에 차와 음료수를 많이 마신 탓인지 소변이 마려워 천막 밖으로 나가게 되고, 그곳 한쪽에 서서 소변을 보다가 바람에 날리는 오줌세례를 받는 이도 있었다.

천막 안에서 세 시간 가깝게 견딘 우리 일행들과 갑자기 몰려든 사람들은 곧 동이 튼다는 누군가의 말소리에 일제히 천막 밖으로 나가느라 소동을 벌인다. 언제 어디서들 몰려왔는지 바위산 정상으로 향한 계단길을 오르는 사람들로 북적댄다. 내가 천막 안에서 나와 산 정상으로 올라갈 때에는 이미 형형색색의 옷과 나와는 전혀 다른 머리칼과 얼굴들로, 그야말로 인산인해를 이루고 있었다. 일출을 보기에 좋은 장소는 이미 다 점령된 상태다. 나는 '일출이 뭐 그리 중요한가?' 속으로 자위하며, 사람들로 북적이는 계단길을 벗어나 바위 경사진 면을 타고 올라갔다. 다행히 신발 밑창이 미끄러워지지 않아 척척 올라갈 수 있었다. 그러나 여전히 찬바람이 세차게 불기 때문에 아랫도리는 말할 것 없고, 얼굴이며 귀며 코끝도 다 시리다. 게다가, 천막 안에서 오랫동안 추위에 떤 몸인지라 견디기가 결코 쉽지가 않았다. 나도 모르게 큰 바위 뒤쪽으로 잠시 바람을 피해 서 있기도 했지만 그런 자신을 쳐다보니 좀 우스꽝스러워졌다. 나는 다시금 힘을 내어 올라갔다. 그야말로 남들이 서있지 못하는 가파른 곳으로 가 서서 자리를 잡았다. 곳곳에서 들려오는 알아들을 수 없는 방언方言들과 모르는 얼굴들로 소란스럽기 짝이 없는데다가 사방에서 카메라 셔터를 눌러대기 바쁘다.

나는 심호흡을 하며, 배낭 옆구리에서 물병을 꺼내 들었다. 뚜껑을 열고 마시려드니 밤새 살얼음이 얼어 있었다. 나는 마실 자신이 없어 물병을 그냥 집어넣고 만다. 그러면서 '내가 지금 이곳에 고작

시나이 산 위에서 바라본 밑의 계곡(광야)

일출을 보러 왔는가?' 자문해 본다. 분명, 그것은 아니다. 하나님과 인간이 처음으로 대면했던, 그것도 무려 사십 일 간이나(출애굽기 24:18) 하나님이 머물고 모세가 머물렀던 바로 그 산 정상에 와 있질 아니한가! 그 때 이 산에 드리워진 하나님의 영광이 저 밑에 있던 이스라엘 백성들에게는 '맹렬한 불(출애굽기 24:17)'처럼 보였다는데 나는 지금 그 곳에 서 있지 않은가.

이윽고 곳곳에서 탄성이 들려온다. 습관처럼 내뱉어지는 소리도

들리고, 짧게 끊어지는 외마디 소리도 들린다. 아침 해가 막 솟아올
라 나무 한 그루 풀 한 포기 자랄 수 없는, 이 삭막한 돌산들의 얼굴
위로 황금빛을 드리운다. 해가 솟는 동쪽보다는 서쪽에 먼 산들이
더 붉고 더 밝다.

−2009. 05. 13.

[참고문헌]

①The Monastery of Sto Catherine at he God-Trodden Mount SINAI,
  Edition-Direction:Saint Catherine's Monastery and The Archdiocese
  of Sinai(2004, Athens)

성 베드로 수위권 교회를 둘러보고

갈릴리 바닷가에 있는 성 베드로 수위권 교회

'갈릴리 바다Sea of Galilee'는 '킨네렛트 바다Sea of Kinnereth' 또는 '디베랴 바다'라고도 불리었는데 헬몬 산 일대의 세 군데 샘에서 기원한 북요단 강물이 흘러들어 형성된 내륙호수이다. 그 전체 둘레가 52킬로미터이고, 남북 길이가 21킬로미터, 동서 폭이 9~13킬로미터이며, 해수면보다 212미터가 낮으며, 그 수심은 50미터로 물의 양이 약 6억 세제곱미터이다. 이스라엘이 사용하는 전체 양의 약 3분의 1에 해당한다고 한다.

이 갈릴리 바다는 예수교 경전 상에서 더욱 중요한 곳이다. 왜냐하면, 이 갈릴리 바다 북쪽 끝 '벳새다'와 그 서쪽으로 약 5~6킬로미터 떨어져 있는 곳에 있는 '가버나움'과, 이 가버나움으로부터 북쪽으로 약 3킬로미터 정도 떨어져 '고라신'이 있는데, 이 세 지역이 '천국복음 선포의 삼각지'라 불릴 정도로 예수의 사역 중심지였기 때문이다. 뿐만 아니라, 부활 후 제일 먼저 가신 곳도 바로 이 갈릴리 지역이다.

오늘날 이곳에 가면 여러 교회들 가운데 '베드로 수위권 교회 Church of the Primacy of St. Peter' [107]가 있다. 이 교회는 갈릴리 바다에 바로 연해있는데, 그다지 크지는 않지만 그 안에 '주님의 식탁 Table of the Lord:Mensa Domini'이라 불리는 바위가 있고, 그곳에서 베드로를 포함한 몇몇 제자들(①베드로 ②도마 ③나다나엘 ④세베대의 아들들 ⑤다른 제자들)과 아침식사를 함께하며 대화를 나누었던 곳이라 하여 오늘날 많은 사람들이 찾는다. 나 역시 교회 문을 닫는 시간에 임박해서야 도착했기 때문에 쫓기듯 들어가 보았고, 교회 안에서 나와 바닷가로 걸어 내려가, 그물을 던지던 베드로 일행과, 뱃머리에 앉아 무리들에게 천국복음을 전파했던 예수와, 부활 후 세 번째 제자들에게 자신의 모습을 보이신 이곳에서 숯불 위에 놓인 물고기와 떡(빵)으로써 아침식사를 함께 했던 예수를 떠올리며 손에 물을 적셔보았다.

---

107) 베드로 수위권 교회(Church of the Primacy of St. Peter)
4세기 후반에 세워진 비잔틴 시대의 교회 벽면을 살리면서, 예수와 베드로 일행이 앉아 식사했다는 바윗덩이 자체를 교회 내부로 넣어 1934년에 현무암으로 다시 지은 자그만 교회로서 프랑스 교구 (Franciscans)이다. 정원에는 올리브 나무가 무성하게 자라고 있다.

예수 : 요한의 아들 시몬아, 네가 이 사람들보다 나를 더 사랑하느냐?

시몬 베드로 : 주여, 그러하외다. 내가 주를 사랑하는 줄 주께서 아시나이다.

예수 : 내 어린 양을 먹이라.

예수 : 요한의 아들 시몬아, 네가 나를 사랑하느냐?

시몬 베드로 : 주여, 그러하외다. 내가 주를 사랑하는 줄 주께서 아시나이다.

예수 : 내 양을 치라.

예수 : 요한의 아들 시몬아, 네가 나를 사랑하느냐?

시몬 베드로 : (근심하여) 주여, 모든 것을 아시오매, 내가 주를 사랑하는 줄을 주께서 아시나이다.

예수 : 내 양을 먹이라. 내가 진실로, 진실로 네게 이르노니, 젊어서는 네가 스스로 띠 띠고 원하는 곳으로 다녔거니와 늙어서는 네 팔을 벌리리니 남이 네게 띠 띠우고 원치 아니하는 곳으로 데려가리라. 나를 따르라.

시몬 베드로 : (베드로가 돌이켜, 예수의 사랑하시는 그 제자가 따르는 것을 보니, 그는 만찬 석에서 예수의 품에 의지하여, "주여, 주를 파는 자가 누구오니이까?" 묻던 자러라.) 주여, 이 사람은 어떻게 되겠삽나이까?

예수 : 내가 올 때까지 그를 머물게 하고자 할지라도 네게 무슨 상관이냐? 너는 나를 따르라.

(이 말씀이 형제들에게 나가서, '그 제자는 죽지 아니하겠다.' 하였으나 예수의 말씀은

'그가 죽지 않겠다.' 하신 것이 아니라 '내가 올 때까지 그를 머물게 하고자 할지라도 네게 무슨 상관이냐?' 하신 것이러라.)

예수와 베드로 사이의 대화 내용이 분명하게 이해되는 것도 아니지만 요한복음 제21장 15절로부터 23절까지의 내용을 그래도 이해하기 쉽게 극본처럼 정리한 것이다. 여기에서는 적어도 세 가지의 물음이 생기고, 그 물음들에 대한 답이 먼저 명료하게 밝혀져야 한다고 생각한다. 곧, 하나는 베드로 네가 나(예수)를 사랑한다면 '①내 어린 양을 먹이라 ②내 양을 치라 ③내 양을 먹이라' 라고 세 번 되풀이한 예수의 이 말의 의미가 무엇이냐이다. 그리고 그 두 번째는 '①네가 이 사람들보다 나를 더 사랑하느냐? ②네가 나를 사랑하느냐? ③네가 나를 사랑하느냐?' 라고 세 번 되풀이하여 묻는 예수의 저의底意가 무엇이냐이다. 그리고 나머지 하나는 '①나를 따르라 ② 너는 나를 따르라' 라고 두 번 말한, 이 말의 진정한 의미가 무엇이냐이다.

예수가 베드로에게 요구한 '양¥을 먹이고 양을 치라' 는 것은, 그로 하여금 양치기[牧者]가 되라는 뜻이고, 이 때 양이란 가르치면 가르치는 대로, 인도하면 인도하는 대로 믿고 따르는 착한 백성을 일컬을 것이다. 따라서 베드로에게 양을 치라는 의미는 나(예수)처럼 너도 나의 백성들을 가르치고 사랑하는 일을 하라고 강조한 것이라 말할 수 있다.

그리고 예수가 베드로에게 '나를 사랑하느냐' 고 세 번씩이나 되물은 까닭은 무엇일까? 얼마 전까지만 해도 예수를 믿고 따른다고 장담했었지만 결정적인 순간에 세 번이나 예수를 부인했듯이 나를 사랑한다는 말도 심히 의심스럽다는 의중을 내비친 것이 아닐까 싶기도 하다. 그것이 아니라면, 과거에는 예수를 세 번이나 부정했었지만 현재는 예수를 사랑한다고 세 번씩이나 말할 수 있는 기회를 줌으로써 아주 달라져 있는 베드로의 정체성을 재확인시켜 주고자 함일까? 아니면, 세 번씩이나 부인했던 부끄러운 사실을 환기시켜 줌으로써 반드시 실천할 수 있는 진실을 그로 하여금 말하게 하는 의도에서일까? 여러 가지로 생각해 볼 수 있으나 그 이유가 어디에 있든, 분명한 사실은 천국복음을 전파하고 실천하며 산다는 것이 얼마나 힘들고 어려운 것인가를 재확인시켜 주는 의미가 깔려있다고 본다.

그리고 베드로 네가 말한 것처럼 나 예수를 진정으로 사랑한다면, '나를 따르라' 고 두 번 강조하였는데, 이는 자신처럼 이 땅에서 천국복음을 믿고 실천하는 과정에서 겪는 온갖 고난과 환난을 다 이겨내고, 심지어는 자신의 생명까지도 내놓으라는 뜻이 깔려 있다고 본다.

예수는 이 갈릴리 바다 앞 언덕 기슭에서 베드로 일행과 함께 숯불에 구은 물고기와 빵으로써 아침식사를 하고 나서, 베드로에게 제2의 자신(예수)이 되라고 직접 명령한 셈이나 다름없다. 역시, 그래서일까, 순교하기까지 파란만장한 사역의 길을 걸은 베드로의 삶이 영상처럼 수면 위로 어른거린다.

-2009. 07. 21.

갈릴리 호숫가에 있는
팔복교회 뜰에 앉아서

팔복교회 전경

복福이란 무엇일까? 세상 사람들이 그것에 대해서 어떻게 정의내리든지 간에 상관없이 나는 이렇게 말하고 싶다. 복이란 나를 즐겁게 하는 모든 것이고, 그 복의 크기는 즐거움의 정도와 그 시간의 길이에 따라 결정되며, 그런 복이란 자신의 의지에 상관없이 주어지는 것과 스스로 노력에 의해서 얻어지는 것이 있는데 그 대부분은 후자에 속한다고 생각한다. 그럼에도 불구하고 많은 사람들은 전자를 갈망하는 경향이 짙다. 그렇기 때문에 우리는 '신'이라는 불확실한 존재에 기대어 복을 기원하는 것이다.

이스라엘 갈릴리 호숫가 북단 쪽으로 가면 대단히 아름다운 교회 하나가 있는데 그 이름이 다름 아닌 '팔복교회Church of Beatitudes' 108)다. 갈릴리 호수가 훤히 내려다보이는 언덕 위에 세워져 있으되, 잘 가꾸어지고 잘 다듬어진 아기자기한 정원과 교회 건물의 독특한 외양이 썩 어울려 보인다. 특히, 예수가 이곳에서 여덟 가지 복에 대하여 가르침을 폈던 경전 상의 사실을 기념하기 위해서 1938년에 새롭게 지어졌다는 교회이다. 나는 이곳에 들어서는 순간, '이런 곳에서 살면 오래오래 살 수 있을 것 같다는 생각이 불현듯 들기도 했다.

예수가 말한 그 여덟 가지 복이란 무엇일까? 아마도, 마태복음 제5장 3절로부터 10절까지의 내용109)을 두고 한 말인 것 같은데, 그곳에서의 복이란 ①천국天國 ②위로慰勞 ③주어지는 땅 ④배부름 ⑤긍휼히 여김을 받음 ⑥하나님을 보게 됨 ⑦하나님의 아들이라 일컬

---

108) 팔복교회(Church of Beatitudes)
비잔틴 시대로부터 있어왔다는 교회 유적지 위에 이탈리아 발루치(Barluzzi)가 설계하여 1938년에 새롭게 지은 교회. 밖에서 볼 때는 아래 부분은 사각형이고, 그 위로는 2단 팔각형으로, 각 단마다 각 방향으로 각각의 창문을 두었다. 그리고 그 위로는 2단 돔으로 장식되었다. 밖에서 바라보면 아치형의 문처럼 장식된 여러 개의 기둥들이 먼저 눈에 들어온다. 교회 내부에는 예수의 사형선고에서부터 부활까지의 과정이 그림으로 그려져 있다.

어짐 ⑧천국 등이다. 그런데 이들 복 가운데에는 천국이 중복되기 때문에 사실상 팔복八福이 아니라 칠복七福인 셈이다. 다만, 이들 칠복을 받는다는 사람들이 여덟 부류인데, 곧, ①심령이 가난한 자 ②애통하는 자 ③온유한 자 ④의義에 주리고 목마른 자 ⑤긍휼矜恤히 여기는 자 ⑥마음이 청결한 자 ⑦화평케 하는 자 ⑧의를 위하여 핍박을 받은 자 등이 그들이다.

결국, 예수가 말하는 복이란 세상 사람들이 추구하는 그것과는 조금 다른 것으로서, '하늘에서 하나님이 주는 상'(마태복음 5:12)이다. 곧, 마음씨 착하고, 자비로운 마음으로 남을 돕고, 욕심 부리지 않으며, 의[하나님의 뜻]를 추구하며, 핍박받는 사람들에게 약속되는 것으로서 복이지만 '땅을 기업으로 준다'는 것을 빼고는 다 천국과 관련된 것으로서 정신적으로 느끼어 갖는 마음의 상태일 뿐이다.

여하튼, 나는 과거 예수가 주로 천국복음을 전파했다던 이스라엘의 '갈릴리'하고도 그 유명한 '산상수훈山上垂訓'을 폈던 언덕에 앉아 새삼 그의 '하늘에서 주는 상'에 대하여 곰곰이 새기어 본다.

-2009. 07. 22.

---

109) 마태복음 5:3~10
①심령이 가난한 자는 복이 있나니 천국이 저희 것임이요
②애통하는 자는 복이 있나니 저희가 위로를 받을 것임이요
③온유한 자는 복이 있나니 저희가 땅을 기업으로 받을 것임이요
④의에 주리고 목마른 자는 복이 있나니 저희가 배부를 것임이요
⑤긍휼히 여기는 자는 복이 있나니 저희가 긍휼히 여김을 받을 것임이요
⑥마음이 청결한 자는 복이 있나니 저희가 하나님을 볼 것임이요
⑦화평케 하는 자는 복이 있나니 저희가 하나님의 아들이라 일컬음을 받을 것임이요
⑧의를 위하여 핍박을 받은 자는 복이 있나니 천국이 저희 것임이라

'슬픔의 길' 을 걷던 날

오늘은 다른 어느 날보다 조금 일찍 일어났다. 새벽 5시를 막 넘어서고 있다. 조금은 긴장된 탓도 없지 않은 것 같다. 사람들이 몰려들기 전에 아침 일찍 예루살렘 성 안에 있는 소위, '슬픔의 길'이라고 명명된 '비아 돌로로사VIA DOLOROSA'를 조용히 걸어보기 위해서다.

간밤에 비가 내리는 소리를 잠을 자면서 간간이 들었었는데 지금도 비가 내리는지 궁금하다. 호텔 밖으로 나가 확인하느니 빨리 샤워하고, 옷을 갈아입고, 우산을 들고, 나가는 일이 우선이라고 나는 생각했다. 2009년 2월 20일 금요일 이른 아침 시간이다.

나는 잔뜩 흐려있는 하늘을 확인하고는 예루살렘 성 안으로 걸어 들어갔다. 아직 이른 시간이어서인지 대부분의 상점 문들이 닫혀있고, 불과 몇 몇 상점들만 문을 열고 있거나 이제 막 열었는지 물품들을 정리하고 있는 점원이 보이고, 쓰레기 청소 차 한 대가 쓰레기를 치우며 골목길을 파고드는 모습이 눈에 띄었다. 그런 골목골목은 어제 낮에 본 것과는 아주 딴판으로 짙은 화장을 다 지운 여인의 얼굴을 보는 듯하다.

　나는 어제 '여행안내소'에서 받은 지도를 펴들고, 예수가 본디오 빌라도로부터 사형을 언도받고, 십자가에 못 박혀 죽어 묻히고, 부활했다는 곳까지의 길을 걸어보기 위해서 빌라도 총독 관저가 있었다는, 지금의 엘 오마리야 학교El Omariya School 앞으로 걸어가고 있는 중이다.

　예루살렘 성 밖 그리 멀지 않은 '감람산'에서 무장한 군인들에 의해 결박당한 채 '안나스'에게로 순순히 끌려가는 예수, 당시 '안나스'의 사위이자 대제사장인 '가야바'에게로 다시 끌려가게 되는 예수, 그곳에서 가당찮은 심문을 받는 과정에서 얼굴에 침 뱉음을 받고, 주먹으로 맞고, 귀싸대기까지 얻어맞으며 온갖 모욕을 당하는 예수, 그가 마침내 '본디오 빌라도' 총독 관정으로 붙들려온 것이다. ①백성을 미혹하고 ② '가이샤'에게 세금을 납부하지 않고 ③자칭 그리스도라 한 죄를 씌워 죽이기 위해서 대제사장들과 유대 국민의 장로들이 앞장서서, 그것도 새벽에 이곳으로 끌고 와 고소告訴한 것이다.

　그러나 빌라도가 볼 때에는 예수에게 아무런 죄가 없어 보이는데 유대인들은 그를 십자가에 못 박아 죽이라고 외쳐댄다. 이런 어처구니없는 상황에서 벗어나고자 빌라도는 꾀를 내기를, 때마침 예루살렘에 와 있는 갈릴리 총독 '헤롯'에게로 예수를 보내보지만 그 역시 좋은 옷을 입혀 빌라도에게 되돌려 보내버리고 만다. 더욱 곤란한 상황에 놓이게 된 빌라도의 심기는 여간 불편하지 않았으리라.

　유대인들이 계속하여 예수를 죽이라고 선동하며 외쳐대자 별 수 없이 십자가에 못 박으라고 내어주고 손을 씻는 정치꾼 빌라도, 그러자 군병들이 예수를 '브라이도리온'이라 불리는 뜰 안으로 데리고 가서, 예수에게 자색 옷으로 갈아입히고, 가시면류관을 씌우고, 갈대로 그의 머리를 툭툭 치며, 얼굴에 침을 뱉고, 그 앞에 엎드리어 절하는 시늉을 하며, "유대인의 왕이여, 평안할지어다."라고 조롱하는데, 이를 다 감내할 수밖에 없는 예수의 심경은 어떠했겠는가.

이윽고 800미터 정도 떨어져 있는 '골고다' 언덕까지 끌려가는 예수, 그리고 그 대신에 십자가를 강제로 지게 되는 애꿎은 구레네 사람 '시몬(알렉산더와 루포의 아버지)', 뒤따르는 백성과 가슴을 치며 슬피 우는 여자들의 무리를 향해 돌아서서 무서운 충고를 오히려 담담하게 하는 예수!

"예루살렘의 딸들아, 나를 위하여 울지 말고 너희와 너희 자녀를 위하여 울라. 보라. 날이 이르면 사람이 말하기를, '수태 못하는 이와 해산하지 못한 배와 먹이지 못한 젖이 복이 있다' 하리라. 그 때에 사람이 산들을 대하여 '우리 위에 무너지라' 하며, 작은 산들을 대하여 '우리를 덮으라' 하리라. 푸른 나무에도 이같이 하거든 마른 나무에는 어떻게 되리요."

머지않아 무시무시한 심판이 있을 것이라는 암시를 던지고, 아니, 암시가 아니라 인류 심판에 대해 재차 강조하는 경고성 발언을 하지만, 마침내 골고다 언덕에 이르러 자신의 십자가를 메고 걸어 나오는 예수, 십자가에 몸을 눕히고 못을 박기 전에 '쓸개 탄 포도주(몰약 탄 포도주, 신 포도주)'를 마시게 하지만 거절하는 예수, 드디어 제삼 시가 되매 옷 벗김을 당하시고, 십자가 위로 못 박히우시고, 그것도 두 명의 강도와 함께 나란히 십자가에 매달리게 되는 예수, 게다가,

자신의 어머니와 친척과 제자(모친·이모·글로바의 아내 마리아·막달라 마리아 등)들이 가까이 서서 지켜보는 가운데, 지나가는 사람들과 이 일을 집행하는 군관들과 대제사장들과 서기관들과 장로들과 심지어는 십자가에 매달린 강도에게까지 조롱당하는 예수 … .

지나가는 자 : 성전을 헐고 사흘에 짓는 자여, 네가 만일, 하나님의 아들이거든 자기를 구원하고 십자가에서 내려오라.

대제사장들·서기관들·장로들 : 저가 남은 구원하였으되 자기는 구원할 수 없도다. 저가 이스라엘의 왕이로다. 지금 십자가에서 내려올지어다. 그러면 우리가 믿겠노라. 저가 하나님을 신뢰하니 하나님이 저를 기뻐하시면 이제 구원하실지라. 제 말이 '나는 하나님의 아들이라' 하였도다.

관원들 : (비웃으며) 저가 남을 구원하였으니, 만일 하나님의 택하신 자, 그리스도이거든 자기도 구원할지어다.

군병들 : (희롱하면서 나아와 신 포도주를 주며) 네가 만일 유대인의 왕이거든 네가 너를 구원하라.

강도 : (십자가에 매달린 강도 가운데 한 사람이 비방하면서) 네가 그리스도가 아니냐? 너와 우리를 구원하라.

이처럼 여러 사람들로부터 온갖 수모를 당하는 가운데, 제6시에서부터 제9시까지 온 땅에 어둠이 깔리고, 제9시쯤에 이르러 크게 소리 지르시는 예수,

①엘리 엘리 라마 사박다니(나의 하나님, 나의 하나님, 어찌하여 나를 버리셨나이까?)

②아버지여, 내 영혼을 아버지 손에 부탁하나이다.

③(자신의 어머니 마리아에게) 여자여, 보소서. 아들이니이다.

④(제자에게) 보라. 네 어머니라.

⑤내가 목마르다.

⑥(신 포도주를 머금은 해융을 우슬초에 매어 예수의 입에 대니 신 포도주를 받으신 후) 다 이루었다.

예수께서 이렇게 말하시고, 드디어 운명(영혼이 떠나심)하시자, 성소 휘장이 위로부터 아래까지 찢어져 둘이 되고, 땅이 진동하며, 바위

제1처

제2처

가 터지고, 무덤들이 열리며, 자던 성도의 몸이 많이 일어나되, 예수의 부활 후에 저희가 무덤에서 나와서 거룩한 성(예루살렘 성)에 들어가 많은 사람에게 보였다 한다. 이것이 예수교 경전 66권 가운데 마태·마가·누가·요한복음을 읽고 내가 아는, 반신반의半信半疑하는 예수의 최후 모습이다.

그런데 이곳 '슬픔의 길'에는 예수 최후의 모습을 환기시켜주도록 열네 지점에 일련번호를 매겨 놓고, 그 상징적 의미를 각각 부여해 놓았다. 곧, 제1지점은 예수가 사형을 언도[선고] 받았다는 경전 기록상의 사실을 기념하는 곳으로, 현재는 엘 오마리야 학교가 세워져 있다. 제2지점은 예수에

게 홍포를 입히고, 가시면류관을 씌우고, 채찍질을 한 다음, 십자가를 지게 했다는 (경전 기록상의) 사실을 기념하는 곳으로, 현재는 에께 호모 교회Ecce Homo Church가 있고, 그 안에 채찍질 예배소Flagellation Chapel와 선고 예배소Condemnation Chapel 등이 있다. 제3지점은 예수가 십자가를 지고 가던 중 처음으로 넘어졌다는 (나로서는 알 수 없는) 사실을 기념하기 위한 곳으로, 현재 폴란드 예배소가 있다. 제4지점은 예수가 십자가를 지고 가던 중 자신의 어머니를 만났다는 (나로서는 알 수 없는) 사실을 기념하는 곳으로, 현재 아르메니안 카톨릭 예배소가 있다. 제5지점은 예수의 십자가를 강제로 시몬에게 지웠다는 (경전 기록상의) 사실을 기념하는 곳으로, 현재는 프란치스칸 예배소가 있다. 제6지점은 '보라니카' 여인이 예수의 얼굴을 닦아주었다는 (나로서는 알 수 없는) 사실을 기념하는 곳으로, 작은 수녀회Little Sisters of Jesus 수도원이 있다. 제7지점은 예수께서 십자가를 지고 가던 중 두 번째로 넘어졌다는 (나로서는 알 수 없는) 사실을 기념하는 곳으로, 현재는 프란치스칸 예

제3처

제4처

제5처

배소가 있다. 제8지점은 자신의 뒤를 따르며 가슴을 치며 슬피 우는 여자들의 무리를 향해 심판이 있음을 암시하는 말을 했던 (경전 기록상

의) 사실을 기념하는 곳으로, 현재는 희랍 정교회가 있다. 제9지점은 예수 께서 십자가를 지고 가던 중 세 번째 로 넘어졌다는 (나로서는 알 수 없는) 사 실을 기념하는 곳으로, 로마시대부터 있었다는 기둥이 있다. 제10지점은 예수를 십자가에 못 박기 위해서 그 의 옷을 벗겼다는 (경전 기록상의) 사실 을 기념하는 곳으로, 현재는 성묘교 회The Church of the Holy Sepulchre 뒷 문 계단이 자리하고 있다. 제11지점 은 예수가 십자가 위에 눕혀져 못 박 히었다는 (경전 기록상의) 사실을 기념하 는 곳으로, 현재는 성묘교회 안 모자 이크로 재장식된 예배소가 있다. 제 12지점은 예수가 십자가 위에서 운명 하신 (경전 기록상의) 사실을 기념하는 곳으로, 성묘교회 안 희랍 정교회 제 단이 있다. 제13지점은 예수의 주검 을 십자가에서 내려 바위 위에서 몰 약과 침향과 세마포 등으로 염殮했다 는 (경전 기록상의) 사실을 기념하는 곳 으로, 현재는 성묘교회 안에 아주 반

듯하고 깔끔하게 제작된 네모진 대리석 같은 돌이 놓여 있다. 제14 지점은 염한 예수의 시신을 넣어 두고 그 입구의 문을 돌로써 굳게 했지만 살아났다는 무덤이라는 (경전 기록상의) 사실을 기념하는 곳으로, 현재는 성묘교회 정 중앙에 위치하며, 예배소처럼 별도의 자그만 건물이 지어져 있다.

나로서는 어디까지가 진실이고 어디서부터 거짓인지 알 수 없는 노릇이다. 심지어는 성묘교회 안에 홈이 파진 돌도 있다. 예수가 십자가 위에서 운명하자 지진이 나고 바위가 터졌다는 경전 기록상의 사실을 입증이라도 하려는 듯이 말이다. 솔직히 말해, 나는 예수가 처음부터 십자가를 지고 골고다 언덕까지 걸어갔는지, 가던 중 세 번씩이나 넘어졌으며, 애석하게도 자신의 어머니를 만나고, '보라니카'라는 여인으로부터 얼굴을 닦이었는지 알지 못한다. 내가 읽은 네 복음서에는 그 같은 내용에 대하여 전혀 언급이 없기 때문이다. 그렇다면, 내가 모르는 다른 복음서라도 있으며, 그곳에 언급되기라도 했단 말인가. 아니면, 또 누군가가 소설

을 쓰듯 꾸며 놓았단 말인가. 물론, 나는 짐 비숍이 쓴 『예수 최후의 날』을 읽었지만, 경전에 기록되지 아니한 내용들에 대해서는 신뢰할 수 없다고 판단하여 무시해 왔다. 이런 나의 태도는 지금도 그대로이다.

제12처

제13처

제14처

여하튼, 나는 예수 최후의 날에 있었던 사건들을 그래도 환기시켜 줌으로써 그의 삶의 의미를 되새겨 보게 하는 이 '슬픔의 길'을 혼자서 한 바퀴 돌아보고서 쓸쓸히 숙소로 되돌아왔다. 나의 방문을 열자 룸메이트도 막 일어나 있었고, 다른 여행자들도 일어나 그 '슬픔의 길'을 걸어보기 위해서 부산을 떨고 있었다. 나는 입을 다문 채 그들과 함께 처음부터 한 바퀴 다시 돌아보기 위해서 그들을 따라 나섰다.

어느 새 골목골목마다 여러 나라에서 온 사람들로 붐비고, 그들 속에서 내가 살고 있는 대한민국에서 왔다는 어느 교회 소속 단체 순례자들도 만날 수 있었다. 뿐만 아니라, 십자가에 못 박혀 죽었다는 곳에 이르러 엎드려 기도하며 엉엉 우는 여인도 지켜볼 수 있었다. 그리고 예수의 무덤(?)

안으로 들어가 보기 위해서 길게 줄지어 선 사람들의 행렬이 그야말로 뱀처럼 구불구불 뻗어있다. 그 가운데에서도 더러는, 방문 기념 사진을 찍고, 무언가 생각에 잠겨 있는 듯 심각한 표정을 짓기도 하고, 호기심어린 눈으로 이리저리 살펴보기도 하는 등, 단체 손님들에게 설명을 하느라 여기저기서 큰 소리로 말하는 안내자들까지 수많은 사람들로 북적이는 성묘교회 안팎이 소란스럽기 짝이 없다. 나는 그곳을 빠져 나와 온갖 교회와 온갖 상점들로 가득 찬 예루살렘 성 안 복잡한 골목골목을 누비듯 걸으면서, 실로 엉뚱한 상상을 다 해본다.

경전에서 말하는 것처럼, 예수께서 이곳에 다시 오신다면 아마도, 기절하실 것 같다는 생각을 하면서 나는 소리 없이 웃음을 터뜨리고 만다. 예수는 두 명의 강도보다 먼저 십자가 위로 눕혀진 채 못 박히셨지만(그 모습을 상상하기라도 하면 금세 소름이 돋지만) 자신의 좌우측에서 군졸들이 두 강도에게 못 박는 것을 보시고, "아버지여, 저희를 사하여 주옵소서. 자기의 하는 것을 알지 못함이니이다." 라고 자신의 하나님 아버지께 용서를 빌었다. 그런 예수의 하해河海와 같은 자비심은 간 데 없고, 그를 팔기에 불철주야不撤晝夜 정신없는 곳이 되었으니 말이다.

-2009. 07. 31.

소금

이곳 사해死海 곧 염해鹽海까지 막상 와보니 건너편 이스라엘 땅이 훤히 보이고, 이 사해 남단에 있었을 것이라고 추정되는, 성경에 나오는 '소돔'과 '고모라' 성이 떠오른다. 어떤 학자는 현재의 요르단 사해 남쪽에 초기 청동기 시대 거주지 유적이 있는 밥 에드라Bab edh-Dhra가 소돔이고, 그 인근 지역인 누메이라Numeira가 고모라라 주장하는데, 이곳에서 그리 멀지 않은 곳에 있다. 시간이 있다면 그곳에 가서 한 번 두루 살펴보고도 싶은 마음 간절한데 상황이 여의치 않아 아쉽기 그지없다.

소돔 산의 소금기둥

생각이 여기까지 미치자 소돔 성에 살았다던 착한 롯이 생각나고, 그 타락한 성城을 탈출하는 과정에서 뒤를 돌아다보았다는 이유에서 소금기둥이 되어버렸다는 그의 아내가 떠오른다. 그야말로 동화童話

같은 이야기이지만 그의 아내로 불리는 소돔 산Har Sodom의 소금기둥이 어른거린다.

유난히 바위소금이 많은 소돔 산, 그리고 바닷물보다 염분농도가 무려 아홉 배나 높은 이곳 사해, 이 헐벗고 무더운 곳에서 살아남으려니 이 지역 사람들은 일찍이 소금에 대해 각별한 의미를 부여할 수밖에 없었던 것 같다.

소금은 잘 알다시피 생명현상을 유지시키는 데에 없어서는 안 되는, 대단히 중요한 무기질 가운데 하나다. 이것이 귀한 지역에서는 화폐 그 자체로 거래될 만큼 귀중하게 여기기도 했다. 일상생활에서는 주로 짠맛을 내게 하는 조미료와 음식물 부패를 막고 저장을 돕는 방부제로서, 그리고 오늘날 화학공업 분야에서는 여러 가지 제품을 만드는 데에 직·간접으로 사용되고 있다. 이런 소금은 나트륨과 염소가 동일한 비율로 결합되어 이루어진 정 입방체의 결정으로 지하에 매장되어 있는 암염과 바닷물에 포함되어 있는 해염, 그밖에 염호·염천·염정 등에서 추출된다.

이런 소금이 예수교 경전인 '성경'에서도 여러 가지 의미로 사용되고 있는데, 크게 보면, 긍정과 부정의 두 가지 상반된 의미로 사용되었다. 그 부정적 측면은 생명이 살 수 없는, 버려진 땅을 상징하는 것으로서, 하나님 응징의 결과(창세기 19:26, 신명기 29:23, 에스겔 47:11, 스바냐 2:9)이다.

그리고 그 긍정적 측면은 ①신께 바치는 제물 그 자체(레위기 2:13, 에스라 6:9, 7:22)이고, ②제물을 포함하여 사악하고 더러운 땅이나 인간행위를 깨끗하게 하게 하는 것(출애굽기 30:35, 사사기 9:45, 열왕기하 2:21, 에스겔 43:24)이며, ③하나님과의 언약의 징표(민수기 18:19, 역대하 13:5)로서의 상징물이고, 동시에 ④음식의 짠맛을 내는 조미료(욥기

소돔 성으로 추정되는 곳

고모라 성으로 추정되는 곳

롯의 동굴

6:6, 마태복음 5:13)이기도 하다.

이처럼 소금은 고대 유대인에게도 아주 요긴하게 사용된 생필품이면서 동시에 정신적인 사유영역 속에서는 제물·음식·땅·몸·마음 등을 깨끗하게 하고, 믿음이나 약속 등을 굳건하게 하는, 그 증표로서 상징화된 물질이기도 했다.

물론, 이는 소금의 색깔이나 강도剛度나 용도用度 등이 전제되어 나타나는 현상이지만 이런 사회적·종교적 통념이 있었기 때문에 예수께서도 그 소금의 성질을 빗대어서 그 유명한 말씀을 남길 수 있었다고 본다. 곧, "너희는 세상의 소금이니, 소금이 만일 그 맛을 잃으면 무엇으로 짜게 하리요. 후에는 아무 쓸 데 없어 다만 밖에 버리어져 사람에게 밟힐 뿐이니라(마태복음 5:13)."가 그것이다. 제물이나 음식물의 부패를 막는, 그래서 없어서는 안 되는 중요한 소금이, 인간 정신의 부패를 막고, 하나님과의 굳은, 다시 말해 변하지 않고 반드시 지켜져야 하는 깨끗하고 성스런 약속을 뜻하는, 추상적인 소금으로 업그레이드된 것이다.

이처럼 어떤 속성이나 상태나 용도를 가지는 단순한 물질에 추상적인 의미가 부여되어 그 의미의 상징물처럼 사용되는 대표적인 것이 어디 소금뿐이겠는가 마는 이곳 소금바다 앞에 서있노라니 별의별 생각이 다 든다.

얼마 전 사무실을 확장·이전하는데 이사 가기 전 입주할 사무실에 미리 가서 깨끗이 청소한 다음 하얀 소금을 구석구석 뿌려 놓는 여직원을 보았다. 소금을 뿌린다 해서 나쁜 귀신들이 물러가고, 또한 나쁜 기운이 접근하지 못하여 경제적인 번영을 약속해 준다고 보장할 수는 없지만 그 마음이 갸륵하다. 하긴, 나의 어머니도 새해를 맞이하기 위하여 집안 구석구석을 청소하시고 그곳에 소금을 뿌리셨고, 장독대 위에 놓인 소금항아리 속에 굴비나 갈치도막을 넣어 둠으로써 필요시에 생선을 식탁에 올려놓지 않았던가.

−2009. 08. 26.

'에베소Ephesus'에서의 산책

언제였더라? 내가 '에베소'에서 배회하던 때가 말이다. 일기장을 펴보니 2009년 1월 31일이다. 나는 세상 물정 모르고 여기 에베소까지 분명, 오긴 왔다. 터키TURKEY 남서쪽에 위치한 셀축Selcuk이라는 작은 도시의 중심부로부터 승용차로 10여 분도 채 걸리지 않는 산골짜기에 그리스·로마 풍의 거대한 유적지인 '에페스Ephesus'가 있는데, 이곳 셀축과 그 에페스 일대에서 도심이 왔다갔다 옮겨졌다지만 과거에는 그 도시를 '에베소'라 불렀던 모양이다.

오늘날 절대다수의 사람들은 이곳의 유적과 유물 등을 보기 위해서 몰려오는데 지금 나는 사도 요한의 무덤 위에 세워졌다는 '성 요한교회'와 에페스 유적지 안에 있는 '성모 마리아 교회'와 '그녀의 집' 등을 둘러보고, 신약 성경 「에베소」서에 기록된 에베소 사람들의 삶의 현장을 떠올리기 위해서 나름대로 상상의 날개를 펴고 있는 것이다.

하지만 나의 머릿속은 용량이 부족한 하드웨어 탓인지, 아니면 기능이 떨어지는 소프트웨어 탓인지 조금은 어지럽다. 도무지 갈피가

에페스 유적지 안 대리석 도로 →

잡히지 않는다. 이럴 때에는 조용히 눈을 감고 차분하게 하나하나 처음부터 다시 생각해 보는 것이 좋은데 그조차 수월하지가 않다.

그래, 사도 요한이 누구지? 성경에 기록된 내용들 가운데 생각나는 대로 열거해 보자. 곧, ①세배데의 아들이면서 예루살렘에서 일찍 순교당한 야고보의 동생이며 어부였고(마태복음 4:21), ② '우레의 아들' 이라는 별칭을 예수로부터 받았으며(마가복음 3:17), ③회당장인 야이로의 딸을 살리기 위해서 그의 집안으로 들어갈 때에도 베드로 ·야고보와 함께 들어갈 수 있도록 예수로부터 허락받은 제자였지(누가복음 841~51). 또한, ④예수께 "무엇이든지 우리의 구하는 바를 우리에게 하여주시기를 원하옵나이다."라고 요청하기도 하여(마가 복음 10:35) 다른 제자들로부터 미움을 사기도 했고(마가복음 10:41), ⑤예수께서 겟세마네 동산에 기도하러 가실 때에도 베드로·야고보와 함께 가까이 데리고 간 제자 중에 제자이다(마가복음 14:32~33). 뿐만 아니라, ⑥예수께서 십자가에 매달려 계실 때에 성모 마리아와 함께 가장 가까이에서 지켜보았던 유일한 제자이기도 하다.

바로 그 때에 예수께서 자신의 어머니에게 "여자여, 보소서. 아들이니이다(요한복음 19:26)."라고 말하시고는 이어서 요한에게 "보라. 네 어머니라(요한복음 19:27)."라고 말하셨다. 그 때문인지 요한은 예루살렘에서의 예수교도들에 대한 박해를 피해 이곳 에베소까지 성모 마리아와 함께 와서 예수의 가르침을 전파하고, 에페스 교회를 직접 설립하고, 당시 소아시아 곧 지금의 터키 서부지역에 흩어져 있는 일곱 교회(에베소·서머나·버가모·두아디라·사데·빌라델비아·라오디게아 등)에 특별히 관심을 갖고 지도해 주었는지도 모르겠다는 생각이 든다. 그는 서기 95년 경 밧모 섬에 유배되어 계시록을 집필하고, 96년에 로마 황제 도미티아누스가 암살되자 사면 받아 에베소로 돌아왔고, 이곳에서 요한복음과 요한 서신 등을 저술한 인물이 아니던가.

나는 지금 그런 요한과 특별한 인연을 맺었던, 과거의 에베소, 곧 지금의 셀축에 있는 '아야술룩'이라는 언덕에 있는 그의 무덤 위로 세워졌다가 지금은 거의 다 무너져 내린 엄청난 규모의 '성 요한 교회' 중앙홀 터에 서 있다.

서기 100년에 90살의 나이로 죽은 사도 요한이 이곳에 묻혔다는데, 4세기에, 그러니까, 적어도 죽은 해로부터 200년 이상의 세월이 흘러, 그의 무덤 위로 바실리카(basilica:특별히 역사가 오래된 교회나 성인, 중요한 역사적 사건, 또는 정교회에서 전국 총대주교 등과 관련을 갖고 있어 국제적인 예배 중심지 역할을 하는 교회에 로마 가톨릭 교회와 그리스 정교회에서 교회법에 따라 특정 교회 건물들에 붙이는 명예로운 이름)가 건축되었고, 그 후에 유스티니아누스 황제(527~565)와 그 부인에 의해서, 지금은 비록 주춧돌과 몇 십 개의 기둥들과 무너진 돌들이 남아 있지만, 엄청나게 큰 교회가 세워졌다 한다. 이 교회를 지을 때에는 그의 시신이야 이미 없어진 지 오래일 터이고, 그가 변한 한 줌의 흙이나 그의 유품을 넣어두었을 것이지만 지금은 대리석 바닥 위로 '성 요한의 무덤'이라는 표지석만 놓여 있다.

참으로 쓸쓸하기 짝이 없다. 의욕적으로 이 교회를 지을 때에는 인근에 있는, 폐허가 되다시피 한 '아르테미스' 신전과 '에페스' 유적지 등에서 가져온 돌들로써 지었다는데 지금은 다 무너지고 이곳에 사용되었던 기둥이나 각종 돌들조차 어디론가 다 팔려나가고, 그 잔해더미만 나뒹굴고 있으니 말이다. 더욱이 사도 요한이라면 예수께서 가장 사랑했던 제자가 아니며, 그를 기념하기 위해서 특별히 지어진 교회가 바로 이곳이 아니던가. 하지만 그가 모시던 성모 마리아도 죽고(그녀의 무덤은 예루살렘 성 밖 감람산 입구에 있음), 그조차 죽은

지 2,000년 가까운 세월이 흘렀으니 변하지 않을 리가 있겠는가. 그 웅장한 교회도 지진과 아랍인들의 침략으로 폐허처럼 변한 지 오래이고, 그 옆으로는 이슬람교 '이사베이' 사원이 보란 듯이 서 있으니 인간역사의 무상함을 더해주는 것 같다. 그렇다고 죽은 그가 보란 듯이 예수처럼 부활했다는 말이 없는 것을 보면 많은 것을 생각게 한다.

'부활'이란 말이 나왔으니 말이지, 이스라엘 관광청 홈페이지에 떠있는 자료에 의하면, 성모 마리아는 예수께서 사망하신 후 12년을 더 살다가 죽었다는데 그의 영혼은 그리스도의 품에 안겨 승천하고, 그 육신은 부모인 요아킴과 안나, 남편 요셉이 안장된 곳에 묻혔다하니 웃음이 절로 나오지 않을 수 없다.

그녀의 무덤은 4세기 말에 복구되었고, 그곳에 534년에 최초로 교회가 들어섰으며, 1757년부터 그리스 정교회가 관리하고 있다한다. 물론, 그 무덤은 현재의 이스라엘 예루살렘 성 밖 감람산 초입에 있는데, 주변의 평지보다는 약 2층 정도의 계단과 경사진 길을 따라 지하로 내려가야 한다. 그곳으로 들어가 보면 무슨 신기한 것이라도 있지 않을까 해서 나도 조심스럽게, 그리고 약간은 경건한 마음으로 들어가 보았지만 어두운 지하에 아주 자그만 예배당처럼 꾸며져 있었을 뿐이다.

그런데 믿기지 않게도, 이곳 셀축에서 약 8킬로미터 떨어져 있는 '코레소스 산' 위에 성모 마리아의 집이 있고, 에페스 유적지(코레소스 산과 피온 산 사이 계곡) 안에 성모 마리아교회가 있다. 지중해 연안국 여러 나라 여러 곳에 가도 성모 마리아를 기념하는 교회들이야 흔하게 있지만 왠지 각별한 생각이 드는 것도 부인할 수는 없다. 특히, 그녀의 집은 그녀가 말년을 보냈다는데, 산등성이 경사면을 평평하게 한 다음 그곳에 집을 지었는데, 그 집에서는 바다와 섬이 훤히 내려다보인다. 솔직히 말해, 바다가 내려다보이는 집이 어디 이집한 곳뿐이겠는가 마는 어쨌든, 이곳이 성모 마리아의 집이라는 사실을 세상에 처음으로 알린 이가 캐더린 에머리히(Catherine Emmerich:1774~1824)라는 독일 수녀였다는데, 그녀는 평생을 고향을 떠나본 적이 없었고, 그녀가 꿈에서 보았던 성모 마리아의 집을 『성모 마리아의 생애』라는 책속에서 정확하게 묘사해 냈다는 것이다.

문제의 그 책을 이즈미르의 사제들이 읽게 되고, 이즈미르 대학의 학장 나자리스트의 수도사 유진 폴린이 그 진위를 확인하기 위하여 '융'이라는 신부를 팀장으로 하여 에페스로 발굴팀을 보내게 되었고, 그들이 1891년 7월 29일 성모 마리의 집을 찾다가 근처에 있는 지하수를 마시면서 바로 이곳이 바다와 섬이 보이는 자리임을 문득 알아차렸다는 것이다. 그리하여 오늘날까지 이 집이 성모 마리아의 집이라고 전해져 내려오는데, 어쨌든, 이 집은 현재 십자가 형태의 작은 예배당 모습을 하고 있고, 침실과 화로가 놓여 있고, 자그만 본당도 있다. 물론, 발굴 당시의 이런 모습은 이미 11세기에 지어진 것이고 보면, 1세기에 최초로 지어진 그녀의 집은 이미 다 파손되었다는 뜻이다.

이야기가 이쯤 되면 '믿거나 말거나'이지만 에페스 유적지 안에 있는 성모 마리아 교회도 여러분에게 소개해야 되지 않을까 싶은데, 솔직히 말해, 나는 이곳에 대한 고고학적 지식이 턱없이 부족함으로 지금 내 손에 들린, 이곳에서 구입한 책자의 도움을 받아 가능한 범위 내에서 이야기를 해도 해야 할 판이다.

지금 내가 바라보고 있는 성모마리아 교회도, 코레소스 산등성이에 있는 그녀의 집이 본래의 것이 아니었듯이, 원형은 아니다. 그것은 이미 6세기 중반에 지진으로 무너지고, 그곳에 다시 축소해서 지은 교회가 남아 있었다는데 그조차 7세기 중반에 아랍군의 침략으로 파괴된 상태다. 그래서 뒤의 원통형 벽과 그 앞으로 몇 개의 기둥들이 서있고, 바닥의 대리석 등이 눈에 들어오는 정도다. 이를 온전한 상태로 가정해서 상상해 보면, 중앙에 큰 돔이 있고, 그 양 옆으로는 작은 예배당이 있고, 서쪽에는 본당 옆의 넓은 홀이 있다. 교회의 남쪽과 북쪽으로 나있는 넓은 공간은 오랫동안 무덤으로 사용되어 왔으며, 바로 이 교회에서 431년과 449년에 두 차례의 공회의가 열렸고, 적어도 11세기까지는 신성시 되었다는 곳이다.

　이곳 성모 마리아 교회가 있는 에페스 유적지를 주마간산 격으로나마 돌아본 것을 정리하자면, 물 저장고·정부 아고라(정부 차원에서 교역이 이루어지는 곳)·바리우스 목욕탕·바실리카·오데온(불레테리온:작은 원형극장:의회 음악회당 등으로 사용)·프리타네이온(관청건물:청사)·도미티안 신전·멤미우스 기념비·헤라클레스 문·크레테스 거리·트라잔 우물·언덕위의 집들·하드리안 신전·스콜라스티카 목욕탕·공중화장실·주거지역의 주택들·마제우스와 미트리다테스의 문·셀수스 도서관·대리석 도로·아고라·원형극장·극장식 체육관·항구로 이어지는 도로·항구 목욕탕·스타디움 거리·스타디움·클레오파트라의 여동생 아르시노에의 무덤 등등의 부분들이 남아 있는데, 이들이 과거 거대한 도시왕국이었음을 말해준다.

　이 에페스가 기원전 133년부터 로마의 지배를 받기 시작하였고, 로마황제 아우구스투스(BC63~AD14) 시대로부터 그 이후에 대부분의 건축물이 지어졌고, 24,000명을 수용할 수 있는 원형극장이 있고, 언덕 위에 있는 집들만도 수천 채가 된다 하니 그 당시 이곳의 상주 인구가 얼마나 되었는지는 대략이나마 짐작할 수 있으리라 본다.

지금으로부터 거의 1,900년 전의 대도시였기 때문에 사도 바울이 두 차례 이상 전도 여행을 와서 2년 이상을 지냈으며, 사도 요한조차 이곳에서 만년晩年을 보내지 않았던가 싶다. 물론, 사도 요한이 서신을 보낸 소아시아의 일곱 교회가 있던 곳들이 다 당시에는 많은 사람들이 모여 살던 대도시이고, 그 도시들은 알렉산더 대왕의 점령지로서 나중에는 이곳처럼 로마의 지배를 받으면서 확장·건설되고 발전된 곳들이기 때문에 자연스럽게 다신교 신전들이 세워졌었고, 경제적·군사적인 측면에서의 활동이 주였다고 말할 수 있다. 따라서 사도 요한이나 바울의 시각에서 볼 때는 이곳들이 이방인의 세계요, 다신교의 우상을 숭배하는 곳들이고, 소위 학문적으로 말해, 헬레니즘(Hellenism:기원전 334년 알렉산더 대왕의 동방 원정에서부터 기원전 30년 로마의 이집트 합병 때까지 그리스·로마 고유의 문화와 아시아 문화가 융합하여 이루어진 건축·예술·사상 등의 특징을 일컫는 용어로 주로 지중해 연안국의 고대 도시들에서 나타남.) 문명권의 중요한 도시들이었으리라.

　나는 특별히 그리스와 터키에서 각각 15일씩 렌터카를 이용하여 돌아다녔기 때문에 비교적 많은 곳을 여행할 수 있었는데, 잠시 뒤 돌아보면 매우 소중한 경험이었고, 다시 갖기 어려운 추억이었다고 생각한다. 곧, 그리스에서는 ①아테네Athens ②다프니Dafni(아테네 근교) ③수니온Sounion ④델피Delphi ⑤칼람파카와 메테오라Kalampaka & Meteora ⑥베르기나Vergina(마케도니아 왕국의 수도) ⑦데살로니키Thessaloniki(그리스 제2의 도시) ⑧우라노폴리Ouranoupolis(동방정교 성산 아토스 산을 가기 위한 거점이자 바닷가 작은 마을) ⑨까발라Kavala·드라마Drama·알렉산도로폴리Alexandroupolis 등을, 터키에서는 ①이스탄불ISTANBUL ②토로이와 베르가마TROIA & BERGAMA ③카파도키아CAPPADOCIA ④파묵깔레PAMUKKALE ⑤셀축과 에페스SELCUK &

EPHESUS ⑥안탈랴ANYALYA ⑦앙카라ANKARA ⑧샤프란볼루 SAFRANBOLU ⑨트라브존TRABZON·삼순SAMSUN 등을 두루 헤매듯 돌아다녔었다.

내가 이렇게 아련해진 지명들을 일기장을 뒤적이면서 나열하는 것만을 보아도 눈치 빠른 사람들은, 아니, 예수교 경전인 '성경'에 대하여 공부한 사람들은 이미 알아차렸겠지만, 이들 속에 혹은 이곳들을 다니는 노정에서, 성경의 신약 속에서 말하는 고린도(고린도 전후서)가 있고, 빌립보(빌립보서)가 있고, 버가모(소아시아 일곱 교회 가운데 하나)가 있고, 서머나(소아시아 일곱 교회 가운데 하나)가 있고, 에베소(에베소서)가 있고, 데살로니가(데살로니가 전 후서)가 있고, 안디옥(최초 이방교회)이 있다. 지금 돌아보아도 무식한 나로서는 대단히 큰 여행을 감행했던 것 같다. 이 지역 일대를 넘어서서 로마·스페인까지 전도여행을 했던 사도 바울을 생각하면 그야말로 조족지혈이지만 2,000년 가까운 긴 세월이 흐른 지금 그곳들을 돌아다 볼 수 있었다는 단순한 사실만으로도 나는 감개가 무량하다.

음행과 온갖 더러운 것과 탐욕은 너희 중에서 그 이름이라도 부르지 말라. 이는 성도의 마땅한 바니라. 누추함과 어리석은 말이나 희롱의 말이 마땅치 아니하니 돌이켜 감사하는 말을 하라. 너희도 이것을 정녕히 알거니와 음행하는 자나 더러운 자나 탐하는 자 곧 우상 숭배자는 다 그리스도와 하나님 나라에서 기업을 얻지 못하리니, 누구든지 헛된 말로 너희를 속이지 못하게 하라. 이를 인하여 하나님의 진노가 불순종의 아들들에게 임하나니, 그러므로 저희와 함께 참예하는 자 되지 말라. 너희가 전에는 어두움이더니 이제는 주 안에서 빛이라. 빛의 자녀들처럼 행하라. 빛의 열매는 모든 착함과 의로움과 진실함에 있느니라. 주께 기쁘시게 할 것이 무엇인가 시험하여 보라. 너희는 열매 없는 어두움의 일에 참예하지 말고 도리어 책망하라. 저희의 은밀히 행하는 것들은 말하기도 부끄러움이라. 그러나 책망을 받는 모든 것이 빛으로 나타나나니 나타나지는 것마다 빛이니라.

에베소서 제5장 3절로부터 13절까지의 말씀이다. 에베소서 제1장 1절(하나님의 뜻으로 말미암아 그리스도 예수의 사도 된 바울은 에베소에 있는 성도들과 그리스도 예수 안에 신실한 자들에게 편지하노니)만을 보면 사도 바울이 에베소에 사는 성도들에게 쓴 편지 내용으로 보이는데, 1세기 이곳 상황을 상상해 볼 수 있는 중요한 단서다. 역시 '우상숭배자'를 경계하는 일이 무엇보다 강조되고 있다. 그도 그럴 수밖에 없는 것이, 이곳에 사는 사람들이란 그리스·로마에서 온 사람들이 대부분이고, 극히 일부 유대인이나 다른 주변 종족들이 있었겠지만 그리스·로마의 통치를 받았거나 받는 지역이었기 때문에 당연히 다신교 신앙에 따른 신전들이 먼저 세워졌고, 그에 따른 종교 활동이 보장되었을 것이다. 당장 사도 요한교회 주변에도 그 유명한 아르테미스Artemis 신전이 엄청난 규모로 있지 않은가. 뿐만 아니라, 에페스 유적지 안에도 '도미티안'과 '하드리안'이라 불리는 두 다신교 신전이 있지 않은가.

아르테미스 신전에 모셔진 아르테미스는 그리스 신화에 나오는, 야생동물·사냥·식물·순결·출산 등을 관장하는 여신이 아니던가. 이곳 신전에서 발굴되었다는 신상을 보면, 사도 바울이 우상숭배자들을 음행하는 자요, 더러운 자요, 탐하는 자(에베소서 5:5)라고 말한 이유를 알 만하다. 여신의 두 팔 위로 사자가 있고, 앞가슴 밑으로는 적어도 30개 이상의 유방이 매달려 있고, 머리에는 신전의 앞면이 새겨진 3단 모자를 쓰고 있고, 옷은 여러 조각으로 분할되어 있는데 각 부분에는 사자·황소·표범·벌 등의 동물 모양이 새겨져 있고, 두 다리는 바짝 붙여 부동자세로 서있는 모습이다. 그런가하면, 또 다른 아르테미스 신상에는 젖가슴 위쪽으로 열두 별자리를 뜻하는 동물 모양이 새겨져 있기도 하다. 이런 모습을 가진 신상 앞에서 당대의 사람들은 저마다 복을 기원하며 성심성의껏 헌물·헌금했을 터이기에 신전 안에서는 황금·상아·호박 등 귀금속으로 만든 물건들이 쏟아졌던 것이리라.

도미티안 신전은 어떠한가? 로마황제 도미티아누스(51~96)에게 봉헌된 신전이기 때문에 그의 이름이 붙여졌지만 황소를 제물로 바치는 부조물이 있다. 하드리안 신전 역시 로마황제 하드리아누스(76~138)에게 봉헌된 신전인데 로마 신화에 나오는 행운의 여신으로 알려진 '티케Tyche'와 메두사를 닮은 젊은 '소녀'의 두상이 부조되어 있다. 뿐만 아니라, 멧돼지와 여러 신(셀레네 여신·아테네 여신·아폴로 신·아르테미스)들과 아마존의 여전사들, 그리고 유명인사(안드로클로스·헤라클레스·테도도시우스와 그의 부인·아들 등)들이 부조되어 있다. 이들 두 신전의 성소에 어떤 신상이 안치되어 있었는지는 굳이 확인할 필요도 없다고 생각되지만 로마신화에 나오는 신들이 아니었겠는가, 추측해 볼 수 있다. 솔직히 말해, 에페스 박물관에 가서 일일이 확인해 보면 그 답을 알 수 있겠지만 가는 날이 장날이라고 휴관일이었다. 박물관을 찾는 데에도 애를 먹었지만 나는 박물관 앞 가게에 들러 터키의 맥주 대명사인 '에페스' 맥주를 마시면서 스스로 위로할 수밖에 없었다.

빈속에 술이 한잔 들어가니 몸은 좀 나른해지는 것 같은데 머릿속에서는, 찬 바람이 불 때 낙엽들이 쓸리어가듯이, 생각의 파편들이 이리저리 떠돌고 있다. 예수님은 가나안 잔칫집에 가서 물을 포도주

아르테미스 신상 AD2세기

로 바꾸어 주었고(요한복음 2:7~11), 요한은 계시록에서 새 땅 새 하늘로 빗대어지는 새 예루살렘 성 안으로 술객[術客:마술사], 행음자, 우상숭배자, 거짓말하는 자들은 들어갈 수 없다고 못 박았는데(요한계시록 22:15), 바울은 이곳 사람들에게 술 취함은 곧 방탕이라 하여 취하지 말라고 강조했었지(에베소서 5:18). 알고 보니 바울 역시 예수가 그랬던 것처럼 이분법적 사고에서 벗어나지는 못했다. 어둠과 빛, 어둠의 자식과 빛의 자식, 어둠의 무과실과 빛의 열매라는 비유적 표현에 의존해서 하나님의 세계를 설명해야 했으니 말이다.

그러나 진실함[眞]과 의로움[義]과 착함[善] 등을 추구하는 예수교도의 삶의 태도나 방법이 당시 사람들에게 새로운 세계의 지평을 열어주는 것이었음에는 틀림없다. 그런 의미에서는 분명, 위대하다. 모두들 술 마시고, 싸우고, 음행하고, 돈 벌기에 혈안이 되어 있는 판에 탐욕을 버리라 하고, 헛된 말을 하지 말며, 돌이키어 감사한 말만 하라 하니(에베소서 5:4) 당대 사회적 분위기속에서 얼마나 가당찮게 보였겠는가. 아니, 얼마나 고결하게 보였겠는가. 바울의 고독을 이해하고도 남음이 있다. 이곳의 취객과 장사꾼과 아르테미스 신상을 숭배하는 사람들 속에서 '사람의 손으로 만든 것은 이미 신이 아니라(사도행전 19:26)'고 역설하는 그의 고군분투하는 삶이 얼마나 외롭고 힘들었겠는가.

나는 비록 평화의 시기라 할 수 있는 21세기에 살지만 권력이 곧 진리이고 능력인, 무지한 1세기에 파란만장한 삶을 살다간 사도 바울과 요한을 떠올리면서 이곳 아르테미스 신전 터와 요한교회를 한참동안 굽어본다.

-2009. 09. 15.

테살로니키Thessaloniki 유감

테살로니키 바닷가에 세워진 알렉산더 대왕상

그리스 제2의 도시 테살로니키Thessaloniki에 들어섰다. 2009년 1월 20일 오후시간이다. 도심의 거리는 비좁아 차량들로 붐비고 경적소리가 요란스럽다. 교통경찰도 바쁘다. 내가 바닷가 인접한 주차장 비슷한 공터에 차를 세우고 숙소를 알아보는데 시내를 몇 바퀴

돌았던가. 덕분에 도심의 도로를 조금 익혔지만.

이곳 '테살로니키'는 그리스 북부의 수도라 할 만큼 아테네에 이어 두 번째로 큰 도시이다. 최근에는 공장과 산업시설들이 들어서 괄목할 만한 경제적 성장을 가져왔다 한다. 동시에 오랜 역사와 전통을 자랑하는 교육·문화 도시답게 대학을 비롯한 교육시설들이 많고, 고대와 중세 교회 관련 유적들이 유난히 많은 곳이다.

The Church of Saint Demetrius(A.D. 5세기), The Rotonda(A.D. 306년), Acheiro poietos(A.D. 5세기), The Church of Panaghia Chalkeon(A.D. 11세기), The church of Twelve Apostles(A.D. 13세기), The Monastery of Vlatadon(A.D. 14세기) 등을 비롯하여 그 유명한 The Church of Aghia Sophia(A.D. 6세기) 등이 말해준다.

이 도시는 기원전 315년 마케도니아 왕 Cassander(B.C. 350~297)에 의해 처음으로 세워졌으며, 기원전 148년 이후에는 로마의 지배를 받게 되었다. 특히, 비잔틴 제왕(The Byzantine Empire) 때에는 정치적·문화적 중심지로 성장·발전했다 한다. 어디 그뿐인가. 사도 바울이 이방인 선교를 위해서 열세 통의 편지(로마서·고린도 전후서·갈라디아서·에베소서·빌립보서·골로새서·데살로니가 전후서·디모데 전후서·디도서·빌레몬서 등)를 썼는데 그것도 최초로(A.D. 51년 경) 이곳 교회에 편지를 써 보내지 않았던가(데살로니가전서 1:1). 그것이 바로 데살로니가 전서인데(물론, 그 후서도 있지만), 그것을 읽으면 당시 이곳의 사회상을 상상해 볼 수 있는 몇 가지 단서들이 있다.

바울이 이곳 테살로니키 사람들에게 특별히 부탁한 말은 '거룩한 삶'이었다. 그렇다면, 무엇이 거룩한 삶인가? 그것은 ①음란한 생활을 하지 말고 ②색욕을 좇지 말고 ③거룩함과 존귀함으로 자기의 아내 취할 줄을 알고 ④형제를 해치지 말고 ⑤자기 손으로 자기 일을 하고 ⑥외인外人을 대할 때에는 단정하고 궁핍함이 없게 해야 하고 ⑦서로를 위로하고 ⑧예수 재림 곧 심판을 믿고, 하나님께 감사하는 태도를 갖는 것이다.

바울이 말한 이 거룩한 삶에 대하여 누구나 쉽게 이해하도록 데살로니가 전서 제5장에서는 아주 구체적으로 언급하였다. 곧, 서로가 권면勸勉하고, 서로가 덕德을 세우고, 서로 화목和睦하라. 규모規模 없는 자들을 권계勸戒하며, 마음이 약한 자들을 안위安慰하고, 힘이 없는 자들을 붙들어 주며, 모든 사람을 대하여 오래 참으라. 누구에게든지 악을 악으로 갚지 말고, 오직 선을 좇고, 항상 기뻐하라. 쉬지 말고 기도하라.

1. The White Tower.
2. The Arch of Galerius or "Kamara"
3. The Rotonda, 4th Century AC.
4. Main street at "Ladadika"

범사에 감사하라. 성령을 소멸치 말며, 예언을 멸시치 말며, 범사에 헤아려 좋은 것을 취하고, 악은 어떤 모양이든지 다 버려라. 그리고 우리(바울 일행)를 위하여 기도하라. 모든 형제에게 문안問安하라.

사도 바울은 너무나도 자상하게도 데살로니가 사람들에게 당부하고 있다. 그 당부말씀이야 따지고 보면 예수의 가르침과 조금도 다를 바 없지만 한 가지 추가된 사항은 다름 아닌 예수 재림에 대한 언급이다. (물론, 바울의 예수 재림에 대한 믿음, 곧 심판에 대해서는 별도로 언급되어져야 한다고 생각하지만) 그의 믿음에 의하면, 어느 날 갑자기 아무도 모르게 이 세상에 예수가 다시 오시게 되는데, 그 때에 심판이 이루어지는데, "너희로 하여금 환난 받게 하는 자들에게는 환난으로 갚으시고, 환난 받는 너희에게는 우리와 함께 안식으로 갚으시는 것이 하나님의 공의(데살로니가후서 1:6~7)"라 하여 끝까지 소망을 갖도록 격려·위로하였다.

사도 바울이 이곳 '테살로니키'를 방문하여 직접 보고, 또 고린도에서 이곳 소식을 전해 듣고, 편지를 써서 인편에 보낸 때로부터 약 2,000년 가까운 세월이 흘렀는데, 한반도에 사는 내가 지금 이곳 거리를 배회하고 있는 것이다.

축구장보다는 약간 작아 보이지만 직사각형 모양의 Aristotelous Square가 잘 정리 정돈되어 있고, 나는 한쪽 구석에 있는 스타박스에서 커피 한잔을 마신다. 어두운 광장 구석에서 젊은 남녀가 껴안고 키스를 해대는 모습도 보이고, 광장을 가로지르며 담배를 피우는 뚱뚱보 여자도 눈에 들어온다. 우리의 인사동 거리를 연상시키는 'Ladadika'라 부르는 메인도로를 걸으며 과일 가게에 들러 과일을 사서 306년에 지었다는 원형건물 'Rotonda' 주변 벤치에 앉아 먹는다. 그리고 밤이 되어 'Kamara'라 불리기도 하는 갈레리우스 아치문The Arch of Galerius 주변 뒷골목에서 악단의 연주에 맞추어 노래를 부르는 야외공연을 지켜보다가 숙소로 돌아간다. 나는 이곳을 떠나야 하는 날 아침 일찍 일어나 바닷가에 서있는, 15세기 지어진 이곳의 랜드 마크인 하얀 탑The White Tower 주변에 조성된 공원을 산책하며, 아침 일찍부터 어디론가 바삐 걸어가는 사람들과 눈인사를 나눈다. 수많은 크고 작은 어선과 유람선들이 정박해 있고, 해가 돋기 전 갈매기들도 끼룩끼룩 소리쳐댄다.

나는 서둘러 숙소를 나와 이곳의 고고학 박물관은 구경했는데, 이곳만의 비잔틴 박물관을 보지 못했다. 시간이 없기 때문이었다. 어제 낮과 밤에 오래된 교회들을 둘러보며 모자이크 벽화와 천정화 그리고 벽에 걸린 여러 성화들을 본 것으로 만족하는 수밖에 없다. 아쉽기 그지없다. 여행이란 늘 그렇듯이 아무리 시간을 많이 갖고 여유롭게 다닌다 해도 그 안에서 쫓기긴 마찬가지인가 보다. 서점에서 『아토스 산MOUNT ATHOS』이란 책자를 살 때 『비잔틴 박물관 Byzantine Museum』이란 책도 샀어야 했는데 책값이 워낙 비싼 나라이어서 구입하지 못했는데 지나고 보니 후회가 된다.

−2009. 09. 16.

[참고문헌]

① **GREECE** −A Journey through History and Civilization, MICHAEL TOUBIS PUBLCATIONS S.A.(Attiki), 2006, ISBN : 960-540-039-1
② 데살로니키 홈페이지 www.saloniki.org

그리스 델피Delphi의 한 시골교회에서 예배를 지켜보다

그리스 아테네에서 11km 정도 떨어져 있는, 11세기에 지어진 다프니(Dafni) 수도원

　나는 그리스 델피DELPHI에 있는 자그만 교회에서 예배를 잠깐 지켜보았다. 2009년 1월 18일 일요일 아침이다. 어젯밤 자정이 넘어서야 이곳에 도착한 나는 어느 노부부가 운영하는 게스트 하우스에

서 하룻밤을 묵고, 오늘 해맑은 아침부터 유적지를 구경하러 나가는데, 마을 안 교회에서 예배를 보는 것 같았다. 그렇잖아도 호기심이 발동되는데, 때마침 정장을 하고 막 교회 안으로 서둘러 들어가는 한 가족을 볼 수 있었다. 그 순간, 나도 뒤따라 교회 안으로 들어가 보았다. 아주 낯선 그리스 시골 교회에서는 어떻게 예배를 보는지 궁금했기 때문이다. 조용히 문을 밀고 들어가 보니 안에서는 이미 시작된 예배절차가 진행 중이었다. 나는 뒤편 우측 통로에 서서 한동안 지켜보았다.

의자에 앉아 예배를 보는 사람들은 대략 7, 80여 명 정도 되어 보인다. 검은 색의 사제복을 입고 예배를 진행하는 분은 한 사람이 아니라 서너 사람이 곁에 서서 도와주는 것 같았다. 물론, 그들 사이에서도 서열과 역할이 나누어져 있겠지만 노래하듯 길게 천천히 소리 내어 경전을 읽는 이도 있고, 손에 든 자그만 종을 흔들며, 무어라고 말을 하는 이도 있다. 어쩌면 진행을 맡아 다음 순서를 말하는 듯했다. 물론, 나는 단 한마디도 알아들을 수는 없었다.

그러나 높다랗게 쌓여 있는, 단 위에 기다란 빵들이 눈에 들어왔다. 앞쪽 왼편에서는 누군가가 악기를 연주한다. 그리고 다함께 자리에 앉아 혹은 서서 기도한다. 그리고는 자리에서 일어나 길게 줄을 선다. 사제는 그들에게 빵을 조금씩 떼어 주고, 무엇인가를 그들 입으로 숟가락 같은, 손잡이가 길지만 아주 작은 컵 모양의 잔을 갖다 대어줌으로써 마시게 한다. 물론, 나는 붉은 포도주라고 생각했다. 이른바, 성찬식聖餐式을 거행하는 것 같았다. 우리의 성당에서 보는 예배와 크게 다를 바 없다는 생각이 들었다. 하긴, 같은 하나님 곧 예수를 믿고 그 분께 드리는 예배이므로 크게 다를 것도 없으리라는 생각이 든다.

교회 안에서의 이런 예배모습은 이집트 아부미나 수도원에서도 지켜볼 수 있었는데 성찬식이 큰 비중을 차지하는 것 같았다. 물론, 이집트의 이 교회도 그리스 동방정교회의 지원 아래 지어졌고, 도움을 받기 때문인지 그 예배방식을 따르는 것 같았다. 기원 후 1세기 중반 전후에 사도 바울이 이방세계로 예수교를 전도하면서, 특히 지금의 그리스 땅인 고린도(코린토스)·데살로니가(데살로니키)·빌립보(필리피) 등으로 보낸 서신이 곧 고린도 전후서, 데살로니가 전후서, 빌립보서 등인데, 이를 전제한다면 지금의 그리스 동방정교 예배 방식은 그 때로부터 전해 내려온 것일지도 모른다는 생각이 들었다. 물론, 그동안 변한 것도 없지 않겠지만 지금 내가 보는 예배방식은 초대교회로부터 이어져 내려온 것일 거라고 고개를 끄덕여본다.

그래서 나는 성찬식의 뿌리와 그 진정한 의미를 확인하기 위해서 배낭 속 경전을 펼쳤다.

①저희(예수의 제자들)가 먹을 때에 예수께서 떡을 가지사 축복하시고, 떼어 제자들을(에게) 주시며, 가라사대, "받아먹으라. 이것이 내 몸이니라." 하시고, 또 잔을 가지사 사례하시고, 저희에게 주시며, 가라사대, "너희가 다 이것을 마시라. 이것은 죄 사함을 얻게 하려고 많은 사람을 위하여 흘리는 바 나의 피 곧 언약의 피니라. 그러나 너희에게 이르노니, 내가 포도나무에서 난 것을 이제부터 내 아버지의 나라에서 새 것으로 너희와 함께 마시는 날까지 마시지 아니하리라." 하시니라(마태복음 26:26~29).

②저희가 먹을 때에 예수께서 떡을 가지사 축복하시고, 떼어 제자들에게 주시며, 가라사대, "받으라. 이것이 내 몸이니라." 하시고, 또 잔을 가지사 사례하시고, 저희에게 주시니, 다 이를 마시매, 가라사대, "이

것은 많은 사람을 위하여 흘리는 바 나의 피 곧 언약의 피니라."(마가복음 14:22~24)

③때가 이르매, 예수께서 사도들과 함께 앉으사, 이르시되, "내가 고난을 받기 전에 너희와 함께 이 유월절 먹기를 원하고 원하였노라. 내가 너희에게 이르노니, 이 유월절이 하나님의 나라에서 이루기까지 다시 먹지 아니하리라." 하시고, 이에 잔을 받으사 사례하시고, 가라사대, "이것을 갖다가 너희끼리 나누라. 내가 너희에게 이르노니, 내가 이제부터 하나님의 나라가 임할 때까지 포도나무에서 난 것을 다시 마시지 아니하리라." 하시고, 또 떡을 가져 사례하시고, 떼어 저희에게 주시며, 가라사대, "이것은 너희를 위하여 주는 내 몸이라. 너희가 이를 행하여 나를 기념하라." 하시고, 저녁 먹은 후에 잔도 이와 같이 하여 가라사대, "이 잔은 내 피로 세우는 새 언약이니 곧 너희를 위하여 붓는 것이라."(누가복음 22:14~20)

④내가 너희에게 전한 것은 주께 받은 것이니, 곧, 주 예수께서 잡히시던 밤에 떡을 가지사 축사하시고, 떼어, 가라사대, "이것은 너희를 위하는 내 몸이니 이것을 행하여 나를 기념하라." 하시고, 식후에 또한 이와 같이 잔을 가지시고, 가라사대, "이 잔은 내 피로 세운 새 언약이니 이것을 행하여 마실 때마다 나를 기념하라." 하셨으니, 너희가 이 떡을 먹으며, 이 잔을 마실 때마다 주의 죽으심을 오실 때까지 전하는 것이니라. 그러므로 누구든지 주의 떡이나 잔을 합당치 않게 먹고 마시는 자는 주의 몸과 피를 범하는 죄가 있느니라. 사람이 자기를 살피고 그 후에야 이 떡을 먹고 이 잔을 마실지니, 주의 몸을 분변치 못하고 먹고 마시는 자는 자기의 죄를 먹고 마시는 것이니라(고린도전서 11:23~29).

이상의 네 복음서에 기록된 내용을 보면, 예수가 제자들과 마지막으로 함께 한 식사는 식사인데 유월절의 식사이다. 유대인의 전통적인 유월절 식사라면 당연히 어린 양고기를 구워먹고, 다음날부터 일주일 동안은 누룩 없는 빵을 먹어야 하지만 예수는 빵과 포도주로 대신하였던 것 같다.

그런데 그 빵과 포도주에 부여한 의미가 대수롭지 않고 각별하다. 곧, 빵은 예수의 몸이고, 포도주는 그의 피[血]라는 것이다. 그것도 많은 사람들이 하나님으로부터 죄 사함[赦免]을 받도록 예수가 흘리는 피라는 것이다. 하나님과 예수 사이에 약속된 '언약의 피'이다. 그래서인지 예수는 그런 약속으로 희생되는 자신을 빵과 포도주를 먹을 때마다 기념하라고 당부하기까지 했다. 예수를 기념한다는 것은, 그의 대속적인 죽음과 그의 가르침을 되새기며 실천하며 감사하라는 뜻일 것이다. 예수가 아버지의 나라[天國]에서 제자들과 새 포도주를 함께 마실 때까지 말이다. 아직도 그날이 도래하지 않았기 때문인지, 예수를 하나님으로 믿는 예수교 관련 교회나 성당에서는 빵과 포도주를 나누어 먹고 마시는 형식적 절차를 통해서 그를 기념하는 것으로 해석된다.

이 '기념[記念]하라'는 예수의 말에 집착하다보니 기념해야 할 것이 또 하나 있는 것 같다. 그것은 예수의 머리와 발에 비싼 향유를 부은, 한 여자의 행위이다.

①예수께서 베다니 문둥이 시몬의 집에 계실 때에, 한 여자가 매우 귀한 향유 한 옥합을 가지고 나아와서, 식사하시는 예수의 머리에 부으니, 제자들이 보고 분하여 가로되, "무슨 의사로 이것을 허비하느뇨? 이것을 많은 값에 팔아 가난한 자들에게 줄 수 있었겠도다." 하거늘,

예수께서 아시고 저희에게 이르시되, "너희가 어찌하여 이 여자를 괴롭게 하느냐? 저가 내게 좋은 일을 하였느니라. 가난한 자들은 항상 너희와 함께 있거니와 나는 항상 함께 있지 아니하리라. 이 여자가 내 몸에 이 향유를 부은 것은 내 장사를 위하여 함이니라. 내가 진실로 너희에게 이르노니, 온 천하에 어디서든지 이 복음이 전파되는 곳에는 이 여자의 행한 일도 말하여 저를 기념하리라." 하시니라(마태복음 26:6~13).

②예수께서 베다니 문둥이 시몬의 집에서 식사하실 때에, 한 여자가 매우 값진 향유 곧 순전한 나드 한 옥합을 가지고 와서, 그 옥합을 깨뜨리고 예수의 머리에 부으니, 어떤 사람들이 분 내어 서로 말하되, "무슨 의사로 이 향유를 허비하였는가? 이 향유를 삼백 데나리온 이상에 팔아 가난한 자들에게 줄 수 있었겠도다." 하며, 그 여자를 책망하는지라. 예수께서 가라사대, "가만 두어라. 너희가 어찌하여 저를 괴롭게 하느냐? 저가 내게 좋은 일을 하였느니라. 가난한 자들은 항상 너희와 함께 있으니, 아무 때라도 원하는 대로 도울 수 있거니와 나는 너희와 항상 함께 있지 아니하리라. 저가 힘을 다하여 내 몸에 향유를 부어 내 장사를 미리 준비하였느니라. 내가 진실로 너희에게 이르노니 온 천하에 어디서든지 복음이 전파되는 곳에는 이 여자의 행한 일도 말하여 저를 기념하리라." 하시니라(마가복음 14:3~9).

보다시피, 예수께서 자신의 머리와 발에 향유를 부은 여인에 대하여 "말하여 기념하라." 했는데, 오늘날 그녀를 기념하는 사람들은 거의 없는 것 같다. 나의 견문이 워낙 좁고 무지해서인지는 몰라도, 그녀를 기념하기 위한, 어떤 정형화된 행동이나 절차는 더더욱 없어 보인다. 어쩌면, '말'로써 기념하라 했기 때문인지도 모르지만 성모 마리아와 막달라 마리아를 기념하는 교회는 보았어도, 그녀에게 봉헌된 교회나 예배소는 아직까지 보지 못했다. 그것은 그렇다 치고, 예수의 열두 제자들조차도 몰랐던, 예수가 곧 죽임을 당한다는 사실을 그녀는 어떻게 알고서 그런 약식 장례 같은 예의를 갖추었을까? 심히 궁금하다.

　나는 교회를 빠져 나와 이곳 산자락에 펼쳐진 아폴로 신전 터에 앉아서도 그녀를 생각한다. 그녀는 과연 누구이며, 예수와 어떤 관계였기에 예수의 머리와 발에 비싼 향유를 부은 것일까? 그리고 그 의미는 진정 무엇이었을까? 십자가에 못 박혀 죽은 예수의 주검을 바위 위로 내려놓고, 준비한 향품과 향유를 바르고, 세마포로 싸서, 염을 한 사람과 그것들을 준비한 사람들은 따로 있질 않는가. 갈릴리에서 예수와 함께 온 여자들(누가복음 23:55~56)이 향품과 향유를 준비했었고, 그 여자들 가운데에는 예수의 어머니였던 성모 마리아와 막달라 마리아도 분명 포함되어 있었는데…. (예수의 몸에 향유를 부은 사람들에 대해서는 다른 글 「예수의 몸에 향유香油를 부은 사람들」을 참고하기 바람.)

옴파로스Omphalos

오늘은 일요일이라 이곳 입장료도 무료다. 게다가, 비온 뒤라 유난히 맑게 갠 높푸른 하늘을 마음껏 바라볼 수 있고, 하늘과 땅 사이 맑은 공기를 마실 수도 있다. 뿐만 아니라, '세상의 중심'이라고 해서 신전 앞에 세워 놓은, 완만한 대리석 원뿔모양의 상징물인 '옴파로스 Ompalos' 복사물을 만지작거리면서 멀리 올리브 숲을 내려다

View of the Temple of Apollo

Tholos, around Doric Temple

볼 수도 있다. 대단히 기분 좋은 날이다. 비록, 머릿속에서는 예수의 몸에 향유를 부은 여자에 대한 연구가 필요하다는 과제 하나가 쌓였지만 말이다.

-2009. 09. 17.

[참고문헌]
① GREECE -A Journey through History and Civilization,, MICHAEL TOUBIS PUBLCATIONS S.A.(Attiki), 2006, ISBN : 960-540-039-1
② Dr E. Partida(archaeologist)의 글 : 그리스 관광청 홈페이지

필립피Philippi에서
외로운 사도 바울을 생각하다

　사도 바울이 '드로아' 110)로부터 배를 타고, 그리고 걸어서 '누가'
와 함께 이곳까지 와 여인들에게 예수교를 전하고(사도행전 16:13), 귀
신들린 사람에게서 귀신을 쫓아내고(사도행전 16:18), 이교도 사제들로
부터 제소당하여 옥에 갇히고(사도행전 16:19~24), 그곳에서 기도로써
지진을 일으키어 옥문이 열리고 묶인 것들이 풀리게 하는 등(사도행전
16:26) 기적을 행하셨던 곳, 바로 그 빌립보에 지금 내가 와 서 있다.
사도 바울이 나중에 이곳에 "사는 모든 성도와 감독들과 집사들에
게 편지(빌립보서 1:1)"한 것이 오늘날 예수교 경전인 신약 가운데 '빌
립보서'이지 않던가.
　이곳 빌립보는 현재 그리스 필립피Philippi라는 곳인데, 드라마
Drama라는 작은 도시로부터는 21㎞, 바울이 배를 타고 도착한 카발
라Kavala로부터는 서북쪽으로 15㎞ 정도 떨어져 있는 크레니데스

---

110) 드로아(Troia)
현 터키 서북쪽 바다에 인접해 있는 트로이troia 유적이 있는 곳과 그 주변 지역이다. 현재는 거의
다 폐허가 되어 있으며 트로이 유적지만 보수·관리되고 있다. 필자는 이곳을 2009년 1월 29일과
30일에 둘러보았다.

그리스 크레니데스 필립피 유적지 전경

Krenides에 있다. 나는 하필이면, 성난 농부들이 고속도로 진입로를
모두 점거하여 시위하는 날에 이곳을 방문한답시고 경찰들이 안내
하는 길로 가다보니 카발라에서 드라마로, 다시 드라마에서 필립피
로 돌고 돌아왔는데, 이곳이 바로 예수교와 관련하여 엄청난 역사적
사실을 내장하고 있는 유적지 중에 유적지였던 것이다.

물론, 이곳은 금과 은 등이 많이 나오는 광산지역이기 때문에 아
주 오래전부터 사람들이 모여 살던 곳이었지만, 기원전 365년에 마
케도니아 왕 필립 II세가 점령하여 재건한 곳으로, 기원전 42년에는
로마군과 큰 전쟁을 치러 패함으로써 로마의 식민지가 되었던 곳이
다. 그러니까, 사도 바울이 이곳에 도착했을 때에는 서기 49년 아니
면 50년으로 추정되니까, 이곳이 로마의 식민지로서 한창 번성할
때였을 것이다.

지금 내 시야에 들어오는 유적지의 길이만도 약 2km 이상 되어 보이고, 그 종심이 1km 가깝게 되어 보인다. 이 안에는 로마식민지로서 초기 예수교 관련 각종 시설물들이 들어서있는데 6세기 말과 7세기 초의 지진으로 다 무너져 폐허가 되어있는 상태다. 두 동의 바실리카Basilica와 여러 곳의 아고라Agora·상업도로Commercial Road, 아크로폴리스와 후기 비잔틴 타워·원형극장·주거지역·공중목욕탕·공중화장실·사제들의 거주지·기타 이교도의 성소(예컨대, 로마의 신: Silvanus·Artemis·Apollo·고대이집트 신 등)·무덤 등이 그것들이다. 심지어는 사도 바울이 갇혀있었다는 성 바울의 감옥St. Paul's Prison도 이곳에 있다.

사도 바울 이야기가 나왔으니 말인데, 그가 이곳에 오게 된 것부터가 예수로부터 받은 환상, 곧 일종의 계시를 통해서였고(사도행전 16:9~10), '두아디라'에서 이주해온 '루디아'라 하는 과부를 만나(사도행전 16:14) 이곳에서 유럽 최초의 교회를 세우는 역사적 기록을 남겼던 무대가 바로 이곳이다. 더욱이, 이곳에서 여성들을 상대로 펼쳤던 선교활동을 두고, 특히, 그로부터 세례를 받은 '루디아'라는 여인을 비롯하여 '유오디아'와 '순두게'라는 독실한 믿음을 가진 여인들(빌립보서 1:1)의 활동으로 여권이 크게 신장됐다는 평가가 후대인들에 의해서 이루어지지 않았는가.

여하튼, 바울이 죽고 난 후에 이곳에 엄청난 규모의 바실리카, 곧, 팔각형의 대교회와 성당을 지었는데 다 그에게 봉헌된 것들이고 보면 이 지역 사람들에게 바울이 얼마나 지대한 영향력을 행사했는지 짐작하고 남음이 있다. 따라서 이곳은 사도 바울과는 뗄래야 뗄 수 없는 역사적 유적지임엔 틀림없다. 한 때는, 금은 등을 캐내는 광산과 캐낸 그것들로써 동전을 만드는 조폐소 등이 있어 더욱 경제활동이 활발했던 곳이었지만 지금은 한낱 돌덩이들이 나뒹구는 폐허가 되어버렸다. 다만, 지금 나의 귓전에는 사도 바울이 이곳 사람들에게 걱정이 되어서 눈물로써 호소하며 강조했던 편지글이 생각난다.

형제들아, 너희는 함께 나를 본받으라. 또 우리로 본을 삼은 것 같이 그대로 행하는 자들을 보이라. 내가 여러 번 너희에게 말하였거니와, 이제도 눈물을 흘리며 말하노니, 여러 사람들이 그리스도 십자가의 원수로 행하느니라. 저희의 마침은 멸망이요, 저희의 신은 배[胃]요, 그 영광은 저희의 부끄러움에 있고, 땅의 일을 생각하는 자라. 오직 우리의 시민권은 하늘에 있는지라, 거기로서 구원하는 자 곧 주 예수 그리스도를 기다리노니, 그가 만물을 자기에게 복종케 하실 수 있는 자의 역사로 우리의 낮은 몸을 자기 영광의 몸의 형체와 같이 변케 하시리라(빌립보서 3:17~21).

-2009. 10. 05.

[덧붙임]

사도 바울을 생각하면 나는 눈물이 난다. 그가 철통같이 믿었던 예수 그리스도의 날, 다시 말해, 진노의 날이자 나팔소리가 울리는 날이 아직까지 도래하지 않아 자신을 포함해서 생명책에 기록되어 있다는 수많은 사람들이 영예롭게 부활하지 못하고 있기 때문이다. 그러나 무엇이 인간답게 사는 것인지 무질서한 세상에서 고민할 것도 없이 자신을 최대한 낮추는 삶, 곧 자기 자신의 욕구를 억제하고 자신의 육체와 정신을 희생하면서 이웃을 사랑하는 삶은 나의 심금을 울린다. 어쩌면 작은 예수처럼 살다갔다 해도 틀리지 않는다. 예수는 3년을 고생하셨지만 바울은 그 열 배 정도인 30년을 고생고생하며 살다갔다. 오로지 예수를 그리스도로 믿고, 그가 만물을 자신의 발아래 두는 날에 영광이 있으리라는 확신을 갖고서 말이다.

'죽은 몸이 다시 산다[復活]' 는
예수 가르침보다 더 강력한 것은 없었다

내가 그리스 수도 아테네로부터 동쪽 끝 도시 알렉산더폴리까지 보름 동안 렌터카를 이용하여 이곳저곳을 여행했었는데, 지금 나의 머릿속에 한 가지 인상적인 것이 남아 있다면 그것은 다름 아닌 예수의 가르침, 곧 예수의 정신이 곳곳에 스며있다는 사실이다. 예수의 가르침 가운데에서도 '겸손' 이라는 덕목은 대단히 중요하다고 생각되는데, 교회 주변을 살피면 이곳 사람들이 얼마나 그것을 실천하고 있는지 금세 알아차릴 수 있다. 그리고 나 자신부터 하나님의 계율을 지켜 깨끗한, 몸과 영혼으로 하나님 가까이 가려는 생활 태도를 견지하는 그들의

예수의 슬픔, 14세기 作, 대 메테오론 사원
(Christ of Pity, 14C. The Great METEORON)

노력을 수도원에서 활동하는 수도사들의 청빈한, 아니 금욕적인 생활에서 얼마든지 확인·가능하다. 그런 연유로 초기 예수교의 신앙을 그리스 동방정교라는 이름으로 가장 잘 유지·보전하고 있다고 주장하는지도 모르겠다.

내가 그리스 제2의 도시 '테살로니키(데살로니가)' 시내에서 낮과 밤에 아주 오래된 교회 몇 곳을 둘러보았는데, 희한하게도 교회들이 지표면에서 한 층 내지는 반 지하 정도씩 내려가 있는 곳이 많았다. 왜, 그럴까? 처음에는 단순히 본래의 지표면이었겠으나 도시가 건설되면서 혹은 세월이 흐르면서 이렇게 바뀌었을 것이라고 생각했는데, 위치가 전혀 다른 교회들도 그러한 것을 보면서 무언가 다른 이유가 있을 것이라는 생각이 들었다. 분명, 일부러 평지보다 더 아래로 내려가 교회를 지었다는 생각이 고개를 들기 시작했다. 아마도, 예수가 강조하고 스스로 실천한 '겸손'이라는 덕목을 우리(예수를 그리스도라 믿고 따르는 사람들)도 실천하고 있다는 사실을 상징적으로 드러내어 보인 예라는 데까지 생각이 미쳤다. 다시 말해, 예수를 주님으로 찬양하고 경배 드리는 사람들의 집인 교회부터 스스로 낮아져야 한다는 입장을 그렇게 표현한 것이 아닐까 싶었다.

그런가 하면, 그리스 동방정교의 성산聖山이라고 불리는 아토스산Mount Athos에 산재해 있는 수도원들과 그곳에서 생활하는 수도사들의 특별한 삶을 보면, 예수의 가르침을 가장 온전하게 실천하려는 사람들의 삶의 한 방식이라는 생각이 들고도 남음이 있다. 곧, 기도와 명상과 경전읽기와 예배로 이루어지는, 하나님을 향한 삶이 청빈과 자급자족이라는 검소한 생활 속에서 이루어지고 있기 때문이다. 그것도 인간의 욕망과 욕구가 들끓는 세속과는 멀리 떨어진 외딴 곳에서 말이다. 그들에게는 바깥세상의 변화와는 아무런 상관이 없는 듯 그저 자신들이 걸어가는 길에서 정진할 뿐 그밖의 것들에 대해서는 초연할 뿐이다. 머리와 수염은 길게 기르고(애써 가꾸지 않고), 검은 모자에 검은 두루마기 같은 긴 옷을 걸치고, 근엄하게 서있는 모습들은 가히 인상적이다. 그들의 얼굴을 가까이에서 들여다보아도, 대개는 눈빛이 맑고, 욕심도 없어 보이고, 참으로 깨끗한 심성을 지닌 듯 보인다. 뿐만 아니라, 키도 크고, 호리호리하며, 얼굴들도 다 미남형이다. 대개는 미혼이고 결혼한 이도 있지만 어찌 보면, 불교의 스님들과도 유사한 수도생활을 함에 틀림없다. 다만, 믿는 신이 다를 뿐이다.

이들 수도사들의 생활상을 가까이에서 들여다 볼 수 있는 곳이 그리스 내에 또 한 곳 있는데, 그곳은 '메테오라Meteora'라는 곳이다. 바위산 바위 봉우리에 아슬아슬하게, 혹은 교묘하게 건축된 수도원들이 산재되어 있는데, 그곳 자연환경 자체만도 경이로운데 그 가운데 크고 작은 수도원들을 짓고, 그곳에서 오로지 예수님을 흠모하며, 기다리며, 살아간다. 시끄러운 세속을 애써 멀리하려는 의도도 엿보이고, 하늘나라 하나님의 세계에 가장 가까이, 가장 먼저 가려는 몸부림처럼 비치기도 한다. 세상에 이럴 수도 있는 것인가! 의아함과 감탄사가 절로 터져 나온다.

예수의 가르침을 실천하며 닮으려는 이들의 생활과 역사를 들여다보면 그러지 못하는 나는 눈물이 날 지경이다. 그들 앞에서 예수를 안다고 말할 수도 없고, 예수를 믿는다고도 말할 수 없는 상황이다. 이런 묘한 내 감정을 되살아나게 하는 곳이 한 곳 더 있는데, 그곳은 다름 아닌 터키 카파도키아 지역의 괴레메Goreme에 있는 바위 속의 자그만, 옛 교회들이다. 물론, 이들은 현재 야외 박물관으로 명명되어 관광객을 맞이하고 있는 곳으로서 예배를 보는 살아있는 교회는 아니다. 기록에 의하면, 100만 년 전에 에리키에스Ericiyes 산의 화산 폭발로 생긴 화산재와 용암으로 형성된 크고 작은 산봉우리들이 생기었고, 그 봉우리마다 파고 들어가 몇 개 층씩 수도원으로서의 공간을 확보·구축해 놓았는데, 바로 그곳에서 예수님께 경배 드리는 삶을 살았다 한다. 알고 보면 그들도 사도 바울의 전도로 예수교도가 된, 주로 그리스에서 건너온 사람들이다.

이곳의 교회들은 대개 10~13세기에 만들어진 것들로서 카파도키아 지역에 무려 400여 곳 이상의 교회가 있다 한다. 오늘날 널리 알려진 바위 동굴 속 몇 몇 교회 안으로 들어가 보면 예배소가 있고, 사람들이 모여서 경전을 읽고 공부할 수 있는 공간도 있으며, 더러는 함께 식사할 수 있는 식당도 있고, 무덤까지 함께 있는 곳도 있다. 그리고 그 벽면과 천정에는 예수 관련 경전 속 사건들이 프레스코 기법으로 그려진 성화들로 가득 차 있다. 예수교에 대한 탄압이나 세속으로부터 도피처 내지는 은둔처로서는 그만이며, 동시에 하나님의 계율을 지키며 나 홀로 청정한 생활을 하기에도 안성맞춤인 것 같다는 생각도 든다.

나는 이들 세 곳을 들여다보면서 실로 많은 것을 생각했다. 서기 1세기로부터 시작된 예수에 대한 믿음의 폭풍이 이곳 지중해를 중심으로 일기 시작하여 오늘날은 지구촌 전역으로 확산되어 있는 상태다. '모름지기, 인간으로서 이승에서는 이렇게 살라' 한 예수의 그 어떤 가르침보다도 죽은 몸이 다시 살고, 심판을 거쳐서 영생과 영벌을 받는다는 놀라운, 믿기지 않는, 그렇지만 믿고 싶은 천국론이 태풍의 눈처럼 우리들의 뇌리에 박혀 있는 형국을 누구도 부인할 수 없을 것이다.

정말이지, 종교란 무엇일까? 그것의 본질인 즉 신에 대한 믿음일 것이다. 그 신
이란, 인간 스
스로가 해결할
수 없는 숱한
문제를 말끔하
게 해결해줄 수
있는 능력과 권
위를 지닌 존재
일 것이다. 그
리고 그에 대한
믿음이란, 결과
적으로 스스로

괴레메 지역의 아름다운 수도원들

위로받고 스스로 행복해 지기 위한 자기 최면의 가장 적극적인 방식
으로서 그에 대한 지지支持이자 의지依支이기도 하다. 그래서 믿음을
가진 자는 현실적인 고통도 즐겁게 극복할 수 있고, 경우에 따라서
는 자신의 죽음조차도 불사할 수 있다. 그들에게는 남다른 희망이
있기 때문이다. 그 강력한 희망을 부여해 주는 힘이 있다면 바로
'죽은 몸이 다시 산다'는 예수의 부활론인 것이다. 그래서 지구촌의
수많은 성당에서는 오늘날까지도 죽은 시신들을 끌어안고 있듯이,
이곳 괴레메 지역에 있는 교회 안 무덤에서도 다 사그라져가는 몇
조각의 뼈들이 그 소망을 간직한 채 지금까지 누워있는 것이다.

  -2009. 10. 08.

사도 바울의 그릇된 신체관

그리스 아토스 성산에 있는
라브도추 Ravdouchou
켈리온kellion 벽화. 12세기 作

사도 바울은 대단히 뛰어난 수사력과 예수 그리스도에 대한 절대적인 믿음을 가진 사람 가운데 한 사람이었다. 오늘날 신약 성서 가운데 상당 부분을 차지하고 있는 그의 많은 편지글에서 그 같은 사실은 얼마든지 확인이 가능하다. 그런 바울은 인간 존재의 의미나 위상에 대해서, 그리고 삶의 현실적인 태도나 방법 면에서 많은 가르침을 폈었는데, 그 가운데 하나인 인간의 몸[身體]에 대해서는 어떠한 생각과 믿음을 갖고 있었는지 구체적으로 확인해 보고 싶어졌다. 해당 경전을 읽다보면 나의 개인적인 생각과 다른 면이 너무 많았기 때문이다.

식물食物은 배[腹]를 위하고, 배는 식물을 위하나 하나님이 이것저것
다 폐하시리라. 몸은 음란을 위하지 않고 오직 주를 위하며, 주는 몸을
위하시느니라. 하나님이 주를 다시 살리셨고, 또한 그의 권능으로 우
리를 다시 살리시리라. 너희 몸이 그리스도의 지체인 줄을 알지 못하
느냐? 내가 그리스도의 지체를 가지고 창기의 지체를 만들겠느냐? 결
코, 그럴 수 없느니라. 창기와 합하는 자는 저와 한 몸인 줄을 알지 못
하느냐? 일렀으되, "둘이 한 육체가 된다." 하셨나니, 주와 합하는 자
는 한 영이니라. 음행을 피하라. 사람이 범하는 죄마다 몸 밖에 있거니
와 음행하는 자는 자기 몸에게 죄를 범하느니라. 너희 몸은 너희가 하
나님께로부터 받은 바 너희 가운데 계신 성령의 전(殿:temple)인 줄을
알지 못하느냐? 너희는 너희의 것이 아니라 값으로 산 것이 되었으니,
그런즉 너희 몸으로 하나님께 영광을 돌리라(고린도전서 6:13~20).

고린도전서 제6장 13절로부터 20절까지의 말씀이다. 여기서 보
면, 바울은 인간의 신체에 대해서 이렇게 생각했던 모양이다. 곧,
'인간의 몸은 하나님이 주신 것으로서 하나님의 성령이 거居하는 거
룩한 집[殿:Temple]이어야 한다. 그래서 인간은 모르지기 몸으로써
죄를 짓지 않도록 해야 하며, 하나님께 영광을 돌리어야 한다. 뿐만
아니라, 하나님이 예수의 죽은 몸을 살리셨듯이 인간의 몸을 살리리
라는 것을 굳게 믿어야 한다. 인간의 몸이 곧 그리스도의 몸이기 때
문이다.'

그렇다면, 여기서 우리는 또 몇 가지의 사실을 확인할 수 있다.
곧, ①하나님의 인간창조, ②하나님을 위해서 쓰여야 하는 인간의
몸 ③죄를 짓지 않아야 하는 몸 ④하나님에 의한 예수의 부활 ⑤인

간의 몸이 곧 그리스도의 몸 ⑥하나님에 의한 인간의 부활이라는 원칙들이 전제되어 있다. 사도 바울의 머릿속에서 전제되고 있는 이들 믿음의 내용이 사실이냐 아니냐는 대단히 중요하다. 그런데 문제는 이를 입증하기가 쉽지 않다는 사실이다. 아니, 주장할 뿐이지 그것이 불가능하다. 특히, 하나님이 인간을 창조했다는 점과 하나님이 죽은 예수의 몸을 살리셨다는 점은 경전의 문장 속에서 기록되어 있기는 하지만 확신할 수 있는 근거 찾기란 불가능하다. 그리고 하나님이 죽은 인간의 몸을 살리는 것은 예정되어 있다하나 아직까지 그 누구도 부활되어 나온 이는 단 한 사람도 없다. 예수의 열두 제자를 비롯하여 사도 바울이 생명책에 기록되어 있다고 거명한 이들조차도, 그리고 예수(교)를 위해서 순교한 지구촌의 수많은 사람들도 아직까지는 부활하지 않았다.

이처럼 사도 바울이 지녔던 믿음의 내용 그 자체에 문제가 없지 않지만, 보다 근원적으로 생각해 볼 필요가 있다. 그것은 인간 존재에 대한 본질[實狀]을 있는 그대로 이해하는 것으로부터 시작된다고 생각한다. 오늘날 발달된 과학의 덕으로 인체의 구조와 기능은 물론 생로병사의 과정에서 진행되는 인체의 생화학적 반응에 이르기까지 많은 비밀[몰랐던 사실]들이 확인되고 있다.

사도 바울은 음행淫行을 하지 말라는 뜻에서 인체의 근원적[신학적] 의미를 밝히고는 있지만 그때나 지금이나 잘 지켜지지 않는 데에는 그럴만한 이유가 있다고 본다. 곧 음행을 하게 하는 성적 욕구 자체가 인간의 몸이 지니는 원초적인 욕구, 다시 말해, 인간의 몸속에 내재된 본능이라는 사실이다. 자칫, 생물학적인 몸을 지닌 인간에게 너무나 무리한, 고상한 행동양식을 요구하고 있는 것은 아닐까 싶다. 인간의 몸에 대한 속성을 잘못 이해하면 현실적인 삶에 대해서도, 그리고 남녀 간의 관계에 대해서도 잘못 인식하게 마련이다.

남자가 여자를 가까이 아니함이 좋으나 음행의 연고로 남자마다 자기 아내를 두고, 여자마다 자기 남편을 두라. 남편은 그 아내에게 대한 의무를 다하고, 아내도 그 남편에게 그렇게 할지라. 아내가 자기 몸을 주장하지 못하고 오직 그 남편이 하며, 남편도 이와 같이 자기 몸을 주장하지 못하고 오직 그 아내가 하나니. 서로 분방分房하지 말라. 다만, 기도할 틈을 얻기 위하여 합의상 얼마 동안은 하되 다시 합하라. 이는 너희의 절제 못함을 인하여 사단으로 너희를 시험하지 못하게 하려 함이라. 그러나 내가 이 말을 함은 권도요, 명령은 아니라. 나는 모든 사람이 나와 같기를 원하노라(고린도전서 7:1~7).

남녀가 부부관계를 맺는 이유에 대해서 언급하고 있지만 그 근본이 크게 잘못되었다. 남녀가 음행을 하기 때문에 그것을 방지하기 위해서 결혼이 필요하다고 판단했고, 또한 부부가 따로 떨어져서 각방을 쓰지 말라는 것도 성욕을 절제 못하여 사단의 시험에 빠질 우려 때문이라는 것이다. 아마도, 바울의 머릿속에서는 부처님만큼이나 음행에 대한 노이로제가 걸린 듯싶다. 바울이 생명의 본질에 대해 몰라도 너무나 많이 모르는 것 같다. 이 세상의 모든 인간들이 다 남녀 사랑의 결과라고 생각하는 필자와는 너무나 다른, 왜곡된 가치관을 갖고 있는 것만 같다.

그리하여 바울은, 모든 사람이 자신과 같기를 원한다는데, 이 말이야말로 자신의 무지를 단적으로 드러낸 것이라 본다. 바울의 말처럼 모든 남자들이 결혼하지 않고 여자들을 멀리한다면 현실 속에서의 인간 세상은 어떻게 될 것인가? 자연 생태계 속에서는 인간의 멸종만이 기약될 것이다.

그럼에도 불구하고 바울은 무엇 때문에 이런 극단적인 말을 한 것일까? 그것은, 아마도, 하나님과 예수에 대한 절대적인 신뢰는 물론이고, 예수 재림 곧 심판이 임박해 있다는 강박관념이 크게 작용한 것 같다. 그러지 않고서야 어떻게 인간으로서 가지는 기본적인, 아니 보편적인 욕구조차 억제하라 하며, 자신부터 그렇게 살 수 있었겠는가.

> ①내가 혼인하지 아니한 자들과 및 과부들에게 이르노니, "나와 같이 그냥 지내는 것이 좋으니라. 만일, 절제할 수 없거든 혼인하라. 정욕이 불 같이 타는 것보다 혼인하는 것이 나으니라(고린도전서 7:8~9)."
> ②혼인한 자들에게 내가 명하노니(명하는 자는 내가 아니요 주이시라), "여자는 남편에게서 갈리지 말고(만일, 갈릴지라도 그냥 지내든지 다시 그 남편과 화합하든지 하라.), 남편도 아내를 버리지 말라(고린도전서 7:10~11).
> ③그 남은 사람들에게 내가 말하노니(이는 주의 명령이 아니라), "만일 어떤 형제에게 믿지 아니하는 아내가 있어 남편과 함께 살기를 좋아하거든 저를 버리지 말며, 어떤 여자에게 믿지 아니하는 남편이 있어 아내와 함께 살기를 좋아하거든 그 남편을 버리지 말라. 믿지 아니하는 남편이 아내로 인하여 거룩하게 되고, 믿지 아니하는 아내가 남편으로 인하여 거룩하게 되나니, 그렇지 아니하면 너희 자녀도 깨끗지 못하니라(고린도전서 7:12~14).

　　①은 결혼하지 않은 자들과 과부들에게 한 말이고, ②는 결혼한 자들에게, ③은 그 외에 사람들에게 한 말이다. 한 마디로 줄여 말한다면, 성욕을 절제 못하고 음행하는 것보다 결혼 혹은 재혼하는 것이 낫고, 일단 결혼했으면 이혼하지 말 일이며, 결혼하기는 했는

A monk of Simonopetra Striking the bells on of the highest balconies of the monastery.

데 어느 한쪽이 예수를 믿지 않는다 하더라도 함께 살기를 원한다면 이혼하지 말라는 것이다. 그러나 그 어떤 것보다 자신[바울]처럼 홀로 사는 것이 가장 좋다는 바울의 기본적인 입장이 반영되어 있다.

그렇다면, 바울로 하여금 이런 입장을 갖게 한 직접적인 이유는 무엇일까? 그것은 공교롭게도 부처님 생각[111]과 같이, '성욕'에 대한 부정적 인식이 전제되었다는 사실이다. 성욕은 사람들로 하여금 음행을 하게 하는 동력이며, 음행은 인간의 몸을 더럽히고, 몸으로 하여금 죄를 짓게 한다는 것이다. 여기서 말하는 죄란, 인간의 몸이란 본래 하나님으로부터 받은 것으로서 성령의 전(殿:temple)이어야 하며, 하나님의 영광을 위해서 써야 한다는 전제에서의 어긋남을 뜻한다. 바울의 이런 생각과 이런 믿음 때문에, 다시 말하면 인간 성욕에 대한 부정적 인식과 하나님과 인간과의 관계에 대한 믿음이 경전 내용의 일부로 기록되었고, 그로 인한 영향으로 오늘날 그리스 동방정교 수도사나 천주교의 신부들이 결혼하지 않고 사는 것 같다.

-2009. 10. 10.

---

111) 인간의 음욕(淫慾)에 대한 부처님의 생각을 확인할 수 있는 예
①여자에 대한 편견:여자는 세속에 대한 애착이 강하다고 판단하여 수행하는 데에 어려움이 많다고 인식하였다. 그래서 비구니를 두려하지 않았으나 제자들의 요청에 의해서 받아들였는데, 그 때에 남자와 차별적인 비구니8경계를 주었다.
②비구의 법이 쇠퇴하지 않게 하는 방법 일곱 가지 가운데 하나로 음욕을 끊고 육신을 한낱 더러운 것으로 생각하라 가르쳤다(般泥洹經 上卷).
③해탈의 여섯 가지 전제 조건 가운데 하나가 '애욕'을 없애는 것이라고 가르쳤다(雜阿含 二十億耳經).
④세상 사람들로부터 존경을 받을 수 있고, 죽어서도 천상에 태어날 수 있는 네 가지 계율 가운데 남의 부녀를 욕심내지 않는 것이고, 탐욕과 음란한 마음을 내지 않는 것이라 가르쳤다(佛說尸迦羅越六方禮經).

이 외에도 적지 않지만 불가(佛家)에서는 근원적으로 인간의 몸은 썩어 없어질 것으로 죄를 짓는 인자(因子)이고, 그 몸의 욕구 가운데 성욕(=淫慾)이 모든 번뇌의 근원지라는 인식이 깔려 있다.

제IX장 부록·II

참신하고 진지한 성찰/이춘희(동덕여자대학 평생교육원 교수)
역설적 매력/최봉호(토론토에서 활동하는 시인)
종교를 이해하는데 좋은 책/구본순(소설가)
김두성(한얼교 한얼 본궁 궁사장) 님으로부터 받은 편지
[대담1] 이시환 VS 정세봉(연변소설가학회 회장)
[대담2] 이시환 VS 세인(이시환의 주변 사람들)
초판본 머리말
초판본 후기後記:나의 경전 읽기를 뒤돌아보며 -돌아가신 어머님과, 평소 가깝게 알고 지내는 목사님들께

개정증보판 후기後記·1:하나님 중심의 인간세계를 인간 중심의 하나님 세계로
개정증보판 후기後記·2:하나님의 진화 가능성
이 책의 편집을 마치고 필자가 자신의 삶을 뒤돌아보며 쓴 시 한 편「가시나무」

참신하고 진지한 성찰
-『신은 말하지 않으나 인간이 말할 뿐이다』를 읽고

이춘희
(동덕여자대학 평생교육원 유아교육학과 교수)

먼저, 저자의 용기에 대해 경의를 표하고 싶다.

같은 종교관을 가진 사람들의 모임 외에 종교에 대해 심도 있는 대화를 피하는 경향이 현실인데, 저자는 온 국민을 대상으로 자신의 의견을, 그것도 '경전은 인간이 창조한 진지한 픽션'이라고 당당하게 논증을 펴고 있다. 필요에 따라 불교의 경전과 이슬람교의 코란까지 기독교 성경과 그 내용을 비교하며 자신의 논리를 펴는 저자의 정밀성과 논리 정연함에 박수를 보내지 않을 수 없다.

자신의 논증을 입증하기 위하여 얼마나 많은 시간과 열정을 성경 탐구에 쏟았을까? 오랫동안 교회를 다닌 나는 과연 성경을 얼마나 알고 있는지, 내 자신이 믿는다는 하나님이란 존재에 대해 바르게 알려고 그동안 얼마나 노력하면서 교회를 다녔는지, 또, 하나님을 믿는 내가 얼마나 하나님 말씀대로 살려고 노력했는지, 이 책을 읽으면서, 저자의 신의 존재에 대한 인식여부에 대한 찬반에 앞서, 나는 자신의 종교관을 당당히 밝히는 저자의 용기에 박수를 보내면서 내 자신에게 질문을 던지지 않을 수 없었다.

베스트셀러이면서 스테디셀러인 '성경'을 비성경적 관점에서 보는, 즉 인간이 신을 창조했다는 주장을 성경의 내용을 근거로 제시하며 해석한 책이 있다고 한다면, 믿는 자는 우선 '불경스럽다'는 생각부터 가질 수 있을 것이다.

그러나 『신은 말하지 않으나 인간이 말할 뿐이다』라는 문제의 책은, 읽는 내내 반감을 불러일으키기보다는 솔직히 신선한 충격 그 자체였다고 말하고 싶다. 그 이유인 즉 그만큼 저자의 성경에 대한 진지함과 이성적인 사고가 잘 드러난 결과라 할 수 있기 때문이다. 또한, 저자의 관점에서 성경을 해석해 봄으로써 성경을 또 다른 시각으로 바라보게 되는데 저자의 논리에 대한 수긍여부는 독자의 개개인의 몫이라 생각하고, 신자信者이든 비신자이든 다음과 같은 네 가지 이유에서 신선한 충격에 동참할 기회를 한번쯤 갖도록 읽어 보라고 권하고 싶다.

첫째, 이 책은 믿는 자든 믿지 않는 자든 성경의 요지와 전체적인 내용 핵심을 전달하는 기능적인 면에서 성경의 내용을 아는데 크게 도움이 되리라 생각한다. 기독교의 본질이자 핵심이라 할 수 있는 심판·부활·승천·영생·천국·지옥 등과 같은 키워드를 비롯하여 예수의 정체성 및 예수의 가르침이 오늘날 우리에게 어떤 의미로 해석되는지, 더 나아가 요한계시록까지, 저자는 성경의 핵심을 성경말씀을 근거로 제시했기 때문에 믿는 자들에게는 성경에 대해 더 깊이 있는 만남의 시간이 될 것이며, 믿지 않는 자에게는 성경의 핵심을 쉽게 이해할 수 있는 계기가 되리라 본다.

둘째, 이 책이 믿는 자에게 '이단 서적'이라 하여 읽을 만한 가치도 없다고 폄하한다든지, 믿음이 약한 자에게는 성경에 대한 혼란을 야기시키는 것은 아닌지 우려하여 마음의 문을 닫는다든지, 아니면 불신자에게는 전도의 문을 닫게 하지는 않을까 우려하는 사람도 없지는 않을 것이다. 그러나 나는 오히려 이 책을 통해서 자신의 믿음을 되돌아보고, 성경에 대한 무지無知를 반성해 보며, 자신의 믿음을 재건축할 수 있는 계기가 될 수 있다고 본다. 이제까지 습관적인 믿음을 가졌다면 이 책을 통하여 자신의 믿음에 대해, 신의 존재가 나의 삶과 어떤 연관성이 있는지에 대해 다시 한 번 성찰해보는 확실한 계기가 될 줄로 믿어 의심치 않는다. 신의 존재 여부에 대한 판단은 각자의 믿음과 그 깊이와 판단력에 따라 독자의 몫이 되리라 본다.

셋째, 이 책은 목사님이나 신학자들에게 숙제를 남겼다고 볼 수 있다. 저자의 성경에 대한 오해 또는 진실이 인간의 이성적인 논리만으로는 해결될 수 없다는 식의 논리로, 또는 한낱 개인의 비신앙적 반기이며 외침으로 간과되지 않기를 바란다. 저자의 이성적 논리가 믿지 않는 다수의 대변일 수도 있으며, 성경책을 들고 교회 문턱을 드나드는 사람 중에도 풀리지 않는 숙제일 수 있지 않겠는가. 그런 점에서 이 책은 숙제에 대한 문제점을 구체적으로 확실하게 제시했다는 면에서도 의의를 찾아볼 수 있다. 따라서 현대인들에게 성경에 대해 이해하기 쉽고 납득시킬 수 있는 접근 방식의 새로운 모색이 필요하다고 본다.

마지막으로, 과연 저자는 이 책이 읽는 독자에게 영향을 줄 수 있다고 생각할까? 아마도, 이 글을 쓸 때는 독자까지 염두에 두고 쓰지는 않았을 것이다. 그러나 저자가 책으로 펴냈을 때는 자신의 논증이 독자에게 영향을 미치어 평가를 받고 싶을 것이라 생각된다. 그 평가가 어떻게 주어질지, 오랜 시간이 지난 후 평가에 변화가 있을지, 나 역시 사뭇 궁금해진다. 그러나 분명히 한 개인의 이성적인 사유로 인하여 방대한 성경의 핵심을 이렇게 구체적으로 세심하게, 그리고 역逆으로도 생각할 수 있는 계기를 갖게 해준 저자의 참신하고 진지한 성찰에 감사한 마음을 전하고 싶다.

　책을 덮으면서 '신이 있다면 얼마나 좋겠는가. 신이 없으니 경전을 들고 교회에 나가자고 역설적으로 말하고 싶다'는 저자의 말 속 내엔 따뜻한 세상을 염원하는 마음이 가득히 내 가슴에 전해져 온다.

역설적 매력
-『신은 말하지 않으나 인간이 말할 뿐이다』를 읽고

최봉호
(토론토에서 활동하는 시인)

인류역사상 예수교 경전인 성경만큼 영원한 스테디셀러는 없을 것이다. 그만큼 많은 사람들이 읽어왔고, 계속 읽히고 있다는 증거 이리라. 이러한 현상은 지구가 멸망하지 않는 한 지속될 것이란 전망이다.

그래서 궁금한 것은, 사람들은 왜 그렇게 성경을 많이 읽고 있는 것일까? 또, 성경을 어떻게 읽고, 어떻게 이해하고, 어떻게 실천하고 있을까? 라는 점이다. 아울러, 성경의 내용에 대한 일말의 의문은 없었는지? 궁금하지 않을 수가 없다. 만일, 그런 점이 일절 없었다면, 성경을 통시적通視的으로 읽지 않았거나 맹신자盲信者일 가능성이 높을 것이란 생각이다. 이 같은 문제와 관련, 중견시인이고 문학평론가인 이시환 선생이 펴낸『신은 말하지 않으나 인간이 말할 뿐이다』라는 종교적 에세이집이 심독자心讀者들에게서 작지 않은 파문을 일으키고 있다는 사실은 시사하는 바 매우 크다.

평소에 성경과 불경을 가까이하고 있는 저자는 이번 에세이집을 통해 "신이 인간을 창조한 것이 아니라 인간이 신을 창조했다"고 당

838

당하게 주장하면서 "이것이 진실인지 오해인지는 본인[著者]의 책을 읽고 판단하기를 바란다"고 자신 있게 권장하고 있다.

성경 안에는 직·간접적으로 '하나님께서 말씀하셨다'는 주장(?)이 수두룩한데, 성경을 통시적으로 읽어보면 '신이 말씀하신 게 아니라 신을 간절히 원하고 꿈꾸는 자들 가운데서 문장력이 있는 특별한 사람들의 소망이 담긴 말이라는 사실을 다름 아닌 경전 내에서 확인할 수 있다'는 것이다. 이렇게 저자는 종교계에서 금기시하고 있는 성경에 대한 의문을 성경과 불경과 꾸란[코란]의 내용을 치밀하게 비교·분석하여 놀라운 논증을 제시하고 있다.

첫째, 성경의 핵심인 믿음의 실천여부와 심판·부활·승천·영생·천국·지옥 등으로 사람을 묶어두고 있는 키워드가 각각 어떻게 이루어지는가? 특히, 영靈이나 영적 존재에 대해서도 구체적인 해명이 있어야 하는데 성경에는 없을 뿐만 아니라 불가하다고 지적하고 있다.

둘째, 성경 66권(창세기로부터 요한계시록까지) 안에서 주장하는 내용 중에 상충相衝하는 모순이 적지 않다는 것이다. 예를 들면, '죽은 몸이 다시 산다고 강조해 놓고 몸이 아니라 영靈이라고 한다든지, '천국에 가는 사람들은 예수처럼 승천昇天한다고 말해놓고 새 땅 새 하늘로 빗대어지고 있는 새로운 예루살렘 성을 만들어 가지고 지상으로 내려온다'(요한계시록)는 등의 내용들이 성경에는 의외로 많다고 지적하고 있다.

셋째, 의문에 대한 해명解明이 불가不可하다는 것이다. '예수교의 근본이 심판 결과에 따라 천국과 지옥으로 보내서 영생永生이나 영벌永罰을 받는데, 그 천국과 지옥은 어디에, 어떤 규모로, 어떤 상태로 있는지?' 구체적인 설명이 없을 뿐만 아니라 오늘날 경전 연구자나 믿음을 가진 자들도 해명불가라는 사실을 지적한다.

넷째, 하나님께서 인간에게 요구하는 것이 세월이 흐르면서 점진적인 변화를 거듭하고 있다는 지적이다. 예를 들면 '구약시대의 할례割禮는 하나님의 백성임을 증명하는 육체적인 표식으로서 하나님과 백성들 간의 약속이었는데, 사도 바울에 와서는 '마음의 할례'를 강조한다는 것이다. 또 농작물에 피해를 끼치는 '황충'이란 단어도 처음에는 해충으로서의 단순한 의미밖에 없었는데 '갑자기 하나님이 부리는 천군天軍으로 변하고, 하늘과 음부라는 단어도 '천국과 지옥'으로 각각 변했다는 지적이다. 간단히 말해, 교리를 설명하는 키워드들의 개념이 점진적으로 확대·심화되거나 변질되어 왔다는 지적이다.

이와 같이 의문투성이의 성경이나 종교의 정체는 과연 무엇일까? 이런 질문에 저자는 "종교라는 것도 넓게 보면 인간이 만들어가는 질서 가운데 하나일 뿐"이라며 "인간 스스로가 만들어 낸 신에게 인간 스스로가 종속되면서 신은 인간에게 무리한 요구를 하게 되었다"고 말한다. 이런 연유로 인해 "인간은 인간존재에 대한 그릇된 인식을 갖게 되었다"는 지적이다. 이런 "속박으로부터 자유롭고 싶고, 자유로운 만큼 책임을 스스로 지고 싶을 따름"이라는 저자의 고백은 그래서 강한 설득력을 가지고 있다는 생각이다.

전체 제7장 57개 항목으로 368페이지 분량의 이 에세이는 표제로 인해 자칫 신을 부정하고 있는 것처럼 불경스럽다는 오해를 받기가 쉽다. 그러나 성경 안에서 용어들이 어떻게 사용되고 있는지에 대한 이성적인 사고로서의 규명은 반드시 짚고 넘어갈 과제였다고 생각한다. 그러나 아직까지는 그런 작업이 없었던 것 같다. 이 같은 현실에서 저자의 이번 작업이 매우 용기 있는, 그러면서 진지한 결단이라는 반응이다.

　이 에세이집의 표제만 읽고 혹자는 '사단의 사주를 받았다'며 '이단서적'으로 치부해 버릴지도 모른다. 그러나 이 에세이는 그런 사람들이 꼭 탐독해볼 필요가 있다는 역설적인 매력을 지니고 있다. 특히, 맹신자의 입장에서 전도에 힘쓰고 있는 사람들을 비롯해 목회자, 신학자들에게 필독서로 여겨진다. 그리하여 예수의 정체성 및 가르침을 오늘날 어떤 의미로 설파해야 하는지를 고민하고 터득하게 하는 기회를 주는 책이라고 믿어 의심치 않는다.

종교를 이해하는데 좋은 책
-『신은 말하지 않으나 인간이 말할 뿐이다』를 읽고

구본순
(소설가)

모름지기 책이란, 무엇보다 읽기에 재미가 있고 새로운 지식을 주어야 계속 읽고 싶은 생각이 든다. 나는 우연한 기회에 이시환 문학평론가의 『신은 말하지 않으나 인간이 말할 뿐이다』를 읽기 시작했는데, 내가 아직 모르는 성경 안의 내용들이 너무 많이 기술되어 있어 호기심으로 그 두툼한 책을 며칠간 만에 다 읽어버렸다.

세계에는 많은 종교가 있으며, 그 종교마다 각자의 경전이 있다. 그중에는 3대 종교라 할 수 있는 기독교·이슬람교·불교가 있으며, 기독교와 이슬람교는 사실상 한 뿌리이므로 그 경전 내용상 유사한 점이 있으나 불교와는 판이하게 다르다고 한다.

역사상 기독교를 신봉하는 민족이 인류의 문명과 과학을 발달하게 하는데 주도적 역할을 해왔으며, 자유·평등·박애의 사상이 기독교의 성서에서 유래되었으며, 오늘날의 자유 민주주의 기초가 되었다고 한다.

이 책의 저자는 기독교의 성경을 아주 상세하게 분석하여 해석하고, 여러 가지 의문되는 것과 모순이 되거나 상충되는 내용 등을 논리적으로 지적하고 있다.

나는 천주교 신자로서 성경 교육을 받았으며, 늘 성경을 가까이 두고 읽고 있다. 뿐만 아니라, 기독교 서적이라면 한국 서적뿐만 아니라 외국 서적도 비교적 많이 읽고 있다. 특히, 일본사람이 쓴 기독교 서적 중에는 성경을 아주 색다른 각도에서 연구한 글도 있었다. 그런데 이시환 문학평론가의 이 책을 읽노라니, 성경을 마치 수술대 위에 올려놓고 해부하는 것 같은 느낌을 주는, 매우 특이한 책이라는 생각이 든다.

신학이란 기독교의 교리와 신앙을 이론적으로 연구하는 학문이다. 그리고 과학이란 어떤 영역의 대상을 객관적인 방법으로, 계통적으로 연구하는 학문이라 한다. 이 책이 바로 성경을 과학적인 방법으로 한 구절 한 구절을 분석하고 연구·종합한 논문이라고 말할 수 있다.

우리나라 기독교 신자의 수가 신·구교 합해서 1,300만 명이 넘는다고 한다. 그중에는 성경을 외울 정도로 많이 읽고 공부하는 사람도 많다고 한다. 참으로, 좋은 현상이라고 생각한다. 이 성경은 한 사람이 쓴 글이 아니고 여러 사람이 쓴 글이므로 그 내용에는 서로 상치되는 부분이 더러 있을 수 있다. 그러나 이 성경을 쓴 사람들은 하나님의 영감과 계시를 받고 쓴 글로서 그 속에는 오류나 틀린 것은 있을 수 없다고 말하고 있다. 많은 신학자·성직자·성서연구가들이 쓴 책들은 대부분 깊은 신앙심으로 성경의 내용을 해석하고, 또 기적들을 기술·찬양하고 있다. 하지만 이 책의 저자는 독실한 기독교 집안에 태어나서 어머님으로부터 깊은 신앙심의 훈도를 받아서 성경을 깊이 정독하고 연구한 지식인이다.

신약성경 27권은 일반적으로 복음서·사도행전·서간집·계시록 등 4개 분야로 분류되고 있다. 그런데 저자는 성경을 기독교의 키워드라고 할 수 있는 심판·부활·승천·영생·천국·지옥 등으로 구분하고, 예수의 정체성과 가르침, 천국과 지옥, 그리고 계시록으로 분류하여 하나하나 해석하면서 서로 상치되는 것을 지적하였으며, 독자들에게 이해하기 쉽게 설명하면서 끝내 이해되지 않는 부분들에 대해서는 의문을 제기하고 있다.

성경 내용에는 중복되고 읽기 지루한 부분이 많다. 그러나 많은 신자들은 이 성경을 하나님의 말씀으로 생각하고 불가사의한 것을 하나님의 계시로 무조건 받아들이며 읽고 있다. 그래서 기독교 원리주의(fundamentalism)가 나왔으며, 우리나라에도 광신자들이 많다. 기독교 원리를 지키려면 예수님의 계율을 지켜야 한다. 그런데 그 계율에는 실천하기 어려운 것이 너무나 많다. 이 책의 저자는 성서에 있는 계율을 36가지로 요약하여 설명하고, 독자에게 그 중 몇 가지를 지킬 수 있는지 묻고 있다. 이것은 참으로 저자만이 쓸 수 있는 재미있는 해학諧謔적 요소이기도 하다.

성경에서 가장 해석하기 어려운 부분이 요한계시록이라고들 한다. 이것은 신약성경 중에서는 오직 하나밖에 없는 예언서로서 천재지변天災地變, 인류의 멸망, 그리고 최후의 심판 등을 예언한 글이다. 이 계시록은 그저 읽어서는 이해할 수 없는 내용이며, 권위자의 해석과 설명을 읽거나 들어도 깊은 신앙심으로써 자기 나름대로 해석할 수밖에 없는 내용이다.

그런데 저자는 이 내용을 하나하나 분석하여 그 속에 나오는 인물과 수치 그리고 이상한 동물 등에 대하여 상세히 해석하고 경우에 따라서는 비유로써 설명하고 있다. 참으로 기독교에 대한 방대한 지식과 당시의 역사에 대한 해박該博한 지식 없이는 설명할 수 없는 내용이다.

이 책에서 저자는 기독교와 이슬람교, 불교를 비교하여 독자에게 매우 유익하고 흥미로운 지식을 주고 있다. 천국과 지옥, 그리고 부활에 대하여 성경과 꾸란의 차이점을 정확하게 지적하여 재미있게 설명하고 있다.

오늘날, 서방세계는 이슬람 원리주의자의 테러행위로 아주 곤란을 받고 있으며, 세계평화에 큰 위협이 되고 있다. 저자는 그 원인이 이슬람교의 경전인 꾸란에 있다는 것을, 그 꾸란의 해당 구절들을 인용하여 구체적으로 설명하고 있다. 신문이나 여러 간행물에서 그것을 암시하는 글은 왕왕 있었으나 이렇게 대담하게 지적한 글은 처음이었다.

유대인과 아랍인은 같은 아브라함의 후손으로서 같은 하나님을 믿으면서 서로 철천지원수徹天之怨讐가 되어있는 이유가 이슬람교의 경전인 꾸란에 있다는 것을 지적하고 상세히 설명하고 있다.

저자는 자기 자신의 신앙고백으로서 「신이 있다면 얼마나 좋겠는가」라는 글을 써서 하느님을 부정하는 인상을 주기도 했다. 그러나 자세히 읽어보면 저자는 성경에 나와 있는 이상적인 하나님을 얼마나 열망하고 있는지 알 수 있다. 저자는 이 책을 통하여 예수교가 타종교에 비하여 더 좋은(?), 아니, 뛰어난 종교라는 것을 은연중 암시하고 있기도 하다. 분명, 나의 시각에서는 그렇다.

따라서 이 책은 성경 연구의 좋은 교재로 생각되며, 성직자들뿐만 아니라 일반 독자들이 세계의 종교를 이해하는 데에도, 더 정확히 말해서 종교의 본질을 이해하는 데에 상당한 도움을 줄 수 있는 책이라고 생각한다.

김두성 님으로부터 받은 편지

이시환 선생님께!

지나가는 바람을 잡듯 '한얼온궁'을 스쳐 가시는 이시환 선생님을 붙잡고 '한과 얼'에 대해서 말씀드린 인연이 '삶의 동반자'가 된 것 같습니다.

저는 시골 중학교밖에 나오지 못했습니다. 경북 청도군 금천면 금천중학교 10회 졸업생입니다. 그러다보니 '문학'이란 뜻도 잘 모르고, '문학평론'이란 의미는 더더욱 모르는 사람입니다.

그러나 '얼빛'으로 글을 읽고 느끼는 것은 '얼'이 있기 때문인데, 그 얼빛으로 느낀 점을 말씀드리오니 참고하시기 바랍니다. 항간에 '모르는 사람이 용감하다'는 말이 있습니다만, 모르기 때문에 아는 분의 실력이 어느 정도인지, 아는 분의 능력이 어떤 것인지, 정말 모르기 때문에 용감하게 문학평론가의 글을 읽고 한 말씀 올리는 것입니다.

동방문학은 빛입니다. 동방문학은 뜨는 별입니다. 그러나 서방문학은 지는 별입니다. 서방문학은 찬란한 로마문명과 더불어서 물질문명으로 발전해 왔으나 지금은 한낱 역사적 얘기로 남아 있습니다. 그 이유는 수천 년 전 과거 인류의 인지人智가 깨어나지 못한 때였기 때문에 그 시대 그 지역의 문화 역시 깨어나지 않은 때에 형성되었기 때문입니다. 21세기를 맞이한 이 시대에는 한낱 전설과 같은 이야기로밖에 전해지지 않는 것이라 사료됩니다.

이제 21세기 이후 문명과 문화는, 해가 뜨니 그 이전에 어둡던, 모든 문명과 문화는 저절로 전설이나 가설로 취급받을 수밖에 없습니다. 그래서 예수님은 말씀하셨는지도 모릅니다. '메시아가 다시 오신다'고. 굳이 이 말을 하신 것은, 처음에 오신 자신(예수)의 뜻으로는 인류 구원이 불가능하기 때문에 다시 오신다고 말한 것이 아닐까 싶습니다만, 그 때에 오시는 주님은 초림 예수님이 아닌 '한 시대의 사명자'가 될 것이라고 저는 믿습니다.

인류구원을 위해서 다시 오신다는 주님은 성씨가 무엇이든, 어느 나라 사람이든, 무슨 말을 하는 사람이든 상관없습니다. 목적은 오로지 '인류 구원법'을 들고 인간 세상에 오시는 분이기 때문입니다. 이 같은 사실을 예수는 이미 2,000년 전에 알고 계셨던 것 같습니다.

2,000년 전 인지가 깨어나지 못한 때의 말과 글들은 깨어나지 못한 시대에 무조건 믿고 따르던 것이었기 때문에 밝은 해가 뜬 이 시대에서는 한낱 골동품으로 박물관 안에나 두고 볼 전시품에 지나지 않습니다. 어두운 시대의 긴긴 밤에 있었던 말과 글들은, 물론 그 당시에는 아름답고 희망을 주는 것이었지만, 해가 뜨고 나니 그 모든 것들이 얼마나 어두웠던 것이었는가가 속속들이 드러나 보이고 있습니다. 마치, 시냇물이 흘러 강이 되고, 강물이 수천 년을 흐르고 흘러 지금의 바다가 된 것과 같습니다. 비로소 바다에 도달하니 강물의 역사, 강물의 성분, 강물의 물량, 강물의 과정 등이 이미 아무런 의미가 없어져 버린 것과 같다는 뜻입니다.

이제 우리는 '바다법'에 맞추어 살아가야 합니다. '강江의 법'을 가진 모든 종교도 심판을 받게 되어 있습니다. '강의 법'이란 구시대의 것으로서 바다에 비해서 너무나 탁하고, 어둡고, 비좁기 때문입니다.

마지막 심판은 있습니다. 물론, 이 말은 비유법입니다. 강물이 바다에 들어올 때에는 무엇으로 심판받겠습니까? 영원히 변치 않도록 '소금기'로 심판되는 것입니다. 소금기 없는 물은 썩습니다. 기독교가 바다법의 소금기로 심판받는다는 뜻입니다. 그 심판은 오로지 '바름'으로써 이루어집니다.

이시환 문학평론가님이 '바름'으로 '예수교의 3대 거짓말'이라고 밝힌 것 자체가 심판입니다. 그들은 심판을 받아도 말을 못합니다. 그 바름은 '한얼의 뜻'이고, '천리天理'입니다. 강물은 바다의 소금기로 심판 받아야 영원히 썩지 않고, 강법江法은 바다법의 바름으로써 심판받아야 영원히 변치 않는 법法이 되는 것입니다.

지금 이시환 문학평론가님의 바른 말 앞에 예수교인들이 지구상에 수십억 명이 되지만 반박할 자가 단 한 사람도 나오지 못합니다. 그것은 바름 곧 천리로써 심판하고 있기 때문입니다.

기독교에 거짓말이 세 가지뿐이 아닙니다. 강물은 수천 년 내려오면서 불순물이 어디 한두 가지뿐이겠습니까? 어둡던 시절, 기독교에서 미화한 말이 지금에는 다 거짓말이 되었습니다. 곧, 예수가 동정녀 마리아에게서 태어났다는 것이 참말입니까? 요셉과 마리아가 성교해서 낳았다고 해야 하는데 신비스럽게 치장한 것이 그만 거짓말이 되었습니다. 마치, 부처님이 마야부인의 옆구리에서 나왔다고 하는 것이나 다를 바 없습니다. 그리고 빵 다섯 개와 물고기 두 마리를 가지고 수천 명이 먹고 남았다는 것도 그렇습니다.

강법은 인지가 어둡던 시대의 산물이고, 긴긴 밤의 시대의 산물임에도 불구하고 그것을 고쳐서 읽을 사람이 없으며, 고칠 수도 없기 때문에 그 옛날에 쓰였던 경전은 동화책이 되어가고 있습니다. 한낱, 구시대의 문학 작품집으로밖에 진열되어야 할 뿐이기 때문에 사용하려면 처음부터 뜯어 고쳐서 다시 써야 할 것입니다. 그럼에도 불구하고 21세기인 오늘날에도 그 속의 내용을 여전히 맹신하는 사람들이 많으니 안타까울 뿐입니다. 한 마디로 말해서, 바다법시대에 강법을 의지해서 살고 있다는 말입니다.

종교도 인체의 DNA를 밝히듯이 그 진실이 밝혀져야 합니다. 'DNA시대의 새로운 종교'가 이제 세상에 출현했습니다. '인터넷 시대'에 걸맞게 빛처럼 빠르고 정확한 종교가 아니면 믿기지 않고 인정하기 어렵습니다. 그야말로 인터넷 시대의 종교인으로서 이시환 문학평론가는 "종교는 거짓말 없이는 성립되지 않는다. 그 거짓말을 믿을 때에 종교는 신비로워진다."고 밝히셨습니다.

지금 비행기가 하늘을 날고 있습니다. 2,000년 전 쇳덩이가 수천 근 되고 수백 톤이나 되는 쇠붙이가 하늘을 날아다닌다고 하면 믿겠습니까? 믿지 않을 것입니다. 그러나 수백 톤의 쇠붙이가 현실적으로 하늘을 날아다닙니다. 이처럼 그 옛날에 말하고 생각했던, 미화된 말(거짓말)을 쓴 사람들이 상상 못하는 시대가 펼쳐지고 있습니다. 그 옛날 종교는 미화된 말이 통했지만 21세기에는, 소위 DNA종교, 인터넷 종교시대에는 그것들이 통할 리 없습니다. 어둡던 시대에 동화처럼 써온 종교가 '초림하신 주님 시대'의 산물이라면 재림할 주님 시대의 종교는 참말(바름)을 하는 종교로서 재림하는 주님시대의 종교여야 한다는 것이 제 믿음입니다.

그러나 초림 주님의 종교와 재림 주님의 종교는 엄연히 달라야 되고, 달라야 만이 21세기 이후의 만 년간 '인류 구원의 법'이 출현한다는 것입니다. 예수님도 예언했지만 인간들이 우매해서 초림 주님의 법을 그대로 사용하려는 데에 문제가 있는 것입니다. (지금 이시환 문학평론가의 말씀이 맞습니다.)

그러나 초림 주님 말씀의 시효가 이미 21세기를 접어들면서 동화

책의 되어버렸고, 전설집이 되어버렸다는 것을 기독교인들은 알지 못하지만 기독교인들 중에 영특한 분은 이미 말세 즉 사람을 팔아먹는 시대에 그 시효가 끝났음을 알고서 알리려 합니다. 아마도, 이시환 문학평론가님이 지금 주장하는 내용을 400년 전에 서방세계에서 했더라면 화형감이 되었을 것입니다. 이제 바야흐로, 바다법시대가 되었음으로 거짓말을 거짓말이라고 말하고 참말을 참말이라고 말할 수 있는 것입니다.

이 시대 등불이 될 수 있는 내용입니다. 바다법 시대의 시작이 21세계 문턱에 들어섰으니 그 바름의 말씀이 통하는 것입니다. 잠자는 기독교인들에게 잠을 깨우는 메시지 즉 메신저 역할을 하시고 계십니다. 계속 잠 깨워 주십시오!

지금 기독교인들은 '초림 주님 법'에 깊은 잠에 빠져 있습니다. 이시환 문학평론가의 말씀과 주장이 그들에게는 사약死藥이나 다를 바 없습니다. 그러나 맞는 말씀이요, 바른 말씀이기 때문에 어떤 목사도 신부도 나서서 말 못하는 것입니다. 그러나 눈총은 받지만 그 일이 큰일입니다. 천주교 구교에서 루터가 종교개혁을 해서 개신교(기독교)가 시작되었듯이, 기독교에서 종교개혁이 이루어질 것입니다.

그 운동의 시작에 이시환 문학평론가님이 불을 붙였습니다. 그 운동이 커지면 종교개혁이 될 것입니다. 그 운동의 시작을 하셨다는 점에 의의가 큽니다. 바름을 외치는데 감히 누가 대적할 사람이 나올 수 있겠습니까? 나올 수 없다고 봅니다. 홀로 밝히시는 '바른 말씀' 앞에 고개 들어 항변할 수 없는 것은 '바름'이 '천리'이고, '영원불변의 진리'이기 때문입니다.

기독교를 모르고 기독교를 이길 수는 없습니다. 기독교를 알기에 기독교를 이길 수 있는 길을 아는 것입니다. 잠들어 있는 초림 예수를 추종하는 분들에게 큰 메시지를 보내고 매를 들었습니다. 매를 치십시오. 잠 깨어 재림 주님의 시대, 재림 주님의 법은 완전히 다른 것이라고 일깨워 주시는 공이 무엇보다 큰 것입니다.

기독교를 모르면 기독교의 철벽은 절대 뚫을 수 없고 허물 수 없습니다. 기독교를 알고 천주교를 알고 마지막 예수님의 깊은 뜻을 아는 사람이 새 시대를 열고, 새 시대가 왔음을 알릴 수 있는 것입니다. 기독교 감옥에 갇혀 있으니 그 속에서는 기독교밖에 안 보입니다. 기독교 밖에 재림 주님의 법이 바닷물처럼 넘실거리고 있는데 깊은 산속에서 바다를 못 보는 것과 같습니다. 이시환 문학평론가님은 바다를 한 번 보셨고, 지금 강을 보시고 계십니다.

오늘은 이만 두서없이 그치겠습니다.

단기4343년(서기2010년) 10월 17일
김두성 올림

기독교를 모르면 기독교의 철벽을 절대 뚫을 수 없고, 그 곳에 담긴 거짓(허구)을 꺼낼 수 없습니다. 기독교를 알고, 천주교를 알고, 예수님의 깊은 뜻을 아는 사람만 새 시대를 열고, 새 시대가 왔음을 알릴 수 있는 것입니다. 기독교인들은 기독교라는 감옥에 갇혀 있으니 기독교밖에 보이지 않기 때문에 기독교 울타리 밖에서 무슨

대 변화가 일어나는지 아랑곳하지 않고 있습니다. 제가 말하는 기독교 감옥이란 '성경'과 '기독교 제도'입니다. 기독교 울타리 밖에 '재림 주의 법'이 바닷물처럼 넘실거리고 있는데도 울타리 밖으로 나올 수 없으니 알 수도 없고, 알려고 하지도 않습니다.

정말 답답한 노릇입니다. 마치, 군주시대는 철폐되고 민주주의시대가 왔건만 군주가 군주시대를 유지시키려고 애를 쓰니 세계 237개 국 가운데 군주시대를 끌고 나가는 나라가 불과 몇몇 나라임을 알아야 합니다. 멀지 않은 날에 군주시대는 종식될 것입니다. 이와 같이 종교의 군주시대는 '군주종교'이고, 민주주의 시대의 종교는 '민주종교'로서 멀지 않은 날에 군주종교는 막을 내릴 수밖에 없는 것입니다.

21세기는 정보화시대로서, 그 옛날 어둡던 군주시대는 막을 내릴 수밖에 없는데, 그것은 민주시대의 도도한 파도가 덮쳐오고 있기 때문입니다. 마치 깊은 산속에 흐르는 시냇물은 바다를 볼 수 없으며, 바다의 권능과 공능을 느낄 수 없기 때문입니다. 물이 어디로 향해 흐르는지 시냇물은 알지 못합니다. 그와 같이 강법江法도 바다법으로 흘러 들어가야 함을 모릅니다.

그러나 강이 바다를 한 번 보기만 하면 더 이상 강에 머물 수 없는 물의 흐름은 바다에 도달하기 위해 '흐름'이라는 것을 알 때 강을 지나 바다에 간다는 사실을 알게 될 것입니다. 성경은 바다로 가는 강에 지나지 않습니다.

성경은 2,000년 전 서양문화를 담은 그 시대의 '서방문학'이었습니다. 서방문학일 뿐 그것이 동서양을 다 통합할 수 있는 '진리 말씀'이 될 수 없는 것입니다. 성경은 어디까지나 서방문학의 책으로서 인정할 때 아름다운 문학으로 평가받는 것입니다. 서방문학의 책을 진리이라 하여 널리 인정시키려고 하는 데에서 문제가 발생하는 것입니다.

성경은 문학책입니다. 문학은 문학일 뿐이지 그것이 인류를 구원해주는 '진실'이고 '진리'라고 말하는 것은 억지입니다. 이런 문제 제시를 한 것이 바로 이시환 문학평론가의 저서 『신은 말하지 않으나 인간이 말할 뿐이다』입니다.

그 곳에 내가 아는 예수교의 3대 거짓말이란 지적이 나온 것입니다. 그 거짓말인 즉 ①죽은 몸이 다시 산다 ②심판이 임박했다 ③사자가 풀을 뜯고 이리가 어린 양과 함께 눕는다 등 입니다. 또 어떤 이는 ④처녀가 아이를 낳았다 ⑤빵 한 조각으로 수천 명이 먹고 남았다를 덧붙여 5대 거짓말이라 지적하고 있습니다. 또 어떤 이는 ⑥ 재림하는 주님은 구름을 타고 온다 등등을 합하여 10대 거짓말을 지적하기도 합니다.

성경 속의 이 거짓말들은 허구로서 진실일 수 없습니다. 진실일 수 없는 그것을 믿으라는 것은 억설에 지나지 않습니다. 어느 목사나 신부조차도 그에 대해서 답변하지 못하며, 답변할 사람은 앞으로도 나오지 못할 것입니다.

그런데 어찌 허구를 진리라고 말하는 것입니까? 누구도 그렇게 말할 수 없습니다. 과장하여 미화시킨 거짓말에 지나지 않기 때문입니다. 경전이 아니고 문학이라면 이보다 더한 표현도 얼마든지 가능하겠지요.

이처럼 인간이 집필한 것을 가지고 '하나님 말씀' 내지는 '주님의 말씀'이라고 미화시키고 있는 것일 뿐입니다. 새 시대의 사람들은 그 말을 더 이상 믿지 않습니다. 21세기에는 인체의 비밀인 DNA까지 밝혀 볼 수 있을 정도로 밝아졌습니다. 예수교 경전인 성경이 신의 말씀이 아니라 신을 지향하는 인간이 쓴 글임을 밝히신 분이 바로 이시환 문학평론가입니다.

성경을 '서양문학'이라고 보지 않고 모두가 진실인 양 하나님 말씀으로까지 끌어 올리고 있으니 얼마나 합당치 못한 일입니까? 성경은 2,000년 전 서양문학으로서 글쓴이들이 인간적 진실과 허구를 섞어서 써 놓은 글인데, 그것을 '하나님 말씀'이라고, '영원불변의 진리'라고 교직자들이 외쳐왔던 것입니다. 진실은 영원히 진실이고, 허구는 영원히 허구입니다. 문학자가 미화시켜서 쓴 허구는 결코 진리가 되지 못할 것입니다. 흔히, 성경은 하나님 말씀이라고 합니다.

그러면 하나님은 참말도 하시고 거짓말도 하시는 분입니까? 그렇지 않습니다. 하나님은 처음부터 말씀이 없습니다. 인간이 참도 나타내고 거짓도 나타낸 것인데, 성경 속에 참을 나타낸 부분은 진실이고 허구를 나타낸 부분은 진리의 말씀이 아닙니다. 이와 같이 진리가 아닌 말씀 즉 허구를 참이라고 주장하니 그것이 거짓이요, 그 말을 전하는 사람이 거짓말쟁이가 되는 것입니다. 성경 속에서 참 말씀과 허구적인 말씀을 구분했을 때 그것은 진리입니다. 허구를 참이라 한다면 비진리非眞理인 것입니다. 참을 참이라 말하고, 거짓을 거짓이라 말하는 것은 참사람 즉 진리이고, 거짓을 참이라 말하고 참을 거짓이라 말하는 것은 거짓된 사람 즉 비진리인이라 할 것입니다.

하나님은 말을 할 수 없습니다. 하나님은 말이 아니고 현상입니다. 하나님은 입이 없어 말을 할 수가 없고 하나님은 말이 아니고 뜻이며, 실체로서 행하심입니다. 하나님은 입이 없어 영원히 말할 수 없습니다. 하나님의 뜻을 인간의 입을 빌려서 나타낸 것을 '말씀'이라고 합니다. 인간은 입이 있어 말을 합니다. 하나님의 뜻을 인간의 입으로 그대로 나타낸 것이 '바른 말씀'이 되고, 인간의 생각을 인간의 입으로 나타낸 것이 거짓말 즉 허구입니다. 그러니 성경에는 예수님의 뜻을 그대로 나타낸 부분은 말씀이 되고, 성경을 쓰는 사람의 자기 생각을 넣어 나타낸 부분은 허구적인 말이 되어 나타난 것입니다.

그렇게 인간의 생각을 넣어서 쓴 글을 하나님의 말씀이라고 하니 그 부분이 허구요, 거짓말이 된 것입니다. 이는 이치에 맞지 않습니다. 성경은 하나님 말씀도 있고 인간의 말씀도 섞여 있으며, 예수님의 말씀과 글쓴이의 생각이 섞여 있는 문학작품이지 모두 예수님의 말씀이, 진리가 될 수 없습니다.

그에 대한 증명이 예수교의 3대 거짓말, 5대 거짓말, 10대 거짓말에 대해서 명쾌하게 반박하지 못하며, 당당하게 답변을 못하며, 상대방을 승복시킬 수 있는 정답을 제시하지 못하는 것입니다. 그것은 허구이기 때문입니다. 진실은 설명이 필요 없으며, 허구 또한 변명이 필요치 않습니다.

그러나 성경은 문학이기 때문에 진실과 허구가 함께 공존한 글이라는 것을 잘 나타내 보여주고 있습니다. 진리의 글은 어느 한 마디도 참이 아닌 것이 없고, 어느 한 마디도 이해되지 않는 것이 없고, 어느 한 마디도 사실 아닌 것이 없으며, 어느 한 마디도 허구가 섞이지 않아야 됩니다. 그렇지만, 성경은 참과 거짓이 뒤섞여 있기 때문에 '진리'가 아니라 '문학작품'이라는 것을 인정하지 않을 수 없는 것입니다.

바야흐로, 인지人智가 최고도로 밝아 있는 21세기에는 이와 같은 오류가 있는 것도 지적되고, 그 오류의 근본이 밝혀지고 있습니다.

그럼에도 불구하고, 오류를 인정하지 않으려 하고, 2,000년 전 인지가 어두운 시대에 믿었던 거짓들을 믿으려 한다면 분명 시대착오적인 것일 뿐입니다. 이 밝은 시대에서는 오류와 진실이 함께 통할수 없습니다. 오류는 오류일 뿐 설명을 붙여도 오류일 것이며, 진실이 될 수 없는 것입니다. 오류를 진실로 믿었던 시대에 쓴 문학을이 시대에 와서 오류라고 밝힘은 인정하지 않을 수 없습니다. 이와같은 현상이 나타나는 것은 무엇을 의미할까요? 초림 예수께서 예언하신 말세가 오면 재림의 주님이 오신다는, 예언의 시대가 된 것임을 잘 보여주고 있는 것입니다.

초림시대에 사용했던 성경이 진실과 허구가 드러남으로써 허구까지 믿게 했던 시대는 끝이 났으니 그것이 바로 진실과 허구가 섞여있는 성경을 믿어야 하는 시대가 마감되었다는 증명인 것입니다.

이 시대는 진실은 진실로 밝혀지고 허구는 허구로 밝히는 시대입니다. 그 옛날에는 인간의 DNA를 밝힐 만한 지혜가 없었으나 21세기에는 DNA까지 밝히는 시대입니다.

성경의 DNA까지 분석하는 것이 진실과 허구를 가리는 일이며, 예수님 말씀과 글쓴이의 생각을 합쳐서 쓴 것을 명명백백히 분석해서 밝히는 것이 'DNA시대 DNA분석법'이라 할 수 있는 것입니다. 성경을 무조건 전부 진리 말씀이다, 혹은 하나님 말씀이다, 라고 말하던 시대는 지나가버리고, 성경은 진리 말씀과 비진리 말씀이 섞여있는 문학서라는 사실을 바르게 알 필요가 있다고 봅니다.

문학은 진리말씀과 허구적 말씀을 섞어서 만듭니다. 성경이 모두진리의 말씀으로 허구적 말씀이 없다면 진리라고 할 수 있을 것입니다. 그러나 허구적 말씀이 섞여 있기 때문에 이 시대 사람들에게 충족을 줄 수 없는 것이고, 그것이 바로 허구성 때문임을 알아야 합니다.

　진실과 허구가 섞인 글을 모두 진리라고 믿게 하려니 위장된 언어, 가식적인 언어, 가상적인 언어, 비유적인 언어를 써서라도 믿도록 애를 쓰는 것입니다. 비유컨대, 순금과 합금에 대해서 비교해 보면 금방 이해가 될 것입니다. 진실에서 출발하여 진실로 끝나는 말씀이 순금 24K라 하고, 진실에서 출발하여 허구를 섞은 말씀을 15K, 10K, 7K 등으로 구분할 수 있을 것입니다. 성경의 내용 전부가 진실이라면 왜 허구를 넣었을까요? 물론, 예수님이 직접 써 놓으셨다면 진실에서 진실로 끝이 나는 24K를 남겼을 것입니다.

　그러나 성경은 여러 사람의 생각을 모으고 모아서 만든 문학이기에, 다시 말해, '예수님 말씀'과 '글쓴이의 생각'을 합쳐서 만든 글이기에 순금이 되지 못하고 합금이 되어버린 것입니다. 합금은 순금이 아닙니다. 진리가 아닌 것이 들어가 있는 책은 진리 책이 아닙니다. 진실만으로 진리를 담는 책이 되며, 진실과 허구가 섞인 것은 문학일 뿐입니다. 이에 대한 증명자가 이시환 문학평론가이십니다.

　이 분 한 분 말에 수많은 목사님이나 신부님과 신자들이 허구에 대한 설명을 못하고 있고, 던진 질문에 명쾌한 대답을 못하는 이유가 무엇입니까? 진리 앞에서는 허구가 당당하지 못하며, 떳떳하지 못하고, 이길 수 없기 때문입니다. 진실은 빛이며, 힘이며, 길입니다. 허구는 어둠이며, 무력이며, 비도非道입니다.

　이제 2,000년 간 진실로 믿어온 성경의 역할은 끝이 났습니다. 21세기에는 그것의 진실과 허구가 다 드러남으로써 그 역할을 다한 것입니다. 예수님께서 예언하신 대로 초림시대는 가고, 재림 주의 시대가 온다는 것은, 초림 시대의 힘으로 더 이상 나갈 수 없기 때문이고, 그렇기 때문에 재림 주의 시대가 열리지 않으면 안 되는 것입니다. 이와 같은 현상은 오로지 하나님의 뜻이며, 재림 주의 시대가 오지 않으면 안 되는 시기가 되었음을 증명하신 것입니다.

　감사합니다.

단기 4343(서기2010년)년 10월 17일

김 두 성 올림

※ 위 편지를 쓰신 분은 김두성 님으로, 2012년 현재 한얼교 한얼본궁 궁시장입니다. 전체 4통의 편지를 세 차례에 걸쳐 보내왔으나 처음 보낸 2통만 이곳에 붙였습니다. 참고하시기 바랍니다. 나머지 2통의 편지 글은 격월간 『동방문학』에 소개되었습니다.

【대담1】

이시환 VS 정세봉(연변소설가학회 회장)

> *아래 글은 2009년 09월 04일 오후 4시 30분 서울 충무로에서 승용차로 출발하여 당일 19시 30분 전북 정읍시 감곡면 용곽리 이시환의 모친 묘소를 거쳐 부안군 변산 온천에서 하룻밤을 묵고, 다음날 아침 07시에 새만금과 변산 앞바다를 산책 후 13시 서울로 돌아오기까지 두 사람 사이에 이루어졌던 수많은 대화 내용 가운데 문제의 책 『신은 말하지 않으나 인간이 말할 뿐이다』에 대한 것만을 6일 일요일에 정리한 것이다. 　　　　　　　　　　　－정세봉 주

정세봉 : 이 작가님, 안녕하십니까? 올 초였던가요? 지중해 연안 7개국 여행을 다녀오신 게?

이시환 : 예, 맞습니다. 지난 1월 14일에 출국해서 3월 19일 귀국했었습니다.

정 : 두 달 이상 길게 여행을 하셨는데 이번에 펴내게 된 종교적 에세이집과 무슨 관련이 있나요?

이 : 특별한 관련이 있었던 것은 아니지만 그렇다고 관계가 전혀 없었던 것도 아니라고 생각합니다. 왜냐하면, 이 책을 쓰던 중에 여행

을 떠났는데, 그 당시 제 생각으로는 현장에 가서보면, 그러니까 예수의 탄생지나 사역활동의 중심지였던 갈릴리 바다나 예루살렘 성 등을 두루두루 돌아보면 경전만을 읽고 느끼거나 판단한 나의 생각들이 바뀔 수도 있지 않을까 싶었거든요.

정 : 그럼, 여행을 다녀오신 후 내용상으로 바뀐 것들이 전혀 없으신가요?

이 : 거의 없습니다. 은연중, 저도 어느 정도는 변화가 있지 않을까 생각했었는데, 바뀌거나 수정된 내용은 거의 없어요. 다만, 경전에 나오는 지명들을 현지에서 확인하고 관련 유적들을 살펴보긴 했지만, 경전 내용에 대한 판단은 오히려 더 굳어지게 되었고, 본문 관련 주석에서 보완되었던 한두 건이 있을 뿐이지요.

정 : 그러면 본론으로 들어가서, 이번에 펴내게 된 『신은 말하지 않으나 인간이 말할 뿐이다』라는 책에 대해서 몇 가지 여쭈어 보겠습니다. 책이 400여 쪽 가깝게 꽤나 두꺼운데 주로 어떤 내용들인가요? 물론, '성경'과 '꾸란'에 대한 오해 혹은 진실이라는 부제가 붙어있어서 어렵지 않게 독자들도 짐작은 할 수 있을 것입니다만….

이 : 예수교 경전인 '성경'과 이슬람교 경전인 '꾸란'을 읽고 저 나름대로 느끼고 판단한 내용들인데 제가 그것들을 오독·오판했다면 나의 책이 두 경전 내용에 대한 오해일 것이고, 그것들을 정확하게 읽고 정확하게 판단했다면 나의 책 내용이 진실이라는 뜻에서 그런 부제를 굳이 부쳤습니다. 그리고 이 책은 머리말에서 이미 밝혀 놓았듯이, ①일러두기 ②머리말 ③차례 ④본문 7장 ⑤약간의 주석과 예수교 관련 성화 몇 점 ⑥후기 등으로 이루어졌는데, 본문 제1장은 예수교의 종지宗旨를 이루는 키워드를 중심으로 분석한 내용들이고, 제2장은 예수의 정체성을 확인하는 글들입니다. 그리고 제3장은 예

수의 인간적 가르침을 집중적으로 분석한 글들이고, 제4장은 예수교의 키워드들 가운데에서도 그 중심에 있는 '천국'과 '지옥'에 대한 글들이며, 제5장은 요한계시록의 내용을 부분적으로 풀이한 내용들입니다. 그리고 제6장은 경전 기술상의 비유적 표현의 한계, 그러니까, 왜, 구체적이고 직접적인 기술이 있어야 할 곳에 비유적인 표현을 해야만 했는가에 대하여 나름대로 생각해본 글들이고, 제7장은 종교현상에 대한 저 개인의 생각을 종합적으로 정리한 글입니다.

정 : 그렇군요. 이 선생께서 생각하는 예수교의 종지를 이루는 키워드는 무엇 무엇이라고 판단하셨는지요?

이 : 물론, 그들 한 가운데에는 '천국'과 '지옥'이란 것이 있어요. 그 천국과 지옥이 있기 때문에 '심판'이란 것이 있고, 심판이 있기 때문에 '부활'이 있고, 심판의 결과 천국으로 올라가야 하는 이들이 있기 때문에 '승천'이란 것이 있어야 하지요. 이들 천국·지옥·심판·부활·승천 등이 예수교의 종지를 이루는 키워드들이고, 이들이 전제되기 때문에 '성령'이니 '계시'니 '믿음'이니 '회개'니 하는 것들이 다음으로 중요하게 다루어진다고 봅니다. 저는 성경에 관한한 초심자인 만큼 조심스럽습니다만 경전 내에서 이들 용어들이 어떻게 사용되고 있는지를 나름대로 규명했다고 볼 수 있습니다. 결과적으로 나의 이야기는 조금밖에 없고 경전 안의 이야기가 대부분이라고 볼 수 있어요. 그렇기 때문에, 나의 책이 틀렸어도 조금밖에 틀리지 않은 셈이지요(하하하, 비교적 크게 웃음).

정 : 이슬람교 경전인 '꾸란'에 대한 이야기는 얼마나 나오는가요? 그 양의 많고 적음에 관계없이 '꾸란'을 일독하셨으리라 믿습니다만….

이 : 물론, '꾸란'에 대해서는 한글로써 번역이 되어 있기 때문에 일독할 수 있었고, 재독하는 중에 여행을 떠났었지요. 여행국들 가운데에는 터키·시리아·레바논·요르단·이집트 등 대부분의 국가들이 무슬림 국가이었기 때문에 그들의 정서를 간접적으로 이해하기 위한 방편으로 읽었었지요. 그런데 그것에서 발전하여 예수교 관련 글을 쓰면서 자연스럽게 양자를 비교하게 되고, 크게 다른 점들에 대해서는 왜 다른가를 놓고 나름대로 생각해 보게 되었지요. 때문에 그리 많이 언급되지는 않지만 천국이나 지옥 문제, 심판 문제, 예수의 정체성 문제 등 핵심적 사안들에 대해서는 양쪽을 소개하면서 결과적으로 문제를 제기한 셈입니다.

정 : 이 책을 전체적으로 보면, 7장에 57개 항목 이상의 글들이 수록되어 있는데 이 선생께서는 '무신론자'라고 말할 수 있습니까? 물론, 평소에 가깝게 성경과 불경을 머리맡에 놓고 읽어 오신 것으로 압니다만, 게다가 작년인가 불교적인 색깔이 짙은 심층여행에세이집 『시간의 수레를 타고』를 펴내기도 했고 말입니다….

이 : 제게 무신론자냐 유신론자냐, 라고 묻는다면 저는 유신론자라고 대답하고 싶습니다. 다만, 신의 개념이 다를 뿐이지요. 제가 이 책 어디에선가 이야기를 한 것 같은데… 잠깐만요. (책을 뒤적이다가) 아, 여기 있군요. 신에 대한 저 개인적인 생각을 밝힌 대목입니다.

시작이 있으면 반드시 끝이 있게 마련이듯, 그 끝은 새로운 시작일 뿐이라고 나는 믿는다. 나는 처음부터 있었던 그것을 두고 외형상 '공空'이라 할 뿐 그것이 바로 신이라면 신이다. 다만, 인간의 행실과 마음을 읽고 그에 따라 상벌을 주는 인성人性을 지닌 신이 없다는 것뿐이다. 따라서 인간세계의 질서는 인간 스스로가 만들어가야 옳은 일이라고, 아니, 그럴 수밖에 없다고 나는 믿는다. 종교라는 것도 넓게 보면, 인간이 만들어가는 그 질서 가운데 하나일 뿐이다. 그런데 인간 스스로가 만들어 낸 신에게 인간 스스로가 종속되면서 신은 인간에게 무리한 요구를 하게 되었고, 인간은 인간존재에 대한 그릇된 인식을 갖게 되었다. 나는 그런 굴레로부터 자유롭고 싶고, 자유로운 만큼 책임을 스스로 지고 싶을 따름이다.

바로 이 대목이 저의 개인적인 신에 대한 생각을 드러내었다고 봅니다.

정 : 그렇군요. 이제 마지막으로 하나만 더 묻겠습니다. 이 책을 펴내시고 난 지금의 느낌이랄까, 생각이랄까, 기분은 어떠신지요?

이 : 저 자신은 크게 변함이 없는데 주변사람들이 저를 조금 당혹스럽게 하는 것 같습니다.

정 : 어떤 면에서 그렇다고 생각하시는지요?

이 : 사실은, 이 책속에 실린 글들을 쓰는 중에도 불편한 점이 없지는 않았었지요. 솔직히 고백하자면, 제가 예수교 경전인 '성경'에 대해서 글을 쓴다하니, 그것도 비판적 시각에서 이슬람교 경전인 '꾸란'과 비교해가며 신을 부정(?)하는 글을 쓴다하니 적지 아니한 사람들이 걱정을 많이 했었습니다. 물론, 그분들은 저를 비교적 잘 아는 사람들이지만 내가 무엇을 근거로 어떤 생각을 펼치고 있는지에 대해서는 전혀 모르는 사람들이라고도 말할 수 있지요. 그런 의미에서 나를 잘 안다고는 하지만 나를 전혀 모르는 사람들이라고도 말할 수 있을 것 같습니다. 보통, 우리의 대인관계가 그렇듯이 대다수의 사람들이 자기 이야기는 열성적으로 해도 남의 이야기에는 좀처럼 귀를 기울여 주지 않는 관계잖아요? 게다가, 어떤 고정관념에

사로잡혀 있거나, 아니면 어떤 편견을 갖고 살면서 상대방을 그것들로써 재단하는 경향이 있으니까요. 제가 구체적으로 예를 들어볼까요?

정 : 계속해서 말씀하시죠.

이 : 성경과 종교이론서들을 많이 읽어서 어지간한 목사님들보다 더 박식해 보이는 아무개는, 내가 평소에 시와 문학평론을 하는 사람이라는 것을 알기에 "문학은 자기 임의로 얼마든지 글을 쓸 수 있다지만 성경에 관한한 그럴 수는 없다. 그동안 얼마나 많은 사람들이 그 경전 때문에 목숨을 버렸던가."라고 제게 주의를 환기시켜 주었었지요. 그의 말은, 듣는 순간 제게는, '네가 어설프게 성경 내용을 읽고, 분석하고, 써보았자 씨알도 먹히지 않는다. 한 마디로 말해 역부족이다.'는 속뜻이 깔려 있다는 것으로 느껴졌습니다.

또, 저의 친구 목사님 가운데 한 분은, 제 사무실을 직접 방문하여, 기도해 주고, 예배를 인도해 주기도 했습니다. 그러나 그 분 또한 내심 걱정이 앞서는 모양인지라, 성경의 이 구절 저 구절을 들쳐 보이며, 하나님이 살아계심을 강조하고, 나름대로 인간의 육肉과 영靈과 혼魂을 구분하여 애써 설명해 주었지요. 그러면서도, "네가 이 책을 펴내면 많은 사람들이 볼 터인데 잘못 쓰면 큰일 난다."는 우려 섞인 말을 강조하는 것을 보면서 저는 이런 생각이 문득 들었었습니다. 곧, '만에 하나 너의 불완전한 이성적 판단과 불신으로 하나님을 부정하고 왜곡하면 심판을 거쳐 지옥에 간다.'는 뜻으로 말입니다.

이뿐이 아니에요. 성경을 약 150회 이상 읽었다는 매우 지성적인 젊은 목사님 한 분이 때마침 제 사무실을 방문하시어 이러저런 이야기를 하던 중에, 제가 먼저 성경 내용에 대해서 몇 가지를 여쭈었더니 그 분은 그분 나름대로 명쾌하게 답변해 주더군요. 나와는 약간의 시각 차이가 있었지만 논리적으로 대화가 가능하고 특정 사안에 대해서도 따져 볼만한 분이라고 저는 생각했습니다. 그분의 이야기를 듣고서도 나는 나의 원고 내용을 단 한자도 수정하지 않았지요. 약간의 오기가 작용했지만 말입니다.

그런가하면, 나의 초등학교 친구인 한 사내 녀석은 제게 애정을 갖고 한다는 소리가, "야, 시환아, 너, 신을 부정하지마라. '신은 죽었다'라고 말한 니체도 결국은 정신이상자가 되었잖은가."이었습니다. 친구의 이 말을 듣는 순간, '신은 분명 존재하니까, 함부로 부정하면 너도 그렇게 화를 당할 수도 있다'는 뜻으로 내겐 들렸습니다.

참, 여러 가지죠? 어떤 독실한 믿음을 가진 예수교 성도 가운데한 여성은 "우리나라의 석학 이어령 씨도 무신론자에서 유신론자로바뀌었잖은가."하면서 나도 결국에는 그렇게 될 것이라고 말하더군요. 그런가하면, "하나님이 나를 크게 쓰실 요량으로 훈련시키는 중이라."고 궤변을 늘어놓는 분도 있었어요. 나의 아내와 명석한 친구도 같은 말을 내게 했지요. "종교의 근본은 믿음인데 차가운 이성으로 분석하는 것이 무슨 의미가 있는가?"라고 말입니다.

솔직히 말해서, 나의 글쓰기를 놓고, 사단의 사주를 받았다고 말하지 않아서 다행지만(그렇다고 해서 또 내가 기분 나빠할 바도 아니지만), 나의 경전 읽기에 대해서, 과연 어떻게 읽었으며, 그 결과 어떻게 논리를 폈으며, 무엇을 말하고자 함인가에 대해서는 도무지 관심을 갖지 않는 것 같다는 생각입니다. 그래서 걱정이 앞서는 것도 사실입니다. 하지만 괜찮아요. 최소한, 그것이 무서워서 써야 할 글을 쓰지 않는 사람은 아니니까요. 제가 믿는 바가 하나 있지요. 그것은

866

내가 죽어서 말끔하게 사라져도 책이 남아 담론을 불러일으킬 수도 있다는 사실입니다.

정 : 저도 연길에 살면서 4, 5년을 매주 교회에 나가서 예배를 보았습니다만 언제부턴가 발길이 뚝 그쳤답니다.

이 : 왜, 그랬어요?

정 : 하루는 서울에서 오신 목사님이 특별히 설교를 하시는데 '뭐하지 않으면 모두 지옥에 간다'고 강조하는데 그 모양새가 영 좋지 않아 저는 그냥 그 자리에서 일어나 나와 버린 적이 있습니다. 많은 사람들이 나를 쳐다보았지만 어쩔 수 없었지요. 사람들이 박수를 치며 찬양한답시고 얼마나 노래를 불러대는지 저와는 도통 맞지 않는 것 같습디다. 조용히 앉아 묵상하고 싶어도 할 수가 없는 분위가 자체가 싫더군요. 아무래도 한국교회에 문제가 있는 것은 아닌지 모르겠습니다만….

이 : 글쎄올시다. 예수께서는 인간의 위선을 아주 신랄하게 꾸짖으셨는데, 이 책에서도 소개하고 있지만, 지금도 변한 것은 아무것도 없다고 생각합니다. 저의 이 책을 끝까지 다 읽으시면 현재의 우리가 얼마나 그 분의 가르침을 임의로 해석하고 있는지 알 수 있을 것입니다. 오죽했으면 제가 예수께서 입 밖으로 내뱉은 말씀만을 따로 뽑아 인간에게 무엇을 요구하고 있는지를 조목조목 따져보았겠습니까? 그래, 36가지를 요구하셨다고 저는 판단했습니다만 그조차 거의 지키지 못하면서 오늘날 사람들은 예수, 예수, 하면서 그의 이름을 팔고 있지요.

정 : (웃으면서) 우리가 흥분하면 아니 되겠지요?

이 : 이제 저도 이야기 그만 하겠습니다. 실은, 제 주변사람들과 불필요한 종교적 논쟁을 하지 않기 위해서 이 책을 썼다고 해도 틀리

지 않습니다.

정 : 마지막으로 한 가지 더 여쭈어 보아야 할 것이 있습니다. 다름 아니라, 이 책의 결론이라 할까 마지막 장 마지막 글에서 네 가지 지켜야할 덕목을 제시하셨던데…

이 : 그렇습니다. 지금 보시는 바와 같이,

첫째, 사는 동안, 정신적으로나 물질적으로 가장 가까이 있는 이를 포함하여 그 누구에게라도 피해를 끼치지 말라.

둘째, 사는 동안, 세상 사람들이 필요로 하는 것을 만드는 데에 일정 부문 참여하라.

셋째, 죽지 않고 영원히 산다는 믿음은 가장 어리석은 욕심일 뿐 시작이 있으면 끝이 있다는 사실을 인지하고, 죽음이란 것조차 있는 그대로 받아들여라.

넷째, 삶이란 제한된 시간에만 누릴 수 있는 축복이자 공허함임을 알고, 자신의 능력을 이웃사람들에게 나누어 주라.

이 네 가지입니다. 단순한 것 같지만 엄청나게 무서운 계율입니다. 가장 가까운 사람이란 나와 함께 사는 가족입니다. 그 가족한테 정신적으로 물질적으로 피해를 끼치지 않고 존경받는다는 것은 대단히 어려운 일입니다. 속된말로 바깥 사회에서 널리 인정받고 존경받는 자들은 많이 있어도, 남편한테서 부인한테서 그리고 자식들한테서 존경받는 사람이 되기란 대통령되기보다 더 어렵거든요.

정 : 이 네 가지를 곰곰이 새겨보면 아주 깊은 뜻이 들어있는 것 같습니다. 살인·도둑질·간음 등 일체의 종교적 계율들을 나열하지 않아도 되고, 하루하루를 어떻게 살아야 참 의미가 있는지를 제시했다

고 저는 생각합니다만…

이 : 글쎄올시다. 여러모로 부족한 제가 생각할 수 있었던 것의 총합이라고 생각합니다. 시간이 지나더라도 이 책으로 하여금 제가 부끄러워지지 않았으면 하는 마음뿐입니다.

정 : 저를 초청해 주신데 대해 감사드립니다. 희망 같아서는 많은 사람들이 이 책을 읽고 나름대로 새기어 보는 계기가 되었으면 합니다.

이 : 변변치 않은 책인데 미리 다 읽으시고 질문해 주신데 대해 제가 먼저 감사를 드립니다. 더욱이 오늘 같은 날은, 제가 일방적으로 초청해서 저의 어머니 묘소로 가는 길인데 정 작가님의 많은 시간을 빼앗는 것 같아 송구스럽기도 합니다. 하지만 여행 삼아 부안 바닷가도 구경하고 머리도 식힐 겸해서 함께 가시자고 제안했었습니다. 이해해 주시리라 믿으며, 독자 여러분께 한 말씀만 드리겠습니다. 제 책을 읽고 무언가 잘못이 있다면 기탄없이, 말이 아니라 문장으로써, 지적해서 여러모로 부족한 제가 깨우칠 수 있도록 도와주기 바랍니다. 정세봉 작가님, 기쁜 마음으로 동행해 주셔서 많은 위로가 되었으며, 보잘 것 없는 책에 관심을 가져주시고, 질문해 주신 점에 대해서 특별히 개인적으로 감사드립니다.

　'감사합니다.'

【대담2】
이시환 VS 세인

> **Q** : 세인(이시환의 저서를 읽고 전화·이메일·만남 등을 통해서 개인적 의견을 주신 분들 가운데 부정적인 의견을 개진했던 사람들을 대변하는, 어떤 한 사람일 뿐이며, 다수가 밝히셨던 긍정적인 내용에 대해서는 자칫 칭찬의 인사말eulogy로서 오해의 소지가 없지 않기에 그 일체를 생략함.)
> **A** : 이시환(『신을 말하지 않으나 인간이 말할 뿐이다』의 저자)

Q : 당신이 예수교 경전 내용을 알면 얼마나 아십니까? 당신이 신학자입니까? 아니면 목회자입니까? 고작, 시나 쓰고, 문학평론활동을 한다는 삼류문학인이 아닙니까? 그렇다고, 당신 말마따나 성경을 150회 이상 읽은 것도 아니실 터이고….

A : 예, 맞습니다. 저는 성경에 대하여 아는 바가 별로 없습니다. 나의 친구 목사님들처럼 성경을 150회 이상 읽지도 못했습니다. 하지만 나는, ‘성경을 얼마나 읽었느냐?’ 그 양도 중요하지만 ‘어떻게 읽었느냐?’는 그 방법이 더욱 중요하다고 생각합니다만….

Q : 많이 읽으면 많이 아는 것 아닙니까?

A : 꼭 그렇다고는 생각지 않습니다. 여기 한 편의 시詩가 있다고 가정합시다. 일반적으로 말해서, 이 시를 여러 번 읽은 사람은 아무래도 그 내용이나 그 구조에 대해서 잘 알 수는 있겠지만 꼭 그렇지만도 않다는 것입니다. 그것을 누가 어떻게 읽었느냐에 따라서 그 결과는 얼마든지 달라질 수 있다고 봅니다.

Q : 단도직입적으로 말해서, 선생께서는 '신은 말하지 않고 인간이 말할 뿐이라'고 했는데, 무슨 근거로 그런 말을 그리 쉽게 할 수 있었나요?

A : 결단코, 쉽게 말한 것은 아니고, 그럴만한 이유가 있어서 내 딴에는 아주 어렵게 말했습니다. 문제의 책을 처음부터 끝까지 읽어나 보셨습니까? 하긴, 읽었든 읽지 못했든 그야 상관할 바는 아니지만….

저는 이렇게 생각합니다, 왜 신이 말하지 않고 인간이 말하는지를. 그야, 신이 없기 때문입니다. 아니, 있어도 말을 하지 않기 때문이지요. 우주만물을 창조하시고, 그 가운데 인간을 지극히 사랑한다는 자비로운 신이 계시다면 당연히 우리 인간에게 말씀을 해오셨을 터이고, 필요하다면 지금도 하시겠지요. 그것도 만인이 알아들을 수 있는 화법話法으로써 말입니다.

Q : 그렇지만 성경 66권 안에 신이 말씀하셨다고 수없이 씌어 있지 않습니까? 그것도 어떤 사람들은 성경을 읽으면 읽을수록 살아계신 하나님의 생생한 말씀이라고 느낀다는데….

A : 물론, 얼마든지 그럴 수 있고, 문장 안에서야 하나님이 직간접으로 말씀하시고 있지요. 그러나 신이 하셨다는 그 말씀들이 따지고 보면 신이 한 게 아니라 신을 간절히 원하고 꿈꾸는 자들 가운데에서 문장력이 있는 특별한 사람들의 말이라는 사실을 확인할 수 있다

는 게 바로 저의 판단입니다.

Q : 그렇다면, 무슨 근거로 그런 주관적인 판단을 유포시키고 있습니까?

A : 당신께서 책을 끝까지 다 읽으셨다면 짐작하고 있겠지만, 간단히 말하면, 이렇습니다. 성경 66권 안에 상충相衝, 의문에 대한 해명 불가解明不可, 내용의 점진적 변화 등 이 세 가지 때문인데, 이게 무슨 말인지 아시겠는지요?

Q : 글쎄요. 보충설명이 필요하다고 생각지 않습니까?

A : 외람된 말씀이오나, 당신 수준에 맞추어서 얘기하겠습니다.

먼저, 상충이란 성경 안에서 주장하는 내용 중에 서로 충돌하는 모순이 있다는 것입니다. 그것도 매우 본질적인…. 예컨대, 죽은 몸이 다시 산다고 강조해 놓고는 몸이 아니라 영靈이라고 말하지요. 그리고 세상이 끝나는 날에 예수의 지엄한 심판이 있고, 그 결과에 따라서 사람들은 천국과 지옥으로 나뉘어 간다는데, 천국에 가는 분들은 예수처럼 당연히 하늘에 오르는 승천昇天 과정을 거친다고 말하면서 계시록에서는 '새 땅 새 하늘'로 빗대어지고 있는 '아주 새로운 예루살렘 성'을 아예 만들어가지고 예수가 천사들과 함께 지상으로 내려온다고 합니다. 그러니까, 천국은 하늘 어딘가에 있는 것이 아니라 지상에서 실현된다는 뜻이지요. 이들이 다 모순 아니에요? 이 외에도 따지고 들어가면 아주아주 많아요.

그리고 의문에 대한 해명불가란, 예수교의 근본이 심판하고, 그 결과에 따라서 천국과 지옥으로 보내 영생 아니면 영벌을 받는다는데, 천국과 지옥이 어디에, 어떤 규모로, 어떤 상태로 있는지, 정작 구체적인 설명이 있어야 할 부분에서는 없습니다. 있다면 그저 비유적인 수사修辭가 있을 뿐이지요. 게다가, 질문을 해도 그 누구도 속

시원한 답변을 주지 못한다는 사실이지요.

그리고 내용의 점진적 변화란, 하나님이 인간에게 요구하는 것이나 말씀이 세월이 흐르면서 바뀌고 있다거나, 교리를 설명하는 특정 개념의 뜻이 점진적으로 확대·심화되기도 하고, 어떤 것은 아예 변질되기도 하지요. 이해하기 쉽게, 예를 들어서 말하면, 구약시기에는 할례割禮가 하나님의 백성임을 증명하는 육체적인 표식으로서 하나님과 백성들 간의 언약이었지만 사도 바울에 와서는 마음의 할례를 강조하지요. 세월이 흐르면서 인간에게 요구하는 하나님의 뜻이 바뀌었나요?

또, 농작물에 피해를 끼치는 '황충'이란 단어도 처음에는 있는 그대로 해충으로서의 단순한 의미밖에 없었는데, 갑자기 그것이 하나님이 부리는 천군天軍으로, 그리고 인류심판 시 징벌 수단으로 둔갑합니다. 그렇듯, 구약시기에는 단 한 차례도 쓰이지 않았던 '천국'이나 '지옥'이란 단어도 '하늘'이 변하고, '음부'가 각각 변해서 된 용어들이지요. 인지발달에 맞추어 하나님의 계획이나 뜻도, 아니 하나님의 말씀이 그렇게 바뀌어 왔습니까? 물론, 그렇다고 궤변을 늘어놓는 신학자들도 있습니다만 저는 '아니라'고 생각합니다. 오로지 신을 생각하는 사람들이 스스로 점진적으로, 그리고 진지하게 발전시켜 왔을 뿐입니다.

Q : 설명을 듣다보니 내가 할 말이 다 사라져버리는군요. 그래도 종교라는 것은 인간의 이성理性으로 분석되지 않는다고 생각하는데, 다시 말해, 불완전한 인간의 머리로써 전지전능한 창조주의 뜻을 온전히 분석할 수 없다고 생각하는데 선생께서는 이점에 대해 어떻게 생각하십니까?

A : 저의 똑똑한 친구가 이런 말을 한 적이 있습니다. "너는 언제까

지 드라이하게 성경 내용을 분석하고만 있을 것인가?"라고 말입니다. 나의 '성경읽기'에 대해서 친구는 덧붙이기를 "빅뱅이론을 가지고 창세기를 비판하면서, 아니 창세기의 말씀을 가지고 빅뱅이론을 비판하며 서로 옳다고 주장하는 것과 무엇이 다르겠느냐?"라고. 그 순간, 저는 뒤통수를 한 대 세게 얻어맞은 것 같은 느낌을 받았습니다. 나의 아내조차 그러더군요. "인간의 이성으로 분석이 되면 그것은 이미 종교가 아니다."라고 말입니다. 이는 종교가 가지는 한 가지 매우 중요한 특징을 말했다고 생각되는데, 어떤 의미에서는 그 말들이 맞는지도 모르겠습니다. 어떤 종교든지 간에 그 안에 신비주의적인 요소들이 있고, 그것은 인간의 불완전한 꿈을 실현시켜 주기를 바라는 보편적인 심리의 소산이라고 생각합니다.

이쯤해서 그만하는 게 어떻습니까? 저의 똑똑한 그 친구한테 또 혼날 수 있거든요. (하하하)

Q : 기분이 썩 개운하지는 않는 것 같습니다.

A : 저 역시 그렇습니다. 나중에 기분 좋아지면 다시 한 번 만납시다.

Q : 내가 연락을 드리겠습니다. 감사합니다.

A : 별말씀을요. 제가 감사할 따름이지요. 이미 사도 바울이 말씀하셨어요.

Q : ? …

A : (중얼거리듯 혼잣말로 거의 들리지 않게) 뻔질나게 성경을 손에 들고 다녀도 제대로 읽었어야 말이지. 바울은, 그저 할례만 받으면 하나님의 백성처럼 생각하면서 하나님의 가르침을 따르지 않는 유대인들을 두고 '할례당'이라 했는데, 나는 예수를 입에 달고 살면서 예수의 가르침대로 살지 않는 오늘날의 예수교도들을 두고 '예수쟁이'란 말을 쓰는데 당신들이 이 깊은 뜻을 알 리가 없지…….

초판본 머리말

    지난 2008년 2월에 불교적 색깔이 짙은 심층여행 에세이집 『시간의 수레를 타고』(신국판 양장본 512쪽 칼라 신세림출판사)를 펴낸 뒤 나는 허전함을 이기지 못하고 이런저런 고민을 하던 차에 갑자기 그리스·터키·시리아·레바논·이스라엘·요르단·이집트 등 지중해 연안국 일부를 여행하기로 마음먹었다. 그 여행준비 차원에서 예수교 경전인 '성경'과 이슬람교 경전인 '꾸란'을 함께 읽었는데 그 과정에서 평소에 지녔던 나의 종교적 궁금증들에 대해서 글들이 마구 써지기 시작했다. 그야말로 아주 짧은 기간이었지만 밤낮을 가리지 않고 썼는데 불과 6, 7개월 만에 40여 편의 초고를 썼다. 그리고는 지난 2009년 1월 중순경에 불쑥 여행을 떠났던 것이다. 나는 그 해 3월에 돌아와 먼저 써두었던 글들을 다시 읽으며 교정·교열을 보았고, 종교적 관심사에 대해서 이어쓰기를 계속했다. 그리하여 2009년 7월 말까지 60편의 올망졸망한 글들을 탈고할 수 있었는데 바로 그 글들을 모아 놓은 것이 이 책이다.

    이 책은 전체 7장으로 구성되었다. 곧, 제1장은 예수교의 종지宗旨

를 이루는 키워드를 중심으로 분석한 내용들이고, 제2장은 예수의 정체성을 확인하는 글들이다. 그리고 제3장은 예수의 인간적 가르침을 집중적으로 분석한 글들이고, 제4장은 예수교의 키워드들 가운데에서도 그 중심에 있는 '천국'과 '지옥'에 대한 글들이며, 제5장은 요한계시록의 내용을 부분적으로 풀이한 내용들이다. 그리고 제6장은 경전 기술상의 비유적 표현의 한계에 대하여 나름대로 생각해본 글들이고, 제7장은 종교현상에 대한 필자 개인의 생각을 종합적으로 정리한 글이다. 따라서 이 책의 내용은 예수교 경전인 '성경' 속의 내용을 분석한 것이라 할 수 있으며, 필요에 따라서 이슬람교 경전인 '꾸란'의 내용과 대비시키기도 했고, 그 결과에 대해 필자 개인의 생각을 약간씩 덧붙이기도 했다.

따라서 이 책은 종교에 대하여 관심이 없는 사람들이나 그저 통속적인 재미를 추구하는 일반적인 독자들의 요구나 기준에 비추어 볼 때에는 그렇게 재미있지는 않을 것이다. 아니, 딱딱하기 그지없는 책이 될 수도 있다고 생각한다. 물론, 필자 개인에게는 경전 속의 몰랐던 사실들을 확인하는 '경전 읽기'의 한 과정이었기 때문에 그 자체로서 흥미가 솟구치고, 글을 쓸 때마다 번번이 적지 않은 즐거움을 누렸던 것이지만 말이다. 생각건대, 예수를 하나님으로 믿고, 성경을 손에 들고 교회나 성당에 나가는 성도들과, 그들을 위해서 일하는 성직자들은 필자의 분석 내용에 대해서 시시비비를 가리고 논하는 '즐거운 고통'을 맛볼 수도 있을 것이다. 솔직히 말하여, 제3자에게는 같은 경전[책]을 읽고도 이렇게 다른 느낌을 받고 이렇게 다른 생각을 할 수 있다는 사실 자체가 흥미로울 수도 있으리라 본다.

아무튼, 성경을 150회 이상 읽었다는 내 주변의 가까운 목사님들을 생각하면서, 그리고 성경책을 끌어안고 사셨던, 나의 돌아가신 어머님을 생각하면서 혹, 나의 성경읽기가 원천적으로 잘못되었거나 그 결과에 오류가 있다면 나는 신중하게 다시 읽을 준비가 되어 있음을 밝히면서, 먼저 관심 있는 분들의 편견 없는 심독心讀을 통해서 '성경'과 '꾸란'에 대한 나의 '오해' 혹은 '진실'에 대하여 옳고 그름을 분별해 보이기를 바라마지 않는다. 그리고 오류가 있다면 기탄없이 지적하여 깨우칠 수 있는 기회를 주기 바란다.

"네가 글깨나 쓴다하니 이제는 예수님에 대해서도 써 보거라."라고 몇 차례 말씀하셨던, 나의 돌아가신 어머님께 이 책을 삼가 바친다.

2009년 7월 30일
충무로 사무실에서 이 시 환 씀

【초판본 후기後記】

나의 경전 읽기를 뒤돌아보며
-돌아가신 어머님과, 평소 가깝게 알고 지내는 목사님들께

나의 어머니는 성경책을 끌어안고 사셨고, 아침저녁으로 기도하며 찬송하는 삶을 살다 가셨다 해도 틀리지 않는다. 나는 나의 어머니가 무엇을 그리 간절하게 기도하고 소원했는지 한 때는 궁금해 하기도 했으나 나중에는 분명하게 알게 되었다. 오로지 자식들의 건강과 행복한 삶을 기원하고, 예수를 믿고, 그 분의 가르침대로 살기를 소원했던 것이다.

그런가하면, 나의 어머니는 주변 사람들에게도 가능한 범위 내에서 사랑을 베푸시려고 노력했다. 그런 면에서 언제나 자신의 몸을 고달프게 했으면 했지 남을 힘들게 하지는 않았던 것 같다. 집안에 들어오는 그 누구에게라도 무엇인가를 베풀어 주려했고, 마땅히 베풀어 줄 게 없으면 하다못해 물이라도 한 잔 건네야 마음이 편하다고 여겼던 사람이었다.

그런 나의 어머니는 고생을 많이 해서라기보다는 자신의 몸을 스스로 돌보지 않아서 남보다 일찍 늙으셨고, 일찍이 병을 얻어, 73세를 일기─期로 돌아가셨다. 그래서 나는 나의 어머니가 세상을 잘못

사셨다고 까지 생각하기도 했다.

그러나 그 분이 가신 뒤에야 평소 자식들의 머리위에 드리워준 그늘이 얼마나 크고 깊은 것이었는지 실감하게 되었다. 따라서 나는 나의 생각을 수정해야 할지도 모르겠다. 그런 어머니는 살아계실 때에 나에게 몇 차례 당부하신 적이 있었다. "네가 글깨나 쓴다하니 이제는 예수님에 대해서도 좀 써 보거라."라고 말이다. 그런데 나는 고작 어머님이 돌아가신 후에야 이 보잘 것 없는 책을 썼다. 그것도 하나님에 대한 이해와 믿음을 강화시켜 주는 글이 아니라 그 반대의 글을 쓴 것이다. 그렇다고, 그 분의 믿음과 그 분이 누렸던 마음의 평화를 깨고자 함은 결코 아니다. 뿐만 아니라, 예수께서 직접 하셨다고 기록된 말씀에 애써 흠집을 내고자 함도 아니다. 온전히 실천하기란 대단히 어려운, 그렇지만 실천하기만 하면 천국이 따로 없는, 세상사는 법을 가르쳐 주었다고 생각하기 때문이다.

그러나 나에게는 그분의 말씀을 담아내고 있는 '경전'이라는 그릇 전체를 눈여겨보면서, 그 실체를 확인하고 싶은 욕구가 작용했었고, 나의 어머님과 내가 가깝게 알고 지내는 목사님들의 생각과 나의 그것이 다르다고 해서 글쓰기를 멈추어 세울 수도 없었다. 결과적으로, 나의 책은, 예수교 경전인 '성경'을 읽고 분석한 내용들이 그 대부분인데, 특히, 종지宗旨를 이루는 핵심적인 키워드들에 대해서는 이슬람교 경전인 '꾸란'의 내용을 제한적이지만 곁들여 소개하였으며, 필요시 불교의 이야기도 덧붙였다. 동일 사안에 대한 종교 간의 유사성과 차이를 통해서 종교의 본질을 이해하는 데에 도움이 되리라고 믿었기 때문이다.

솔직히 말해, 처음 이 글들을 쓸 당시만 해도 나는 신의 존재 유무에 큰 관심을 가졌으나 지금은 이미 아니다. 오히려, 그것에 관계없이, 경전 안팎에서 살아가는 사람들의 정신세계와 행동양식이 우리의 문화체계를 이루는 한 요소라는 사실을 확인하고, 그 부분적 실체를 이해한 것으로 만족하고 있기 때문이다. 이제는, 신이 없으니 경전을 들고 교회에 나가자고 역설적으로 말하고 싶은 심정이다. 이런 나의 말이나 태도를 '무신론자의 무지無知이거니' 하고 치부置簿하면 그만이겠지만 어쨌든, 현재의 나로서는 달리 생각할 길이 없다.

시작이 있으면 반드시 끝이 있게 마련이듯, 그 끝은 새로운 시작일 뿐이라고 나는 믿는다. 나는 처음부터 있었던 그것을 두고 외형상 '공空'이라 할 뿐 그것이 바로 신이라면 신이다. 다만, 인간의 행실과 마음을 읽고 그에 따라 상벌을 주는 인성人性을 지닌 신이 없다는 것뿐이다. 따라서 인간세계의 질서는 인간 스스로가 만들어가야 옳은 일이라고, 아니, 그럴 수밖에 없다고 나는 믿는다. 종교라는 것도 넓게 보면, 인간이 만들어가는 그 질서 가운데 하나일 뿐이다. 그런데 인간 스스로가 만들어 낸 신에게 인간 스스로가 종속되면서 신은 인간에게 무리한 요구를 하게 되었고, 인간은 인간존재에 대한 그릇된 인식을 갖게 되었다. 나는 그런 굴레로부터 자유롭고 싶고, 자유로운 만큼 책임을 스스로 지고 싶을 따름이다.

여하튼, 나는 이 책을 쓰는 과정에서, 얻은 것이 있다면 그동안 막연하게 생각해 왔던 예수와 예수교에 대해서 비교적 구체적으로 알게 되었다는 점이다. 그리고 앞으로 어떻게 살아야 하는지에 대해서도 나름대로 생각해 볼 수 있는 기회를 갖게 되어 무척 다행스럽게 생각하는 입장이다. 나의 경전 읽기가 앞으로 어떻게 진행될지는 나 자신도 예측할 수 없지만 이웃사람들의 마음을 불편하게 하지 않았으면 하는 마음만은 간절하다. 혹, 나의 경전 읽기에 근본적인 문제가 있다거나 큰 잘못이 있다면, 이미 밝힌 바 있지만, 신중하게 처음부터 다시 읽을 준비가 되어 있다. 부디, 편견 없이 나의 책을 일독해 주고, 잘못된 점이나 부족한 점에 대해서는 기탄없이 일깨워주기 바란다. 한 가지 아쉬운 점이 있다면, 좀 더 쉽게 풀어 썼어야 했는데 그러지 못한 점이다. 그것은 해당 경전 내용의 출처를 밝히면서 그대로 인용할 수밖에 없는 이유도 있지만 근본적으로 나의 능력 부족으로 받아들인다.

끝으로, 이 책을 쓰던 중에 유대교와 예수교와 이슬람교를 믿는 사람들이 모여 사는 지중해 여러 나라들을 여행할 수 있도록 배려해 주고 지원해 준, 아내인 이혜숙에게 마음으로부터 감사를 드리고 싶다. 그리고 평소에 나를 위해 기도했다는, 내가 알고 지내는 목사님들과, 이 책을 쓴다하니 걱정이 되어서 나의 사무실을 직접 방문하여 여러 가지 조언과 함께 기도까지 해 준 친구 목사님께도 감사를 드리고 싶은데, 이 책이 오히려 짐이 되게 하지 않을까 송구스런 마음이 앞서는 것도 사실이다.

그러나 나는 믿는다. 천지만물을 창조한 하나님이 계셔서 인간을 지극히 사랑한다면 그 하나님께서는 자신의 피조물인 인간의 상식과 이성적 판단능력을 결코 무시하지 않을 것이라는 점을.

2009년 07월 31일
충무로 사무실에서 이 시 환 씀

【개정증보판 후기後記 · 1】

하나님 중심의 인간세계를
인간 중심의 하나님 세계로
-신·구약의 차이에 대한 단상

모세 시절에는 하나님이 백성들에게 준 명령이자 약속인 계명誡命·율법律法·규례規例 등이 강조되었지만, 예수 시절에는 진정한 형제애와 하나님의 뜻[의지=계획]에 대한 바른 이해가 강조되었다. 그래서 구약을 읽다가 신약으로 넘어가면, 인간에 대한 하나님의 요구사항이, 아니, 하나님의 정체성 자체가 바뀐 것처럼 느껴지는 게 사실이다. 물론, 전지전능하고 의로운 성령으로서 하나님은 한결같지만, 모세를 앞세워 인간세상을 직접 통치하듯 한 구약의 하나님과 예수를 앞세워 인간세상을 간접 통치하려는 듯한 신약의 하나님 사이에는 많은 변화가 있기 때문이다. 그 변화의 핵은 인간 세상에 대한 직접통치에서 간접통치로의 전환과, 하나님을 섬기는 인간의 종속적인 삶에서 형제를 먼저 사랑하는 인간의 호혜적인 삶으로의 전환에 있다.

그리고 예수의 가르침 속에는, 천국에 가서 영생永生하는 주체에 대해서 다름 아닌 인간의 영靈이라 해 놓고서 이내 죽은 몸이 다시 산다고 강조한다. 또한 예수는 자신의 존재에 대해서 사람의 아들이라 하면서도 하나님의 아들이라 했고, 안식일의 주인이라고까지 했다. 그렇듯, 예수를 성령과 함께 하나님으로 동일시하면서도 그를 한낱 하나님과 인간 사이의 중보로 여기기도 했다.

이처럼 경전은 민감한 사안에 대해서 아주 모호하게도 이중적으로 기술해 놓고 있다. 한 마디로 말해서, 앞뒤가 맞지 않는 모순을 띠었다는 뜻이다. 경전 안에서의 이런 크고 작은 '변화'와 '모순'이 적지 않기 때문에 혼란스러울 뿐 아니라 문장 해석상의 차이를 낳고, 그 내용에 대한 중요우선순위 판단의 차이까지 낳아서 여러 종파宗派가 태동될 수밖에 없는 빌미를 제공해 왔던 것도 부인할 수 없다.

따라서 경전을 읽을 때에는, 실재했거나 실재할 수 있는 보편적 사실과, 경전 기록자들에 의해서 과장되고 없었던 일들이 끌어들여져서 '꾸며진' 허구로서의 문장 상의 사실을 구분해야 한다고 생각한다. 양자兩者가 똑 같은 문장으로 뒤섞여 기록되었는데, 누가 그것들을 어떻게 구분할 수 있겠느냐고 반문하겠지만, 경전 내용을 통시적으로 읽으면 구분할 수 있다고 생각한다. 다시 말해, 경전의 앞과 뒤의 유기적 상관성을 놓치지 않고 읽어야 시간이 경과되면서 무엇이 어떻게 변화됐는지를 지각할 수 있으며, 주장과 주장 사이의 여러 관계 곧, 양립兩立·충돌衝突·변질變質·비약飛躍·무관無關 등의 상관성을 짚어나가면 사실과 허구를 구분할 수 있다고 본다.

이미, 경전을 여러 번 읽고, 이 책을 집필한 필자가 분별한 주관적 진실은 이러하다. 곧, ①예수는 인간의 아들로 태어났다. 그래서 그는 한사코 자신에 대하여 인간의 아들이라는 뜻의 '인자人子'라는 말을 붙여 썼다. 그리고 ②동족同族인 유대인들에 의해서 '하나님의 아들'이라는 거짓말을 했다는 이유에서 죽임을 당하였고, 그것이 기록처럼 사실이라면 여느 인간처럼 죽었을 뿐이다. 죽은 몸이 다시 살아나지 않았다는 뜻이다. ③그는 유대교의 품안에서 태어나 성장하면서 모세 오경 속의 하나님을 충분히 이해하였고, 나아가 여러 선지자들이 남긴 기록들을 통해서 공감되는 내용들을 받아들이고 사견私見을 재구성하여 종합하는 과정을 거쳐서, 자신의 이상理想이 부여된 하나님을 새롭게 창조하였던 것이고, 그 하나님의 계획을 심판과 천국과 지옥이라는 키워드로써 설교說敎하였던 것이다.

유대교의 하나님을 모세가 창조했다면, 예수교의 하나님은 예수가 창조했다고 말할 수 있는데, 원래는 같은 하나의 하나님이었지만 그 하나님을 다르게 해석하여 서로 다른 하나님을 창조해낸 것이다. 바로 그렇기 때문에 유대교 사회에서 펼친 예수의 새로운 가르침은 의심과 미움을 살 수밖에 없었고, 그 때문에 끝내는 죽임을 당할 수밖에 없었다. 그럼에도 불구하고, 예수의 가르침과 그 하나님 세계를 기록하고 있는 신약과, 모세의 가르침과 그 하나님을 세계를 기록하고 있는 구약을 한데 묶어 놓았지만 사실은 한 몸이 될 수 없다고 생각한다. 엄밀한 의미에서 말한다면, 구약과 신약은 전지전능함과 의로움이라는 하나님 고유의 정체성과 그것을 해석해온 여러 선지자들의 기록 등으로 연계되어 있지만, 신·구약 사이에는 하나님의 정체성과 인간에 대한 하나님의 요구사항 등이 상당 부분 다르기 때문에 마땅히 분리되어야 한다고 생각한다.

④예수가 인식했던 하나님이란, 오로지 영靈이시되, '성스런' 영이라는 대전제가 깔려 있는데, 여기서 '성스럽다'는 것은, 우주만물을 창조하고 운행하심의 능력을 갖추었다는 점과 그 능력을 부리심에 있어서 오로지 의롭게 한다는 두 가지 바탕에 그 뿌리가 있다. 그리고 하나님이 영이라는 판단 속에는, 인간처럼 형체가 없다는 사

실이 내포되어 있다. 예수의 이런 인식은, 인간존재에 대해서도 영육분리를 믿게 했던 것으로 보인다. 곧, 인간은 육肉과 영으로 되어 있는데 육은 죽어서 썩어 없어지지만 영은 죽지 않는다고 말이다. 그렇기 때문에, 인간이 인간의 몸이야 얼마든지 죽일 수 있지만 그 영만은 죽일 수 없다고 생각했던 것이다. 그 영의 생사生死에 대해서는 오로지 창조주인 하나님만이 주관하신다고 믿었던 것이다. 쉽게 말해서, 예수는 육이 존재하는 육계肉界와 영이 존재하는 영계靈界로 구분·분리된다고 믿었으며, 이 모든 것은 영계의 왕이신 하나님에게 속한 일이라 믿었던 것이다. 바로 그렇기 때문에, 예수는 자신의 죽음 뒤에는 자신의 영이 영계의 왕이신 하나님 곁으로 가겠다는 확신을 피력했던 것이다. 예수의 이런 영적 부활을 그의 제자들은 육신의 부활로 끌어내려서 생각했고, 기록했지만 말이다.

그렇다면, ⑤하나님은 어디에 계신단 말인가? 하나님이 계시는 곳에 대해서 우리는 상징적으로, 그리고 막연히, '천국'이라 말해왔지만 이 천국은 세상 사람들이 믿고 있듯이 하늘 어딘가에 있다는 뜻이 아니다. 하나님은 우주 만물을 창조한 영이기에 없는 곳이 없는, 어디나 다 있다는 숨은 뜻이 전제되어 있다. 그렇기 때문에 예수도 그 천국에 대해서 '여기 있다, 저기 있다'라고 말할 수 없다 했고, 바로 '너희(제자들) 안'에 있다고 분명하게 말했다. 그러니까, 하나님이 계시는 곳은 영계靈界이지만 그곳이 따로 정해져 있지 않다는 뜻이다. 이런 맥락에서 본다면, '하나님 우편'이라는 말도 한낱 비유적인 표현일 뿐 실재하는 공간이 아니라는 사실이다. 곧, 하나님의 뜻을 이해하고, 따르고, 가르치고, 나아가 하나님의 뜻이 인간세상에서 실현되도록 보좌하는 중요한 역할을 맡아 하는 위치라는 추상적 의미가 담겨 있을 뿐이다. 그렇다면, '하나님의 아들'이라는 말도 비유어에 지나지 않는다. 경전 안에서 '하나님의 아들'이니 '하나님의 자녀'니, '하나님의 백성'이니 하는 일련의 말들이 어떻게 쓰였는지를 이해하면, 이 말 역시 한낱 비유어에 지나지 않음을 알게 될 것이다.

그럼에도 불구하고, 경전 집필자들이, 오해했다기보다는 인간적인 욕심을 부려 의도적으로 전혀 다르게 해석한 것이다. 그래야만이 세상 사람들을 깜짝 놀라게 할 뿐 아니라 그들의 관심을 붙잡아 둘 수 있기 때문이다. 곧, 하나님이, 말씀만으로 우주만물을 창조했듯이, 전지전능한 능력을 부리시어 인간적 교제 없이 '마리아'라는 여자의 몸을 통해서 사내를 낳도록 하고, 그로 하여금 자신의 뜻을 펴도록 했다는 것으로서 말이다. 분명, 하나님의 아들이란, 영이신 하나님이 필요해서 특별히 인간이란 존재양식을 빌려 지상에 아들을 둔 것이 아니라, 인간들 가운데에서 하나님의 뜻을 충분히 이해하고 그것을 인간세상 속에서 가르치고 실천하며 사는 사람이라는 뜻에서 인간 스스로가 하나님의 아들이 되었음에도 불구하고 말이다.

이런 큰 틀에서 본다면, 예수의 부활도 죽은 몸의 부활일 수는 없다. 다시 말해서, 십자가에 못 박혀 죽은 몸이 사흘 만에 되살아나 사십여 일을 더 지상에 머물면서 하나님 나라의 일을 전파하다가 제자들이 보는 앞에서 승천했다고 기록되었지만, 결단코 그렇지 않다는 뜻이다. 다만, 죽은 예수의 영이 성령이신 하나님 곁으로 가서 하나님의 일을 보좌하고 대행하는 하나님 나라[영계]의 핵심적인 존재로 있겠다는 개인적인 생각과 믿음의 반영으로서 영적 부활일 뿐이다. 그런데 역시 경전 기록자들은 그 영적 부활을 몸의 부활로 둔갑시켜 놓았던 것이다.

이처럼 경전 내에는 '변화'와 '모순'과 '입증되지 않는 내용'들이

적지 않지만, 믿고 싶은 것이 인간의 마음이고, 그런 마음으로 하나하나 쌓아올리는 탑, 곧 우주만물의 근원으로서 인간 삶의 길흉화복을 주관한다고 믿고픈 하나님에 대한 사유 체계가 있고, 그것이 제반 종교적 현상의 구심점 구실을 하는 것이다.

따라서 종교란 '믿음'과 '믿지 못함'이 늘 양립하지만 버리지 못하는 한 가닥 희망과도 같은 것이다. 사는 동안에 느끼는 온갖 두려움·불만·고통·절망 등으로부터 스스로 위로받고자하는 본능적인 생명현상이 작동되는 한 우리는 입증될 수 없는 주장들에 대해서조차 믿고 싶어지기 때문이다. 극단적으로 말해, 인간의 이성적 판단 능력으로써 분석되고 입증되면 그것은 이미 종교가 아니라는 생각마저 드는 것도 사실이다.

-2011. 06. 20.

【개정증보판 후기後記 · 2】
하나님의 진화 가능성

예수교 경전인 '성경' 안에는 세 하나님이 존재한다. 하나는, 우주만물을 말씀으로써 창조한 전지전능한 영靈이시어 볼 수 없는 하나님이요, 그 다른 하나는, 그 하나님에게 인성人性을 부여하여 인간세계로 끌어내려진 모세의 하나님이요, 또 다른 하나는, 모세의 하나님 정체성을 받아들이되 그 일부를 수정하여 얼굴빛을 바꾸어 놓은 예수의 하나님이다.

원래는, 우주만물의 근원이면서 그것들을 창조한 본질로서 하나의 하나님이었는데, 모세가 자신과의 관계를 '주와 종의 관계'로 설정함으로써 인간세상을 주인으로서 직접적으로 통치하는 하나님으로 바꾸었다면, 예수는 하나님과 자신의 관계를 '아버지와 아들의 관계'로 격상시킴으로써 모세 하나님의 정체성 일부를 바꾸어 놓은 것이다. 다시 말하면, 주인이 종에게 일방적으로 명령하고 지시하는 상명하복上命下服의 관계를 아버지가 아들을 무한히 사랑하되 그 끝에는 책임을 묻는 부자지간의 관계로 바꾸어 놓은 것이다. 결과적으로 하나님과 인간 사이에 공유되어지는 '인성'이 '혈육의 정'으로 바뀌어 양자 사이의 관계가 더욱 돈독해지고 친밀해진 것이다.

그래서 그 두 하나님, 다시 말하면, 모세와 예수에 의해서 창조된 하나님들 사이에는 분명하게 다른 점이 생기었는데, 모세의 하나님은, 주로 이방·이민족의 신들에게 경배 드리는 것을 최고의 악으로 규정짓고, 이스라엘 백성이 그러한 악을 행하면 그 때 그 때 응징하였다. 뿐만 아니라, 하나님이 백성에게 준 지시·명령·약속 등을 잘 이행하면 현실적인 복락까지도 주었다. 그리고 필요하다면, 그 때 그 때 직접 혹은 간접으로 인간세상 속으로 내려오시기도 했다. 한 마디로 말하여, 하나님만을 섬기는 종으로서 인간세상을 원했던 것이다. 그렇기 때문에 하나님에 대한 갖가지 제사祭祀와 할례割禮가 모세 시대를 상징하는 인간 삶의 중요한 형식이 되었고, 굴레가 되었던 것이다.

그런데 예수의 하나님은, 부활·심판·천국과 영생·지옥과 영벌 등으로 짜인 새로운 계획을 예수를 통해서 전파시켰는데, 이것들은 당장 입증될 수 없는 것이기 때문에 일방적인 믿음을 요구했고 강조할 수밖에 없었다. 그러면서도 오랫동안 이스라엘 백성을 구속해 온 하나님에 대한 제사나 할례보다도 인간의 이웃사랑을 더 중요하게 여겼다. 마치, 하나님의 그 새로운 계획[천국복음]이 이웃사랑을 실현시키기 위한 수단이나 방편인 것처럼 말이다.

모세의 하나님이 인간 세상을 직접적으로 통치하려 했다면, 예수의 하나님은 전권을 위임한 아들을 통해서 간접적으로 통치하려 했다. 여기서 직접적으로 통치한다 함은, 하나님과 인간의 관계가 한 울타리[같은 세계] 안에서 성립·존재한다는 전제하에 나오는 양자兩者 간의 소통방식과 그 내용의 현실성에 있다. 곧, 하나님이 자신의 도道를 인간 세상에 펼치기 위해서 필요하다면 언제든지 인간에게 인간의 말로써 지시·명령하고, 경우에 따라서는 직접 내려오기도 한다. 뿐만 아니라, 천사들을 대신 내려 보내거나 선지자들을 내세워 자신의 의중意中을 밝히고, 집행하고, 실천되기를 꾀한다. 그리하여 계명과 규례와 율법을 주고, 그 실천 여부와 정도에 따라서 상벌賞罰로서 현실적인 복福과 화禍를 준다. 현실적 복이란 자식·장수·물질·땅·전쟁에서의 생존 등을 들 수 있으며, 화란 살육·질병·자연재난(가뭄·폭우·황충·지진 등) 등을 들 수 있다. 이처럼 하나님과 인간의 세계는 하늘과 땅으로, 영과 육으로 엄연히 구분되어 있긴 하지만 긴밀한 상하관계 위에서 존재하는 하나의 세계로서 하늘의 도를 땅에서 구현하고자 하는 하나의 목표가 있었다.

반면, 예수의 하나님은 헌물·안식일 지키기·제사 지내기·할례 등을 비롯하여 수많은 하나님과의 약속이나 하나님이 준 율법 내용에 대한 준수를 통한 하나님에 대한 형식적인 숭배보다 하나님의 실체와 뜻을 바르게 이해하고 존숭하는 진정한 섬김을 더 중요시 했으며, 또한 인간의 하나님 사랑보다도 인간의 인간사랑 곧 형제애를 더 우선시했다. 뿐만 아니라, '응징하는' 질투의 하나님에서 '자비를 베푸는' 사랑의 하나님으로 바뀌었다. 그 증거가 곧, 예수가 이 땅에 오시어 죽기까지 인간사회에 만연된 죄악을 생각하면 과거 소돔과 고모라 성처럼 당장 멸망시켜야 하는데, 하나님은 자비롭고 은혜롭기 때문에 외아들인 예수를 인간 세상으로 내려 보내 '천국복음'이라는 하나님의 의중[계획]을 전하게 하고, 그 아들의 죽음을 화목제 제물로서 받아들여 노여움을 스스로 푸시고, 인간 세상의 죄를 더 이상 묻지 않음으로써 인류를 파멸로부터 구원해 주었다는 것이다.

이제 남은 문제가 있다면, '심판'이 기다리고 있는데, 그 심판도 아버지 하나님의 뜻을 받들어 아들 예수가 지상에 내려와 할 것이고, 그 후에는 착한 사람들을 백성으로 하여 예수가 예루살렘 성에서 천년 통치를 한 다음, 그 깨끗해진 인간 세상을 온전히, 그리고 영원히 하나님께 바친다는 것이다. 그리하여 창조주의 피조물인 인간 세상을 창조주가 원하는 세상으로, 다시 말해, 하나님의 도가 온전히 실현된 세상, 곧 아담과 하와가 죄를 짓기 전 에덴동산으로의 회귀回歸를 이루겠다는 것이다.

결과적으로, 우주만물을 존재하게 하는 근원으로서, 그것들을 창조한 하나님에 대한 생각을 모세가 처음으로 구체화시켰으며, 예수는 그 모세 하나님의 정체성을 받아들이되 일정 부분 업그레이드시킨 셈이다. 따라서 모세의 하나님 세계를 기록하고 있는 오늘날의 구약과, 예수의 하나님 세계를 기록한 신약은 서로 다르기 때문에 한 권의 경전으로 한 데 묶어 놓을 수 없는 성질임에도 불구하고, 뿌리가 같은 하나님이라는 이유에서 한데 묶어 놓았다. 그래서 경전 안에는 신·구약 사이에 하나님의 정체성에 대한 커다란 변화가 그대로 노출되어 있으며, 신약 안에서도 예수를 하나님의 아들로서 '중보'로 여기는 시각과 실질적인 하나님으로 보는 시각이 대립하는 등 모순이 적지 않다. 이런 근원적인 변화와 모순들이 뒤섞여 있기 때문에 그로부터 파생되어 나오는 수많은 의문과 대립이 생길 수밖에 없는데, 그 의문들은 풀리지 않고 그 대립은 끝내 화해되지 않는다는 사실이다. 이점이 바로 신이 인간을 창조한 것이 아니라 인간이 신을 창조한 증거이며, 동시에 인간이 집필한 경전의 한계이며, 하나님의 정체성은 얼마든지 바뀔 수 있다는, 다시 말해, 인간에 의해서 얼마든지 하나님이 진화할 수 있다는 뜻이다.

　-2011. 09. 19.

[각주 찾아보기]

1) 솔로몬의 기록을 등에 업은(모방한 듯한) 예수의 발언 ·······················43
2) '하나님의 아들'이라는 용어와 예수가 '하나님의 아들'이라는 기술에 대하여 ···········48
3) 주께서 한 포도나무를 애굽에서 가져다가 열방(列邦)을 쫓아내시고 ···················55
4) 내가 참 포도나무요, 내 아버지는 그 농부라 ·······················58
5) 여호와께서 그 조화의 시작 곧 태초에 ·······················58
6) 예수께서 가라사대, "진실로 진실로 너희에게 이르노니, ·······················58
7) 모세와 예수의 가르침 차이 ·······················89
8) 예수교 경전 속에서 '성경'이라는 단어가 쓰인 예 ·······················94
9) 성경에 기록된 대로[하나님의 대본대로] 전개되는 예수의 삶에 대한 증거 ·················96
10) 보혜사(保惠師) ·······················97
11) 예수에 대한 대제사장과 빌라도의 심문 내용 ·······················101
12) 빌라도에게 책임을 전가하는 듯한 기술 ·······················101
13) 형제애를 강조한 예 ·······················101
14) 예수의 설교를 들으러 운집한 무리가 사·오천 명이었다는 기록 ·······················102
15) 믿음이 특별히 강조된 마태복음 안의 내용 ·······················103
16) 천국에 대한 예수의 비유적 설교 ·······················104
17) 바알세불 ·······················106
18) 예수가 받은 수모 ·······················107
19) 예수의 부활에 대한 유대인의 왜곡 ·······················107
20) 하나님께서 예수를 보내신 목적에 대하여 직접적으로 기술된 예 ·······················108
21) 유월절 ·······················112
22) 모세오경 ·······················124
23) 꾸란에서 말하는 '만나' ·······················126
24) 지성소(至聖所:The Most Holy Place) ·······················126
25) 공의 ·······················128
26) 모세가 명한 예물 ·······················132
27) 초막절(草幕節) ·······················170
28) 아나니아 ·······················173
29) 구원의 뿔 ·······················188
30) 시편 110:1 ·······················191
31) 자신을 보내기 전에 길을 예비할 자를
   먼저 보내겠다고 하나님께서 약속했다는 예수의 말 ·······················192
32) 사도행전 1:4~8 ·······················221
33) 하나님이 모세에게 준 간음 관련 율법 ·······················232
34) 간음과 관련된 '꾸란'의 내용 ·······················232
35) 법에 감사해야 한다는 종교 ·······················234

36) 겸손을 강조한 예문(周易·地山謙) ··················236
37) '겸손'이라는 단어가 사용된 예 ··················237
38) '낮추다'는 단어가 사용된 예 ··················237
39) 이슬람교 경전인 '꾸란'에서 강조된 겸손 ··················239
40) 부처님이 말씀하신 세속을 떠나는 여덟 가지 방법 ··················242
41) 예수가 인내의 어려움을 감정표출로써 노출시킨 예 ··················249
42) 예수의 36가지 요구사항 ··················297
43) 겟세마네(Gethsemane) ··················298
44) '예수의 제자 발 씻어주기'가 묘사된 경전 내용 ··················299
45) 菩薩生地經의 관련 내용 ··················323
46) 예수교 경전에서 '천국'이란 단어가 사용된 예 ··················334
47) 예수가 동원한 천국에 대한 비유어 11가지 ··················339
48) 하나님의 감동 ··················341
49) '꾸란'에서의 천사에 대한 묘사의 예 ··················353
50) '꾸란'의 천국에서 산다는 도우미 ··················353
51) 구지(拘胝·俱胝)와 나유타(那由他) ··················356
52) 유증(由增) 지옥 ··················375
53) 불설죄업응보교화지옥경(佛說罪業應報敎化地獄經)에서 말하는 스무 가지 벌 ··················376
54) 예수교 경전인 '성경'에서의 묘사 내용 ··················379
55) 나팔소리의 의미 ··················380
56) 열 두 지파 ··················386
57) 일곱 교회 ··················388
58) 고린도 ··················404
59) 계시록 -그 웅대한 절정은 가까웠다! ··················426
60) 그룹 ··················426
61) 위의 책(계시록 -그 웅대한 절정은 가까웠다!) P96 ··················426
62) 꾸란 제31장 16절 ··················456
63) 예수교 경전 가운데 ··················456
64) 기록이 기록을 낳은 증거 ··················464
65) 엘리사의 표적 ··················471
66) 나가세나 스님의 환생에 관한 설법 ··················501
67) 요셉의 족보 ··················532
68) 솔로몬의 화법 ··················534
69) 영과 육을 이분법적으로 보는 예수 시각의 증거 ··················535
70) 시편에 나타난 우편 ··················535
71) 세례 요한의 출생배경, 부여받은 임무, 존재 의미 등을 ··················541
   유추해 볼 수 있는 누가복음의 기록
72) 세례 요한의 설교 ··················542
73) 사자를 보내 하나님의 길을 예비시키겠다는 말라기의 기록 ··················546
74) 엘리야가 털옷을 입었다는 증거 ··················546

75) 선지자들이 털옷을 즐겨 입었다는 증거 ····································547
76) 여호사밧 골짜기 ··557
77) 꾸란 103장 2~3절 ··559
78) 꾸란 102장 6~8절 ··560
79) 꾸란 101장 1~11절 ··561
80) 예수께서 다시 크게 소리 지르고 영혼이 떠나시다. ··················561
81) 삼위일체설에 대하여 ··575
82) 심령이란 단어가 사용된 복음서와 그 횟수 ·····························578
83) 영혼이란 단어가 사용된 복음서와 그 횟수 ·····························578
84) 세례수단과 그 의미 ··579
85) 환상이 하나님의 의사소통 방식 가운데 하나임을 입증하는 구절과 ········585
     환상으로써 의사소통한 사람
86) 성령이란 단어가 쓰인 복음과 횟수 ·······································585
87) '계시'라는 단어가 쓰인 복음과 횟수 ·····································585
88) 사도행전 2:1~21 ···590
89) 고린도전서 12:4~12 ··591
90) 고린도전서 12:28~31 ··592
91) '하나님의 말씀'이란 말이 사용된 복음서와 그 횟수 ·················594
92) 고린도전서 13:1~3 ··594
93) 실로암 ··598
94) 먹지 말라고 금기시 된 것들 ···614
95) 하나님에 대한 천사의 경배 방식 ··618
96) 열두 지파와 탐지 대표자들 ···632
97) 시내 산과 시나이 산 [Mount Sinai] ····································633
98) 스아(seah) ···640
99) 소알(왕:벨라) ···644
100) 호렙 산 ···646
101) 화목제(和睦祭:fellowship offerings) ································657
102) 예수교 경전인 '성경' 안에서는, ···662
103) 십일조(Tithe) ···671
104) 새 언약 ··672
105) 예수가 말한 믿음의 표적들이 제자들에게 나타난 예 ··············688
106) 성인의 사체를 절단하여 여러 곳의 성당이나 성소에 안치하고 ········745
     경배·기도하는 풍습이 있었다는 필자의 주관적 판단에 대한 단서
107) 베드로 수위권 교회(Church of the Primacy of St. Peter) ······769
108) 팔복교회(Church of Beatitudes) ······································774
109) 마태복음 5:3~10 ···775
110) 드로아(Troia) ··817
111) 인간의 음욕(淫慾)에 대한 부처님의 생각을 확인할 수 있는 예 ········832

가시나무, 가시나무,
나는 가시나무.

비 한 방울 들지 않는 사막 가운데
홀로 사는 가시나무.

가시나무, 가시나무,
나는 가시나무.

나귀 한 마리 쉬어갈 수 있는
한 조각 그늘조차 들지 않고,

작은 새들조차 지쳐
깃들기도 어려운 가시나무.

가시나무, 가시나무,
나는 가시나무.

마침내 갈증의 불길 속으로
던져지는 가시나무.

가시나무, 가시나무,
나는 가시나무.

– 이 책의 편집을 마치고 필자가 자신의 삶을 뒤돌아보며 쓴 자작시 「가시나무」 전문

경전 분석을 통해서 본
예수교의 실상과 허상
- SEE HWAN LEE'S HERMITAGE -
이시환 헤미티지

초판인쇄 2012년 4월 02일   **초판발행** 2012년 4월 05일

지은이 **이시환**   펴낸이 **이혜숙**   펴낸곳 **신세림출판사**
등록일 **1991년 12월 24일 제2-1298호**

100-015 서울특별시 중구 충무로5가 19-9 부성B/D 702호
전화 **02-2264-1972**   팩스 **02-2264-1973**   E-mail : **shinselim72@hanmail.net**

정가 **40,000원**

ISBN 89-5800-123-2, 93230